国家统计局贸易外经统计司 编
Compiled by
Department of Trade and External Economic Relations Statistics,
National Bureau of Statistics, People's Republic of China

2015

中国贸易外经统计年鉴

CHINA TRADE AND EXTERNAL ECONOMIC STATISTICAL YEARBOOK

中国统计出版社
China Statistics Press

图书在版编目（CIP）数据

中国贸易外经统计年鉴. 2015：汉英对照 / 国家统计局贸易外经统计司编. --北京：中国统计出版社，2015.11
ISBN 978-7-5037-7699-1

Ⅰ.①中… Ⅱ.①国… Ⅲ.①对外贸易-统计资料-中国-2015-年鉴-汉、英 Ⅵ.①F752-54

中国版本图书馆 CIP 数据核字（2015）第 278868 号

中国贸易外经统计年鉴-2015
2015 China Trade and External Economic Statistical Yearbook

作　　者/国家统计局贸易外经统计司　编
责任编辑/马　平
封面设计/李雪燕
出版发行/中国统计出版社
通信地址/北京市丰台区西三环南路甲 6 号　邮政编码/100073
电　　话/邮购（010）63376909　书店（010）68783171
网　　址/http://www.zgtjcbs.com/
印　　刷/河北天普润印刷厂
经　　销/新华书店
开　　本/880mm×1230mm　1/16
字　　数/1312 千字
印　　张/42
版　　别/2015 年 11 月第 1 版
版　　次/2015 年 11 月第 1 次印刷
定　　价/420.00 元

如有印装差错，由本社发行部调换。

《中国贸易外经统计年鉴－2015》
编辑委员会

2015 CHINA TRADE AND EXTERNAL ECONOMIC STATISTICAL YEARBOOK
Editorial Staff

Adviser: Wang Baoan

Editor-in-Chief: Jia Nan

Associate Editor-in-Chief: Meng Qingxin   Ye Zhicai

Editorial Director: Lin Tao   Lu Shan   Wang Kechen

Editorial Staff: (in order of the number of strokes of the Chinese character of the surname)

Wang Zhi   Wang Yuexiang   Shen Junli   Fu Yuan
Fu Jiaqi   Liu Xiaoyan   Liu Xuling   Liu Yang
Chen Qunlin   Du Yan   Li Min   Tang Weiwei
Yan Xianpu   Zhang Min   Luo Weihua   Meng Hao
Yang Zhuang   Hu Chunlin   Zhao Zeyong   Yao Hu
Yuan Yan

Executive Editor: Ma ping

English Translator: She Jingxiong

编者说明

一、《中国贸易外经统计年鉴—2015》是一部全面反映中国国内贸易、对外经济贸易和旅游业发展情况的资料性年刊。本年鉴收录了2014年中国国内消费品市场、批发和零售业、住宿和餐饮业、对外贸易与合作和国内、国际旅游的主要统计数据，以及分各省、自治区、直辖市和一些重要历史年份的相关统计数据。

二、本年鉴正文内容分为九个部分：1.综合；2.消费品市场；3.批发和零售业；4.住宿和餐饮业；5.国际收支；6.对外贸易；7.外资；8.对外合作；9.旅游。为便于读者使用，本年鉴对所用略语和主要统计指标的含义、统计范围和统计方法作了简要说明。

三、本年鉴中所涉及的全国性统计数据,均未包括香港、澳门特别行政区和台湾省数据。

四、本年鉴所列对外经济贸易和旅游统计资料由国家统计局贸易外经司根据商务部、海关总署、国家外汇管理局、公安部、国家旅游局、国家工商行政管理总局等部门的资料加工整理，由于各部门职能不同，统计口径、范围和方法亦有所不同，因此书中有些数据可能不一致，使用统计数据时请参看附录。

五、本年鉴表中所使用的度量衡单位，均为国际统一标准计量单位。

六、年鉴表中的“空格”表示该项统计指标数据不足本表最小单位数、不详或无该项数据；“#”表示其中的主要项；“*”或“①”表示本表下有注释。

七、年鉴中没有标明年份的表均为2014年的数据。

EDITOR'S NOTES

I.*China Trade and External Economic Statistical Yearbook 2015* reflects the situation of China in the development of the domestic and foreign trade, the external economic transactions and the tourism synthetically. The yearbook covers the main data of the domestic trade, the foreign trade, the external economic transactions and the tourism of China in 2014, and embodies the data from national level and all the provinces, autonomous regions and municipalities. It also lists the time series relative data of important indicators by years.

II.The yearbook contains the following 9 chapters: 1.Integration; 2.Consumer Market; 3.Wholsale and Retail Trades; 4.Hotels and Catering Services; 5. Balance of Payments; 6. Foreign Trade; 7. Foreign Capital; 8.International Cooperation; 9.Tourism. In addition, Explanatory Notes on Main Statistical Indicators are provided at the end of book.

III.The national data in the book do not include that of Hongkong Special Administrative Region, Macao Special Administrative Region and Taiwan Province.

IV.The major sources of data except these in the domestic trade are the regular statistical reporting forms provided by sectors such as the Ministry of Public Security, the Ministry of Commerce, the General Administration of Customs, the State Administration of Industrial & Commerce, the General Administration of Travel and Tourism, the State Administration of Foreign Exchange. The book is edited by the Department of Trade and External Economic Relation Statistics of the National Bureau of Statistics. Since the functions of sectors mentioned above are different, the requirement, the scope, the calculating specification and the method of statistics are not in the same, and some of the figures may not be in conformity. Readers who want to use the data please consult the explanatory note.

V.The units of measurement used in this yearbook are internationally standard measurement units.

VI.Notations used in the yearbook: (blank space) indicates that the figure is not large enough to be measured with the smallest unit in the table, or data are unknown or are not available; "#" indicates a major breakdown of the total; and "*"or "①"indicates footnotes at the end of the table.

VII.The data belong to 2014 in the table of without year in the yearbook.

目　　录

CONTENTS

第 1 篇　综合

Integration

第 2 篇　消费品市场

Consumer Goods Market

第3篇　批发和零售业

Wholesale And Retail Trades

第 4 篇 住宿和餐饮业
Hotels And Catering Services

第 5 篇 国际收支
Balance Of Payments

第 6 篇 对外贸易
Foreign Trade

第 7 篇 外资
Foreign Capital

第 8 篇 对外合作
International Cooperation

第 9 篇 旅游
Tourism

附 录
APPENDIX

综　合

INTEGRATION

第 1 篇

1-1 国内生产总值指数
Indices of Gross Domestic Product

(不变价,上年=100; Constant Price, Preceding Year=100)

年份 Year	国民总收入 Gross National Income	国内生产总值 Gross Domestic Product	第一产业 Primary Industry	第二产业 Secondary Industry	第三产业 Tertiary Industry	#批发与零售业 Wholesale and Retail Trades	人均国内生产总值 Per Capita GDP
1978	111.6	111.6	104.1	115.0	113.6	123.1	110.2
1979	107.6	107.6	106.1	108.2	107.8	108.7	106.1
1980	107.9	107.9	98.5	113.6	106.1	98.1	106.5
1981	105.1	105.1	107.0	101.9	109.7	129.5	103.8
1982	109.2	109.0	111.5	105.6	112.7	99.3	107.4
1983	111.0	110.8	108.3	110.4	114.7	121.2	109.2
1984	115.4	115.2	112.9	114.5	119.5	124.7	113.7
1985	113.3	113.5	101.8	118.6	118.3	133.5	112.0
1986	108.6	108.9	103.3	110.2	112.3	109.4	107.3
1987	111.7	111.7	104.7	113.7	114.8	114.7	109.9
1988	111.3	111.3	102.5	114.5	113.3	111.8	109.5
1989	104.3	104.2	103.1	103.7	105.9	89.3	102.6
1990	104.1	103.9	107.3	103.2	102.7	94.7	102.4
1991	109.2	109.3	102.4	113.9	109.2	105.2	107.8
1992	114.1	114.3	104.7	121.2	112.6	110.5	112.9
1993	113.6	113.9	104.6	119.9	112.2	108.6	112.6
1994	113.1	113.1	103.9	118.3	111.4	108.2	111.8
1995	109.4	110.0	104.9	113.9	110.1	108.2	109.8
1996	110.1	109.9	105.0	112.1	109.2	107.6	108.8
1997	109.6	109.2	103.4	110.5	110.4	108.8	108.1
1998	107.3	107.8	103.4	108.9	108.4	106.5	106.8
1999	107.9	107.6	102.7	108.2	109.2	108.7	106.7
2000	108.6	108.4	102.3	109.4	109.7	109.4	107.6
2001	108.1	108.3	102.6	108.4	110.2	109.1	107.5
2002	109.5	109.1	102.7	109.8	110.5	108.8	108.4
2003	110.5	110.0	102.4	112.7	109.5	109.9	109.3
2004	110.5	110.1	106.1	111.1	110.1	106.6	109.4
2005	110.9	111.3	105.1	112.1	112.3	113.0	110.7
2006	113.3	112.7	104.8	113.4	114.1	119.5	112.1
2007	114.7	114.2	103.5	115.0	116.1	120.2	113.6
2008	110.1	109.6	105.2	109.8	110.5	115.9	109.1
2009	108.4	109.2	104.0	110.1	109.5	111.9	108.7
2010	110.3	110.6	104.3	112.7	109.7	114.6	110.1
2011	108.9	109.5	104.2	110.6	109.5	112.5	109.0
2012	108.5	107.7	104.5	108.2	108.0	110.3	107.2
2013	107.1	107.7	103.8	107.9	108.3	110.5	107.2
2014	107.8	107.3	104.1	107.3	107.8	109.5	106.7

1-2 国内生产总值构成

Composition of Gross Domestic Product

(当年价, Current Price)

年 份 Year	国内生产总值 Gross Domestic Product (%)	第一产业 Primary Industry	第二产业 Secondary Industry	第三产业 Tertiary Industry	#批发与零售业 Wholesale and Retail Trades
1978	100	27.9	47.6	24.5	6.6
1979	100	30.9	46.8	22.3	4.9
1980	100	29.9	47.9	22.2	4.3
1981	100	31.6	45.8	22.6	4.7
1982	100	33.0	44.5	22.5	3.2
1983	100	32.8	44.1	23.1	3.3
1984	100	31.8	42.8	25.5	5.0
1985	100	28.1	42.6	29.3	8.9
1986	100	26.8	43.4	29.8	8.3
1987	100	26.5	43.2	30.3	8.8
1988	100	25.4	43.4	31.2	9.9
1989	100	24.7	42.4	32.9	9.0
1990	100	26.7	40.9	32.4	6.8
1991	100	24.2	41.4	34.5	8.4
1992	100	21.4	43.0	35.6	8.9
1993	100	19.4	46.1	34.5	7.9
1994	100	19.5	46.1	34.4	7.8
1995	100	19.7	46.7	33.7	7.8
1996	100	19.4	47.0	33.6	7.8
1997	100	18.0	47.0	35.0	8.0
1998	100	17.2	45.7	37.1	8.1
1999	100	16.1	45.3	38.6	8.3
2000	100	14.7	45.4	39.8	8.2
2001	100	14.1	44.7	41.3	8.3
2002	100	13.4	44.3	42.3	8.3
2003	100	12.4	45.5	42.1	8.2
2004	100	13.0	45.8	41.2	7.7
2005	100	11.7	46.9	41.4	7.5
2006	100	10.7	47.4	41.9	7.6
2007	100	10.4	46.7	42.9	7.8
2008	100	10.3	46.8	42.9	8.3
2009	100	9.9	45.7	44.4	8.4
2010	100	9.6	46.2	44.2	8.8
2011	100	9.5	46.1	44.3	9.0
2012	100	9.5	45.0	45.5	9.3
2013	100	9.4	43.7	46.9	9.6
2014	100	9.2	42.7	48.1	9.8

1−3 三次产业贡献率

Share of the Contributions of the Three Strata of Industry to the Increase of GDP

(按不变价格计算, Data in this table are calculated at constant prices)

年 份 Year	国内生产总值 Gross Domestic Product (%)	第一产业 Primary Industry	第二产业 Secondary Industry	第三产业 Tertiary Industry	#批发与零售业 Wholesale and Retail Trades
1990	100	40.5	39.6	19.9	-7.9
1991	100	6.8	61.1	32.2	3.8
1992	100	8.2	63.2	28.7	4.8
1993	100	7.6	64.4	28.0	3.9
1994	100	6.3	66.3	27.4	3.8
1995	100	8.7	62.8	28.5	4.3
1996	100	9.3	62.2	28.5	4.3
1997	100	6.5	59.0	34.5	5.2
1998	100	7.2	59.7	33.0	4.5
1999	100	5.7	56.8	37.5	6.2
2000	100	4.2	59.5	36.3	6.1
2001	100	4.7	46.2	49.1	9.0
2002	100	4.2	49.2	46.6	8.0
2003	100	3.1	57.9	39.0	8.1
2004	100	7.4	51.7	40.9	5.3
2005	100	5.3	50.3	44.4	9.1
2006	100	4.4	49.5	46.1	11.5
2007	100	2.7	49.9	47.4	11.3
2008	100	5.3	48.4	46.3	13.8
2009	100	4.1	51.9	44.0	11.4
2010	100	3.6	57.2	39.2	12.5
2011	100	4.2	51.5	44.3	11.5
2012	100	5.3	49.3	45.4	12.0
2013	100	4.4	48.0	47.6	12.6
2014	100	4.8	47.1	48.1	12.4

注：产业贡献率指各产业增加值增量与GDP增量之比。

Note: Share of the three industries refers to the proportion of the increment of every industrial value added to the increment of GDP.

1–4 三大需求对国内生产总值增长的贡献率和拉动

Share and Contribution of the Three Components of GDP by Expenditure Approach to the Growth of GDP

(按不变价格计算, Data in value terms in this table are calculated at constant prices)

年份 Year	最终消费支出 Final Consumption Expenditure		资本形成总额 Gross Capital Formation		货物和服务净出口 Net Exports of Goods and Services	
	贡献率 Share (%)	拉动(百分点) Contribution (percentage points)	贡献率 Share (%)	拉动(百分点) Contribution (percentage points)	贡献率 Share (%)	拉动(百分点) Contribution (percentage points)
1978	39.4	4.6	66.0	7.6	-5.4	-0.6
1980	77.5	6.1	20.7	1.6	1.8	0.1
1985	71.1	9.6	79.9	10.8	-51.0	-6.9
1990	81.0	3.1	-54.2	-2.1	73.3	2.9
1995	46.1	5.1	46.7	5.1	7.2	0.8
2000	78.9	6.6	21.6	1.8	-0.5	0.0
2001	48.6	4.0	64.3	5.3	-12.9	-1.1
2002	57.3	5.2	37.9	3.4	4.8	0.4
2003	35.8	3.6	69.6	7.0	-5.4	-0.5
2004	43.0	4.3	61.3	6.2	-4.3	-0.4
2005	55.0	6.2	32.3	3.7	12.6	1.4
2006	42.4	5.4	42.3	5.4	15.2	1.9
2007	45.8	6.5	43.4	6.2	10.8	1.5
2008	45.0	4.3	52.3	5.0	2.7	0.3
2009	56.8	5.2	86.0	7.9	-42.8	-3.9
2010	46.3	4.9	65.2	6.9	-11.5	-1.2
2011	62.8	6.0	45.4	4.2	-8.2	-0.8
2012	56.5	4.3	41.8	3.2	1.7	0.1
2013	48.2	3.7	54.2	4.2	-2.4	-0.2
2014	51.6	3.8	46.7	3.4	1.7	0.1

注：1.三大需求指支出法国内生产总值的三大构成项目，即最终消费支出、资本形成总额、货物和服务净出口。
2.贡献率指三大需求增量与支出法国内生产总值增量之比。
3.拉动指国内生产总值增长速度与三大需求贡献率的乘积。

Note: a) Three components of GDP by expenditure approach are final consumption expenditure, gross capital formation and net exports of goods and services.
b) Contribution share of the three components refers to the proportion of the increment of the each component of GDP to the increment of GDP.
c) Contribution of the three components refers to the growth rate of GDP multiplies the constribution share of the three components.

1–5 人口数及构成
Population and Its Composition

单位：万人
Unit: 10000 persons

年份 Year	年底人口数 Total Population (year-end)	按性别分 by Sex				按城乡分 by Residence			
		男 Male		女 Female		城镇 Urban		乡村 Rural	
		人口数 Population	比重(%) Structure	人口数 Population	比重(%) Structure	人口数 Population	比重(%) Structure	人口数 Population	比重(%) Structure
1978	96259	49567	51.49	46692	48.51	17245	17.92	79014	82.08
1980	98705	50785	51.45	47920	48.55	19140	19.39	79565	80.61
1985	105851	54725	51.70	51126	48.30	25094	23.71	80757	76.29
1989	112704	58099	51.55	54605	48.45	29540	26.21	83164	73.79
1990	114333	58904	51.52	55429	48.48	30195	26.41	84138	73.59
1991	115823	59466	51.34	56357	48.66	31203	26.94	84620	73.06
1992	117171	59811	51.05	57360	48.95	32175	27.46	84996	72.54
1993	118517	60472	51.02	58045	48.98	33173	27.99	85344	72.01
1994	119850	61246	51.10	58604	48.90	34169	28.51	85681	71.49
1995	121121	61808	51.03	59313	48.97	35174	29.04	85947	70.96
1996	122389	62200	50.82	60189	49.18	37304	30.48	85085	69.52
1997	123626	63131	51.07	60495	48.93	39449	31.91	84177	68.09
1998	124761	63940	51.25	60821	48.75	41608	33.35	83153	66.65
1999	125786	64692	51.43	61094	48.57	43748	34.78	82038	65.22
2000	126743	65437	51.63	61306	48.37	45906	36.22	80837	63.78
2001	127627	65672	51.46	61955	48.54	48064	37.66	79563	62.34
2002	128453	66115	51.47	62338	48.53	50212	39.09	78241	60.91
2003	129227	66556	51.50	62671	48.50	52376	40.53	76851	59.47
2004	129988	66976	51.52	63012	48.48	54283	41.76	75705	58.24
2005	130756	67375	51.53	63381	48.47	56212	42.99	74544	57.01
2006	131448	67728	51.52	63720	48.48	58288	44.34	73160	55.66
2007	132129	68048	51.50	64081	48.50	60633	45.89	71496	54.11
2008	132802	68357	51.47	64445	48.53	62403	46.99	70399	53.01
2009	133450	68647	51.44	64803	48.56	64512	48.34	68938	51.66
2010	134091	68748	51.27	65343	48.73	66978	49.95	67113	50.05
2011	134735	69068	51.26	65667	48.74	69079	51.27	65656	48.73
2012	135404	69395	51.25	66009	48.75	71182	52.57	64222	47.43
2013	136072	69728	51.24	66344	48.76	73111	53.73	62961	46.27
2014	136782	70079	51.23	66703	48.77	74916	54.77	61866	45.23

1-6 居民消费价格指数和商品零售价格指数
Consumer Price Indices and Retail Price Indices

(上年价格=100，Preceding Year=100)

年 份 Year	居民消费价格指数 Consumer Price Index	城 市 Urban Areas	农 村 Rural Areas	商品零售价格指数 Retail Price Index	城 市 Urban Areas	农 村 Rural Areas
1978	100.7	100.7		100.7		
1979	101.9	101.9		102.0		
1980	107.5	107.5		106.0		
1981	102.5	102.5		102.4		
1982	102.0	102.0		101.9		
1983	102.0	102.0		101.5		
1984	102.7	102.7		102.8		
1985	109.3	111.9	107.6	108.8		
1986	106.5	107.0	106.1	106.0		
1987	107.3	108.8	106.2	107.3		
1988	118.8	120.7	117.5	118.5		
1989	118.0	116.3	119.3	117.8		
1990	103.1	101.3	104.5	102.1		
1991	103.4	105.1	102.3	102.9		
1992	106.4	108.6	104.7	105.4		
1993	114.7	116.1	113.7	113.2		
1994	124.1	125.0	123.4	121.7	120.9	122.9
1995	117.1	116.8	117.5	114.8	113.5	116.4
1996	108.3	108.8	107.9	106.1	105.8	106.4
1997	102.8	103.1	102.5	100.8	100.8	100.7
1998	99.2	99.4	99.0	97.4	97.4	97.6
1999	98.6	98.7	98.5	97.0	97.0	97.1
2000	100.4	100.8	99.9	98.5	98.5	98.5
2001	100.7	100.7	100.8	99.2	98.9	99.6
2002	99.2	99.0	99.6	98.7	98.5	99.1
2003	101.2	100.9	101.6	99.9	99.6	100.5
2004	103.9	103.3	104.8	102.8	102.1	104.2
2005	101.8	101.6	102.2	100.8	100.5	101.4
2006	101.5	101.5	101.5	101.0	100.9	101.4
2007	104.8	104.5	105.4	103.8	103.3	104.9
2008	105.9	105.6	106.5	105.9	105.5	106.7
2009	99.3	99.1	99.7	98.8	98.7	99.0
2010	103.3	103.2	103.6	103.1	102.8	103.6
2011	105.4	105.3	105.8	104.9	104.7	105.5
2012	102.6	102.7	102.5	102.0	101.9	102.2
2013	102.6	102.6	102.8	101.4	101.3	101.8
2014	102.0	102.1	101.8	101.0	101.0	101.0

1-7 城乡居民人民币储蓄存款
Savings Deposit in Urban and Rural Arcas

单位：亿元
Unit: 100 million yuan

年份 Year	年底余额 Outstanding Amount			年增加额 Increased Amount		
	总计 Total	定期 Time Deposits	活期 Demand Deposits	总计 Total	定期 Time Deposits	活期 Demand Deposits
1978	210.6	128.9	81.7	29.0	17.2	11.8
1980	395.8	304.9	90.9	114.8	138.5	-23.7
1985	1622.6	1225.2	397.4	407.9	324.3	83.6
1989	5196.4	4215.4	981.0	1374.2	1366.9	7.3
1990	7119.6	5909.4	1210.2	1935.1	1700.9	234.2
1991	9244.9	7634.9	1610.0	2125.3	1725.5	399.8
1992	11757.3	9445.0	2312.3	2512.4	1810.1	702.3
1993	15203.5	12108.3	3095.2	3446.2	2663.3	782.9
1994	21518.8	16838.7	4680.1	6315.3	4730.4	1584.9
1995	29662.3	23778.3	5884.1	8143.5	6939.6	1203.9
1996	38520.8	30873.2	7647.6	8858.6	7095.0	1763.6
1997	46279.8	36226.7	10053.1	7759.0	5353.5	2405.4
1998	53407.5	41791.6	11615.9	7127.7	5564.8	1562.8
1999	59621.8	44955.1	14666.7	6214.4	3163.5	3050.8
2000	64332.4	46141.7	18190.7	4710.6	1186.6	3524.0
2001	73762.4	51434.9	22327.6	9430.1	5293.2	4136.9
2002	86910.7	58788.9	28121.7	13148.2	7354.1	5794.1
2003	103617.7	68498.7	35119.0	16707.0	9709.7	6997.3
2004	119555.4	78138.9	41416.5	15937.7	9640.2	6297.6
2005	141051.0	92263.5	48787.5	21495.6	14124.7	7370.9
2006	161587.3	103011.4	58575.9	20544.0	10777.3	9766.7
2007	172534.2	104934.5	67599.7	10946.9	1923.1	9023.8
2008	217885.4	139300.2	78585.2	45351.2	34365.7	10985.5
2009	260771.7	160230.4	100541.3	42886.4	20930.2	21956.1
2010	303302.5	178413.9	124888.6	42530.8	18183.5	24347.3
2011	343635.9			40333.4		
2012	399551.0			55915.2		
2013	447601.6			48050.6		
2014	485261.3			37659.7		

第2篇

消费品市场

CONSUMER GOODS MARKET

2-1 历年社会消费品零售总额
Total Retail Sales of Consumer Goods

年 份 Year	社会消费品零售总额(亿元) Total Retail Sales of Consumer Goods (100 million yuan)	比上年增长(%) Increase Over the Previous Year (%)
1952	276.8	
1963	604.5	0.1
1964	638.2	5.6
1965	670.3	5.0
1966	732.8	9.3
1967	770.5	5.1
1968	737.3	-4.3
1969	801.5	8.7
1970	858.0	7.0
1971	929.2	8.3
1972	1023.3	10.1
1973	1106.7	8.2
1974	1163.6	5.1
1975	1271.1	9.2
1976	1339.4	5.4
1977	1432.8	7.0
1978	1558.6	8.8
1979	1800.0	15.5
1980	2140.0	18.9
1981	2350.0	9.8
1982	2570.0	9.4
1983	2849.4	10.9
1984	3376.4	18.5
1985	4305.0	27.5
1986	4950.0	15.0
1987	5820.0	17.6
1988	7440.0	27.8
1989	8101.4	8.9
1990	8300.1	2.5
1991	9415.6	13.4
1992	10993.7	16.8
1993	14270.4	29.8
1994	18622.9	30.5
1995	23613.8	26.8
1996	28360.2	20.1
1997	31252.9	10.2
1998	33378.1	6.8
1999	35647.9	6.8
2000	39105.7	9.7
2001	43055.4	10.1
2002	48135.9	11.8
2003	52516.3	9.1
2004	59501.0	13.3
2005	68352.6	14.9
2006	79145.2	15.8
2007	93571.6	18.2
2008	114830.1	22.7
2009	133048.2	15.9
2010	158008.0	18.8
2011	187205.8	18.5
2012	214432.7	14.5
2013	242842.8	13.2
2014	271896.1	12.0

2–2 各地区社会消费品零售总额
Total Retail Sales of Consumer Goods by Region

单位：亿元
Unit:100 million yuan

地 区	Region	2009	2010	2011	2012	2013	2014
北 京	Beijing	5387.5	6340.3	7222.2	8123.5	8872.1	9638.0
天 津	Tianjin	2430.8	2860.2	3395.1	3921.4	4470.4	4738.7
河 北	Hebei	5764.9	6821.8	8035.5	9254.0	10516.7	11820.5
山 西	Shanxi	2809.0	3318.2	3903.4	4506.8	5139.3	5717.9
内蒙古	Inner Mongolia	2855.3	3384.0	3991.7	4572.5	5114.2	5657.6
辽 宁	Liaoning	5812.6	6887.6	8095.3	9304.2	10581.4	11857.0
吉 林	Jilin	2957.3	3504.9	4119.8	4772.9	5426.4	6080.9
黑龙江	Heilongjiang	3401.8	4039.2	4750.1	5491.0	6251.2	7015.3
上 海	Shanghai	5213.1	6186.6	7185.8	7840.4	8557.0	9303.5
江 苏	Jiangsu	11487.7	13606.3	16058.3	18411.1	20878.2	23458.1
浙 江	Zhejiang	8666.2	10387.0	12532.8	14199.6	15970.8	17835.3
安 徽	Anhui	3564.4	4300.5	5288.2	6142.8	7044.7	7957.0
福 建	Fujian	4481.0	5310.0	6276.2	7256.5	8275.3	9346.7
江 西	Jiangxi	2486.1	2971.0	3560.5	4123.3	4696.1	5292.6
山 东	Shandong	12363.0	14620.3	17155.5	19651.9	22294.8	25111.5
河 南	Henan	6746.4	8004.2	9453.6	10915.6	12426.6	14005.0
湖 北	Hubei	5929.1	7014.4	8363.3	9682.4	11035.9	12449.3
湖 南	Hunan	4943.9	5952.6	7209.0	8318.7	9509.5	10723.5
广 东	Guangdong	14891.8	17458.4	20297.5	22677.1	25453.9	28471.1
广 西	Guangxi	2790.7	3312.0	3908.2	4516.6	5133.1	5772.8
海 南	Hainan	545.3	663.8	822.5	950.2	1090.9	1224.5
重 庆	Chongqing	2515.0	3051.1	3782.3	4403.0	5055.8	5710.7
四 川	Sichuan	5779.9	6884.8	8290.8	9622.0	11001.0	12393.0
贵 州	Guizhou	1265.5	1531.6	1899.9	2266.3	2601.2	2936.9
云 南	Yunnan	2052.8	2555.8	3105.9	3597.9	4112.6	4632.9
西 藏	Tibet	158.9	192.4	237.5	277.9	322.2	364.5
陕 西	Shaanxi	2725.7	3257.5	3900.6	4581.6	5245.0	5918.7
甘 肃	Gansu	1198.1	1435.5	1772.9	2064.4	2368.8	2668.3
青 海	Qinghai	300.5	351.0	413.4	480.3	549.6	620.8
宁 夏	Ningxia	344.0	418.5	515.5	590.5	668.5	737.2
新 疆	Xinjiang	1180.1	1386.1	1662.4	1916.1	2179.5	2436.5

2–3 各地区社会消费品零售总额构成
Total Retail Sales of Consumer Goods by Region

单位：亿元
Unit:100 million yuan

地区	Region	社会消费品零售总额 Total Retail Sales of Consumer Goods	城市 City	城区 Urban	镇区 Town	乡村 Village
全国	**National Total**	**271896.1**	**234948.3**	**181790.4**	**53157.9**	**36947.9**
北京	Beijing	9638.0	9326.6	8887.6	439.0	311.4
天津	Tianjin	4738.7	4549.6	3859.7	689.9	189.0
河北	Hebei	11820.5	9072.0	5921.5	3150.6	2748.4
山西	Shanxi	5717.9	4661.8	3107.8	1554.0	1056.1
内蒙古	Inner Mongolia	5657.6	4949.4	3741.3	1208.1	708.2
辽宁	Liaoning	11857.0	10800.0	9377.7	1422.3	1057.0
吉林	Jilin	6080.9	5385.4	4649.5	735.8	695.5
黑龙江	Heilongjiang	7015.3	6148.8	4941.1	1207.8	866.5
上海	Shanghai	9303.5	8884.5	8388.4	496.2	419.0
江苏	Jiangsu	23458.1	21090.7	16494.7	4596.0	2367.4
浙江	Zhejiang	17835.3	14933.1	10884.1	4049.0	2902.2
安徽	Anhui	7957.0	6457.1	4347.5	2109.6	1499.9
福建	Fujian	9346.7	8419.8	6060.6	2359.2	927.0
江西	Jiangxi	5292.6	4401.4	2762.4	1639.0	891.2
山东	Shandong	25111.5	20099.9	15074.7	5025.2	5011.6
河南	Henan	14005.0	11503.1	8190.9	3312.1	2501.9
湖北	Hubei	12449.3	10494.8	8396.7	2098.1	1954.5
湖南	Hunan	10723.5	9707.5	6302.0	3405.5	1015.9
广东	Guangdong	28471.1	24939.9	21827.1	3112.8	3531.2
广西	Guangxi	5772.8	5097.6	3362.4	1735.2	675.2
海南	Hainan	1224.5	1066.0	875.5	190.5	158.5
重庆	Chongqing	5710.7	5427.7	3793.0	1634.7	282.9
四川	Sichuan	12393.0	9985.3	7359.5	2625.8	2407.7
贵州	Guizhou	2936.9	2425.3	1900.6	524.6	511.6
云南	Yunnan	4632.9	4009.0	2911.9	1097.2	623.8
西藏	Tibet	364.5	303.0	187.1	115.8	61.5
陕西	Shaanxi	5918.7	5233.6	3921.4	1312.2	685.1
甘肃	Gansu	2668.3	2142.7	1586.4	556.3	525.6
青海	Qinghai	620.8	539.7	387.8	151.9	81.2
宁夏	Ningxia	737.2	672.1	463.6	208.5	65.0
新疆	Xinjiang	2436.5	2220.8	1825.9	394.9	215.7

2−4 亿元以上商品交易市场基本情况

Basic Statistics on Commodity Exchange Markets of Transaction Value over 100 Million Yuan

市 场	Market	市场数量（个） Number of Markets (unit)	摊位数（个） Number of Booths (unit)	营业面积（万平方米） Operational Area (10000 sq.m)	成交额（亿元） Turnover (100 million yuan)	批 发 Wholesale Value	零 售 Retail Value
总 计	**Total**	**5023**	**3534757**	**29567.9**	**100309.9**	**86323.7**	**13986.2**
综合市场	**Integrated Markets**	**1376**	**1279354**	**7455.2**	**22348.7**	**18145.6**	**4203.1**
生产资料综合市场	Production Comprehensive Markets	51	63984	783.3	1395.5	1386.1	9.5
工业消费品综合市场	Industrial Consumable Comprehensive Markets	305	487781	2669.1	7863.0	6432.0	1431.0
农产品综合市场	Farm Produce Comprehensive Markets	683	423859	2295.3	9332.0	7402.1	1929.9
其他综合市场	Other Comprehensive Markets	337	303730	1707.5	3758.1	2925.4	832.7
专业市场	**Special Markets**	**3647**	**2255403**	**22112.7**	**77961.2**	**68178.1**	**9783.1**
生产资料市场	Production Markets	693	293442	6861.2	30386.4	30243.6	142.8
农业生产用具市场	Agricultural Production Equipment Markets	20	5744	148.7	211.5	211.5	
农用生产资料市场	Agricultural Production Markets	30	6303	109.0	175.9	175.9	
煤炭市场	Coal and Charcoal Markets	12	1905	550.6	509.5	509.5	
木材市场	Wood Markets	53	19442	553.1	752.0	752.0	
建材市场	Building Material Markets	211	102101	2313.4	1958.5	1815.6	142.8
化工材料及制品市场	Chemical Materials and Products Markets	36	21896	227.0	3096.9	3096.9	
金属材料市场	Metal Materials Markets	250	93639	2477.6	21155.7	21155.7	
机械设备市场	Mechanical Equipments Markets	46	26289	244.1	738.0	738.0	
其他生产资料市场	Others	35	16123	237.7	1788.4	1788.4	
农产品市场	Farm Produce Markets	999	565365	4275.4	15507.8	14653.5	854.4
粮油市场	Grain and Oil Markets	105	33430	369.9	1753.7	1690.1	63.7
肉禽蛋市场	Meat, Poultry and Eggs Markets	126	44873	295.8	1328.3	1151.2	177.0
水产品市场	Aquatic Products Markets	145	98509	482.6	3157.2	3025.2	132.0
蔬菜市场	Vegetables Markets	304	212648	1551.7	3771.6	3656.4	115.2
干鲜果品市场	Dried and Fresh Melons and Fruits Markets	136	68118	577.7	2484.5	2479.0	5.5
棉麻土畜、烟叶市场	Cotton, Local & Livestock Products, and Tobacco Markets	21	14725	398.9	665.4	664.2	1.2
其他农产品市场	Others	162	93062	598.9	2347.1	1987.4	359.7
食品、饮料及烟酒市场	Food, Beverages, Tobacco and Liquor Markets	130	72041	386.2	1313.9	1106.0	207.8
食品饮料市场	Food and Beverages Markets	43	28388	114.6	398.9	271.3	127.6
茶叶市场	Tea Markets	25	11474	87.3	247.1	222.0	25.1
烟酒市场	Tobacco and Liquor Markets	14	4844	33.9	76.3	58.6	17.8
其他食品饮料及烟酒市场	Others	48	27335	150.4	591.6	554.2	37.4

市场	Market	市场数量（个）Number of Markets (unit)	摊位数（个）Number of Booths (unit)	营业面积（万平方米）Operational Area (10000 sq.m)	成交额（亿元）Turnover (100 million yuan)	批发 Wholesale Value	零售 Retail Value
纺织、服装、鞋帽市场	**Textiles, Clothing, Shoes and Hats Markets**	**570**	**706812**	**3216.1**	**14099.5**	**12759.2**	**1340.3**
布料及纺织品市场	Cloth and Textiles Markets	73	110983	959.8	6115.6	6103.3	12.3
服装市场	Clothing Markets	362	416727	1701.0	5492.7	4519.5	973.1
鞋帽市场	Shoes and Hats Markets	38	25200	126.9	438.2	432.5	5.7
其他纺织服装鞋帽市场	Others	97	153902	428.3	2053.0	1703.8	349.2
日用品及文化用品市场	Daily Use Articles and Cultural Goods Markets	94	67747	296.5	1144.2	1053.3	90.9
小商品市场	Merchandise Markets	39	40587	114.3	419.0	392.4	26.6
箱包市场	Luggage Markets	5	5557	56.2	218.2	218.2	
玩具市场	Toys Markets	3	1063	11.9	23.0	23.0	
文具市场	Stationary Markets	4	1427	10.9	21.4	21.4	
图书、报刊杂志市场	Books, Newspapers and Magazines Markets	10	1566	9.8	36.5	23.5	13.1
音像制品及电子出版物市场	Video Products and E-journal Markets	2	473	1.8	7.4		7.4
体育用品市场	Sports Markets						
其他日用品及文化用品市场	Others	31	17074	91.7	418.6	374.8	43.8
黄金、珠宝、玉器等首饰市场	Gold, Jeweller, Jade Markets	26	16933	189.7	473.1	408.3	64.8
电器、通讯器材、电子设备市场	Electrical Appliances, Communication Appliances and Electronical Appliances Markets	154	60317	348.3	972.1	436.7	535.4
家电市场	Household Appliances Markets	38	11354	155.9	316.4	262.2	54.2
通讯器材市场	Communication Appliances Markets	26	11278	35.7	106.7	52.7	53.9
照相、摄像器材市场	Cameras and Video Equipments Markets	2	490	2.1	7.2	3.8	3.4
计算机及辅助设备市场	Computer and Auxillary Equipments Markets	78	32743	138.7	484.0	73.1	410.9
其他电器、通讯器材、电子设备市场	Others	10	4452	15.9	57.8	44.8	12.9
医药、医疗用品及器材市场	Medicine, Medical Materials and Medical Instruments Markets	25	47178	257.9	1507.1	1483.9	23.2
中药材市场	Chinese Medicine Markets	25	47178	257.9	1507.1	1483.9	23.2
其他医药、医疗用品及器材市场	Others						
家具、五金及装饰材料市场	Furniture, Hardware and Decoration Materials Markets	576	280793	4141.0	5010.2	2983.9	2026.3
家具市场	Furniture Markets	162	67975	1403.8	1463.3	709.9	753.4
装饰材料市场	Decoration Materials Markets	247	112641	1613.8	1833.7	992.8	840.9
灯具市场	Lamps Markets	18	8476	132.8	214.4	174.1	40.3
厨具、盥洗设备市场	Kitchen Utensils, Washing Equipments Markets	4	1997	32.2	18.7	15.8	2.9
五金材料市场	Hardware Materials Markets	80	47163	486.8	895.3	805.4	90.0
其他装修市场	Others	65	42541	471.5	584.9	285.9	299.0
汽车、摩托车及零配件市场	Cars, Motorcycles and Spare Parts Markets	273	79728	1471.3	6318.0	2065.5	4252.5
汽车市场	Cars Markets	186	38628	1118.8	5119.4	998.8	4120.6
摩托车市场	Motocycles Markets	9	3606	25.6	75.7	64.6	11.1
机动车零配件市场	Vehicle Spare Parts Markts	78	37494	326.9	1122.9	1002.1	120.8
花、鸟、鱼、虫市场	Flower, Bird, Fish and Insects Markets	30	19820	336.7	436.3	404.9	31.3
花卉市场	Flower Markets	25	18279	329.7	417.3	399.5	17.8
鸟市场	Bird Markets						
观赏鱼市场	Fish Markets						
其他花鸟鱼虫市场	Others	5	1541	7.1	18.9	5.5	13.5
旧货市场	Second Hand Markets	20	9106	36.7	83.1	46.6	36.5
古玩、古董、字画市场	Antiques,Calligraphy and Painting Markets	3	848	3.2	3.0		3.0
邮票、硬币市场	Stamps and Coins Markets						
其他旧货市场	Others	17	8258	33.5	80.1	46.6	33.5
其他专业市场	Others	57	36121	295.7	709.6	532.7	176.9

2-5 亿元以上商品交易市场摊位分类情况

Classification of Booths of Commodity Exchange Markets of Transaction Value over 100 Million Yuan

单位：亿元
Unit: 100 million

类　　别	Classification	摊位数（个）Number of Booths (unit)	成交额（亿元）Turnover (100 million yuan)	批　发 Wholesale Value	零　售 Retail Value
总　计	**Total**	**3534757**	**100309.9**	**86323.7**	**13986.2**
粮油、食品类		1013537	24800.0	21730.4	3069.6
#粮油类	Grain and Oil	98925	3284.1	2935.9	348.2
肉禽蛋类	Meat, Poultry and Eggs	138431	3247.7	2364.1	883.6
水产品类	Aquatic Products	159611	5168.1	4418.6	749.5
蔬菜类	Vegetables	405731	6659.9	6008.7	651.2
干鲜果品类	Dried and Fresh Melons and Fruits	172377	5706.4	5419.7	286.8
饮料类	Beverages	48620	1025.3	899.3	126.0
烟酒类	Tobacco and Liquor	44881	1003.9	857.6	146.2
服装鞋帽、针、纺织品类	Clothing, Shoes, Hats and Textiles	977742	16631.5	14682.3	1949.2
服装类	Clothing	595427	7291.8	5881.4	1410.5
鞋帽类	Footwear and Hats	144147	1642.5	1339.6	302.8
针、纺织品类	Knitwear and Textiles	238168	7697.3	7461.3	235.9
化妆品类	Cosmetics	29845	328.1	260.6	67.6
金银珠宝类	Gold, Silver and Jewellery	22224	582.7	477.1	105.6
日用品类	Articles for Daily Use	186194	3209.9	2739.7	470.2
#儿童玩具类	Children Toys	30946	381.6	306.8	74.8
五金、电料类	Hardware & Electrical Materials	115595	2241.2	1970.5	270.7
体育、娱乐用品类	Sports & Recreational Articles	13894	197.3	166.1	31.2
#照相器材类		634	6.4	1.8	4.7
书报杂志类	Newspapers and Magazines	4792	67.0	49.7	17.3
电子出版物及音像制品类	E-journal and Video Products	8873	197.3	170.8	26.5
家用电器和音像器材类	Household Appliances and Video Equipments	35444	712.8	551.7	161.1
中西药品类	Traditional Chinese and Western Medicine	29492	1339.2	1301.3	37.9
#西药类	Western Medicine	1106	37.0	29.3	7.8
中草药及中成药类	Traditional Chinese	27616	1292.6	1265.3	27.3
文化办公用品类	Cultural and Official Goods	67271	992.8	524.0	468.9
#计算机及其配套产品		28920	395.4	86.1	309.3
家具类	Furniture	99983	2077.8	1086.9	990.9
通讯器材类	Communication Appliances	23311	304.2	182.4	121.8
煤炭及制品类	Coal and Related Products	2163	578.2	575.9	2.3
木材及制品类	Wood and Wooden Products	31968	1022.9	995.4	27.5
石油及制品类	Petroleum and Related Products	1867	1539.1	1537.7	1.3
化工材料及制品类	Raw Chemical Materials and Related Products	46893	3563.5	3554.2	9.4
#化肥类	Fertilizer	3765	102.4	98.0	4.4
金属材料类	Metal Materials	99146	21247.5	21216.0	31.5
建筑及装潢材料类	Building and Decoration Materials	277368	4952.2	3857.0	1095.2
机电产品及设备类	Mechanical & Electrical Products	55333	1422.5	1379.2	43.3
#农机类	Agricultural Machinery	5607	210.3	200.2	10.1
汽车类	Automobile	78000	6481.0	2245.0	4236.0
种子饲料类	Seed and Feedstuff	8661	139.4	134.3	5.0
棉麻类	Cotton and Hemp	4736	456.4	444.6	11.8
其他类	Others	206924	3196.1	2733.9	462.3

2-6 各地区亿元以上商品交易市场基本情况
Basic Statistics on Commodity Exchange Markets of Transaction Value over 100 Million Yuan by Region

年份 Year	地区 Region	市场数量(个) Number of Markets (unit)	摊位数(个) Number of Booths (unit)	营业面积(万平方米) Operational Area (10000 sq.m)	成交额(亿元) Turnover (100 million yuan)	批发 Wholesale Value	零售 Retail Value
2000		3087	2115115	8261.6	16358.9	11648.0	4710.9
2001		3273	2200662	9397.3	17719.1	12562.5	5156.5
2002		3258	2190814	10313.2	19840.0	15450.9	4389.2
2003		3265	2148866	10984.0	21514.5	16832.6	4681.9
2004		3365	2229818	12477.5	26102.7	21116.9	4985.8
2005		3323	2248803	13140.8	30020.9	24544.2	5476.7
2006		3876	2527987	18072.3	37137.5	29679.9	7457.5
2007		4121	2681630	19814.6	44085.1	35871.5	8213.6
2008		4567	2839070	21225.2	52458.0	43120.0	9337.9
2009		4687	2994781	23230.3	57963.8	48308.2	9655.5
2010		4940	3193365	24832.3	72703.5	60954.9	11748.6
2011		5075	3334787	26234.5	82017.3	69390.8	12626.5
2012		5194	3494122	27899.4	93023.8	80141.8	12882.0
2013		5089	3488170	28868.3	98365.1	84628.3	13736.8
2014		5023	3534757	29567.9	100309.9	86323.7	13986.2
北京	Beijing	131	108167	692.7	3390.3	2182.5	1207.8
天津	Tianjin	65	41839	458.6	1790.9	1701.1	89.8
河北	Hebei	244	305169	2699.8	5193.0	4886.6	306.4
山西	Shanxi	39	29948	279.3	611.1	575.7	35.4
内蒙古	Inner Mongolia	72	38410	768.5	579.8	435.9	143.9
辽宁	Liaoning	215	176581	912.9	3947.3	3217.4	729.9
吉林	Jilin	60	50745	295.3	708.3	441.6	266.8
黑龙江	Heilongjiang	84	55264	319.0	1104.0	789.5	314.5
上海	Shanghai	158	69274	782.6	8916.8	8402.3	514.5
江苏	Jiangsu	536	353900	3266.6	17084.9	15016.8	2068.1
浙江	Zhejiang	766	466119	3015.3	15525.0	13075.8	2449.2
安徽	Anhui	130	115681	1139.9	2697.2	2429.4	267.9
福建	Fujian	155	56154	381.1	1733.7	1329.7	404.0
江西	Jiangxi	94	71021	413.0	1762.9	1543.5	219.4
山东	Shandong	579	395794	3972.5	9663.3	8625.0	1038.2
河南	Henan	164	144148	1268.1	3138.4	2800.6	337.8
湖北	Hubei	153	77351	554.3	2095.5	1504.6	590.9
湖南	Hunan	326	185316	1055.6	3190.0	2362.2	827.8
广东	Guangdong	344	207681	1980.2	5657.0	4976.6	680.4
广西	Guangxi	92	69126	449.3	1149.6	972.1	177.4
海南	Hainan	8	4993	76.9	50.8	31.6	19.2
重庆	Chongqing	149	101736	806.1	3406.3	2993.6	412.7
四川	Sichuan	125	144245	1187.8	2704.1	2503.6	200.5
贵州	Guizhou	62	36736	302.2	691.6	562.6	129.0
云南	Yunnan	48	59187	372.6	725.9	607.9	118.0
西藏	Tibet						
陕西	Shaanxi	52	34117	246.9	447.6	262.2	185.4
甘肃	Gansu	40	30528	179.0	462.9	436.1	26.9
青海	Qinghai	8	4721	27.8	27.3	16.1	11.2
宁夏	Ningxia	35	24024	398.2	314.4	271.4	43.0
新疆	Xinjiang	89	76782	1265.8	1539.9	1369.7	170.2

批发和零售业

WHOLESALE AND RETAIL TRADES

第3篇

3-1-1 限额以上批发和零售业企业基本情况

Basic Conditions of Enterprises above Designated Size of Wholesale and Retail Trades

项目	Item	法人单位数（个） Number of Corporation Enterprises (unit)	年末从业人数（人） Engaged Persons at Year-end (person)
总计	**Total**	**181612**	**11819393**
一、批发业	**Wholesale Trade**	**93960**	**5000515**
#国有控股	State-controlled Enterprises	8145	1246393
(一)按登记注册类型分	**by Type of Registration**		
1.内资企业	**Domestic Funded Enterprises**	**89668**	**4243835**
国有企业	State-owned Enterprises	2556	397941
集体企业	Collective-owned Enterprises	731	43059
股份合作企业	Cooperative Enterprises	197	7095
联营企业	Joint Ownership Enterprises	30	2796
国有联营企业	State Joint Ownership Enterprises	6	611
集体联营企业	Collective Joint Ownership Enterprises	12	814
国有与集体联营企业	Joint State-collective Enterprises	6	1140
其他联营企业	Other Joint Ownership Enterprises	6	231
有限责任公司	Limited Liability Corporations	27598	1571993
国有独资公司	State Sole Funded Corporations	1303	160275
其他有限责任公司	Other Limited Liability Corporations	26295	1411718
股份有限公司	Share-holding Corporations Ltd.	1981	497122
私营企业	Private Enterprises	55379	1668400
私营独资企业	Private-funded Enterprises	764	18625
私营合伙企业	Private Partnership Enterprises	141	4790
私营有限责任公司	Private Limited Liability Corporations	53127	1577827
私营股份有限公司	Private Share-holding Corporations Ltd.	1347	67158
其他企业	Other Enterprises	1196	55429
2.港、澳、台商投资企业	**Enterprises with Funds from Hongkong, Macao and Taiwan**	**1836**	**342090**
合资经营企业	Joint-venture Enterprises	282	36369
合作经营企业	Cooperative Enterprises	23	8452
独资经营企业	Enterprises with Sole Investment	1485	280797
投资股份有限公司	Share-holding Corporations Ltd. with Investment	45	13969
其他港澳台商投资企业	Other Enterprises with Funds from Hongkong, Macao and Taiwan	1	2503
3.外商投资企业	**Foreign Funded Enterprises**	**2456**	**414590**
中外合资经营企业	Joint-venture Enterprises	392	42051
中外合作经营企业	Cooperative Enterprises	19	1999
外资企业	Enterprises with Sole Foreign Investment	1984	355951
外商投资股份有限公司	Share-holding Corporations Ltd. with Foreign Investment	38	7854
其他外商投资企业	Other Foreign Funded Enterprises	23	6735

3-1-1 续表 1 Continued 1

项　目	Item	法人单位数（个）Number of Corporation Enterprises (unit)	年末从业人数（人）Engaged Persons at the Year-end (person)
（二）按国民经济行业分	**by Sector**		
农、林、牧产品批发	Wholesale of Agricultural, Forestry and Livestock Products	4853	215053
食品、饮料及烟草制品批发	Wholesale of Food, Beverages and Tobaccos	9574	987437
米、面制品及食用油批发	Wholesale of Rice, Flour and Edible Oil	1592	100811
肉、禽、蛋、奶及水产品批发	Wholesale of Meal, Fowls, Eggs, Milk and Aquatic Products	1384	96623
酒、饮料及茶叶批发	Wholesale of Wine, Beverages and Teas	1914	203084
烟草制品批发	Wholesale of Tobaccos	570	278876
纺织、服装及家庭用品批发	Wholesale of Textiles, Wearing Apparel and Household Articles	11667	876930
服装批发	Wholesale of Garments	2705	275482
鞋帽批发	Wholesale of Shoes and Hats	910	69997
家用电器批发	Wholesale of Household Electrical Appliances	1560	172300
文化、体育用品及器材批发	Wholesale of Culture, Sports Appliances and Equipments	2515	176517
文具用品批发	Wholesale of Stationeries	839	27842
体育用品及器材批发	Wholesale of Sports Appliances and Equipments	165	14993
图书批发	Wholesale of Books	263	39321
医药及医疗器材批发	Wholesale of Medicines and Medical Appliances	5698	506629
西药批发	Wholesale of Western Medicine	2999	289778
中药批发	Wholesale of Chinese Traditional Medicine	1429	133757
矿产品、建材及化工产品批发	Wholesale of Mineral Products, Building Materials and Chemical Products	40460	1353868
煤炭及制品批发	Wholesale of Coal and Related Products	5762	212626
石油及制品批发	Wholesale of Petroleum and Related Products	4182	428918
金属及金属矿批发	Wholesale of Metal Materials	13843	259090
建材批发	Wholesale of Building Materials	4994	148859
化肥批发	Wholesale of Chemical Fertilizer	1850	76357
农药批发	Wholesale of Pesticides	239	11194
机械设备、五金产品及电子产品批发	Wholesale of Machinery, Hardware and Electronic Products	14746	720552
汽车批发	Wholesale of Motor Vehicles	1555	95796
计算机、软件及辅助设备批发	Wholesale of Computer, Software and Assistant Appliances	1558	65562
通讯及广播电视设备批发	Wholesale of Communication, Radios and Televisions Equipments	819	90398
贸易经纪与代理	Trade Broker and Agency	1093	41039
其他批发业	Other Wholesale not Classified Elsewhere	3354	122490

项 目	Item	法人单位数(个) Number of Corporation Enterprises (unit)	年末从业人数(人) Engaged Persons at the Year-end (person)	年末零售营业面积(平方米) Business Area of Retail Trade at the Year-end (㎡)
二、零售业	**Retail Trade**	**87652**	**6818878**	**312558456**
#国有控股	State-controlled Enterprises	5642	935328	57268648
(一)按登记注册类型分	**by Type of Registration**			
1.内资企业	**Domestic Funded Enterprises**	**85414**	**5947799**	**275319414**
国有企业	State-owned Enterprises	1826	137669	4519646
集体企业	Collective-owned Enterprises	1961	103515	3951251
股份合作企业	Cooperative Enterprises	345	18331	616948
联营企业	Joint Ownership Enterprises	144	6452	224387
国有联营企业	State Joint Ownership Enterprises	28	2216	38662
集体联营企业	Collective Joint Ownership Enterprises	48	2385	47731
国有与集体联营企业	Joint State-collective Enterprises	40	931	85866
其他联营企业	Other Joint Ownership Enterprises	28	920	52128
有限责任公司	Limited Liability Corporations	28841	2568628	117408121
国有独资公司	State Sole Funded Corporations	667	70145	3120294
其他有限责任公司	Other Limited Liability Corporations	28174	2498483	114287827
股份有限公司	Share-holding Corporations Ltd.	2385	656735	45739976
私营企业	Private Enterprises	48802	2405755	101449889
私营独资企业	Private-funded Enterprises	5037	116469	5492244
私营合伙企业	Private Partnership Enterprises	488	14362	726705
私营有限责任公司	Private Limited Liability Corporations	41601	2139434	90313008
私营股份有限公司	Private Share-holding Corporations Ltd.	1676	135490	4917932
其他企业	Other Enterprises	1110	50714	1409196
2.港、澳、台商投资企业	**Enterprises with Funds from Hongkong, Macao and Taiwan**	**1193**	**414168**	**14522917**
合资经营企业	Joint-venture Enterprises	278	91251	3370109
合作经营企业	Cooperative Enterprises	25	4990	180094
独资经营企业	Enterprises with Sole Investment	845	298725	10172240
投资股份有限公司	Share-holding Corporations Ltd. with Investment	36	7773	310846
其他港澳台商投资企业	Other Enterprises with Funds from Hongkong, Macao and Taiwan	9	11429	489628
3.外商投资企业	**Foreign Funded Enterprises**	**1045**	**456911**	**22716125**
中外合资经营企业	Joint-venture Enterprises	315	180422	9623326
中外合作经营企业	Cooperative Enterprises	32	13634	531746
外资企业	Enterprises with Sole Foreign Investment	635	250657	12135572
外商投资股份有限公司	Share-holding Corporations Ltd. with Foreign Investment	43	9804	332871
其他外商投资企业	Other Foreign Funded Enterprises	20	2394	92610

项　目	Item	法人单位数（个）Number of Corporation Enterprises (unit)	年末从业人数（人）Engaged Persons at the Year-end (person)	年末零售营业面积（平方米）Business Area of Retail Trade at the Year-end (m²)
（二）按国民经济行业分	**by Sector**			
综合零售	Integrated Retail	12859	2671293	137365869
百货零售	Retail of General Merchandise	6232	1177302	76833450
超级市场零售	Retail of Supermarkets	5165	1354891	56238238
食品、饮料及烟草制品专门零售	Special Retail of Food, Beverages and Tobaccos	7524	338582	8788014
粮油零售	Retail of Cereal and Oil	876	33760	1345631
肉、禽、蛋、奶及水产品零售	Retail of Meat, Poultry, Eggs, Milk and Aquatic Products	1218	66165	1634014
酒、饮料及茶叶零售	Retail of Wine, Beverages and Teas	2575	74390	1718967
烟草制品零售	Retail of Tobaccos	396	20496	512336
纺织、服装及日用品专门零售	Special Retail of Textiles, Garments and Daily Consumer Articles	5415	555364	15135321
服装零售	Retail of Garments	2761	356637	11023118
文化、体育用品及器材专门零售	Special Retail of Culture, Sports Appliances and Equipments	4202	251244	6423242
体育用品及器材零售	Retail of Sports Appliances and Equipments	160	14539	373549
图书、报刊零售	Retail of Books, Newspapers and Magazines	1469	119777	3243199
医药及医疗器材专门零售	Special Retail of Medicines and Medical Appliances	4770	467017	7881741
药品零售	Retail of Medicines	3827	442507	7511208
汽车、摩托车、燃料及零配件专门零售	Special Retail of Motor Vehicles, Motorcycles, Fuel and Parts	31782	1632092	92340485
汽车零售	Retail of Motor Vehicles	22802	1243087	58299057
机动车燃料零售	Retail of Fuel of Motor Vehicles	6404	331668	31548619
家用电器及电子产品专门零售	Special Retail of Household Electric Appliances and Electronic Products	11249	497147	19778165
日用家电设备零售	Retail of Household Electric Appliances	4249	213606	11975317
计算机、软件及辅助设备零售	Retail of Computer, Software and Assistant Appliances	2945	84582	1273762
通信设备零售	Retail of Communication Equipments	1087	74437	989450
五金、家具及室内装饰材料专门零售	Special Retail of Hardware, Furniture and Interior Decoration Materials	5855	209713	18232300
货摊、无店铺及其他零售	Stalls, Non-shop and Other Retails	3996	196426	6613319
互联网零售	Retail on the Internet	555	78885	230548
（三）按零售业态分	**by Mode of Business Operation**			
有店铺零售	Store-based Retailing	85883	6664183	311574402
超市	Supermarket	6381	504583	12121401
大型超市	Hypermarket	2280	1207656	61384961
百货店	Department Store	6324	1072141	69020953
专业店	Speciality Store	38667	1960886	86099850
专卖店	Exclusive Shop	26181	1478376	57614275
无店铺零售	Non-Store Selling	1769	154695	984054

3－1－2 各地区限额以上批发业企业基本情况

Basic Conditions of Enterprises above Designated Size of Wholesale Trade by Region

地区	Region	批发业 Wholesale Trade		# 国有控股 State-controlled Enterprises	
		法人单位数（个）Number of Corporation Enterprises (unit)	年末从业人数（人）Engaged Persons at the Year-end (person)	法人单位数（个）Number of Corporation Enterprises (unit)	年末从业人数（人）Engaged Persons at the Year-end (person)
全　国	**National Total**	**93960**	**5000515**	**8145**	**1246393**
北　京	Beijing	5791	411714	857	110917
天　津	Tianjin	4040	115557	448	22437
河　北	Hebei	1712	125770	197	37245
山　西	Shanxi	1092	98021	338	56212
内蒙古	Inner Mongolia	739	36975	111	16938
辽　宁	Liaoning	3376	130668	271	32871
吉　林	Jilin	437	32228	98	15965
黑龙江	Heilongjiang	825	47571	174	28639
上　海	Shanghai	4094	457962	494	60509
江　苏	Jiangsu	11388	419826	562	64410
浙　江	Zhejiang	11157	377490	440	63486
安　徽	Anhui	2098	120661	225	39123
福　建	Fujian	5137	174386	309	36189
江　西	Jiangxi	639	82235	121	51696
山　东	Shandong	8681	418903	333	89528
河　南	Henan	3087	197177	350	63927
湖　北	Hubei	3330	208980	237	50010
湖　南	Hunan	1847	108854	181	37261
广　东	Guangdong	13395	720331	839	110970
广　西	Guangxi	1163	65947	156	25408
海　南	Hainan	210	16850	20	2119
重　庆	Chongqing	2311	127411	254	31107
四　川	Sichuan	2421	159482	224	32617
贵　州	Guizhou	780	57986	154	33212
云　南	Yunnan	1194	81735	147	37757
西　藏	Tibet	22	4779	13	1012
陕　西	Shaanxi	864	84310	167	38907
甘　肃	Gansu	573	31000	70	11260
青　海	Qinghai	142	11570	34	7014
宁　夏	Ningxia	196	11100	32	5846
新　疆	Xinjiang	1219	63036	289	31801

3-1-3 各地区限额以上批发业企业基本情况(按登记注册类型分)

Basic Conditions of Enterprises above Designated Size of Wholesale Trade by Region and Type of Registration

地区	Region	内资企业 Domestic Funded Enterprises		国有企业 State-owned Enterprises	
		法人单位数 (个) Number of Corporation Enterprises (unit)	年末从业人数 (人) Engaged Persons at the Year-end (person)	法人单位数 (个) Number of Corporation Enterprises (unit)	年末从业人数 (人) Engaged Persons at the Year-end (person)
全国	**National Total**	**89668**	**4243835**	**2556**	**397941**
北京	Beijing	5351	272560	185	14648
天津	Tianjin	3758	89889	81	4253
河北	Hebei	1701	125164	64	11456
山西	Shanxi	1084	96378	94	15645
内蒙古	Inner Mongolia	735	36671	56	8285
辽宁	Liaoning	3272	124132	99	13354
吉林	Jilin	433	31457	67	11564
黑龙江	Heilongjiang	822	46910	79	9682
上海	Shanghai	2692	170576	63	4584
江苏	Jiangsu	11020	351694	254	21691
浙江	Zhejiang	10944	364864	55	10137
安徽	Anhui	2077	116348	63	14166
福建	Fujian	4995	163456	85	13961
江西	Jiangxi	629	81149	58	14481
山东	Shandong	8565	405470	118	18214
河南	Henan	3078	196332	143	37784
湖北	Hubei	3291	194435	103	15647
湖南	Hunan	1839	107356	69	22867
广东	Guangdong	12398	574590	290	20142
广西	Guangxi	1156	65560	59	10335
海南	Hainan	201	15373	13	1619
重庆	Chongqing	2289	122431	72	7949
四川	Sichuan	2394	155091	94	18489
贵州	Guizhou	777	57728	52	23190
云南	Yunnan	1181	80097	41	22018
西藏	Tibet	21	4196	8	734
陕西	Shaanxi	852	78988	73	15053
甘肃	Gansu	570	30740	26	5161
青海	Qinghai	138	11139	14	1733
宁夏	Ningxia	193	10550	14	1728
新疆	Xinjiang	1212	62511	64	7371

3-1-3 续表 1 Continued 1

地　区	Region	集体企业 Collective-owned Enterprises 法人单位数（个）Number of Corporation Enterprises (unit)	集体企业 Collective-owned Enterprises 年末从业人数（人）Engaged Persons at the Year-end (person)	股份合作企业 Cooperative Enterprises 法人单位数（个）Number of Corporation Enterprises (unit)	股份合作企业 Cooperative Enterprises 年末从业人数（人）Engaged Persons at the Year-end (person)
全　国	**National Total**	**731**	**43059**	**197**	**7095**
北　京	Beijing	32	991	38	955
天　津	Tianjin	26	602	12	231
河　北	Hebei	22	1183	4	301
山　西	Shanxi	35	7141	1	16
内蒙古	Inner Mongolia	4	135		
辽　宁	Liaoning	30	897	11	516
吉　林	Jilin				
黑龙江	Heilongjiang	13	560		
上　海	Shanghai	15	513	2	49
江　苏	Jiangsu	51	1637	18	1070
浙　江	Zhejiang	24	1057	23	418
安　徽	Anhui	16	825	5	434
福　建	Fujian	40	1040	3	94
江　西	Jiangxi	6	214		
山　东	Shandong	83	8141	10	657
河　南	Henan	73	4391	2	148
湖　北	Hubei	15	785	6	287
湖　南	Hunan	11	977		
广　东	Guangdong	86	3499	25	472
广　西	Guangxi	22	1037	2	47
海　南	Hainan				
重　庆	Chongqing	15	625	12	361
四　川	Sichuan	19	1571	11	726
贵　州	Guizhou	22	975	1	10
云　南	Yunnan	27	1204	3	107
西　藏	Tibet				
陕　西	Shaanxi	16	1029	3	98
甘　肃	Gansu	8	583	4	93
青　海	Qinghai	1	26	1	5
宁　夏	Ningxia				
新　疆	Xinjiang	19	1421		

地区	Region	联营企业 Joint Ownership Enterprises 法人单位数(个) Number of Corporation Enterprises (unit)	联营企业 Joint Ownership Enterprises 年末从业人数(人) Engaged Persons at the Year-end (person)	有限责任公司 Limited Liability Corporations 法人单位数(个) Number of Corporation Enterprises (unit)	有限责任公司 Limited Liability Corporations 年末从业人数(人) Engaged Persons at the Year-end (person)
全 国	**National Total**	**30**	**2796**	**27598**	**1571993**
北 京	Beijing	2	33	1715	144355
天 津	Tianjin			1044	38631
河 北	Hebei			701	45680
山 西	Shanxi	1	16	319	47560
内 蒙 古	Inner Mongolia			270	10830
辽 宁	Liaoning			836	46173
吉 林	Jilin			152	10941
黑 龙 江	Heilongjiang			326	18557
上 海	Shanghai	5	908	768	72289
江 苏	Jiangsu	1	9	2049	97197
浙 江	Zhejiang			2187	104651
安 徽	Anhui	1	23	696	33528
福 建	Fujian			1882	66935
江 西	Jiangxi	1	15	325	51588
山 东	Shandong	3	883	1974	119960
河 南	Henan	3	410	1595	85956
湖 北	Hubei	1	21	1280	67250
湖 南	Hunan			527	31014
广 东	Guangdong	8	388	4645	217539
广 西	Guangxi			336	16044
海 南	Hainan			135	11150
重 庆	Chongqing			967	53262
四 川	Sichuan			876	54305
贵 州	Guizhou			346	20813
云 南	Yunnan	3	68	415	21943
西 藏	Tibet			11	2989
陕 西	Shaanxi			506	37798
甘 肃	Gansu			241	13068
青 海	Qinghai			45	2607
宁 夏	Ningxia			44	1951
新 疆	Xinjiang	1	22	385	25429

地 区	Region	股份有限公司 Share-holding Corporations Ltd. 法人单位数(个) Number of Corporation Enterprises (unit)	股份有限公司 年末从业人数(人) Engaged Persons at the Year-end (person)	私营企业 Private Enterprises 法人单位数(个) Number of Corporation Enterprises (unit)	私营企业 年末从业人数(人) Engaged Persons at the Year-end (person)
全 国	**National Total**	**1981**	**497122**	**55379**	**1668400**
北 京	Beijing	89	12087	3289	99401
天 津	Tianjin	54	1872	2537	44245
河 北	Hebei	74	35874	822	29940
山 西	Shanxi	18	1286	611	24394
内 蒙 古	Inner Mongolia	35	7735	369	9651
辽 宁	Liaoning	74	9520	2200	53265
吉 林	Jilin	21	2397	188	6452
黑 龙 江	Heilongjiang	49	10297	348	7731
上 海	Shanghai	71	20262	1765	71763
江 苏	Jiangsu	171	30873	8201	181875
浙 江	Zhejiang	153	55549	8451	192006
安 徽	Anhui	62	19597	1210	45912
福 建	Fujian	62	9438	2915	71800
江 西	Jiangxi	32	7577	206	7264
山 东	Shandong	138	47572	5912	199045
河 南	Henan	115	20317	1090	43977
湖 北	Hubei	75	49544	1658	52518
湖 南	Hunan	71	8457	1143	43437
广 东	Guangdong	218	63957	7064	266429
广 西	Guangxi	56	14666	673	22814
海 南	Hainan	10	665	42	1759
重 庆	Chongqing	74	12660	1122	46762
四 川	Sichuan	67	9332	1260	67189
贵 州	Guizhou	27	1943	328	10787
云 南	Yunnan	57	9525	623	24884
西 藏	Tibet			2	473
陕 西	Shaanxi	30	14164	207	9946
甘 肃	Gansu	20	2715	267	8994
青 海	Qinghai	6	4332	70	2424
宁 夏	Ningxia	11	3593	123	3262
新 疆	Xinjiang	41	9316	683	18001

地区	Region	港、澳、台商投资企业 Enterprises with Funds from Hongkong, Macao and Taiwan 法人单位数（个） Number of Corporation Enterprises (unit)	港、澳、台商投资企业 年末从业人数（人） Engaged Persons at the Year-end (person)	外商投资企业 Foreign Funded Enterprises 法人单位数（个） Number of Corporation Enterprises (unit)	外商投资企业 年末从业人数（人） Engaged Persons at the Year-end (person)
全　国	**National Total**	**1836**	**342090**	**2456**	**414590**
北　京	Beijing	148	33137	292	106017
天　津	Tianjin	88	12155	194	13513
河　北	Hebei	4	241	7	365
山　西	Shanxi	6	1304	2	339
内蒙古	Inner Mongolia	3	144	1	160
辽　宁	Liaoning	28	2297	76	4239
吉　林	Jilin	2	403	2	368
黑龙江	Heilongjiang	3	661		
上　海	Shanghai	451	112917	951	174469
江　苏	Jiangsu	173	27470	195	40662
浙　江	Zhejiang	99	6999	114	5627
安　徽	Anhui	4	710	17	3603
福　建	Fujian	85	6772	57	4158
江　西	Jiangxi	7	264	3	822
山　东	Shandong	37	8859	79	4574
河　南	Henan	6	777	3	68
湖　北	Hubei	18	4432	21	10113
湖　南	Hunan	5	1276	3	222
广　东	Guangdong	616	107540	381	38201
广　西	Guangxi	5	317	2	70
海　南	Hainan	5	832	4	645
重　庆	Chongqing	11	3834	11	1146
四　川	Sichuan	12	1881	15	2510
贵　州	Guizhou			3	258
云　南	Yunnan	8	1155	5	483
西　藏	Tibet	1	583		
陕　西	Shaanxi	4	4828	8	494
甘　肃	Gansu	2	182	1	78
青　海	Qinghai	3	76	1	355
宁　夏	Ningxia			3	550
新　疆	Xinjiang	2	44	5	481

3-1-4 各地区限额以上批发业企业基本情况(按国民经济行业分)

Basic Conditions of Enterprises above Designated Size of Wholesale Trade by Region and Sector

地区	Region	农、林、牧产品批发 Wholesale of Agricultural, Forestry and Livestock Products		食品、饮料及烟草制品批发 Wholesale of Food, Beverages and Tobaccos	
		法人单位数(个) Number of Corporation Enterprises (unit)	年末从业人数(人) Engaged Persons at the Year-end (person)	法人单位数(个) Number of Corporation Enterprises (unit)	年末从业人数(人) Engaged Persons at the Year-end (person)
全国	**National Total**	**4853**	**215053**	**9574**	**987437**
北京	Beijing	106	5875	444	49439
天津	Tianjin	80	1847	204	10755
河北	Hebei	134	5008	150	17764
山西	Shanxi	37	1857	110	17656
内蒙古	Inner Mongolia	123	4846	73	9160
辽宁	Liaoning	219	5187	294	20008
吉林	Jilin	148	10585	42	6807
黑龙江	Heilongjiang	209	11555	81	9498
上海	Shanghai	49	2464	288	52269
江苏	Jiangsu	621	24164	834	65392
浙江	Zhejiang	209	4731	625	59161
安徽	Anhui	222	9281	321	36822
福建	Fujian	159	4467	559	42327
江西	Jiangxi	37	4289	94	20615
山东	Shandong	739	26699	1213	91678
河南	Henan	422	25248	384	60618
湖北	Hubei	350	16072	611	58368
湖南	Hunan	125	7392	265	39783
广东	Guangdong	231	10682	1198	115627
广西	Guangxi	56	2686	128	16153
海南	Hainan	6	124	27	2446
重庆	Chongqing	67	2966	352	30444
四川	Sichuan	105	5873	525	46146
贵州	Guizhou	11	361	129	29502
云南	Yunnan	60	2032	178	30096
西藏	Tibet	2	124	8	806
陕西	Shaanxi	38	1470	156	24607
甘肃	Gansu	30	873	123	10271
青海	Qinghai	1	37	20	1873
宁夏	Ningxia	4	106	23	2807
新疆	Xinjiang	253	16152	115	8539

地区	Region	纺织、服装及家庭用品批发 Wholesale of Textiles, Wearing Apparel and Household Articles		文化、体育用品及器材批发 Wholesale of Culture, Sports Appliances and Equipments	
		法人单位数（个） Number of Corporation Enterprises (unit)	年末从业人数（人） Engaged Persons at the Year-end (person)	法人单位数（个） Number of Corporation Enterprises (unit)	年末从业人数（人） Engaged Persons at the Year-end (person)
全国	**National Total**	**11667**	**876930**	**2515**	**176517**
北京	Beijing	516	88875	278	26927
天津	Tianjin	175	22331	103	3445
河北	Hebei	61	4148	11	933
山西	Shanxi	27	2928	12	1326
内蒙古	Inner Mongolia	17	1329	6	397
辽宁	Liaoning	229	36753	58	2268
吉林	Jilin	11	834	6	638
黑龙江	Heilongjiang	47	1916	11	402
上海	Shanghai	601	150277	125	10717
江苏	Jiangsu	1727	102445	249	17021
浙江	Zhejiang	3105	111239	383	11959
安徽	Anhui	153	11970	51	2215
福建	Fujian	1291	42990	137	5635
江西	Jiangxi	57	2497	9	325
山东	Shandong	499	37910	146	17077
河南	Henan	156	9834	68	4658
湖北	Hubei	198	12284	47	7246
湖南	Hunan	130	8721	80	3278
广东	Guangdong	2107	177048	585	45999
广西	Guangxi	88	5867	21	1053
海南	Hainan	12	897	5	601
重庆	Chongqing	117	10133	28	6052
四川	Sichuan	144	11771	34	1900
贵州	Guizhou	36	2197	13	512
云南	Yunnan	50	2731	14	632
西藏	Tibet			1	81
陕西	Shaanxi	34	12101	17	917
甘肃	Gansu	23	1134	8	1188
青海	Qinghai	5	167	1	248
宁夏	Ningxia	4	176	2	141
新疆	Xinjiang	47	3427	6	726

3-1-4 续表 2 Continued 2

地区	Region	医药及医疗器材批发 Wholesale of Medicines and Medical Appliances 法人单位数(个) Number of Corporation Enterprises (unit)	医药及医疗器材批发 年末从业人数(人) Engaged Persons at the Year-end (person)	矿产品、建材及化工产品批发 Wholesale of Mineral Products, Building Material and Chemical Products 法人单位数(个) Number of Corporation Enterprises (unit)	矿产品、建材及化工产品批发 年末从业人数(人) Engaged Persons at the Year-end (person)
全国	**National Total**	**5698**	**506629**	**40460**	**1353868**
北京	Beijing	427	38250	1755	66623
天津	Tianjin	112	7881	2416	37151
河北	Hebei	180	15083	933	50883
山西	Shanxi	68	7180	693	59843
内蒙古	Inner Mongolia	38	2571	399	15994
辽宁	Liaoning	196	10250	1687	37713
吉林	Jilin	72	4222	95	6896
黑龙江	Heilongjiang	82	4344	263	15916
上海	Shanghai	177	46192	1634	68237
江苏	Jiangsu	263	36807	5557	108847
浙江	Zhejiang	299	25651	4599	108521
安徽	Anhui	255	18297	652	26450
福建	Fujian	164	10141	2037	44726
江西	Jiangxi	133	21060	198	29162
山东	Shandong	307	26673	4315	155952
河南	Henan	184	21186	1388	57049
湖北	Hubei	286	31363	1185	64087
湖南	Hunan	191	15805	697	22831
广东	Guangdong	1006	63567	5064	151384
广西	Guangxi	97	8509	591	24482
海南	Hainan	71	8739	54	2362
重庆	Chongqing	240	17116	1045	37617
四川	Sichuan	385	26383	834	41680
贵州	Guizhou	79	5698	402	15064
云南	Yunnan	128	12583	616	27319
西藏	Tibet	7	3460		
陕西	Shaanxi	85	6531	408	30771
甘肃	Gansu	74	5093	246	10065
青海	Qinghai	13	837	82	7441
宁夏	Ningxia	9	829	109	5534
新疆	Xinjiang	70	4328	506	23268

地 区 Region	机械设备、五金产品及电子产品批发 Wholesale of Machinery, Hardware and Electronic Products		贸易经纪与代理 Trade Broker and Agency		其他批发业 Other Wholesale not Classified Elsewhere	
	法人单位数 (个) Number of Corporation Enterprises (unit)	年末从业人数 (人) Engaged Persons at the Year-end (person)	法人单位数 (个) Number of Corporation Enterprises (unit)	年末从业人数 (人) Engaged Persons at the Year-end (person)	法人单位数 (个) Number of Corporation Enterprises (unit)	年末从业人数 (人) Engaged Persons at the Year-end (person)
全 国 National Total	**14746**	**720552**	**1093**	**41039**	**3354**	**122490**
北 京 Beijing	2064	125659	84	5017	117	5049
天 津 Tianjin	595	20381	59	5155	296	6611
河 北 Hebei	203	30600	5	146	35	1205
山 西 Shanxi	118	6014	2	124	25	1093
内蒙古 Inner Mongolia	74	2422	2	11	7	245
辽 宁 Liaoning	617	15207	11	1566	65	1716
吉 林 Jilin	57	2136	1	20	5	90
黑龙江 Heilongjiang	109	3260	8	70	15	610
上 海 Shanghai	892	102910	147	9205	181	15691
江 苏 Jiangsu	1488	51897	137	2388	512	10865
浙 江 Zhejiang	1468	48432	98	1311	371	6485
安 徽 Anhui	306	10400	17	231	121	4995
福 建 Fujian	602	17649	45	2191	143	4260
江 西 Jiangxi	66	3121	6	201	39	965
山 东 Shandong	1148	52169	54	2246	260	8499
河 南 Henan	374	14580	4	167	107	3837
湖 北 Hubei	546	15391	12	1452	95	2717
湖 南 Hunan	263	7802	3	50	93	3192
广 东 Guangdong	2295	121902	355	8636	554	25486
广 西 Guangxi	148	6606	9	122	25	469
海 南 Hainan	25	1266			10	415
重 庆 Chongqing	349	15574	1	9	112	7500
四 川 Sichuan	315	19768	8	179	71	5782
贵 州 Guizhou	99	4186			11	466
云 南 Yunnan	112	4408	7	199	29	1735
西 藏 Tibet	4	308				
陕 西 Shaanxi	104	6599	3	135	19	1179
甘 肃 Gansu	62	2239			7	137
青 海 Qinghai	17	863	1	10	2	94
宁 夏 Ningxia	39	1174			6	333
新 疆 Xinjiang	187	5629	14	198	21	769

3-1-5 各地区限额以上零售业企业基本情况
Basic Conditions of Enterprises above Designated Size of Retail Trade by Region

地区	Region	零售业 Retail Trade		#国有控股 State-controlled Enterprises	
		法人单位数(个) Number of Corporation Enterprises (unit)	年末从业人数(人) Engaged Persons at the Year-end (person)	法人单位数(个) Number of Corporation Enterprises (unit)	年末从业人数(人) Engaged Persons at the Year-end (person)
全国	**National Total**	**87652**	**6818878**	**5642**	**935328**
北京	Beijing	2818	356150	389	74838
天津	Tianjin	1157	104925	169	22354
河北	Hebei	2315	241648	113	23502
山西	Shanxi	2094	159482	251	30267
内蒙古	Inner Mongolia	1200	101720	81	16861
辽宁	Liaoning	3315	243843	180	41137
吉林	Jilin	991	90114	60	12730
黑龙江	Heilongjiang	1234	100272	136	11779
上海	Shanghai	2029	371673	396	68986
江苏	Jiangsu	8147	574952	314	44699
浙江	Zhejiang	4695	361587	390	40664
安徽	Anhui	3957	253094	180	31935
福建	Fujian	4138	236822	190	25119
江西	Jiangxi	1392	114184	57	14398
山东	Shandong	8793	604166	236	52941
河南	Henan	5710	379884	424	41364
湖北	Hubei	5509	353776	290	76596
湖南	Hunan	3688	249022	245	42088
广东	Guangdong	7535	652313	434	81525
广西	Guangxi	1542	109320	138	14177
海南	Hainan	224	28567	18	7191
重庆	Chongqing	2836	202286	122	47976
四川	Sichuan	4179	326122	154	36574
贵州	Guizhou	1463	78431	112	10362
云南	Yunnan	1967	144805	150	14018
西藏	Tibet	76	5504	14	1733
陕西	Shaanxi	2542	204312	201	23250
甘肃	Gansu	911	67015	103	9288
青海	Qinghai	150	14556	9	1621
宁夏	Ningxia	277	29311	21	1534
新疆	Xinjiang	768	59022	65	13821

3-1-6 各地区限额以上零售业企业基本情况(按登记注册类型分)

Basic Conditions of Entcrpriscs above Designated Size of Retail Trade by Region and Type of Registration

地区	Region	内资企业 Domestic Funded Enterprises		国有企业 State-owned Enterprises	
		法人单位数(个) Number of Corporation Enterprises (unit)	年末从业人数(人) Engaged Persons at the Year-end (person)	法人单位数(个) Number of Corporation Enterprises (unit)	年末从业人数(人) Engaged Persons at the Year-end (person)
全　国	**National Total**	**85414**	**5947799**	**1826**	**137669**
北　京	Beijing	2660	285857	90	8140
天　津	Tianjin	1088	81204	44	2889
河　北	Hebei	2300	235935	40	2403
山　西	Shanxi	2078	156014	117	4650
内蒙古	Inner Mongolia	1190	99883	19	3377
辽　宁	Liaoning	3214	213561	88	7378
吉　林	Jilin	974	85847	6	229
黑龙江	Heilongjiang	1216	93621	100	4940
上　海	Shanghai	1739	214737	61	4415
江　苏	Jiangsu	7942	449599	75	4791
浙　江	Zhejiang	4530	318504	30	1890
安　徽	Anhui	3885	231210	37	4766
福　建	Fujian	4026	194749	36	3141
江　西	Jiangxi	1365	106053	18	1054
山　东	Shandong	8682	572361	86	7830
河　南	Henan	5668	368332	256	19789
湖　北	Hubei	5453	328276	119	8714
湖　南	Hunan	3651	237207	91	6260
广　东	Guangdong	7124	510321	121	13341
广　西	Guangxi	1511	101975	44	2912
海　南	Hainan	216	25922	3	162
重　庆	Chongqing	2796	190632	23	3107
四　川	Sichuan	4082	287275	44	4109
贵　州	Guizhou	1439	72892	43	1293
云　南	Yunnan	1937	132362	66	1757
西　藏	Tibet	75	5490	6	595
陕　西	Shaanxi	2487	182592	83	9428
甘　肃	Gansu	906	65507	35	1312
青　海	Qinghai	149	14488		
宁　夏	Ningxia	274	29063	18	756
新　疆	Xinjiang	757	56330	27	2241

3-1-6 续表 1 Continued 1

地 区	Region	集体企业 Collective-owned Enterprises		股份合作企业 Cooperative Enterprises	
		法人单位数 (个) Number of Corporation Enterprises (unit)	年末从业人数 (人) Engaged Persons at the Year-end (person)	法人单位数 (个) Number of Corporation Enterprises (unit)	年末从业人数 (人) Engaged Persons at the Year-end (person)
全 国	**National Total**	**1961**	**103515**	**345**	**18331**
北 京	Beijing	58	2439	42	1014
天 津	Tianjin	36	3769	8	193
河 北	Hebei	88	4022	16	4262
山 西	Shanxi	82	4094	2	65
内蒙古	Inner Mongolia	7	164	2	49
辽 宁	Liaoning	78	2917	13	186
吉 林	Jilin	28	709	6	1987
黑龙江	Heilongjiang	33	1572	16	855
上 海	Shanghai	34	1439	12	228
江 苏	Jiangsu	115	3880	17	476
浙 江	Zhejiang	44	2170	29	544
安 徽	Anhui	23	737	8	513
福 建	Fujian	74	2198	2	28
江 西	Jiangxi	5	233	3	152
山 东	Shandong	306	16825	27	2895
河 南	Henan	330	22735	8	291
湖 北	Hubei	104	12197	8	304
湖 南	Hunan	40	3418	7	405
广 东	Guangdong	191	6577	36	733
广 西	Guangxi	32	1534	2	57
海 南	Hainan	1	36		
重 庆	Chongqing	17	1041	14	529
四 川	Sichuan	53	1374	23	821
贵 州	Guizhou	8	79	3	250
云 南	Yunnan	38	2347	31	1026
西 藏	Tibet				
陕 西	Shaanxi	107	3941	6	270
甘 肃	Gansu	26	971	2	112
青 海	Qinghai			1	14
宁 夏	Ningxia	1	14		
新 疆	Xinjiang	2	83	1	72

3-1-6 续表 2 Continued 2

地 区	Region	联营企业 Joint Ownership Enterprises 法人单位数(个) Number of Corporation Enterprises (unit)	联营企业 Joint Ownership Enterprises 年末从业人数(人) Engaged Persons at the Year-end (person)	有限责任公司 Limited Liability Corporations 法人单位数(个) Number of Corporation Enterprises (unit)	有限责任公司 Limited Liability Corporations 年末从业人数(人) Engaged Persons at the Year-end (person)
全 国	**National Total**	**144**	**6452**	**28841**	**2568628**
北 京	Beijing	6	161	1007	145546
天 津	Tianjin	8	129	399	38495
河 北	Hebei			938	110228
山 西	Shanxi	1	20	311	28934
内 蒙 古	Inner Mongolia			464	41847
辽 宁	Liaoning	4	67	879	85721
吉 林	Jilin			410	44279
黑 龙 江	Heilongjiang	3	73	444	41056
上 海	Shanghai	25	446	674	117771
江 苏	Jiangsu	6	270	1802	157946
浙 江	Zhejiang	9	156	1359	138419
安 徽	Anhui	3	109	1118	89981
福 建	Fujian	2	48	1563	86427
江 西	Jiangxi			570	49963
山 东	Shandong	16	870	2215	227714
河 南	Henan	8	286	2471	180376
湖 北	Hubei	4	176	1935	133641
湖 南	Hunan	1	115	783	69492
广 东	Guangdong	31	2916	3082	247394
广 西	Guangxi			505	40334
海 南	Hainan			168	19074
重 庆	Chongqing	2	27	882	84244
四 川	Sichuan	9	384	1334	112868
贵 州	Guizhou	1	16	612	35772
云 南	Yunnan	2	158	711	54089
西 藏	Tibet			29	2432
陕 西	Shaanxi	2	17	1363	113076
甘 肃	Gansu	1	8	439	35004
青 海	Qinghai			62	9795
宁 夏	Ningxia			74	11279
新 疆	Xinjiang			238	15431

3-1-6 续表 3 Continued 3

地区	Region	股份有限公司 Share-holding Corporations Ltd. 法人单位数(个) Number of Corporation Enterprises (unit)	股份有限公司 Share-holding Corporations Ltd. 年末从业人数(人) Engaged Persons at the Year-end (person)	私营企业 Private Enterprises 法人单位数(个) Number of Corporation Enterprises (unit)	私营企业 Private Enterprises 年末从业人数(人) Engaged Persons at the Year-end (person)
全国	**National Total**	**2385**	**656735**	**48802**	**2405755**
北京	Beijing	47	54165	1410	74392
天津	Tianjin	19	12553	565	22860
河北	Hebei	84	21469	1108	92845
山西	Shanxi	41	13094	1509	104577
内蒙古	Inner Mongolia	61	12274	627	41555
辽宁	Liaoning	78	27141	2046	89024
吉林	Jilin	54	14170	458	24107
黑龙江	Heilongjiang	72	13660	528	30484
上海	Shanghai	42	17332	884	72818
江苏	Jiangsu	209	36302	5465	234157
浙江	Zhejiang	91	23526	2931	151113
安徽	Anhui	104	24403	2550	108911
福建	Fujian	64	9481	2252	90574
江西	Jiangxi	70	16161	690	38070
山东	Shandong	230	64269	5656	242595
河南	Henan	238	29724	2307	113386
湖北	Hubei	127	57562	3052	112015
湖南	Hunan	133	32274	2567	124348
广东	Guangdong	156	45208	3412	189535
广西	Guangxi	61	11971	859	44988
海南	Hainan	10	3974	34	2676
重庆	Chongqing	69	29472	1762	71205
四川	Sichuan	123	43276	2437	122201
贵州	Guizhou	30	6568	735	28489
云南	Yunnan	48	6183	1009	65712
西藏	Tibet	8	602	31	1786
陕西	Shaanxi	64	11796	822	41430
甘肃	Gansu	29	5283	367	22659
青海	Qinghai	6	763	79	3886
宁夏	Ningxia	8	3686	172	13303
新疆	Xinjiang	9	8393	478	30054

3-1-6 续表 4 Continued 4

地 区	Region	港、澳、台商投资企业 Enterprises with Funds from Hongkong, Macao and Taiwan 法人单位数(个) Number of Corporation Enterprises (unit)	港、澳、台商投资企业 年末从业人数(人) Engaged Persons at the Year-end (person)	外商投资企业 Foreign Funded Enterprises 法人单位数(个) Number of Corporation Enterprises (unit)	外商投资企业 年末从业人数(人) Engaged Persons at the Year-end (person)
全 国	**National Total**	**1193**	**414168**	**1045**	**456911**
北 京	Beijing	76	23257	82	47036
天 津	Tianjin	40	12689	29	11032
河 北	Hebei	5	988	10	4725
山 西	Shanxi	10	1711	6	1757
内 蒙 古	Inner Mongolia	9	1296	1	541
辽 宁	Liaoning	60	15175	41	15107
吉 林	Jilin	6	1999	11	2268
黑 龙 江	Heilongjiang	11	3697	7	2954
上 海	Shanghai	159	68268	131	88668
江 苏	Jiangsu	107	67942	98	57411
浙 江	Zhejiang	89	19854	76	23229
安 徽	Anhui	40	12115	32	9769
福 建	Fujian	51	18381	61	23692
江 西	Jiangxi	12	4247	15	3884
山 东	Shandong	59	21279	52	10526
河 南	Henan	20	7497	22	4055
湖 北	Hubei	31	9036	25	16464
湖 南	Hunan	20	5996	17	5819
广 东	Guangdong	229	71904	182	70088
广 西	Guangxi	23	5633	8	1712
海 南	Hainan	3	593	5	2052
重 庆	Chongqing	27	6227	13	5427
四 川	Sichuan	41	15407	56	23440
贵 州	Guizhou	13	2486	11	3053
云 南	Yunnan	15	3772	15	8671
西 藏	Tibet			1	14
陕 西	Shaanxi	25	10853	30	10867
甘 肃	Gansu	4	570	1	938
青 海	Qinghai	1	68		
宁 夏	Ningxia	2	164	1	84
新 疆	Xinjiang	5	1064	6	1628

3-1-7 各地区限额以上零售业企业基本情况(按国民经济行业分)

Basic Conditions of Enterprises above Designated Size of Retail Trade by Region and Sector

地区	Region	综合零售 Integrated Retail		食品、饮料及烟草制品专门零售 Special Retail of Food, Beverages and Tobaccos	
		法人单位数(个) Number of Corporation Enterprises (unit)	年末从业人数(人) Engaged Persons at the Year-end (person)	法人单位数(个) Number of Corporation Enterprises (unit)	年末从业人数(人) Engaged Persons at the Year-end (person)
全　国	**National Total**	**12859**	**2671293**	**7524**	**338582**
北　京	Beijing	224	133945	119	19038
天　津	Tianjin	115	38081	86	5318
河　北	Hebei	479	137703	78	2117
山　西	Shanxi	355	53365	147	7240
内蒙古	Inner Mongolia	157	33509	46	1721
辽　宁	Liaoning	396	118038	157	4892
吉　林	Jilin	182	44451	59	2239
黑龙江	Heilongjiang	260	44182	49	2493
上　海	Shanghai	279	133575	135	23832
江　苏	Jiangsu	898	219182	955	39829
浙　江	Zhejiang	492	121865	222	12130
安　徽	Anhui	725	114116	504	17974
福　建	Fujian	491	77235	713	28033
江　西	Jiangxi	197	45932	70	5573
山　东	Shandong	1313	253288	798	27265
河　南	Henan	1200	157944	398	17214
湖　北	Hubei	971	165310	676	28351
湖　南	Hunan	500	97448	326	14760
广　东	Guangdong	779	189548	463	18965
广　西	Guangxi	266	43339	59	2056
海　南	Hainan	51	7905	9	344
重　庆	Chongqing	316	86381	284	10544
四　川	Sichuan	624	126124	433	17877
贵　州	Guizhou	230	26577	168	3905
云　南	Yunnan	351	40992	215	10986
西　藏	Tibet	15	1745	5	207
陕　西	Shaanxi	631	96132	251	8312
甘　肃	Gansu	204	24571	68	4083
青　海	Qinghai	24	5664	3	194
宁　夏	Ningxia	44	13299	9	514
新　疆	Xinjiang	90	19847	19	576

地 区	Region	纺织、服装及日用品专门零售 Special Retail of Textiles, Garments and Daily Consumer Articles		文化、体育用品及器材专门零售 Special Retail of Culture, Sports Appliances and Equipments	
		法人单位数 (个) Number of Corporation Enterprises (unit)	年末从业人数 (人) Engaged Persons at the Year-end (person)	法人单位数 (个) Number of Corporation Enterprises (unit)	年末从业人数 (人) Engaged Persons at the Year-end (person)
全 国	**National Total**	**5415**	**555364**	**4202**	**251244**
北 京	Beijing	230	37555	196	16263
天 津	Tianjin	77	7995	96	7228
河 北	Hebei	101	10048	56	6674
山 西	Shanxi	114	12735	126	5327
内蒙古	Inner Mongolia	61	10138	49	2052
辽 宁	Liaoning	231	12574	161	7509
吉 林	Jilin	68	5726	59	2367
黑龙江	Heilongjiang	84	11027	78	4730
上 海	Shanghai	292	102718	145	14857
江 苏	Jiangsu	547	36071	533	26569
浙 江	Zhejiang	241	27103	233	12670
安 徽	Anhui	212	10952	152	6159
福 建	Fujian	366	20282	191	5356
江 西	Jiangxi	49	3746	35	6755
山 东	Shandong	493	36726	300	15182
河 南	Henan	366	19940	283	17461
湖 北	Hubei	385	22509	248	8582
湖 南	Hunan	193	11564	216	11656
广 东	Guangdong	580	80157	363	27912
广 西	Guangxi	33	2082	95	3709
海 南	Hainan	7	3581	14	754
重 庆	Chongqing	186	16670	65	5633
四 川	Sichuan	218	24279	95	13076
贵 州	Guizhou	31	2065	55	1828
云 南	Yunnan	44	5975	93	7895
西 藏	Tibet	1	14	4	101
陕 西	Shaanxi	115	10122	125	6229
甘 肃	Gansu	34	3935	81	3178
青 海	Qinghai	6	926	5	315
宁 夏	Ningxia	10	1793	21	653
新 疆	Xinjiang	40	4356	29	2564

3-1-7 续表 2 Continued 2

地 区	Region	医药及医疗器材专门零售 Special Retail of Medicines and Medical Appliances 法人单位数(个) Number of Corporation Enterprises (unit)	医药及医疗器材专门零售 年末从业人数(人) Engaged Persons at the Year-end (person)	汽车、摩托车、燃料及零配件专门零售 Special Retail of Motor Vehicles, Motorcycles, Fuel and Parts 法人单位数(个) Number of Corporation Enterprises (unit)	汽车、摩托车、燃料及零配件专门零售 年末从业人数(人) Engaged Persons at the Year-end (person)
全 国	**National Total**	**4770**	**467017**	**31782**	**1632092**
北 京	Beijing	440	20778	791	66581
天 津	Tianjin	42	3257	464	30773
河 北	Hebei	84	14083	999	48788
山 西	Shanxi	86	11314	817	49303
内 蒙 古	Inner Mongolia	63	4803	588	35875
辽 宁	Liaoning	190	21346	1294	51068
吉 林	Jilin	65	5979	351	21380
黑 龙 江	Heilongjiang	116	12379	395	15403
上 海	Shanghai	108	12669	735	43011
江 苏	Jiangsu	456	37936	2744	133120
浙 江	Zhejiang	262	23571	2230	122625
安 徽	Anhui	191	17668	1167	54636
福 建	Fujian	136	10675	1203	60585
江 西	Jiangxi	69	9788	633	26114
山 东	Shandong	453	38700	3170	137430
河 南	Henan	254	24515	1781	89589
湖 北	Hubei	309	21897	1343	61865
湖 南	Hunan	148	21143	1455	65071
广 东	Guangdong	414	45404	2933	186468
广 西	Guangxi	91	12265	641	31016
海 南	Hainan	3	1409	97	11249
重 庆	Chongqing	149	13736	951	39007
四 川	Sichuan	207	17313	1737	87079
贵 州	Guizhou	88	7966	626	28138
云 南	Yunnan	101	25995	814	41406
西 藏	Tibet	2	81	41	2501
陕 西	Shaanxi	120	13723	819	43854
甘 肃	Gansu	47	7044	321	15825
青 海	Qinghai	13	1354	80	4989
宁 夏	Ningxia	26	2278	126	7960
新 疆	Xinjiang	37	5948	436	19383

地 区	Region	家用电器及电子产品专门零售 Special Retail of Household Electric Appliances and Electronic Products 法人单位数(个) Number of Corporation Enterprises (unit)	年末从业人数(人) Engaged Persons at the Year-end (person)	五金、家具及室内装饰材料专门零售 Special Retail of Hardware, Furniture and Interior Decoration Materials 法人单位数(个) Number of Corporation Enterprises (unit)	年末从业人数(人) Engaged Persons at the Year-end (person)	货摊、无店铺及其他零售业 Stall, Non-shop and Other Retails 法人单位数(个) Number of Corporation Enterprises (unit)	年末从业人数(人) Engaged Persons at the Year-end (person)
全 国	**National Total**	**11249**	**497147**	**5855**	**209713**	**3996**	**196426**
北 京	Beijing	507	33371	120	7407	191	21212
天 津	Tianjin	87	6208	83	2348	107	3717
河 北	Hebei	397	16529	84	3669	37	2037
山 西	Shanxi	237	8365	115	3829	97	8004
内蒙古	Inner Mongolia	121	6356	55	4682	60	2584
辽 宁	Liaoning	427	16961	255	6946	204	4509
吉 林	Jilin	101	5157	49	1191	57	1624
黑龙江	Heilongjiang	143	7044	40	1492	69	1522
上 海	Shanghai	123	14270	102	7043	110	19698
江 苏	Jiangsu	1012	50232	657	17498	345	14515
浙 江	Zhejiang	572	23948	146	5700	297	11975
安 徽	Anhui	579	17365	267	8227	160	5997
福 建	Fujian	482	19405	354	7478	202	7773
江 西	Jiangxi	234	12354	43	1916	62	2006
山 东	Shandong	995	40813	834	38345	437	16417
河 南	Henan	798	29279	394	16760	236	7182
湖 北	Hubei	863	24982	520	13609	194	6671
湖 南	Hunan	498	16648	210	5973	142	4759
广 东	Guangdong	926	58428	548	14729	529	30702
广 西	Guangxi	268	10575	28	782	61	3496
海 南	Hainan	31	2692	6	342	6	291
重 庆	Chongqing	415	17407	368	8908	102	4000
四 川	Sichuan	550	23079	239	9580	76	7715
贵 州	Guizhou	194	5706	36	563	35	1683
云 南	Yunnan	210	7236	64	2529	75	1791
西 藏	Tibet	6	821			2	34
陕 西	Shaanxi	256	12846	184	10745	41	2349
甘 肃	Gansu	84	2824	37	4531	35	1024
青 海	Qinghai	8	615	3	128	8	371
宁 夏	Ningxia	31	2173	6	350	4	291
新 疆	Xinjiang	94	3458	8	2413	15	477

3-2-1 限额以上批发和零售业企业商品购、销、存情况

项　目	Item	商品购进额 Total Purchases Value	# 进 口 Imports
总　计	**Total**	**4936639500**	**385713820**
一、批发业	**Wholesale Trade**	**3971521536**	**354550639**
#国有控股	State-controlled Enterprises	1706228426	133168865
(一)按登记注册类型分	**by Type of Registration**		
1.内资企业	**Domestic Funded Enterprises**	**3478292454**	**218005140**
国有企业	State-owned Enterprises	270607578	18489652
集体企业	Collective-owned Enterprises	12574065	853276
股份合作企业	Cooperative Enterprises	2933071	19152
联营企业	Joint Ownership Enterprises	495864	24272
国有联营企业	State Joint Ownership Enterprises	82360	7435
集体联营企业	Collective Joint Ownership Enterprises	72907	2776
国有与集体联营企业	Joint State-collective Enterprises	278591	326
其他联营企业	Other Joint Ownership Enterprises	62007	13735
有限责任公司	Limited Liability Corporations	1756274340	127441151
国有独资公司	State Sole Funded Corporations	388576406	17735241
其他有限责任公司	Other Limited Liability Corporations	1367697934	109705910
股份有限公司	Share-holding Corporations Ltd.	423694251	29697922
私营企业	Private Enterprises	1004417997	41332028
私营独资企业	Private-funded Enterprises	6089389	17874
私营合伙企业	Private Partnership Enterprises	995406	34913
私营有限责任公司	Private Limited Liability Corporations	970641617	40431569
私营股份有限公司	Private Share-holding Corporations Ltd.	26691585	847672
其他企业	Other Enterprises	7295289	147688
2.港、澳、台商投资企业	**Enterprises with Funds from Hongkong, Macao and Taiwan**	**149839726**	**31001247**
合资经营企业	Joint-venture Enterprises	37132147	1404270
合作经营企业	Cooperative Enterprises	1477263	36959
独资经营企业	Enterprises with Sole Investment	107348459	29538962
投资股份有限公司	Share-holding Corporations Ltd. with Investment	3846940	21057
其他港澳台商投资企业	Other Enterprises with Funds from Hongkong, Macao and Taiwan	34917	
3.外商投资企业	**Foreign Funded Enterprises**	**343389356**	**105544253**
中外合资经营企业	Joint-venture Enterprises	96973264	9025283
中外合作经营企业	Cooperative Enterprises	6519015	63213
外资企业	Enterprises with Sole Foreign Investment	232557435	94698289
外商投资股份有限公司	Share-holding Corporations Ltd. with Foreign Investment	3491164	61633
其他外商投资企业	Other Foreign Funded Enterprises	3848478	1695835

Total Purchases, Sales and Inventory of Enterprises above Designated Size of Wholesale and Retail Trades

单位：万元
Unit: 10000 yuan

商品销售额 Total Sales Value	#出口 Exports	期末商品库存额 Inventory (year-end)
5413197687	**230139127**	**381237620**
4306783800	**229093969**	**260808993**
1821342991	70686996	103370213
3730325243	**194883645**	**218140340**
314733105	9773051	27206254
13697450	392477	931116
3180039	94841	161698
576862	10372	97491
95612		13289
76004	3139	13079
311738	7232	60721
93508		10402
1860462045	87776870	100488034
416363571	9030283	15873110
1444098475	78746587	84614924
443005672	24434052	31476346
1086512756	72237041	57305379
7108624	58891	349651
1180006	58424	50338
1048583341	70438539	55118272
29640786	1681187	1787118
8157315	164942	474022
175263924	**15071172**	**13949089**
38584403	1183386	1819477
1743160	122662	42551
130423860	13750463	11745824
4307490	14661	254605
205011		86633
401194633	**19139152**	**28719563**
109408661	2482494	5215129
6618386	5158	39003
276898204	16613211	23111758
3768502	30768	182280
4500881	7522	171393

项 目	Item	商品购进额 Total Purchases Value	# 进 口 Imports
(二)按国民经济行业分	**by Sector**		
农、林、牧产品批发	holesale of Agricultural, Forestry and Livestock Products	80725424	8549846
食品、饮料及烟草制品批发	Wholesale of Food, Beverages and Tobaccos	321615740	11972056
米、面制品及食用油批发	Wholesale of Rice, Flour and Edible Oil	50289468	5467257
肉、禽、蛋、奶及水产品批发	Wholesale of Meal, Fowls, Eggs and Aquatic Products	27631973	1840134
酒、饮料及茶叶批发	Wholesale of Wine, Beverages and Teas	44307860	1459328
烟草制品批发	Wholesales of Tobaccos	129633657	682584
纺织、服装及家庭用品批发	Wholesale of Textiles, Wearing Apparel and Household Articles	306002643	26888575
服装批发	Wholesale of Garments	72935173	4499995
鞋帽批发	Wholesale of Shoes and Hats	15191542	873843
家用电器批发	Wholesale of Household Electrical Appliances	92011319	11483889
文化、体育用品及器材批发	Wholesale of Culture, Sports Appliances and Equipments	63936375	4315385
文具用品批发	Wholesale of Stationeries	18271561	1236680
体育用品及器材批发	Wholesale of Sports Appliances and Equipments	3995191	114527
图书批发	Wholesale of Books	7435586	142827
医药及医疗器材批发	Wholesale of Medicines and Medical Appliances	159415669	12445790
西药批发	Wholesale of Western Medicine	105000452	5009086
中药批发	Wholesale of Chinese Traditional Medicine	33768511	957831
矿产品、建材及化工产品批发	Wholesale of Mineral Products, Building Materials and Chemical Products	2407139271	163014651
煤炭及制品批发	Wholesale of Coal and Related Products	299066891	10206376
石油及制品批发	Wholesale of Petroleum and Related Products	670333257	42808498
金属及金属矿批发	Wholesale of Metal Materials	911287762	61270279
建材批发	Wholesale of Building Materials	118887665	8602518
化肥批发	Wholesale of Chemical Fertilizer	53945147	1865615
农药批发	Wholesale of Pesticides	4256638	490333
机械设备、五金产品及电子产品批发	Wholesale of Machinery, Hardware and Electronic Products	500941126	100643045
汽车批发	Wholesale of Motor Vehicles	174166798	44840740
计算机、软件及辅助设备批发	Wholesale of Computer, Software and Assistant Appliances	43043686	6428543
通讯及广播电视设备批发	Wholesale of Communication, Radios and Televisions Equipments	82656989	19401758
贸易经纪与代理	Trade Broker and Agency	47149442	10347570
其他批发	Other Wholesale not Classified Elsewhere	84595848	16373721

单位：万元
Unit: 10000 yuan

商品销售额 Total Sales Value	#出 口 Exports	期末商品库存额 Inventory (year-end)
84537644	1217667	16813203
392116881	7117224	30644306
52970898	2032369	8844263
30164639	2143188	1288804
57692253	348900	4617218
172120571	436882	11253849
349249992	73614067	29992015
86669414	27447700	8092441
18102065	7349650	1820089
98474943	4525643	10928114
70071634	5916379	9648001
19264603	1015487	1213449
4479623	792211	623076
7882785	68584	1740998
179813510	2699383	28682446
115107247	1416050	18536615
39249861	337176	6524716
2524790203	63644541	94457617
313392767	1602544	9880740
709098233	9494500	22883140
948561209	22856230	36459624
127554010	6064350	5415370
55301255	1981899	5715440
4487636	839352	474575
561466430	46925655	42114105
200870185	4147589	16269550
46252931	2811206	3302835
88249731	4107319	4340687
52931128	12548576	3089503
91806377	15410478	5367798

项　目	Item	商品购进额 Total Purchases Value	# 进 口 Imports
二、零售业	**Retail Trade**	**965117964**	**31163181**
#国有控股	State-controlled Enterprises	198104173	2674212
(一)按登记注册类型分	**by Type of Registration**		
1.内资企业	**Domestic Funded Enterprises**	**863784184**	**25085820**
国有企业	State-owned Enterprises	19677627	242347
集体企业	Collective-owned Enterprises	14578710	23573
股份合作企业	Cooperative Enterprises	1763328	22183
联营企业	Joint Ownership Enterprises	1039656	31462
国有联营企业	State Joint Ownership Enterprises	207189	29393
集体联营企业	Collective Joint Ownership Enterprises	339865	
国有与集体联营企业	Joint State-collective Enterprises	302962	2069
其他联营企业	Other Joint Ownership Enterprises	189640	
有限责任公司	Limited Liability Corporations	378887119	12769496
国有独资公司	State Sole Funded Corporations	14725168	610636
其他有限责任公司	Other Limited Liability Corporations	364161950	12158860
股份有限公司	Share-holding Corporations Ltd.	131629468	587239
私营企业	Private Enterprises	312135623	11354788
私营独资企业	Private-funded Enterprises	12755461	130617
私营合伙企业	Private Partnership Enterprises	1376273	20996
私营有限责任公司	Private Limited Liability Corporations	282782287	10838725
私营股份有限公司	Private Share-holding Corporations Ltd.	15221602	364449
其他企业	Other Enterprises	4072655	54733
2.港、澳、台商投资企业	**Enterprises with Funds from Hongkong, Macao and Taiwan**	**43576398**	**3878801**
合资经营企业	Joint-venture Enterprises	11594869	1286333
合作经营企业	Cooperative Enterprises	598714	
独资经营企业	Enterprises with Sole Investment	29425322	2405619
投资股份有限公司	Share-holding Corporations Ltd. with Investment	865217	186849
其他港澳台商投资企业	Other Enterprises with Funds from Hongkong, Macao and Taiwan	1092276	
3.外商投资企业	**Foreign Funded Enterprises**	**57757382**	**2198560**
中外合资经营企业	Joint-venture Enterprises	24729833	538089
中外合作经营企业	Cooperative Enterprises	2308329	29867
外资企业	Enterprises with Sole Foreign Investment	28906201	1599461
外商投资股份有限公司	Share-holding Corporations Ltd. with Foreign Investment	1443035	5036
其他外商投资企业	Other Foreign Funded Enterprises	369985	26108

单位：万元
Unit: 10000 yuan

商品销售额 Total Sales Value	#出口 Exports	期末商品库存额 Inventory (year-end)
1106413887	**1045158**	**120428627**
246149322	106194	26547575
980679231	**1013979**	**107940056**
22505924	14078	6119477
15665589	1279	716409
1918228	799	135843
1139167		38598
243505		8016
356871		19812
333439		7023
205352		3747
424657848	502638	45953134
18574306	1620	1122209
406083543	501019	44830925
166948860	44038	12565559
342994544	450465	42058850
14030780	573	930520
1546089	1	110349
310285489	446616	39116392
17132186	3274	1901590
4849071	683	352187
56249195	**15829**	**7233251**
15366003	7712	2674795
752519		24295
37992777	7905	4258314
1061347	212	187816
1076549		88032
69485462	**15350**	**5255320**
31113249	5403	1671773
2583969		136665
33395329	9947	3273563
1925987		118247
466927		55071

项 目	Item	商品购进额 Total Purchases Value	# 进 口 Imports
(二)按国民经济行业分	**by Sector**		
综合零售	Integrated Retail	213275474	1804756
百货零售	Retail of General Merchandise	113242637	1372607
超级市场零售	Retail of Supermarkets	89056893	254702
食品、饮料及烟草制品专门零售	Special Retail of Food, Beverages and Tobaccos	28588851	344504
粮油零售	Retail of Cereal and Oil	3956008	14673
肉、禽、蛋、奶及水产品零售	Retail of Meat, Poultry, Eggs, Milk and Aquatic Products	5633157	27866
酒、饮料及茶叶零售	Retail of Wine, Beverages and Teas	7185398	40500
烟草制品零售	Retail of Tobaccos	2263381	109286
纺织、服装及日用品专门零售	Special Retail of Textiles, Garments and Daily Consumer Articles	34649455	1489622
服装零售	Retail of Garments	21119613	931242
文化、体育用品及器材专门零售	Special Retail of Culture, Sports Appliances and Equipments	29608244	514521
体育用品及器材零售	Retail of Sports Appliances and Equipments	976217	1527
图书、报刊零售	Retail of Books, Newspaper and Magazines	9743153	313344
医药及医疗器材专门零售	Special Retail of Medicines and Medical Appliances	49420887	456832
药品零售	Retail of Medicines	46107013	170522
汽车、摩托车、燃料及零配件专门零售	Special Retail of Motor Vehicles, Motorcycles Fuel and Parts	457680463	25799832
汽车零售	Retail of Motor Vehicles	326082031	25580248
机动车燃料零售	Retail of Fuel of Motor Vehicles	121463663	126241
家用电器及电子产品专门零售	Special Retail of Household Electric Appliances and Electronic Products	79278383	248782
日用家电设备零售	Retail of Household Electric Appliances	31796794	74307
计算机、软件及辅助设备零售	Retail of Computer, Software and Assistant Appliances	21723175	29184
通信设备零售	Retail of Communication Equipments	8163728	31649
五金、家具及室内装饰材料专门零售	Special Retail of Hardware, Furniture and Interior Decoration Materials	25707171	161730
货摊、无店铺及其他零售	Stall, Non-shop and Other Retails	46909036	342604
互联网零售	Retail on the Internet	30417679	40171
(三)按零售业态分	**by Mode of Business Operation**		
有店铺零售	Store-based Retailing	912893225	30770959
超市	Supermarket	27554892	133764
大型超市	Hypermarket	85240020	171621
百货店	Department Store	107597399	1816065
专业店	Speciality Store	357979162	9212012
专卖店	Exclusive Shop	285669484	18534118
无店铺零售	Non-Store Selling	52224739	392222

单位：万元
Unit: 10000 yuan

商品销售额 Total Sales Value	#出 口 Exports	期末商品库存额 Inventory (year-end)
260304717	47906	27232114
146853785	27035	11370414
101109886	16964	15021717
33567373	235332	3202314
4337462	129855	498115
6481044	4807	380706
8496560	5241	1096946
2635396	35416	473430
46050034	84509	7638633
28438484	25469	4465545
33106396	57473	5833688
1485800	1042	256379
10195155	8344	1826500
55922537	16170	11735187
51798859	11893	11352676
510524993	168621	52677393
344156163	145968	47116999
155324621	1895	4461034
86295443	27128	7697909
34784476	18653	4007808
23532844	101	1103671
9058623	1420	723374
31199658	60628	2048494
49442736	347390	2362897
30061264	295828	1302607
1052457508	722538	117609616
30299373	20164	3539508
98307561	2892	14031344
141413389	28833	10836143
412385877	226198	34162322
312787094	306459	50280821
53956379	322619	2819011

3-2-2 各地区限额以上批发业企业商品购、销、存情况

Total Purchases, Sales and Inventory of Enterprises above Designated Size of Wholesale Trade by Region

单位：万元

Unit: 10000 yuan

地区	Region	商品购进额 Total Purchases Value	#进口 Imports	商品销售额 Total Sales Value	#出口 Exports	期末商品库存额 Inventory (year-end)
全国	**National Total**	**3971521536**	**354550639**	**4306783799**	**229093969**	**260808993**
北京	Beijing	484855047	89913810	507467958	26377197	46422418
天津	Tianjin	282401203	16843334	299296794	5577716	13358111
河北	Hebei	78285490	942372	85275471	1014916	3683267
山西	Shanxi	91160579	764516	97640865	523283	2975127
内蒙古	Inner Mongolia	24249452	1085537	27391815	591844	2672132
辽宁	Liaoning	123956546	4649478	132016763	3194262	5790201
吉林	Jilin	18470447	521159	19074974	115985	3194287
黑龙江	Heilongjiang	34766875	8937798	38688539	1551848	3748590
上海	Shanghai	604827750	88939700	658918969	25788152	39346489
江苏	Jiangsu	319055367	19403045	350297802	22010612	17582314
浙江	Zhejiang	339925266	22213162	367229209	50294924	15072272
安徽	Anhui	54782266	1373106	60693275	2053793	4580752
福建	Fujian	135731362	13296528	147613216	14871906	8072584
江西	Jiangxi	18641126	154528	24170133	845113	1584086
山东	Shandong	203452475	11732134	221486349	9380037	9748636
河南	Henan	66647652	1347095	78311692	774685	4995298
湖北	Hubei	101881441	2838268	107740756	1728607	6079246
湖南	Hunan	46501201	447010	45438536	642087	4193537
广东	Guangdong	509442948	40554754	559532076	49231541	29512465
广西	Guangxi	34968997	727656	38739871	1076510	2421966
海南	Hainan	22110835	2103664	23127115	54876	761791
重庆	Chongqing	60092689	2263816	65016130	1988936	10911355
四川	Sichuan	77792595	4394235	85753448	2678221	5322068
贵州	Guizhou	20427860	1038980	27505212	1102494	2304691
云南	Yunnan	55189478	3818971	64201652	3303210	6182272
西藏	Tibet	720306	50	1112270		84872
陕西	Shaanxi	52598228	3013160	55630081	905053	2397182
甘肃	Gansu	30626074	131478	35272715	212819	1915567
青海	Qinghai	9995183	7529	10996111	104966	417886
宁夏	Ningxia	8058994	34452	8484993	35156	407328
新疆	Xinjiang	59905807	11059312	62659009	1063221	5070203

3-2-2 续表 Continued

国有控股 单位：万元

State-controlled Enterprises Unit: 10000 yuan

地区	Region	商品购进额 Total Purchases Value	#进口 Imports	商品销售额 Total Sales Value	#出口 Exports	期末商品库存额 Inventory (year-end)
全国	**National Total**	**1706228426**	**133168865**	**1821342991**	**70686996**	**103370213**
北京	Beijing	306088070	47936668	309236075	21748764	26360726
天津	Tianjin	165897075	11701337	169609641	3340201	7183566
河北	Hebei	33958087	57012	37534789	53866	1183167
山西	Shanxi	75517309	285885	80996093	367949	1601327
内蒙古	Inner Mongolia	14359045	63676	15893539	551148	1688307
辽宁	Liaoning	72977003	2967594	77724220	598656	2706858
吉林	Jilin	12057725	371485	12572370	4977	2486525
黑龙江	Heilongjiang	20723240	7267501	22588442	213982	2832566
上海	Shanghai	190305690	10005739	196778077	7329725	10613276
江苏	Jiangsu	65369043	8647299	72265769	7195943	4121005
浙江	Zhejiang	90101542	4888989	99352133	7144221	3948721
安徽	Anhui	23722742	1108200	26829567	997620	2332453
福建	Fujian	53750022	7926647	58442770	2986208	3213176
江西	Jiangxi	11332648	117307	15962043	182939	1073229
山东	Shandong	50921482	2179487	56696303	798108	2312266
河南	Henan	27991269	609735	35934308	175724	2472307
湖北	Hubei	46912241	2043413	49656971	639087	1969677
湖南	Hunan	21513240	318813	17348563	203718	2403877
广东	Guangdong	196547365	7347979	211297571	11007471	7137550
广西	Guangxi	16943427	266991	18916333	83066	892277
海南	Hainan	3022573	2207	3428274	19894	126374
重庆	Chongqing	23680916	1684867	25769149	972098	1032115
四川	Sichuan	24865821	1294433	27266300	246259	1921195
贵州	Guizhou	13569428	959013	19756836	1014040	1674003
云南	Yunnan	35601457	1970760	42434387	1663603	4243360
西藏	Tibet	445916	50	604178		73570
陕西	Shaanxi	31390166	221688	33440682	736905	1306147
甘肃	Gansu	20421617	21492	23987178	81625	1177164
青海	Qinghai	5599769		6327235		114616
宁夏	Ningxia	5564289	18325	5825395	7982	156375
新疆	Xinjiang	45078211	10884274	46867802	321221	3012439

3-2-3 各地区限额以上批发业企业商品购、销、存情况（按登记注册类型分）

Total Purchases, Sales and Inventory of Enterprises above Designated Size of Wholesale Trade by Region and Type of Registration

内资企业

Domestic Funded Enterprises

单位：万元

Unit: 10000 yuan

地区	Region	商品购进额 Total Purchases Value	#进口 Imports	商品销售额 Total Sales Value	#出口 Exports	期末商品库存额 Inventory (year-end)
全国	**National Total**	**3478292454**	**218005140**	**3730325243**	**194883645**	**218140340**
北京	Beijing	386740596	55163578	391672761	24609908	35145844
天津	Tianjin	264358732	12901748	276587706	4631546	11955305
河北	Hebei	77612503	912068	84382523	1014911	3660974
山西	Shanxi	85365574	680456	91826299	467909	2949659
内蒙古	Inner Mongolia	24232513	1085537	27311065	591844	2672027
辽宁	Liaoning	122224442	4393080	129902371	2926420	5664052
吉林	Jilin	16995409	521159	17615990	115985	3170847
黑龙江	Heilongjiang	34720079	8936544	38640090	1551710	3747531
上海	Shanghai	377538127	15293654	389246056	12007259	19145951
江苏	Jiangsu	287113467	17298097	314664081	20527860	15580591
浙江	Zhejiang	324452947	20559481	350051727	49080863	14374222
安徽	Anhui	51800753	1368865	57120156	2042309	4466160
福建	Fujian	125953230	12646813	136562681	14555904	7450023
江西	Jiangxi	18155210	141700	23638391	565666	1577706
山东	Shandong	200236077	11165223	217393749	8370072	9375246
河南	Henan	66338069	1333635	77933998	660981	4969300
湖北	Hubei	96515785	2786898	101478532	1709249	5806182
湖南	Hunan	46163724	447010	45041976	618478	4186221
广东	Guangdong	450428718	24930423	492693929	36481375	25031193
广西	Guangxi	34853664	683406	38615617	1076510	2399671
海南	Hainan	21925320	2074371	22927186	54743	721377
重庆	Chongqing	58374211	2055098	63019534	1830615	10677680
四川	Sichuan	75046522	4278575	82682038	2671469	5003963
贵州	Guizhou	20322649	1038980	27392361	1102494	2303302
云南	Yunnan	54674853	3789348	63587902	3298677	6040290
西藏	Tibet	607679	50	983887		84870
陕西	Shaanxi	48874433	300981	51939919	905053	2248249
甘肃	Gansu	30607443	131478	35248027	211473	1915238
青海	Qinghai	8545769	7529	9537030	104966	372198
宁夏	Ningxia	8025732	34452	8429716	35156	405512
新疆	Xinjiang	59488226	11044905	62197947	1062240	5038956

国有企业 | 单位：万元
State-owned Enterprises | Unit: 10000 yuan

地 区	Region	商品购进额 Total Purchases Value	#进口 Imports	商品销售额 Total Sales Value	#出口 Exports	期末商品库存额 Inventory (year-end)
全 国	**National Total**	**270607578**	**18489652**	**314733105**	**9773051**	**27206254**
北 京	Beijing	44942671	11864462	47075456	4146443	3678716
天 津	Tianjin	14796349	1525921	16380200	243398	514120
河 北	Hebei	4918289	136	6313465	37762	374642
山 西	Shanxi	5708599		6823928		506153
内蒙古	Inner Mongolia	3019257	177	3507548		728657
辽 宁	Liaoning	9017696	2300461	10231931	35103	1009589
吉 林	Jilin	4395726	80942	4802857		1916533
黑龙江	Heilongjiang	5461524	14121	6092747	105	1212430
上 海	Shanghai	34564693	287305	34772480	467857	491247
江 苏	Jiangsu	11545252	414534	16787003	1783843	1321934
浙 江	Zhejiang	8308087	126685	11344792	474766	518248
安 徽	Anhui	5015351	4444	6630409	15363	538832
福 建	Fujian	6125479	459802	7934890	858373	510797
江 西	Jiangxi	3051134	205	4605844	17011	523642
山 东	Shandong	13551480	176978	15290851	87857	608350
河 南	Henan	8733925	13464	11803953		1669565
湖 北	Hubei	6469074	7611	7744454	12788	1134476
湖 南	Hunan	6525924	39857	8106750	8744	1224276
广 东	Guangdong	15210140	856422	16612231	1278752	1014969
广 西	Guangxi	5811723	1211	7215344	54750	284228
海 南	Hainan	2519480		2908546	770	106548
重 庆	Chongqing	6716934	149095	7446576	4015	475269
四 川	Sichuan	8231922	100829	9202568	171706	1261278
贵 州	Guizhou	5370012		7227222	89	1113811
云 南	Yunnan	13699893	19678	17978500	26765	3155823
西 藏	Tibet	372567	50	517490		60235
陕 西	Shaanxi	6503541	12003	7899281	26850	379369
甘 肃	Gansu	2010608	188	2747194	8196	93239
青 海	Qinghai	1113884		1280307		19626
宁 夏	Ningxia	743992		903790		38766
新 疆	Xinjiang	6152373	33074	6544499	11748	720885

3-2-3 续表 2 Continued 2

集体企业 | 单位：万元

Collective-owned Enterprises | Unit: 10000 yuan

地 区	Region	商品购进额 Total Purchases Value	#进口 Imports	商品销售额 Total Sales Value	#出口 Exports	期末商品库存额 Inventory (year-end)
全 国	**National Total**	**12574065**	**853276**	**13697450**	**392477**	**931116**
北 京	Beijing	691592	400319	767926		70000
天 津	Tianjin	611594	39	644832	382	17782
河 北	Hebei	279069		300634		48072
山 西	Shanxi	734997	11941	823480	2230	47970
内蒙古	Inner Mongolia	120133		129602		1317
辽 宁	Liaoning	402240		456647		17213
吉 林	Jilin					
黑龙江	Heilongjiang	214424		232394		8378
上 海	Shanghai	300505	83214	324074		26513
江 苏	Jiangsu	571412		638268	15660	85821
浙 江	Zhejiang	528335	20716	547204	275841	27736
安 徽	Anhui	75980		80357		3141
福 建	Fujian	532084	2856	579173	52155	67281
江 西	Jiangxi	26743		26096		2833
山 东	Shandong	1682737	306951	1931675	1480	67207
河 南	Henan	1196017		1282475		25104
湖 北	Hubei	162047		167884		12339
湖 南	Hunan	128350		152458		19768
广 东	Guangdong	705167	14	744860	10835	33499
广 西	Guangxi	963801	2599	984766		18162
海 南	Hainan					
重 庆	Chongqing	151470	8605	172386		12559
四 川	Sichuan	1606885		1830337	33444	133850
贵 州	Guizhou	117539	16022	120511		21567
云 南	Yunnan	207059		210777		34817
西 藏	Tibet					
陕 西	Shaanxi	205493		210208		4006
甘 肃	Gansu	93093		93891	449	5470
青 海	Qinghai	3872		3819		90
宁 夏	Ningxia					
新 疆	Xinjiang	261425		240717		118623

股份合作企业
Cooperative Enterprises

单位：万元
Unit: 10000 yuan

地　区	Region	商品购进额 Total Purchases Value	#进口 Imports	商品销售额 Total Sales Value	#出口 Exports	期末商品库存额 Inventory (year-end)
全　国	**National Total**	**2933071**	**19152**	**3180039**	**94841**	**161698**
北　京	Beijing	611324	2851	622857	606	39186
天　津	Tianjin	188239		217897		5058
河　北	Hebei	11350		20287		4156
山　西	Shanxi	3992		4715		1419
内蒙古	Inner Mongolia					
辽　宁	Liaoning	95583		116652		3695
吉　林	Jilin					
黑龙江	Heilongjiang					
上　海	Shanghai	26584		29977		1538
江　苏	Jiangsu	618066		643787		15211
浙　江	Zhejiang	147276	161	154432	3401	9082
安　徽	Anhui	58671		84863		3478
福　建	Fujian	63493		67264	43833	4310
江　西	Jiangxi					
山　东	Shandong	145293	7012	155447		14844
河　南	Henan	6091		6049		71
湖　北	Hubei	38287		39375		1620
湖　南	Hunan					
广　东	Guangdong	229319	9012	263515	47001	7652
广　西	Guangxi	3668		4106		118
海　南	Hainan					
重　庆	Chongqing	495639		539475		37893
四　川	Sichuan	80552	117	91629		2763
贵　州	Guizhou	2050		2303		514
云　南	Yunnan	9890		14139		1309
西　藏	Tibet					
陕　西	Shaanxi	28072		30333		348
甘　肃	Gansu	68471		69534		7218
青　海	Qinghai	1160		1405		216
宁　夏	Ningxia					
新　疆	Xinjiang					

3-2-3 续表 4 Continued 4

联营企业 单位：万元

Joint Ownership Enterprises Unit: 10000 yuan

地 区	Region	商品购进额 Total Purchases Value	#进口 Imports	商品销售额 Total Sales Value	#出口 Exports	期末商品库存额 Inventory (year-end)
全 国	**National Total**	**495864**	**24272**	**576862**	**10372**	**97491**
北 京	Beijing	24195	7761	25191	7232	1097
天 津	Tianjin					
河 北	Hebei					
山 西	Shanxi	835		979		127
内蒙古	Inner Mongolia					
辽 宁	Liaoning					
吉 林	Jilin					
黑龙江	Heilongjiang					
上 海	Shanghai	153145		158623		59108
江 苏	Jiangsu	2180		2289		45
浙 江	Zhejiang					
安 徽	Anhui	3555		3605		45
福 建	Fujian					
江 西	Jiangxi	1533		1575		122
山 东	Shandong	148659		174743		6372
河 南	Henan	14425		15846		7993
湖 北	Hubei	969		1107		
湖 南	Hunan					
广 东	Guangdong	70240	13735	113849		13566
广 西	Guangxi					
海 南	Hainan					
重 庆	Chongqing					
四 川	Sichuan					
贵 州	Guizhou					
云 南	Yunnan	71971	2776	74847	3139	8911
西 藏	Tibet					
陕 西	Shaanxi					
甘 肃	Gansu					
青 海	Qinghai					
宁 夏	Ningxia					
新 疆	Xinjiang	4158		4210		105

有限责任公司
Limited Liability Corporations

单位：万元
Unit: 10000 yuan

地区	Region	商品购进额 Total Purchases Value	#进口 Imports	商品销售额 Total Sales Value	#出口 Exports	期末商品库存额 Inventory (year-end)
全国	**National Total**	**1756274340**	**127441151**	**1860462045**	**87776870**	**100488034**
北京	Beijing	267330760	32833220	266998703	12627201	24980405
天津	Tianjin	169012869	8570146	174221746	2615245	5908564
河北	Hebei	48850159	481753	51237822	466866	1855592
山西	Shanxi	62942468	246600	67034685	360885	1086695
内蒙古	Inner Mongolia	11150494	321209	12610507	560546	1247591
辽宁	Liaoning	34906337	1174274	38052152	1607809	2065024
吉林	Jilin	5282715	393593	5091015	63781	767834
黑龙江	Heilongjiang	18584043	7398444	20737942	1372222	1859553
上海	Shanghai	171188827	9912262	175453178	6659728	11726067
江苏	Jiangsu	98093460	11782088	105253250	8602046	4472594
浙江	Zhejiang	133377147	8567170	141543237	16765808	5982789
安徽	Anhui	23198333	672089	24681376	673253	1767725
福建	Fujian	58303395	4045054	62835311	5155652	3251911
江西	Jiangxi	11036062	135829	12465803	413870	747728
山东	Shandong	90244068	7097923	97329508	3887716	4028473
河南	Henan	39449439	1055896	42666903	442797	1999842
湖北	Hubei	47313043	483881	49417044	589924	2282190
湖南	Hunan	13974761	294708	14448700	303801	1705414
广东	Guangdong	267423130	15223079	298296582	19065349	12369783
广西	Guangxi	11429045	436975	11936154	282044	1055020
海南	Hainan	18035215	1961625	18565290	46274	511069
重庆	Chongqing	31614954	1792429	34072249	1309136	1453245
四川	Sichuan	32725312	3054482	34963714	1322850	1798595
贵州	Guizhou	10575472	277115	15105367	109010	746440
云南	Yunnan	25728893	3068394	27364686	1851691	1452668
西藏	Tibet	230984		459289		24144
陕西	Shaanxi	19840908	230541	20514454	333480	1040712
甘肃	Gansu	7349568	33063	8148340	83459	444799
青海	Qinghai	4299713	7529	4855194	73793	156784
宁夏	Ningxia	1459423	18328	1586284	14536	62254
新疆	Xinjiang	21323341	5871453	22515562	116101	1636532

股份有限公司
Share-holding Corporations Ltd.

单位：万元
Unit: 10000 yuan

地区	Region	商品购进额 Total Purchases Value	#进口 Imports	商品销售额 Total Sales Value	#出口 Exports	期末商品库存额 Inventory (year-end)
全国	**National Total**	**423694251**	**29697922**	**443005672**	**24434052**	**31476346**
北京	Beijing	28756332	7750997	29472394	6701255	2585920
天津	Tianjin	16159993	1700080	15913779	781195	2130838
河北	Hebei	5464132	2904	7135499	69888	244650
山西	Shanxi	3626120		4046502		203662
内蒙古	Inner Mongolia	4899543	3164	5085076	344	174242
辽宁	Liaoning	48202606	175608	49413791	236791	602891
吉林	Jilin	4452587		4805471		102808
黑龙江	Heilongjiang	5372262	757465	5856311	8961	141467
上海	Shanghai	21953850	586304	23255257	1488071	1154021
江苏	Jiangsu	31926075	788551	33776300	1990413	2934757
浙江	Zhejiang	38295503	1644043	43417190	4234522	1172468
安徽	Anhui	10093208	593193	10885700	885479	1061681
福建	Fujian	18938510	5858751	19759528	1528580	1396228
江西	Jiangxi	2076670		4368033		170134
山东	Shandong	9699800	509766	11359839	570113	519641
河南	Henan	6381754	69416	10224629	38758	329721
湖北	Hubei	25878651	2262072	26405224	490398	1175535
湖南	Hunan	10379176	1286	5189893	110599	381544
广东	Guangdong	45898510	1110038	39393649	3317593	3035255
广西	Guangxi	8046598	579	8605590	86126	260270
海南	Hainan	596834	10889	659899	3776	25762
重庆	Chongqing	3893295	5398	4153293	7550	7860231
四川	Sichuan	3633912	7395	4038932	53311	226212
贵州	Guizhou	1497723	691306	1894752	933579	105434
云南	Yunnan	5055513	150427	7323355	189473	404951
西藏	Tibet					
陕西	Shaanxi	19011647		19759019	469067	584458
甘肃	Gansu	16243640		18889869		1016762
青海	Qinghai	737396		904247		48798
宁夏	Ningxia	4268275		4282411	1000	100578
新疆	Xinjiang	22254136	5018290	22730243	237210	1325430

私营企业
Private Enterprises

单位：万元
Unit: 10000 yuan

地区	Region	商品购进额 Total Purchases Value	#进口 Imports	商品销售额 Total Sales Value	#出口 Exports	期末商品库存额 Inventory (year-end)
全国	**National Total**	**1004417997**	**41332027**	**1086512756**	**72237041**	**57305379**
北京	Beijing	44378684	2303969	46705138	1127172	3790518
天津	Tianjin	63500990	1105562	69061024	991326	3377820
河北	Hebei	17983675	402883	19251931	382866	1127199
山西	Shanxi	12280874	421915	13008782	104794	1099044
内蒙古	Inner Mongolia	5040516	760986	5975807	30954	519809
辽宁	Liaoning	29531583	742738	31541539	1046717	1963386
吉林	Jilin	2853348	46624	2902643	52204	381302
黑龙江	Heilongjiang	5038733	766515	5660176	170423	524461
上海	Shanghai	149270608	4358712	155167502	3320685	5682422
江苏	Jiangsu	143118040	4299379	156092974	8130605	6672779
浙江	Zhejiang	143531528	10191132	152731793	27319546	6640018
安徽	Anhui	13068660	99139	14432436	464797	1082124
福建	Fujian	41950938	2277839	45342515	6917312	2218515
江西	Jiangxi	1957982	5666	2165949	134785	133241
山东	Shandong	83052268	3062436	89327084	3815835	4052671
河南	Henan	10196668	187360	11564827	179426	914228
湖北	Hubei	15450489	33328	16426110	611760	1126121
湖南	Hunan	15087163	109559	17061126	195334	847091
广东	Guangdong	120288249	7718125	136623086	12755981	8477421
广西	Guangxi	8577134	240954	9845768	651534	781710
海南	Hainan	745600	101857	757749	3923	72975
重庆	Chongqing	15310560	99570	16421638	509914	833472
四川	Sichuan	28270442	1115752	31950675	1090159	1536488
贵州	Guizhou	2757061	54538	3039314	59817	315528
云南	Yunnan	9809337	530612	10529159	1227610	975694
西藏	Tibet	4128		7108		491
陕西	Shaanxi	3206332	58437	3442564	74222	233305
甘肃	Gansu	4814915	98228	5268875	119369	347463
青海	Qinghai	2388326		2489698	31173	146323
宁夏	Ningxia	1552966	16124	1654879	19620	203513
新疆	Xinjiang	9400202	122089	10062890	697182	1228249

3-2-3 续表 8 Continued 8

其他企业 单位：万元

Other Enterprises Unit: 10000 yuan

地 区	Region	商品购进额 Total Purchases Value	#进 口 Imports	商品销售额 Total Sales Value	#出 口 Exports	期末商品库存额 Inventory (year-end)
全 国	**National Total**	**7295289**	**147688**	**8157315**	**164942**	**474022**
北 京	Beijing	5039		5097		
天 津	Tianjin	88697		148228		1123
河 北	Hebei	105831	24391	122886	57530	6663
山 西	Shanxi	67689		83228		4589
内 蒙 古	Inner Mongolia	2570		2526		411
辽 宁	Liaoning	68397		89660		2255
吉 林	Jilin	11033		14004		2371
黑 龙 江	Heilongjiang	49092		60521		1242
上 海	Shanghai	79916	65856	84966	70917	5035
江 苏	Jiangsu	1238983	13545	1470211	5292	77450
浙 江	Zhejiang	265071	9574	313078	6978	23881
安 徽	Anhui	286994		321410	3418	9134
福 建	Fujian	39330	2511	44001		982
江 西	Jiangxi	5086		5091		6
山 东	Shandong	1711773	4157	1824601	7071	77689
河 南	Henan	359750	7500	369317		22777
湖 北	Hubei	1203224	5	1277336	4380	73901
湖 南	Hunan	68349	1600	83048		8127
广 东	Guangdong	603963		646157	5864	79050
广 西	Guangxi	21695	1088	23890	2056	164
海 南	Hainan	28191		35702		5023
重 庆	Chongqing	191360		213918		5011
四 川	Sichuan	497497		604184		44777
贵 州	Guizhou	2792		2892		10
云 南	Yunnan	92298	17460	92440		6117
西 藏	Tibet					
陕 西	Shaanxi	78439		84060	1435	6051
甘 肃	Gansu	27148		30325		287
青 海	Qinghai	1418		2360		362
宁 夏	Ningxia	1076		2352		401
新 疆	Xinjiang	92590		99827		9133

3-2-3 续表 9 Continued 9

港、澳、台商投资企业 单位：万元
Enterprises with Funds from Hongkong, Macao and Taiwan Unit: 10000 yuan

地 区	Region	商品购进额 Total Purchases Value	#进 口 Imports	商品销售额 Total Sales Value	#出 口 Exports	期末商品库存额 Inventory (year-end)
全 国	**National Total**	**149839726**	**31001247**	**175263924**	**15071172**	**13949089**
北 京	Beijing	13163260	4472533	15619489	115916	1732360
天 津	Tianjin	9360086	937621	9943543	469276	582761
河 北	Hebei	70494		118794		1165
山 西	Shanxi	5782214	84060	5800400	55374	25012
内 蒙 古	Inner Mongolia	16940		24198		105
辽 宁	Liaoning	575824	8523	716007	23852	41853
吉 林	Jilin	73413		77840		159
黑 龙 江	Heilongjiang	46796	1254	48449	138	1059
上 海	Shanghai	56452514	12054817	69884575	2454268	6585063
江 苏	Jiangsu	15370067	777601	17278961	755314	764021
浙 江	Zhejiang	5276907	471838	5779179	481064	267193
安 徽	Anhui	1567956		1571966		37907
福 建	Fujian	3073946	602684	3595371	196052	335418
江 西	Jiangxi	115263		123246	5232	6141
山 东	Shandong	1288570	146220	1998353	838214	239822
河 南	Henan	140834	13460	180733	108048	22452
湖 北	Hubei	2433808	12038	2542526	4041	161334
湖 南	Hunan	262459		296628	23608	7001
广 东	Guangdong	29346605	11252856	33769658	9537310	2698432
广 西	Guangxi	20407	3069	27098		5489
海 南	Hainan	89463	27816	97011		20498
重 庆	Chongqing	1026129	29725	1197056		173811
四 川	Sichuan	1824342	102092	1927513		146395
贵 州	Guizhou					
云 南	Yunnan	354484	3040	443281	2120	2676
西 藏	Tibet	112627		128383		2
陕 西	Shaanxi	362247		410750		44808
甘 肃	Gansu	13924		20292	1346	18
青 海	Qinghai	1255782		1279590		45566
宁 夏	Ningxia					
新 疆	Xinjiang	362365		363033		571

外商投资企业 | 单位：万元
Foreign Funded Enterprises | Unit: 10000 yuan

地　区	Region	商品购进额 Total Purchases Value	#进口 Imports	商品销售额 Total Sales Value	#出口 Exports	期末商品库存额 Inventory (year-end)
全　国	**National Total**	**343389356**	**105544253**	**401194633**	**19139152**	**28719563**
北　京	Beijing	84951191	30277699	100175707	1651373	9544214
天　津	Tianjin	8682386	3003965	12765545	476895	820045
河　北	Hebei	602492	30305	774154	5	21128
山　西	Shanxi	12791		14166		455
内蒙古	Inner Mongolia			56552		
辽　宁	Liaoning	1156280	247874	1398385	243989	84296
吉　林	Jilin	1401625		1381145		23281
黑龙江	Heilongjiang					
上　海	Shanghai	170837109	61591228	199788338	11326625	13615476
江　苏	Jiangsu	16571833	1327348	18354760	727439	1237703
浙　江	Zhejiang	10195413	1181844	11398303	732997	430856
安　徽	Anhui	1413556	4241	2001153	11484	76685
福　建	Fujian	6704186	47032	7455164	119951	287142
江　西	Jiangxi	370654	12829	408497	274215	239
山　东	Shandong	1927828	420692	2094247	171751	133569
河　南	Henan	168749		196962	5656	3545
湖　北	Hubei	2931848	39333	3719698	15317	111730
湖　南	Hunan	75018		99932		315
广　东	Guangdong	29667625	4371475	33068488	3212856	1782841
广　西	Guangxi	94925	41181	97156		16806
海　南	Hainan	96052	1476	102918	133	19916
重　庆	Chongqing	692349	178994	799540	158321	59865
四　川	Sichuan	921731	13568	1143897	6752	171711
贵　州	Guizhou	105211		112851		1389
云　南	Yunnan	160141	26583	170469	2413	139306
西　藏	Tibet					
陕　西	Shaanxi	3361547	2712179	3279413		104125
甘　肃	Gansu	4707		4396		311
青　海	Qinghai	193632		179491		123
宁　夏	Ningxia	33262		55277		1816
新　疆	Xinjiang	55216	14408	98029	981	30677

3-2-4 各地区限额以上批发业企业商品购、销、存情况（按国民经济行业分）

Total Purchases, Sales and Inventory of Enterprises above Designated Size of Wholesale Trade by Region and Sector

农、林、牧产品批发　　　　单位：万元

Wholesale of Agricultural, Forestry and Livestock Products　　　　Unit: 10000 yuan

地　区	Region	商品购进额 Total Purchases Value	#进口 Imports	商品销售额 Total Sales Value	#出口 Exports	期末商品库存额 Inventory (year-end)
全　国	**National Total**	**80725424**	**8549846**	**84537644**	**1217667**	**16813203**
北　京	Beijing	10770749	3979525	11316563	36317	1355001
天　津	Tianjin	1489926	81055	1550568	81618	359136
河　北	Hebei	2459210	21502	2535695	34512	282190
山　西	Shanxi	184581	1250	194462	5395	118361
内蒙古	Inner Mongolia	2063840	2024	2167435	11140	720825
辽　宁	Liaoning	5327906	205069	5417376	177863	696155
吉　林	Jilin	3640571	46827	2791561	7572	2483227
黑龙江	Heilongjiang	3715137	14279	3476492	10611	1736067
上　海	Shanghai	4513460	417072	4491146	27325	270943
江　苏	Jiangsu	6612108	273361	7820430	43431	822282
浙　江	Zhejiang	1895733	105527	2045225	37981	230536
安　徽	Anhui	1904960	14567	2020167	4275	458582
福　建	Fujian	1432693	146734	1518311	28321	416145
江　西	Jiangxi	282713		318481	11987	292038
山　东	Shandong	7814491	308563	8249724	191391	709280
河　南	Henan	4206011	399755	4327855	70557	1370213
湖　北	Hubei	3797124	6255	3675352	19504	1095677
湖　南	Hunan	1174160	11228	1416988	27608	182662
广　东	Guangdong	5005155	1047214	5586255	240490	468028
广　西	Guangxi	559913	1251	572570	15713	130281
海　南	Hainan	42499		36249		16773
重　庆	Chongqing	612084	5632	632886	27482	75517
四　川	Sichuan	1301152	13816	1315344	41945	470265
贵　州	Guizhou	39591		41999		8841
云　南	Yunnan	1483931	1232953	2303705	18173	94425
西　藏	Tibet	16255	50	12825		1463
陕　西	Shaanxi	207197		281659	16967	48477
甘　肃	Gansu	235873	4854	255949	17742	33100
青　海	Qinghai	2076		2116		3
宁　夏	Ningxia	12866		14112		8311
新　疆	Xinjiang	7921459	209485	8148146	11748	1858403

食品、饮料及烟草制品批发
Wholesale of Food, Beverages and Tobaccos

单位：万元
Unit: 10000 yuan

地 区	Region	商品购进额 Total Purchases Value	#进 口 Imports	商品销售额 Total Sales Value	#出 口 Exports	期末商品库存额 Inventory (year-end)
全 国	**National Total**	**321615740**	**11972056**	**392116881**	**7117223**	**30644305**
北 京	Beijing	18192962	2458218	20858920	210342	3213010
天 津	Tianjin	10273191	151885	11081902	73851	510327
河 北	Hebei	5493484	18058	7242367	16851	427570
山 西	Shanxi	4183654	2250	5351777	2230	404900
内蒙古	Inner Mongolia	3600912	3494	4486961	8911	292338
辽 宁	Liaoning	6863007	309151	8198727	136216	900859
吉 林	Jilin	1602362	68486	2190363		161991
黑龙江	Heilongjiang	5024479	22856	7144096	42988	803472
上 海	Shanghai	29192531	3807030	33029502	1330252	2528583
江 苏	Jiangsu	17635626	413540	22334491	355004	1464730
浙 江	Zhejiang	22069733	665402	27404763	915406	1472895
安 徽	Anhui	8809209	342464	11215273	279998	839951
福 建	Fujian	16631369	627542	19192756	985516	995033
江 西	Jiangxi	3652836	5842	5314754	50372	519376
山 东	Shandong	26195646	875147	30937886	687404	1501058
河 南	Henan	13069639	37228	16897974	20963	1192049
湖 北	Hubei	15527572	22374	18578234	77061	899274
湖 南	Hunan	10890381	25264	12929388	74448	1960092
广 东	Guangdong	38325642	1480576	45145416	1146533	2326717
广 西	Guangxi	4028710	12871	5452854	50913	281860
海 南	Hainan	2283023	6081	2614853	143	117418
重 庆	Chongqing	10592173	262623	11881582	28569	676120
四 川	Sichuan	14126257	219843	16486822	2115	1730885
贵 州	Guizhou	6086701		10952541	41536	1305921
云 南	Yunnan	12502240	112268	17151782	456870	3093048
西 藏	Tibet	408188		567129		64891
陕 西	Shaanxi	4848494	1	6094885	7057	345125
甘 肃	Gansu	3538278	64	4517739	27341	244624
青 海	Qinghai	1047446		1235858	2468	20327
宁 夏	Ningxia	911280		1094858		39079
新 疆	Xinjiang	4008718	21499	4530428	85866	310781

3-2-4 续表 2 Continued 2

纺织、服装及家庭用品批发　　　　单位：万元
Wholesale of Textiles, Wearing Apparel and Household Articles　　　　Unit: 10000 yuan

地　区	Region	商品购进额 Total Purchases Value	#进口 Imports	商品销售额 Total Sales Value	#出口 Exports	期末商品库存额 Inventory (year-end)
全　国	**National Total**	**306002643**	**26888575**	**349249992**	**73614067**	**29992015**
北　京	Beijing	27860239	3706849	29988980	845767	3715573
天　津	Tianjin	5067502	167144	6635651	580433	370134
河　北	Hebei	1730314	2373	1848923	92415	168165
山　西	Shanxi	404787	44775	433324	45750	70598
内蒙古	Inner Mongolia	212154		275406	3631	6475
辽　宁	Liaoning	5488928	359813	5807967	890150	321349
吉　林	Jilin	174123		183136	167	11871
黑龙江	Heilongjiang	1331533	3663	1606669	873843	30668
上　海	Shanghai	39300550	13205427	51170811	6235937	6089497
江　苏	Jiangsu	55403240	2827675	64412372	11050776	5006132
浙　江	Zhejiang	49519379	2640600	55007606	24344067	3199202
安　徽	Anhui	6889892	286644	7306615	832660	998783
福　建	Fujian	22738201	1065360	24463515	8866257	1391048
江　西	Jiangxi	951591	7040	981255	216471	57685
山　东	Shandong	12165565	687649	14259425	3119243	952786
河　南	Henan	4268149	27099	4351045	153019	455439
湖　北	Hubei	3904518	26566	3881683	309868	518412
湖　南	Hunan	1989134	18006	2153932	101990	446075
广　东	Guangdong	51999320	1727111	59007315	13453551	4233833
广　西	Guangxi	1868036	50997	1971172	242186	422475
海　南	Hainan	593326	1261	607784	23204	53865
重　庆	Chongqing	3886613	9460	4080138	47930	503272
四　川	Sichuan	2174289	4205	2393013	434967	217572
贵　州	Guizhou	390700		397949		77548
云　南	Yunnan	1631102	1132	1854610	368140	297569
西　藏	Tibet					
陕　西	Shaanxi	3007426		3081084	49554	221987
甘　肃	Gansu	246085		255738	69388	27545
青　海	Qinghai	59033		61059	28705	11508
宁　夏	Ningxia	32293	4494	25605	2754	22148
新　疆	Xinjiang	714624	13233	746212	331247	92801

文化、体育用品及器材批发
Wholesale of Culture, Sports Appliances and Equipments

单位：万元
Unit: 10000 yuan

地　区	Region	商品购进额 Total Purchases Value	#进口 Imports	商品销售额 Total Sales Value	#出口 Exports	期末商品库存额 Inventory (year-end)
全　国	**National Total**	**63936375**	**4315385**	**70071634**	**5916379**	**9648001**
北　京	Beijing	13720448	312021	14465079	162920	1771834
天　津	Tianjin	1621993	22329	1773209	89260	237895
河　北	Hebei	650989		624677	5821	102134
山　西	Shanxi	629839		658149	21216	88887
内蒙古	Inner Mongolia	109684	1908	108933	3	4052
辽　宁	Liaoning	528985	1198	574448	35149	109364
吉　林	Jilin	65899		65932		17653
黑龙江	Heilongjiang	70772		135464		6097
上　海	Shanghai	7520106	1093109	7899435	139290	791201
江　苏	Jiangsu	4268067	286650	5015523	588593	626722
浙　江	Zhejiang	6932363	757572	7365469	2051743	730880
安　徽	Anhui	1494830	356956	1635288	381616	163513
福　建	Fujian	1660611	57609	1828000	436515	134293
江　西	Jiangxi	96558		101665	6256	4657
山　东	Shandong	3295508	37652	4152887	86696	417045
河　南	Henan	1345596	4477	1465627	59657	130308
湖　北	Hubei	1151084	10809	1230351	203	241372
湖　南	Hunan	1183216	4648	1295757	117403	136744
广　东	Guangdong	14651800	1128380	16438360	1464491	3378902
广　西	Guangxi	248281		257933	16796	30151
海　南	Hainan	87670		83439	3134	17720
重　庆	Chongqing	485241	1989	654298		224505
四　川	Sichuan	795250	217543	816679	227106	78685
贵　州	Guizhou	202721		207375		20722
云　南	Yunnan	418851	20536	460071	15411	55289
西　藏	Tibet	12075		11891		5659
陕　西	Shaanxi	351475		379516	7100	27131
甘　肃	Gansu	66107		87585		48251
青　海	Qinghai	19800		22434		8013
宁　夏	Ningxia	24620		21124		5351
新　疆	Xinjiang	225939		235036		32971

3-2-4 续表 4 Continued 4

医药及医疗器材批发 单位：万元

Wholesale of Medicines and Medical Appliances Unit: 10000 yuan

地 区	Region	商品购进额 Total Purchases Value	#进 口 Imports	商品销售额 Total Sales Value	#出 口 Exports	期末商品库存额 Inventory (year-end)
全 国	**National Total**	**159415669**	**12445790**	**179813510**	**2699383**	**28682446**
北 京	Beijing	14503255	2681012	16089426	310868	2292088
天 津	Tianjin	4144581	55391	4639730	119582	260829
河 北	Hebei	4010191	2	4496925	2771	450995
山 西	Shanxi	1671273	35281	1755544		138365
内蒙古	Inner Mongolia	524934	66333	555146		66338
辽 宁	Liaoning	4392583	114081	4989876	5353	316409
吉 林	Jilin	1511212	2965	1748745	9802	125367
黑龙江	Heilongjiang	2133835		2777507		76717
上 海	Shanghai	16379406	5708760	19707160	628076	6764256
江 苏	Jiangsu	9321780	859062	11126483	288014	1036833
浙 江	Zhejiang	11593760	618447	12570138	681012	980261
安 徽	Anhui	7736101	26606	8566277	125723	645807
福 建	Fujian	3226919	46602	3553913	43145	325471
江 西	Jiangxi	2721587	29	3041962	56170	160436
山 东	Shandong	8268138	43806	9008496	19354	708318
河 南	Henan	7261239	162092	8939447	9177	530653
湖 北	Hubei	9416508	53406	9268599	39890	1004071
湖 南	Hunan	4237532	6526	4796381	17	356107
广 东	Guangdong	20930879	1453538	24305274	192005	2508891
广 西	Guangxi	1467690	4143	1594016	54984	110432
海 南	Hainan	1204169	104731	1431925	1817	181038
重 庆	Chongqing	5776526	102736	6106220	31265	8118328
四 川	Sichuan	7144104	147219	7757136	25203	578948
贵 州	Guizhou	1076948	15	1315063		135583
云 南	Yunnan	3637422	3572	3852139	30576	356703
西 藏	Tibet	254571		485643		7233
陕 西	Shaanxi	2384225	126646	2585393		192075
甘 肃	Gansu	1189738	8	1300692	20	110562
青 海	Qinghai	114611	7322	124739	8244	11928
宁 夏	Ningxia	220563		239183	1637	15750
新 疆	Xinjiang	959393	15460	1084333	14680	115654

矿产品、建材及化工产品批发 单位：万元
Wholesale of Mineral Products, Building Materials and Chemical Products Unit: 10000 yuan

地区	Region	商品购进额 Total Purchases Value	#进口 Imports	商品销售额 Total Sales Value	#出口 Exports	期末商品库存额 Inventory (year-end)
全国	**National Total**	**2407139271**	**163014651**	**2524790203**	**63644541**	**94457617**
北京	Beijing	263707472	34572496	262540457	14657528	18746623
天津	Tianjin	217885097	10861423	227304637	2645127	7156382
河北	Hebei	53488087	860648	57655758	570460	1790551
山西	Shanxi	78490771	429575	83526822	415019	1932727
内蒙古	Inner Mongolia	17278924	1011776	19275825	520719	1526888
辽宁	Liaoning	92534339	2761388	96976247	1220523	2653261
吉林	Jilin	9601606	371284	10222535	69961	304406
黑龙江	Heilongjiang	20559158	8391939	21432324	288212	875142
上海	Shanghai	357776468	19562507	367340663	6232567	10678003
江苏	Jiangsu	187982739	10911572	199079506	4980117	6273506
浙江	Zhejiang	211577206	16138721	224118357	12781576	6921370
安徽	Anhui	20177485	270207	21663153	165064	891224
福建	Fujian	74640007	9550951	80165222	2652534	3695425
江西	Jiangxi	8912453	127742	12219288	131822	445321
山东	Shandong	121353896	7642262	127168372	2495145	4128288
河南	Henan	29865322	669970	34992315	218563	933771
湖北	Hubei	56066624	267754	58344656	148148	1691265
湖南	Hunan	23831435	283191	19146580	245325	917357
广东	Guangdong	287401194	15486731	307876841	9217588	11505751
广西	Guangxi	25387289	640069	27236249	353910	1277407
海南	Hainan	16356342	1984388	16675888	8109	277679
重庆	Chongqing	28222399	1226094	30398651	885523	828264
四川	Sichuan	42050459	2758512	45612464	603000	1370650
贵州	Guizhou	11439875	1035045	13273051	1007298	620290
云南	Yunnan	30130677	1609617	33008662	624204	1722704
西藏	Tibet					
陕西	Shaanxi	39062669	2797120	40197064	104059	1338186
甘肃	Gansu	24286562	105248	27769812	20211	1374834
青海	Qinghai	7874760	207	8611873	65549	334717
宁夏	Ningxia	6615913	29091	6802834	23211	232009
新疆	Xinjiang	42582047	10657122	44154101	293471	2013615

机械设备、五金产品及电子产品批发 单位：万元
Wholesale of Machinery, Hardware and Electronic Products Unit: 10000 yuan

地区	Region	商品购进额 Total Purchases Value	#进口 Imports	商品销售额 Total Sales Value	#出口 Exports	期末商品库存额 Inventory (year-end)
全国	**National Total**	**500941126**	**100643045**	**561466430**	**46925655**	**42114105**
北京	Beijing	125517777	39404342	141185626	8577171	13755294
天津	Tianjin	27780162	4639088	30309476	552745	3789957
河北	Hebei	10234830	36876	10641730	230569	445167
山西	Shanxi	5113702	741	5210509	4843	151111
内蒙古	Inner Mongolia	401742	2	457161	507	52545
辽宁	Liaoning	6845341	857860	8011248	695135	665570
吉林	Jilin	1830575	31597	1828806	28483	87402
黑龙江	Heilongjiang	1488491	400426	1611800	310987	202014
上海	Shanghai	129311235	39532353	150780178	7421211	9825302
江苏	Jiangsu	27557788	3450874	29365929	3612960	2084689
浙江	Zhejiang	27936729	654738	29744748	8217652	1290737
安徽	Anhui	5257287	45994	5502089	181981	493607
福建	Fujian	7264228	720959	8169250	694807	752215
江西	Jiangxi	1516196	12829	1648569	307481	83749
山东	Shandong	16654252	504366	19501529	1888071	902901
河南	Henan	5247307	10618	5875037	181113	299255
湖北	Hubei	5983779	748380	6605101	668501	473704
湖南	Hunan	2513910	70475	2795444	54280	169778
广东	Guangdong	61773150	7823577	68688794	9235553	3796878
广西	Guangxi	1111031	14673	1331803	187580	156520
海南	Hainan	868342	4996	996249	10469	47718
重庆	Chongqing	8843841	371065	9420771	965659	450358
四川	Sichuan	9422966	1016320	10439599	1306061	771262
贵州	Guizhou	1121174	3920	1238613	53659	133603
云南	Yunnan	1491697	74978	1636344	588606	208221
西藏	Tibet	29217		34782		5626
陕西	Shaanxi	2541294	86202	2803432	651822	217210
甘肃	Gansu	1045123	21304	1063321	78117	76261
青海	Qinghai	871530		930995		30651
宁夏	Ningxia	153693	54	192735	7555	77934
新疆	Xinjiang	3212737	103443	3444765	212078	616869

贸易经纪与代理
Trade Broker and Agency

单位：万元
Unit: 10000 yuan

地 区	Region	商品购进额 Total Purchases Value	#进口 Imports	商品销售额 Total Sales Value	#出口 Exports	期末商品库存额 Inventory (year-end)
全 国	**National Total**	**47149442**	**10347570**	**52931128**	**12548576**	**3089503**
北 京	Beijing	4807422	1427045	5296937	953701	355824
天 津	Tianjin	3509032	527434	4992520	1269789	171755
河 北	Hebei	52494	2400	57140	53553	471
山 西	Shanxi	278154	250644	284570	28830	23245
内蒙古	Inner Mongolia	38917		40575	40575	300
辽 宁	Liaoning	562015	23934	568564	10752	106921
吉 林	Jilin	3795		3790		140
黑龙江	Heilongjiang	37673	2916	39875	25207	1100
上 海	Shanghai	9424970	2902705	11133219	1699162	1089296
江 苏	Jiangsu	3394457	120827	3641411	819665	41032
浙 江	Zhejiang	808513	115744	941402	607154	16146
安 徽	Anhui	109372	6649	126201	77227	3175
福 建	Fujian	1520268	105520	1594965	587296	98275
江 西	Jiangxi	19264		22382	7310	349
山 东	Shandong	2239221	861204	2321610	84806	177265
河 南	Henan	20950		21956	18419	1477
湖 北	Hubei	5335903	1702725	5389899	465432	119835
湖 南	Hunan	20378	65	25943	7680	79
广 东	Guangdong	12639578	1494729	14089510	4500557	782573
广 西	Guangxi	151809	879	158823	137380	6112
海 南	Hainan					
重 庆	Chongqing	2531		2509	2509	22
四 川	Sichuan	104011	16566	110016	32731	5842
贵 州	Guizhou					
云 南	Yunnan	1893380	745162	1872507	954477	70895
西 藏	Tibet					
陕 西	Shaanxi	82180	3191	86708	68494	2449
甘 肃	Gansu					
青 海	Qinghai	1863		1933		4
宁 夏	Ningxia					
新 疆	Xinjiang	91292	37234	106161	95869	14921

3-2-4 续表 8 Continued 8

其他批发业
Other Wholesale not Classified Elsewhere

单位：万元
Unit: 10000 yuan

地 区	Region	商品购进额 Total Purchases Value	#进 口 Imports	商品销售额 Total Sales Value	#出 口 Exports	期末商品库存额 Inventory (year-end)
全 国	**National Total**	**84595848**	**16373721**	**91806377**	**15410478**	**5367798**
北 京	Beijing	5774724	1372302	5725971	622584	1217171
天 津	Tianjin	10629720	337586	11009102	165312	501697
河 北	Hebei	165892	514	172258	7965	16023
山 西	Shanxi	203820		225708		46933
内 蒙 古	Inner Mongolia	18346		24373	6359	2372
辽 宁	Liaoning	1413443	16985	1472311	23122	20312
吉 林	Jilin	40304		40106		2230
黑 龙 江	Heilongjiang	405796	101720	464311		17314
上 海	Shanghai	11409025	2710737	13366855	2074332	1309409
江 苏	Jiangsu	6879561	259484	7501658	272051	226388
浙 江	Zhejiang	7591851	516412	8031502	658333	230245
安 徽	Anhui	2403130	23020	2658211	5250	86110
福 建	Fujian	6617067	975251	7127284	577516	264680
江 西	Jiangxi	487928	1047	521777	57243	20475
山 东	Shandong	5465758	771487	5886420	807927	251696
河 南	Henan	1363440	35856	1440437	43218	82133
湖 北	Hubei	698330		766881		35637
湖 南	Hunan	661055	27608	878123	13337	24642
广 东	Guangdong	16716230	8912898	18394311	9780774	510892
广 西	Guangxi	146239	2774	164451	17048	6729
海 南	Hainan	675466	2207	680728	8000	49580
重 庆	Chongqing	1671281	284218	1839076		34970
四 川	Sichuan	674107	212	822376	5093	97960
贵 州	Guizhou	70151		78622		2182
云 南	Yunnan	2000179	18754	2061831	246753	283418
西 藏	Tibet					
陕 西	Shaanxi	113269		120342		4542
甘 肃	Gansu	18309		21880		390
青 海	Qinghai	4065		5103		734
宁 夏	Ningxia	87766	814	94541		6748
新 疆	Xinjiang	189598	1836	209828	18263	14188

3-2-5 各地区限额以上零售业企业商品购、销、存情况
Total Purchases, Sales and Inventory of Enterprises above Designated Size of Retail Trade by Region

单位：万元
Unit: 10000 yuan

地区	Region	商品购进额 Total Purchases Value	#进口 Imports	商品销售额 Total Sales Value	#出口 Exports	期末商品库存额 Inventory (year-end)
全国	**National Total**	**965117964**	**31163181**	**1106413887**	**1045158**	**120428627**
北京	Beijing	79285269	1899147	86790939	298471	7016899
天津	Tianjin	21452662	972799	24132092	7128	1826448
河北	Hebei	28038003	698104	30515261	1669	2951529
山西	Shanxi	17708208	485711	21660070	2542	2206748
内蒙古	Inner Mongolia	13474156	447438	16528463	10718	1492564
辽宁	Liaoning	33606967	1039840	39493898	15964	2798252
吉林	Jilin	13285400	191337	16058858	12337	1339499
黑龙江	Heilongjiang	12997440	248403	16291639	1273	1390961
上海	Shanghai	50254331	3064004	59207603	22804	8156450
江苏	Jiangsu	90053172	2646717	103207263	11429	7923990
浙江	Zhejiang	61437825	3385925	69452407	38326	7639920
安徽	Anhui	29854105	548386	33581905	21504	10922985
福建	Fujian	31463467	1499376	39476873	66651	3155649
江西	Jiangxi	12459177	160046	14183817	5559	1426664
山东	Shandong	88821555	1174129	99575545	174882	7181737
河南	Henan	37353087	806126	42824141	60785	4223091
湖北	Hubei	52327879	845890	55639772	11643	9822581
湖南	Hunan	31829838	863727	40381976	40145	4287209
广东	Guangdong	93067900	4686743	108349127	157073	17616743
广西	Guangxi	11446292	291323	13179527	24	1726955
海南	Hainan	4657601	426429	5313988	12	635069
重庆	Chongqing	25712189	795960	31415842	1251	2200936
四川	Sichuan	49139260	1339829	52227119	42732	3848986
贵州	Guizhou	11393825	535216	13991866	2717	1513032
云南	Yunnan	17103615	502894	19906823	11969	2206470
西藏	Tibet	941833	3684	1125252	1	137245
陕西	Shaanxi	25181440	944280	28258177	14890	2226941
甘肃	Gansu	8002841	197368	9304052	3802	794574
青海	Qinghai	1584933	1371	1775600		229224
宁夏	Ningxia	3050753	165102	3323640	711	432616
新疆	Xinjiang	8132941	295880	9240352	6148	1096660

国有控股
State-controlled Enterprises

单位：万元
Unit: 10000 yuan

地区	Region	商品购进额 Total Purchases Value	#进口 Imports	商品销售额 Total Sales Value	#出口 Exports	期末商品库存额 Inventory (year-end)
全国	**National Total**	**198104173**	**2674211**	**246149322**	**106194**	**26547575**
北京	Beijing	21923834	552589	23970833	5555	1808091
天津	Tianjin	6493710	64417	7570851	3445	302411
河北	Hebei	5727258	124830	5989817		388855
山西	Shanxi	5178278	9264	7208037		386599
内蒙古	Inner Mongolia	4549707	8173	5794312		209029
辽宁	Liaoning	7624406	29221	9029533	174	279930
吉林	Jilin	3512215	3565	5292006		324761
黑龙江	Heilongjiang	1698203	430	2289138		187006
上海	Shanghai	10761936	210402	12177325	5124	1496287
江苏	Jiangsu	15200304	100752	17720562	563	763454
浙江	Zhejiang	10540866	141744	12587776	1300	551233
安徽	Anhui	7920991		8868732		4774032
福建	Fujian	4697549	205215	9134520	1	395690
江西	Jiangxi	2218993		2869607		210162
山东	Shandong	8740801	131	11747538		397304
河南	Henan	4698084	71875	5747781	4620	234689
湖北	Hubei	16315393	4257	16843302	6	2411556
湖南	Hunan	5892237	33658	12355488		386038
广东	Guangdong	17498277	481200	23679516	48290	8815931
广西	Guangxi	1482920	3346	1701024		174258
海南	Hainan	1958303	241200	2303923		163629
重庆	Chongqing	6562802	260870	9302979		525378
四川	Sichuan	10399455	20112	11570236	36185	368945
贵州	Guizhou	3230325	24800	5109425	3	167519
云南	Yunnan	3250949	41137	4222405	928	205537
西藏	Tibet	567771	3571	714693		36394
陕西	Shaanxi	3324992	23636	3390578		218140
甘肃	Gansu	2786437	9318	3252331		89678
青海	Qinghai	354891	1371	331409		44504
宁夏	Ningxia	264995		268869		10197
新疆	Xinjiang	2727294	3128	3104782		220341

3-2-6 各地区限额以上零售业企业商品购、销、存情况（按登记注册类型分）

Total Purchases, Sales and Inventory of Enterprises above Designated Size of Retail Trade by Region and Type of Registration

内资企业

Domestic Funded Enterprises

地区	Region	商品购进额 Total Purchases Value	#进口 Imports	商品销售额 Total Sales Value	#出口 Exports	期末商品库存额 Inventory (year-end)
全国	**National Total**	**863784184**	**25085819**	**980679231**	**1013979**	**107940056**
北京	Beijing	67603817	1267017	71980510	293783	5821290
天津	Tianjin	18429867	944237	19929836	5977	1505890
河北	Hebei	27765187	698104	30174514	1669	2925159
山西	Shanxi	17378981	429035	21274966	2542	2157093
内蒙古	Inner Mongolia	13273914	446936	16308459	10718	1476641
辽宁	Liaoning	30843961	770157	35755859	15964	2492623
吉林	Jilin	13013137	159544	15744609	12337	1259648
黑龙江	Heilongjiang	12279869	201426	15499343	1273	1332756
上海	Shanghai	35123899	1659624	39766629	12145	5432653
江苏	Jiangsu	77371419	2161885	88187002	11429	6563607
浙江	Zhejiang	53849302	2799587	60495356	37910	7023968
安徽	Anhui	28268065	548386	31644812	21504	10704622
福建	Fujian	28466437	1228294	32482531	64386	2831565
江西	Jiangxi	11598023	160046	13202884	5559	1366445
山东	Shandong	85006005	966708	95340075	171218	6824972
河南	Henan	35976934	787680	40635997	60785	4073502
湖北	Hubei	48152457	785918	51930693	11110	9509647
湖南	Hunan	30725602	777146	39143516	40145	4177241
广东	Guangdong	75880941	3587627	88232353	149481	14713122
广西	Guangxi	10610747	216524	12265413	24	1629357
海南	Hainan	4345092	397437	4942629	12	590751
重庆	Chongqing	24761560	764823	30113807	1251	2083187
四川	Sichuan	44541436	1316588	46794812	42521	3391184
贵州	Guizhou	10806913	475063	13306157	2717	1467158
云南	Yunnan	15374182	432273	17991735	11969	1956317
西藏	Tibet	938606	3684	1121955	1	136945
陕西	Shaanxi	21129553	504558	23494038	14890	1980929
甘肃	Gansu	7915905	197368	9145780	3802	788968
青海	Qinghai	1563446	1371	1752350		226671
宁夏	Ningxia	2986916	165102	3254549	711	426615
新疆	Xinjiang	7802012	231674	8766062	6148	1069532

3-2-6 续表 1 Continued 1

国有企业 　　　　　　　　　　　　　　　　　　　　　　　　　　　　　　　　　　　　　单位：万元
State-owned Enterprises 　　　　　　　　　　　　　　　　　　　　　　　　　Unit: 10000 yuan

地 区	Region	商品购进额 Total Purchases Value	#进 口 Imports	商品销售额 Total Sales Value	#出 口 Exports	期末商品库存额 Inventory (year-end)
全 国	**National Total**	**19677627**	**242347**	**22505924**	**14078**	**6119477**
北 京	Beijing	1102141	127130	1270102	4833	201086
天 津	Tianjin	205126	532	249746	3445	44753
河 北	Hebei	214447	1006	239251		9202
山 西	Shanxi	456661		531699		35741
内蒙古	Inner Mongolia	1620959		1950121		39581
辽 宁	Liaoning	1845161		1829022		80757
吉 林	Jilin	26456		26970		2541
黑龙江	Heilongjiang	533704	290	742929		31902
上 海	Shanghai	1307566	76834	1574932	1002	87793
江 苏	Jiangsu	879726	52	980275		111924
浙 江	Zhejiang	194706	1811	209268		24096
安 徽	Anhui	796458		856698		4405018
福 建	Fujian	457147	4247	813039	1	12922
江 西	Jiangxi	83838		93030		7019
山 东	Shandong	797700		837960		56115
河 南	Henan	1079188	11862	1210499	4591	62968
湖 北	Hubei	2228106	4256	2394800		414908
湖 南	Hunan	763659		787742		39761
广 东	Guangdong	1014456		1452312	203	102488
广 西	Guangxi	314772		333867		20379
海 南	Hainan	12548		11164		1534
重 庆	Chongqing	864364	833	1053969		31871
四 川	Sichuan	1183942	881	1290870		71672
贵 州	Guizhou	196119	3	194402	3	17542
云 南	Yunnan	294984	1773	302098		35186
西 藏	Tibet	143253	3571	180350		13600
陕 西	Shaanxi	619882	4771	640576		68181
甘 肃	Gansu	178615	2496	184489		13232
青 海	Qinghai					
宁 夏	Ningxia	38683		40864		5867
新 疆	Xinjiang	223262		222882		69839

3-2-6 续表 2 Continued 2

集体企业
Collective-owned Enterprises

单位：万元
Unit: 10000 yuan

地 区	Region	商品购进额 Total Purchases Value	#进口 Imports	商品销售额 Total Sales Value	#出口 Exports	期末商品库存额 Inventory (year-end)
全 国	**National Total**	**14578710**	**23573**	**15665589**	**1279**	**716409**
北 京	Beijing	390948	966	415000		26576
天 津	Tianjin	217234		223987	208	12013
河 北	Hebei	532900	770	548884	30	32045
山 西	Shanxi	461477	205	503234		35063
内蒙古	Inner Mongolia	87056		100632		1607
辽 宁	Liaoning	254913	283	273985		11809
吉 林	Jilin	66857		72573		4096
黑龙江	Heilongjiang	139171	100	146358	10	12276
上 海	Shanghai	88547	6076	117071		12143
江 苏	Jiangsu	707366		754059		31288
浙 江	Zhejiang	397968		506912		21363
安 徽	Anhui	33855		42557		1532
福 建	Fujian	219275	56	241415		12137
江 西	Jiangxi	54306		56727		4520
山 东	Shandong	3773974	2950	3993784	216	113035
河 南	Henan	2056151	8500	2182898	1	93084
湖 北	Hubei	1569267		1713888		121113
湖 南	Hunan	274917		343022		15744
广 东	Guangdong	1760245	1119	1851790		48408
广 西	Guangxi	219290	2530	230980		19625
海 南	Hainan	3412		3429		21
重 庆	Chongqing	60293	16	62308	814	5100
四 川	Sichuan	226662		239750		9173
贵 州	Guizhou	33401		33540		3852
云 南	Yunnan	353109		404964		14728
西 藏	Tibet					
陕 西	Shaanxi	450498		456169		29567
甘 肃	Gansu	136838	1	136562		22804
青 海	Qinghai					
宁 夏	Ningxia	2332		2414		67
新 疆	Xinjiang	6450		6699		1621

3-2-6 续表 3 Continued 3

股份合作企业
Cooperative Enterprises

单位：万元
Unit: 10000 yuan

地区	Region	商品购进额 Total Purchases Value	#进口 Imports	商品销售额 Total Sales Value	#出口 Exports	期末商品库存额 Inventory (year-end)
全国	**National Total**	**1763328**	**22183**	**1918228**	**799**	**135843**
北京	Beijing	330814	23	349638		20467
天津	Tianjin	23061		25382		3712
河北	Hebei	75286		72660		10508
山西	Shanxi	10612		11527		365
内蒙古	Inner Mongolia	5257		5881		169
辽宁	Liaoning	42556		50238		3977
吉林	Jilin	44387		45731		5099
黑龙江	Heilongjiang	40812		42746		9253
上海	Shanghai	40819		44157		1753
江苏	Jiangsu	50795		57951		3112
浙江	Zhejiang	93632		103975	89	13408
安徽	Anhui	35130	16530	38321	700	2691
福建	Fujian	1299		1315		347
江西	Jiangxi	15747		15008		974
山东	Shandong	273791		301710		19941
河南	Henan	28704		30072		1369
湖北	Hubei	37363		37523		1232
湖南	Hunan	57354		60072		1413
广东	Guangdong	83434		94962		11010
广西	Guangxi	2582		2898		154
海南	Hainan					
重庆	Chongqing	48007		54188		3308
四川	Sichuan	133192		152230		3817
贵州	Guizhou	35980		44002		1361
云南	Yunnan	192519	5630	215501	10	12979
西藏	Tibet					
陕西	Shaanxi	52823		52350		1784
甘肃	Gansu	6688		6515		881
青海	Qinghai	558		608		725
宁夏	Ningxia					
新疆	Xinjiang	127		1068		34

联营企业
Joint Ownership Enterprises

单位：万元
Unit: 10000 yuan

地区	Region	商品购进额 Total Purchases Value	#进口 Imports	商品销售额 Total Sales Value	#出口 Exports	期末商品库存额 Inventory (year-end)
全国	**National Total**	**1039656**	**31462**	**1139167**		**38598**
北京	Beijing	36036		44093		12512
天津	Tianjin	33523		36516		821
河北	Hebei					
山西	Shanxi	1375		1370		20
内蒙古	Inner Mongolia					
辽宁	Liaoning	23597		25959		128
吉林	Jilin					
黑龙江	Heilongjiang	41828		41378		848
上海	Shanghai	170591	2069	186650		1563
江苏	Jiangsu	50370	29393	52472		5703
浙江	Zhejiang	77599		83972		862
安徽	Anhui	7868		9037		422
福建	Fujian	2687		2589		118
江西	Jiangxi					
山东	Shandong	105735		106946		3440
河南	Henan	58115		58848		743
湖北	Hubei	34976		34967		380
湖南	Hunan	1719		2314		541
广东	Guangdong	265566		311452		5450
广西	Guangxi					
海南	Hainan					
重庆	Chongqing	1135		1057		80
四川	Sichuan	67369		76213		810
贵州	Guizhou	27427		29415		765
云南	Yunnan	22050		23820		3262
西藏	Tibet					
陕西	Shaanxi	6290		6258		125
甘肃	Gansu	3802		3840		5
青海	Qinghai					
宁夏	Ningxia					
新疆	Xinjiang					

3-2-6 续表 5 Continued 5

有限责任公司 单位：万元

Limited Liability Corporations Unit: 10000 yuan

地区	Region	商品购进额 Total Purchases Value	#进口 Imports	商品销售额 Total Sales Value	#出口 Exports	期末商品库存额 Inventory (year-end)
全国	**National Total**	**378887118**	**12769496**	**424657848**	**502638**	**45953134**
北京	Beijing	44253745	742817	45986330	270878	3098059
天津	Tianjin	7691195	477928	8373342	847	787320
河北	Hebei	12126455	499695	13642378	627	1524726
山西	Shanxi	3035893	92065	3507348		392191
内蒙古	Inner Mongolia	4507942	248344	5504136	4884	592457
辽宁	Liaoning	11108782	260596	13270924	11904	1025566
吉林	Jilin	5020473	80091	5482393	10893	390061
黑龙江	Heilongjiang	5335308	139053	6715484	1032	595950
上海	Shanghai	19896737	723240	22744034	3673	2214913
江苏	Jiangsu	25739064	978687	29624060	8329	2456078
浙江	Zhejiang	23852037	1167245	27400179	11746	2515985
安徽	Anhui	10939724	305222	12079214	3949	1698944
福建	Fujian	13137660	483472	14881387	2292	1408225
江西	Jiangxi	6108136	146877	6725376	5559	678861
山东	Shandong	30905584	479288	35032667	14477	2766121
河南	Henan	16928672	483873	19437983	48213	2138571
湖北	Hubei	19497109	419711	21418848	140	2366763
湖南	Hunan	9995854	296164	11072203	3551	969153
广东	Guangdong	37711453	1735038	41917718	35927	10439574
广西	Guangxi	4764671	110950	5672611		666174
海南	Hainan	2431928	377456	2791695	12	406905
重庆	Chongqing	12390027	566245	13403294	82	1231367
四川	Sichuan	18017848	876496	19738515	40600	1676197
贵州	Guizhou	5020090	342014	5425189	349	587687
云南	Yunnan	6207394	189539	8044508	7110	802380
西藏	Tibet	454429		523383		81700
陕西	Shaanxi	13079606	300414	14544785	9550	1326797
甘肃	Gansu	3528078	95533	3998714	2	455200
青海	Qinghai	1049516	1371	1180630		110879
宁夏	Ningxia	1083111	52103	1215197	689	153781
新疆	Xinjiang	3068600	97971	3303323	5325	394548

股份有限公司
Share-holding Corporations Ltd.

单位：万元
Unit: 10000 yuan

地区	Region	商品购进额 Total Purchases Value	#进口 Imports	商品销售额 Total Sales Value	#出口 Exports	期末商品库存额 Inventory (year-end)
全国	**National Total**	**131629468**	**587239**	**166948860**	**44038**	**12565559**
北京	Beijing	10391173	33137	11885783		915769
天津	Tianjin	5121200	5607	5326183		184765
河北	Hebei	4100415	6575	4379873		220782
山西	Shanxi	3524904		5271902		204121
内蒙古	Inner Mongolia	2324822	27500	3165622		88812
辽宁	Liaoning	5300016	2287	6751888	888	123888
吉林	Jilin	3868197	49	5863877		393270
黑龙江	Heilongjiang	2204214	2123	3260278		195764
上海	Shanghai	2510662	32612	2706957		597299
江苏	Jiangsu	12546182	4087	14859313		447363
浙江	Zhejiang	5044370	68926	5882952		416142
安徽	Anhui	5898043		6898125		3269349
福建	Fujian	2284899	89744	2772270		117392
江西	Jiangxi	1463521		2072021		245565
山东	Shandong	12772988	2312	15338200		589484
河南	Henan	3796266	80673	4807278	1500	245774
湖北	Hubei	10975423	1602	11116188	269	1831046
湖南	Hunan	3925513	59867	9831071		491332
广东	Guangdong	8495639	88680	13025855	40895	888574
广西	Guangxi	1513717	1079	1895622		140790
海南	Hainan	1640857		1860230		55473
重庆	Chongqing	3349929		5690733		136523
四川	Sichuan	8170245	10522	9176644		323141
贵州	Guizhou	2422382	4533	4238135		92768
云南	Yunnan	1891955		1931401		85505
西藏	Tibet	191183		245572		7080
陕西	Shaanxi	1850357	37860	2031869		138412
甘肃	Gansu	2088758		2458531		32687
青海	Qinghai	145331		116386		33812
宁夏	Ningxia	574870	3137	584067		16723
新疆	Xinjiang	1241440	24330	1504036	485	36154

3-2-6 续表 7 Continued 7

私营企业 单位：万元

Private Enterprises Unit: 10000 yuan

地 区	Region	商品购进额 Total Purchases Value	#进口 Imports	商品销售额 Total Sales Value	#出口 Exports	期末商品库存额 Inventory (year-end)
全 国	**National Total**	**312135623**	**11354788**	**342994544**	**450465**	**42058850**
北 京	Beijing	11098960	362944	12029565	18072	1546823
天 津	Tianjin	5120380	460169	5629016	1477	472291
河 北	Hebei	10658423	188396	11231835	1011	1116947
山 西	Shanxi	9845827	336766	11405297	2542	1482514
内蒙古	Inner Mongolia	4694259	171092	5542115	5834	742229
辽 宁	Liaoning	12203035	506992	13465304	3173	1238321
吉 林	Jilin	3865587	79404	4134910	1444	456685
黑龙江	Heilongjiang	3885020	59861	4408039	230	477423
上 海	Shanghai	11057442	818793	12341899	7471	2512733
江 苏	Jiangsu	36825823	1149658	41172693	3101	3484114
浙 江	Zhejiang	24138431	1560743	26243865	26075	4030773
安 徽	Anhui	10418386	226634	11556275	16854	1307670
福 建	Fujian	12094194	637232	13491875	62094	1268095
江 西	Jiangxi	3847662	13169	4215209		428403
山 东	Shandong	35626824	482158	38907901	156526	3207985
河 南	Henan	11907769	202772	12764868	6480	1516802
湖 北	Hubei	13403700	360350	14685126	10701	4749465
湖 南	Hunan	15613761	421115	16949278	36594	2654025
广 东	Guangdong	26052634	1724887	28920419	72333	3169000
广 西	Guangxi	3780313	101965	4111143	24	779784
海 南	Hainan	256348	19981	276111		126817
重 庆	Chongqing	7877744	197556	9656049	354	645230
四 川	Sichuan	16494875	428689	15820124	1921	1286345
贵 州	Guizhou	3066923	128514	3334767	2365	762545
云 南	Yunnan	6314888	234758	6951562	4289	992017
西 藏	Tibet	148479	113	171396	1	34326
陕 西	Shaanxi	4960839	161505	5642778	5341	407588
甘 肃	Gansu	1962251	99338	2343741	3800	263577
青 海	Qinghai	367166		453759		81255
宁 夏	Ningxia	1287055	109862	1411065	22	249846
新 疆	Xinjiang	3260627	109373	3726563	338	567227

其他企业
Other Enterprises

单位：万元
Unit: 10000 yuan

地 区	Region	商品购进额 Total Purchases Value	#进 口 Imports	商品销售额 Total Sales Value	#出 口 Exports	期末商品库存额 Inventory (year-end)
全 国	**National Total**	**4072655**	**54733**	**4849071**	**683**	**352187**
北 京	Beijing					
天 津	Tianjin	18148		65665		215
河 北	Hebei	57261	1661	59633		10950
山 西	Shanxi	42231		42590		7077
内蒙古	Inner Mongolia	33619		39952		11786
辽 宁	Liaoning	65901		88540		8177
吉 林	Jilin	121181		118155		7897
黑龙江	Heilongjiang	99813		142132		9339
上 海	Shanghai	51535		50931		4456
江 苏	Jiangsu	572095	8	686178		24026
浙 江	Zhejiang	50560	863	64234		1339
安 徽	Anhui	138602		164586		18996
福 建	Fujian	269277	13542	278641		12328
江 西	Jiangxi	24815		25514		1102
山 东	Shandong	749411		820907		68852
河 南	Henan	122070		143552		14192
湖 北	Hubei	406515		529353		24740
湖 南	Hunan	92825		97814		5271
广 东	Guangdong	497515	37904	657845	123	48618
广 西	Guangxi	15402		18291		2452
海 南	Hainan					
重 庆	Chongqing	170061	173	192209		29708
四 川	Sichuan	247303		300467		20029
贵 州	Guizhou	4591		6707		638
云 南	Yunnan	97284	574	117882	560	10259
西 藏	Tibet	1262		1254		240
陕 西	Shaanxi	109257	8	119254		8475
甘 肃	Gansu	10875		13389		583
青 海	Qinghai	876		967		
宁 夏	Ningxia	866		942		331
新 疆	Xinjiang	1506		1490		111

港、澳、台商投资企业
Enterprises with Funds from Hong Kong, Macao and Taiwan

单位：万元
Unit: 10000 yuan

地 区	Region	商品购进额 Total Purchases Value	#进 口 Imports	商品销售额 Total Sales Value	#出 口 Exports	期末商品库存额 Inventory (year-end)
全 国	**National Total**	**43576398**	**3878801**	**56249195**	**15829**	**7233251**
北 京	Beijing	3814176	357346	4500545	774	418722
天 津	Tianjin	1340733	2278	1865513	595	180050
河 北	Hebei	19376		57189		5303
山 西	Shanxi	210124	56676	251493		42065
内蒙古	Inner Mongolia	193857	45	210886		14918
辽 宁	Liaoning	1523855	131796	2295074		138361
吉 林	Jilin	77990		86545		51728
黑龙江	Heilongjiang	405882	46977	467622		19729
上 海	Shanghai	6326495	619037	8963273	6213	1498643
江 苏	Jiangsu	5937890	410217	7354000		779722
浙 江	Zhejiang	3093413	326603	4013786	415	280518
安 徽	Anhui	910239		1112858		119699
福 建	Fujian	1621336	108928	1693833		136360
江 西	Jiangxi	477789		487053		15219
山 东	Shandong	1944808	83985	2146073		243396
河 南	Henan	798789		1538608		74867
湖 北	Hubei	1160660	37437	1507181	27	134649
湖 南	Hunan	567669	62042	623940		77856
广 东	Guangdong	7275555	983681	9528644	7592	2314700
广 西	Guangxi	745310	74799	806187		81314
海 南	Hainan	55051	28767	75555		19396
重 庆	Chongqing	505151	31137	721467		58055
四 川	Sichuan	1498882	15501	2070451	212	232725
贵 州	Guizhou	291464	60153	372043		20125
云 南	Yunnan	795159		922923		82113
西 藏	Tibet					
陕 西	Shaanxi	1633298	381858	2129510		166382
甘 肃	Gansu	85874		138490		5186
青 海	Qinghai	21487		23250		2552
宁 夏	Ningxia	57965		61356		6001
新 疆	Xinjiang	186121	59537	223847		12900

3-2-6 续表 10 Continued 10

外商投资企业
Foreign Funded Enterprises

单位：万元
Unit: 10000 yuan

地 区	Region	商品购进额 Total Purchases Value	#进 口 Imports	商品销售额 Total Sales Value	#出 口 Exports	期末商品库存额 Inventory (year-end)
全 国	**National Total**	**57757382**	**2198560**	**69485461**	**15350**	**5255320**
北 京	Beijing	7867277	274784	10309884	3914	776887
天 津	Tianjin	1682062	26284	2336743	556	140508
河 北	Hebei	253441		283558		21068
山 西	Shanxi	119103		133611		7591
内 蒙 古	Inner Mongolia	6385	457	9118		1006
辽 宁	Liaoning	1239151	137887	1442965		167268
吉 林	Jilin	194273	31794	227704		28123
黑 龙 江	Heilongjiang	311689		324674		38476
上 海	Shanghai	8803938	785343	10477701	4445	1225154
江 苏	Jiangsu	6743862	74615	7666260		580661
浙 江	Zhejiang	4495111	259735	4943266		335434
安 徽	Anhui	675801		824235		98664
福 建	Fujian	1375694	162154	5300510	2265	187724
江 西	Jiangxi	383365		493880		45000
山 东	Shandong	1870742	123436	2089397	3664	113370
河 南	Henan	577364	18446	649536		74722
湖 北	Hubei	3014762	22535	2201898	506	178285
湖 南	Hunan	536568	24540	614520		32112
广 东	Guangdong	9911404	115435	10588129		588922
广 西	Guangxi	90235		107927		16284
海 南	Hainan	257458	224	295804		24923
重 庆	Chongqing	445478		580569		59694
四 川	Sichuan	3098942	7740	3361856		225077
贵 州	Guizhou	295447		313666		25750
云 南	Yunnan	934274	70621	992165		168040
西 藏	Tibet	3227		3298		300
陕 西	Shaanxi	2418590	57864	2634629		79630
甘 肃	Gansu	1063		19783		420
青 海	Qinghai					
宁 夏	Ningxia	5872		7735		1
新 疆	Xinjiang	144808	4668	250443		14229

3-2-7 各地区限额以上零售业企业商品购、销、存情况（按国民经济行业分）

Total Purchases, Sales and Inventory of Enterprises above Designated Size of Retail Trade by Region and Sector

综合零售 单位：万元

Integrated Retail Unit: 10000 yuan

地　区	Region	商品购进额 Total Purchases Value	#进口 Imports	商品销售额 Total Sales Value	#出口 Exports	期末商品库存额 Inventory (year-end)
全　国	**National Total**	**213275474**	**1804756**	**260304717**	**47906**	**27232114**
北　京	Beijing	14371372	227014	17206722		1227492
天　津	Tianjin	2816879	2214	3672279		348951
河　北	Hebei	9211734	3435	10457017	30	893129
山　西	Shanxi	2711616	130002	3584448		345560
内蒙古	Inner Mongolia	1629367	8853	2543513	221	198010
辽　宁	Liaoning	7676610	26148	11360388	888	477711
吉　林	Jilin	4183876	175	6357961		441650
黑龙江	Heilongjiang	4029262	141	5905877	10	254421
上　海	Shanghai	12769144	392684	15230927	6685	1576946
江　苏	Jiangsu	18978425	141447	24256923	4469	1812692
浙　江	Zhejiang	12053981	87944	14429856	6045	1040177
安　徽	Anhui	8535377	24885	9431021	700	5870700
福　建	Fujian	5154224	104505	6062276	1357	389482
江　西	Jiangxi	2225912	874	2716119	270	281988
山　东	Shandong	26687959	95284	30138439	3478	1716288
河　南	Henan	9009347	17434	11119419	1231	940544
湖　北	Hubei	16140066	6015	18141395	4671	1910646
湖　南	Hunan	6981756	31475	7517327	2082	1634701
广　东	Guangdong	16971497	458220	19981955	10196	2684466
广　西	Guangxi	2315040	7040	3215665		498800
海　南	Hainan	522568	3296	641706	12	80115
重　庆	Chongqing	5041706	3587	7914095	46	413200
四　川	Sichuan	9082693	8434	11113575	216	644181
贵　州	Guizhou	1496229	5033	1705527		158942
云　南	Yunnan	3184705	6932	3826906	5300	501776
西　藏	Tibet	95050	113	108349	1	34805
陕　西	Shaanxi	5456366	5787	6741168		450919
甘　肃	Gansu	1325892	2535	1719131		162403
青　海	Qinghai	394853		478024		29788
宁　夏	Ningxia	853568	3137	959377		91195
新　疆	Xinjiang	1368406	116	1767330		120440

食品、饮料及烟草制品专门零售 单位：万元
Special Retail of Food, Beverages and Tobaccos Unit: 10000 yuan

地　区	Region	商品购进额 Total Purchases Value	#进 口 Imports	商品销售额 Total Sales Value	#出 口 Exports	期末商品库存额 Inventory (year-end)
全　国	**National Total**	**28588851**	**344504**	**33567373**	**235331**	**3202314**
北　京	Beijing	809849	68697	1208919	3914	196503
天　津	Tianjin	478652	2201	574760		46527
河　北	Hebei	95650	74	109241		33165
山　西	Shanxi	540280	3652	609380	2508	58682
内蒙古	Inner Mongolia	204413	1417	208482		78790
辽　宁	Liaoning	486232	8469	542190	584	63428
吉　林	Jilin	427591		459645		41765
黑龙江	Heilongjiang	348810		375979		20868
上　海	Shanghai	1076606	6278	1303152	195	113605
江　苏	Jiangsu	2857129	10133	3481823		233884
浙　江	Zhejiang	855443	1042	998154		175623
安　徽	Anhui	1138489	11552	1422793	3949	128861
福　建	Fujian	2307314	19799	2608438	7813	158012
江　西	Jiangxi	301939		322024		18193
山　东	Shandong	3078460	10846	3508481	139177	194334
河　南	Henan	1204765	57	1341472	32741	108780
湖　北	Hubei	3863606	7653	4508178	160	352421
湖　南	Hunan	1078813	21581	1264862	575	107903
广　东	Guangdong	1641005	119463	2016298	326	284101
广　西	Guangxi	97674	1060	111501		48186
海　南	Hainan	22544		21707		6753
重　庆	Chongqing	928433	1263	1065895	800	61428
四　川	Sichuan	1498013	30614	1724412	37224	187045
贵　州	Guizhou	381082	1090	458428		59541
云　南	Yunnan	1057944	11838	1182841	1084	131744
西　藏	Tibet	58083		65248		22099
陕　西	Shaanxi	1019191	2595	1361009	480	153209
甘　肃	Gansu	669281		639333	3800	103226
青　海	Qinghai	6268		7533		180
宁　夏	Ningxia	13252		18517		6048
新　疆	Xinjiang	42041	3128	46679		7415

纺织、服装及日用品专门零售
Special Retail of Textiles, Garments and Daily Consumer Articles

单位：万元
Unit: 10000 yuan

地　区	Region	商品购进额 Total Purchases Value	#进口 Imports	商品销售额 Total Sales Value	#出口 Exports	期末商品库存额 Inventory (year-end)
全　国	**National Total**	**34649455**	**1489622**	**46050034**	**84509**	**7638633**
北　京	Beijing	1823168	158735	2997431	4420	566259
天　津	Tianjin	690893		1063887	1477	163791
河　北	Hebei	453552	624	607934	1451	76822
山　西	Shanxi	727745		1040455		111251
内蒙古	Inner Mongolia	509594	29685	539260	3642	84030
辽　宁	Liaoning	1045255	68899	1297854		180653
吉　林	Jilin	572452	40	643248		96449
黑龙江	Heilongjiang	583003	365	708515		59014
上　海	Shanghai	5924751	792710	9009573	9650	1880621
江　苏	Jiangsu	2603806	24814	3143551	3330	398280
浙　江	Zhejiang	2010462	33570	3010713	5301	611727
安　徽	Anhui	623175	2867	798147	4125	121434
福　建	Fujian	1761086	6265	2160239	19916	287758
江　西	Jiangxi	182162	1382	244245	5289	40765
山　东	Shandong	2715167	26278	3129569	8687	331349
河　南	Henan	1195842	4651	1311588	9	106560
湖　北	Hubei	1767123	7152	2236203	475	290942
湖　南	Hunan	964265	1693	1157556	14	172185
广　东	Guangdong	3281548	69059	4508035	16491	1193366
广　西	Guangxi	90322	351	135718		27169
海　南	Hainan	341545	240416	502326		109197
重　庆	Chongqing	820489	1201	1008065	231	130980
四　川	Sichuan	1239022	8234	1590066		320685
贵　州	Guizhou	121260		157576		24323
云　南	Yunnan	343765	6019	455404		87246
西　藏	Tibet	3227		3298		300
陕　西	Shaanxi	1781717		1920069		86252
甘　肃	Gansu	82857		110170		27154
青　海	Qinghai	33727		39993		7177
宁　夏	Ningxia	36783	4613	44545		14094
新　疆	Xinjiang	319695		474804		30800

文化、体育用品及器材专门零售 单位：万元
Special Retail of Culture, Sports Appliances and Equipments Unit: 10000 yuan

地 区	Region	商品购进额 Total Purchases Value	#进口 Imports	商品销售额 Total Sales Value	#出口 Exports	期末商品库存额 Inventory (year-end)
全 国	**National Total**	**29608244**	**514521**	**33106396**	**57473**	**5833688**
北 京	Beijing	3296626	279134	3601791	5545	980217
天 津	Tianjin	1056002	5724	1234015		131635
河 北	Hebei	429821		505157		94836
山 西	Shanxi	429417	6823	466480		122193
内蒙古	Inner Mongolia	115654	2461	124201	819	42344
辽 宁	Liaoning	678403		797018		105925
吉 林	Jilin	171423	3565	181622		42906
黑龙江	Heilongjiang	309316	2887	436785		73336
上 海	Shanghai	4032574	114482	4721766	3950	986826
江 苏	Jiangsu	3337177	52	3560143		603073
浙 江	Zhejiang	1509591	31675	1672887	2714	469439
安 徽	Anhui	814261		884448		116505
福 建	Fujian	1285961	1219	1494535	2658	145669
江 西	Jiangxi	753752		809578		49071
山 东	Shandong	1462019	3801	1592995	773	202617
河 南	Henan	1053649	4651	1268190	2235	166721
湖 北	Hubei	891187	231	957354	84	138416
湖 南	Hunan	1398956	37270	1542302	33090	129770
广 东	Guangdong	2384490	7654	2726376	4761	429520
广 西	Guangxi	234539	1105	263829		89385
海 南	Hainan	22750	783	31334		4692
重 庆	Chongqing	1253051	3302	1273919		83655
四 川	Sichuan	634387		751138		114768
贵 州	Guizhou	161875	3	174890	3	24883
云 南	Yunnan	677001	3680	788753	818	192305
西 藏	Tibet	4317		4679		726
陕 西	Shaanxi	599233	2421	623350		124685
甘 肃	Gansu	331968	1588	338852	2	41656
青 海	Qinghai	6826		7909		1348
宁 夏	Ningxia	38289	10	35832	22	10682
新 疆	Xinjiang	233730		234272		113885

3-2-7 续表 4 Continued 4

医药及医疗器材专门零售 单位：万元
Special Retail of Medicines and Medical Appliances Unit: 10000 yuan

地 区	Region	商品购进额 Total Purchases Value	#进口 Imports	商品销售额 Total Sales Value	#出口 Exports	期末商品库存额 Inventory (year-end)
全 国	**National Total**	**49420887**	**456832**	**55922537**	**16170**	**11735187**
北 京	Beijing	5391138	207334	6014644	430	558873
天 津	Tianjin	609177		681458	527	54841
河 北	Hebei	1743228	114474	1873142		194111
山 西	Shanxi	902918	705	966385		142573
内蒙古	Inner Mongolia	238642	798	280262		42125
辽 宁	Liaoning	1899066	568	2184764	174	195548
吉 林	Jilin	594945		657613		62556
黑龙江	Heilongjiang	1400941	14651	1648121	950	197542
上 海	Shanghai	1740022	717	2060993		161732
江 苏	Jiangsu	6969741	13038	7966439		604490
浙 江	Zhejiang	2576080	10698	3040667		376142
安 徽	Anhui	2269782	181	2586732	10956	214723
福 建	Fujian	1199113	3278	1330054		126866
江 西	Jiangxi	1112173		1194084		203474
山 东	Shandong	4223886	1978	4714132	336	327225
河 南	Henan	1374357	1516	1576191		144063
湖 北	Hubei	2749594	13569	3017603	775	310253
湖 南	Hunan	2073313	1167	2258629	129	163303
广 东	Guangdong	2935173	33302	3455414	154	6664082
广 西	Guangxi	1815975	2799	1955171		154029
海 南	Hainan	50154		38206		24106
重 庆	Chongqing	1050902	219	1219525	3	139281
四 川	Sichuan	822390	5622	1007962		109068
贵 州	Guizhou	732138	15694	778030	1737	83888
云 南	Yunnan	743554	11451	964639		117847
西 藏	Tibet	7457		12231		2214
陕 西	Shaanxi	673558	83	737951		102931
甘 肃	Gansu	220685		275461		38078
青 海	Qinghai	42116		45943		12272
宁 夏	Ningxia	263191	2990	278807		35483
新 疆	Xinjiang	995483		1101287		171468

汽车、摩托车、燃料及零配件专门零售 单位：万元
Special Retail of Motor Vehicles, Motorcycles, Fuel and Parts Unit: 10000 yuan

地 区	Region	商品购进额 Total Purchases Value	#进 口 Imports	商品销售额 Total Sales Value	#出 口 Exports	期末商品库存额 Inventory (year-end)
全 国	**National Total**	**457680463**	**25799832**	**510524993**	**168621**	**52677393**
北 京	Beijing	27140147	782422	27606302	6480	2498315
天 津	Tianjin	11899075	926265	13091308	3653	818208
河 北	Hebei	14299795	576855	14997765	157	1439086
山 西	Shanxi	10577289	342345	12874205	34	1243910
内蒙古	Inner Mongolia	9284764	399941	10728160	3833	895423
辽 宁	Liaoning	16455688	908987	17633645	1016	1345632
吉 林	Jilin	6395484	179134	6711206	1001	556632
黑龙江	Heilongjiang	4353794	229904	4981604	230	583105
上 海	Shanghai	15321567	1720978	16100258	2188	1869932
江 苏	Jiangsu	42801425	2434966	46540232	1724	3488147
浙 江	Zhejiang	37174536	3212512	40315561	22242	4261100
安 徽	Anhui	12634131	484516	14245497	1519	4116296
福 建	Fujian	14322465	1325518	19792774	833	1511871
江 西	Jiangxi	6055828	157790	6902286		672519
山 东	Shandong	36026636	1021006	40067259	13836	3437133
河 南	Henan	18618413	762900	20720610	15105	2210615
湖 北	Hubei	18535004	800430	18623044	5474	6178343
湖 南	Hunan	15458701	751753	22241976	2993	1800171
广 东	Guangdong	49886086	3768317	57425441	65944	4887256
广 西	Guangxi	5727332	277178	6146232		741936
海 南	Hainan	3441533	173336	3742841		361145
重 庆	Chongqing	12621361	751348	13315173	50	1060473
四 川	Sichuan	27579807	1282206	29147570	5179	2104617
贵 州	Guizhou	7649804	513397	9721450	349	1073522
云 南	Yunnan	9921449	461641	11186353	2164	1042801
西 藏	Tibet	719530	3571	879283		63435
陕 西	Shaanxi	10869698	909194	11579612	5788	1063005
甘 肃	Gansu	4735105	193244	5480420		361347
青 海	Qinghai	983523	1371	1054602		166110
宁 夏	Ningxia	1545272	154352	1680755	689	231919
新 疆	Xinjiang	4645225	292454	4991573	6141	593391

家用电器及电子产品专门零售
Special Retail of Household Electric Appliances and Electronic Products

单位：万元
Unit: 10000 yuan

地 区	Region	商品购进额 Total Purchases Value	#进 口 Imports	商品销售额 Total Sales Value	#出 口 Exports	期末商品库存额 Inventory (year-end)
全 国	**National Total**	**79278383**	**248782**	**86295443**	**27128**	**7697909**
北 京	Beijing	16321090	78531	17352965		569582
天 津	Tianjin	1573354	498	1300182		95296
河 北	Hebei	1414367	1661	1513466		186552
山 西	Shanxi	844231	365	926157		109418
内蒙古	Inner Mongolia	745334	20	811691	2204	100656
辽 宁	Liaoning	2782107		2899185	21	333145
吉 林	Jilin	539345	1796	612904	444	66384
黑龙江	Heilongjiang	1285066	106	1504377		116813
上 海	Shanghai	2758996	2304	3116749		1157344
江 苏	Jiangsu	6812481	10259	7743218		543158
浙 江	Zhejiang	2818610	4594	3174836	1422	411656
安 徽	Anhui	2400724	23432	2565116	68	231284
福 建	Fujian	2413013	9075	2662423	3000	234830
江 西	Jiangxi	1215505		1313360		131167
山 东	Shandong	6677875	4532	7105398	2799	516448
河 南	Henan	3116842	254	3345483	3742	366156
湖 北	Hubei	3956352	10317	4495151		406578
湖 南	Hunan	2310841	17824	2511960		210386
广 东	Guangdong	7797214	35958	8307510	10293	855298
广 西	Guangxi	817294	228	967248	24	138530
海 南	Hainan	220411	8597	294436		36012
重 庆	Chongqing	2292861	33614	2590267		202067
四 川	Sichuan	3487300	4160	3752530		250610
贵 州	Guizhou	582444		659943	629	64640
云 南	Yunnan	592310	654	872285	1854	72835
西 藏	Tibet	48047		49443		10076
陕 西	Shaanxi	2317257		2645958	622	159398
甘 肃	Gansu	356075		386999		28772
青 海	Qinghai	79339		90040		3068
宁 夏	Ningxia	278235		276112		32850
新 疆	Xinjiang	423464		448054	8	56902

3-2-7 续表 7 Continued 7

五金、家具及室内装饰材料专门零售 单位：万元

Special Retail of Hardware, Furniture and Interior Decoration Materials Unit: 10000 yuan

地 区	Region	商品购进额 Total Purchases Value	#进 口 Imports	商品销售额 Total Sales Value	#出 口 Exports	期末商品库存额 Inventory (year-end)
全 国	**National Total**	**25707171**	**161730**	**31199658**	**60628**	**2048494**
北 京	Beijing	888244	15932	1120200	38	134785
天 津	Tianjin	356979	6136	450874	1442	33944
河 北	Hebei	288064	980	334507	30	25782
山 西	Shanxi	452754		591985		46860
内 蒙 古	Inner Mongolia	337985		652488		21409
辽 宁	Liaoning	774940	25306	882203	2552	64037
吉 林	Jilin	113617	6628	121512	10893	13387
黑 龙 江	Heilongjiang	224805	70	262022	82	31695
上 海	Shanghai	617814	17794	852414	137	144778
江 苏	Jiangsu	3516848	8667	3899335	563	168261
浙 江	Zhejiang	742548	1189	812415	13	94506
安 徽	Anhui	872838	28	1009551		65203
福 建	Fujian	1612874	3711	1820085	4691	127073
江 西	Jiangxi	303798		318875		15466
山 东	Shandong	4509060	9727	5330126	4336	305011
河 南	Henan	1015220	10484	1277912	5609	122792
湖 北	Hubei	1828035	449	1997295	4	98882
湖 南	Hunan	770214	699	880537	410	35998
广 东	Guangdong	1588264	26201	1992260	21155	176095
广 西	Guangxi	30690	996	36372		7767
海 南	Hainan	17866		19021		7636
重 庆	Chongqing	1283054	1296	2552736	1	73183
四 川	Sichuan	882993	560	996905	113	69351
贵 州	Guizhou	47630		54883		11707
云 南	Yunnan	365139	679	382390	560	47130
西 藏	Tibet					
陕 西	Shaanxi	2036260	24200	2197922	8000	78542
甘 肃	Gansu	144404		180731		18105
青 海	Qinghai	33		10267		
宁 夏	Ningxia	14147		19978		8613
新 疆	Xinjiang	70055		141856		496

货摊、无店铺及其他零售业
Stalls, Non-shop and Other Retails

单位：万元
Unit: 10000 yuan

地 区	Region	商品购进额 Total Purchases Value	#进 口 Imports	商品销售额 Total Sales Value	#出 口 Exports	期末商品库存额 Inventory (year-end)
全 国	**National Total**	**46909036**	**342604**	**49442736**	**347390**	**2362897**
北 京	Beijing	9243636	81349	9681964	277645	284872
天 津	Tianjin	1971651	29760	2063329	29	133256
河 北	Hebei	101793		117032		8047
山 西	Shanxi	521960	1819	600575		26301
内蒙古	Inner Mongolia	408403	4264	640407		29779
辽 宁	Liaoning	1808667	1464	1896652	10730	32173
吉 林	Jilin	286668		313149		17770
黑龙江	Heilongjiang	462444	279	468358		54168
上 海	Shanghai	6012858	16055	6811770		264667
江 苏	Jiangsu	2176140	3341	2615600	1344	72005
浙 江	Zhejiang	1696576	2702	1997317	589	199552
安 徽	Anhui	565330	925	638601	185	57979
福 建	Fujian	1407418	26005	1546050	26383	174089
江 西	Jiangxi	308109		363247		14021
山 东	Shandong	3440493	677	3989146	1459	151332
河 南	Henan	764653	4178	863277	113	56860
湖 北	Hubei	2596914	75	1663550		136101
湖 南	Hunan	792979	266	1006827	851	32790
广 东	Guangdong	6582624	168570	7935839	27754	442560
广 西	Guangxi	317427	565	347791		21153
海 南	Hainan	18231		22413		5415
重 庆	Chongqing	420334	130	476168	120	36668
四 川	Sichuan	3912655		2142963		48662
贵 州	Guizhou	221363		281140		11587
云 南	Yunnan	217747		247252	189	12786
西 藏	Tibet	6122		2721		3590
陕 西	Shaanxi	428161		451138		8001
甘 肃	Gansu	136575		172957		13834
青 海	Qinghai	38250		41289		9283
宁 夏	Ningxia	8016		9716		1732
新 疆	Xinjiang	34843	181	34499		1864

3-2-8 限额以上批发和零售业商品销售类值
Sale Values of Enterprises above Designated Size of Wholesale and Retail Trades by Category of Commodities

单位：万元
Unit: 10000 yuan

项 目	Item	合 计 Total Sale Value		批发额 Wholesale Value		零售额 Retail Value	
		2013	2014	2013	2014	2013	2014
1.粮油、食品、饮料、烟酒类	Grain and Oil, Food, Beverages, Tobacco and Liquor	504318599	600437974	355985425	429328328	148333174	171109646
(1)粮油、食品类	Grain and Oil, foods	255233650	323369342	154582201	205728379	100651450	117640963
#粮油类	Grain and Oil	90161153	119554781	64940820	91526841	25220333	28027940
肉禽蛋类	Meat, Poultry and Eggs	29955328	35535623	13905956	17354040	16049372	18181583
(2)饮料类	Beverages	37234317	42821428	21892049	25423691	15342268	17397737
(3)烟酒类	Tobacco and Liquor	211850632	234240652	179511176	198285919	32339456	35954733
2.服装、鞋帽、针纺织品类	Clothing, Shoes, Hats and Textiles	260457801	295270428	146314730	169641110	114143071	125629318
(1)服装类	Clothing	155764436	166936994	73966699	77578689	81797737	89358305
(2)鞋帽类	Shoes and Hats	39942825	46367863	19127084	23206991	20815741	23160872
(3)针、纺织品类	Knitwear and Textiles	64750540	81965571	53220947	68855430	11529593	13110141
3.化妆品类	Cosmetics	25086287	28616424	8837461	10369170	16248826	18247254
4.金银珠宝类	Gold, Silver and Jewellery	60462547	65439354	30869974	35708553	29592573	29730801
5.日用品类	Articles for Daily Use	82743187	98352940	43120127	54454920	39623060	43898020
#洗涤用品类	Washing Articles	19350317	25633602	9055091	14628390	10295226	11005212
儿童玩具类	Children Toys	3852650	4524945	1484746	1763638	2367904	2761307
6.五金、电料类	Hardware and Electrical Materials	28951574	36359684	20082623	25182058	8868952	11177626
7.体育、娱乐用品类	Sports and Recreation Articles	11780992	12937394	7249783	8270247	4531209	4667147
8.书报杂志类	Newspapers and Magazines	16058599	18013824	6752207	7655874	9306391	10357950
9.电子出版物及音像制品类	E-journals and Video Products	1875683	2008095	765696	833569	1109987	1174526
10.家用电器和音像器材类	Household Appliances and Video Appliances	152913393	159444482	83468768	83411141	69444625	76033341
11.中西药品类	Traditional Chinese and Western Medicines	179697467	211274850	120462330	141670384	59235137	69604466
#西药类	Western Medicines	125754425	147649698	83959109	98866653	41795316	48783045
中草药及中成药类	Traditional Chinese Medicines	30043930	34828759	20195690	23284274	9848240	11544485
12.文化办公用品类	Cultural and Offices Appliances	125154366	117290408	100799243	91517619	24355123	25772789
13.家具类	Furniture	25754435	30599351	6179281	7872219	19575154	22727132
14.通讯器材类	Communication Appliances	104438759	116895422	84066257	90044701	20372503	26850721
15.煤炭及制品类	Coal and Related Products	298638118	292467459	287932602	280636440	10705516	11831019
16.木材及制品类	Wood and Wooden Products	12035680	13748861	12035680	13748861		
17.石油及制品类	Petroleum and Related Products	825536825	869315053	640011627	669567704	185525198	199747349
18.化工材料及制品类	Chemical Materials and Related Products	323412041	374110072	323412041	374110072		
#化肥类	Fertilizers	52163542	55267462	52163542	55267462		
19.金属材料类	Metal Materials	860996244	931446840	860996244	931446840		
20.建筑及装潢材料类	Building and Decoration Materials	64204242	82095436	39168273	53943350	25035969	28152086
21.机电产品及设备类	Mechanical and Electrical Products	163553441	165844616	153412726	154806272	10140715	11038344
#农机类	Agricultural Machineries	5916107	6099860	5916107	6099860		
22.汽车类	Automobiles	496020526	573255072	207170853	239285105	288849673	333969967
23.种子饲料类	Seeds and Feedstuff	9526511	12563471	9526511	12563471		
24.棉麻类	Cotton, Hemp	26495807	22112049	26257852	21761231	237954	350818
25.其他类	Others	174963376	219563907	153159486	191936380	21803890	27627527

3-2-9 各地区限额以上批发和零售业商品销售类值

Sale Values of Enterprises above Designated Size of Wholesale and Retail Trades by Category of Commodities and Region

粮油、食品、饮料、烟酒类 单位：万元

Grain and Oil, Food, Beverages, Tobacco and Liquor Unit: 10000 yuan

地区	Region	合计 Total Sale Value		批发额 Wholesale Value		零售额 Retail Value	
		2013	2014	2013	2014	2013	2014
全国	**National Total**	**504318599**	**600437974**	**355985425**	**429328328**	**148333174**	**171109646**
北京	Beijing	30966936	33767844	24159351	26891889	6807585	6875955
天津	Tianjin	15723391	17579306	13531805	14740255	2191586	2839051
河北	Hebei	10858489	12083937	7533661	8523265	3324828	3560672
山西	Shanxi	7280285	8222755	5062140	5473892	2218146	2748864
内蒙古	Inner Mongolia	6343108	6960908	4636558	5071845	1706550	1889063
辽宁	Liaoning	14178970	17062341	9880883	12389755	4298087	4672586
吉林	Jilin	7751863	7877976	4546351	4462226	3205512	3415750
黑龙江	Heilongjiang	11268886	13792155	8318829	10199386	2950057	3592769
上海	Shanghai	31512089	41548197	23120075	32805955	8392014	8742242
江苏	Jiangsu	35515932	44173349	22219451	28439960	13296481	15733389
浙江	Zhejiang	31483392	33255447	24972273	25797851	6511119	7457596
安徽	Anhui	16079957	19068274	10524168	12230781	5555789	6837493
福建	Fujian	23355535	28547602	17701803	21766173	5653732	6781429
江西	Jiangxi	6591905	7455715	4979849	5501774	1612056	1953941
山东	Shandong	53795479	60619148	33608887	38169724	20186592	22449424
河南	Henan	19235410	26130105	12881828	18242591	6353582	7887514
湖北	Hubei	29671756	35323662	14250621	17463577	15421135	17860085
湖南	Hunan	16017452	19015032	10557082	12399010	5460370	6616022
广东	Guangdong	48617932	64193077	39095838	53631883	9522094	10561194
广西	Guangxi	6697526	7341761	5598184	6088635	1099343	1253126
海南	Hainan	2883690	2788551	2609995	2475285	273695	313266
重庆	Chongqing	16348236	18519169	11386722	13071117	4961514	5448052
四川	Sichuan	20274241	23950926	12805301	14760806	7468940	9190120
贵州	Guizhou	8787672	10389814	7437926	8537084	1349746	1852730
云南	Yunnan	13560929	16362990	10251734	12454114	3309195	3908876
西藏	Tibet	536168	632996	467769	549330	68399	83666
陕西	Shaanxi	8302128	9641513	5282954	5944025	3019174	3697488
甘肃	Gansu	3497395	5396833	2511530	3874261	985865	1522572
青海	Qinghai	1238649	1601627	1065148	1396506	173501	205121
宁夏	Ningxia	1071696	1301328	749340	917627	322356	383701
新疆	Xinjiang	4871503	5833638	4237371	5057745	634132	775894

3-2-9 续表 1 Continued 1

粮油、食品类 单位：万元
Grain and Oil, Food Unit: 10000 yuan

地区	Region	合计 Total Sale Value		批发额 Wholesale Value		零售额 Retail Value	
		2013	2014	2013	2014	2013	2014
全国	**National Total**	**255233650**	**323369342**	**154582201**	**205728379**	**100651450**	**117640963**
北京	Beijing	19025327	20681619	14004048	15584888	5021280	5096731
天津	Tianjin	12448726	13736880	10791889	11530462	1656837	2206418
河北	Hebei	4380968	5058876	2089302	2570271	2291666	2488605
山西	Shanxi	2519958	3156942	1087436	1282654	1432522	1874288
内蒙古	Inner Mongolia	3170205	3674947	1871618	2187038	1298587	1487909
辽宁	Liaoning	8500182	10829522	5305556	7375413	3194626	3454109
吉林	Jilin	4883933	4932631	2465784	2332171	2418149	2600459
黑龙江	Heilongjiang	7235373	9421766	4996640	6668849	2238733	2752917
上海	Shanghai	19362397	28903706	13613102	22862238	5749295	6041468
江苏	Jiangsu	19561570	26317843	10691488	15358705	8870081	10959138
浙江	Zhejiang	12647013	14134210	7774690	8529972	4872324	5604238
安徽	Anhui	7127920	8800071	3614729	4336828	3513191	4463243
福建	Fujian	10456945	15267043	6981573	10839795	3475372	4427248
江西	Jiangxi	2069980	2301170	924935	943948	1145044	1357222
山东	Shandong	34506111	39755407	20988043	24412063	13518068	15343344
河南	Henan	7649913	12776399	3732686	7785444	3917227	4990956
湖北	Hubei	15434537	18724396	5326681	7150674	10107856	11573722
湖南	Hunan	5634089	7465012	2109529	3292413	3524561	4172599
广东	Guangdong	27597673	38196970	20723618	30633119	6874055	7563851
广西	Guangxi	2709727	2870841	1875257	1909819	834470	961022
海南	Hainan	616744	604187	443780	388199	172964	215989
重庆	Chongqing	8760797	9891744	4916618	5664003	3844179	4227741
四川	Sichuan	7383157	9468572	3070110	3960404	4313048	5508168
贵州	Guizhou	928753	1301194	419202	519575	509552	781619
云南	Yunnan	4863075	6014241	2311418	2982529	2551657	3031712
西藏	Tibet	25339	34837	3400	2789	21938	32048
陕西	Shaanxi	2517561	3243898	700847	949005	1816714	2294893
甘肃	Gansu	1166161	2916909	547511	1804883	618650	1112027
青海	Qinghai	150541	170098	17472	16979	133069	153120
宁夏	Ningxia	355285	505938	112405	215101	242880	290837
新疆	Xinjiang	1543691	2211474	1070836	1638151	472855	573323

粮油类
Grain and Oil

单位：万元
Unit: 10000 yuan

地 区	Region	合 计 Total Sale Value		批发额 Wholesale Value		零售额 Retail Value	
		2013	2014	2013	2014	2013	2014
全 国	**National Total**	**90161153**	**119554781**	**64940820**	**91526841**	**25220333**	**28027940**
北 京	Beijing	7877834	8676499	7275288	8037382	602546	639117
天 津	Tianjin	4682982	5637539	4331841	5171488	351141	466051
河 北	Hebei	1893370	2243512	1328709	1575346	564661	668166
山 西	Shanxi	1037165	1079429	494849	482131	542316	597298
内蒙古	Inner Mongolia	955099	1369246	680534	993044	274565	376202
辽 宁	Liaoning	4820472	6386799	3961650	5453410	858822	933389
吉 林	Jilin	2858571	2647979	2063315	1839207	795256	808772
黑龙江	Heilongjiang	3968525	5182889	3410251	4483175	558274	699714
上 海	Shanghai	6503759	14473927	5317263	13147271	1186495	1326656
江 苏	Jiangsu	7592516	9682176	5402601	7241374	2189916	2440802
浙 江	Zhejiang	4122869	4272400	2888263	3061073	1234606	1211327
安 徽	Anhui	2266775	2652102	1305770	1493366	961005	1158736
福 建	Fujian	3646088	5980580	2885359	5116246	760730	864334
江 西	Jiangxi	749514	734912	444807	391604	304707	343308
山 东	Shandong	8870491	13690088	6109449	10646149	2761042	3043939
河 南	Henan	3600819	4540242	2328982	2939399	1271837	1600842
湖 北	Hubei	3553198	4424958	1287224	2056709	2265974	2368248
湖 南	Hunan	2236020	3117182	1109551	1919559	1126470	1197623
广 东	Guangdong	6632748	9288960	4812502	7462842	1820246	1826118
广 西	Guangxi	732577	729073	542275	549277	190301	179797
海 南	Hainan	204172	227448	133869	140266	70303	87182
重 庆	Chongqing	4288637	4153357	3085519	2938495	1203118	1214862
四 川	Sichuan	2652928	3037186	1413023	1487158	1239906	1550028
贵 州	Guizhou	375972	465815	228878	224002	147094	241813
云 南	Yunnan	1749435	2165745	854354	1179329	895081	986417
西 藏	Tibet	8658	6949	2741		5917	6949
陕 西	Shaanxi	954866	1130125	256545	323144	698321	806981
甘 肃	Gansu	339683	386292	193104	227155	146578	159137
青 海	Qinghai	35419	38471		104	35419	38368
宁 夏	Ningxia	82985	116309	47706	73736	35280	42574
新 疆	Xinjiang	867010	1016593	744601	873403	122409	143190

肉禽蛋类　　　　单位：万元
Meat, Poultry and Eggs　　　　Unit: 10000 yuan

地　区	Region	合　计 Total Sale Value		批发额 Wholesale Value		零售额 Retail Value	
		2013	2014	2013	2014	2013	2014
全　国	**National Total**	**29955328**	**35535623**	**13905956**	**17354040**	**16049372**	**18181583**
北　京	Beijing	1691108	1638197	988760	942315	702349	695883
天　津	Tianjin	307898	378708	162013	213349	145884	165359
河　北	Hebei	387617	395051	36485	44007	351133	351044
山　西	Shanxi	236422	318432	71103	76961	165319	241471
内蒙古	Inner Mongolia	237719	258712	85342	92956	152377	165755
辽　宁	Liaoning	645025	783808	166555	306527	478470	477281
吉　林	Jilin	227848	525457	14536	157494	213312	367963
黑龙江	Heilongjiang	591153	682649	219993	231361	371160	451289
上　海	Shanghai	2687131	2293961	1912332	1554176	774800	739785
江　苏	Jiangsu	2156644	2718678	1012284	1453852	1144360	1264826
浙　江	Zhejiang	1244413	1469748	639971	777619	604442	692129
安　徽	Anhui	935566	1187462	289960	385934	645606	801528
福　建	Fujian	876651	1147755	345304	547745	531347	600010
江　西	Jiangxi	339658	391540	159321	178564	180336	212977
山　东	Shandong	3033757	3662912	1039864	1401050	1993893	2261862
河　南	Henan	1244941	1581978	506727	681585	738214	900393
湖　北	Hubei	3889399	4017475	1329243	1494641	2560156	2522833
湖　南	Hunan	746711	990866	115019	219773	631692	771092
广　东	Guangdong	5108420	6202183	3885746	4716636	1222674	1485547
广　西	Guangxi	194067	225143	85576	95961	108491	129182
海　南	Hainan	11038	20856	4	3137	11034	17719
重　庆	Chongqing	756984	1309983	317993	775626	438991	534357
四　川	Sichuan	1112661	1416836	278942	360390	833719	1056446
贵　州	Guizhou	140472	209054	38306	58135	102166	150918
云　南	Yunnan	633807	748216	75727	114695	558080	633522
西　藏	Tibet	1299	4934	12		1288	4934
陕　西	Shaanxi	231151	271994	29094	32149	202057	239844
甘　肃	Gansu	66601	411991	5150	336554	61451	75436
青　海	Qinghai	26503	30962	9038	6210	17465	24752
宁　夏	Ningxia	51234	64253	19260	26839	31975	37414
新　疆	Xinjiang	141432	175831	66298	67799	75134	108031

饮料类
Beverages

单位：万元
Unit: 10000 yuan

地 区	Region	合 计 Total Sale Value		批发额 Wholesale Value		零售额 Retail Value	
		2013	2014	2013	2014	2013	2014
全 国	**National Total**	**37234317**	**42821428**	**21892049**	**25423691**	**15342268**	**17397737**
北 京	Beijing	3679339	3603565	3117482	3032037	561856	571528
天 津	Tianjin	235495	249223	96885	98062	138609	151161
河 北	Hebei	474157	467382	49642	44889	424516	422493
山 西	Shanxi	383507	403050	96828	125969	286679	277081
内 蒙 古	Inner Mongolia	263113	246166	121427	107268	141686	138898
辽 宁	Liaoning	722726	839620	312337	375422	410389	464198
吉 林	Jilin	246872	278090	32197	50558	214675	227532
黑 龙 江	Heilongjiang	386847	513554	183538	240415	203309	273140
上 海	Shanghai	1868368	2096760	1258545	1503550	609823	593210
江 苏	Jiangsu	2186844	2383322	913247	1043024	1273597	1340299
浙 江	Zhejiang	7647445	7283379	7018877	6533067	628568	750312
安 徽	Anhui	998746	1194747	343980	359526	654766	835221
福 建	Fujian	2496906	2053046	1067578	603855	1429328	1449191
江 西	Jiangxi	253313	341431	88928	122447	164385	218984
山 东	Shandong	2267618	2542470	542339	640597	1725280	1901873
河 南	Henan	1149158	1638738	234146	539385	915012	1099353
湖 北	Hubei	1779218	2252056	304035	435569	1475182	1816487
湖 南	Hunan	1236652	1477355	554183	583437	682470	893919
广 东	Guangdong	4700038	7903320	3708238	6760765	991800	1142555
广 西	Guangxi	376477	428926	259250	292775	117227	136152
海 南	Hainan	59130	39004	32644	11697	26486	27308
重 庆	Chongqing	506946	534298	165702	200452	341244	333845
四 川	Sichuan	1363494	1563423	609014	677371	754481	886052
贵 州	Guizhou	196418	405580	115805	237643	80613	167938
云 南	Yunnan	509883	559986	160559	156580	349324	403406
西 藏	Tibet	2433	3769	18	601	2415	3168
陕 西	Shaanxi	914886	1073511	325830	393032	589056	680479
甘 肃	Gansu	149799	147886	84044	63465	65755	84421
青 海	Qinghai	23244	108201	13649	97095	9595	11106
宁 夏	Ningxia	71404	81187	46882	52900	24522	28288
新 疆	Xinjiang	83842	108385	34219	40243	49623	68142

3-2-9 续表 5 Continued 5

烟酒类 单位：万元

Tobacco and Liquor Unit: 10000 yuan

地区	Region	合计 Total Sale Value 2013	2014	批发额 Wholesale Value 2013	2014	零售额 Retail Value 2013	2014
全国	**National Total**	**211850632**	**234240652**	**179511176**	**198285919**	**32339456**	**35954733**
北京	Beijing	8262270	9482660	7037821	8274964	1224449	1207696
天津	Tianjin	3039171	3593203	2643030	3111731	396141	481472
河北	Hebei	6003364	6557679	5394718	5908106	608646	649574
山西	Shanxi	4376820	4662763	3877875	4065269	498945	597494
内蒙古	Inner Mongolia	2909789	3039795	2643512	2777539	266277	262256
辽宁	Liaoning	4956063	5393199	4262991	4638920	693072	754279
吉林	Jilin	2621058	2667256	2048371	2079497	572687	587759
黑龙江	Heilongjiang	3646667	3856835	3138652	3290122	508014	566713
上海	Shanghai	10281324	10547731	8248427	8440167	2032896	2107564
江苏	Jiangsu	13767518	15472185	10614716	12038233	3152802	3433953
浙江	Zhejiang	11188934	11837857	10178706	10734812	1010228	1103045
安徽	Anhui	7953292	9073456	6565460	7534427	1387832	1539029
福建	Fujian	10401684	11227513	9652653	10322522	749031	904991
江西	Jiangxi	4268612	4813115	3965985	4435380	302627	377735
山东	Shandong	17021750	18314718	12078505	13110511	4943245	5204207
河南	Henan	10436339	11714968	8914996	9917763	1521343	1797205
湖北	Hubei	12458002	14347210	8619906	9993547	3838096	4353663
湖南	Hunan	9146710	10072665	7893371	8523161	1253340	1549504
广东	Guangdong	16320221	18092787	14663982	16237999	1656239	1854788
广西	Guangxi	3611322	4041994	3463676	3886042	147645	155952
海南	Hainan	2207816	2145360	2133570	2075389	74245	69970
重庆	Chongqing	7080493	8093128	6304402	7206662	776091	886466
四川	Sichuan	11527589	12918931	9126177	10123032	2401412	2795899
贵州	Guizhou	7662500	8683040	6902919	7779866	759582	903174
云南	Yunnan	8187971	9788764	7779756	9315006	408215	473758
西藏	Tibet	508396	594389	464351	545940	44045	48449
陕西	Shaanxi	4869682	5324104	4256277	4601988	613405	722116
甘肃	Gansu	2181434	2332038	1879975	2005914	301460	326124
青海	Qinghai	1064864	1323328	1034027	1282432	30837	40896
宁夏	Ningxia	645008	714203	590052	649627	54955	64576
新疆	Xinjiang	3243970	3513779	3132316	3379351	111653	134429

3-2-9 续表 6 Continued 6

服装、鞋帽、针纺织品类 单位：万元
Clothing, Shoes, Hats and Textiles Unit: 10000 yuan

地 区	Region	合 计 Total Sale Value		批发额 Wholesale Value		零售额 Retail Value	
		2013	2014	2013	2014	2013	2014
全 国	**National Total**	**260457801**	**295270428**	**146314730**	**169641110**	**114143071**	**125629318**
北 京	Beijing	11293866	11313417	4520367	4878953	6773499	6434464
天 津	Tianjin	5270859	5750943	3031142	3477455	2239717	2273488
河 北	Hebei	4049267	4295460	362620	391090	3686647	3904370
山 西	Shanxi	2311022	2607365	140786	156831	2170236	2450535
内 蒙 古	Inner Mongolia	2128223	2018093	101977	91566	2026246	1926527
辽 宁	Liaoning	7310232	10310163	1060466	3497114	6249766	6813049
吉 林	Jilin	3369834	3338596	45359	23031	3324476	3315565
黑 龙 江	Heilongjiang	4288905	4674620	738835	613559	3550070	4061061
上 海	Shanghai	23501707	28448563	15860694	19548195	7641013	8900368
江 苏	Jiangsu	34675977	49355590	24966413	38294142	9709564	11061448
浙 江	Zhejiang	31736521	35801089	25972667	28921162	5763854	6879927
安 徽	Anhui	4357630	4454458	1671624	1486686	2686005	2967772
福 建	Fujian	18414756	22031681	15599445	18047204	2815311	3984477
江 西	Jiangxi	1158059	1342453	223144	248255	934915	1094198
山 东	Shandong	17133465	18781011	6356744	6947742	10776721	11833269
河 南	Henan	4848976	5766952	634063	750940	4214913	5016012
湖 北	Hubei	7423880	8770671	1148197	1324148	6275683	7446523
湖 南	Hunan	5639259	5804891	1699059	1714755	3940200	4090136
广 东	Guangdong	47236128	47679562	36001697	35156607	11234431	12522955
广 西	Guangxi	1202692	1424592	201748	400528	1000944	1024064
海 南	Hainan	301941	295971	59238	25820	242704	270151
重 庆	Chongqing	3452743	3820311	329234	506631	3123509	3313680
四 川	Sichuan	5982341	5705823	1150729	969664	4831613	4736159
贵 州	Guizhou	641287	750870	52484	70182	588803	680689
云 南	Yunnan	4569347	1568799	2936247	297574	1633101	1271225
西 藏	Tibet	24401	42722	3982	157	20419	42565
陕 西	Shaanxi	5856442	6505827	1125617	1355130	4730825	5150697
甘 肃	Gansu	676227	701659	37579	32275	638648	669384
青 海	Qinghai	191641	237843	31043	56041	160598	181802
宁 夏	Ningxia	349122	360111	21630	4974	327492	355137
新 疆	Xinjiang	1061052	1310324	229904	352702	831149	957622

3-2-9 续表 7 Continued 7

服装类
Clothing

单位：万元
Unit: 10000 yuan

地　区	Region	合计 Total Sale Value 2013	合计 Total Sale Value 2014	批发额 Wholesale Value 2013	批发额 Wholesale Value 2014	零售额 Retail Value 2013	零售额 Retail Value 2014
全　国	**National Total**	**155764436**	**166936994**	**73966699**	**77578689**	**81797737**	**89358305**
北　京	Beijing	7433908	7401621	2315907	2415537	5118001	4986084
天　津	Tianjin	4070477	4456965	2362114	2653833	1708364	1803132
河　北	Hebei	2569807	2749633	197843	213919	2371964	2535714
山　西	Shanxi	1672625	1956090	101027	113453	1571598	1842637
内蒙古	Inner Mongolia	1468858	1405349	52344	50158	1416514	1355191
辽　宁	Liaoning	5426388	8312572	773229	3198811	4653159	5113761
吉　林	Jilin	2217006	2130981	26350	15608	2190656	2115374
黑龙江	Heilongjiang	2828466	3137709	254720	194150	2573745	2943560
上　海	Shanghai	15983152	18973006	9562134	11497812	6421018	7475194
江　苏	Jiangsu	16210345	18961979	9364133	11151409	6846212	7810570
浙　江	Zhejiang	13384586	15069376	8938464	9712699	4446123	5356677
安　徽	Anhui	2723099	2622705	869068	659801	1854031	1962904
福　建	Fujian	6996479	7669028	5363862	5615724	1632617	2053304
江　西	Jiangxi	779718	863088	134330	149364	645388	713724
山　东	Shandong	9885465	10906286	3034589	3354758	6850876	7551528
河　南	Henan	3283120	3872283	299649	320621	2983471	3551662
湖　北	Hubei	5016847	5945184	665664	763787	4351183	5181397
湖　南	Hunan	4176542	4079092	1427004	1386036	2749538	2693056
广　东	Guangdong	31652645	30424206	23696066	21784221	7956579	8639985
广　西	Guangxi	812070	873366	85859	139765	726211	733601
海　南	Hainan	210133	216729	32796	19807	177337	196923
重　庆	Chongqing	2578003	2720497	151271	162238	2426731	2558259
四　川	Sichuan	3945248	3569023	701452	453787	3243796	3115236
贵　州	Guizhou	473206	533295	38756	47749	434449	485546
云　南	Yunnan	3630678	992222	2349696	74178	1280981	918044
西　藏	Tibet	17005	32554	3975	157	13030	32397
陕　西	Shaanxi	4786116	5337968	1024599	1247611	3761517	4090357
甘　肃	Gansu	474682	493479	27479	14851	447203	478628
青　海	Qinghai	107702	130191	90	1468	107613	128723
宁　夏	Ningxia	235063	239696	19819	4815	215244	234882
新　疆	Xinjiang	715001	860822	92411	160565	622591	700257

3-2-9 续表 8 Continued 8

鞋帽类 单位：万元
Shoes and Hats Unit: 10000 yuan

地 区	Region	合 计 Total Sale Value		批发额 Wholesale Value		零售额 Retail Value	
		2013	2014	2013	2014	2013	2014
全 国	**National Total**	**39942825**	**46367863**	**19127084**	**23206991**	**20815741**	**23160872**
北 京	Beijing	2355289	2243702	1072829	1141486	1282460	1102216
天 津	Tianjin	550506	573930	112628	199145	437879	374785
河 北	Hebei	820021	891063	24654	32042	795367	859021
山 西	Shanxi	397611	428252	36005	36920	361605	391332
内蒙古	Inner Mongolia	446138	414602	20407	15612	425731	398991
辽 宁	Liaoning	1126977	1204685	86938	98494	1040039	1106191
吉 林	Jilin	630503	662640	1041	75	629462	662565
黑龙江	Heilongjiang	1116994	1126314	422974	302451	694019	823864
上 海	Shanghai	2150538	4161940	1295908	3153534	854631	1008406
江 苏	Jiangsu	4124314	4559134	2348426	2690154	1775888	1868980
浙 江	Zhejiang	3569703	3867148	2796126	3003534	773577	863614
安 徽	Anhui	840244	899967	325712	311451	514532	588516
福 建	Fujian	5839302	7155016	5066116	5782484	773186	1372532
江 西	Jiangxi	174675	204575	4609	5218	170067	199357
山 东	Shandong	3636757	3877003	1328560	1383447	2308197	2493556
河 南	Henan	833749	986424	64059	71586	769690	914839
湖 北	Hubei	1337629	1630813	239685	292681	1097943	1338132
湖 南	Hunan	774944	900055	65864	99747	709081	800308
广 东	Guangdong	5418840	6634916	3201552	3966922	2217288	2667994
广 西	Guangxi	221033	264960	29516	68007	191517	196953
海 南	Hainan	49688	54750	4794	3927	44894	50823
重 庆	Chongqing	498697	540571	24394	29922	474303	510649
四 川	Sichuan	1419668	1421964	229808	299706	1189860	1122258
贵 州	Guizhou	118364	149282	13150	20657	105214	128625
云 南	Yunnan	481638	300809	258299	51157	223339	249652
西 藏	Tibet	6066	8615			6066	8615
陕 西	Shaanxi	637843	730670	45130	61051	592713	669619
甘 肃	Gansu	117077	136778	4397	16142	112680	120636
青 海	Qinghai	37329	38672		61	37329	38611
宁 夏	Ningxia	64705	70775	1008	156	63697	70620
新 疆	Xinjiang	145985	227839	2495	69224	143489	158615

针、纺织品类 单位：万元

Knitwear and Textiles Unit: 10000 yuan

地 区	Region	合 计 Total Sale Value 2013	2014	批发额 Wholesale Value 2013	2014	零售额 Retail Value 2013	2014
全 国	**National Total**	**64750540**	**81965571**	**53220947**	**68855430**	**11529593**	**13110141**
北 京	Beijing	1504669	1668094	1131632	1321930	373038	346164
天 津	Tianjin	649876	720048	556401	624477	93475	95571
河 北	Hebei	659439	654764	140123	145129	519316	509635
山 西	Shanxi	240786	223024	3753	6458	237033	216566
内蒙古	Inner Mongolia	213227	198142	29225	25796	184001	172346
辽 宁	Liaoning	756867	792906	200299	199810	556569	593096
吉 林	Jilin	522325	544974	17967	7347	504358	537627
黑龙江	Heilongjiang	343445	410597	61140	116959	282306	293638
上 海	Shanghai	5368017	5313618	5002653	4896850	365365	416768
江 苏	Jiangsu	14341318	25834477	13253853	24452580	1087465	1381897
浙 江	Zhejiang	14782231	16864566	14238077	16204930	544154	659636
安 徽	Anhui	794287	931786	476845	515434	317443	416352
福 建	Fujian	5578975	7207637	5169467	6648996	409508	558641
江 西	Jiangxi	203666	274791	84205	93673	119461	181118
山 东	Shandong	3611243	3997722	1993594	2209537	1617649	1788185
河 南	Henan	732106	908245	270354	358733	461752	549512
湖 北	Hubei	1069405	1194674	242848	267680	826557	926994
湖 南	Hunan	687773	825744	206191	228972	481582	596773
广 东	Guangdong	10164643	10620440	9104078	9405464	1060564	1214976
广 西	Guangxi	169590	286266	86373	192756	83216	93511
海 南	Hainan	42121	24492	21647	2086	20473	22406
重 庆	Chongqing	376044	559243	153569	314471	222475	244772
四 川	Sichuan	617426	714836	219469	216171	397957	498665
贵 州	Guizhou	49717	68294	578	1776	49139	66518
云 南	Yunnan	457032	275768	328252	172239	128780	103529
西 藏	Tibet	1330	1553	7		1323	1553
陕 西	Shaanxi	432483	437189	55888	46468	376595	390721
甘 肃	Gansu	84469	71402	5704	1282	78765	70120
青 海	Qinghai	46610	68980	30953	54512	15657	14468
宁 夏	Ningxia	49353	49640	803	4	48550	49636
新 疆	Xinjiang	200067	221663	134998	122913	65069	98750

化妆品类
Cosmetics

单位：万元
Unit: 10000 yuan

地 区	Region	合 计 Total Sale Value		批发额 Wholesale Value		零售额 Retail Value	
		2013	2014	2013	2014	2013	2014
全 国	**National Total**	**25086287**	**28616424**	**8837461**	**10369170**	**16248826**	**18247254**
北 京	Beijing	2464512	2527168	916829	959359	1547683	1567809
天 津	Tianjin	371680	551253	132515	250468	239165	300786
河 北	Hebei	487635	532406	50902	68828	436733	463577
山 西	Shanxi	191681	254878	6412	6106	185269	248772
内蒙古	Inner Mongolia	190364	202955	2574	2032	187791	200923
辽 宁	Liaoning	704495	746030	68167	74100	636329	671930
吉 林	Jilin	284620	303640	3354	3067	281266	300573
黑龙江	Heilongjiang	344483	390215	76938	88783	267546	301432
上 海	Shanghai	6355001	7420849	4247708	4783724	2107293	2637125
江 苏	Jiangsu	1577047	1773468	327639	403412	1249408	1370056
浙 江	Zhejiang	1268245	1343146	485366	445487	782879	897659
安 徽	Anhui	743761	876513	313392	326507	430369	550007
福 建	Fujian	317173	428968	30847	41667	286326	387302
江 西	Jiangxi	112724	153947	5369	4688	107355	149259
山 东	Shandong	1472774	1668335	265739	352247	1207035	1316088
河 南	Henan	638452	750522	47223	45879	591230	704643
湖 北	Hubei	1532881	1802848	127571	146970	1405309	1655878
湖 南	Hunan	538812	564263	69735	56462	469077	507801
广 东	Guangdong	2558990	2979390	1079761	1710060	1479229	1269330
广 西	Guangxi	175338	207261	32748	36469	142590	170793
海 南	Hainan	189894	227688	9577	11047	180317	216641
重 庆	Chongqing	495564	551683	181813	234179	313752	317504
四 川	Sichuan	811185	931308	162542	161402	648643	769906
贵 州	Guizhou	102340	140079	399	5839	101940	134239
云 南	Yunnan	289867	294108	62161	31172	227706	262936
西 藏	Tibet	11009	11610	45		10964	11610
陕 西	Shaanxi	480019	568841	54314	46491	425705	522350
甘 肃	Gansu	135871	148620	36634	35377	99237	113243
青 海	Qinghai	25093	30870		964	25093	29906
宁 夏	Ningxia	42976	48889		1	42976	48889
新 疆	Xinjiang	171801	184674	39189	36383	132613	148291

3-2-9 续表 11 Continued 11

金银珠宝类
Gold, Silver and Jewellery

单位：万元
Unit: 10000 yuan

地 区	Region	合 计 Total Sale Value		批发额 Wholesale Value		零售额 Retail Value	
		2013	2014	2013	2014	2013	2014
全 国	**National Total**	**60462547**	**65439354**	**30869974**	**35708553**	**29592573**	**29730801**
北 京	Beijing	13596560	14772902	9645581	11108564	3950979	3664338
天 津	Tianjin	798256	718670	135256	173352	663000	545319
河 北	Hebei	903533	932503	26855	49102	876678	883401
山 西	Shanxi	602922	589140	66256	97490	536665	491650
内蒙古	Inner Mongolia	335613	352688	44263	34013	291350	318675
辽 宁	Liaoning	1640535	1630968	40968	65650	1599567	1565318
吉 林	Jilin	671865	664699	2052	1567	669813	663132
黑龙江	Heilongjiang	504534	548228	23955	19589	480579	528639
上 海	Shanghai	9220472	7319194	6987011	5367111	2233461	1952083
江 苏	Jiangsu	4513335	6132130	1385519	2931167	3127816	3200963
浙 江	Zhejiang	2910688	3754190	1121833	1877657	1788854	1876533
安 徽	Anhui	903246	903554	200719	180395	702527	723159
福 建	Fujian	1065359	1411209	269138	475375	796221	935834
江 西	Jiangxi	262789	294752	1830	1407	260959	293345
山 东	Shandong	3838819	4189796	1309578	1526588	2529241	2663208
河 南	Henan	867241	1044590	83745	109076	783496	935514
湖 北	Hubei	1787354	1937076	351473	351972	1435881	1585104
湖 南	Hunan	878274	934095	94183	75573	784091	858522
广 东	Guangdong	9868258	12060747	7376987	9650287	2491270	2410460
广 西	Guangxi	249667	239869	2433	5381	247234	234489
海 南	Hainan	120686	131241	19442	30087	101244	101154
重 庆	Chongqing	1116065	1167320	610731	693656	505334	473664
四 川	Sichuan	1318877	1260499	702497	600676	616380	659823
贵 州	Guizhou	95301	97275	22	1296	95279	95979
云 南	Yunnan	920685	796061	275996	75122	644689	720939
西 藏	Tibet	19437	15885			19437	15885
陕 西	Shaanxi	689977	834833	12709	102206	677268	732628
甘 肃	Gansu	269796	267579	61923	91024	207874	176555
青 海	Qinghai	41316	40417		28	41316	40389
宁 夏	Ningxia	157710	143337			157710	143337
新 疆	Xinjiang	293380	253909	17017	13146	276364	240763

日用品类
Articles for Daily Use

单位：万元
Unit: 10000 yuan

地 区	Region	合 计 Total Sale Value		批发额 Wholesale Value		零售额 Retail Value	
		2013	2014	2013	2014	2013	2014
全 国	**National Total**	**82743187**	**98352940**	**43120127**	**54454920**	**39623060**	**43898020**
北 京	Beijing	6513348	7530593	3220236	4040763	3293112	3489830
天 津	Tianjin	1690238	1738166	988758	949010	701480	789156
河 北	Hebei	1048489	1083802	159188	122660	889301	961142
山 西	Shanxi	449844	457239	61681	67526	388163	389713
内蒙古	Inner Mongolia	329196	309672	52533	30812	276663	278860
辽 宁	Liaoning	1944735	2709734	433152	1066266	1511583	1643468
吉 林	Jilin	665765	728295	40004	44107	625761	684189
黑龙江	Heilongjiang	1202655	1393254	582762	747988	619893	645266
上 海	Shanghai	11213175	16199717	7976067	12920021	3237108	3279696
江 苏	Jiangsu	6019579	7204519	2312752	3014916	3706827	4189603
浙 江	Zhejiang	9311902	10349528	7045996	7841705	2265907	2507824
安 徽	Anhui	2277300	2456649	1342956	1389002	934344	1067647
福 建	Fujian	2584366	2814312	1266749	1384746	1317617	1429566
江 西	Jiangxi	459734	494441	64922	48252	394812	446189
山 东	Shandong	5014141	5604741	1078305	1277841	3935837	4326900
河 南	Henan	2107458	2374469	342332	354468	1765126	2020001
湖 北	Hubei	2810258	3342601	456728	607912	2353531	2734689
湖 南	Hunan	1504774	1802366	219956	296838	1284817	1505528
广 东	Guangdong	17422677	21073963	13061132	16234107	4361545	4839856
广 西	Guangxi	648922	758217	239658	285368	409264	472849
海 南	Hainan	293996	345799	58593	57212	235402	288587
重 庆	Chongqing	1654673	1880065	334485	339222	1320188	1540843
四 川	Sichuan	1941189	2238662	594123	601256	1347066	1637406
贵 州	Guizhou	184657	284665	8222	26323	176435	258342
云 南	Yunnan	1780225	1346617	921960	419057	858265	927560
西 藏	Tibet	6043	5530	1155	11	4888	5520
陕 西	Shaanxi	1010821	1103567	156439	153364	854382	950204
甘 肃	Gansu	238063	244160	41616	34276	196447	209884
青 海	Qinghai	50514	60339	1303	3888	49211	56451
宁 夏	Ningxia	94732	113425	133	5123	94599	108302
新 疆	Xinjiang	269721	303835	56231	90883	213489	212952

洗涤用品类
Washing Articles

单位：万元
Unit: 10000 yuan

地 区	Region	合 计 Total Sale Value		批发额 Wholesale Value		零售额 Retail Value	
		2013	2014	2013	2014	2013	2014
全 国	**National Total**	**19350317**	**25633602**	**9055091**	**14628390**	**10295226**	**11005212**
北 京	Beijing	1172319	1147933	615231	583241	557088	564692
天 津	Tianjin	734972	776231	585938	603318	149034	172913
河 北	Hebei	322942	334190	34019	38611	288923	295579
山 西	Shanxi	213097	226620	43327	52972	169770	173648
内蒙古	Inner Mongolia	100661	107293	12453	13130	88207	94163
辽 宁	Liaoning	337391	376402	38176	64602	299215	311800
吉 林	Jilin	149287	162339	21022	18827	128265	143512
黑龙江	Heilongjiang	165060	165084	14150	8718	150910	156366
上 海	Shanghai	772266	5498487	372031	5082093	400235	416394
江 苏	Jiangsu	1635842	1730572	454605	485266	1181237	1245306
浙 江	Zhejiang	2128140	1984165	1549875	1493712	578266	490453
安 徽	Anhui	757296	785525	492019	474847	265277	310678
福 建	Fujian	611865	577690	198868	188472	412997	389217
江 西	Jiangxi	192920	220292	28601	31844	164319	188448
山 东	Shandong	1430677	1605825	294402	303181	1136275	1302644
河 南	Henan	389945	407697	66665	47477	323280	360221
湖 北	Hubei	774438	837566	110801	119169	663637	718397
湖 南	Hunan	491004	554197	47706	47805	443297	506393
广 东	Guangdong	4138208	5030571	3058066	3925143	1080142	1105428
广 西	Guangxi	224800	203351	71521	30444	153279	172907
海 南	Hainan	90375	90731	55827	54361	34548	36370
重 庆	Chongqing	495491	554309	75378	81893	420113	472416
四 川	Sichuan	880097	960979	405616	416367	474481	544612
贵 州	Guizhou	77325	112152	4748	13051	72577	99101
云 南	Yunnan	477064	537240	261755	307252	215309	229988
西 藏	Tibet	3773	4409	65		3708	4409
陕 西	Shaanxi	363131	394762	114628	116755	248503	278007
甘 肃	Gansu	87366	93773	11663	7166	75703	86606
青 海	Qinghai	7276	10934	1303	3331	5973	7604
宁 夏	Ningxia	28567	34628		57	28567	34572
新 疆	Xinjiang	96726	107659	14633	15289	82093	92370

儿童玩具类
Children Toys

单位：万元
Unit: 10000 yuan

地 区	Region	合 计 Total Sale Value		批发额 Wholesale Value		零售额 Retail Value	
		2013	2014	2013	2014	2013	2014
全 国	**National Total**	**3852650**	**4524945**	**1484746**	**1763638**	**2367904**	**2761307**
北 京	Beijing	153279	170319	41848	54647	111431	115672
天 津	Tianjin	33930	24201	3446	1731	30484	22470
河 北	Hebei	93444	87588	402	427	93042	87162
山 西	Shanxi	40574	52013	907	963	39667	51050
内 蒙 古	Inner Mongolia	21402	24824	1219	2413	20183	22411
辽 宁	Liaoning	124638	64064	331	534	124307	63530
吉 林	Jilin	33403	38715	13	39	33390	38676
黑 龙 江	Heilongjiang	18876	29003	135	260	18742	28744
上 海	Shanghai	393434	438121	199087	199017	194347	239104
江 苏	Jiangsu	677802	822569	364738	451110	313064	371458
浙 江	Zhejiang	314015	363973	224082	266731	89934	97242
安 徽	Anhui	81345	106638	15958	20280	65387	86358
福 建	Fujian	120983	147981	54690	61814	66292	86167
江 西	Jiangxi	26623	33216	5926	6252	20697	26964
山 东	Shandong	352325	415461	56673	68027	295651	347435
河 南	Henan	81414	102217	1596	970	79819	101247
湖 北	Hubei	136875	159424	5969	4727	130906	154697
湖 南	Hunan	98315	98502	4646	735	93670	97767
广 东	Guangdong	670803	909481	449597	586128	221206	323353
广 西	Guangxi	16414	18893	61	97	16353	18795
海 南	Hainan	7119	7536			7119	7536
重 庆	Chongqing	50600	69579	7837	8942	42763	60637
四 川	Sichuan	90863	116528	2141	3209	88722	113320
贵 州	Guizhou	14250	24244	190	269	14059	23974
云 南	Yunnan	52317	39121	18177	3509	34141	35612
西 藏	Tibet	197	210			197	210
陕 西	Shaanxi	111216	115316	13745	6438	97471	108878
甘 肃	Gansu	11333	14671	863	404	10470	14267
青 海	Qinghai	1186	1338			1186	1338
宁 夏	Ningxia	1649	2045	1		1649	2045
新 疆	Xinjiang	22026	27156	10472	13965	11554	13191

3-2-9 续表 15 Continued 15

五金、电料类 单位：万元

Hardware and Electrical Materials Unit: 10000 yuan

地 区	Region	合 计 Total Sale Value		批发额 Wholesale Value		零售额 Retail Value	
		2013	2014	2013	2014	2013	2014
全 国	**National Total**	**28951574**	**36359684**	**20082623**	**25182058**	**8868952**	**11177626**
北 京	Beijing	1128120	1207052	1005389	1087031	122731	120022
天 津	Tianjin	1121155	1736117	983113	1493526	138041	242592
河 北	Hebei	330593	355449	205078	214715	125515	140734
山 西	Shanxi	224970	274873	61701	99702	163270	175171
内蒙古	Inner Mongolia	77892	63467	14958	14001	62934	49466
辽 宁	Liaoning	926680	1079995	484286	521498	442394	558497
吉 林	Jilin	116560	118698	4855	1627	111706	117071
黑龙江	Heilongjiang	181036	219956	10931	14087	170105	205869
上 海	Shanghai	4798555	5034291	4678116	4903147	120439	131144
江 苏	Jiangsu	3739163	5075940	2190651	3041177	1548512	2034763
浙 江	Zhejiang	3626386	4352627	3464605	4073266	161781	279361
安 徽	Anhui	334385	422417	199025	235818	135360	186599
福 建	Fujian	1108003	920070	917843	615064	190159	305006
江 西	Jiangxi	101258	76003	68417	38994	32841	37009
山 东	Shandong	3026735	3686657	1211940	1477263	1814796	2209394
河 南	Henan	688159	854454	163101	272223	525057	582232
湖 北	Hubei	860500	1238327	136706	342212	723795	896116
湖 南	Hunan	592695	969093	101883	244384	490812	724708
广 东	Guangdong	4267023	6825467	3564062	5841130	702961	984337
广 西	Guangxi	54437	71770	22973	38892	31464	32878
海 南	Hainan	21890	14393	17618	10791	4272	3603
重 庆	Chongqing	475368	568538	201206	253175	274162	315363
四 川	Sichuan	342629	316144	128681	109784	213948	206360
贵 州	Guizhou	32412	35429	14453	10229	17959	25200
云 南	Yunnan	204379	175992	106146	72302	98233	103689
西 藏	Tibet	115	173			115	173
陕 西	Shaanxi	420731	459418	89358	105491	331373	353927
甘 肃	Gansu	97833	145523	5716	12597	92116	132926
青 海	Qinghai	1075	7037		5691	1075	1346
宁 夏	Ningxia	5868	5916	3485	2448	2384	3468
新 疆	Xinjiang	44971	48400	26329	29795	18642	18605

体育、娱乐用品类
Sports and Recreation Articles

单位：万元
Unit: 10000 yuan

地 区	Region	合 计 Total Sale Value		批发额 Wholesale Value		零售额 Retail Value	
		2013	2014	2013	2014	2013	2014
全 国	**National Total**	**11780992**	**12937394**	**7249783**	**8270247**	**4531209**	**4667147**
北 京	Beijing	5085513	5446804	4086215	4498824	999298	947980
天 津	Tianjin	261384	273812	174758	209471	86626	64341
河 北	Hebei	118040	129641	816	6496	117224	123145
山 西	Shanxi	68707	75217	19003	21966	49704	53251
内蒙古	Inner Mongolia	41247	50397	2339	4872	38908	45524
辽 宁	Liaoning	159881	161502	29237	28285	130645	133217
吉 林	Jilin	112894	132729	615	422	112279	132307
黑龙江	Heilongjiang	76860	90898	20	18	76840	90879
上 海	Shanghai	654811	689372	314088	406325	340723	283047
江 苏	Jiangsu	1300757	1456451	786865	902504	513892	553947
浙 江	Zhejiang	423995	414247	264501	241684	159494	172564
安 徽	Anhui	135695	136779	52729	51314	82966	85465
福 建	Fujian	270470	342612	184397	257625	86073	84987
江 西	Jiangxi	27836	42510	7050	10122	20786	32388
山 东	Shandong	378494	406644	75099	70385	303395	336259
河 南	Henan	125850	198382	4501	55756	121349	142626
湖 北	Hubei	201936	237317	25936	28748	176001	208569
湖 南	Hunan	125297	129943	26595	30441	98702	99501
广 东	Guangdong	1528757	1811771	1085992	1333830	442766	477940
广 西	Guangxi	48913	49916	8437	13621	40476	36295
海 南	Hainan	10845	13828			10845	13828
重 庆	Chongqing	115455	62498	23318	9373	92137	53125
四 川	Sichuan	106655	127151	4722	7229	101933	119922
贵 州	Guizhou	27412	30913	521	999	26891	29914
云 南	Yunnan	49550	70663	9428	11232	40122	59431
西 藏	Tibet	97	85			97	85
陕 西	Shaanxi	270150	290974	60961	65007	209189	225968
甘 肃	Gansu	15113	25839	354	277	14759	25562
青 海	Qinghai	2805	2441			2805	2441
宁 夏	Ningxia	14973	13723	286	281	14688	13442
新 疆	Xinjiang	20601	22337	1003	3141	19598	19196

书报杂志类
Newspapers and Magazines

单位：万元
Unit: 10000 yuan

地 区	Region	合 计 Total Sale Value		批发额 Wholesale Value		零售额 Retail Value	
		2013	2014	2013	2014	2013	2014
全 国	**National Total**	**16058599**	**18013824**	**6752207**	**7655874**	**9306391**	**10357950**
北 京	Beijing	2022098	2020517	881493	924068	1140605	1096450
天 津	Tianjin	344376	423521	112514	110409	231863	313112
河 北	Hebei	569513	740539	295963	361881	273550	378658
山 西	Shanxi	473316	514218	232922	245363	240395	268855
内蒙古	Inner Mongolia	52668	111757	19105	61522	33564	50235
辽 宁	Liaoning	233091	261642	65983	87042	167108	174601
吉 林	Jilin	141891	147890	42638	44564	99253	103327
黑龙江	Heilongjiang	241133	240203	74891	82048	166242	158156
上 海	Shanghai	207832	469515	89974	235804	117858	233711
江 苏	Jiangsu	1727644	1826925	456643	479825	1271001	1347100
浙 江	Zhejiang	775729	824752	327524	357414	448205	467339
安 徽	Anhui	750590	835662	349349	403501	401241	432161
福 建	Fujian	561669	569112	231894	192514	329775	376598
江 西	Jiangxi	535687	553143	247456	242993	288231	310151
山 东	Shandong	790593	868172	496238	505547	294355	362625
河 南	Henan	759047	916142	327943	430255	431104	485887
湖 北	Hubei	911801	947716	337648	341803	574153	605913
湖 南	Hunan	1007938	1189907	330294	414326	677644	775581
广 东	Guangdong	1040633	1407644	687982	953629	352651	454016
广 西	Guangxi	299687	378590	136885	198581	162802	180009
海 南	Hainan	62664	62710	32924	35846	29741	26864
重 庆	Chongqing	344793	382045	178465	200975	166328	181070
四 川	Sichuan	509930	527297	45908	15514	464022	511783
贵 州	Guizhou	229031	295228	135447	177560	93584	117668
云 南	Yunnan	414125	457003	204644	216045	209481	240958
西 藏	Tibet	11968	13192	7530	8415	4438	4778
陕 西	Shaanxi	423490	456797	118160	119955	305330	336842
甘 肃	Gansu	212783	140203	91852	6429	120931	133774
青 海	Qinghai	23372	23245	17637	15517	5734	7728
宁 夏	Ningxia	38925	41020	16754	18550	22172	22471
新 疆	Xinjiang	340582	367517	157548	167983	183034	199534

3-2-9 续表 18 Continued 18

电子出版物及音像制品类 单位：万元

E-journals and Vidco Products Unit: 10000 yuan

地 区	Region	合 计 Total Sale Value		批发额 Wholesale Value		零售额 Retail Value	
		2013	2014	2013	2014	2013	2014
全 国	**National Total**	**1875683**	**2008095**	**765696**	**833569**	**1109987**	**1174526**
北 京	Beijing	550330	498182	236565	216292	313765	281890
天 津	Tianjin	10940	11260	362	2446	10577	8814
河 北	Hebei	27188	31648	180	177	27008	31471
山 西	Shanxi	23885	32982	12701	16000	11184	16982
内 蒙 古	Inner Mongolia	4992	5391	7		4985	5391
辽 宁	Liaoning	38990	37639	8977	7404	30013	30235
吉 林	Jilin	28055	29815			28055	29814
黑 龙 江	Heilongjiang	213943	279369	203493	259960	10451	19410
上 海	Shanghai	26255	25565	16027	12110	10228	13455
江 苏	Jiangsu	120379	129608	27472	28682	92908	100926
浙 江	Zhejiang	65648	50221	43218	30114	22429	20107
安 徽	Anhui	28745	33730	11765	8268	16980	25461
福 建	Fujian	25016	20518	7819	5662	17197	14856
江 西	Jiangxi	70376	90968	97	5980	70278	84987
山 东	Shandong	85364	104560	5752	11690	79611	92870
河 南	Henan	30996	36005	1954	1187	29042	34819
湖 北	Hubei	44013	49311	2846	5033	41167	44278
湖 南	Hunan	66900	62910	14586	19550	52314	43359
广 东	Guangdong	240768	269764	121892	149139	118876	120625
广 西	Guangxi	10245	8134	3970	1911	6275	6223
海 南	Hainan	3224	3133			3224	3133
重 庆	Chongqing	39531	39254	12790	12460	26741	26795
四 川	Sichuan	52170	66299	11315	16173	40855	50126
贵 州	Guizhou	6645	7489	896	651	5750	6838
云 南	Yunnan	23575	23374	17988	18531	5587	4843
西 藏	Tibet	44	23	3		41	23
陕 西	Shaanxi	23172	48201	2640	3702	20531	44499
甘 肃	Gansu	3780	3045	101	169	3678	2876
青 海	Qinghai	3409	3292	155	229	3254	3063
宁 夏	Ningxia	3191	3060			3191	3060
新 疆	Xinjiang	3916	3346	126	50	3790	3297

3-2-9 续表 19 Continued 19

家用电器和音像器材类
Household Appliances and Video Appliances

单位：万元
Unit: 10000 yuan

地区	Region	合计 Total Sale Value		批发额 Wholesale Value		零售额 Retail Value	
		2013	2014	2013	2014	2013	2014
全国	**National Total**	**152913393**	**159444482**	**83468768**	**83411141**	**69444625**	**76033341**
北京	Beijing	11442244	13771312	8061105	10058251	3381139	3713061
天津	Tianjin	1802330	2689213	814290	1643303	988040	1045909
河北	Hebei	2779732	3924504	407897	1519543	2371834	2404961
山西	Shanxi	1514721	1297576	287684	223654	1227037	1073922
内蒙古	Inner Mongolia	846350	832914	106365	158278	739985	674636
辽宁	Liaoning	3668893	4009815	854914	878043	2813979	3131771
吉林	Jilin	1488743	1390071	130719	113378	1358024	1276693
黑龙江	Heilongjiang	1412655	1440697	195431	160175	1217224	1280522
上海	Shanghai	9581579	9972643	6048918	6213666	3532661	3758977
江苏	Jiangsu	18798466	20656314	12231820	13485092	6566645	7171222
浙江	Zhejiang	9434902	9945387	6441731	6601566	2993171	3343821
安徽	Anhui	7504183	6878430	4838601	3886117	2665582	2992313
福建	Fujian	3842267	4311561	1980853	2209682	1861413	2101879
江西	Jiangxi	1972635	2104857	949473	882586	1023162	1222271
山东	Shandong	14165644	14786566	6287522	5687681	7878121	9098885
河南	Henan	5218740	6471141	2088756	3175722	3129984	3295419
湖北	Hubei	5750022	6712110	1218356	1500458	4531666	5211652
湖南	Hunan	4513215	4906407	1195092	1320923	3318123	3585483
广东	Guangdong	17560782	23294296	11755110	16595312	5805672	6698984
广西	Guangxi	2559807	2386595	1389570	1255668	1170237	1130927
海南	Hainan	399992	402419	169831	168481	230161	233938
重庆	Chongqing	15362331	4972807	12777657	2045243	2584674	2927565
四川	Sichuan	4921700	5387507	893272	938661	4028428	4448846
贵州	Guizhou	881463	1114801	370942	539502	510521	575299
云南	Yunnan	1670861	1798086	855008	1008187	815853	789899
西藏	Tibet	19374	18870	6		19368	18870
陕西	Shaanxi	2432248	2633767	606135	718080	1826113	1915688
甘肃	Gansu	492317	423985	239484	152190	252833	271795
青海	Qinghai	127642	134576	27221	26779	100421	107797
宁夏	Ningxia	186817	195426	17056	24802	169761	170624
新疆	Xinjiang	560742	579831	227948	220120	332793	359711

3-2-9 续表 20 Continued 20

中西药品类
Traditional Chinese and Western Medicines

单位：万元
Unit: 10000 yuan

地 区	Region	合 计 Total Sale Value		批发额 Wholesale Value		零售额 Retail Value	
		2013	2014	2013	2014	2013	2014
全 国	**National Total**	**179697467**	**211274850**	**120462330**	**141670384**	**59235137**	**69604466**
北 京	Beijing	14669748	16463832	7559015	8608756	7110733	7855076
天 津	Tianjin	4965648	5705018	4731810	5411858	233838	293160
河 北	Hebei	5646673	5852912	4163352	4084225	1483321	1768687
山 西	Shanxi	2188450	2502718	1507474	1642850	680977	859868
内蒙古	Inner Mongolia	763936	799822	469772	552090	294164	247732
辽 宁	Liaoning	6296355	7080754	3142812	3410512	3153544	3670242
吉 林	Jilin	2302666	2442631	1555010	1681252	747656	761379
黑龙江	Heilongjiang	4555543	4555678	2990820	2788710	1564723	1766969
上 海	Shanghai	11611895	12630661	8826553	9591435	2785342	3039226
江 苏	Jiangsu	15392270	18512223	9044149	10816472	6348120	7695751
浙 江	Zhejiang	12238722	13853672	6756408	7416140	5482315	6437532
安 徽	Anhui	8779213	10367297	5585394	6618909	3193819	3748388
福 建	Fujian	3682697	4457945	2486004	2953548	1196692	1504397
江 西	Jiangxi	3279869	4058901	2354192	2932383	925677	1126519
山 东	Shandong	11597518	13660000	7418844	8772551	4178674	4887449
河 南	Henan	7811442	10217378	6301006	8314348	1510437	1903030
湖 北	Hubei	7222910	12155120	3961176	7734297	3261734	4420823
湖 南	Hunan	6185207	7177952	3710438	4317077	2474770	2860875
广 东	Guangdong	22316672	25755434	18027918	20559425	4288754	5196009
广 西	Guangxi	2539883	3165948	1249969	1792094	1289914	1373853
海 南	Hainan	1487291	1366244	1430098	1318084	57193	48159
重 庆	Chongqing	5411147	6602802	3319717	4241028	2091430	2361774
四 川	Sichuan	7825440	8297611	6349132	6656676	1476309	1640935
贵 州	Guizhou	1295702	1764129	883594	1211856	412107	552273
云 南	Yunnan	3673460	4536317	2791802	3451390	881657	1084927
西 藏	Tibet	329412	346700	328800	342841	612	3859
陕 西	Shaanxi	2241929	2898438	1529765	2027374	712165	871065
甘 肃	Gansu	1280080	1564750	1025869	1290292	254212	274459
青 海	Qinghai	141338	167844	79626	82761	61712	85083
宁 夏	Ningxia	408485	477664	74109	87698	334377	389966
新 疆	Xinjiang	1555867	1836456	807706	961452	748162	875003

西药类 单位：万元
Western Medicines Unit: 10000 yuan

地区	Region	合计 Total Sale Value		批发额 Wholesale Value		零售额 Retail Value	
		2013	2014	2013	2014	2013	2014
全国	**National Total**	**125754425**	**147649698**	**83959109**	**98866653**	**41795316**	**48783045**
北京	Beijing	9943783	11175826	5052732	5884184	4891051	5291643
天津	Tianjin	2560636	2915725	2449590	2766512	111046	149214
河北	Hebei	4199136	4235296	3119401	2969154	1079735	1266142
山西	Shanxi	1486635	1755881	1015223	1158980	471412	596901
内蒙古	Inner Mongolia	462632	422941	264814	307176	197818	115765
辽宁	Liaoning	4162954	4761006	2098573	2263290	2064381	2497716
吉林	Jilin	1409461	1473204	1106402	1182776	303059	290428
黑龙江	Heilongjiang	2538732	1850011	1433866	836421	1104866	1013589
上海	Shanghai	9173494	10274144	7115162	7967614	2058332	2306530
江苏	Jiangsu	12242236	14749244	7204926	8672214	5037310	6077030
浙江	Zhejiang	9076372	10221480	4872363	5477493	4204009	4743987
安徽	Anhui	6295651	7520670	4191977	4963310	2103674	2557360
福建	Fujian	2826294	3337043	1924135	2221178	902159	1115866
江西	Jiangxi	2090663	2513136	1411576	1693335	679087	819802
山东	Shandong	6600942	7585973	4105127	4756068	2495815	2829905
河南	Henan	4702113	6128059	3931230	5148085	770883	979974
湖北	Hubei	5678803	9887499	3179419	6501356	2499384	3386143
湖南	Hunan	4588293	5162066	2982546	3321985	1605746	1840080
广东	Guangdong	14883952	17055317	11898782	13354751	2985171	3700566
广西	Guangxi	1854196	2319958	848346	1265521	1005850	1054438
海南	Hainan	1174558	1052388	1125114	1015827	49444	36561
重庆	Chongqing	4193612	5128191	2636067	3331779	1557545	1796412
四川	Sichuan	5215071	5783517	4226279	4596386	988792	1187131
贵州	Guizhou	906229	1162288	600629	762697	305600	399591
云南	Yunnan	3101830	3795263	2451392	2974524	650438	820739
西藏	Tibet	8178	682	7839	625	340	58
陕西	Shaanxi	1673325	2117276	1116557	1498070	556768	619206
甘肃	Gansu	996224	1250439	811171	1050752	185053	199687
青海	Qinghai	101940	126241	53037	60182	48903	66059
宁夏	Ningxia	327584	378395	50867	62257	276718	316138
新疆	Xinjiang	1278897	1510541	673967	802153	604930	708388

3-2-9 续表 22 Continued 22

中草药及中成药类
Traditional Chinese Medicines

单位：万元
Unit: 10000 yuan

地区	Region	合计 Total Sale Value		批发额 Wholesale Value		零售额 Retail Value	
		2013	2014	2013	2014	2013	2014
全国	**National Total**	**30043930**	**34828759**	**20195690**	**23284274**	**9848240**	**11544485**
北京	Beijing	2313331	2730184	1027144	1142394	1286187	1587790
天津	Tianjin	1913652	2148049	1849952	2076306	63699	71743
河北	Hebei	956922	1029034	659187	662261	297736	366773
山西	Shanxi	483181	499066	340557	310640	142624	188426
内蒙古	Inner Mongolia	98779	110464	74776	85834	24003	24630
辽宁	Liaoning	868774	956343	361526	411178	507248	545166
吉林	Jilin	228456	248692	147699	156865	80757	91827
黑龙江	Heilongjiang	729159	736081	580739	565378	148419	170703
上海	Shanghai	1530007	1619599	927895	955107	602113	664492
江苏	Jiangsu	2153445	2758830	1172817	1524076	980627	1234754
浙江	Zhejiang	2179412	2545599	1212253	1300009	967159	1245590
安徽	Anhui	1276698	1470893	801373	932735	475325	538158
福建	Fujian	333000	375986	194154	215746	138846	160240
江西	Jiangxi	1021845	1349224	817553	1100649	204292	248575
山东	Shandong	1789921	2029579	973619	1089874	816302	939705
河南	Henan	893788	1287573	614674	975898	279114	311675
湖北	Hubei	782649	1185947	394148	712948	388501	472999
湖南	Hunan	842302	985854	505696	577251	336606	408604
广东	Guangdong	5231077	5769005	4552943	5004149	678134	764856
广西	Guangxi	428344	513551	200184	271431	228160	242120
海南	Hainan	152404	169508	144655	163551	7749	5957
重庆	Chongqing	741198	836969	431727	530347	309471	306623
四川	Sichuan	1617931	1523687	1273979	1247952	343952	275735
贵州	Guizhou	220846	406166	171759	327588	49086	78578
云南	Yunnan	467120	592756	322363	420226	144756	172530
西藏	Tibet	2890	38338	2890	37738		600
陕西	Shaanxi	289505	346046	173785	189634	115721	156412
甘肃	Gansu	195284	217526	155430	172799	39853	44727
青海	Qinghai	13612	15690	803	454	12809	15236
宁夏	Ningxia	79590	93156	23232	25441	56358	67715
新疆	Xinjiang	208810	239364	86177	97819	122633	141545

文化办公用品类
Cultural and Offices Appliances

单位：万元
Unit: 10000 yuan

地 区	Region	合 计 Total Sale Value		批发额 Wholesale Value		零售额 Retail Value	
		2013	2014	2013	2014	2013	2014
全 国	**National Total**	**125154366**	**117290408**	**100799243**	**91517619**	**24355123**	**25772789**
北 京	Beijing	20400211	22211837	15782498	17226167	4617713	4985670
天 津	Tianjin	581364	717679	306496	377296	274868	340383
河 北	Hebei	377263	480794	169262	261576	208001	219218
山 西	Shanxi	381018	298032	227083	164148	153935	133884
内 蒙 古	Inner Mongolia	220907	185378	103519	59685	117388	125693
辽 宁	Liaoning	1607598	1691706	651512	714163	956086	977544
吉 林	Jilin	325065	350743	60874	52492	264191	298251
黑 龙 江	Heilongjiang	910161	873380	240519	160787	669642	712592
上 海	Shanghai	15345016	16640634	13548555	14669560	1796461	1971074
江 苏	Jiangsu	7418874	8170162	5308133	5550862	2110741	2619301
浙 江	Zhejiang	4611216	4790521	3893995	3951665	717221	838856
安 徽	Anhui	1518611	2433094	1050918	1846442	467693	586652
福 建	Fujian	1634251	1998057	826023	1028772	808228	969286
江 西	Jiangxi	421067	420164	183193	181157	237874	239007
山 东	Shandong	4152287	4562609	2460013	2486612	1692274	2075997
河 南	Henan	979725	1141635	422519	475194	557206	666441
湖 北	Hubei	2258067	2431664	1227587	1369157	1030481	1062507
湖 南	Hunan	1043986	1154617	453673	459244	590312	695373
广 东	Guangdong	53041365	37933044	48956099	34959348	4085266	2973697
广 西	Guangxi	400354	354411	192247	143303	208107	211109
海 南	Hainan	149928	102622	96428	52040	53500	50582
重 庆	Chongqing	928043	1496116	206831	623015	721212	873102
四 川	Sichuan	4344417	4683022	3369141	3709584	975275	973438
贵 州	Guizhou	139821	190773	59439	89574	80381	101199
云 南	Yunnan	737724	662033	413173	340974	324552	321059
西 藏	Tibet	453	303	4		448	303
陕 西	Shaanxi	749981	877646	358364	350157	391617	527489
甘 肃	Gansu	130669	134666	62443	64721	68226	69945
青 海	Qinghai	8985	4900			8985	4900
宁 夏	Ningxia	75950	64973	17085	22897	58865	42077
新 疆	Xinjiang	259993	233194	151618	127031	108375	106163

3-2-9 续表 24 Continued 24

家具类
Furniture

单位：万元
Unit: 10000 yuan

地 区	Region	合 计 Total Sale Value		批发额 Wholesale Value		零售额 Retail Value	
		2013	2014	2013	2014	2013	2014
全 国	**National Total**	**25754435**	**30599351**	**6179281**	**7872219**	**19575154**	**22727132**
北 京	Beijing	1091898	1103890	150021	135254	941877	968636
天 津	Tianjin	380676	427631	217905	219638	162771	207994
河 北	Hebei	307456	384094	12072	20618	295385	363476
山 西	Shanxi	332539	422404	2534	3757	330005	418648
内蒙古	Inner Mongolia	364354	417713	507	4	363847	417709
辽 宁	Liaoning	493239	607265	48051	42953	445188	564313
吉 林	Jilin	472882	486534	1902	4	470980	486530
黑龙江	Heilongjiang	471811	547302	13080	8313	458731	538988
上 海	Shanghai	1197025	1274443	770255	765400	426770	509043
江 苏	Jiangsu	1577159	2177175	152655	352828	1424504	1824347
浙 江	Zhejiang	915797	1534769	530217	911340	385581	623429
安 徽	Anhui	444933	665830	14335	15596	430598	650234
福 建	Fujian	1276833	1414804	568091	516239	708742	898565
江 西	Jiangxi	378210	480970	1535	4012	376674	476957
山 东	Shandong	4569773	4741025	444419	466288	4125354	4274737
河 南	Henan	994150	1286276	54616	77269	939534	1209007
湖 北	Hubei	1664467	1935756	271980	379413	1392488	1556343
湖 南	Hunan	933140	979968	63955	73832	869185	906136
广 东	Guangdong	3620164	4493369	2289865	3250892	1330300	1242477
广 西	Guangxi	33630	53962	17979	26248	15651	27715
海 南	Hainan	5876	8505			5876	8505
重 庆	Chongqing	1852778	2339546	502560	578893	1350218	1760653
四 川	Sichuan	784916	923928	28375	8926	756541	915002
贵 州	Guizhou	5935	22031	701	713	5234	21317
云 南	Yunnan	233491	255402	7899	2854	225592	252548
西 藏	Tibet		13				13
陕 西	Shaanxi	1117398	1262107	12074	1171	1105324	1260936
甘 肃	Gansu	71426	109608	1098	1815	70328	107794
青 海	Qinghai	2385	10943		290	2385	10653
宁 夏	Ningxia	17255	19486			17255	19486
新 疆	Xinjiang	142838	212603	601	7660	142237	204944

3-2-9 续表 25 Continued 25

通讯器材类 单位：万元

Communication Appliances Unit: 10000 yuan

地区	Region	合计 Total Sale Value		批发额 Wholesale Value		零售额 Retail Value	
		2013	2014	2013	2014	2013	2014
全国	**National Total**	**104438759**	**116895422**	**84066257**	**90044701**	**20372503**	**26850721**
北京	Beijing	33756663	39982334	29054813	30816134	4701850	9166200
天津	Tianjin	1310308	1504766	1007718	1186432	302590	318334
河北	Hebei	436666	438454	72289	65893	364377	372561
山西	Shanxi	107592	95702	5968	5756	101624	89947
内蒙古	Inner Mongolia	181592	180119	79230	91310	102363	88809
辽宁	Liaoning	1551546	1707582	539355	487332	1012191	1220250
吉林	Jilin	264140	279326	8410	8932	255729	270394
黑龙江	Heilongjiang	639073	589923	223978	156283	415095	433640
上海	Shanghai	17847239	19972424	16443799	18402863	1403440	1569561
江苏	Jiangsu	5976985	7596595	4234381	5420163	1742604	2176432
浙江	Zhejiang	2675511	2833587	1883904	1999305	791607	834282
安徽	Anhui	493733	570055	217632	190381	276101	379674
福建	Fujian	1419398	1496963	1059985	966221	359412	530742
江西	Jiangxi	161240	199862	19591	28827	141649	171035
山东	Shandong	1836465	2081330	423007	506380	1413458	1574951
河南	Henan	659539	718469	155563	189057	503975	529412
湖北	Hubei	637187	1025566	135090	379724	502097	645842
湖南	Hunan	688073	802934	236201	263754	451872	539180
广东	Guangdong	28966526	29357473	25721172	26050919	3245354	3306554
广西	Guangxi	292328	261432	140176	128383	152152	133049
海南	Hainan	186800	56012	130991	32084	55810	23928
重庆	Chongqing	1210615	2003448	706140	1280339	504475	723108
四川	Sichuan	1394131	1361894	650165	629730	743966	732164
贵州	Guizhou	92435	129912	47671	85456	44764	44456
云南	Yunnan	631816	456966	419212	284479	212603	172487
西藏	Tibet	18105	27867			18105	27867
陕西	Shaanxi	413332	675529	70643	105809	342689	569720
甘肃	Gansu	98999	113713	12326	18637	86673	95076
青海	Qinghai	345653	242904	343856	230054	1797	12850
宁夏	Ningxia	54343	53614	7129	11308	47214	42306
新疆	Xinjiang	90730	78669	15863	22757	74867	55912

煤炭及制品类
Coal and Related Products

单位：万元
Unit: 10000 yuan

地区	Region	合计 Total Sale Value		批发额 Wholesale Value		零售额 Retail Value	
		2013	2014	2013	2014	2013	2014
全国	**National Total**	**298638118**	**292467459**	**287932602**	**280636440**	**10705516**	**11831019**
北京	Beijing	34712039	30372256	34696665	30367213	15374	5043
天津	Tianjin	27171154	31790384	26485009	31089594	686146	700790
河北	Hebei	22909142	15665518	22803137	15566226	106005	99292
山西	Shanxi	44034585	37471061	43778624	37164641	255961	306420
内蒙古	Inner Mongolia	11780259	10000106	11199906	9382825	580353	617281
辽宁	Liaoning	7912525	5844426	7614250	5583254	298276	261172
吉林	Jilin	460398	296324	251236	132172	209162	164152
黑龙江	Heilongjiang	929065	835963	745049	642847	184016	193116
上海	Shanghai	17212326	16444957	17187869	16433163	24457	11794
江苏	Jiangsu	19959654	20673235	19425745	19976472	533909	696763
浙江	Zhejiang	13661379	13747283	13635754	13709850	25625	37433
安徽	Anhui	3472854	4070599	3386148	3950695	86705	119904
福建	Fujian	4440831	5475198	4302201	5307111	138630	168087
江西	Jiangxi	2108285	1640209	2078814	1605404	29472	34806
山东	Shandong	28268972	35935776	24553355	31810032	3715617	4125744
河南	Henan	6550946	6928303	6047683	6306440	503263	621863
湖北	Hubei	4235551	4399605	3807024	3929243	428528	470362
湖南	Hunan	2210086	2373893	1595741	1641414	614345	732479
广东	Guangdong	18295827	19822838	18089508	19556780	206319	266058
广西	Guangxi	2963411	2635166	2957182	2616822	6229	18343
海南	Hainan	115965	60500	115626	60332	339	169
重庆	Chongqing	3353981	3755501	3229116	3622584	124865	132917
四川	Sichuan	2614340	2042752	2318472	1811006	295868	231746
贵州	Guizhou	2105291	2524431	2086094	2494744	19198	29687
云南	Yunnan	2419802	2412154	2237032	2269895	182770	142260
西藏	Tibet						
陕西	Shaanxi	12368809	13411891	11091478	11884089	1277331	1527802
甘肃	Gansu	270416	399306	164752	313040	105665	86266
青海	Qinghai	705128	500729	661854	484429	43274	16300
宁夏	Ningxia	255638	225047	254644	223266	994	1780
新疆	Xinjiang	1139459	712052	1132638	700860	6821	11192

3-2-9 续表 27 Continued 27

木材及制品类 Wood and Wooden Products

单位：万元 Unit: 10000 yuan

地 区	Region	合 计 Total Sale Value 2013	2014	批发额 Wholesale Value 2013	2014	零售额 Retail Value 2013	2014
全 国	**National Total**	**12035680**	**13748861**	**12035680**	**13748861**		
北 京	Beijing	1595709	1833858	1595709	1833858		
天 津	Tianjin	175701	237819	175701	237819		
河 北	Hebei	15364	16512	15364	16512		
山 西	Shanxi	14587	11937	14587	11937		
内 蒙 古	Inner Mongolia	283245	302589	283245	302589		
辽 宁	Liaoning	58665	70412	58665	70412		
吉 林	Jilin	3299		3299			
黑 龙 江	Heilongjiang	306314	268355	306314	268355		
上 海	Shanghai	649986	615755	649986	615755		
江 苏	Jiangsu	1124917	1665302	1124917	1665302		
浙 江	Zhejiang	1565069	2362894	1565069	2362894		
安 徽	Anhui	56386	76528	56386	76528		
福 建	Fujian	2041968	2020763	2041968	2020763		
江 西	Jiangxi	264366	180630	264366	180630		
山 东	Shandong	1522223	1677076	1522223	1677076		
河 南	Henan	68742	55830	68742	55830		
湖 北	Hubei	13621	33768	13621	33768		
湖 南	Hunan	17487	59066	17487	59066		
广 东	Guangdong	1667913	1490861	1667913	1490861		
广 西	Guangxi	43655	71693	43655	71693		
海 南	Hainan		13		13		
重 庆	Chongqing	131996	206252	131996	206252		
四 川	Sichuan	49680	18809	49680	18809		
贵 州	Guizhou	2296	42590	2296	42590		
云 南	Yunnan	345063	417746	345063	417746		
西 藏	Tibet						
陕 西	Shaanxi	2		2			
甘 肃	Gansu	16266	9313	16266	9313		
青 海	Qinghai						
宁 夏	Ningxia	1159	2345	1159	2345		
新 疆	Xinjiang		145		145		

石油及制品类
Petroleum and Related Products

单位：万元
Unit: 10000 yuan

地 区	Region	合 计 Total Sale Value		批发额 Wholesale Value		零售额 Retail Value	
		2013	2014	2013	2014	2013	2014
全 国	**National Total**	**825536825**	**869315053**	**640011627**	**669567704**	**185525198**	**199747349**
北 京	Beijing	65674278	71512474	59853229	66041464	5821048	5471010
天 津	Tianjin	57395740	54943514	52456014	50131395	4939726	4812119
河 北	Hebei	12322563	14728407	8274406	10290941	4048156	4437466
山 西	Shanxi	8068253	7869128	2093798	1890602	5974455	5978526
内 蒙 古	Inner Mongolia	10490062	10242203	4538862	4293446	5951201	5948757
辽 宁	Liaoning	61388826	65754687	54731439	58769988	6657387	6984699
吉 林	Jilin	8763908	8725963	4506941	4422840	4256966	4303123
黑 龙 江	Heilongjiang	17808899	16373032	14071996	12815287	3736904	3557745
上 海	Shanghai	67083749	74280607	62416708	69435473	4667042	4845134
江 苏	Jiangsu	36302551	39364317	25406118	25252785	10896432	14111532
浙 江	Zhejiang	45420707	46683202	33140842	33316842	12279865	13366360
安 徽	Anhui	10968045	11195450	5528966	5353854	5439079	5841596
福 建	Fujian	20373725	24374860	13324131	17014042	7049594	7360818
江 西	Jiangxi	6526740	6792037	1449351	1310472	5077389	5481565
山 东	Shandong	39743844	40403186	25587515	25185512	14156329	15217674
河 南	Henan	14574972	15149163	7665320	7772739	6909652	7376424
湖 北	Hubei	41585531	43659148	34733667	35901068	6851865	7758080
湖 南	Hunan	11312788	11663497	3308179	3519363	8004609	8144134
广 东	Guangdong	152189541	154787244	131238876	132776545	20950665	22010699
广 西	Guangxi	8981480	8811582	5479908	4817396	3501573	3994186
海 南	Hainan	3527123	3130831	1753780	1352037	1773343	1778794
重 庆	Chongqing	9553413	10899739	6213230	6773684	3340183	4126055
四 川	Sichuan	19899323	20670710	9353989	9491023	10545334	11179687
贵 州	Guizhou	5898389	6417622	1595401	1384544	4302988	5033078
云 南	Yunnan	11259588	11775789	5762170	5728144	5497418	6047645
西 藏	Tibet	532726	583685	78372	65693	454354	517992
陕 西	Shaanxi	19959598	21314131	14918112	15467924	5041486	5846207
甘 肃	Gansu	20761409	22850785	17147446	18815375	3613963	4035410
青 海	Qinghai	1982790	2178042	999526	1081347	983264	1096694
宁 夏	Ningxia	5737454	5336875	5066843	4715125	670610	621750
新 疆	Xinjiang	29448810	36843144	27316491	34380753	2132319	2462391

3-2-9 续表 29 Continued 29

化工材料及制品类
Chemical Materials and Related Products

单位：万元
Unit: 10000 yuan

地　区	Region	合　计 Total Sale Value		批发额 Wholesale Value		零售额 Retail Value	
		2013	2014	2013	2014	2013	2014
全　国	**National Total**	**323412041**	**374110072**	**323412041**	**374110072**		
北　京	Beijing	68758524	71370265	68758524	71370265		
天　津	Tianjin	9532934	15776572	9532934	15776572		
河　北	Hebei	3191943	4093863	3191943	4093863		
山　西	Shanxi	1078532	1431557	1078532	1431557		
内蒙古	Inner Mongolia	960742	1791564	960742	1791564		
辽　宁	Liaoning	8580328	8549260	8580328	8549260		
吉　林	Jilin	717665	616799	717665	616799		
黑龙江	Heilongjiang	3330927	2636068	3330927	2636068		
上　海	Shanghai	41826616	47469418	41826616	47469418		
江　苏	Jiangsu	29504992	39072595	29504992	39072595		
浙　江	Zhejiang	35718992	42389510	35718992	42389510		
安　徽	Anhui	2506806	2923997	2506806	2923997		
福　建	Fujian	13294698	15897818	13294698	15897818		
江　西	Jiangxi	219668	284628	219668	284628		
山　东	Shandong	17434510	20735562	17434510	20735562		
河　南	Henan	4260406	4442249	4260406	4442249		
湖　北	Hubei	3254817	4267352	3254817	4267352		
湖　南	Hunan	1048291	1637108	1048291	1637108		
广　东	Guangdong	35129263	43563048	35129263	43563048		
广　西	Guangxi	1459817	1774303	1459817	1774303		
海　南	Hainan	12036501	11672127	12036501	11672127		
重　庆	Chongqing	4584489	6045839	4584489	6045839		
四　川	Sichuan	6419350	6775014	6419350	6775014		
贵　州	Guizhou	4255235	4581824	4255235	4581824		
云　南	Yunnan	8255209	6996499	8255209	6996499		
西　藏	Tibet	16287	13440	16287	13440		
陕　西	Shaanxi	1625420	1804895	1625420	1804895		
甘　肃	Gansu	1112708	1931759	1112708	1931759		
青　海	Qinghai	186182	155785	186182	155785		
宁　夏	Ningxia	130895	94917	130895	94917		
新　疆	Xinjiang	2979297	3314438	2979297	3314438		

3-2-9 续表 30 Continued 30

化肥类 单位：万元

Fertilizers Unit: 10000 yuan

地 区	Region	合 计 Total Sale Value		批发额 Wholesale Value		零售额 Retail Value	
		2013	2014	2013	2014	2013	2014
全 国	**National Total**	**52163542**	**55267462**	**52163542**	**55267462**		
北 京	Beijing	11007575	11723047	11007575	11723047		
天 津	Tianjin	164152	416760	164152	416760		
河 北	Hebei	1074071	1106322	1074071	1106322		
山 西	Shanxi	505534	459873	505534	459873		
内 蒙 古	Inner Mongolia	556717	748495	556717	748495		
辽 宁	Liaoning	1050130	1149640	1050130	1149640		
吉 林	Jilin	115233	62347	115233	62347		
黑 龙 江	Heilongjiang	2561204	2182748	2561204	2182748		
上 海	Shanghai	1139361	1796703	1139361	1796703		
江 苏	Jiangsu	1623853	1957631	1623853	1957631		
浙 江	Zhejiang	1525222	1391709	1525222	1391709		
安 徽	Anhui	1080771	1103243	1080771	1103243		
福 建	Fujian	943971	1100402	943971	1100402		
江 西	Jiangxi	100292	113503	100292	113503		
山 东	Shandong	6495409	7577411	6495409	7577411		
河 南	Henan	1987080	2174358	1987080	2174358		
湖 北	Hubei	1561506	2078562	1561506	2078562		
湖 南	Hunan	337202	464084	337202	464084		
广 东	Guangdong	1530021	1701346	1530021	1701346		
广 西	Guangxi	847646	1124570	847646	1124570		
海 南	Hainan	80582	78680	80582	78680		
重 庆	Chongqing	2054841	2089696	2054841	2089696		
四 川	Sichuan	2553175	2131030	2553175	2131030		
贵 州	Guizhou	3382884	3080359	3382884	3080359		
云 南	Yunnan	4788214	3982591	4788214	3982591		
西 藏	Tibet	16287	13440	16287	13440		
陕 西	Shaanxi	119808	158456	119808	158456		
甘 肃	Gansu	803900	754184	803900	754184		
青 海	Qinghai	131523	119707	131523	119707		
宁 夏	Ningxia	90627	61162	90627	61162		
新 疆	Xinjiang	1934755	2365405	1934755	2365405		

3-2-9 续表 31 Continued 31

金属材料类
Metal Materials

单位：万元
Unit: 10000 yuan

地　区	Region	合　计 Total Sale Value		批发额 Wholesale Value		零售额 Retail Value	
		2013	2014	2013	2014	2013	2014
全　国	**National Total**	**860996244**	**931446840**	**860996244**	**931446840**		
北　京	Beijing	116742213	110870705	116742213	110870705		
天　津	Tianjin	98686221	115050724	98686221	115050724		
河　北	Hebei	23486437	25806300	23486437	25806300		
山　西	Shanxi	36446166	35179525	36446166	35179525		
内蒙古	Inner Mongolia	3095633	2486988	3095633	2486988		
辽　宁	Liaoning	18937212	21119746	18937212	21119746		
吉　林	Jilin	3061064	2651388	3061064	2651388		
黑龙江	Heilongjiang	2775179	1704643	2775179	1704643		
上　海	Shanghai	104001926	129016714	104001926	129016714		
江　苏	Jiangsu	95517175	96301374	95517175	96301374		
浙　江	Zhejiang	86587754	97612927	86587754	97612927		
安　徽	Anhui	7413881	7159233	7413881	7159233		
福　建	Fujian	20698377	24055832	20698377	24055832		
江　西	Jiangxi	3790511	3127790	3790511	3127790		
山　东	Shandong	41982634	43029037	41982634	43029037		
河　南	Henan	10950796	11403458	10950796	11403458		
湖　北	Hubei	17189187	17542978	17189187	17542978		
湖　南	Hunan	8333123	10295045	8333123	10295045		
广　东	Guangdong	88649052	97782720	88649052	97782720		
广　西	Guangxi	11793652	12541497	11793652	12541497		
海　南	Hainan	1536978	3781389	1536978	3781389		
重　庆	Chongqing	10551327	11761754	10551327	11761754		
四　川	Sichuan	11719172	11973237	11719172	11973237		
贵　州	Guizhou	1525865	2172936	1525865	2172936		
云　南	Yunnan	11222707	11163232	11222707	11163232		
西　藏	Tibet						
陕　西	Shaanxi	7576083	8322760	7576083	8322760		
甘　肃	Gansu	4512716	4611302	4512716	4611302		
青　海	Qinghai	5592039	6852390	5592039	6852390		
宁　夏	Ningxia	728428	584522	728428	584522		
新　疆	Xinjiang	5892738	5484696	5892738	5484696		

建筑及装潢材料类
Building and Decoration Materials

单位：万元
Unit: 10000 yuan

地区	Region	合计 Total Sale Value		批发额 Wholesale Value		零售额 Retail Value	
		2013	2014	2013	2014	2013	2014
全国	**National Total**	**64204242**	**82095436**	**39168273**	**53943350**	**25035969**	**28152086**
北京	Beijing	2914280	3003453	2663964	2753248	250316	250205
天津	Tianjin	1460908	1663473	1225006	1257641	235902	405832
河北	Hebei	432669	557110	257919	314063	174750	243047
山西	Shanxi	1160224	1001422	257766	493981	902459	507441
内蒙古	Inner Mongolia	753112	514587	498055	305788	255057	208798
辽宁	Liaoning	2905644	2678393	2132989	1804011	772655	874382
吉林	Jilin	1386716	1334623	760839	619385	625877	715238
黑龙江	Heilongjiang	884430	1001749	219008	249545	665421	752204
上海	Shanghai	2245990	3005192	1892620	2718997	353370	286195
江苏	Jiangsu	7623107	12272993	2829540	6570923	4793567	5702070
浙江	Zhejiang	3505980	5429388	3055342	4576540	450637	852848
安徽	Anhui	1462080	1569081	587354	744195	874725	824886
福建	Fujian	4207139	6015040	3124290	4463792	1082849	1551248
江西	Jiangxi	379974	434104	155856	151722	224119	282382
山东	Shandong	8095818	9233162	4515966	5491189	3579853	3741973
河南	Henan	1463999	1520602	1035904	1021673	428095	498929
湖北	Hubei	3207377	3549039	575151	938333	2632227	2610706
湖南	Hunan	1492282	1841163	494452	746834	997830	1094328
广东	Guangdong	9293267	14590148	8075188	12917001	1218079	1673147
广西	Guangxi	553207	561135	541113	547183	12094	13953
海南	Hainan	41508	18360	35705	12796	5803	5564
重庆	Chongqing	2700025	2723980	1540503	1540355	1159522	1183625
四川	Sichuan	2621106	3095761	1349010	1656248	1272096	1439513
贵州	Guizhou	267053	359869	246495	327916	20558	31952
云南	Yunnan	1023974	1475706	375300	684149	648675	791556
西藏	Tibet						
陕西	Shaanxi	1709890	2066212	395231	569307	1314659	1496905
甘肃	Gansu	230424	294163	148194	193213	82230	100950
青海	Qinghai	526	10864	526	10864		
宁夏	Ningxia	2887	83248	2441	83248	446	
新疆	Xinjiang	178648	191418	176545	179208	2103	12209

机电产品及设备类
Mechanical and Electrical Products

单位：万元
Unit: 10000 yuan

地区	Region	合计 Total Sale Value		批发额 Wholesale Value		零售额 Retail Value	
		2013	2014	2013	2014	2013	2014
全国	**National Total**	**163553441**	**165844616**	**153412726**	**154806272**	**10140715**	**11038344**
北京	Beijing	27640967	29777866	27112035	29259918	528932	517948
天津	Tianjin	2323873	2699868	2202841	2495296	121031	204572
河北	Hebei	1405980	931865	1326191	856894	79790	74971
山西	Shanxi	2699380	2723133	2594512	2629254	104868	93879
内蒙古	Inner Mongolia	332067	358079	171739	159140	160328	198939
辽宁	Liaoning	4232485	4479955	4062144	4243411	170341	236545
吉林	Jilin	379401	339690	264185	252579	115216	87111
黑龙江	Heilongjiang	881930	817423	747602	708401	134328	109022
上海	Shanghai	36730264	36721061	36628639	36600402	101626	120659
江苏	Jiangsu	12489170	14437526	11687800	13130096	801370	1307430
浙江	Zhejiang	7754842	8727783	7693798	8609427	61043	118356
安徽	Anhui	1983646	1792451	1858848	1644307	124798	148143
福建	Fujian	4190886	4218398	3712878	3558193	478008	660205
江西	Jiangxi	328648	349780	299054	309230	29594	40550
山东	Shandong	13205266	15455687	10925318	13070013	2279948	2385674
河南	Henan	2462396	2636685	2015777	2149902	446620	486783
湖北	Hubei	2695614	3082003	2218258	2387539	477356	694464
湖南	Hunan	1030901	1626504	677861	1095043	353040	531461
广东	Guangdong	30737476	24374662	28821386	23156214	1916089	1218448
广西	Guangxi	747597	579991	665216	495539	82381	84452
海南	Hainan	164743	101860	141851	78310	22892	23550
重庆	Chongqing	2995292	3284500	2427171	2725748	568122	558752
四川	Sichuan	2385507	2460827	1746695	1748828	638812	711999
贵州	Guizhou	320696	282485	292850	252527	27846	29958
云南	Yunnan	1146048	1105653	987054	941238	158994	164415
西藏	Tibet	37413	29970	36977	28382	436	1588
陕西	Shaanxi	749463	754321	664475	673789	84988	80532
甘肃	Gansu	255988	469014	207303	336575	48684	132439
青海	Qinghai	292139	287168	291625	286279	514	889
宁夏	Ningxia	77982	78785	72177	76549	5805	2236
新疆	Xinjiang	875383	859626	858469	847250	16914	12376

农机类
Agricultural Machineries

单位：万元
Unit: 10000 yuan

地 区	Region	合 计 Total Sale Value		批发额 Wholesale Value		零售额 Retail Value	
		2013	2014	2013	2014	2013	2014
全 国	**National Total**	**5916107**	**6099860**	**5916107**	**6099860**		
北 京	Beijing	307242	148872	307242	148872		
天 津	Tianjin	16603	25234	16603	25234		
河 北	Hebei	98749	111874	98749	111874		
山 西	Shanxi	72514	56907	72514	56907		
内蒙古	Inner Mongolia	101125	111495	101125	111495		
辽 宁	Liaoning	236027	163166	236027	163166		
吉 林	Jilin	35511	43133	35511	43133		
黑龙江	Heilongjiang	299963	249284	299963	249284		
上 海	Shanghai	361706	192177	361706	192177		
江 苏	Jiangsu	750095	841492	750095	841492		
浙 江	Zhejiang	83952	101987	83952	101987		
安 徽	Anhui	89414	149213	89414	149213		
福 建	Fujian	47595	104354	47595	104354		
江 西	Jiangxi	18440	17995	18440	17995		
山 东	Shandong	1101999	1404684	1101999	1404684		
河 南	Henan	791332	734211	791332	734211		
湖 北	Hubei	123907	189891	123907	189891		
湖 南	Hunan	140311	288879	140311	288879		
广 东	Guangdong	57854	60025	57854	60025		
广 西	Guangxi	13486	20292	13486	20292		
海 南	Hainan	11492	7988	11492	7988		
重 庆	Chongqing	111679	116690	111679	116690		
四 川	Sichuan	639236	544269	639236	544269		
贵 州	Guizhou	12621	16933	12621	16933		
云 南	Yunnan	91215	77005	91215	77005		
西 藏	Tibet	34587	26876	34587	26876		
陕 西	Shaanxi	14496	21912	14496	21912		
甘 肃	Gansu	30264	23355	30264	23355		
青 海	Qinghai	43653	38602	43653	38602		
宁 夏	Ningxia	10535	21441	10535	21441		
新 疆	Xinjiang	168506	189624	168506	189624		

汽车类 单位：万元
Automobiles Unit: 10000 yuan

地区	Region	合计 Total Sale Value		批发额 Wholesale Value		零售额 Retail Value	
		2013	2014	2013	2014	2013	20124
全国	**National Total**	**496020526**	**573255072**	**207170853**	**239285105**	**288849673**	**333969967**
北京	Beijing	78083697	85204929	60530685	68033478	17553012	17171451
天津	Tianjin	26219423	29080875	18865912	22268203	7353511	6812672
河北	Hebei	17316783	18747467	8143944	8499434	9172839	10248033
山西	Shanxi	6979079	7367314	279679	155736	6699400	7211578
内蒙古	Inner Mongolia	4439975	4529867	323568	323082	4116408	4206785
辽宁	Liaoning	12314059	13150232	1965149	2045737	10348910	11104495
吉林	Jilin	5309594	5550289	1545203	1422393	3764391	4127897
黑龙江	Heilongjiang	4297542	4543457	311727	319071	3985814	4224386
上海	Shanghai	84010974	95972611	70364231	81328929	13646743	14643682
江苏	Jiangsu	31848355	36778675	2673198	3686946	29175157	33091729
浙江	Zhejiang	33089580	38124033	6135901	8388898	26953679	29735135
安徽	Anhui	9631366	11844926	2209599	2763299	7421766	9081627
福建	Fujian	11430020	13420946	1384474	1510387	10045546	11910559
江西	Jiangxi	4771800	5886887	626407	684620	4145393	5202267
山东	Shandong	28564452	32903582	3704412	4191906	24860040	28711676
河南	Henan	15030801	17870223	2021329	2090336	13009471	15779887
湖北	Hubei	12002471	15259028	2198861	2577310	9803611	12681718
湖南	Hunan	10231224	12350907	412637	289624	9818588	12061283
广东	Guangdong	42066338	54749318	14025429	18267851	28040909	36481467
广西	Guangxi	5121684	5642773	699217	597424	4422467	5045349
海南	Hainan	2126494	2255490	933514	834513	1192980	1420978
重庆	Chongqing	11049864	13959724	3939813	4614943	7110051	9344781
四川	Sichuan	13713930	16764203	688904	800668	13025025	15963535
贵州	Guizhou	3906982	5094089	446510	565618	3460472	4528470
云南	Yunnan	6263996	7367176	368819	358149	5895178	7009027
西藏	Tibet	210909	218441	1927	4326	208982	214115
陕西	Shaanxi	7885756	9625408	917424	1045498	6968331	8579910
甘肃	Gansu	2599550	2873529	237271	316529	2362279	2557000
青海	Qinghai	622842	747374	55666	19200	567177	728174
宁夏	Ningxia	1330643	1339770	240975	181291	1089669	1158479
新疆	Xinjiang	3550345	4031530	918469	1099706	2631876	2931823

3-2-9 续表 36 Continued 36

种子饲料类 单位：万元

Seeds and Feedstuff Unit: 10000 yuan

地 区	Region	合 计 Total Sale Value		批发额 Wholesale Value		零售额 Retail Value	
		2013	2014	2013	2014	2013	2014
全 国	**National Total**	**9526511**	**12563471**	**9526511**	**12563471**		
北 京	Beijing	915063	1537643	915063	1537643		
天 津	Tianjin	225448	281659	225448	281659		
河 北	Hebei	72622	99640	72622	99640		
山 西	Shanxi	55136	43087	55136	43087		
内蒙古	Inner Mongolia	33930	50556	33930	50556		
辽 宁	Liaoning	427654	470812	427654	470812		
吉 林	Jilin	63466	72406	63466	72406		
黑龙江	Heilongjiang	77988	326736	77988	326736		
上 海	Shanghai	955691	1475042	955691	1475042		
江 苏	Jiangsu	438397	596853	438397	596853		
浙 江	Zhejiang	455859	404087	455859	404087		
安 徽	Anhui	421528	491775	421528	491775		
福 建	Fujian	514866	924062	514866	924062		
江 西	Jiangxi	2851		2851			
山 东	Shandong	1559823	2072708	1559823	2072708		
河 南	Henan	946264	850742	946264	850742		
湖 北	Hubei	169584	259912	169584	259912		
湖 南	Hunan	163966	260036	163966	260036		
广 东	Guangdong	1233115	1441497	1233115	1441497		
广 西	Guangxi	44668	87635	44668	87635		
海 南	Hainan	12028	5968	12028	5968		
重 庆	Chongqing	103065	114450	103065	114450		
四 川	Sichuan	127832	166850	127832	166850		
贵 州	Guizhou	18472	26916	18472	26916		
云 南	Yunnan	107982	97027	107982	97027		
西 藏	Tibet						
陕 西	Shaanxi	11888	19994	11888	19994		
甘 肃	Gansu	79773	88087	79773	88087		
青 海	Qinghai	289	382	289	382		
宁 夏	Ningxia	1155	1213	1155	1213		
新 疆	Xinjiang	286111	295696	286111	295696		

3-2-9 续表 37 Continued 37

棉麻类

Cotton, Hemp

单位：万元

Unit: 10000 yuan

地 区	Region	合 计 Total Sale Value 2013	2014	批发额 Wholesale Value 2013	2014	零售额 Retail Value 2013	2014
全 国	**National Total**	**26495807**	**22112049**	**26257852**	**21761231**	**237954**	**350818**
北 京	Beijing	3287506	3273375	3286997	3273143	508	232
天 津	Tianjin	487005	726915	483469	724866	3536	2049
河 北	Hebei	1221897	885457	1221867	885424	29	33
山 西	Shanxi	1133	1269	12		1120	1269
内蒙古	Inner Mongolia	14	12			14	12
辽 宁	Liaoning	55282	33324	54928	32894	354	430
吉 林	Jilin	1204	1220			1204	1220
黑龙江	Heilongjiang	12529	15258	7664	9747	4866	5510
上 海	Shanghai	407936	505377	407936	505377		
江 苏	Jiangsu	2035222	2208472	2023800	2188729	11422	19743
浙 江	Zhejiang	811622	963279	811622	962532		746
安 徽	Anhui	248110	151545	237994	143233	10116	8312
福 建	Fujian	187219	318981	182055	308181	5163	10801
江 西	Jiangxi	49351	43053	46393	41942	2958	1111
山 东	Shandong	2170294	1808881	2118334	1743265	51960	65616
河 南	Henan	662631	574711	651060	554146	11571	20565
湖 北	Hubei	1721641	2263799	1654039	2123995	67602	139804
湖 南	Hunan	412967	523937	403028	494572	9939	29365
广 东	Guangdong	1017938	978277	1015006	975687	2931	2590
广 西	Guangxi	35753	24483	35014	24481	739	2
海 南	Hainan						
重 庆	Chongqing	90084	80474	83126	76746	6958	3729
四 川	Sichuan	202518	184842	195265	174427	7253	10415
贵 州	Guizhou	554	539			554	539
云 南	Yunnan	37492	18028	35409	15299	2084	2730
西 藏	Tibet						
陕 西	Shaanxi	3391	3388	3184	3054	207	334
甘 肃	Gansu	83044	39348	48177	16237	34867	23111
青 海	Qinghai						
宁 夏	Ningxia						
新 疆	Xinjiang	11251474	6483809	11251474	6483259		551

3-2-9 续表 38 Continued 38

其他类 单位：万元

Others Unit: 10000 yuan

地　区	Region	合　计 Total Sale Value 2013	2014	批发额 Wholesale Value 2013	2014	零售额 Retail Value 2013	2014
全　国	**National Total**	**174963376**	**219563907**	**153159486**	**191936380**	**21803890**	**27627527**
北　京	Beijing	16212651	18067410	14925598	16735537	1287053	1331873
天　津	Tianjin	13073239	20339672	12303456	19088792	769783	1250880
河　北	Hebei	1050777	1166447	964441	1069917	86336	96530
山　西	Shanxi	3169997	6860771	2708285	6302792	461712	557979
内蒙古	Inner Mongolia	782183	886460	348703	428820	433480	457641
辽　宁	Liaoning	5000199	5990379	4305210	4860857	694988	1129522
吉　林	Jilin	641888	629430	196875	215316	445013	414114
黑龙江	Heilongjiang	1590761	1273772	1077882	680860	512879	592912
上　海	Shanghai	27811680	33831996	26672664	32927751	1139015	904245
江　苏	Jiangsu	7975274	8894361	7358712	7934656	616563	959705
浙　江	Zhejiang	14383566	19401032	13713875	18615050	669691	785983
安　徽	Anhui	5691657	3941348	5102200	3183432	589457	757916
福　建	Fujian	9237988	11511647	8111598	9988847	1126391	1522800
江　西	Jiangxi	762288	1022132	546278	762953	216010	259178
山　东	Shandong	11483092	15741647	8920358	12707129	2562734	3034518
河　南	Henan	3576897	4590126	2967715	3744404	609182	845722
湖　北	Hubei	1917117	2887392	974001	1386239	943117	1501153
湖　南	Hunan	4738427	4572308	3665989	3125033	1072437	1447275
广　东	Guangdong	24885026	32248626	20913319	27108091	3971707	5140535
广　西	Guangxi	1123958	1205415	807743	866725	316215	338690
海　南	Hainan	274771	762332	199447	707775	75325	54557
重　庆	Chongqing	3485070	4141978	2557917	3087293	927152	1054685
四　川	Sichuan	3767070	4647700	2822475	3499396	944596	1148304
贵　州	Guizhou	1793744	2398743	1504049	1931067	289695	467675
云　南	Yunnan	8736098	10211861	8295118	9619440	440980	592421
西　藏	Tibet	7918	26248	73	2694	7844	23554
陕　西	Shaanxi	568116	968973	168617	246701	399499	722273
甘　肃	Gansu	284739	340797	172989	209930	111751	130868
青　海	Qinghai	108655	81875	92805	49370	15850	32504
宁　夏	Ningxia	292131	254570	286676	247358	5455	7212
新　疆	Xinjiang	536402	666464	474419	602156	61983	64308

3-3-1 限额以上批发和零售业企业年末资产负债

项 目	Item	流动资产合计 Total Working Capitals	#存货 Stock	固定资产原价 Original Value of Fixed Assets
总 计	**Total**	**1726543847**	**312688618**	**237962482**
一、批发业	**Wholesale Trade**	**1386182836**	**229036997**	**126766174**
#国有控股	State-controlled Enterprises	494990334	96835284	58719457
(一)按登记注册类型分	**by Type of Registration**			
1.内资企业	**Domestic Funded Enterprises**	**1188181148**	**189213765**	**115866742**
国有企业	State-owned Enterprises	101779840	27912858	19320133
集体企业	Collective-owned Enterprises	4565412	889621	880065
股份合作企业	Cooperative Enterprises	1115161	148046	159912
联营企业	Joint Ownership Enterprises	299482	140774	112781
国有联营企业	State Joint Ownership Enterprises	42459	6980	12595
集体联营企业	Collective Joint Ownership Enterprises	43851	14606	16510
国有与集体联营企业	Joint State-collective Enterprises	161662	107223	72382
其他联营企业	Other Joint Ownership Enterprises	51509	11965	11295
有限责任公司	Limited Liability Corporations	590733743	90060569	40981500
国有独资公司	State Sole Funded Corporations	86778071	15224027	9282371
其他有限责任公司	Other Limited Liability Corporations	503955672	74836543	31699129
股份有限公司	Share-holding Corporations Ltd.	116222133	21066260	20806218
私营企业	Private Enterprises	371799098	48680717	32836977
私营独资企业	Private-funded Enterprises	1130886	264450	412205
私营合伙企业	Private Partnership Enterprises	198759	37500	31467
私营有限责任公司	Private Limited Liability Corporations	355524211	46885437	31215695
私营股份有限公司	Private Share-holding Corporations Ltd.	14945242	1493330	1177610
其他企业	Other Enterprises	1666280	314919	769155
2.港、澳、台商投资企业	**Enterprises with Funds from Hongkong, Macao and Taiwan**	**70912761**	**13130986**	**4048555**
合资经营企业	Joint-venture Enterprises	10435090	1862674	623529
合作经营企业	Cooperative Enterprises	516290	30456	47610
独资经营企业	Enterprises with Sole Investment	58215038	10923532	3224625
投资股份有限公司	Share-holding Corporations Ltd. with Investment	1626571	227692	140087
其他港澳台商投资企业	Other Enterprises with Funds from Hongkong, Macao and Taiwan	119772	86633	12704
3.外商投资企业	**Foreign Funded Enterprises**	**127088927**	**26692247**	**6850877**
中外合资经营企业	Joint-venture Enterprises	24052933	5354305	1148381
中外合作经营企业	Cooperative Enterprises	886551	33059	35286
外资企业	Enterprises with Sole Foreign Investment	100690442	20935334	5297814
外商投资股份有限公司	Share-holding Corporations Ltd. with Foreign Investment	564440	163159	267799
其他外商投资企业	Other Foreign Funded Enterprises	894561	206390	101598

Assets and Liabilities of Enterprises above Designated Size of Wholesale and Retail Trades at the Year-end

单位：万元
Unit:10000 yuan

累计折旧 Accumulated Depreciation	#本年折旧 Current Year Depreciation	资产总计 Total Assets	负债合计 Total Liabilities	所有者权益合计 Total Owners' Equities	实收资本 Paicl-up Capitals	#国家资本 State-owned Capitals	# 港澳台资本 Capitals from Hongkong, Macao and Taiwan	# 外商资本 Foreign Capitals
77288287	**14950874**	**2270744607**	**1665767729**	**607679788**	**449563252**	**66531324**	**17446555**	**23629113**
42227480	**7735654**	**1762495376**	**1301695685**	**462174894**	**322225326**	**54076810**	**10999291**	**17568171**
21127842	3398779	678020512	469990476	209426287	124235379	52725003	108851	857520
37281551	**6679180**	**1521884853**	**1138676517**	**384603600**	**289487160**	**53215738**	**135900**	**698799**
7615954	1040190	133651615	72168865	62531940	10908202	7226217	55	
320243	43491	6232880	4952956	1279924	612172	5133	2	2
52706	7992	1471927	1331483	140444	166155	3499		
12859	3426	443803	354962	88841	46194	7396		
3752	2564	70775	36422	34353	11283	7392		
2536	126	72232	61086	11145	6578			
1929	617	235240	220655	14585	11003	4		
4642	119	65556	36798	28758	17330			
12650419	2236065	737742314	577122130	160742134	145980153	26741993	68852	270445
2919233	407711	124597501	90713250	34005601	17930706	11116019	92	93
9731186	1828354	613144813	486408881	126736533	128049447	15625974	68760	270352
7419980	1398836	187038723	123697216	63567143	33163478	19102951	43893	420821
9058915	1896966	452716068	357691006	95023551	97982734	124064	21054	7531
71502	20759	1706370	1099215	607155	316766	4474	156	
10300	2272	240965	182855	58110	46166	1978		
8668264	1795449	432170668	341763594	90405589	95274732	112016	20735	7419
308850	78486	18598066	14645343	3952696	2345071	5596	162	111
150476	52214	2587523	1357899	1229624	628073	4487	2045	1
1562318	**353342**	**84903607**	**59260897**	**25644360**	**12795212**	**437143**	**10703854**	**262948**
200549	31405	13480988	9453563	4027426	2669434	434647	1359213	102489
18027	2204	599015	373953	225062	82896	2497	47599	25
1291525	311340	68865056	47716010	21150695	9873137		9144953	160434
47183	7369	1828454	1615426	213028	150751		133095	
5033	1024	130094	101945	28149	18994		18994	
3383611	**703133**	**155706915**	**103758271**	**51926934**	**19942954**	**423929**	**159537**	**16606425**
505773	80171	28996809	22147898	6827201	3117184	326099	80040	1175476
16737	2179	1069149	756747	312402	181401	3558	862	93929
2671546	598817	123647930	79787597	43860333	16288269	5000	77899	15143168
119462	15845	1029009	575614	453394	243862	88771		146996
70093	6121	964018	490416	473603	112239	500	737	46857

项 目	Item	流动资产合计 Total Working Capitals	#存货 Stock	固定资产原价 Original Value of Fixed Assets
(二)按国民经济行业分	**by Sector**			
农、林、牧产品批发	Wholesale of Agricultural, Forestry and Livestock Products	49535506	18113885	7639331
食品、饮料及烟草制品批发	Wholesale of Food, Beverages and Tobaccos	132002572	30292056	23725465
米、面制品及食用油批发	Wholesale of Rice, Flour and Edible Oil	27289872	8956509	2797792
肉、禽、蛋、奶及水产品批发	Wholesale of Meal, Fowls, Eggs, Milk and Aquatic Products	5888444	1123426	2153302
酒、饮料及茶叶批发	Wholesale of Wine, Beverages and Teas	25151952	4525713	1704324
烟草制品批发	Wholesale of Tobaccos	49485690	11588598	11530860
纺织、服装及家庭用品批发	Wholesale of Textiles, Wearing Apparel and Household Articles	132717868	25613818	10857561
服装批发	Wholesale of Garments	36016184	6402538	3448753
鞋帽批发	Wholesale of Shoes and Hats	7902666	1349481	676188
家用电器批发	Wholesale of Household Electrical Appliances	40933161	9592266	2856909
文化、体育用品及器材批发	Wholesale of Culture, Sports Appliances and Equipments	33969372	8053658	2906222
文具用品批发	Wholesale of Stationeries	7025843	903473	637925
体育用品及器材批发	Wholesale of Sports Appliances and Equipments	1977840	579675	181369
图书批发	Wholesale of Books	6648089	1538824	1157429
医药及医疗器材批发	Wholesale of Medicines and Medical Appliances	75951775	14996064	5740230
西药批发	Wholesale of Western Medicine	46733927	9157519	3017509
中药批发	Wholesale of Chinese Traditional Medicine	17170724	3126351	983396
矿产品、建材及化工产品批发	Wholesale of Mineral Products, Building Materials and Chemical Products	662868256	83721604	61501789
煤炭及制品批发	Wholesale of Coal and Related Products	104064870	8995100	8886267
石油及制品批发	Wholesale of Petroleum and Related Products	106436412	20362483	29955738
金属及金属矿批发	Wholesale of Metal Materials	281518131	31259124	9995049
建材批发	Wholesale of Building Materials	51416511	5444127	3394129
化肥批发	Wholesale of Chemical Fertilizer	28169200	5639454	4275676
农药批发	Wholesale of Pesticides	2144374	421451	140000
机械设备、五金产品及电子产品批发	Wholesale of Machinery, Hardware and Electronic Products	220660003	40116141	11149133
汽车批发	Wholesale of Motor Vehicles	59896163	16076496	1847282
计算机、软件及辅助设备批发	Wholesale of Computer, Software and Assistant Appliances	16502947	2942149	519679
通讯及广播电视设备批发	Wholesale of Communication, Radios and Televisions Equipments	31624145	3878180	1345862
贸易经纪与代理	Trade Broker and Agency	43475001	2923045	884660
其他批发业	Other Wholesale not Classified Elsewhere	35002483	5206727	2361784

单位：万元
Unit:10000 yuan

累计折旧 Accumulated Depreciation	#本年折旧 Current Year Depreciation	资产总计 Total Assets	负债合计 Total Liabilities	所有者权益合计 Total Owners' Equities	实收资本 Paicl-up Capitals	#国家资本 State-owned Capitals	# 港澳台资本 Capitals from Hongkong, Macao and Taiwan	# 外商资本 Foreign Capitals
2055410	352003	68968082	50442804	18525278	10989468	4418263	341531	257137
8858807	1430574	169983613	90542902	79440683	18072094	3366200	941870	819038
757488	116559	34176299	29076223	5100076	3014627	999620	104630	72571
654012	112729	8853831	5765137	3088694	1306017	146045	55154	43755
570247	134548	29772635	20090496	9682111	2807590	124716	445482	325979
5338565	760964	60655068	10433895	50221174	2728366	879746		
3651564	696802	159891268	120089310	39798538	20114295	1203526	2336742	3319520
1076347	210809	45137121	31921966	13215155	6839132	401920	951762	519878
222689	39501	9447767	6357722	3090045	965443	80616	231533	17515
726084	157134	47244897	38390354	8854543	3856112	162606	244680	1829941
1009057	154928	43490439	30571921	12896808	7660505	1786073	739400	331617
210654	26728	8098881	6547203	1529968	960146	42250	96153	78452
83199	14015	2240120	1735106	505014	351096	3200	179239	25951
405784	51801	10497446	6138734	4358712	1555721	1046403	3000	18117
2121290	491187	89175546	67874436	21301109	14382549	2039327	250299	496482
974982	200060	55058896	42671456	12387440	9479695	1233661	134542	281985
316742	67189	19592650	15220794	4371856	3272150	640897	54404	28708
19337504	3580475	872417093	669205488	204610665	174353470	36392923	3204627	5199334
2361155	411170	144708434	107918915	36789519	25663178	4584667	101630	742047
10653938	1986171	161538852	114937587	47994222	40253421	17450448	531078	822082
3200342	576946	346135243	283000849	63141042	62830558	9942300	1033983	1267851
820936	199292	65291503	49221905	16069598	15054132	816334	745451	181171
584427	81414	39682154	27953912	11728242	5546785	701448	7500	771045
40440	9324	2999905	2210070	789835	392942	92766		3311
4186415	818790	265662870	196452426	69211746	66726089	2813194	2407048	6514804
622411	147100	71410818	54872254	16538564	10192172	492539	292621	1515635
192838	35123	18783129	13978352	4804776	3082060	133570	405051	309392
680341	112521	36608287	27045305	9562982	3567681	112991	348275	1220210
301683	52918	48668995	41874792	6794203	4458865	1427060	166957	372090
705751	157977	44237471	34641606	9595865	5467992	630245	610818	258149

项 目	Item	流动资产合计 Total Current Assets	#存货 Stock	固定资产原价 Original Value of Fixed Assets
二、零售业	**Retail Trade**	**340361011**	**83651621**	**111196308**
#国有控股	State-controlled Enterprises	55816138	11676086	26409242
(一)按登记注册类型分	**by Type of Registration**			
1.内资企业	**Domestic Funded Enterprises**	**295788613**	**73992338**	**96061157**
国有企业	State-owned Enterprises	5403214	1242053	2960100
集体企业	Collective-owned Enterprises	1924429	401086	1389204
股份合作企业	Cooperative Enterprises	341620	111436	206572
联营企业	Joint Ownership Enterprises	135030	31015	67518
国有联营企业	State Joint Ownership Enterprises	24117	6696	17265
集体联营企业	Collective Joint Ownership Enterprises	44954	15818	20216
国有与集体联营企业	Joint State-collective Enterprises	40927	6125	20125
其他联营企业	Other Joint Ownership Enterprises	25032	2376	9913
有限责任公司	Limited Liability Corporations	137926496	34320360	42559772
国有独资公司	State Sole Funded Corporations	3649653	945089	2459297
其他有限责任公司	Other Limited Liability Corporations	134276843	33375271	40100475
股份有限公司	Share-holding Corporations Ltd.	39819180	7364147	20845130
私营企业	Private Enterprises	109124308	30193446	27448295
私营独资企业	Private-funded Enterprises	1958008	602878	1586144
私营合伙企业	Private Partnership Enterprises	267439	72376	155950
私营有限责任公司	Private Limited Liability Corporations	101435641	28257296	24356985
私营股份有限公司	Private Share-holding Corporations Ltd.	5463220	1260897	1349217
其他企业	Other Enterprises	1114337	328796	584566
2.港、澳、台商投资企业	**Enterprises with Funds from Hongkong, Macao and Taiwan**	**21636290**	**5095169**	**7141830**
合资经营企业	Joint-venture Enterprises	6813410	1172300	1763329
合作经营企业	Cooperative Enterprises	194356	22415	212208
独资经营企业	Enterprises with Sole Investment	13444981	3662130	4735460
投资股份有限公司	Share-holding Corporations Ltd. with Investment	692998	182188	352136
其他港澳台商投资企业	Other Enterprises with Funds from Hongkong, Macao and Taiwan	490545	56136	78697
3.外商投资企业	**Foreign Funded Enterprises**	**22936107**	**4564114**	**7993321**
中外合资经营企业	Joint-venture Enterprises	7120293	1733896	3166942
中外合作经营企业	Cooperative Enterprises	795326	102185	302161
外资企业	Enterprises with Sole Foreign Investment	14408995	2599081	4147073
外商投资股份有限公司	Share-holding Corporations Ltd. with Foreign Investment	538598	93577	307207
其他外商投资企业	Other Foreign Funded Enterprises	72895	35374	69938

单位：万元
Unit:10000 yuan

累计折旧 Accumulated Depreciation	#本年折旧 Current Year Depreciation	资产总计 Total Assets	负债合计 Total Liabilities	所有者权益合计 Total Owners' Equities	实收资本 Paicl-up Capitals	#国家资本 State-owned Capitals	#港澳台资本 Capitals from Hongkong, Macao and Taiwan	#外商资本 Foreign Capitals
35060807	**7215220**	**508249231**	**364072043**	**145504895**	**127337926**	**12454514**	**6447264**	**6060942**
8707940	1388885	100181197	64464479	37031735	18045682	11134190	90856	230655
29280825	**5946650**	**441573174**	**316520045**	**126360232**	**111639795**	**12093419**	**221820**	**148795**
955807	131126	10432370	6435779	3996591	2151842	1785085	39	105
427517	60931	3339937	2075295	1264642	675010	3053	30	
66461	6751	550992	349251	201741	178826	3243	385	600
31598	5000	193071	106101	86970	44314	7910		
9027	2946	34419	25621	8798	9259	2333		
5468	599	65529	35902	29627	19976	580		
12611	915	53629	18225	35403	9367	4911		
4493	540	39494	26353	13141	5712	86		
13687920	2673171	198604433	145614564	52988538	44652459	5417563	131748	123112
762197	117681	7346220	4046784	3299436	1586546	1190896		
12925723	2555490	191258213	141567780	49689102	43065913	4226667	131748	123112
6541307	1090669	76354088	49456061	28208671	13676076	4605063	61232	12079
7438076	1944146	150246529	111457363	38786956	49696919	194856	28335	12848
346054	95537	3688980	1685227	2003753	1510418	16456	100	96
47483	8439	460438	262032	198407	158358	2263	20	
6667603	1753375	138533984	104375989	34155785	45756811	162773	23188	7740
376936	86796	7563127	5134115	2429012	2271333	13364	5027	5012
132139	34856	1851755	1025632	826124	564350	76648	52	50
2473470	**598327**	**33709229**	**22885155**	**10824073**	**7710612**	**43203**	**6154092**	**151315**
606347	116784	9705433	6173432	3532001	1612526	36838	680728	94346
87113	9775	396394	166254	230140	144216	666	126582	
1616678	421959	21263489	15181935	6081554	5362868	5700	4866460	55912
147512	46524	1492812	951101	541711	476532		441323	1058
15820	3286	851101	412434	438667	114471		38999	
3306512	**670243**	**32966828**	**24666843**	**8320589**	**7987520**	**317892**	**71352**	**5760833**
1397819	296975	10591833	7805039	2786794	2450590	301335	45999	1368228
157256	-4564	974829	733515	241315	214875		9928	138362
1652744	331739	20132975	15131181	5022398	5061685	3123	15426	4137731
75887	33172	1107328	865593	241735	206910	13434		76261
22806	12921	159863	131515	28348	53459			40251

项　　目	Item	流动资产合　计 Total Current Assets	#存 货 Stock	固定资产原　价 Original Value of Fixed Assets
(二)按国民经济行业分	**by Sector**			
综合零售	Integrated Retail	86459834	15087556	42649463
百货零售	Retail of General Merchandise	51977947	6410987	26956265
超级市场零售	Retail of Supermarkets	32329118	8097061	14611763
食品、饮料及烟草制品专门零售	Special Retail of Food, Beverages and Tobaccos	13203805	3779373	9445347
粮油零售	Retail of Cereal and Oil	2431973	930738	778848
肉、禽、蛋、奶及水产品零售	Retail of Meat, Poultry, Eggs, Milk and Aquatic Products	1301814	251293	868542
酒、饮料及茶叶零售	Retail of Wine, Beverages and Teas	3420047	831099	1060727
烟草制品零售	Retail of Tobaccos	1074800	398795	165965
纺织、服装及日用品专门零售	Special Retail of Textiles, Garments and Daily Consumer Articles	18313767	6737587	5155056
服装零售	Retail of Garments	11445441	3877372	3483433
文化、体育用品及器材专门零售	Special Retail of Culture, Sports Appliances and Equipments	15520179	5263805	4507093
体育用品及器材零售	Retail of Sports Appliances and Equipments	644517	244937	167529
图书、报刊零售	Retail of Books, Newspapers and Magazines	6442713	1469532	2563806
医药及医疗器材专门零售	Special Retail of Medicines and Medical Appliances	24618376	5065048	2583884
药品零售	Retail of Medicines	22346873	4727575	2379842
汽车、摩托车、燃料及零配件专门零售	Special Retail of Motor Vehicles, Motorcycles, Fuel and Parts	130777291	38615225	34457331
汽车零售	Retail of Motor Vehicles	109984761	34937415	20964299
机动车燃料零售	Retail of Automotive Fuels	17954441	2719987	12840308
家用电器及电子产品专门零售	Special Retail of Household Electric Appliances and Electronic Products	28748267	5561312	4165713
日用家电设备零售	Retail of Household Electric Appliances	15250408	2573886	2177578
计算机、软件及辅助设备零售	Retail of Computer, Software and Assistant Appliances	4875685	969322	529145
通信设备零售	Retail of Communication Equipments	2723745	651016	290636
五金、家具及室内装饰材料专门零售	Special Retail of Hardware, Furniture and Interior Decoration Materials	8589044	1638842	4537354
货摊、无店铺及其他零售	Stalls, Non-shop and Other Retails	14130447	1902873	3695066
互联网零售	Retail on the Internet	6663556	864322	322807
(三)按零售业态分	**by Mode of Business Operation**			
有店铺零售	Store-based Retailing	327289955	81315541	110218470
超市	Supermarket	8793679	2803989	4150169
大型超市	Hypermarket	31287192	7188465	14484688
百货店	Department Store	50929668	6370194	26045170
专业店	Speciality Store	119036119	29187216	37062457
专卖店	Exclusive Shop	101414848	32161857	21512625
无店铺零售	Non-Store Selling	13071056	2336080	977837

3-3-1 Continued 3

单位：万元
Unit:10000 yuan

累计折旧 Accumulated Depreciation	#本年折旧 Current Year Depreciation	资产总计 Total Assets	负债合计 Total Liabilities	所有者权益合计 Total Owners' Equities	实收资本 Paicl-up Capitals	#国家资本 State-owned Capitals	# 港澳台资本 Capitals from Hongkong, Macao and Taiwan	# 外商资本 Foreign Capitals
13951613	2484609	144683145	105687082	39010681	25550875	1372291	2865832	3240855
8238787	1271481	91421098	62839444	28576481	14390382	1108107	1891285	1221427
5364721	1136451	49851751	40310850	9560692	10107651	201739	909236	1800734
3128252	428255	22769167	10722164	12047003	5236436	383946	127983	74907
193377	32594	3374617	2093157	1281460	852797	129899	24849	
207412	49492	2418494	1317490	1101004	698222	27281	9744	3477
289744	72692	5433050	2882650	2550400	1497170	87027	30392	9586
63197	10415	1497518	623886	873632	223139	98552		
1585649	369362	26924065	18918139	8001295	6158316	391770	1054829	833413
1082736	239551	17689650	12725314	4959980	4029765	177307	645060	617945
1577064	234650	21825011	13068411	8756600	4720836	1313133	85768	333809
46558	8763	844979	518325	326654	175558	2281	27605	65711
1007205	114638	9819694	5447425	4372269	1763512	1151117	216	38443
866195	187182	30201336	23360305	6841031	4189311	729413	47156	22215
802356	169001	27653413	21474325	6179088	3738535	655332	44115	11554
10920287	2674734	189510097	140372012	50455822	67034526	7741281	1470164	660863
6315507	1750841	143192403	112649000	30546122	54033886	718519	1084604	344770
4389467	875741	42417483	24987229	18745272	11958486	6946132	377554	306286
1075591	315880	36940976	25434115	11506845	6999955	74092	217175	245999
545306	171175	19951926	14186095	5765831	3114176	18011	132471	159624
163864	48018	5928601	3563997	2364604	1733311	38177	19230	46436
95488	24032	3361030	2522866	838165	649400	6778	29129	17825
929174	284452	15786868	10440154	5346714	3402909	75456	61118	446613
1026982	236096	19608565	16069661	3538904	4044763	373133	517238	202270
99649	39112	7444316	8205899	-761583	1069856	28611	428662	113331
34709438	7117544	493158004	350033469	144452241	124804775	12295953	5902140	5768681
1186855	237439	14195340	9920922	4270044	4685430	86091	105924	101682
5261355	1144212	48853299	40028438	8844652	8130709	270003	1023222	2016033
7946977	1201119	89050578	60403716	28640893	14712202	1199719	1897799	1137933
12016103	2347510	176359301	118151945	59528404	40493887	8539676	1267869	742872
6605919	1760277	137277032	102121342	35159839	50967684	1359177	1372948	1145554
351370	97676	15091228	14038574	1052653	2533152	158562	545124	292262

3-3-2 各地区限额以上批发业企业年末资产负债
Assets and Liabilities of Enterprises above Designated Size of Wholesale Trade by Region at the Year-end

单位：万元
Unit: 10000 yuan

地 区	Region	资产总计 Total Assets	#流动资产合计 Total Current Assets	#固定资产合计 Total Fixed Assets	负债合计 Total Liabilities	所有者权益合计 Total Owners' Equities
全 国	**National Total**	**1762495376**	**1386182836**	**85525156**	**1301695685**	**462174894**
北 京	Beijing	315445296	232082878	6437802	225885105	89560243
天 津	Tianjin	103562088	85517733	2242756	81393639	22168449
河 北	Hebei	35824327	28314515	2338848	27530305	8298678
山 西	Shanxi	37497570	28820336	2060782	30115029	7382540
内蒙古	Inner Mongolia	15609976	11512465	1355356	11430254	4179722
辽 宁	Liaoning	45453270	35919343	3999938	34266041	11071583
吉 林	Jilin	9827458	8247053	938345	7357516	2469942
黑龙江	Heilongjiang	20598358	17926247	1060978	17285029	3310693
上 海	Shanghai	193173279	156300222	4809471	142115786	51057494
江 苏	Jiangsu	126057837	104077160	6596566	90913878	35140817
浙 江	Zhejiang	153084490	122662929	5375605	119711180	33373376
安 徽	Anhui	27587363	21538106	1775865	20119048	8498968
福 建	Fujian	74159446	57758829	2929363	51526474	22629449
江 西	Jiangxi	9805498	7120274	1079022	6402518	3402980
山 东	Shandong	76821239	58832339	8601655	54902885	21920346
河 南	Henan	27103426	20717139	3361603	17689101	9535674
湖 北	Hubei	36036628	27046469	4204016	25404478	10632150
湖 南	Hunan	18451808	13380245	2028000	11638915	6812893
广 东	Guangdong	209498805	174597488	10343408	164264750	45234126
广 西	Guangxi	18939692	14601908	920298	13577046	5362646
海 南	Hainan	7479155	5448128	155712	4010954	3468201
重 庆	Chongqing	23967974	19790673	1488104	17383595	6584379
四 川	Sichuan	45326651	37758723	1926238	36407517	8897435
贵 州	Guizhou	18764792	14059645	854471	12561897	6202895
云 南	Yunnan	41369481	31394336	1743854	28891411	12478071
西 藏	Tibet	699953	600152	62711	427094	272859
陕 西	Shaanxi	18701136	13698696	1116601	13703212	5016461
甘 肃	Gansu	15793175	10476103	3140656	6988228	8804920
青 海	Qinghai	4435480	3055726	356634	3096134	1339346
宁 夏	Ningxia	3892385	2684559	323490	2913855	978530
新 疆	Xinjiang	27527344	20242417	1897009	21782815	6089029

国有控股
State-controlled Enterprises

单位：万元
Unit: 10000 yuan

地区	Region	资产总计 Total Assets	#流动资产合计 Total Working Capitals	#固定资产合计 Total Fixed Assets	负债合计 Total Liabilities	所有者权益合计 Total Owners' Equities
全国	**National Total**	**678020512**	**494990334**	**37514950**	**469990476**	**209426287**
北京	Beijing	204396289	142946235	4344630	149682912	54713377
天津	Tianjin	53676888	42411482	1207259	41851803	11825085
河北	Hebei	11409328	8983093	914062	7760859	3648469
山西	Shanxi	25926450	20019001	1317097	20933870	4992580
内蒙古	Inner Mongolia	8273209	6286678	590218	5901776	2371434
辽宁	Liaoning	17165019	13395348	1587376	12044067	5005306
吉林	Jilin	5525164	4662520	549776	4503176	1021987
黑龙江	Heilongjiang	12847715	11435269	670222	10680942	2166773
上海	Shanghai	41624401	30810756	1506948	29727169	11897233
江苏	Jiangsu	30830139	24475173	1936715	17997262	12829736
浙江	Zhejiang	29509742	22919940	1556930	18565818	10943923
安徽	Anhui	13238429	9614992	1004731	8829663	5439419
福建	Fujian	24217849	16391584	1299831	14959725	9258124
江西	Jiangxi	5956448	3867798	848463	3409414	2547034
山东	Shandong	16133482	11318685	1789045	10681408	5452074
河南	Henan	10030777	7626287	1186134	6091638	4060488
湖北	Hubei	12271824	8294765	1638847	8145958	4125867
湖南	Hunan	8203520	5754333	1051480	4280898	3922622
广东	Guangdong	54941039	39506683	5674954	38109397	16831642
广西	Guangxi	7121148	4336701	685275	3447281	3673868
海南	Hainan	955026	764100	83121	288479	666547
重庆	Chongqing	8381912	6638678	613715	5629691	2752221
四川	Sichuan	8935937	7302329	811617	5174102	3761835
贵州	Guizhou	12279726	8939946	624553	7221771	5057955
云南	Yunnan	22502253	15078994	1190081	12218160	10284093
西藏	Tibet	356032	261606	58409	120984	235048
陕西	Shaanxi	9500441	6564262	656728	6428190	3090788
甘肃	Gansu	3552289	2375830	420157	584715	2967574
青海	Qinghai	1488945	990740	257413	831645	657299
宁夏	Ningxia	1404750	505936	229996	797628	607122
新疆	Xinjiang	15364343	10510594	1209170	13090075	2618769

3-3-3 各地区限额以上批发业企业年末资产负债(按登记注册类型分)

Assets and Liabilities of Enterprises above Designated Size of Wholesale Trade by Region and Type of Registration at the Year-end

内资企业
Domestic Funded Enterprises

单位：万元
Unit: 10000 yuan

地区	Region	资产总计 Total Assets	#流动资产合计 Total Current Assets	#固定资产合计 Total Fixed Assets	负债合计 Total Liabilities	所有者权益合计 Total Owners' Equities
全国	**National Total**	**1521884853**	**1188181148**	**79449196**	**1138676517**	**384603600**
北京	Beijing	255596783	186360917	5390885	190501913	65094922
天津	Tianjin	95129559	78296187	2126562	74875664	20253895
河北	Hebei	35566379	28122906	2329864	27371071	8199964
山西	Shanxi	37084655	28451131	2049276	29865495	7219160
内蒙古	Inner Mongolia	15590112	11501515	1355299	11414880	4175233
辽宁	Liaoning	42554146	33766349	3972241	32306263	10132237
吉林	Jilin	9694979	8130629	934260	7277597	2417382
黑龙江	Heilongjiang	20588455	17916582	1060740	17275647	3310172
上海	Shanghai	99089875	75604887	2735163	75429500	23660376
江苏	Jiangsu	111369975	91875633	5987663	81962580	29404254
浙江	Zhejiang	145621785	116539064	5228909	114239801	31382051
安徽	Anhui	26867638	20855173	1768812	19153795	8744496
福建	Fujian	67631461	52668221	2605474	47365360	20262578
江西	Jiangxi	9593677	6930933	1074064	6219079	3374598
山东	Shandong	74105733	56704755	8389310	53252342	20855383
河南	Henan	26900675	20535929	3357106	17587234	9434791
湖北	Hubei	34371380	25610065	4070675	23806751	10564628
湖南	Hunan	18367242	13334163	2011831	11600176	6767066
广东	Guangdong	176520618	146937461	9176542	140743240	35775800
广西	Guangxi	18890257	14555447	918078	13544477	5345780
海南	Hainan	6983887	5062393	154756	3690966	3292921
重庆	Chongqing	23043249	18975338	1444412	16760420	6282829
四川	Sichuan	43602201	36232059	1889624	35113033	8489179
贵州	Guizhou	18431502	13868390	850817	12433384	5998118
云南	Yunnan	40530136	30695739	1728621	28320141	12209996
西藏	Tibet	615056	515626	62419	357106	257950
陕西	Shaanxi	17164095	12493132	1103916	12382131	4800502
甘肃	Gansu	15787744	10474239	3140535	6983168	8804548
青海	Qinghai	3470383	2504782	330774	2342127	1128256
宁夏	Ningxia	3834175	2635799	317761	2886479	947696
新疆	Xinjiang	27287043	20025706	1882810	21614701	6016843

3-3-3 续表 1 Continued 1

国有企业
State-owned Enterprises

单位：万元
Unit: 10000 yuan

地 区	Region	资产总计 Total Assets	#流动资产合计 Total Current Assets	#固定资产合计 Total Fixed Assets	负债合计 Total Liabilities	所有者权益合计 Total Owners' Equities
全 国	**National Total**	**133651615**	**101779840**	**11355150**	**72168865**	**62531940**
北 京	Beijing	30227304	21402296	816960	21186190	9041114
天 津	Tianjin	4605159	3843001	146119	3256149	1349010
河 北	Hebei	2063144	1759126	232459	620467	1442678
山 西	Shanxi	3833838	2516226	335971	2242152	1591686
内 蒙 古	Inner Mongolia	2204377	1883151	211475	1275872	928506
辽 宁	Liaoning	5112368	4175399	611936	3053660	2058709
吉 林	Jilin	3118292	2568567	436108	2385741	732551
黑 龙 江	Heilongjiang	4176419	3798262	259853	3125619	1050800
上 海	Shanghai	3770168	2450706	350269	2759231	1010937
江 苏	Jiangsu	8229107	7045420	664158	2828212	5400894
浙 江	Zhejiang	4699037	4128110	329724	863893	3835144
安 徽	Anhui	3496482	2523163	284837	2121534	2405601
福 建	Fujian	3916949	3004993	358042	1322756	2594194
江 西	Jiangxi	1884021	1432626	269185	467914	1416107
山 东	Shandong	2936607	2035751	367139	1547122	1389485
河 南	Henan	4281306	3504215	467868	1763439	2517867
湖 北	Hubei	3429029	2610283	409833	1774113	1654916
湖 南	Hunan	3292523	2496328	413210	980492	2312031
广 东	Guangdong	8237125	5062425	1769858	5556348	2680778
广 西	Guangxi	2074163	1317041	214087	683156	1391007
海 南	Hainan	775481	648877	56149	213827	561655
重 庆	Chongqing	1773076	1366778	221590	650996	1122080
四 川	Sichuan	4157293	3539506	463289	1434701	2722593
贵 州	Guizhou	2944048	2296988	416796	981440	1962608
云 南	Yunnan	10769053	8517494	599074	5084291	5684762
西 藏	Tibet	283454	211060	45533	86471	196983
陕 西	Shaanxi	2366732	1741469	238419	1044194	1341075
甘 肃	Gansu	712624	526790	60901	69387	643237
青 海	Qinghai	500198	315473	33309	196775	303423
宁 夏	Ningxia	401968	270397	28172	46681	355287
新 疆	Xinjiang	3380269	2787920	242828	2546044	834225

集体企业
Collective-owned Enterprises

单位：万元
Unit: 10000 yuan

地 区	Region	资产总计 Total Assets	#流动资产合计 Total Current Assets	#固定资产合计 Total Fixed Assets	负债合计 Total Liabilities	所有者权益合计 Total Owners' Equities
全 国	**National Total**	**6232880**	**4565412**	**556001**	**4952956**	**1279924**
北 京	Beijing	861015	474790	33087	641496	219519
天 津	Tianjin	206073	153065	9023	140113	65960
河 北	Hebei	198679	154579	14840	165945	32734
山 西	Shanxi	382591	288502	56784	264822	117770
内 蒙 古	Inner Mongolia	12801	10709	879	5010	7790
辽 宁	Liaoning	243101	194883	6059	245879	-2778
吉 林	Jilin					
黑 龙 江	Heilongjiang	33466	21243	6028	25670	7795
上 海	Shanghai	208750	136072	1151	134537	74213
江 苏	Jiangsu	459907	273639	54113	406201	53706
浙 江	Zhejiang	249917	209869	19736	197401	52516
安 徽	Anhui	22979	13598	6633	11996	10983
福 建	Fujian	155901	129623	13481	121927	33974
江 西	Jiangxi	17546	8278	6025	8345	9201
山 东	Shandong	1026234	838980	102992	875828	150406
河 南	Henan	198603	143299	37544	123683	74921
湖 北	Hubei	90304	76592	8297	82407	7897
湖 南	Hunan	17628	4858	6337	10966	6662
广 东	Guangdong	195332	123494	24340	111967	83365
广 西	Guangxi	91754	70974	8888	76219	15535
海 南	Hainan					
重 庆	Chongqing	27201	22417	1406	19703	7498
四 川	Sichuan	889627	729321	50322	757976	131652
贵 州	Guizhou	71340	46222	15660	51224	20117
云 南	Yunnan	61864	48240	9695	44713	17151
西 藏	Tibet					
陕 西	Shaanxi	122640	77745	14222	109681	12959
甘 肃	Gansu	78645	56822	10508	70984	7661
青 海	Qinghai	3855	2531	1294	2228	1627
宁 夏	Ningxia					
新 疆	Xinjiang	305128	255070	36661	246036	59092

3-3-3 续表 3 Continued 3

股份合作企业
Cooperative Enterprises

单位：万元
Unit: 10000 yuan

地 区	Region	资产总计 Total Assets	#流动资产合计 Total Current Assets	#固定资产合计 Total Fixed Assets	负债合计 Total Liabilities	所有者权益合计 Total Owners' Equities
全 国	**National Total**	**1471927**	**1115161**	**116358**	**1331483**	**140444**
北 京	Beijing	660019	433593	38614	690585	-30566
天 津	Tianjin	43441	40668	2703	37614	5827
河 北	Hebei	11347	9017	724	10097	1250
山 西	Shanxi	2615	2423	180	944	1671
内蒙古	Inner Mongolia					
辽 宁	Liaoning	13913	11869	2023	8430	5483
吉 林	Jilin					
黑龙江	Heilongjiang					
上 海	Shanghai	14998	14273	726	8784	6214
江 苏	Jiangsu	197689	155207	31444	159684	38005
浙 江	Zhejiang	74997	66026	4307	55019	19978
安 徽	Anhui	47332	32928	2023	34405	12927
福 建	Fujian	7928	6593	924	4403	3526
江 西	Jiangxi					
山 东	Shandong	64102	47281	10933	43563	20539
河 南	Henan	1824	1398	144	1767	57
湖 北	Hubei	8709	7439	1257	6137	2572
湖 南	Hunan					
广 东	Guangdong	77549	69534	4472	63948	13601
广 西	Guangxi	756	386	140	646	109
海 南	Hainan					
重 庆	Chongqing	160685	141896	10299	143951	16733
四 川	Sichuan	33816	31558	1258	28012	5805
贵 州	Guizhou	839	628	211	692	146
云 南	Yunnan	10563	6288	2538	6694	3869
西 藏	Tibet					
陕 西	Shaanxi	14851	14595	192	11670	3181
甘 肃	Gansu	22633	20444	1244	13329	9305
青 海	Qinghai	1322	1118	3	1109	213
宁 夏	Ningxia					
新 疆	Xinjiang					

联营企业
Joint Ownership Enterprises

单位：万元
Unit: 10000 yuan

地 区	Region	资产总计 Total Assets	#流动资产合计 Total Current Assets	#固定资产合计 Total Fixed Assets	负债合计 Total Liabilities	所有者权益合计 Total Owners' Equities
全 国	**National Total**	**443803**	**299482**	**99922**	**354962**	**88841**
北 京	Beijing	8347	8194	153	7779	568
天 津	Tianjin					
河 北	Hebei					
山 西	Shanxi	388	148	185	323	65
内蒙古	Inner Mongolia					
辽 宁	Liaoning					
吉 林	Jilin					
黑龙江	Heilongjiang					
上 海	Shanghai	157281	156295	793	139428	17854
江 苏	Jiangsu	355	180	123	33	322
浙 江	Zhejiang					
安 徽	Anhui	841	305	536	12	830
福 建	Fujian					
江 西	Jiangxi	618	304	314	39	579
山 东	Shandong	134284	36525	82034	127397	6887
河 南	Henan	21401	7362	5138	19173	2229
湖 北	Hubei	2403	2348	55	1436	967
湖 南	Hunan					
广 东	Guangdong	52116	47373	1936	25937	26179
广 西	Guangxi					
海 南	Hainan					
重 庆	Chongqing					
四 川	Sichuan					
贵 州	Guizhou					
云 南	Yunnan	64711	39632	8416	32812	31900
西 藏	Tibet					
陕 西	Shaanxi					
甘 肃	Gansu					
青 海	Qinghai					
宁 夏	Ningxia					
新 疆	Xinjiang	1057	817	239	595	462

有限责任公司
Limited Liability Corporations

单位：万元
Unit: 10000 yuan

地区	Region	资产总计 Total Assets	#流动资产合计 Total Current Assets	#固定资产合计 Total Fixed Assets	负债合计 Total Liabilities	所有者权益合计 Total Owners' Equities
全国	**National Total**	**737742314**	**590733743**	**28696649**	**577122130**	**160742134**
北京	Beijing	166155789	128105304	3671998	129905812	36250029
天津	Tianjin	62032525	49276631	1210192	48683360	13349165
河北	Hebei	16346447	13914631	773447	13486769	2859677
山西	Shanxi	19867683	15812559	1053853	16751908	3115774
内蒙古	Inner Mongolia	8119530	5933124	509468	5957285	2162245
辽宁	Liaoning	19481664	16297155	1756812	16609491	2872173
吉林	Jilin	3772802	3361498	170682	3229189	543613
黑龙江	Heilongjiang	9746691	8456485	433444	8403603	1343088
上海	Shanghai	44760614	34977280	1077007	33513610	11247003
江苏	Jiangsu	37682209	31229903	1952724	30056130	7626079
浙江	Zhejiang	55124616	44181005	1698224	43454904	11669711
安徽	Anhui	10868228	8771267	393032	8076187	2792040
福建	Fujian	30971736	23665433	1135613	22466357	8505379
江西	Jiangxi	5680112	4519322	488375	4553777	1126335
山东	Shandong	33398456	27869233	2107872	26176599	7223848
河南	Henan	14953062	11769229	1540891	10634280	4440132
湖北	Hubei	15246340	12458288	1328445	11333182	3913157
湖南	Hunan	7205890	5473278	601567	5320171	1885719
广东	Guangdong	85146728	74086901	2987374	69914915	15230370
广西	Guangxi	7081345	5977609	118180	5780563	1300782
海南	Hainan	5299866	3725880	69044	2909461	2390405
重庆	Chongqing	13607325	11507676	702104	10660402	2946923
四川	Sichuan	13991980	11910763	533775	11096908	2895072
贵州	Guizhou	11745587	8770010	295308	8426782	3318804
云南	Yunnan	15958589	11068726	350233	11665119	4293470
西藏	Tibet	317997	291034	16844	260342	57655
陕西	Shaanxi	8154642	5556622	468393	5842147	2312495
甘肃	Gansu	2704777	2123806	261760	2092818	611959
青海	Qinghai	1302101	1038725	60868	878166	423934
宁夏	Ningxia	1221873	1124316	58223	1106041	115833
新疆	Xinjiang	9795117	7480053	870897	7875851	1919266

股份有限公司
Share-holding Corporations Ltd.

单位：万元
Unit: 10000 yuan

地区	Region	资产总计 Total Assets	#流动资产合计 Total Current Assets	#固定资产合计 Total Fixed Assets	负债合计 Total Liabilities	所有者权益合计 Total Owners' Equities
全国	**National Total**	**187038723**	**116222133**	**13590286**	**123697216**	**63567143**
北京	Beijing	32621684	15034880	301157	19268447	13353237
天津	Tianjin	5194577	4416006	168686	4189716	1004862
河北	Hebei	8042271	5238823	450864	5936434	2105837
山西	Shanxi	4256582	2975653	164826	3406182	850400
内蒙古	Inner Mongolia	1539145	979518	267911	1128695	410450
辽宁	Liaoning	4047748	2103812	402151	1594199	2337903
吉林	Jilin	587172	438437	44527	481217	105955
黑龙江	Heilongjiang	4207913	3590109	209457	3772634	435279
上海	Shanghai	7667624	4321914	404355	3914178	3753446
江苏	Jiangsu	18570655	15060410	668782	12726068	5841446
浙江	Zhejiang	14538411	8662308	1139448	10270251	4268161
安徽	Anhui	5987622	4377746	626904	4183275	1804348
福建	Fujian	9312125	6335338	298341	5938102	3374023
江西	Jiangxi	1144693	262251	207645	596261	548432
山东	Shandong	5696783	3130929	949336	3574774	2122009
河南	Henan	2200318	1294440	499308	1733430	466888
湖北	Hubei	7907140	4359726	1421238	5060459	2846681
湖南	Hunan	1893631	996513	301343	1139367	754263
广东	Guangdong	24717169	16582538	2657130	16896853	7820240
广西	Guangxi	3629681	1803986	416795	1772313	1857368
海南	Hainan	476313	294939	20843	273139	203174
重庆	Chongqing	1647061	1057677	147996	974393	672668
四川	Sichuan	1264091	937189	119333	984540	279551
贵州	Guizhou	1620234	864191	73832	1283851	336383
云南	Yunnan	2358409	1283681	428812	1417165	941245
西藏	Tibet					
陕西	Shaanxi	4712132	3639678	249629	3964842	747291
甘肃	Gansu	2196968	1474473	229337	41140	2155828
青海	Qinghai	515919	259732	203033	316575	199344
宁夏	Ningxia	812603	89727	160537	614506	198098
新疆	Xinjiang	7672050	4355507	356731	6244214	1772337

3-3-3 续表 7 Continued 7

私营企业 单位：万元
Private Enterprises Unit: 10000 yuan

地 区	Region	资产总计 Total Assets	#流动资产合计 Total Current Assets	#固定资产合计 Total Fixed Assets	负债合计 Total Liabilities	所有者权益合计 Total Owners' Equities
全 国	**National Total**	**452716068**	**371799098**	**24409126**	**357691006**	**95023551**
北 京	Beijing	25062360	20901646	528865	18800799	6261561
天 津	Tianjin	23018335	20537917	589328	18541166	4477169
河 北	Hebei	8869323	7018301	853605	7130526	1743454
山 西	Shanxi	8724695	6841195	435829	7188370	1536324
内蒙古	Inner Mongolia	3713351	2694245	365426	3047582	665769
辽 宁	Liaoning	13629893	10974539	1186201	10788359	2841534
吉 林	Jilin	2209576	1756664	281443	1176112	1033465
黑龙江	Heilongjiang	2415399	2044998	150416	1942050	470713
上 海	Shanghai	42482180	33520263	900689	34934885	7547295
江 苏	Jiangsu	45580624	37653002	2458507	35392304	10188320
浙 江	Zhejiang	70852397	59224833	2029589	59344924	11507539
安 徽	Anhui	6347476	5055979	440001	4647041	1700435
福 建	Fujian	23243884	19507364	795438	17497862	5742499
江 西	Jiangxi	865105	707366	101959	592008	273097
山 东	Shandong	30389063	22545853	4585745	20756116	9632947
河 南	Henan	5128731	3765154	772454	3274651	1854080
湖 北	Hubei	7419094	5963709	806841	5415857	2003236
湖 南	Hunan	5934965	4349661	682247	4141185	1793780
广 东	Guangdong	57824263	50750308	1714221	47965875	9858329
广 西	Guangxi	6006623	5382800	158513	5227044	779579
海 南	Hainan	405503	375764	4927	275889	129614
重 庆	Chongqing	5776474	4839429	353586	4297009	1479465
四 川	Sichuan	23020619	18909266	683218	20733837	2286794
贵 州	Guizhou	2048546	1890105	48348	1689394	359152
云 南	Yunnan	11284887	9716627	323806	10054012	1230875
西 藏	Tibet	13605	13532	42	10293	3312
陕 西	Shaanxi	1760909	1443259	121876	1396275	364633
甘 肃	Gansu	10066888	6269428	2574314	4693741	5373120
青 海	Qinghai	1141954	882193	32244	942189	199766
宁 夏	Ningxia	1395150	1148851	70758	1118269	276881
新 疆	Xinjiang	6084195	5114850	358690	4675381	1408815

3-3-3 续表 8 Continued 8

其他企业

Other Enterprises

单位：万元

Unit: 10000 yuan

地 区	Region	资产总计 Total Assets	#流动资产合计 Total Current Assets	#固定资产合计 Total Fixed Assets	负债合计 Total Liabilities	所有者权益合计 Total Owners' Equities
全 国	**National Total**	**2587523**	**1666280**	**625704**	**1357899**	**1229624**
北 京	Beijing	264	213	51	804	-540
天 津	Tianjin	29450	28901	512	27546	1904
河 北	Hebei	35168	28429	3926	20833	14335
山 西	Shanxi	16263	14426	1650	10794	5470
内 蒙 古	Inner Mongolia	909	769	141	436	473
辽 宁	Liaoning	25458	8693	7058	6245	19213
吉 林	Jilin	7137	5463	1499	5339	1798
黑 龙 江	Heilongjiang	8568	5485	1542	6070	2497
上 海	Shanghai	28260	28086	174	24845	3415
江 苏	Jiangsu	649430	457872	157811	393948	255482
浙 江	Zhejiang	82409	66914	7881	53408	29001
安 徽	Anhui	96679	80187	14846	79347	17332
福 建	Fujian	22938	18877	3636	13953	8984
江 西	Jiangxi	1582	787	561	735	847
山 东	Shandong	460205	200203	183260	150943	309262
河 南	Henan	115430	50831	33758	36812	78618
湖 北	Hubei	268362	131679	94710	133160	135202
湖 南	Hunan	22607	13526	7128	7995	14612
广 东	Guangdong	270336	214888	17211	207397	62938
广 西	Guangxi	5936	2651	1475	4536	1400
海 南	Hainan	26724	16933	3792	18650	8074
重 庆	Chongqing	51429	39465	7431	13967	37462
四 川	Sichuan	244774	174457	38430	77060	167714
贵 州	Guizhou	908	246	662		908
云 南	Yunnan	22060	15052	6048	15335	6725
西 藏	Tibet					
陕 西	Shaanxi	32190	19766	11183	13322	18868
甘 肃	Gansu	5208	2476	2472	1770	3438
青 海	Qinghai	5034	5011	24	5085	-51
宁 夏	Ningxia	2580	2508	72	982	1598
新 疆	Xinjiang	49228	31488	16764	26581	22647

3-3-3 续表 9 Continued 9

港、澳、台商投资企业

Enterprises with Funds from Hong Kong,Macao and Taiwan

单位：万元

Unit: 10000 yuan

地区	Region	资产总计 Total Assets	#流动资产合计 Total Current Assets	#固定资产合计 Total Fixed Assets	负债合计 Total Liabilities	所有者权益合计 Total Owners' Equities
全国	**National Total**	**84903607**	**70912761**	**2568943**	**59260897**	**25644360**
北京	Beijing	10128348	7509430	282741	6830791	3297557
天津	Tianjin	4185996	3563254	52983	3220627	965369
河北	Hebei	47398	40867	4622	14249	33150
山西	Shanxi	397683	362325	5585	240034	157649
内蒙古	Inner Mongolia	19540	10626	58	14634	4906
辽宁	Liaoning	1753088	1271350	14976	1377841	375247
吉林	Jilin	47587	38077	3175	12643	34944
黑龙江	Heilongjiang	9903	9665	238	9382	521
上海	Shanghai	29100646	25090899	703284	20080529	9020117
江苏	Jiangsu	7048043	5877317	397447	4122586	2925456
浙江	Zhejiang	2964923	2484423	87423	1993035	971888
安徽	Anhui	203548	190536	812	150983	52565
福建	Fujian	3724483	2987572	113676	2262861	1461623
江西	Jiangxi	30245	26555	3318	20156	10089
山东	Shandong	1488300	1294293	117617	1045952	442348
河南	Henan	144312	122930	4438	61344	82969
湖北	Hubei	583699	409090	115617	439458	144242
湖南	Hunan	71701	37524	13323	34326	37375
广东	Guangdong	20075858	17263386	580893	15186942	4890565
广西	Guangxi	16387	13682	2013	8293	8094
海南	Hainan	55398	55010	377	35986	19413
重庆	Chongqing	538864	502259	31168	366799	172065
四川	Sichuan	412839	387386	13390	325868	86971
贵州	Guizhou					
云南	Yunnan	601546	501400	11316	458883	142663
西藏	Tibet	84897	84526	292	69988	14909
陕西	Shaanxi	140401	132536	6918	120527	19874
甘肃	Gansu	4068	536	87	3514	554
青海	Qinghai	866951	490154	396	653207	213744
宁夏	Ningxia					
新疆	Xinjiang	156959	155154	764	99463	57496

外商投资企业
Foreign Funded Enterprises

单位：万元
Unit: 10000 yuan

地区	Region	资产总计 Total Assets	#流动资产合计 Total Current Assets	#固定资产合计 Total Fixed Assets	负债合计 Total Liabilities	所有者权益合计 Total Owners' Equities
全国	**National Total**	**155706915**	**127088927**	**3507017**	**103758271**	**51926934**
北京	Beijing	49720166	38212531	764176	28552401	21167765
天津	Tianjin	4246534	3658292	63211	3297349	949185
河北	Hebei	210550	150743	4362	144986	65564
山西	Shanxi	15232	6881	5920	9500	5731
内蒙古	Inner Mongolia	324	324		740	-417
辽宁	Liaoning	1146036	881644	12721	581937	564099
吉林	Jilin	84892	78347	910	67276	17616
黑龙江	Heilongjiang					
上海	Shanghai	64982759	55604435	1371024	46605757	18377001
江苏	Jiangsu	7639820	6324210	211457	4828712	2811107
浙江	Zhejiang	4497782	3639442	59273	3478345	1019437
安徽	Anhui	516177	492397	6242	814270	-298092
福建	Fujian	2803502	2103037	210213	1898253	905249
江西	Jiangxi	181576	162787	1640	163283	18293
山东	Shandong	1227206	833291	94728	604591	622615
河南	Henan	58438	58280	59	40523	17915
湖北	Hubei	1081549	1027314	17724	1158269	-76721
湖南	Hunan	12865	8559	2846	4414	8451
广东	Guangdong	12902329	10396641	585974	8334568	4567761
广西	Guangxi	33048	32779	208	24276	8772
海南	Hainan	439870	330725	579	284002	155868
重庆	Chongqing	385862	313077	12524	256377	129485
四川	Sichuan	1311611	1139278	23224	968616	321285
贵州	Guizhou	333290	191254	3654	128513	204777
云南	Yunnan	237799	197197	3916	112387	125412
西藏	Tibet					
陕西	Shaanxi	1396639	1073028	5768	1200554	196085
甘肃	Gansu	1363	1329	35	1545	-182
青海	Qinghai	98146	60790	25465	100800	-2654
宁夏	Ningxia	58210	48761	5729	27377	30834
新疆	Xinjiang	83342	61558	13436	68652	14690

3-3-4 各地区限额以上批发业企业年末资产负债(按国民经济行业分)

Assets and Liabilities of Enterprises above Designated Size of Wholesale Trade by Region and Sector at the Year-end

农、林、牧产品批发 单位：万元

Wholesale of Agricultural, Forestry and Livestock Products Unit: 10000 yuan

地区	Region	资产总计 Total Assets	#流动资产合计 Total Current Assets	#固定资产合计 Total Fixed Assets	负债合计 Total Liabilities	所有者权益合计 Total Owners' Equities
全国	**National Total**	**68968082**	**49535506**	**5666289**	**50442804**	**18525278**
北京	Beijing	18258961	9710053	275563	12431657	5827304
天津	Tianjin	911489	846726	35469	713824	197665
河北	Hebei	1089575	816031	171531	745518	344057
山西	Shanxi	268005	189146	50507	175413	92593
内蒙古	Inner Mongolia	2077760	1680375	291651	1616330	461431
辽宁	Liaoning	3385455	2881824	152882	2986535	398920
吉林	Jilin	4196325	3649552	379518	3144000	1052325
黑龙江	Heilongjiang	5461906	4923586	262762	4731294	730612
上海	Shanghai	2393524	1754672	178678	1711233	682290
江苏	Jiangsu	3525920	2662878	494680	2600401	925519
浙江	Zhejiang	1062537	849634	116262	797135	265402
安徽	Anhui	1297022	895138	181962	765787	531235
福建	Fujian	1161510	877855	161254	875141	286369
江西	Jiangxi	268244	168753	59047	221159	47085
山东	Shandong	4428695	3035750	735441	2808930	1619764
河南	Henan	3817156	2648934	629646	2408180	1408976
湖北	Hubei	2527145	1822727	342065	1769311	757834
湖南	Hunan	760199	406018	152815	434973	325226
广东	Guangdong	2431414	1880785	146721	1826639	604775
广西	Guangxi	551313	404189	38197	393714	157599
海南	Hainan	27060	24730	2136	21581	5479
重庆	Chongqing	391184	279853	44491	259330	131854
四川	Sichuan	919281	720468	75187	696656	222625
贵州	Guizhou	34720	26453	3239	16729	17991
云南	Yunnan	800867	714625	45449	704032	96835
西藏	Tibet	51694	36311	7124	29254	22440
陕西	Shaanxi	207095	128160	38447	157998	49097
甘肃	Gansu	165233	134834	23027	127965	37268
青海	Xinjiang	13615	12979	481	10413	3202
宁夏	Ningxia	18573	13273	5006	11070	7504
新疆	Xinjiang	6464606	5339198	565054	5250603	1214003

食品、饮料及烟草制品批发 单位：万元

Wholesale of Food, Beverages and Tobaccos Unit: 10000 yuan

地 区	Region	资产总计 Total Assets	#流动资产合计 Total Current Assets	#固定资产合计 Total Fixed Assets	负债合计 Total Liabilities	所有者权益合计 Total Owners' Equities
全 国	**National Total**	**169983613**	**132002572**	**15223908**	**90542902**	**79440683**
北 京	Beijing	13663365	10829615	543372	10047289	3616076
天 津	Tianjin	4401029	3558968	143398	3369164	1031865
河 北	Hebei	2422913	2034929	234302	847738	1575175
山 西	Shanxi	1638052	1178996	306085	595264	1042788
内 蒙 古	Inner Mongolia	1485160	1096829	197304	532867	952293
辽 宁	Liaoning	4006854	3485684	308196	1936933	2069921
吉 林	Jilin	918526	703191	166231	248848	669678
黑 龙 江	Heilongjiang	3644538	2904590	224898	2225335	1419202
上 海	Shanghai	16135648	12469079	538208	11850756	4284892
江 苏	Jiangsu	11272842	9548491	982513	4862369	6410473
浙 江	Zhejiang	13064125	10369699	840081	7192008	5872117
安 徽	Anhui	5855475	4596420	368838	2786995	3068480
福 建	Fujian	8409490	6031765	739489	3968875	4440615
江 西	Jiangxi	2489473	1857332	319822	975878	1513595
山 东	Shandong	9880066	6611072	1893473	4809616	5070449
河 南	Henan	4298459	3228645	811176	1216090	3082370
湖 北	Hubei	7706300	6050921	1046668	4442067	3264232
湖 南	Hunan	5634631	3964248	692093	2574236	3060395
广 东	Guangdong	18051985	14088028	1272835	11729962	6322023
广 西	Guangxi	2886623	2278365	213527	1822787	1063836
海 南	Hainan	666702	548749	49612	138086	528616
重 庆	Chongqing	3548124	2368686	481573	1654945	1893180
四 川	Sichuan	6776800	5712818	710134	3212217	3564583
贵 州	Guizhou	5135031	4277095	473490	1558009	3577023
云 南	Yunnan	9296158	7442458	766065	3797752	5498406
西 藏	Tibet	294365	218075	48404	77650	216715
陕 西	Shaanxi	1805520	1287567	290851	501199	1304321
甘 肃	Gansu	1245370	891477	194456	340429	904914
青 海	Xinjiang	407565	350781	26995	51872	355693
宁 夏	Ningxia	487664	319791	52048	83800	403864
新 疆	Xinjiang	2454762	1698208	287770	1091866	1362896

3-3-4 续表 2 Continued 2

纺织、服装及家庭用品批发 单位：万元

Wholesale of Textiles, Wearing Apparel and Household Articles Unit: 10000 yuan

地区	Region	资产总计 Total Assets	#流动资产合计 Total Current Assets	#固定资产合计 Total Fixed Assets	负债合计 Total Liabilities	所有者权益合计 Total Owners' Equities
全国	**National Total**	**159891268**	**132717868**	**7260448**	**120089310**	**39798537**
北京	Beijing	14730932	11239426	321958	9373722	5357262
天津	Tianjin	3567112	3360266	47216	3040815	526297
河北	Hebei	866037	785641	28794	713819	152218
山西	Shanxi	456018	306741	5823	255987	200031
内蒙古	Inner Mongolia	56800	23590	30223	42222	14579
辽宁	Liaoning	2777347	1621588	794882	1445238	1332108
吉林	Jilin	37325	30522	2528	32483	4842
黑龙江	Heilongjiang	289714	162495	47181	198689	91025
上海	Shanghai	25027672	20080044	914271	16488554	8539118
江苏	Jiangsu	28187175	23363324	982509	21510801	6676374
浙江	Zhejiang	27463981	23557858	808290	22754130	4709851
安徽	Anhui	2416417	2028204	70022	2366815	49602
福建	Fujian	13842703	12134572	404166	10113140	3726041
江西	Jiangxi	554871	525250	9548	496253	58619
山东	Shandong	6602733	5658936	280429	5439965	1162768
河南	Henan	2114201	1754080	265401	1628902	485299
湖北	Hubei	1500113	1330854	79770	1320754	179359
湖南	Hunan	1052714	951890	26252	937039	115675
广东	Guangdong	22367902	18242452	1934185	16860790	5507162
广西	Guangxi	1107727	1039919	25933	993943	113784
海南	Hainan	317809	312945	1114	277666	40143
重庆	Chongqing	1423778	1332557	41289	1184332	239446
四川	Sichuan	762943	656613	52576	616509	146435
贵州	Guizhou	158996	150902	1549	144729	14267
云南	Yunnan	1167984	1160473	4375	980138	187847
西藏	Tibet					
陕西	Shaanxi	610648	553234	31265	523789	86859
甘肃	Gansu	107014	94118	8095	86218	20796
青海	Xinjiang	26843	25899	885	19225	7618
宁夏	Ningxia	49652	38089	9684	25783	23869
新疆	Xinjiang	246107	195386	30237	216863	29244

文化、体育用品及器材批发

Wholesale of Culture, Sports Appliances and Equipments

单位：万元

Unit: 10000 yuan

地区	Region	资产总计 Total Assets	#流动资产合计 Total Current Assets	#固定资产合计 Total Fixed Assets	负债合计 Total Liabilities	所有者权益合计 Total Owners' Equities
全国	**National Total**	**43490439**	**33969372**	**1943718**	**30571921**	**12896808**
北京	Beijing	9102891	6439498	306533	6833715	2269177
天津	Tianjin	1307956	857434	19943	799795	508160
河北	Hebei	508070	325724	37646	332553	175516
山西	Shanxi	524288	423257	19438	411918	112370
内蒙古	Inner Mongolia	93691	65160	19046	52191	41499
辽宁	Liaoning	357925	298294	16974	242187	115737
吉林	Jilin	94327	56393	15917	60160	34167
黑龙江	Heilongjiang	80696	65830	5031	65864	14833
上海	Shanghai	3801201	3254519	99590	2606587	1194614
江苏	Jiangsu	3730767	2667232	206316	2142740	1588028
浙江	Zhejiang	3444241	2964216	104640	2633147	811094
安徽	Anhui	1444886	1088964	16131	905728	539158
福建	Fujian	967319	710767	70253	639549	327770
江西	Jiangxi	54776	53570	419	47488	7287
山东	Shandong	2540811	1977299	337420	1994464	546347
河南	Henan	959525	571402	32723	467934	491591
湖北	Hubei	785386	635285	94577	520153	265233
湖南	Hunan	1024407	572236	35477	566945	457462
广东	Guangdong	9793712	8729031	313148	7211190	2582522
广西	Guangxi	307666	174681	14580	163431	144235
海南	Hainan	125170	70820	17160	54799	70371
重庆	Chongqing	552446	519365	16034	409131	143315
四川	Sichuan	644786	537571	36087	567803	55273
贵州	Guizhou	350050	315699	5124	279004	71046
云南	Yunnan	250172	172774	10846	141267	108905
西藏	Tibet	9919	7382	2477	6189	3729
陕西	Shaanxi	221389	138121	21266	135816	85573
甘肃	Gansu	183213	133847	42511	134807	48406
青海	Xinjiang	30836	23848	5131	23634	7202
宁夏	Ningxia	25969	15483	1670	11119	14850
新疆	Xinjiang	171952	103669	19612	110613	61339

3-3-4 续表 4 Continued 4

医药及医疗器材批发 单位：万元

Wholesale of Medicines and Medical Appliances Unit: 10000 yuan

地区	Region	资产总计 Total Assets	#流动资产合计 Total Current Assets	#固定资产合计 Total Fixed Assets	负债合计 Total Liabilities	所有者权益合计 Total Owners' Equities
全国	**National Total**	**89175546**	**75951775**	**3674933**	**67874436**	**21301109**
北京	Beijing	10719472	8349486	235576	7490768	3228704
天津	Tianjin	2214584	2007738	69816	1681312	533272
河北	Hebei	2083181	1868637	74978	1818061	265121
山西	Shanxi	1034122	929824	45411	914038	120084
内蒙古	Inner Mongolia	364492	334090	12781	294343	70149
辽宁	Liaoning	2049551	1830923	85535	1566390	483162
吉林	Jilin	1056851	912932	57491	884165	172687
黑龙江	Heilongjiang	662360	482183	17023	453538	208822
上海	Shanghai	9469782	8182998	663510	6763865	2705917
江苏	Jiangsu	5711779	4958380	236689	4615756	1096024
浙江	Zhejiang	5255912	4280939	224741	3799736	1456175
安徽	Anhui	3108931	2702484	188151	2580937	527994
福建	Fujian	1636578	1396533	54113	1227716	408862
江西	Jiangxi	1305585	1137454	72280	1046406	259179
山东	Shandong	4435389	3847346	262577	3721825	713563
河南	Henan	4273032	3978422	97134	3644827	628205
湖北	Hubei	4920492	3833362	366620	3582869	1337623
湖南	Hunan	2025126	1734957	136101	1606238	418888
广东	Guangdong	11389370	9756608	258940	8437670	2951701
广西	Guangxi	803403	719553	31870	654029	149374
海南	Hainan	1351032	1031345	12235	875073	475959
重庆	Chongqing	2958125	2433194	122123	2063232	894893
四川	Sichuan	4629215	4127360	137234	3529455	1099761
贵州	Guizhou	933329	823131	32972	749749	183580
云南	Yunnan	1863368	1614567	71957	1389380	473989
西藏	Tibet	328612	325496	2464	306787	21825
陕西	Shaanxi	1117916	1044066	21261	997749	120168
甘肃	Gansu	637141	573582	26949	517791	119350
青海	Xinjiang	112422	107343	2261	85306	27116
宁夏	Ningxia	131117	115178	5957	106737	24380
新疆	Xinjiang	593275	511666	48186	468689	124586

矿产品、建材及化工产品批发 单位：万元

Wholesale of Mineral Products, Building Materials and Chemical Products Unit: 10000 yuan

地 区	Region	资产总计 Total Assets	#流动资产合计 Total Current Assets	#固定资产合计 Total Fixed Assets	负债合计 Total Liabilities	所有者权益合计 Total Owners' Equities
全 国	**National Total**	**872417093**	**662868256**	**42380235**	**669205488**	**204610665**
北 京	Beijing	134617733	94166526	3020220	98068051	36549682
天 津	Tianjin	71193417	57674397	1307390	55337612	15855805
河 北	Hebei	20834153	16578297	1568647	16650902	4187908
山 西	Shanxi	31960930	24365190	1562453	26350236	5610694
内 蒙 古	Inner Mongolia	11108891	7974734	773259	8557954	2550937
辽 宁	Liaoning	25206367	19460170	2441109	19708185	5382536
吉 林	Jilin	3152227	2592832	288539	2723622	428605
黑 龙 江	Heilongjiang	9334816	8497122	441948	8698013	634167
上 海	Shanghai	77471625	60518630	1440076	59811062	17660563
江 苏	Jiangsu	55629545	45849335	2707803	41899662	13726743
浙 江	Zhejiang	86076826	67052159	2793090	69343670	16733222
安 徽	Anhui	9383501	6491677	803211	7234207	3179947
福 建	Fujian	38733633	28880431	1271672	27930573	10803060
江 西	Jiangxi	4421610	2752573	573973	3014116	1407494
山 东	Shandong	38344524	29196598	3948955	28159791	10186725
河 南	Henan	8776836	6222393	1229782	6152228	2745957
湖 北	Hubei	12788150	8695346	2029057	9191115	3597035
湖 南	Hunan	6847357	4934923	841980	4729506	2117851
广 东	Guangdong	88964591	70806642	5374241	70244116	18719205
广 西	Guangxi	12219128	9023976	567024	8639988	3579140
海 南	Hainan	3877822	3180922	66305	2433533	1444289
重 庆	Chongqing	10786565	9175269	607448	8599441	2187124
四 川	Sichuan	26773671	21662486	780032	23836918	2936754
贵 州	Guizhou	11298167	7680406	322300	9078366	2219801
云 南	Yunnan	24749529	17341769	789100	19443161	5306369
西 藏	Tibet					
陕 西	Shaanxi	13202009	9180539	621931	10040469	3180077
甘 肃	Gansu	13039671	8282837	2825583	5432369	7607303
青 海	Xinjiang	3576093	2308002	312164	2697871	878222
宁 夏	Ningxia	2779045	1866444	230054	2354844	424202
新 疆	Xinjiang	15268661	10455633	840890	12843911	2769251

3-3-4 续表 6 Continued 6

机械设备、五金产品及电子产品批发 单位：万元
Wholesale of Machinery, Hardware and Electronic Products Unit: 10000 yuan

地区	Region	资产总计 Total Assets	#流动资产合计 Total Current Assets	#固定资产合计 Total Fixed Assets	负债合计 Total Liabilities	所有者权益合计 Total Owners' Equities
全国	**National Total**	**265662870**	**220660003**	**7133786**	**196452426**	**69211746**
北京	Beijing	81862777	64082941	1489934	52841496	29021282
天津	Tianjin	14473288	12312646	474803	11932279	2541009
河北	Hebei	7867538	5786262	209155	6308506	1559032
山西	Shanxi	1340741	1193009	47626	1195518	145223
内蒙古	Inner Mongolia	360811	278709	30015	282390	78421
辽宁	Liaoning	6951814	5757479	179614	5896787	1055027
吉林	Jilin	362437	298497	26297	258185	104252
黑龙江	Heilongjiang	883285	700708	56948	687594	195691
上海	Shanghai	48466292	41238485	688141	35440361	13025931
江苏	Jiangsu	14095781	11761598	775332	10486424	3609357
浙江	Zhejiang	13771535	11009238	365761	10727655	3043880
安徽	Anhui	2538568	2341610	67582	2191426	347143
福建	Fujian	4621164	3734088	153346	3094162	1527002
江西	Jiangxi	558022	501800	25977	510991	47031
山东	Shandong	7949862	6485499	883521	5929283	2020579
河南	Henan	2193974	1855156	152319	1662212	531762
湖北	Hubei	3083580	2636784	163155	2414988	668592
湖南	Hunan	899974	671402	99151	678157	221817
广东	Guangdong	37105347	33416487	728488	30587103	6519536
广西	Guangxi	977949	886222	25230	841338	136611
海南	Hainan	208886	191623	3846	143183	65703
重庆	Chongqing	3683115	3335023	119177	2885605	797510
四川	Sichuan	4533321	4113736	113978	3746176	787155
贵州	Guizhou	778540	740499	11541	681585	96955
云南	Yunnan	1592720	1427857	32359	1342812	249908
西藏	Tibet	15365	12888	2242	7214	8150
陕西	Shaanxi	1483138	1324548	85336	1314694	168443
甘肃	Gansu	405997	357814	18508	343227	62770
青海	Xinjiang	259111	222296	6070	203403	55708
宁夏	Ningxia	212432	190490	11771	190289	22143
新疆	Xinjiang	2125509	1794613	86564	1627384	498125

3-3-4 续表 7 Continued 7

贸易经纪与代理 单位：万元

Trade Broker and Agency Unit: 10000 yuan

地 区	Region	资产总计 Total Assets	#流动资产合计 Total Working Capitals	#固定资产合计 Total Fixed Assets	负债合计 Total Liabilities	所有者权益合计 Total Owners' Equities
全 国	**National Total**	**48668995**	**43475001**	**584870**	**41874792**	**6794203**
北 京	Beijing	25763669	23636058	184973	22658404	3105265
天 津	Tianjin	1591901	1418968	36954	1523301	68600
河 北	Hebei	18408	18148	110	17836	572
山 西	Shanxi	161887	138356	12047	127013	34874
内 蒙 古	Inner Mongolia	761	758	4	568	194
辽 宁	Liaoning	446605	354275	4053	273138	173467
吉 林	Jilin	206	152	54	16	190
黑 龙 江	Heilongjiang	16417	14856	1314	13503	2914
上 海	Shanghai	4283485	3589472	91112	3203886	1079600
江 苏	Jiangsu	1020058	776611	48683	756764	263294
浙 江	Zhejiang	375121	344791	15147	312205	62916
安 徽	Anhui	41982	40316	1237	31816	10166
福 建	Fujian	822564	650647	30307	610564	211999
江 西	Jiangxi	14200	10560	829	8635	5564
山 东	Shandong	893971	710878	33849	817327	76643
河 南	Henan	13113	12675	39	8881	4232
湖 北	Hubei	2428487	1849026	23518	1984386	444101
湖 南	Hunan	1757	1338	294	1453	305
广 东	Guangdong	10058097	9223147	89266	8859203	1198895
广 西	Guangxi	20151	19366	509	18016	2135
海 南	Hainan					
重 庆	Chongqing	267	165		19	249
四 川	Sichuan	48391	42977	2927	32340	16051
贵 州	Guizhou					
云 南	Yunnan	528912	515198	1646	514109	14802
西 藏	Tibet					
陕 西	Shaanxi	20135	19671	429	15322	4813
甘 肃	Gansu					
青 海	Xinjiang	646	644	1	221	425
宁 夏	Ningxia					
新 疆	Xinjiang	97804	85948	5568	85867	11937

其他批发业
Other Wholesale not Classified Elsewhere

单位：万元
Unit: 10000 yuan

地 区	Region	资产总计 Total Assets	#流动资产合计 Total Current Assets	#固定资产合计 Total Fixed Assets	负债合计 Total Liabilities	所有者权益合计 Total Owners' Equities
全 国	**National Total**	**44237471**	**35002483**	**1656970**	**34641606**	**9595865**
北 京	Beijing	6725496	3629275	59675	6140003	585493
天 津	Tianjin	3901312	3480591	107768	2995536	905776
河 北	Hebei	134452	100846	13685	95372	39081
山 西	Shanxi	113527	95818	11391	89644	23884
内蒙古	Inner Mongolia	61610	58221	1075	51389	10221
辽 宁	Liaoning	271353	229105	16694	210647	60706
吉 林	Jilin	9234	2982	1772	6038	3196
黑龙江	Heilongjiang	224627	174878	3874	211199	13428
上 海	Shanghai	6124051	5212324	195885	4239482	1884569
江 苏	Jiangsu	2883970	2489311	162040	2038964	845006
浙 江	Zhejiang	2570213	2234396	107594	2151494	418718
安 徽	Anhui	1500583	1353293	78733	1255337	245245
福 建	Fujian	3964485	3342171	44763	3066753	897732
江 西	Jiangxi	138718	112983	17127	81592	57126
山 东	Shandong	1745190	1308962	225990	1221683	523506
河 南	Henan	657129	445432	143384	499846	157283
湖 北	Hubei	296975	192165	58585	178836	118140
湖 南	Hunan	205644	143234	43838	110368	95275
广 东	Guangdong	9336387	8454310	225585	8508079	828308
广 西	Guangxi	65732	55637	3429	49799	15933
海 南	Hainan	904673	86993	3305	67032	837641
重 庆	Chongqing	624370	346561	55969	327562	296808
四 川	Sichuan	238243	184695	18083	169445	68798
贵 州	Guizhou	75958	45461	4257	53726	22233
云 南	Yunnan	1119770	1004614	22056	578760	541010
西 藏	Tibet					
陕 西	Shaanxi	33286	22789	5816	16176	17109
甘 肃	Gansu	9536	7595	1526	5422	4113
青 海	Xinjiang	8350	3934	2647	4190	4160
宁 夏	Ningxia	187933	125812	7299	130214	57720
新 疆	Xinjiang	104667	58097	13127	87019	17648

3-3-5 各地区限额以上零售业企业年末资产负债

Assets and Liabilities of Enterprises above Designated Size of Retail Trade by Region at the Year-end

单位：万元

Unit: 10000 yuan

地区	Region	资产总计 Total Assets	#流动资产合计 Total Current Assets	#固定资产合计 Original Value of Fixed Assets	负债合计 Total Liabilities	所有者权益合计 Total Owners' Equities
全国	**National Total**	**508249231**	**340361011**	**77375867**	**364072043**	**145504895**
北京	Beijing	41786822	31782431	2910673	32179323	9606700
天津	Tianjin	12009484	7080383	1861593	8494295	3534979
河北	Hebei	13554200	9045585	2448733	10987978	2566222
山西	Shanxi	10634554	7186120	2041608	8305089	2329466
内蒙古	Inner Mongolia	9081875	6346377	1351002	7069960	2011916
辽宁	Liaoning	18858379	11268143	3628286	13835882	5006559
吉林	Jilin	7324379	3956779	1888897	5233821	2090558
黑龙江	Heilongjiang	7252075	4389458	1554364	5406865	1845210
上海	Shanghai	31057442	22783591	4031925	23568321	7489121
江苏	Jiangsu	46923912	28771367	7457960	34823407	13438399
浙江	Zhejiang	33405280	23123769	4457074	25543574	7864957
安徽	Anhui	15842979	10958796	2429849	11232100	4610879
福建	Fujian	15014550	10643807	1808559	9393926	5620608
江西	Jiangxi	6843539	4528154	1107048	4489988	2353551
山东	Shandong	42106336	27268143	7599467	29976244	12125803
河南	Henan	17886132	12466312	2911709	12857754	5028378
湖北	Hubei	23462399	14277465	5223835	15979234	7482548
湖南	Hunan	15655380	8979672	2989946	9801340	5854040
广东	Guangdong	50461274	37739288	4424546	35416794	15039310
广西	Guangxi	6624804	5116229	759416	4888972	1735832
海南	Hainan	2461179	1671985	426291	1635277	825902
重庆	Chongqing	11284563	7509070	1770076	7637786	3646503
四川	Sichuan	20736821	13543508	2998826	13201209	7536425
贵州	Guizhou	6573016	3740592	646499	5017636	1555380
云南	Yunnan	10575619	7358615	1468632	7337554	3238065
西藏	Tibet	451033	243962	118085	281776	169257
陕西	Shaanxi	12972289	8300971	2016054	9082522	3889767
甘肃	Gansu	8834831	4519637	3701031	3686366	5141527
青海	Qinghai	954478	629806	224892	714712	239765
宁夏	Ningxia	1906949	1342022	234116	1380501	526448
新疆	Xinjiang	5712660	3788974	884877	4611837	1100823

国有控股 单位：万元

State-controlled Enterprises Unit: 10000 yuan

地 区	Region	资产总计 Total Assets	#流动资产合计 Total Current Assets	#固定资产合计 Total Fixed Assets	负债合计 Total Liabilities	所有者权益合计 Total Owners' Equities
全 国	**National Total**	**100181197**	**55816138**	**18187497**	**64464479**	**37031735**
北 京	Beijing	12760981	7869759	1221677	8288229	4472752
天 津	Tianjin	2702383	1079390	744123	1432613	1269770
河 北	Hebei	2590974	1937384	341172	2159943	431030
山 西	Shanxi	2758311	1659477	698116	2103435	654876
内蒙古	Inner Mongolia	1272355	567205	448180	1075556	196798
辽 宁	Liaoning	3159269	1414350	1009348	1696192	1447139
吉 林	Jilin	1769729	704575	798326	1350576	419153
黑龙江	Heilongjiang	1079472	528617	403657	797710	281763
上 海	Shanghai	7105542	4553661	1329959	4601295	2504247
江 苏	Jiangsu	6090597	3080585	949418	5125130	2303361
浙 江	Zhejiang	4156405	2429388	648177	2324692	1831713
安 徽	Anhui	4594038	3203523	524310	2911514	1682525
福 建	Fujian	1972164	1053048	311895	966910	1005254
江 西	Jiangxi	1427566	843840	256628	758967	668599
山 东	Shandong	5753108	4144244	739953	4699095	1054013
河 南	Henan	1422203	754651	373823	1036758	385445
湖 北	Hubei	5588471	2317120	1939511	3985993	1602477
湖 南	Hunan	4686441	1962095	1042198	2318019	2368423
广 东	Guangdong	13123852	8497821	1088920	6814921	6308931
广 西	Guangxi	838296	394428	288190	449906	388390
海 南	Hainan	757211	437598	155332	305606	451605
重 庆	Chongqing	3430126	2016563	535081	2361069	1069057
四 川	Sichuan	3787781	1358613	890499	1728117	2059664
贵 州	Guizhou	2217976	542461	222773	1645287	572689
云 南	Yunnan	1471431	575730	362449	632079	839352
西 藏	Tibet	201347	69801	72688	103555	97792
陕 西	Shaanxi	1255516	559839	255354	820727	434789
甘 肃	Gansu	322689	182332	107691	198873	116878
青 海	Qinghai	73773	32955	27431	52502	21271
宁 夏	Ningxia	70917	31600	30322	41731	29186
新 疆	Xinjiang	1740273	1013483	370303	1677477	62796

3-3-6 各地区限额以上零售业企业年末资产负债(按登记注册类型分)

Assets and Liabilities of Enterprises above Designated Size of Retail Trade by Region and Type of Registration at the Year-end

内资企业
Domestic Funded Enterprises

单位：万元
Unit: 10000 yuan

地区	Region	资产总计 Total Assets	#流动资产合计 Total Current Assets	#固定资产合计 Total Fixed Assets	负债合计 Total Liabilities	所有者权益合计 Total Owners' Equities
全国	**National Total**	**441573174**	**295788613**	**68010005**	**316520045**	**126360232**
北京	Beijing	32217331	23658338	2491807	24749062	7467471
天津	Tianjin	9499019	5996866	1508175	6842851	2656168
河北	Hebei	13421148	8971606	2402602	10809968	2611180
山西	Shanxi	10384828	7039371	1961474	8131552	2253276
内蒙古	Inner Mongolia	8732888	6149091	1291416	6787100	1945788
辽宁	Liaoning	16317325	10096206	3019703	11994784	4306603
吉林	Jilin	6553658	3632600	1778362	4575205	1978453
黑龙江	Heilongjiang	6840316	4193670	1394605	4985217	1855099
上海	Shanghai	20544891	15514126	2447203	15555717	4989173
江苏	Jiangsu	39757021	24318811	6230642	29952025	11142890
浙江	Zhejiang	28439691	19966614	3656158	22168942	6274000
安徽	Anhui	14862963	10367556	2130741	10328909	4534054
福建	Fujian	13022193	9305259	1572180	8316785	4705391
江西	Jiangxi	6453834	4306502	1021505	4182705	2271130
山东	Shandong	40403327	26134873	7224657	28760055	11638982
河南	Henan	16315022	11488207	2641867	11639388	4675634
湖北	Hubei	21880436	13157085	4994906	14849014	7030804
湖南	Hunan	15004345	8679423	2872637	9438491	5565854
广东	Guangdong	41096391	30693810	3390811	28907202	12184019
广西	Guangxi	6162755	4769123	698075	4583518	1579237
海南	Hainan	2294999	1546554	400036	1509608	785391
重庆	Chongqing	10476030	6986958	1576451	7161657	3314099
四川	Sichuan	18102464	11966885	2534884	11521649	6580816
贵州	Guizhou	6153565	3458161	582255	4740792	1412774
云南	Yunnan	9138145	6277470	1320452	6395396	2742749
西藏	Tibet	450643	243614	118047	281436	169207
陕西	Shaanxi	10535935	7064921	1803254	7428383	3107552
甘肃	Gansu	8781694	4485076	3684358	3653909	5120847
青海	Qinghai	946251	624495	222392	711065	235185
宁夏	Ningxia	1878473	1329885	223059	1363724	514749
新疆	Xinjiang	4905596	3365458	815293	4193938	711658

国有企业
State-owned Enterprises

单位：万元
Unit: 10000 yuan

地 区	Region	资产总计 Total Assets	#流动资产合计 Total Current Assets	#固定资产合计 Total Fixed Assets	负债合计 Total Liabilities	所有者权益合计 Total Owners' Equities
全 国	**National Total**	**10432370**	**5403214**	**2280327**	**6435779**	**3996591**
北 京	Beijing	894214	655864	146191	503575	390638
天 津	Tianjin	249118	176817	67216	162476	86643
河 北	Hebei	83737	34217	30013	75908	7829
山 西	Shanxi	183175	116556	44593	137700	45476
内蒙古	Inner Mongolia	320620	176352	107363	306737	13883
辽 宁	Liaoning	728573	182035	528801	309631	418942
吉 林	Jilin	7175	4572	1806	5711	1464
黑龙江	Heilongjiang	528672	106054	324371	409477	119195
上 海	Shanghai	657299	510007	25795	534504	122795
江 苏	Jiangsu	563472	472872	49550	467553	95919
浙 江	Zhejiang	169133	128293	19496	122396	46737
安 徽	Anhui	321992	214030	57197	240539	81453
福 建	Fujian	110757	39858	24643	24726	86031
江 西	Jiangxi	37506	25009	4960	27899	9607
山 东	Shandong	274077	203207	42515	231201	42876
河 南	Henan	337457	187161	96085	227526	109932
湖 北	Hubei	822236	605371	125210	637390	184846
湖 南	Hunan	251036	126295	64592	72992	178045
广 东	Guangdong	2119660	405808	173425	832667	1286994
广 西	Guangxi	122799	68753	22895	75539	47259
海 南	Hainan	8285	5199	3057	3867	4418
重 庆	Chongqing	216244	51093	47544	121499	94746
四 川	Sichuan	320439	216465	47669	218920	101519
贵 州	Guizhou	240941	177117	24418	170439	70502
云 南	Yunnan	131362	86515	24524	87824	43538
西 藏	Tibet	114822	44394	30773	54947	59875
陕 西	Shaanxi	288721	203869	58149	206350	82371
甘 肃	Gansu	58564	41349	11732	36486	22078
青 海	Qinghai					
宁 夏	Ningxia	30188	20540	8837	16565	13624
新 疆	Xinjiang	240099	117542	66907	112739	127360

集体企业 单位：万元

Collective-owned Enterprises Unit: 10000 yuan

地区	Region	资产总计 Total Assets	#流动资产合计 Total Current Assets	#固定资产合计 Total Fixed Assets	负债合计 Total Liabilities	所有者权益合计 Total Owners' Equities
全国	**National Total**	**3339937**	**1924429**	**974343**	**2075295**	**1264642**
北京	Beijing	302985	234078	45162	267430	35556
天津	Tianjin	60876	47303	3121	42963	17913
河北	Hebei	110862	60181	36335	74859	36003
山西	Shanxi	274046	167421	97085	144675	129371
内蒙古	Inner Mongolia	6929	5082	1809	3473	3456
辽宁	Liaoning	112784	60131	29072	69204	43580
吉林	Jilin	10834	4509	3097	5313	5521
黑龙江	Heilongjiang	46350	20991	24560	30051	16299
上海	Shanghai	65479	42443	9980	38711	26768
江苏	Jiangsu	164230	86243	64695	82136	82093
浙江	Zhejiang	131124	77550	27844	90905	40218
安徽	Anhui	9283	4315	2692	5250	4033
福建	Fujian	50015	22946	19214	23194	26821
江西	Jiangxi	11021	8111	1868	8148	2872
山东	Shandong	700432	347938	231901	373103	327329
河南	Henan	317129	177950	85808	174545	142583
湖北	Hubei	324746	159883	130851	250221	74525
湖南	Hunan	68884	30775	26611	39063	29821
广东	Guangdong	250025	179825	42167	143958	106068
广西	Guangxi	39702	25113	8418	33755	5947
海南	Hainan	264	169	93	169	95
重庆	Chongqing	12976	9470	3065	7933	5042
四川	Sichuan	33173	22015	7746	19643	13530
贵州	Guizhou	29595	23979	3858	7005	22590
云南	Yunnan	78432	32777	30194	53702	24730
西藏	Tibet					
陕西	Shaanxi	92180	54061	25261	57135	35045
甘肃	Gansu	30313	15361	11048	24430	5883
青海	Qinghai					
宁夏	Ningxia	467	466	2	539	-72
新疆	Xinjiang	4800	3345	785	3780	1020

股份合作企业

Cooperative Enterprises

单位：万元

Unit: 10000 yuan

地 区	Region	资产总计 Total Assets	#流动资产合计 Total Current Assets	#固定资产合计 Total Fixed Assets	负债合计 Total Liabilities	所有者权益合计 Total Owners' Equities
全 国	**National Total**	**550992**	**341620**	**140779**	**349251**	**201741**
北 京	Beijing	68047	57680	5632	51397	16650
天 津	Tianjin	9938	8745	944	5678	4259
河 北	Hebei	59708	27055	28054	28378	31330
山 西	Shanxi	12662	2356	1151	10802	1861
内蒙古	Inner Mongolia	947	672	250	480	467
辽 宁	Liaoning	21138	17014	1765	13884	7254
吉 林	Jilin	17252	12908	4344	12604	4648
黑龙江	Heilongjiang	27801	17396	9937	22267	5534
上 海	Shanghai	12858	11352	667	5450	7408
江 苏	Jiangsu	22222	14451	3265	14589	7634
浙 江	Zhejiang	36922	27430	3698	30320	6602
安 徽	Anhui	11635	5437	5937	3188	8447
福 建	Fujian	1217	591	623	1143	74
江 西	Jiangxi	4621	4202	241	2961	1661
山 东	Shandong	94411	55127	33779	55747	38664
河 南	Henan	9304	5469	1519	1592	7711
湖 北	Hubei	10043	5340	4264	4673	5370
湖 南	Hunan	11494	1633	6522	9285	2209
广 东	Guangdong	26480	19290	2459	20226	6253
广 西	Guangxi	1163	871	15	1094	69
海 南	Hainan					
重 庆	Chongqing	13982	8834	3083	8373	5610
四 川	Sichuan	22993	12437	7172	14462	8531
贵 州	Guizhou	12136	3409	1910	8985	3151
云 南	Yunnan	29107	15522	7242	18750	10356
西 藏	Tibet					
陕 西	Shaanxi	9330	3651	5680	726	8604
甘 肃	Gansu	1161	1049	112	456	705
青 海	Qinghai	894	890	4	806	89
宁 夏	Ningxia					
新 疆	Xinjiang	1525	811	512	936	589

联营企业
Joint Ownership Enterprises

单位：万元
Unit: 10000 yuan

地 区	Region	资产总计 Total Assets	#流动资产合计 Total Current Assets	#固定资产合计 Total Fixed Assets	负债合计 Total Liabilities	所有者权益合计 Total Owners' Equities
全 国	**National Total**	**193071**	**135030**	**35768**	**106101**	**86969**
北 京	Beijing	15519	13367	1240	11671	3848
天 津	Tianjin	8443	7422	738	2206	6238
河 北	Hebei					
山 西	Shanxi	565	199	7	210	355
内蒙古	Inner Mongolia					
辽 宁	Liaoning	7742	6824	752	5952	1790
吉 林	Jilin					
黑龙江	Heilongjiang	8430	2169	622	7856	574
上 海	Shanghai	20990	17859	2624	6231	14759
江 苏	Jiangsu	8157	6067	1402	5648	2509
浙 江	Zhejiang	6602	4060	1680	1541	5061
安 徽	Anhui	2122	1967	108	1791	331
福 建	Fujian	574	541	23	302	271
江 西	Jiangxi					
山 东	Shandong	22054	11507	7322	8120	13934
河 南	Henan	4347	2158	2110	1990	2357
湖 北	Hubei	6795	4843	1656	1479	5316
湖 南	Hunan	1966	1421	463	1884	82
广 东	Guangdong	46885	36821	5465	30674	16210
广 西	Guangxi					
海 南	Hainan					
重 庆	Chongqing	180	93	67	11	169
四 川	Sichuan	12658	6668	4469	8263	4395
贵 州	Guizhou	10276	5366	3415	5161	5115
云 南	Yunnan	7502	5203	1296	4951	2551
西 藏	Tibet					
陕 西	Shaanxi	317	50	266	158	158
甘 肃	Gansu	948	428	46	3	945
青 海	Qinghai					
宁 夏	Ningxia					
新 疆	Xinjiang					

有限责任公司
Limited Liability Corporations

单位：万元
Unit: 10000 yuan

地 区	Region	资产总计 Total Assets	#流动资产合计 Total Current Assets	#固定资产合计 Total Fixed Assets	负债合计 Total Liabilities	所有者权益合计 Total Owners' Equities
全 国	**National Total**	**198604433**	**137926496**	**29331040**	**145614564**	**52988538**
北 京	Beijing	16944040	12655091	1209742	14128114	2815127
天 津	Tianjin	4991177	3463600	577582	4004956	986222
河 北	Hebei	7424665	4746744	1594994	6145267	1279398
山 西	Shanxi	2221571	1386276	572613	1847936	373635
内蒙古	Inner Mongolia	3330965	2187419	560795	2507759	823205
辽 宁	Liaoning	6260505	3917693	1001312	4998884	1261621
吉 林	Jilin	2565173	1473560	491813	1732444	832729
黑龙江	Heilongjiang	3044667	1959025	537482	2159388	885279
上 海	Shanghai	10909858	8340615	1344477	8589547	2320311
江 苏	Jiangsu	12781707	8499346	2013084	9959573	2822134
浙 江	Zhejiang	13139385	9215070	1637767	10234200	2905185
安 徽	Anhui	5338482	3850213	769064	3879340	1459143
福 建	Fujian	5949728	4118926	810726	3809423	2140305
江 西	Jiangxi	3185464	2215664	436413	2012859	1172604
山 东	Shandong	15577718	10094773	2602258	11301836	4275967
河 南	Henan	8830394	6450576	1252288	6625258	2205137
湖 北	Hubei	10850868	6711705	2029419	7492160	3358091
湖 南	Hunan	4734906	3257035	687091	3422593	1312313
广 东	Guangdong	20414977	16001030	1576843	15228450	5186528
广 西	Guangxi	2477404	1993312	214116	1817485	659919
海 南	Hainan	1660164	1223058	245314	1151210	508954
重 庆	Chongqing	4682222	3307180	604287	3335780	1346442
四 川	Sichuan	8724880	6688425	809655	5847532	2877348
贵 州	Guizhou	2372178	1725126	229395	1768924	603254
云 南	Yunnan	3929898	2690805	572445	2568341	1361558
西 藏	Tibet	204646	122030	43815	153910	50737
陕 西	Shaanxi	6362875	4314611	1082235	4389857	1973018
甘 肃	Gansu	6620534	3038870	3354808	2211649	4408885
青 海	Qinghai	659713	418030	175890	496211	163502
宁 夏	Ningxia	682686	518643	66187	533229	149457
新 疆	Xinjiang	1730985	1342048	227132	1260451	470534

股份有限公司 单位：万元
Share-holding Corporations Ltd. Unit: 10000 yuan

地 区	Region	资产总计 Total Assets	#流动资产合计 Total Current Assets	#固定资产合计 Total Fixed Assets	负债合计 Total Liabilities	所有者权益合计 Total Owners' Equities
全 国	**National Total**	**76354088**	**39819180**	**14488679**	**49456061**	**28208671**
北 京	Beijing	7601174	4456198	759409	4416406	3184768
天 津	Tianjin	1714436	549156	579962	869365	845070
河 北	Hebei	1848283	1169747	202392	1330000	518284
山 西	Shanxi	1389581	919971	250131	1009531	380050
内蒙古	Inner Mongolia	861495	401371	268974	714644	146851
辽 宁	Liaoning	2593773	1253306	514453	1622017	955819
吉 林	Jilin	1913108	664924	934659	1401704	511404
黑龙江	Heilongjiang	1246979	885570	217600	809981	436998
上 海	Shanghai	2533432	1488032	503948	1248080	1285352
江 苏	Jiangsu	8119939	3320849	1370678	6363516	3094316
浙 江	Zhejiang	2799665	1435899	460849	1594212	1205453
安 徽	Anhui	3806228	2514527	530252	2504597	1301631
福 建	Fujian	1460095	920124	130635	779620	680474
江 西	Jiangxi	1244332	644527	267428	729943	514389
山 东	Shandong	8746566	5721934	1298511	7007166	1735026
河 南	Henan	1417141	782779	269680	1082784	334357
湖 北	Hubei	3958690	1571112	1474012	2763598	1195092
湖 南	Hunan	4324435	1554454	1094315	2043846	2280590
广 东	Guangdong	6034260	4114766	615805	3020527	3013733
广 西	Guangxi	1041328	646200	257650	598072	443256
海 南	Hainan	445574	176796	133789	207092	238483
重 庆	Chongqing	1910864	1133947	348010	1212087	698777
四 川	Sichuan	3385660	1135441	908151	1443438	1942222
贵 州	Guizhou	1641323	132166	179345	1274050	367273
云 南	Yunnan	724021	337442	157963	367482	356540
西 藏	Tibet	39427	12099	25573	11136	28291
陕 西	Shaanxi	1800511	1058314	328506	1444072	356439
甘 肃	Gansu	560450	301074	105336	283763	269749
青 海	Qinghai	44006	17489	19848	38660	5346
宁 夏	Ningxia	291299	139965	35573	123077	168222
新 疆	Xinjiang	856013	359001	245246	1141598	-285585

3-3-6 续表 7 Continued 7

私营企业 单位：万元
Private Enterprises Unit: 10000 yuan

地区	Region	资产总计 Total Assets	#流动资产合计 Total Current Assets	#固定资产合计 Total Fixed Assets	负债合计 Total Liabilities	所有者权益合计 Total Owners' Equities
全国	**National Total**	**150246528**	**109124308**	**20302606**	**111457363**	**38786956**
北京	Beijing	6391352	5586061	324432	5370469	1020884
天津	Tianjin	2357261	1702446	266285	1711696	645564
河北	Hebei	3868127	2912774	506766	3137513	730614
山西	Shanxi	6262654	4422635	988370	4951889	1310765
内蒙古	Inner Mongolia	4188453	3363476	344858	3241396	947057
辽宁	Liaoning	6567674	4641577	937516	4957216	1610458
吉林	Jilin	1989732	1440480	326010	1387024	602708
黑龙江	Heilongjiang	1897033	1184569	273239	1530297	366736
上海	Shanghai	6332663	5094746	556788	5124497	1208166
江苏	Jiangsu	17874923	11823210	2634147	12984065	4890858
浙江	Zhejiang	12139401	9070174	1497781	10088128	2054524
安徽	Anhui	5303129	3727718	749561	3651476	1651654
福建	Fujian	5377467	4155327	572125	3645851	1731599
江西	Jiangxi	1965323	1405968	309471	1399245	566078
山东	Shandong	14712662	9566274	2931388	9621965	5090697
河南	Henan	5352754	3860503	916077	3512414	1840341
湖北	Hubei	5734513	4026654	1141804	3633273	2101240
湖南	Hunan	5583669	3699015	983669	3837826	1745844
广东	Guangdong	11913277	9674948	956652	9416826	2491282
广西	Guangxi	2470788	2026634	194411	2050919	419869
海南	Hainan	180712	141332	17784	147270	33442
重庆	Chongqing	3518557	2370944	564383	2364161	1154123
四川	Sichuan	5515668	3827470	736968	3919251	1596418
贵州	Guizhou	1840368	1386909	138067	1503113	337255
云南	Yunnan	4195766	3080198	519185	3267300	928467
西藏	Tibet	91668	65056	17843	61444	30224
陕西	Shaanxi	1936268	1406428	285476	1307849	628419
甘肃	Gansu	1502277	1081783	199388	1095753	406524
青海	Qinghai	240763	187447	26638	175321	65442
宁夏	Ningxia	873055	649593	112362	689842	183213
新疆	Xinjiang	2068571	1541961	273165	1672076	396495

3-3-6 续表 8 Continued 8

其他企业 单位：万元

Other Enterprises Unit: 10000 yuan

地 区	Region	资产总计 Total Assets	#流动资产合计 Total Current Assets	#固定资产合计 Total Fixed Assets	负债合计 Total Liabilities	所有者权益合计 Total Owners' Equities
全 国	**National Total**	**1851755**	**1114337**	**456464**	**1025632**	**826124**
北 京	Beijing					
天 津	Tianjin	107770	41378	12328	43511	64258
河 北	Hebei	25766	20888	4047	18044	7722
山 西	Shanxi	40573	23958	7524	28809	11764
内蒙古	Inner Mongolia	23479	14719	7365	12610	10868
辽 宁	Liaoning	25136	17627	6033	17997	7140
吉 林	Jilin	50384	31648	16633	30405	19979
黑龙江	Heilongjiang	40385	17896	6794	15900	24485
上 海	Shanghai	12312	9073	2924	8697	3615
江 苏	Jiangsu	222373	95774	93821	74945	147428
浙 江	Zhejiang	17459	8137	7044	7239	10221
安 徽	Anhui	70091	49350	15930	42728	27363
福 建	Fujian	72341	46947	14192	32526	39815
江 西	Jiangxi	5568	3021	1123	1649	3919
山 东	Shandong	275407	134113	76983	160918	114490
河 南	Henan	46497	21611	18302	13281	33217
湖 北	Hubei	172545	72177	87691	66221	106324
湖 南	Hunan	27954	8796	9374	11003	16951
广 东	Guangdong	290827	261322	17996	213876	76951
广 西	Guangxi	9571	8239	569	6653	2918
海 南	Hainan					
重 庆	Chongqing	121005	105398	6012	111814	9191
四 川	Sichuan	86994	57964	13055	50141	36854
贵 州	Guizhou	6748	4089	1848	3115	3633
云 南	Yunnan	42056	29009	7605	27047	15009
西 藏	Tibet	80	35	45		80
陕 西	Shaanxi	45733	23939	17683	22236	23497
甘 肃	Gansu	7447	5162	1889	1370	6077
青 海	Qinghai	874	640	11	68	807
宁 夏	Ningxia	778	679	99	473	305
新 疆	Xinjiang	3603	751	1546	2359	1245

3-3-6 续表 9 Continued 9

港、澳、台商投资企业

Enterprises with Funds from Hong Kong, Macao and Taiwan

单位：万元

Unit: 10000 yuan

地 区	Region	资产总计 Total Assets	#流动资产合计 Total Current Assets	#固定资产合计 Total Fixed Assets	负债合计 Total Liabilities	所有者权益合计 Total Owners' Equities
全 国	**National Total**	**33709229**	**21636290**	**4707642**	**22885155**	**10824073**
北 京	Beijing	2051343	1753426	106231	1504392	546952
天 津	Tianjin	1147068	523699	66370	674634	472434
河 北	Hebei	29127	16406	9617	34254	-5127
山 西	Shanxi	213477	119238	73896	140201	73277
内蒙古	Inner Mongolia	338808	193501	55180	271968	66840
辽 宁	Liaoning	1538838	680768	308458	1059620	479218
吉 林	Jilin	584524	225972	45195	457860	126664
黑龙江	Heilongjiang	297876	132189	123716	262347	35529
上 海	Shanghai	5157056	3769859	663930	3811274	1345782
江 苏	Jiangsu	3502739	1977065	764569	2448429	1054310
浙 江	Zhejiang	2302092	1245544	361264	1400896	901196
安 徽	Anhui	509856	308975	151901	395881	113974
福 建	Fujian	1268621	765238	150932	611174	657448
江 西	Jiangxi	230186	115511	53499	198377	31809
山 东	Shandong	767409	458370	238816	434382	333026
河 南	Henan	1357596	827352	235511	1025411	332184
湖 北	Hubei	831439	716876	75181	594604	236835
湖 南	Hunan	388479	130178	60222	225048	163432
广 东	Guangdong	5690347	4348543	530358	3829527	1860820
广 西	Guangxi	381363	289903	54503	232753	148610
海 南	Hainan	30752	16717	8283	25847	4905
重 庆	Chongqing	455009	317921	94365	282056	172952
四 川	Sichuan	1215583	714936	215203	789381	426202
贵 州	Guizhou	162596	114371	28993	91445	71151
云 南	Yunnan	654595	535945	37313	361996	292599
西 藏	Tibet					
陕 西	Shaanxi	1815824	944915	115921	1326997	488827
甘 肃	Gansu	47708	29317	16488	28719	18989
青 海	Qinghai	8227	5311	2500	3647	4580
宁 夏	Ningxia	25498	10559	9888	16485	9013
新 疆	Xinjiang	705192	347687	49341	345552	359640

3-3-6 续表 10 Continued 10

外商投资企业 Foreign Funded Enterprises

单位：万元 Unit: 10000 yuan

地 区	Region	资产总计 Total Assets	#流动资产合计 Total Current Assets	#固定资产合计 Total Fixed Assets	负债合计 Total Liabilities	所有者权益合计 Total Owners' Equities
全 国	**National Total**	**32966828**	**22936107**	**4658220**	**24666843**	**8320589**
北 京	Beijing	7518148	6370668	312635	5925870	1592278
天 津	Tianjin	1363397	559819	287048	976810	406377
河 北	Hebei	103925	57573	36515	143755	-39831
山 西	Shanxi	36249	27511	6238	33336	2913
内蒙古	Inner Mongolia	10179	3785	4407	10891	-712
辽 宁	Liaoning	1002216	491169	300125	781478	220738
吉 林	Jilin	186197	98208	65340	200756	-14559
黑龙江	Heilongjiang	113883	63599	36043	159301	-45419
上 海	Shanghai	5355496	3499606	920792	4201330	1154166
江 苏	Jiangsu	3664152	2475490	462749	2422953	1241198
浙 江	Zhejiang	2663497	1911611	439652	1973735	689761
安 徽	Anhui	470161	282265	147207	507310	-37149
福 建	Fujian	723736	573309	85448	465968	257768
江 西	Jiangxi	159519	106142	32045	108907	50612
山 东	Shandong	935601	674900	135994	781806	153795
河 南	Henan	213513	150753	34331	192954	20560
湖 北	Hubei	750524	403504	153747	535616	214908
湖 南	Hunan	262556	170072	57087	137801	124754
广 东	Guangdong	3674536	2696935	503377	2680064	994472
广 西	Guangxi	80686	57203	6839	72702	7985
海 南	Hainan	135428	108715	17971	99823	35605
重 庆	Chongqing	353525	204191	99260	194074	159451
四 川	Sichuan	1418773	861687	248740	890179	529407
贵 州	Guizhou	256855	168060	35251	185400	71455
云 南	Yunnan	782879	545201	110867	580162	202716
西 藏	Tibet	391	348	38	341	50
陕 西	Shaanxi	620530	291135	96879	327143	293387
甘 肃	Gansu	5429	5244	185	3737	1692
青 海	Qinghai					
宁 夏	Ningxia	2978	1578	1169	292	2686
新 疆	Xinjiang	101872	75829	20243	72347	29525

3-3-7 各地区限额以上零售业企业年末资产负债(按国民经济行业分)

Assets and Liabilities of Enterprises above Designated Size of Retail Trade by Region and Sector at the Year-end

综合零售 单位：万元

Integrated Retail Unit: 10000 yuan

地区	Region	资产总计 Total Assets	#流动资产合计 Total Currents Assets	#固定资产合计 Total Fixed Assets	负债合计 Total Liabilities	所有者权益合计 Total Owners' Equities
全国	**National Total**	**144683145**	**86459834**	**29078776**	**105687082**	**39010681**
北京	Beijing	11961425	7936878	1224340	7994261	3966365
天津	Tianjin	3131148	1302005	507638	2307535	843404
河北	Hebei	5408588	3036764	1347066	4378911	1029677
山西	Shanxi	2308962	1544106	416968	2059892	249070
内蒙古	Inner Mongolia	1414736	963545	269990	1194095	220641
辽宁	Liaoning	7845266	4065745	1620355	6073003	1772263
吉林	Jilin	3275807	1363385	1232611	2492606	783201
黑龙江	Heilongjiang	2637967	1366911	919756	1951437	686530
上海	Shanghai	9399370	5991450	1879545	6787804	2611566
江苏	Jiangsu	13472144	8035727	2755412	10226762	3245382
浙江	Zhejiang	10510020	6417415	1736411	7626095	2883924
安徽	Anhui	4345218	2500242	1099469	3223959	1121259
福建	Fujian	3315336	2118280	463448	2157183	1158153
江西	Jiangxi	1650678	877005	457749	1168327	482351
山东	Shandong	14550328	8822465	3220499	10907653	3638300
河南	Henan	4943561	3201037	922313	3810582	1132980
湖北	Hubei	7142605	3410506	2324860	5064954	2077651
湖南	Hunan	5037153	2655138	1227642	3330235	1706918
广东	Guangdong	12244471	8705414	1390352	8930936	3313535
广西	Guangxi	1544798	960626	400070	1105721	439078
海南	Hainan	403351	268039	68619	328392	74959
重庆	Chongqing	2906694	1848216	545747	1975582	931112
四川	Sichuan	4526843	2734475	912578	3068163	1458680
贵州	Guizhou	875101	513737	112320	631467	243634
云南	Yunnan	2359609	1512676	450612	1704674	654935
西藏	Tibet	46834	24857	13569	32250	14585
陕西	Shaanxi	4095991	2503263	769991	2798975	1297016
甘肃	Gansu	973575	595553	191648	619449	354126
青海	Qinghai	282524	116943	133459	216590	65934
宁夏	Ningxia	526696	294158	77551	294913	231782
新疆	Xinjiang	1546346	773277	386189	1224676	321670

食品、饮料及烟草制品专门零售

Special Retail of Food, Beverages and Tobaccos

单位：万元

Unit: 10000 yuan

地区	Region	资产总计 Total Assets	#流动资产合计 Total Currents Assets	#固定资产合计 Total Fixed Assets	负债合计 Total Liabilities	所有者权益合计 Total Owners' Equities
全国	**National Total**	**22769167**	**13203805**	**6371419**	**10722164**	**12047003**
北京	Beijing	878380	657018	154248	380454	497926
天津	Tianjin	271685	194714	18172	171527	100158
河北	Hebei	135788	77930	13374	102940	32848
山西	Shanxi	391672	174215	151336	269387	122286
内蒙古	Inner Mongolia	195211	141636	23396	148616	46595
辽宁	Liaoning	233839	126693	59462	131729	102110
吉林	Jilin	136982	92486	25809	73954	63028
黑龙江	Heilongjiang	96879	75729	15540	71077	25802
上海	Shanghai	554374	402369	67406	388187	166187
江苏	Jiangsu	1596968	907868	432015	886699	710269
浙江	Zhejiang	630948	447225	81571	395901	235047
安徽	Anhui	741229	416985	110386	359265	381964
福建	Fujian	918945	615803	189818	415666	503279
江西	Jiangxi	260950	167820	25464	54261	206690
山东	Shandong	2759058	1595830	503316	1301203	1457855
河南	Henan	571277	323786	173547	297017	274260
湖北	Hubei	1199331	768011	315434	504471	694860
湖南	Hunan	585242	304608	132455	300996	284247
广东	Guangdong	1586794	1110040	159661	828638	758156
广西	Guangxi	85429	70008	8874	60967	24462
海南	Hainan	23400	17711	4533	16843	6557
重庆	Chongqing	417171	202464	80168	195319	221852
四川	Sichuan	1224340	926030	128838	754765	469576
贵州	Guizhou	397374	243551	49706	214401	182973
云南	Yunnan	549633	335997	124369	320076	229557
西藏	Tibet	41347	27473	13208	20473	20874
陕西	Shaanxi	955551	592467	247255	723100	232451
甘肃	Gansu	5241740	2120450	3052392	1264816	3976924
青海	Qinghai	14439	9549	3249	6311	8129
宁夏	Ningxia	26532	23680	1595	19981	6550
新疆	Xinjiang	46659	33660	4824	43125	3535

3-3-7 续表 2 Continued 2

纺织、服装及日用品专门零售 单位：万元

Special Retail of Textiles, Garments and Daily Consumer Articles Unit: 10000 yuan

地 区	Region	资产总计 Total Assets	#流动资产合计 Total Working Capitals	#固定资产合计 Total Fixed Assets	负债合计 Total Liabilities	所有者权益合计 Total Owners' Equities
全 国	**National Total**	**26924065**	**18313767**	**3602204**	**18918139**	**8001295**
北 京	Beijing	1795748	1419496	119650	1567475	228273
天 津	Tianjin	673444	387021	186839	498898	174547
河 北	Hebei	416133	248278	99507	337295	78838
山 西	Shanxi	772766	407876	182510	540323	232443
内蒙古	Inner Mongolia	368710	213977	49488	318207	50503
辽 宁	Liaoning	719111	475175	119446	544547	174564
吉 林	Jilin	678059	191135	147356	269490	408570
黑龙江	Heilongjiang	396984	197030	135268	259603	137381
上 海	Shanghai	6012396	4302967	690534	4450510	1561885
江 苏	Jiangsu	1797552	877966	212407	1212375	585177
浙 江	Zhejiang	2344096	1488778	276152	1843025	501071
安 徽	Anhui	358291	277398	51169	242720	115571
福 建	Fujian	689373	577953	56219	423193	266180
江 西	Jiangxi	103239	86584	5632	74365	28875
山 东	Shandong	1043971	785159	171187	679460	364511
河 南	Henan	501425	328758	108094	309082	192344
湖 北	Hubei	1058062	756214	192740	707724	350338
湖 南	Hunan	473195	312080	73146	316209	156986
广 东	Guangdong	3031182	2561671	137723	1954751	1071260
广 西	Guangxi	67917	54741	6553	58144	9773
海 南	Hainan	713765	482729	121900	353441	360325
重 庆	Chongqing	679236	421359	115464	461033	217929
四 川	Sichuan	904705	667181	84579	590272	315247
贵 州	Guizhou	98271	62826	15770	70530	27741
云 南	Yunnan	270617	200708	56084	218608	52009
西 藏	Tibet	391	348	38	341	50
陕 西	Shaanxi	466617	179402	102846	180481	286136
甘 肃	Gansu	115696	85331	18367	86835	28861
青 海	Qinghai	30798	22549	5078	35266	-4469
宁 夏	Ningxia	52691	41010	5746	55602	-2911
新 疆	Xinjiang	289627	200066	54713	258340	31287

文化、体育用品及器材专门零售 单位：万元

Special Retail of Culture, Sports Appliances and Equipments Unit: 10000 yuan

地　区	Region	资产总计 Total Assets	#流动资产合计 Total Current Assets	#固定资产合计 Total Fixed Assets	负债合计 Total Liabilities	所有者权益合计 Total Owners' Equities
全　国	**National Total**	**21825011**	**15520179**	**2984098**	**13068411**	**8756600**
北　京	Beijing	2664534	2344035	149669	2022296	642238
天　津	Tianjin	974292	567956	192924	731002	243290
河　北	Hebei	457798	292207	48730	269033	188766
山　西	Shanxi	362824	249039	66934	205602	157222
内蒙古	Inner Mongolia	117513	86514	17609	92275	25238
辽　宁	Liaoning	450713	232919	107573	297813	152900
吉　林	Jilin	100705	67022	18405	73722	26983
黑龙江	Heilongjiang	253160	217386	22698	135234	117926
上　海	Shanghai	2036161	1634749	154644	1358055	678106
江　苏	Jiangsu	1777886	1322334	218806	1144738	633148
浙　江	Zhejiang	1472483	1027888	244289	928325	544157
安　徽	Anhui	477025	366127	63430	199049	277976
福　建	Fujian	939408	598897	82834	449315	490093
江　西	Jiangxi	873629	552172	172495	284178	589451
山　东	Shandong	758560	530000	117409	504805	253755
河　南	Henan	649364	402759	125897	361956	287409
湖　北	Hubei	624869	396329	150077	325362	299507
湖　南	Hunan	762108	576785	83303	282674	479434
广　东	Guangdong	1396475	969935	244611	890971	505504
广　西	Guangxi	478276	386214	35085	333219	145058
海　南	Hainan	48767	28570	13905	53556	-4789
重　庆	Chongqing	697740	422398	121743	433001	264739
四　川	Sichuan	1172376	599800	160044	515145	657231
贵　州	Guizhou	233373	222478	6318	180793	52579
云　南	Yunnan	790571	587764	86715	401068	389503
西　藏	Tibet	5966	3343	2567	3394	2572
陕　西	Shaanxi	492389	370716	76175	265799	226591
甘　肃	Gansu	429776	267224	126783	169769	260007
青　海	Qinghai	11315	7876	2576	7497	3817
宁　夏	Ningxia	34603	24947	8735	17669	16934
新　疆	Xinjiang	280355	163797	61116	131099	149256

医药及医疗器材专门零售
Special Retail of Medicines and Medical Appliances

单位：万元
Unit: 10000 yuan

地 区	Region	资产总计 Total Assets	#流动资产合计 Total Current Assets	#固定资产合计 Total Fixed Assets	负债合计 Total Liabilities	所有者权益合计 Total Owners' Equities
全 国	**National Total**	**30201336**	**24618375**	**1745300**	**23360305**	**6841031**
北 京	Beijing	5292501	3533677	91750	4213855	1078646
天 津	Tianjin	423475	384293	11096	257605	165870
河 北	Hebei	948877	863914	32478	836599	112277
山 西	Shanxi	503379	443613	19804	354472	148907
内 蒙 古	Inner Mongolia	175019	145849	16420	138056	36963
辽 宁	Liaoning	1076414	963357	53313	892308	184106
吉 林	Jilin	386009	310102	39847	297003	89006
黑 龙 江	Heilongjiang	626490	530315	71592	470977	155513
上 海	Shanghai	699837	636812	29591	570966	128871
江 苏	Jiangsu	3389525	2950947	202730	2677575	711951
浙 江	Zhejiang	1325001	1159876	72445	1019431	305570
安 徽	Anhui	1261070	1111464	75727	1019408	241662
福 建	Fujian	939323	627487	114075	517132	422191
江 西	Jiangxi	632682	494562	39802	537609	95073
山 东	Shandong	2501632	2016010	232274	1937749	563883
河 南	Henan	645235	521766	75006	476457	168778
湖 北	Hubei	1965189	1681114	121114	1614493	350696
湖 南	Hunan	1112214	913068	60750	866211	246003
广 东	Guangdong	1764801	1522630	112483	1291765	473036
广 西	Guangxi	1070936	924878	28971	788580	282356
海 南	Hainan	44755	40289	854	33071	11684
重 庆	Chongqing	565244	405680	41977	432550	132694
四 川	Sichuan	438212	359671	37888	347139	91073
贵 州	Guizhou	420507	388768	13762	351471	69036
云 南	Yunnan	557872	425744	56310	291529	266343
西 藏	Tibet	7601	7536	66	7070	532
陕 西	Shaanxi	386510	332380	28066	331430	55080
甘 肃	Gansu	126790	96541	12587	106391	20399
青 海	Qinghai	87772	82045	4425	77969	9803
宁 夏	Ningxia	170522	148269	9941	139597	30926
新 疆	Xinjiang	655944	595721	38157	463839	192105

汽车、摩托车、燃料及零配件专门零售
Special Retail of Motor Vehicles, Motorcycles, Fuel and Parts

单位：万元
Unit: 10000 yuan

地区	Region	资产总计 Total Assets	#流动资产合计 Total Current Assets	#固定资产合计 Total Fixed Assets	负债合计 Total Liabilities	所有者权益合计 Total Owners' Equities
全国	**National Total**	**189510097**	**130777291**	**24095837**	**140372012**	**50455822**
北京	Beijing	9823376	7747882	936984	7774283	2049093
天津	Tianjin	4760102	2973963	680509	2972870	1787232
河北	Hebei	5181350	3754021	779674	4316117	865233
山西	Shanxi	4637772	3478864	617541	3588199	1049573
内蒙古	Inner Mongolia	4808922	3341569	767936	3830369	978553
辽宁	Liaoning	6709954	4259223	1303680	4680971	2013045
吉林	Jilin	2270261	1613529	354041	1727559	542702
黑龙江	Heilongjiang	2369815	1563897	231294	2012551	357264
上海	Shanghai	5943657	4731972	497220	4488574	1455083
江苏	Jiangsu	14964992	9270625	2327293	11945903	4356983
浙江	Zhejiang	14188678	10398346	1634716	11512940	2678988
安徽	Anhui	6507124	4721155	763626	4649256	1857869
福建	Fujian	5658059	4115476	643726	3782773	1875286
江西	Jiangxi	2489963	1708593	327557	1841750	648213
山东	Shandong	14481285	9616853	2125863	10720813	3760557
河南	Henan	8238006	6166296	978099	6221389	2016617
湖北	Hubei	8179898	5137665	1399833	5821748	2357533
湖南	Hunan	6385231	3535985	1156020	3999214	2386017
广东	Guangdong	23876725	17688113	1877649	16595374	7281351
广西	Guangxi	2561486	2021676	230682	1943726	617760
海南	Hainan	1029192	666255	204651	681317	347875
重庆	Chongqing	4081109	2914156	485702	3041516	1039594
四川	Sichuan	10065508	6373679	1440127	6303539	3761968
贵州	Guizhou	4086516	1950609	400770	3267108	819408
云南	Yunnan	5366012	3789487	625243	3957048	1408963
西藏	Tibet	315815	152373	86294	193938	121877
陕西	Shaanxi	5008006	3212184	510167	3927539	1080467
甘肃	Gansu	1551833	1081946	214822	1214251	330645
青海	Qinghai	417334	318993	53655	321576	95757
宁夏	Ningxia	917723	669237	118974	728833	188890
新疆	Xinjiang	2634395	1802672	321488	2308970	325425

家用电器及电子产品专门零售 单位：万元

Special Retail of Household Electric Appliances and Electronic Products Unit: 10000 yuan

地 区	Region	资产总计 Total Assets	#流动资产合计 Total Current Assets	#固定资产合计 Total Fixed Assets	负债合计 Total Liabilities	所有者权益合计 Total Owners' Equities
全 国	**National Total**	**36940976**	**28748267**	**3153030**	**25434115**	**11506845**
北 京	Beijing	6419658	5800017	89514	4763617	1656042
天 津	Tianjin	608206	507078	28364	500966	107241
河 北	Hebei	682525	581606	53783	509568	172957
山 西	Shanxi	408360	335709	47196	311442	96918
内蒙古	Inner Mongolia	548896	388073	51367	408732	140164
辽 宁	Liaoning	1012258	726213	136342	654574	357685
吉 林	Jilin	303917	212553	17965	212729	91188
黑龙江	Heilongjiang	459562	311924	105443	361664	97899
上 海	Shanghai	1780092	1499047	96569	1166605	613487
江 苏	Jiangsu	5170792	2739625	573847	3458140	1712652
浙 江	Zhejiang	1513776	1276347	100047	1151307	362469
安 徽	Anhui	1245056	986900	114288	949997	295059
福 建	Fujian	1358597	1095747	113808	880410	478170
江 西	Jiangxi	608328	486672	44667	406877	201451
山 东	Shandong	2124867	1481505	360034	1412406	712461
河 南	Henan	1296050	997816	179759	858400	437650
湖 北	Hubei	2126609	1530138	405240	1205894	920715
湖 南	Hunan	694865	457720	119448	410945	283921
广 东	Guangdong	3620940	3169863	132025	2749949	870991
广 西	Guangxi	554489	496424	20247	426528	127962
海 南	Hainan	144294	125407	9108	124516	19778
重 庆	Chongqing	845783	722372	64935	453388	392395
四 川	Sichuan	1298115	1059773	114116	808317	489798
贵 州	Guizhou	261964	223200	17187	184982	76982
云 南	Yunnan	359652	287598	22886	209184	150468
西 藏	Tibet	25353	21257	1630	20943	4410
陕 西	Shaanxi	912260	735902	111350	454334	457925
甘 肃	Gansu	166220	145623	6786	109331	56889
青 海	Qinghai	31754	26973	3183	11717	20037
宁 夏	Ningxia	142393	120948	7940	101828	40565
新 疆	Xinjiang	215346	198238	3957	154829	60516

五金、家具及室内装饰材料专门零售 单位：万元

Special Retail of Hardware, Furniture and Interior Decoration Materials Unit: 10000 yuan

地 区	Region	资产总计 Total Assets	#流动资产合计 Total Current Assets	#固定资产合计 Total Fixed Assets	负债合计 Total Liabilities	所有者权益合计 Total Owners' Equities
全 国	**National Total**	**15786868**	**8589044**	**3626559**	**10440154**	**5346714**
北 京	Beijing	748008	584201	87825	581681	166327
天 津	Tianjin	445567	121913	192963	381536	64031
河 北	Hebei	223385	142735	39093	177993	45393
山 西	Shanxi	345959	228784	72893	204445	141514
内 蒙 古	Inner Mongolia	297178	198076	53372	132722	164456
辽 宁	Liaoning	437830	195749	154770	352746	85084
吉 林	Jilin	91339	50571	35343	42088	49251
黑 龙 江	Heilongjiang	102687	52788	29072	77848	24839
上 海	Shanghai	1161799	445243	436294	900074	261724
江 苏	Jiangsu	3242513	1495994	526381	2109147	1133367
浙 江	Zhejiang	588737	309707	183410	478601	110135
安 徽	Anhui	606827	352590	110002	413149	193678
福 建	Fujian	558498	419146	72518	331311	227188
江 西	Jiangxi	106531	71005	21651	50539	55992
山 东	Shandong	1678593	978371	487567	858443	820150
河 南	Henan	532170	285680	151743	254931	277239
湖 北	Hubei	836158	413937	210535	523903	312256
湖 南	Hunan	228805	105750	75695	116355	112451
广 东	Guangdong	1207030	793767	97264	921188	285843
广 西	Guangxi	47368	41953	2091	39240	8128
海 南	Hainan	32387	27880	1294	31192	1196
重 庆	Chongqing	804389	364753	291240	484262	320127
四 川	Sichuan	602401	407444	73822	430026	172375
贵 州	Guizhou	25136	17865	4146	15602	9535
云 南	Yunnan	148438	112919	19238	114526	33912
西 藏	Tibet					
陕 西	Shaanxi	525736	301674	136743	335190	190546
甘 肃	Gansu	123173	47148	55714	53244	69929
青 海	Qinghai	7501	2489	2198	5702	1799
宁 夏	Ningxia	25286	13661	1572	18231	7055
新 疆	Xinjiang	5440	5252	113	4243	1197

3-3-7 续表 8 Continued 8

货摊、无店铺及其他零售 单位：万元

Stalls, Non-shop and Other Retails Unit: 10000 yuan

地区	Region	资产总计 Total Assets	#流动资产合计 Total Currents Assets	#固定资产合计 Total Fixed Assets	负债合计 Total Liabilities	所有者权益合计 Total Owners' Equities
全国	**National Total**	**19608565**	**14130447**	**2718644**	**16069661**	**3538904**
北京	Beijing	2203193	1759229	56692	2881402	-678209
天津	Tianjin	721565	641441	43088	672357	49208
河北	Hebei	99757	48131	35027	59523	40234
山西	Shanxi	902861	323914	466426	771327	131534
内蒙古	Inner Mongolia	1155690	867139	101424	806887	348803
辽宁	Liaoning	372995	223069	73346	208192	164802
吉林	Jilin	81301	55995	17521	44670	36631
黑龙江	Heilongjiang	308531	73479	23702	66475	242056
上海	Shanghai	3469757	3138982	180122	3457546	12211
江苏	Jiangsu	1511540	1170280	209069	1162070	349470
浙江	Zhejiang	831543	598187	128034	587949	243594
安徽	Anhui	301139	225936	41751	175298	125841
福建	Fujian	637012	475019	72113	436944	200068
江西	Jiangxi	117538	83742	12032	72084	45455
山东	Shandong	2208042	1441949	381318	1653712	554331
河南	Henan	509044	238415	197251	267942	241102
湖北	Hubei	329678	183552	104003	210686	118992
湖南	Hunan	376566	118539	61488	178503	198063
广东	Guangdong	1732855	1217856	272780	1253221	479634
广西	Guangxi	214104	159710	26843	132849	81255
海南	Hainan	21269	15105	1427	12951	8318
重庆	Chongqing	287197	207670	23101	161135	126062
四川	Sichuan	504321	415455	46836	383843	120478
贵州	Guizhou	174774	117557	26520	101282	73492
云南	Yunnan	173217	105724	27176	120842	52375
西藏	Tibet	7726	6775	713	3369	4357
陕西	Shaanxi	129230	72983	33460	65675	63555
甘肃	Gansu	106029	79822	21932	62281	43748
青海	Qinghai	71043	42390	17069	32084	38958
宁夏	Ningxia	10504	6112	2062	3848	6657
新疆	Xinjiang	38548	16292	14320	22718	15831

3-4-1 限额以上批发和零售业企业损益及分配

项　目	Item	主营业务收入 Revenue from Principal Business	主营业务成本 Cost of Principal Business
总　计	**Total**	**4842139010**	**4487601647**
一、批发业	**Wholesale Trade**	**3873253429**	**3631144297**
#国有控股	State-controlled Enterprises	1611290700	1530473451
(一)按登记注册类型分	**by Type of Registration**		
1.内资企业	**Domestic Funded Enterprises**	**3359707706**	**3179117425**
国有企业	State-owned Enterprises	282376612	246272808
集体企业	Collective-owned Enterprises	12860036	11965964
股份合作企业	Cooperative Enterprises	2832407	2672298
联营企业	Joint Ownership Enterprises	759961	640399
国有联营企业	State Joint Ownership Enterprises	89345	83054
集体联营企业	Collective Joint Ownership Enterprises	65325	60989
国有与集体联营企业	Joint State-collective Enterprises	516772	417289
其他联营企业	Other Joint Ownership Enterprises	88520	79066
有限责任公司	Limited Liability Corporations	1660370808	1589965423
国有独资公司	State Sole Funded Corporations	362267971	351184413
其他有限责任公司	Other Limited Liability Corporations	1298102836	1238781010
股份有限公司	Share-holding Corporations Ltd.	393522813	377453752
私营企业	Private Enterprises	999119662	943507153
私营独资企业	Private-funded Enterprises	6317029	5356359
私营合伙企业	Private Partnership Enterprises	1078336	959212
私营有限责任公司	Private Limited Liability Corporations	963810973	911474012
私营股份有限公司	Private Share-holding Corporations Ltd.	27913325	25717570
其他企业	Other Enterprises	7865408	6639628
2.港、澳、台商投资企业	**Enterprises with Funds from Hongkong, Macao and Taiwan**	**156388796**	**138901355**
合资经营企业	Joint-venture Enterprises	35603494	33771989
合作经营企业	Cooperative Enterprises	1502643	1312877
独资经营企业	Enterprises with Sole Investment	115387515	100231396
投资股份有限公司	Share-holding Corporations Ltd. with Investment	3728056	3446293
其他港澳台商投资企业	Other Enterprises with Funds from Hongkong, Macao and Taiwan	167088	138800
3.外商投资企业	**Foreign Funded Enterprises**	**357156926**	**313125517**
中外合资经营企业	Joint-venture Enterprises	96404459	88368261
中外合作经营企业	Cooperative Enterprises	5708595	5576871
外资企业	Enterprises with Sole Foreign Investment	247611921	212503266
外商投资股份有限公司	Share-holding Corporations Ltd. with Foreign Investment	3355714	2887080
其他外商投资企业	Other Foreign Funded Enterprises	4076238	3790039

Income and Distribution of Enterprises above Designated Size of Wholesale and Retail Trades

主营业务税金及附加 Taxes and Other Charges on Principal Business	主营业务利润 Profits from Principal Business	其他业务利润 Profits from Other Business	销售费用 Selling Expenses	管理费用 Administrative Expenses	#税金 Taxes
20500550	**334036813**	**23742822**	**151585787**	**79542518**	**3326040**
14967186	**227141946**	**12573409**	**94738198**	**50051152**	**2061980**
8409932	72407316	7820362	23779583	15761092	737252
13053352	**167536929**	**5824616**	**59751456**	**37778929**	**1730260**
6375694	29728110	421009	4912105	7052431	215847
67711	826361	43608	296356	251949	13521
7074	153035	5207	60317	40774	2560
1703	117859	1598	35015	10777	289
197	6093	478	1573	3104	72
444	3891	1013	1324	1908	19
775	98709	23	30498	3806	7
288	9165	85	1620	1958	191
3459300	66946084	2474378	25450242	14138944	713922
747135	10336423	415403	3115412	2282889	116642
2712165	56609661	2058975	22334830	11856055	597279
455958	15613103	880116	8107743	3343579	194029
2593180	53019329	1990905	20681277	12754087	578086
90543	870126	2876	214130	121198	9028
8095	111029	2041	47783	17526	1017
2374253	49962708	1923895	19736769	12146600	550023
120290	2075465	62093	682596	468764	18018
92732	1133049	7794	208400	186389	12007
314923	**17172519**	**545850**	**9560446**	**4123451**	**63396**
38365	1793141	16499	1047879	376170	9449
2453	187313	835	94194	40373	413
269688	14886431	522152	8208001	3628211	51835
4168	277595	6363	191210	72628	1699
248	28040		19163	6069	
1598912	**42432497**	**6202943**	**25426297**	**8148772**	**268324**
99799	7936399	5456248	5166453	603860	55689
22727	108996	6178	82014	19754	142
1463285	33645370	1689722	19755865	7396072	207023
6678	461956	-962922	313983	85614	2099
6422	279777	13718	107983	43472	3371

项　　目	Item	财务费用 Financial Expenses	#利息支出 Interest Expense
总　　计	**Total**	**24845422**	**22824662**
一、批发业	**Wholesale Trade**	**17670156**	**18166350**
#国有控股	State-controlled Enterprises	5041653	7953854
(一)按登记注册类型分	**by Type of Registration**		
1.内资企业	**Domestic Funded Enterprises**	**16823271**	**16892849**
国有企业	State-owned Enterprises	276298	1171739
集体企业	Collective-owned Enterprises	75688	79063
股份合作企业	Cooperative Enterprises	26954	21970
联营企业	Joint Ownership Enterprises	4360	2156
国有联营企业	State Joint Ownership Enterprises	758	721
集体联营企业	Collective Joint Ownership Enterprises	1251	1168
国有与集体联营企业	Joint State-collective Enterprises	2371	2
其他联营企业	Other Joint Ownership Enterprises	-20	266
有限责任公司	Limited Liability Corporations	8004136	8532477
国有独资公司	State Sole Funded Corporations	1142224	1551519
其他有限责任公司	Other Limited Liability Corporations	6861912	6980958
股份有限公司	Share-holding Corporations Ltd.	1484450	2147410
私营企业	Private Enterprises	6908242	4920310
私营独资企业	Private-funded Enterprises	37875	14641
私营合伙企业	Private Partnership Enterprises	4023	3881
私营有限责任公司	Private Limited Liability Corporations	6624152	4744136
私营股份有限公司	Private Share-holding Corporations Ltd.	242193	157651
其他企业	Other Enterprises	43143	17724
2.港、澳、台商投资企业	**Enterprises with Funds from Hongkong, Macao and Taiwan**	**588469**	**571305**
合资经营企业	Joint-venture Enterprises	95569	61485
合作经营企业	Cooperative Enterprises	1210	886
独资经营企业	Enterprises with Sole Investment	478890	488622
投资股份有限公司	Share-holding Corporations Ltd. with Investment	11955	20313
其他港澳台商投资企业	Other Enterprises with Funds from Hongkong, Macao and Taiwan	846	
3.外商投资企业	**Foreign Funded Enterprises**	**258416**	**702196**
中外合资经营企业	Joint-venture Enterprises	258514	274783
中外合作经营企业	Cooperative Enterprises	-2196	3069
外资企业	Enterprises with Sole Foreign Investment	-6272	415701
外商投资股份有限公司	Share-holding Corporations Ltd. with Foreign Investment	6005	6733
其他外商投资企业	Other Foreign Funded Enterprises	2366	1909

单位：万元
Unit: 10000 yuan

营业利润 Operating Profits	利润总额 Total Profits	应交所得税 Income Tax Payable	应付职工薪酬 Payables to Employees	应交增值税 VAT Payable
101604983	**104266126**	**23333010**	**75710840**	**56168173**
76870784	**78998083**	**18348915**	**43318291**	**39962594**
32359427	35131349	8730209	15306834	17020610
61445812	**62873586**	**14482301**	**32361382**	**32633163**
17944307	19123298	4721920	6219745	6586895
266981	243794	28960	184861	192383
30913	27286	2732	27799	22013
12782	16032	1997	12907	10678
2391	3768	1005	2646	1154
-539	1108	22	2829	4098
836	720	352	6682	4847
10093	10436	619	751	580
23726576	24847306	5892041	13282214	12648963
5096816	5552667	1345565	2047377	2601791
18629760	19294639	4546476	11234837	10047172
4523949	4671216	874405	3833281	4660508
14247165	13282662	2903619	8596314	8405927
511915	453694	58618	76389	180860
42714	40321	6649	17793	15534
12914470	11978464	2698770	8170325	7912633
778066	810183	139583	331807	296901
693139	661994	56627	204261	105796
4333469	**4761001**	**1047504**	**3375245**	**2320541**
590886	684659	124347	302822	326214
53880	60011	11538	52701	9691
3667918	3993699	894623	2905749	1948762
18718	20195	16976	96370	34080
2068	2436	21	17603	1794
11091503	**11363497**	**2819110**	**7581663**	**5008890**
2013591	2073585	494455	592028	950871
28944	28567	5136	29523	12411
8877027	9075884	2261976	6848634	3790681
59461	61443	27609	61798	34850
112480	124019	29934	49679	220078

项　目	Item	主营业务收入 Revenue from Principal Business	主营业务成本 Cost of Principal Business
(二)按国民经济行业分	**by Sector**		
农、林、牧产品批发	Wholesale of Agricultural, Forestry and Livestock Products	79186746	73085923
食品、饮料及烟草制品批发	Wholesale of Food, Beverages and Tobaccos	346477775	284973297
米、面制品及食用油批发	Wholesale of Rice, Flour and Edible Oil	49251186	46439529
肉、禽、蛋、奶及水产品批发	Wholesale of Meal, Fowls, Eggs, Milk and Aquatic Products	26252791	23673257
酒、饮料及茶叶批发	Wholesale of Wine, Beverages and Teas	49265104	38232359
烟草制品批发	Wholesale of Tobaccos	150802362	115437033
纺织、服装及家庭用品批发	Wholesale of Textiles, Wearing Apparel and Household Articles	315548783	278756204
服装批发	Wholesale of Garments	79054747	67657492
鞋帽批发	Wholesale of Shoes and Hats	16895513	14361398
家用电器批发	Wholesale of Household Electrical Appliances	85956844	78103763
文化、体育用品及器材批发	Wholesale of Culture, Sports Appliances and Equipments	64389414	59052686
文具用品批发	Wholesale of Stationeries	17930698	16960752
体育用品及器材批发	Wholesale of Sports Appliances and Equipments	3983456	3455933
图书批发	Wholesale of Books	6944739	5808970
医药及医疗器材批发	Wholesale of Medicines and Medical Appliances	159270516	142553423
西药批发	Wholesale of Western Medicine	100972186	92792759
中药批发	Wholesale of Chinese Traditional Medicine	35045034	31256773
矿产品、建材及化工产品批发	Wholesale of Mineral Products, Building Materials and Chemical Products	2281432550	2215630725
煤炭及制品批发	Wholesale of Coal and Related Products	285365035	273937229
石油及制品批发	Wholesale of Petroleum and Related Products	643170646	626592674
金属及金属矿批发	Wholesale of Metal Materials	844423161	827264474
建材批发	Wholesale of Building Materials	112984033	107585163
化肥批发	Wholesale of Chemical Fertilizer	64689668	61419709
农药批发	Wholesale of Pesticides	4407455	4046393
机械设备、五金产品及电子产品批发	Wholesale of Machinery, Hardware and Electronic Products	494077617	451605547
汽车批发	Wholesale of Motor Vehicles	174297862	157070148
计算机、软件及辅助设备批发	Wholesale of Computer, Software and Assistant Appliances	41350649	39336345
通讯及广播电视设备批发	Wholesale of Communication, Radios and Televisions Equipments	70304712	66030379
贸易经纪与代理	Trade Broker and Agency	48439009	46071895
其他批发业	Other Wholesale not Classified Elsewhere	84431020	79414596

单位：万元
Unit: 10000 yuan

主营业务税金及附加 Taxes and Other Charges on Principal Business	主营业务利润 Profits from Principal Business	其他业务利润 Profits from Other Business	销售费用 Selling Expenses	管理费用 Administrative Expenses	#税金 Taxes
361396	5739427	196516	1516211	1271894	62605
8248110	53256368	1531760	15467938	10951288	332647
84458	2727198	161069	1773049	744050	21624
149314	2430220	94865	838929	454905	18374
345683	10687062	667748	5457337	1229070	54418
7213979	28151351	260171	3147406	6448169	167108
864850	35927728	6056976	18500497	8085827	181195
334466	11062789	163105	4574924	3412678	63154
64589	2469526	48347	907258	870855	12419
126262	7726819	5515675	4473327	976685	29502
141489	5195239	277106	2392907	1536870	84509
29696	940250	35798	362523	286891	10108
8934	518589	14066	238780	186670	3118
8354	1127415	126918	488569	389338	11637
381334	16335759	737600	8524295	3716975	126658
201431	7977996	384821	4050424	1826607	70648
97775	3690485	140800	1965974	674138	22584
2638702	63163123	1390911	25773878	13520708	870118
546779	10881027	357951	4441050	2347444	156930
444956	16133015	-521296	7433294	2851007	199085
660121	16498566	493577	6559040	3667270	278387
276098	5122773	160985	1586110	1163226	70484
139449	3130511	48832	937550	542625	30557
12236	348827	14587	141423	80552	2894
1926007	40546064	2064013	19920420	9144110	324489
1279870	15947844	483958	8437351	1401312	116767
42767	1971537	92723	895112	615114	16028
91791	4182542	493013	2666499	1431520	40061
69819	2297295	212676	1086608	632206	24023
335481	4680944	105851	1555444	1191274	55737

项　　目	Item	财务费用 Financial Expenses	#利息支出 Interest Expenses
(二)按国民经济行业分	**by Sector**		
农、林、牧产品批发	Wholesale of Agricultural, Forestry and Livestock Products	1194278	1127933
食品、饮料及烟草制品批发	Wholesale of Food, Beverages and Tobaccos	365578	1100906
米、面制品及食用油批发	Wholesale of Rice, Flour and Edible Oil	473549	475178
肉、禽、蛋、奶及水产品批发	Wholesale of Meal, Fowls, Eggs, Milk and Aquatic Products	135471	94201
酒、饮料及茶叶批发	Wholesale of Wine, Beverages and Teas	170147	168056
烟草制品批发	Wholesale of Tobaccos	-881490	30376
纺织、服装及家庭用品批发	Wholesale of Textiles, Wearing Apparel and Household Articles	931526	1060037
服装批发	Wholesale of Garments	345503	398120
鞋帽批发	Wholesale of Shoes and Hats	38329	48524
家用电器批发	Wholesale of Household Electrical Appliances	-26886	112881
文化、体育用品及器材批发	Wholesale of Culture, Sports Appliances and Equipments	370353	395786
文具用品批发	Wholesale of Stationeries	96349	81376
体育用品及器材批发	Wholesale of Sports Appliances and Equipments	14648	14242
图书批发	Wholesale of Books	11851	38508
医药及医疗器材批发	Wholesale of Medicines and Medical Appliances	918327	743132
西药批发	Wholesale of Western Medicine	660626	504551
中药批发	Wholesale of Chinese Traditional Medicine	200770	165835
矿产品、建材及化工产品批发	Wholesale of Mineral Products, Building Materials and Chemical Products	11483667	10722884
煤炭及制品批发	Wholesale of Coal and Related Products	1897327	1859562
石油及制品批发	Wholesale of Petroleum and Related Products	1247342	1412259
金属及金属矿批发	Wholesale of Metal Materials	5358128	4926079
建材批发	Wholesale of Building Materials	916447	742987
化肥批发	Wholesale of Chemical Fertilizer	626605	492702
农药批发	Wholesale of Pesticides	29113	34803
机械设备、五金产品及电子产品批发	Wholesale of Machinery, Hardware and Electronic Products	1537560	1984580
汽车批发	Wholesale of Motor Vehicles	226571	482361
计算机、软件及辅助设备批发	Wholesale of Computer, Software and Assistant Appliances	148229	138019
通讯及广播电视设备批发	Wholesale of Communication, Radios and Televisions Equipments	145284	245055
贸易经纪与代理	Trade Broker and Agency	165255	464684
其他批发业	Other Wholesale not Classified Elsewhere	703612	566408

单位：万元
Unit: 10000 yuan

营业利润 Operating Profits	利润总额 Total Profits	应交所得税 Income Tax Payable	应付职工薪酬 Payables to Employees	应交增值税 VAT Payable
2369476	2596522	254321	991015	374244
28090482	29236211	6498726	9749064	9873315
48489	721338	129000	534362	336084
1089472	1055757	99673	464940	183372
4191555	4326584	982150	1310188	1493887
19650497	19998493	4874169	5692804	6708052
9530953	9659075	2155790	6295234	5019993
3265203	3278602	668225	1792704	1490036
794917	834095	176374	457814	290761
2379886	2406211	301502	1394653	1030545
1269226	1276372	254986	1320427	607657
234590	217908	34377	190845	81825
126765	130766	41506	126934	67110
336450	279522	30021	361582	19957
4095172	4169084	903938	3768752	2289114
1964581	2011002	419909	1876339	1145485
958384	941276	208037	704139	590936
15820473	16390441	4447989	10539691	14725891
3002843	2818545	557287	1389361	2653253
4855144	4620597	1393928	3610536	6224334
2127176	2963631	1453662	2164916	2289676
2163259	2054565	262718	793401	881242
1075058	1120155	87896	392171	179155
141534	128127	16328	65788	11454
13273490	13075469	3168508	9241652	5373599
6702401	5896395	1487157	1104063	2064458
506400	540004	101943	522718	289460
651541	1066115	311130	1459232	750203
891890	903859	323386	580987	268456
1529622	1691049	341270	831469	1430326

项　目	Item	主营业务收入 Revenue from Principal Business	主营业务成本 Cost of Principal Business
二、零售业	**Retail Trade**	**968885581**	**856457350**
#国有控股	State-controlled Enterprises	202839938	183744665
(一)按登记注册类型分	**by Type of Registration**		
1.内资企业	**Domestic Funded Enterprises**	**863596622**	**769573927**
国有企业	State-owned Enterprises	20153857	17966130
集体企业	Collective-owned Enterprises	14281796	12499463
股份合作企业	Cooperative Enterprises	1698962	1495752
联营企业	Joint Ownership Enterprises	1064846	950175
国有联营企业	State Joint Ownership Enterprises	221716	199822
集体联营企业	Collective Joint Ownership Enterprises	344458	311674
国有与集体联营企业	Joint State-collective Enterprises	298462	266675
其他联营企业	Other Joint Ownership Enterprises	200210	172004
有限责任公司	Limited Liability Corporations	377273087	337226570
国有独资公司	State Sole Funded Corporations	16132234	14484971
其他有限责任公司	Other Limited Liability Corporations	361140853	322741599
股份有限公司	Share-holding Corporations Ltd.	139100626	125976143
私营企业	Private Enterprises	305458098	269660885
私营独资企业	Private-funded Enterprises	12792939	10556166
私营合伙企业	Private Partnership Enterprises	1456232	1203797
私营有限责任公司	Private Limited Liability Corporations	276072249	244695041
私营股份有限公司	Private Share-holding Corporations Ltd.	15136678	13205882
其他企业	Other Enterprises	4565350	3798810
2.港、澳、台商投资企业	**Enterprises with Funds from Hongkong, Macao and Taiwan**	**48906292**	**39903282**
合资经营企业	Joint-venture Enterprises	12761859	10478103
合作经营企业	Cooperative Enterprises	699207	592236
独资经营企业	Enterprises with Sole Investment	33630906	27398794
投资股份有限公司	Share-holding Corporations Ltd. with Investment	941190	667179
其他港澳台商投资企业	Other Enterprises with Funds from Hongkong, Macao and Taiwan	873130	766971
3.外商投资企业	**Foreign Funded Enterprises**	**56382667**	**46980142**
中外合资经营企业	Joint-venture Enterprises	23657093	20387849
中外合作经营企业	Cooperative Enterprises	2161909	1906137
外资企业	Enterprises with Sole Foreign Investment	28790045	23189317
外商投资股份有限公司	Share-holding Corporations Ltd. with Foreign Investment	1350715	1138953
其他外商投资企业	Other Foreign Funded Enterprises	422906	357887

单位：万元
Unit: 10000 yuan

主营业务税金及附加 Taxes and Other Charges on Principal Business	主营业务利润 Profits from Principal Business	其他业务利润 Profits from Other Business	销售费用 Selling Expenses	管理费用 Administrative Expenses	#税金 Taxes
5533363	**106894868**	**11169413**	**56847589**	**29491367**	**1264060**
723785	18371489	1584472	9867291	4692119	216230
4995348	**89027348**	**8387512**	**44018662**	**24689595**	**1116361**
122908	2064819	145460	849210	650502	30444
149321	1633012	48183	437520	403298	22271
13048	190163	14195	69129	66419	6680
7354	107317	950	35166	21766	1187
1393	20501	594	6554	5347	106
2501	30284	194	10656	6278	755
2402	29386	33	7957	2820	64
1059	27147	129	10000	7322	262
1850375	38196143	4772893	21156182	10581447	453845
62619	1584645	165646	690367	455732	15609
1787756	36611498	4607247	20465815	10125716	438236
580943	12543541	1406673	7034888	3192497	165381
2217727	33579486	1988557	14216385	9618823	427027
219890	2016884	21155	420287	378288	39961
34235	218200	5130	68282	50919	7863
1845035	29532173	1872945	12865246	8717460	358214
118567	1812230	89326	862570	472156	20989
53673	712868	10602	220181	154842	9529
262796	**8740213**	**1761276**	**6174721**	**2449467**	**50783**
71876	2211879	412725	1271796	465025	14713
2631	104340	10199	53069	40660	1100
179199	6052913	1308267	4556018	1847772	31563
6898	267113	25564	203123	48615	2217
2192	103967	4521	90716	47396	1190
275220	**9127306**	**1020626**	**6654206**	**2352304**	**96915**
86686	3182558	397856	2414018	674515	26937
10650	245122	64946	194809	63186	766
168131	5432597	540202	3913314	1496011	66721
8115	203648	15569	96620	97942	1084
1638	63381	2053	35444	20651	1409

项　目	Item	财务费用 Financial Expenses	#利息支出 Interest Expenses
二、零售业	**Retail Trade**	**7175266**	**4658312**
#国有控股	State-controlled Enterprises	645222	600636
(一)按登记注册类型分	**by Type of Registration**		
1.内资企业	**Domestic Funded Enterprises**	**6687960**	**4253725**
国有企业	State-owned Enterprises	63737	51541
集体企业	Collective-owned Enterprises	77104	30605
股份合作企业	Cooperative Enterprises	5582	4433
联营企业	Joint Ownership Enterprises	3387	1720
国有联营企业	State Joint Ownership Enterprises	427	326
集体联营企业	Collective Joint Ownership Enterprises	1471	268
国有与集体联营企业	Joint State-collective Enterprises	388	116
其他联营企业	Other Joint Ownership Enterprises	1101	1010
有限责任公司	Limited Liability Corporations	2845823	1873689
国有独资公司	State Sole Funded Corporations	20990	24503
其他有限责任公司	Other Limited Liability Corporations	2824833	1849186
股份有限公司	Share-holding Corporations Ltd.	607814	502504
私营企业	Private Enterprises	3047459	1773607
私营独资企业	Private-funded Enterprises	98862	35132
私营合伙企业	Private Partnership Enterprises	11393	6026
私营有限责任公司	Private Limited Liability Corporations	2831905	1672419
私营股份有限公司	Private Share-holding Corporations Ltd.	105299	60030
其他企业	Other Enterprises	37054	15625
2.港、澳、台商投资企业	**Enterprises with Funds from Hongkong, Macao and Taiwan**	**296301**	**214866**
合资经营企业	Joint-venture Enterprises	114820	71151
合作经营企业	Cooperative Enterprises	3931	4352
独资经营企业	Enterprises with Sole Investment	161084	136766
投资股份有限公司	Share-holding Corporations Ltd. with Investment	8247	2488
其他港澳台商投资企业	Other Enterprises with Funds from Hongkong, Macao and Taiwan	8219	110
3.外商投资企业	**Foreign Funded Enterprises**	**191005**	**189720**
中外合资经营企业	Joint-venture Enterprises	43487	42398
中外合作经营企业	Cooperative Enterprises	-2345	4695
外资企业	Enterprises with Sole Foreign Investment	128212	128994
外商投资股份有限公司	Share-holding Corporations Ltd. with Foreign Investment	17995	11395
其他外商投资企业	Other Foreign Funded Enterprises	3655	2238

3-4-1 Continued 5

单位：万元
Unit: 10000 yuan

营业利润 Operating Profits	利润总额 Total Profits	应交所得税 Income Tax Payable	应付职工薪酬 Payables to Employees	应交增值税 VAT payable
24734200	**25268042**	**4984095**	**32392550**	**16205579**
5477968	6712790	902821	5908727	3383698
22028925	**22596259**	**4188875**	**27673376**	**14223844**
664334	1690842	67048	757400	440315
731727	674875	67857	306789	218426
67906	56381	7560	66995	19014
50975	43529	8098	27745	13043
9194	8146	1663	12780	2470
14577	9590	2052	6787	3495
18357	17073	3083	4984	4203
8847	8721	1300	3194	2875
7545708	7581409	2105645	11967687	5911750
593415	609471	99810	430202	217881
6952293	6971938	2005835	11537485	5693869
3926002	3849127	554481	3836432	2299968
8730025	8419313	1352824	10540352	5259957
1121428	1001254	97356	1208126	279763
95181	88405	8599	44262	19045
6880284	6783026	1172532	8828485	4707795
633132	546628	74337	459479	253355
312247	280783	25362	169976	61370
1278048	**1181584**	**387361**	**2208547**	**1022083**
805920	790832	146687	570221	313110
20275	21767	7120	28842	10991
388151	284649	222066	1527052	667238
20921	30633	7929	38628	19759
42780	53704	3560	43804	10984
1427227	**1490200**	**407859**	**2510626**	**959651**
547586	558800	170735	893064	293731
53724	71342	11733	61425	39023
794422	832020	219185	1466230	594448
24659	19236	5615	67606	24596
6835	8803	591	22303	7853

项　目	Item	主营业务收入 Revenue from Principal Business	主营业务成本 Cost of Principal Business
(二)按国民经济行业分	**by Sector**		
综合零售	Integrated Retail	216879621	184216562
百货零售	Retail of General Merchandise	117322813	99143743
超级市场零售	Retail of Supermarkets	88260440	75560530
食品、饮料及烟草制品专门零售	Special Retail of Food, Beverages and Tobaccos	30854472	25027986
粮油零售	Retail of Cereal and Oil	4105811	3557931
肉、禽、蛋、奶及水产品零售	Retail of Meat, Poultry, Eggs, Milk and Aquatic Products	5612018	4680389
酒、饮料及茶叶零售	Retail of Wine, Beverages and Teas	7853201	6243066
烟草制品零售	Retail of Tobaccos	2459418	1994848
纺织、服装及日用品专门零售	Special Retail of Textiles, Garments and Daily Consumer Articles	40555774	29357603
服装零售	Retail of Garments	24491958	17225621
文化、体育用品及器材专门零售	Special Retail of Culture, Sports Appliances and Equipments	30544994	25019998
体育用品及器材零售	Retail of Sports Appliances and Equipments	1362775	1082666
图书、报刊零售	Retail of Books, Newspapers and Magazines	9777674	7540288
医药及医疗器材专门零售	Special Retail of Medicines and Medical Appliances	49271956	42797105
药品零售	Retail of Medicines	45559090	39823027
汽车、摩托车、燃料及零配件专门零售	Special Retail of Motor Vehicles, Motorcycles, Fuel and Parts	451245914	420148446
汽车零售	Retail of Motor Vehicles	311309601	290417123
机动车燃料零售	Retail of Fuel of Motor Vehicles	130387683	121325708
家用电器及电子产品专门零售	Special Retail of Household Electric Appliances and Electronic Products	78660915	69633949
日用家电设备零售	Retail of Household Electric Appliances	31157820	27151218
计算机、软件及辅助设备零售	Retail of Computer, Software and Assistant Appliances	22375092	20348691
通信设备零售	Retail of Communication Equipments	8074461	7217791
五金、家具及室内装饰材料专门零售	Special Retail of Hardware, Furniture and Interior Decoration Materials	27444701	21921478
货摊、无店铺及其他零售	Stalls, Non-shop and Other Retails	43427234	38334224
互联网零售	Retail on the Internet	25283360	23225255
(三)按零售业态分	**by Mode of Business Operation**		
有店铺零售	Store-based Retailing	922674477	814529217
超市	Supermarket	28987361	24456114
大型超市	Hypermarket	83331422	71750038
百货店	Department Store	113389111	94925547
专业店	Speciality Store	360556067	323430239
专卖店	Exclusive Shop	285619735	257347974
无店铺零售	Non-Store Selling	46211104	41928133

单位：万元
Unit: 10000 yuan

主营业务税金及附加 Taxes and Other Charges on Principal Business	主营业务利润 Profits from Principal Business	其他业务利润 Profits from Other Business	销售费用 Selling Expenses	管理费用 Administrative Expenses	#税金 Taxes
1880686	30782374	5890469	20467280	9582256	409030
1207434	16971637	3081960	8803924	6034423	282918
540063	12159848	2658670	10752539	3056833	112092
380838	5445649	187257	2178846	1275171	52251
37991	509888	19840	180952	151982	5139
69265	862364	11894	285384	196844	9247
126434	1483701	51013	580547	360523	17674
20408	444162	28890	139527	113781	2575
450150	10748021	855631	6383299	2817466	105034
267116	6999220	686236	4139066	1927017	77671
268477	5256519	297781	2295264	1590446	54764
9302	270807	3094	161828	76485	2508
26077	2211309	177697	889929	770562	25923
207584	6267267	185299	2954556	1578180	50197
183796	5552267	172079	2649412	1345501	46025
1181886	29915582	2868375	13480108	8231041	410755
815892	20076586	2669718	8856296	6636658	289512
280349	8781627	171141	4310806	1340442	105964
444155	8582811	562088	4604359	2047353	87329
204107	3802496	255803	2285316	906323	42676
85207	1941195	41744	730628	468935	16832
44133	812537	181415	578445	244316	5372
506664	5016559	124608	1471477	1124317	57162
212925	4880086	197906	3012401	1245137	37539
41358	2016747	87402	1953617	484818	10065
5438979	102706281	11030255	53380825	28436831	1242884
297358	4233888	277581	2128858	1047788	54949
467227	11114157	2670751	10358765	2871718	99894
1227888	17235676	3001993	8796117	6136234	297067
1737861	35387968	1862762	15622883	8767358	402015
1105201	27166560	2236648	13267657	7668216	319366
94384	4188587	139159	3466764	1054536	21176

项 目	Item	财务费用 Financial Expense	#利息支出 Interest Expenses
(二)按国民经济行业分	**by Sector**		
综合零售	Integrated Retail	1532283	1019110
百货零售	Retail of General Merchandise	1083174	743770
超级市场零售	Retail of Supermarkets	403622	251107
食品、饮料及烟草制品专门零售	Special Retail of Food, Beverages and Tobaccos	257704	123908
粮油零售	Retail of Cereal and Oil	64531	24555
肉、禽、蛋、奶及水产品零售	Retail of Meat, Poultry, Eggs, Milk and Aquatic Products	47532	25281
酒、饮料及茶叶零售	Retail of Wine, Beverages and Teas	74477	33949
烟草制品零售	Retail of Tobaccos	838	4581
纺织、服装及日用品专门零售	Special Retail of Textiles, Garments and Daily Consumer Articles	349347	184614
服装零售	Retail of Garments	248003	136759
文化、体育用品及器材专门零售	Special Retail of Culture, Sports Appliances and Equipments	160488	125835
体育用品及器材零售	Retail of Sports Appliances and Equipments	818	1038
图书、报刊零售	Retail of Books, Newspapers and Magazines	-9809	2892
医药及医疗器材专门零售	Special Retail of Medicines and Medical Appliances	440064	366298
药品零售	Retail of Medicines	419268	350976
汽车、摩托车、燃料及零配件专门零售	Special Retail of Motor Vehicles, Motorcycles, Fuel and Parts	3592165	2383822
汽车零售	Retail of Motor Vehicles	3262260	2179624
机动车燃料零售	Retail of Fuel of Motor Vehicles	265836	171944
家用电器及电子产品专门零售	Special Retail of Household Electric Appliances and Electronic Products	377084	214298
日用家电设备零售	Retail of Household Electric Appliances	154334	82565
计算机、软件及辅助设备零售	Retail of Computer, Software and Assistant Appliances	78082	62750
通信设备零售	Retail of Communication Equipments	53086	27975
五金、家具及室内装饰材料专门零售	Special Retail of Hardware, Furniture and Interior Decoration Materials	316059	138123
货摊、无店铺及其他零售	Stalls, Non-shop and Other Retails	150072	102305
互联网零售	Retail on the Internet	-10681	17256
(三)按零售业态分	**by Mode of Business Operation**		
有店铺零售	Store-based Retailing	7127783	4594579
超市	Supermarket	257604	128328
大型超市	Hypermarket	324991	225257
百货店	Department Store	1077621	755407
专业店	Speciality Store	2372054	1513053
专卖店	Exclusive Shop	2638209	1732817
无店铺零售	Non-Store Selling	47482	63733

单位：万元
Unit: 10000 yuan

营业利润 Operating Profits	利润总额 Total Profits	应交所得税 Income Tax Payable	应付职工薪酬 Payables to Employees	应交增值税 VAT payable
6827243	6832050	2030752	10406868	3835437
5215452	5207970	1598961	5199346	2334087
1289910	1387196	393662	4744501	1264300
1928952	2095383	256994	1516439	587002
143562	428413	17626	183095	28908
351072	291704	31988	208881	74839
509543	466394	61723	376637	204076
245407	241139	46099	126092	49103
1614013	1504084	396333	3489557	1184151
950010	860045	244055	2550012	809463
1329248	1350085	161544	1627427	391630
32191	15519	6577	60595	29296
590236	659921	46023	887355	80590
1452218	1415404	255876	1839050	962215
1296515	1270756	224484	1683618	809256
6245132	5779181	1105035	9425969	7004918
2848176	2668918	709363	7145109	4766490
2943882	2697973	339044	2030454	2088365
2331402	2402177	330909	2162653	1092676
978072	1017146	133550	892841	442095
567238	612250	84417	438432	282126
195109	189929	36280	313973	132784
2203463	2013973	260832	822081	507508
802529	1875707	185819	1102506	640042
-311187	-213697	44007	543275	250413
24959887	25365261	4896586	31368405	15671472
1117831	990373	122696	1418633	413354
918376	882826	886228	4693875	1197848
5286206	5384787	1085988	4846634	2447943
10089109	10974040	1491713	10628704	5912216
5117105	4936882	991423	7933529	4818531
-225687	-97218	87509	1024145	534107

3-4-2 各地区限额以上批发业企业损益及分配

地区	Region	主营业务收入 Revenue from Principal Business	主营业务成本 Cost of Principal Business	主营业务税金及附加 Taxes and Other Charges on Principal Business	主营业务利润 Profits from Principal Business	其他业务利润 Profits from Other Business	销售费用 Selling Expenses	管理费用 Administrative Expenses
全国	**National Total**	**3873253429**	**3631144297**	**14967186**	**227141946**	**12573409**	**94738198**	**50051152**
北京	Beijing	431769165	405912564	637138	25219463	1763999	13656820	6610998
天津	Tianjin	260006588	249571672	1606443	8828473	272795	3093672	1393522
河北	Hebei	80901532	77132319	348127	3421086	53724	1291038	759843
山西	Shanxi	86716252	83855732	254973	2605547	205071	1209202	872496
内蒙古	Inner Mongolia	25777803	23743266	223010	1811527	83182	660329	401424
辽宁	Liaoning	118182022	113466435	417257	4298330	98636	1631863	1275859
吉林	Jilin	18313725	16968747	142853	1202125	93493	621951	242216
黑龙江	Heilongjiang	36543897	33734299	285658	2523940	18589	744027	495135
上海	Shanghai	595230091	555926183	695962	38607946	1274549	22004647	8068122
江苏	Jiangsu	312739287	291595047	921006	20223234	1514420	6928834	4102193
浙江	Zhejiang	329262707	314874132	838773	13549802	388871	5977351	3367105
安徽	Anhui	53989690	49343256	404888	4241546	154332	2077808	840282
福建	Fujian	130225618	122849929	468841	6906848	160143	2591341	1587472
江西	Jiangxi	21920906	19733177	260476	1927253	36369	685545	397362
山东	Shandong	211376785	193877610	1335943	16163232	306144	4019545	2950573
河南	Henan	71045716	64055901	760735	6229080	115555	1573816	1274015
湖北	Hubei	92516437	84999335	624042	6893060	247345	2635045	1393273
湖南	Hunan	39758847	35296429	576983	3885435	39338	1143166	1021257
广东	Guangdong	503740528	474694756	1314846	27730926	5127199	10936805	7166737
广西	Guangxi	34527994	32432416	224838	1870740	46755	733428	490513
海南	Hainan	19784473	18878520	65987	839966	17273	309437	143492
重庆	Chongqing	60396267	55323452	534506	4538309	92254	1377695	944770
四川	Sichuan	79121024	71856017	673445	6591562	159785	3511716	1261576
贵州	Guizhou	23716768	19718829	332750	3665189	44859	848604	605403
云南	Yunnan	59108172	52973571	360189	5774412	84329	1369787	798092
西藏	Tibet	1069307	670331	32688	366288	1758	292315	45811
陕西	Shaanxi	50966148	47660939	303216	3001993	54528	1144327	569352
甘肃	Gansu	41403516	39504616	108000	1790900	47505	475347	344325
青海	Qinghai	11952064	11486551	38601	426912	10644	160416	93910
宁夏	Ningxia	7676120	7408644	37952	229524	13290	132661	72428
新疆	Xinjiang	63513981	61599623	137065	1777293	46678	899660	461598

Income and Distribution of Enterprises above Designated Size of Wholesale Trade by Region

单位：万元
Unit: 10000 yuan

#税金 Taxes	财务费用 Financial Expenses	#利息支出 Interest Expenses	营业利润 Operating Profits	利润总额 Total Profits	应交所得税 Income Tax Payable	应付职工薪酬 Payables to Employees	应交增值税 VAT Payable
2061980	**17670156**	**18166350**	**76870784**	**78998083**	**18348915**	**43318291**	**39962594**
202968	1750129	3702712	7566839	8693422	2012970	6210647	2973866
58624	1355939	1051166	3004179	3177042	521761	876345	2142250
36117	507908	437948	961093	851273	225295	720108	774304
36235	420047	468705	620802	600638	176524	742382	723882
35153	185681	154561	351067	383443	118154	312167	453887
74139	552631	419274	1000973	1036170	299139	2277800	834809
8902	163731	157868	225177	381217	107643	342594	221267
30072	267467	293262	1034711	946051	142286	492738	488529
250385	1225998	1108097	9745129	9774803	2661674	6450284	3884505
158795	1452485	1190532	8032877	7980389	1493674	2799489	3237809
132001	1732200	2102112	4167460	4680151	1139326	2985617	2474536
41361	224730	325550	1360636	1430303	310286	761877	1011022
95719	744315	796250	2628363	2724970	536080	1253375	1165886
18754	50363	72922	750993	830974	198352	519552	390030
186948	1223216	742817	7728836	7906319	1831065	2514701	2509970
60819	362241	217939	3091488	3184863	465828	1007369	960959
77429	418486	332551	2545605	2490257	493622	1311749	1395406
43930	229801	209504	1469039	1527925	296663	801741	631343
238320	2023665	1880580	8856752	9224587	2549788	5184383	5709106
25371	277946	218443	447778	552872	148961	450787	566062
8696	61873	65520	421695	453455	84447	129828	952195
41293	277496	236161	2016426	1856427	269526	847226	817790
81680	908451	650042	1013947	918006	441227	997643	972655
17564	160536	193822	2115062	2087413	555532	649307	667211
27626	376178	461208	3310143	2774782	726401	905407	1075667
908	747	3209	28561	66288	9839	61289	78604
29746	158142	174757	1282435	1060236	238326	524890	1520129
10259	251415	104933	580288	603463	74573	444004	183285
3890	11367	24183	226094	203005	28830	74667	58102
4097	35843	28201	43988	50690	22628	104915	219161
24184	259132	341522	242351	546652	168498	563413	868369

国有控股

State-controlled Enterprises

地　区	Region	主营业务收入 Revenue from Principal Business	主营业务成本 Cost of Principal Business	主营业务税金及附加 Taxes and Other Charges on Principal Business	主营业务利润 Profits from Principal Business	其他业务利润 Profits from Other Business	销售费用 Selling Expenses	管理费用 Administrative Expenses
全　国	**National Total**	**1611290700**	**1530473451**	**8409932**	**72407317**	**7820362**	**23779583**	**15761092**
北　京	Beijing	261263209	252283266	345054	8634889	498538	4180918	2134468
天　津	Tianjin	146910412	143882062	150004	2878346	122724	956365	447441
河　北	Hebei	37555378	35543331	282315	1729732	11899	447884	369484
山　西	Shanxi	71297744	69383409	224474	1689861	162416	608138	642583
内蒙古	Inner Mongolia	14320302	13455491	159867	704944	16608	186049	210645
辽　宁	Liaoning	67482589	66151507	244154	1086928	14260	499046	417997
吉　林	Jilin	11913247	11120584	115535	677128	13353	394087	137469
黑龙江	Heilongjiang	21020845	19744650	145067	1131128	10309	465631	266156
上　海	Shanghai	170188812	164433243	197065	5558504	125706	2775576	863677
江　苏	Jiangsu	64927155	60383034	496276	4047845	539546	1118063	797666
浙　江	Zhejiang	85186077	80880443	561402	3744232	80547	981091	863287
安　徽	Anhui	23471492	21218470	316587	1936435	81407	601689	406869
福　建	Fujian	51020895	48024909	293485	2702501	68351	907233	519754
江　西	Jiangxi	14150733	12675244	223717	1251772	18475	404171	293163
山　东	Shandong	57850446	53569222	511784	3769440	90245	1014656	891568
河　南	Henan	31947882	28638177	507383	2802322	68953	688337	730735
湖　北	Hubei	42748901	40198503	330619	2219779	150968	591157	504998
湖　南	Hunan	15446135	13202144	397645	1846346	17323	413779	582802
广　东	Guangdong	187189395	179262187	711341	7215867	5502070	2128111	1420088
广　西	Guangxi	16686374	15224740	206419	1255215	21569	385949	283855
海　南	Hainan	2963962	2657493	56925	249544	780	23695	53443
重　庆	Chongqing	23172794	20962461	343640	1866693	19962	408349	473287
四　川	Sichuan	24103648	21515419	392941	2195288	23774	526828	530501
贵　州	Guizhou	16764096	13301597	307869	3154630	35033	577315	470616
云　南	Yunnan	38728992	34359133	318249	4051610	33340	936496	541742
西　藏	Tibet	527187	413784	27056	86347	319	15189	37742
陕　西	Shaanxi	30487089	28221798	263430	2001861	26980	670111	344963
甘　肃	Gansu	20806599	20306804	84555	415240	24942	146143	171668
青　海	Qinghai	6898665	6590413	35559	272693	9840	85830	64763
宁　夏	Ningxia	5199797	5001922	35818	162057	4305	81791	43837
新　疆	Xinjiang	49059849	47868012	123699	1068138	25821	559907	243827

单位：万元
Unit: 10000 yuan

#税金 Taxes	财务费用 Financial Expenses	#利息支出 Interest Expenses	营业利润 Operating Profits	利润总额 Total Profits	应交所得税 Income Tax Payable	应付职工薪酬 Payables to Employees	应交增值税 VAT Payable
737252	**5041653**	**7953854**	**32359427**	**35131349**	**8730209**	**15306834**	**17020610**
127249	1355794	2884966	2997906	3554997	885933	2101826	775064
23044	782798	791765	922172	1005871	189336	282208	545587
15770	96622	153623	808042	759222	185755	341783	540652
29099	231008	336008	533529	503346	156433	494056	535998
8355	62298	58730	203391	300540	104048	181498	280130
25041	165481	214129	108779	159222	191315	371417	323096
6074	112938	116329	72469	232388	67850	176324	181850
12711	184888	227070	210497	375075	115163	303616	404931
47833	272771	240662	2115968	2359477	577709	787022	1463304
49819	106437	278216	2393077	2407330	594510	616855	997078
30060	3450	237334	2231467	2412076	576549	835489	769325
21352	46133	201851	1074825	1129043	238346	409644	516276
22388	260347	338205	1357109	1515078	342603	518648	455103
14916	23452	45051	519931	604775	156229	391781	254837
35522	84475	85091	1420054	1460934	338807	907726	657746
24895	91890	86650	1330404	1435165	310506	562767	534716
19665	80502	118326	1041423	1092508	252746	468684	505964
14379	53058	86225	816972	1018858	247092	488762	404213
79396	380077	525277	3466814	3777546	912095	1471467	1756069
14407	76572	74906	592248	616974	132592	284386	309828
2452	-5784	5453	193029	195678	41229	51375	66300
14640	60048	80295	889154	856978	161331	441281	394488
19797	95803	74521	1078033	1197659	300985	433271	484947
12394	61243	124118	2087587	2048712	540032	560043	540246
20264	144931	256195	2490366	2616007	681841	719278	787500
620	452	1026	33137	42919	6490	34264	25026
18466	55260	47306	1068347	876579	185327	353988	1379188
6246	19284	38855	-71277	-23645	61643	241005	105535
3472	603	12205	143008	115272	23850	57930	43695
2220	1633	3244	81892	84579	19822	70704	205845
14707	137189	210223	149076	400190	132042	347734	776070

3-4-3 各地区限额以上批发业企业损益及分配(按登记注册类型分)

内资企业

Domestic Funded Enterprises

地 区	Region	主营业务收入 Revenue from Principal Business	主营业务成本 Cost of Principal Business	主营业务税金及附加 Taxes and Other Charges on Principal Business	主营业务利润 Profits from Principal Business	其他业务利润 Profits from Other Business	销售费用 Selling Expenses	管理费用 Administrative Expenses
全 国	**National Total**	**3359707706**	**3179117425**	**13053352**	**167536929**	**5824616**	**59751456**	**37778929**
北 京	Beijing	334419941	321788940	425920	12205081	750620	5957887	3683331
天 津	Tianjin	241497301	233826847	566579	7103875	250298	1908082	1126371
河 北	Hebei	80187753	76477337	347215	3363201	53561	1244915	753467
山 西	Shanxi	80905465	78059969	254433	2591063	203301	1200230	866125
内蒙古	Inner Mongolia	25699002	23671096	222918	1804988	83182	657550	400702
辽 宁	Liaoning	116238094	111790785	412402	4034907	85928	1514823	1212877
吉 林	Jilin	16855348	15681636	141004	1032708	92169	451062	234080
黑龙江	Heilongjiang	36500697	33693007	285620	2522070	18419	740389	495010
上 海	Shanghai	348106484	340323223	309764	7473497	388558	3706075	2120512
江 苏	Jiangsu	281819745	264869191	856882	16093672	1411909	4714099	2988026
浙 江	Zhejiang	313795862	300225933	823039	12746890	371901	5544136	3200108
安 徽	Anhui	50967943	46987513	394482	3585948	142443	1383642	775376
福 建	Fujian	120721059	114170903	447097	6103059	149004	2245356	1390772
江 西	Jiangxi	21402726	19260525	259231	1882970	30111	668441	392449
山 东	Shandong	207691477	190584585	1311320	15795572	292577	3850755	2867233
河 南	Henan	70697732	63746735	759994	6191003	114671	1552937	1271291
湖 北	Hubei	88542826	81797767	607373	6137686	238663	2010277	1264678
湖 南	Hunan	39381574	34963873	576068	3841633	39310	1126612	1016438
广 东	Guangdong	442384364	418391691	1214308	22778365	505758	8364033	6012657
广 西	Guangxi	34418912	32328580	224648	1865684	46645	728259	484977
海 南	Hainan	19600272	18728005	65418	806849	17038	288537	135362
重 庆	Chongqing	58502940	53610895	531841	4360204	92201	1311625	921659
四 川	Sichuan	76417545	69339160	669393	6408992	151399	3392387	1215032
贵 州	Guizhou	23620313	19626878	332610	3660825	44858	843091	602381
云 南	Yunnan	58505603	52450766	358380	5696457	82934	1342864	788776
西 藏	Tibet	940925	574075	32112	334738	1758	273058	44040
陕 西	Shaanxi	47435803	44202099	302303	2931401	53806	1106197	554465
甘 肃	Gansu	41381568	39486588	107920	1787060	47505	472010	344089
青 海	Qinghai	10320332	9865169	38411	416752	10644	130167	91222
宁 夏	Ningxia	7628483	7378099	37756	212628	13290	126249	69996
新 疆	Xinjiang	63119620	61215558	136911	1767151	40157	895714	455431

Income and Distribution of Enterprises above Designated Size of Wholesale Trade by Region and Type of Registration

单位：万元
Unit: 10000 yuan

#税金 Taxes	财务费用 Financial Expenses	#利息支出 Interest Expenses	营业利润 Operating Profits	利润总额 Total Profits	应交所得税 Income Tax Payable	应付职工薪酬 Payables to Employees	应交增值税 VAT Payable
1730260	**16823271**	**16892849**	**61445812**	**62873586**	**14482301**	**32361382**	**32633163**
144516	1840145	3389437	3486666	4076141	1033970	3198626	1290016
53069	1333036	1032055	2671003	2782927	403983	610613	1225688
35784	507416	437394	956111	845430	223885	700925	774042
33977	418387	467972	620508	599740	175858	735311	721181
35125	185659	154557	348020	380379	118059	311977	453851
73163	517207	416528	916959	955541	284221	2234201	807911
8902	164574	157658	232732	386574	107641	330400	205612
30072	267450	293262	1036587	947758	142282	490771	488400
52675	874352	706684	1853389	2092750	618879	1547406	1393977
144014	1392542	1134233	7088753	6966331	1266860	2044702	2713092
125731	1667112	2012188	3926093	4388242	1074254	2864105	2387101
39075	221078	323979	1461087	1524061	308848	692591	932710
90857	733341	766474	2328221	2421382	471234	1111029	1062466
18370	48471	70736	724375	805438	196012	512816	384060
185289	1207853	726392	7623561	7800704	1812166	2447702	2478069
60571	362640	217936	3074955	3168353	461838	1003011	954356
75923	402833	322620	2546130	2457865	477568	1188425	1293248
43761	229569	209313	1447122	1505972	295289	792587	626273
207405	1708393	1589434	7526548	7775689	2273681	3927721	4535433
25281	276952	217855	450273	559016	148691	449088	564707
8638	63838	65482	418690	449896	83891	117943	941714
40694	272512	233054	1932119	1754286	259347	816012	807603
80168	885596	631231	1014288	909961	434255	959445	950858
17486	166044	199219	2110528	2082889	554560	645402	666984
27429	370005	454777	3282163	2745732	717693	894026	1067998
821	784	1484	17848	51582	7633	55869	73811
29352	146342	174330	1271854	1048998	236432	502142	1508656
10259	251413	104933	580050	603206	74399	442089	182668
3890	21662	20158	218323	195206	28830	72981	56936
3953	35570	28044	36207	42903	21763	100327	216197
24013	250495	333433	244651	548635	168281	561140	867543

国有企业
State-owned Enterprises

地　区	Region	主营业务收入 Revenue from Principal Business	主营业务成本 Cost of Principal Business	主营业务税金及附加 Taxes and Other Charges on Principal Business	主营业务利润 Profits from Principal Business	其他业务利润 Profits from Other Business	销售费用 Selling Expenses	管理费用 Administrative Expenses
全　国	**National Total**	**282376612**	**246272808**	**6375694**	**29728110**	**421009**	**4912105**	**7052431**
北　京	Beijing	42790244	41028828	148928	1612488	82732	533684	409895
天　津	Tianjin	13628172	13194949	69416	363807	5487	78111	93042
河　北	Hebei	5507331	4382952	269962	854417	6336	95024	227054
山　西	Shanxi	5891353	4973170	195929	722254	66711	107681	257061
内蒙古	Inner Mongolia	3155692	2542180	140688	472824	5028	69930	156961
辽　宁	Liaoning	9085745	8002142	228166	855437	16227	119552	215360
吉　林	Jilin	4525738	3984252	111602	429884	2895	167033	107075
黑龙江	Heilongjiang	5329771	4641695	125555	562521	1487	140118	163496
上　海	Shanghai	34418428	33608638	16371	793419	9870	67133	82321
江　苏	Jiangsu	14042657	11839485	446721	1756451	13244	252837	359262
浙　江	Zhejiang	9871108	7785785	456303	1629020	17138	120799	319655
安　徽	Anhui	5902350	4686176	268309	947865	11882	102860	231340
福　建	Fujian	7003874	5646366	252286	1105222	6605	147447	259414
江　西	Jiangxi	4089961	3118088	207228	764645	2935	89804	180606
山　东	Shandong	13356466	12217577	211812	927077	14517	166257	278176
河　南	Henan	10463068	8079363	484971	1898734	36395	312987	563537
湖　北	Hubei	6820558	5300897	306751	1212910	6514	160949	312168
湖　南	Hunan	7578693	5790620	377721	1410352	2786	218603	420782
广　东	Guangdong	14946910	13623876	148989	1174045	34796	254346	259075
广　西	Guangxi	6193194	5311480	197163	684551	16486	102864	195448
海　南	Hainan	2519705	2230691	56723	232291	173	16027	49504
重　庆	Chongqing	6915763	5502217	321310	1092236	2071	140929	333511
四　川	Sichuan	8090963	6203065	356425	1531473	7620	186872	343464
贵　州	Guizhou	6236932	4673782	244792	1318358	16808	320948	347388
云　南	Yunnan	16351923	12805291	291701	3254931	14208	569396	393706
西　藏	Tibet	447272	339655	24734	82883	287	10524	33915
陕　西	Shaanxi	7080194	5944136	222538	913520	13758	212389	217332
甘　肃	Gansu	2434908	1837341	79778	517789	2256	48961	93192
青　海	Qinghai	1135871	992610	32672	110589	386	12547	32857
宁　夏	Ningxia	818277	675396	33235	109646	603	9658	33484
新　疆	Xinjiang	5743491	5310108	46918	386465	2770	75840	82351

单位：万元
Unit: 10000 yuan

#税金 Taxes	财务费用 Financial Expenses	#利息支出 Interest Expenses	营业利润 Operating Profits	利润总额 Total Profits	应交所得税 Income Tax Payable	应付职工薪酬 Payables to Employees	应交增值税 VAT Payable
215847	**276298**	**1171739**	**17944307**	**19123298**	**4721920**	**6219745**	**6586895**
21260	221486	353999	824360	1056146	226163	375993	136265
3519	18175	50130	196801	201843	56316	58740	101732
5249	-25189	6763	564278	571917	146741	174185	186623
6098	7964	9209	487819	436535	114351	244248	187875
3772	32993	46035	247052	329716	88059	118209	153284
9028	7845	35694	539743	579094	154999	162638	174911
3729	58861	61746	131526	256368	63370	132222	149770
5096	53472	78523	210507	330908	82295	140632	121297
3586	24112	31287	382171	415466	125486	59677	89423
12930	-56975	51959	1309291	1346772	330962	235538	666287
7575	-95702	8843	1298542	1307654	329404	261109	339724
4726	-35524	39259	689252	710810	168073	201510	189592
7206	-2969	16522	728509	734942	189341	208211	251690
4075	-17306	1078	513209	565621	133580	169112	168496
8187	21964	14764	473272	495102	121537	206951	210079
14479	8463	18694	1026323	1048565	256747	407537	391871
8745	-4391	32292	713162	758736	184666	226391	250843
9514	-7640	18578	785504	882382	220204	310479	307741
10548	69380	84861	595644	580622	112923	204562	279741
8881	13790	20372	405571	426142	109105	166085	175963
2200	-7731	3946	188327	190733	40141	46902	47613
6833	-23148	2396	640925	629851	127142	307902	225181
10752	27985	24941	990445	1036341	262814	318206	399149
7731	-2041	10269	671635	711617	181426	463893	250012
12599	-8336	86317	2228776	2345196	626182	486185	647191
590	-57	572	38813	38570	5865	26115	24126
8373	12025	14595	481634	494460	119117	192711	228575
4061	-17853	936	171074	216550	53190	147615	80495
895	-9282	2319	87243	84012	18589	40181	19043
498	-6120	443	115130	117116	18207	40688	53288
3114	18046	44398	207769	223510	54926	85321	79018

集体企业

Collective-owned Enterprises

地　区	Region	主营业务收入 Revenue from Principal Business	主营业务成本 Cost of Principal Business	主营业务税金及附加 Taxes and Other Charges on Principal Business	主营业务利润 Profits from Principal Business	其他业务利润 Profits from Other Business	销售费用 Selling Expenses	管理费用 Administr-ative Expenses
全　国	**National Total**	**12860036**	**11965964**	**67711**	**826361**	**43608**	**296356**	**251949**
北　京	Beijing	724835	712566	237	12032	8257	6650	11104
天　津	Tianjin	590500	573248	319	16933	974	2989	8701
河　北	Hebei	290225	258021	5035	27169	1035	6102	9012
山　西	Shanxi	814422	669395	6433	138594	632	85277	29677
内蒙古	Inner Mongolia	129602	120089	828	8685		4151	2770
辽　宁	Liaoning	402409	380531	1835	20043	283	8800	7448
吉　林	Jilin							
黑龙江	Heilongjiang	219085	212613	543	5929	630	2054	1635
上　海	Shanghai	303897	292139	169	11589	3124	7977	5756
江　苏	Jiangsu	550015	490521	3677	55817	1007	22543	10754
浙　江	Zhejiang	527819	505885	969	20965	2664	9291	9913
安　徽	Anhui	77365	72347	266	4752		1670	1461
福　建	Fujian	497806	465193	1359	31254	557	16244	10231
江　西	Jiangxi	25057	21700	817	2540	260	178	527
山　东	Shandong	1804145	1628756	14601	160788	522	31734	48864
河　南	Henan	1189823	1104687	16599	68537	1117	11436	10720
湖　北	Hubei	131866	123146	399	8321		1571	4337
湖　南	Hunan	159265	129610	2219	27436		10410	11446
广　东	Guangdong	685545	630122	2539	52884	2060	16802	16339
广　西	Guangxi	837516	819865	307	17344	1586	3275	4515
海　南	Hainan							
重　庆	Chongqing	167734	150992	3467	13275	265	3205	3052
四　川	Sichuan	1948246	1899305	2378	46563	17320	21782	21383
贵　州	Guizhou	131159	114413	584	16162	188	3895	4571
云　南	Yunnan	195967	179163	635	16169	85	6320	4228
西　藏	Tibet							
陕　西	Shaanxi	151313	130618	1058	19637		2895	3128
甘　肃	Gansu	85720	80413	188	5119	631	2856	1333
青　海	Qinghai	3819	3434	4	381	6	200	231
宁　夏	Ningxia							
新　疆	Xinjiang	214883	197194	245	17444	407	6049	8815

3-4-3 Continued 2

单位：万元
Unit: 10000 yuan

#税金 Taxes	财务费用 Financial Expenses	#利息支出 Interest Expenses	营业利润 Operating Profits	利润总额 Total Profits	应交所得税 Income Tax Payable	应付职工薪酬 Payables to Employees	应交增值税 VAT Payable
13521	**75688**	**79063**	**266981**	**243794**	**28960**	**184861**	**192383**
874	6371	13738	7116	9246	184	6963	1626
106	1862	352	5730	5787	841	5286	760
693	2552	2346	12369	3887	1147	4289	2602
1110	2289	1066	23114	18535	1453	15749	13472
9	121	121	1650	1650	54	663	572
236	5424	5738	-1481	-2883	246	4133	4654
21	646	112	1556	1814	11	16140	584
101	2813	2387	864	1297	309	3471	1467
765	2341	1142	21414	19802	5171	7083	8455
299	1827	2566	1793	2933	832	6487	2173
208	194	108	1413	2027	126	1506	1552
246	1585	834	5581	6090	742	4974	666
141	238	237	2683	1128	1	1618	11
4211	19318	21125	63159	57760	7092	38864	14331
1053	4215	1374	40223	36238	1720	10234	9259
562	1933	689	535	1192	54	3297	250
19	2103	3	3320	732	99	4228	100
680	1225	1172	27293	27066	1662	13297	5269
378	413	275	7956	5688	673	2993	114040
52	-19	327	6980	6918	723	2690	2436
1064	14372	15952	-764	10060	1343	16078	4383
76	1456	1203	6278	1128	33	2044	51
158	1943	1765	3917	4486	25	2351	415
130	882	412	13124	12954	3087	2933	928
74	390	366	4500	561	76	1133	146
6	58	60	-107	27	6	247	66
250	-864	3595	6767	7673	1253	6111	2114

股份合作企业
Cooperative Enterprises

地区	Region	主营业务收入 Revenue from Principal Business	主营业务成本 Cost of Principal Business	主营业务税金及附加 Taxes and Other Charges on Principal Business	主营业务利润 Profits from Principal Business	其他业务利润 Profits from Other Business	销售费用 Selling Expenses	管理费用 Administr-ative Expenses
全国	**National Total**	**2832407**	**2672298**	**7074**	**153035**	**5207**	**60317**	**40774**
北京	Beijing	535610	523040	304	12266	712	8039	5501
天津	Tianjin	186663	175243	178	11242		1551	1344
河北	Hebei	18848	17251	44	1553		718	792
山西	Shanxi	4715	3869	29	817	161	944	23
内蒙古	Inner Mongolia							
辽宁	Liaoning	104256	97579	488	6189		2291	2268
吉林	Jilin							
黑龙江	Heilongjiang							
上海	Shanghai	29668	28664	7	997		360	454
江苏	Jiangsu	555992	532319	297	23376	1621	8583	3719
浙江	Zhejiang	136154	129091	324	6739	676	3094	2221
安徽	Anhui	77505	73872	155	3478	136	743	1480
福建	Fujian	77221	69796	1335	6090		3322	1350
江西	Jiangxi							
山东	Shandong	146805	134098	246	12461	579	2889	2352
河南	Henan	5437	4933	58	446	45	93	267
湖北	Hubei	35929	31774	194	3961	-180	2413	1405
湖南	Hunan							
广东	Guangdong	242299	229299	206	12794	901	6504	4897
广西	Guangxi	3810	3595	7	208		184	171
海南	Hainan							
重庆	Chongqing	469882	430888	2833	36161	82	13610	7797
四川	Sichuan	87275	79367	214	7694		3575	2383
贵州	Guizhou	1969	1806	10	153	59	79	108
云南	Yunnan	12203	10790	76	1337	13	603	501
西藏	Tibet							
陕西	Shaanxi	31609	28354	67	3188		31	1097
甘肃	Gansu	67206	65381	3	1822	402	658	642
青海	Qinghai	1354	1290		64		34	4
宁夏	Ningxia							
新疆	Xinjiang							

单位：万元
Unit: 10000 yuan

#税金 Taxes	财务费用 Financial Expenses	#利息支出 Interest Expenses	营业利润 Operating Profits	利润总额 Total Profits	应交所得税 Income Tax Payable	应付职工薪酬 Payables to Employees	应交增值税 VAT Payable
2560	**26954**	**21970**	**30913**	**27286**	**2732**	**27799**	**22013**
64	12084	12780	-12646	-11939	129	5155	1611
32	904	311	7443	7457	49	938	536
20	58	57	30	30	10	897	147
3	51	51	-40	-40		50	140
74	192		1437	1231	158	1680	450
	119	119	64	71	8	126	70
146	2830	2190	9856	10644	220	4138	2279
32	879	666	648	764	253	1751	2269
4	578	14	702	735	111	1975	975
112	746	443	672	683	7	286	423
178	1165	678	6407	2636	493	2095	1244
	17	17	114	114	5	327	31
73	323	284	981	1585	2	880	185
246	1254	1157	1205	2582	280	2787	2573
2	5	4	-40	-31		117	21
1491	3843	1289	11379	7731	451	1608	7457
22	524	493	1206	1213	124	1799	842
2	18	14	7	7	2	49	34
7	36	54	206	188	68	366	340
38	676	676	1384	1385	348	498	385
16	629	652	-105	239	13	262	
	24	24	3	3	1	15	

联营企业

Joint Ownership Enterprises

地 区	Region	主营业务收入 Revenue from Principal Business	主营业务成本 Cost of Principal Business	主营业务税金及附加 Taxes and Other Charges on Principal Business	主营业务利润 Profits from Principal Business	其他业务利润 Profits from Other Business	销售费用 Selling Expenses	管理费用 Administr-ative Expenses
全 国	**National Total**	**759961**	**640399**	**1703**	**117859**	**1598**	**35015**	**10777**
北 京	Beijing	22581	21456	17	1108	23	337	731
天 津	Tianjin							
河 北	Hebei							
山 西	Shanxi	979	838	2	139		81	57
内蒙古	Inner Mongolia							
辽 宁	Liaoning							
吉 林	Jilin							
黑龙江	Heilongjiang							
上 海	Shanghai	157805	133625	246	23934		19036	1611
江 苏	Jiangsu	1994	1883	2	109		128	7
浙 江	Zhejiang							
安 徽	Anhui	3898	3605		293		115	37
福 建	Fujian							
江 西	Jiangxi	1575	1322	6	247		87	92
山 东	Shandong	368791	292150	592	76049	1013	11883	3524
河 南	Henan	15632	13750	202	1680		561	1232
湖 北	Hubei	952	898	1	53		50	35
湖 南	Hunan							
广 东	Guangdong	107249	95395	436	11418	85	2182	1593
广 西	Guangxi							
海 南	Hainan							
重 庆	Chongqing							
四 川	Sichuan							
贵 州	Guizhou							
云 南	Yunnan	74332	71585	197	2550	478	527	1731
西 藏	Tibet							
陕 西	Shaanxi							
甘 肃	Gansu							
青 海	Qinghai							
宁 夏	Ningxia							
新 疆	Xinjiang	4172	3892	2	278		29	128

单位：万元
Unit: 10000 yuan

#税金 Taxes	财务费用 Financial Expenses	#利息支出 Interest Expenses	营业利润 Operating Profits	利润总额 Total Profits	应交所得税 Income Tax Payable	应付职工薪酬 Payables to Employees	应交增值税 VAT Payable
289	**4360**	**2156**	**12782**	**16032**	**1997**	**12907**	**10678**
2	38	29	26	59		418	395
			2	2	1	64	14
1	2072	1	1341	1918	481	4314	1807
	2		-28	-28		4	2
	6		135	135		47	
	15	9	53			35	156
11	1382	1160	-1906	-590	2	4804	3923
234	291	103	-406	598	2	756	1621
2			-33	-33		52	10
16	-215	64	12422	12512	1429	2118	2544
22	770	791	1054	1339	68	238	194
1			121	121	15	57	12

有限责任公司
Limited Liability Corporations

地 区	Region	主营业务收入 Revenue from Principal Business	主营业务成本 Cost of Principal Business	主营业务税金及附加 Taxes and Other Charges on Principal Business	主营业务利润 Profits from Principal Business	其他业务利润 Profits from Other Business	销售费用 Selling Expenses	管理费用 Administrative Expenses
全 国	**National Total**	**1660370807**	**1589965423**	**3459300**	**66946084**	**2474378**	**25450242**	**14138944**
北 京	Beijing	223003572	215534184	209104	7260284	451925	3623329	2064367
天 津	Tianjin	151834299	148048233	353197	3432869	224601	932004	515306
河 北	Hebei	49569029	48207678	38205	1323146	23349	560360	260595
山 西	Shanxi	58823174	57666703	30504	1125967	106259	587869	410543
内蒙古	Inner Mongolia	12154075	11516414	37179	600482	15999	252894	125474
辽 宁	Liaoning	34997413	33072966	71282	1853165	29512	624729	462989
吉 林	Jilin	4944203	4693981	8901	241321	84915	105937	64964
黑龙江	Heilongjiang	20267979	19106127	63282	1098570	10311	302346	252312
上 海	Shanghai	158709571	155146774	197968	3364829	157157	1773941	917519
江 苏	Jiangsu	95036389	90264181	116506	4655702	242873	1596991	784579
浙 江	Zhejiang	126330080	121741500	190250	4398330	173346	2091401	1030476
安 徽	Anhui	22177236	20815894	73280	1288062	91253	596389	236266
福 建	Fujian	54790573	52437120	79830	2273623	47696	945836	552966
江 西	Jiangxi	11457337	10644104	32817	780416	21911	404759	147899
山 东	Shandong	87494572	81444324	469010	5581238	159156	1424972	1005488
河 南	Henan	38842018	36292079	133317	2416622	62309	705048	411626
湖 北	Hubei	43284611	40707057	150338	2427216	99306	848102	416923
湖 南	Hunan	13045074	12183351	50019	811704	21767	403158	215592
广 东	Guangdong	265145452	252839360	708784	11597308	222185	3887536	2585003
广 西	Guangxi	10836044	10459300	9012	367732	6337	157617	94240
海 南	Hainan	15784685	15284809	6663	493213	5184	229346	62730
重 庆	Chongqing	31623923	29651443	110763	1861717	33489	636895	313849
四 川	Sichuan	31839294	30414713	83781	1340800	51634	645638	282137
贵 州	Guizhou	12733682	10662695	66142	2004845	25298	366158	178271
云 南	Yunnan	25512950	24019714	28494	1464742	27486	374657	181279
西 藏	Tibet	477016	227587	7155	242274	1471	253532	9459
陕 西	Shaanxi	18523327	17096702	42500	1384125	33041	584264	254746
甘 肃	Gansu	7534864	7194472	14289	326103	15633	191885	69264
青 海	Qinghai	4880257	4766971	2855	110431	5666	37471	19792
宁 夏	Ningxia	1471236	1440399	1383	29454	924	19984	13447
新 疆	Xinjiang	27246875	26384587	72494	789794	22387	285192	198843

单位：万元
Unit: 10000 yuan

#税金 Taxes	财务费用 Financial Expenses	#利息支出 Interest Expenses	营业利润 Operating Profits	利润总额 Total Profits	应交所得税 Income Tax Payable	应付职工薪酬 Payables to Employees	应交增值税 VAT Payable
713922	**8004136**	**8532477**	**23726576**	**24847306**	**5892041**	**13282214**	**12648962**
99788	1108693	2083550	2304811	2598661	706464	1945307	806672
31149	920407	792667	1378282	1450184	246177	319995	710536
16382	220679	220585	273801	202674	62214	208276	348958
20070	231909	317195	61797	87841	46593	291573	390952
20825	64374	34897	91779	75941	24851	66643	141841
27280	241190	196304	543496	543737	76085	1724236	320879
2850	71336	67909	5242	38897	36041	134594	34106
17023	189702	199874	354615	254908	35265	111227	63626
30511	405903	327191	1055899	1251280	310194	813467	303135
31953	463536	420456	1664068	1699949	328898	642352	733626
43622	554395	745690	1406524	1643150	379869	935616	829962
13894	123315	130715	417038	478406	103763	228148	505623
40095	369997	409682	644099	779320	149516	456581	300006
10035	42355	54854	149068	170707	48227	270403	141667
54620	519892	338985	2421207	2954457	1071282	895864	1031869
24998	198556	126853	1148025	1253764	112096	330104	332803
28865	174867	159479	1011308	918575	180015	357379	523305
10547	85227	84938	117263	161989	35213	234328	153949
103929	863765	764370	4502170	4742674	1142285	1717966	2006477
5607	108015	77793	-12269	24341	19624	68270	96959
5388	60341	50477	222643	237597	36828	56869	880582
15464	182468	159545	747497	659835	76026	267763	365356
17934	221348	153581	142808	267147	62209	263083	203985
5964	132997	158892	1356865	1337703	364255	127893	376515
8136	217896	225988	803165	168850	48753	219538	265187
232	826	898	-20528	12537	1697	28939	47964
12071	81343	56400	582933	413953	88924	179191	285360
2055	46226	38505	31319	33506	11199	63351	45367
1647	13127	10832	58382	38150	6463	17807	4587
1038	16827	15759	-19541	-18054	2085	20219	49902
9955	72623	107616	282814	364631	78929	285235	347206

股份有限公司

Share-holding Corporations Ltd.

地 区	Region	主营业务收入 Revenue from Principal Business	主营业务成本 Cost of Principal Business	主营业务税金及附加 Taxes and Other Charges on Principal Business	主营业务利润 Profits from Principal Business	其他业务利润 Profits from Other Business	销售费用 Selling Expenses	管理费用 Administr-ative Expenses
全 国	**National Total**	**393522813**	**377453752**	**455958**	**15613103**	**880116**	**8107743**	**3343579**
北 京	Beijing	26576940	25643530	15781	917629	59432	469734	222514
天 津	Tianjin	14108655	13702335	6339	399981	880	85562	83061
河 北	Hebei	6373145	5857845	12567	502733	1269	300114	90287
山 西	Shanxi	3507053	3471690	1893	33470	6123	29834	17905
内蒙古	Inner Mongolia	4289822	4177580	7728	104514	10401	83233	38041
辽 宁	Liaoning	41966039	42225028	12547	-271536	-12327	227148	99614
吉 林	Jilin	4503239	4406779	2348	94112	1074	94862	8818
黑龙江	Heilongjiang	5241461	4911918	15039	314504	1667	170921	19925
上 海	Shanghai	13348118	12540746	11159	796213	17457	380112	235564
江 苏	Jiangsu	31451907	28925032	30024	2496851	488544	670933	288940
浙 江	Zhejiang	36434427	34922244	28392	1483791	21739	813073	345118
安 徽	Anhui	9202862	8759733	9602	433527	18005	249900	92403
福 建	Fujian	17362288	16657448	15846	688994	54225	388694	104334
江 西	Jiangxi	3763752	3558982	3928	200842	1130	125834	31879
山 东	Shandong	18848886	17630544	31976	1186366	6478	614337	224827
河 南	Henan	9123607	8533141	41266	549200	4092	217203	94126
湖 北	Hubei	22073399	21015247	27639	1030513	82734	529690	229782
湖 南	Hunan	4128342	3766056	9723	352563	5182	101636	101620
广 东	Guangdong	37086830	34815214	73743	2197873	38462	1028608	516769
广 西	Guangxi	7587078	7099581	7400	480097	4948	268719	73156
海 南	Hainan	585998	537960	970	47068	651	25439	7195
重 庆	Chongqing	3651231	3434905	13805	202521	14837	102793	37026
四 川	Sichuan	3413541	3029218	12103	372220	5349	200687	143490
贵 州	Guizhou	1794945	1664718	13392	116835	346	39042	9857
云 南	Yunnan	6414295	6026117	9828	378350	10117	178363	67290
西 藏	Tibet							
陕 西	Shaanxi	18405078	17943785	26095	435198	1674	244946	31963
甘 肃	Gansu	16192001	16375725	2743	-186467	22037	45525	62278
青 海	Qinghai	1672402	1582917	1404	88081	4301	55330	22142
宁 夏	Ningxia	3714974	3679444	1948	33582	3525	65353	4863
新 疆	Xinjiang	20700499	20558292	8731	133476	5766	300121	38792

3-4-3 Continued 6

单位：万元
Unit: 10000 yuan

#税金 Taxes	财务费用 Financial Expenses	#利息支出 Interest Expenses	营业利润 Operating Profits	利润总额 Total Profits	应交所得税 Income Tax Payable	应付职工薪酬 Payables to Employees	应交增值税 VAT Payable
194029	**1484450**	**2147410**	**4523949**	**4671216**	**874405**	**3833281**	**4660508**
12153	267531	701516	157617	193407	23402	202132	-14867
1742	59892	75059	129624	134879	41384	22229	20405
6192	79283	76395	86143	49407	2429	160422	84710
1943	30367	29956	5159	8017	915	9192	9263
3342	23213	20523	-32958	-25391	429	44250	45058
10536	59835	77306	-587134	-579058	4077	115478	47455
786	11314	11723	-17263	-12195	2619	18014	5516
3729	-1928	-614	130569	24240	11979	163262	279084
3556	30788	24576	404345	451152	64724	189546	763092
32315	58211	108979	1621010	1636559	170444	219165	175785
11909	148430	207101	540661	565494	107241	448899	172800
10796	44632	97112	142125	145816	10442	96978	31011
3137	82132	120025	361546	382672	57999	129669	112458
2892	8911	5522	22166	33861	9448	48746	30595
12692	24990	23151	290709	291024	47310	303557	200328
5546	28321	24585	215329	190825	26095	103527	66190
12178	96439	40744	261421	265974	50004	304329	253697
3419	21181	21542	74777	67296	12872	76121	37180
28258	127712	151041	706771	715091	138350	594666	575922
4960	34156	25454	158704	179522	12254	109756	95689
369	7260	8593	9390	12867	3500	5665	7915
2393	21595	18173	73317	70248	8064	37389	41062
1394	17336	16518	19171	49783	7867	54540	25164
769	7849	10525	61846	15512	3932	10366	6874
2989	34228	24347	121407	104398	18626	84450	84868
4440	16046	72662	155092	105942	20582	88630	977078
1468	30191	31839	-255060	-262909	3412	65246	18333
1081	2489	2882	10794	8760	126	8274	20897
1231	6850	2138	-39480	-39441		25312	105228
5819	105196	118041	-303850	-112536	13880	93472	381718

私营企业
Private Enterprises

地区	Region	主营业务收入 Revenue from Principal Business	主营业务成本 Cost of Principal Business	主营业务税金及附加 Taxes and Other Charges on Principal Business	主营业务利润 Profits from Principal Business	其他业务利润 Profits from Other Business	销售费用 Selling Expenses	管理费用 Administrative Expenses
全国	**National Total**	**999119662**	**943507153**	**2593180**	**53019329**	**1990905**	**20681277**	**12754087**
北京	Beijing	40761062	38320299	51549	2389214	147210	1315614	969211
天津	Tianjin	61021635	58014375	135833	2871427	18357	806834	423779
河北	Hebei	18315260	17647612	21183	646465	21183	278722	163488
山西	Shanxi	11778542	11205379	19459	553704	23415	378257	148348
内蒙古	Inner Mongolia	5966964	5312307	36490	618167	51754	247280	77259
辽宁	Liaoning	29600897	27942581	97814	1560502	52233	530618	421995
吉林	Jilin	2867423	2582499	18148	266776	3196	82516	52925
黑龙江	Heilongjiang	5381350	4769110	78867	533373	4324	124598	57436
上海	Shanghai	141054832	138495080	83837	2475915	200950	1452875	875233
江苏	Jiangsu	138877974	131766554	246313	6865107	664110	2119343	1500613
浙江	Zhejiang	140186122	134843628	145971	5196523	156339	2504432	1490590
安徽	Anhui	13234024	12310479	42302	881243	21147	421420	208605
福建	Fujian	40950285	38860715	96181	1993389	39921	742278	461312
江西	Jiangxi	2059954	1911485	14354	134115	3875	47726	31401
山东	Shandong	83760268	75722776	556172	7481320	110297	1557351	1263104
河南	Henan	10698196	9433438	74827	1189931	10050	299603	183404
湖北	Hubei	14977262	13531815	105589	1339858	50135	444210	271609
湖南	Hunan	14393668	13027341	134045	1232282	9575	390378	265256
广东	Guangdong	123532108	115605065	278448	7648595	203575	3146260	2614555
广西	Guangxi	8938111	8614549	10748	312814	17289	193934	116745
海南	Hainan	679369	646473	1018	31878	10997	17098	14906
重庆	Chongqing	15469443	14262256	77293	1129894	41437	408034	222886
四川	Sichuan	30474221	27253309	200529	3020383	68837	2316405	399257
贵州	Guizhou	2718735	2506684	7688	204363	2160	112903	62170
云南	Yunnan	9853803	9252735	27337	573731	29309	211180	138452
西藏	Tibet	16637	6833	224	9580		9001	666
陕西	Shaanxi	3158026	2984195	9025	164806	5334	59517	43103
甘肃	Gansu	15036544	13904405	10867	1121272	6546	181935	116686
青海	Qinghai	2624607	2515913	1477	107217	285	24438	16083
宁夏	Ningxia	1621645	1581098	1183	39364	8237	31255	17683
新疆	Xinjiang	9110696	8676165	8410	426121	8827	225264	125330

单位：万元
Unit: 10000 yuan

#税金 Taxes	财务费用 Financial Expenses	#利息支出 Interest Expenses	营业利润 Operating Profits	利润总额 Total Profits	应交所得税 Income Tax Payable	应付职工薪酬 Payables to Employees	应交增值税 VAT Payable
578086	**6908242**	**4920310**	**14247165**	**13282662**	**2903619**	**8596314**	**8405927**
10377	223942	223826	205502	230684	77628	662464	358314
16493	330502	113446	948972	979045	59131	203111	391093
7173	230207	131082	17475	15475	11132	150391	150013
4583	145763	110460	39381	45392	12324	173567	118185
7176	64929	52953	40467	-1538	4666	82065	113092
25910	202111	101473	415285	408206	48541	224823	258672
1537	23036	16253	113619	103514	5600	45250	16166
4186	25520	15368	332804	335866	12732	59293	23458
14920	408639	321105	8705	-28535	117552	475632	234850
64359	913638	547430	2317332	2113682	417627	870145	1113440
62257	1056987	1047102	670523	861061	256556	1207827	1039621
9212	87054	56351	201880	178077	26158	154425	202669
39835	281439	218776	586440	516607	73556	310671	397175
1226	14226	9004	37163	34088	4758	22873	43134
99914	604617	320583	4096618	3733226	542429	951116	965352
13596	120043	45685	594572	587809	62400	138185	148812
23078	126451	85623	502262	462155	59788	272552	254035
20220	128100	84036	461420	388690	25052	165336	124981
63351	644924	586259	1633205	1649595	874294	1382085	1658260
5452	120334	93765	-109826	-76826	7035	100689	81795
681	3571	2467	-2051	7941	3323	7864	5088
14224	86863	50564	438280	364400	45933	196085	164105
48796	601793	418143	-184592	-499236	91811	294014	307528
2944	25765	18317	13870	16894	4913	41133	33499
3495	123109	115279	122729	120510	23774	100168	69661
	15	15	-437	475	71	815	1721
4204	34381	28901	33318	16565	4099	35569	15469
2586	191751	32636	627862	614814	6509	164118	38327
262	15246	4041	62281	64529	3646	6416	12341
1183	18014	9704	-19965	-16781	1448	14049	7597
4858	55272	59666	42071	56278	19134	83581	57476

其他企业
Other Enterprises

地 区	Region	主营业务收入 Revenue from Principal Business	主营业务成本 Cost of Principal Business	主营业务税金及附加 Taxes and Other Charges on Principal Business	主营业务利润 Profits from Principal Business	其他业务利润 Profits from Other Business	销售费用 Selling Expenses	管理费用 Administrative Expenses
全 国	**National Total**	**7865408**	**6639628**	**92732**	**1133048**	**7794**	**208400**	**186389**
北 京	Beijing	5097	5039		58	329	501	7
天 津	Tianjin	127377	118464	1296	7617		1031	1139
河 北	Hebei	113915	105978	219	7718	390	3876	2239
山 西	Shanxi	85228	68925	185	16118		10288	2511
内蒙古	Inner Mongolia	2848	2526	5	317		63	198
辽 宁	Liaoning	81336	69958	269	11109		1685	3203
吉 林	Jilin	14745	14125	6	614	88	714	297
黑龙江	Heilongjiang	61052	51545	2334	7173		351	206
上 海	Shanghai	84165	77556	7	6602		4641	2055
江 苏	Jiangsu	1302817	1049216	13343	240258	510	42741	40153
浙 江	Zhejiang	310151	297800	830	11521		2047	2135
安 徽	Anhui	292704	265407	569	26728	20	10545	3783
福 建	Fujian	39013	34265	261	4487		1535	1165
江 西	Jiangxi	5091	4844	82	165		54	47
山 东	Shandong	1911544	1514361	26911	370272	16	41332	40899
河 南	Henan	359950	285344	8755	65851	663	6007	6379
湖 北	Hubei	1218249	1086934	16461	114854	154	23292	28419
湖 南	Hunan	76531	66895	2343	7293		2428	1742
广 东	Guangdong	637971	553361	1162	83448	3695	21795	14427
广 西	Guangxi	23161	20210	10	2941		1667	702
海 南	Hainan	30515	28073	44	2398	34	628	1027
重 庆	Chongqing	204965	178193	2370	24402	18	6159	3538
四 川	Sichuan	564006	460182	13964	89860	639	17428	22918
贵 州	Guizhou	2892	2780	2	110		67	16
云 南	Yunnan	90129	85371	114	4644	1238	1818	1589
西 藏	Tibet							
陕 西	Shaanxi	86257	74309	1021	10927		2155	3097
甘 肃	Gansu	30325	28852	51	1422		190	694
青 海	Qinghai	2022	2035		-13		147	114
宁 夏	Ningxia	2352	1763	8	581			519
新 疆	Xinjiang	99004	85321	111	13572		3218	1172

单位：万元
Unit: 10000 yuan

#税金 Taxes	财务费用 Financial Expenses	#利息支出 Interest Expenses	营业利润 Operating Profits	利润总额 Total Profits	应交所得税 Income Tax Payable	应付职工薪酬 Payables to Employees	应交增值税 VAT Payable
12007	**43143**	**17724**	**693139**	**661994**	**56627**	**204261**	**105796**
			-121	-121		194	
28	1294	91	4153	3733	85	315	625
74	-174	167	2016	2041	212	2466	990
172	45	36	3276	3458	223	867	1280
3	28	28	29			147	3
100	611	13	5613	5213	114	1213	889
1	27	27	-391	-11	10	320	53
18	38		6538	22		217	350
	-94	19	-1	101	126	1174	134
1546	8959	2076	145810	138953	13539	66277	13218
37	296	221	7402	7186	100	2417	552
235	824	420	8542	8055	175	8003	1288
226	412	193	1374	1069	72	639	49
	33	33	33	33		30	
5476	14525	5947	274095	267090	22021	44451	50944
666	2732	624	50776	50441	2773	12341	3769
2420	7211	3510	56494	49681	3039	23545	10923
42	598	216	4838	4883	1849	2096	2323
376	348	510	47838	45548	2457	10240	4647
2	239	192	177	180	1	1177	242
	396		381	758	98	643	517
237	910	762	13742	15303	1008	2576	2006
207	2238	1603	46014	44653	8087	11725	9808
			28	28		23	
23	358	235	909	766	196	728	142
97	989	684	4369	3739	275	2610	860
	80		459	445		364	
			-274	-274		42	3
2	-1		63	63	24	60	182
17	221	117	8959	8959	145	7363	

港、澳、台商投资企业

Enterprises with Funds from Hong Kong, Macao and Taiwan

地 区	Region	主营业务收入 Revenue from Principal Business	主营业务成本 Cost of Principal Business	主营业务税金及附加 Taxes and Other Charges on Principal Business	主营业务利润 Profits from Principal Business	其他业务利润 Profits from Other Business	销售费用 Selling Expenses	管理费用 Administrative Expenses
全 国	**National Total**	**156388796**	**138901354**	**314923**	**17172519**	**545850**	**9560446**	**4123451**
北 京	Beijing	13014553	11007763	42345	1964445	75545	1126931	442811
天 津	Tianjin	8476558	7810685	23438	642435	4030	467294	60835
河 北	Hebei	101729	59490	426	41813		40819	2800
山 西	Shanxi	5798680	5785085	466	13129	465	7263	5379
内蒙古	Inner Mongolia	22250	21108	13	1129		1951	149
辽 宁	Liaoning	606426	542139	1306	62981	11774	31251	17465
吉 林	Jilin	78080	73418	139	4523	97	1432	3459
黑龙江	Heilongjiang	43200	41292	38	1870	170	3637	125
上 海	Shanghai	63435976	54976556	122435	8336985	244394	4701717	2030110
江 苏	Jiangsu	14923074	13222499	32645	1667930	9753	644488	631782
浙 江	Zhejiang	5203310	4720038	9114	474158	12826	318212	100689
安 徽	Anhui	1344280	1191663	2973	149644	784	137713	11173
福 建	Fujian	3172645	2805937	6677	360031	-2020	148220	126161
江 西	Jiangxi	119767	110725	572	8470	5398	3947	1792
山 东	Shandong	1769085	1588619	2174	178292	12647	85222	38532
河 南	Henan	171365	166031	113	5221	884	4387	1776
湖 北	Hubei	724177	601906	3492	118779	8573	88688	22192
湖 南	Hunan	277432	250574	680	26178	13	14730	3974
广 东	Guangdong	31460234	28629684	59673	2770877	145742	1556820	577512
广 西	Guangxi	25838	20308	151	5379	109	4719	4706
海 南	Hainan	89985	74805	194	14986	31	9314	1673
重 庆	Chongqing	1166055	1051358	2100	112597		32736	9586
四 川	Sichuan	1640270	1589118	952	50200	7789	36477	11174
贵 州	Guizhou							
云 南	Yunnan	437009	382443	1474	53092	605	12787	4479
西 藏	Tibet	128383	96256	576	31551		19258	1771
陕 西	Shaanxi	357385	308284	565	48536		29202	9562
甘 肃	Gansu	17552	14464	64	3024		2509	89
青 海	Qinghai	1473131	1450027	69	23035		28725	1251
宁 夏	Ningxia							
新 疆	Xinjiang	310371	309080	61	1230	6243		449

单位：万元
Unit: 10000 yuan

#税金 Taxes	财务费用 Financial Expenses	#利息支出 Interest Expenses	营业利润 Operating Profits	利润总额 Total Profits	应交所得税 Income Tax Payable	应付职工薪酬 Payables to Employees	应交增值税 VAT Payable
63396	**588469**	**571305**	**4333469**	**4761000**	**1047504**	**3375245**	**2320541**
7593	87810	110781	532476	547339	141776	490418	305029
1744	-5502	-8984	145919	202964	49746	75569	184672
55	993		-2774	-2565		2574	1059
2255	1341	415	801	1378	611	6088	2663
20	7	4	-948	-943		178	24
448	32797	1387	12919	13606	2766	9543	6155
	-53		-331	1857		1385	1404
	17		-1877	-1707	4	1967	129
17285	123037	161126	2189018	2400133	542234	1467619	739305
12165	63979	40268	405365	430803	96802	255511	235928
2356	13873	15596	99010	126949	32243	66359	62751
478	-1424	-1	2214	2255	546	5440	14046
1714	2306	12711	115124	116312	18806	91569	31200
21	250	205	7861	4437	1219	1395	418
1031	11517	6937	43313	44302	10093	36325	10403
183	-281		1000	1068	128	3706	639
424	12708	6602	-18926	-18136	-669	33490	14379
137	239	39	6838	6861	288	7944	4497
14506	234215	204210	655330	735826	127750	738322	660968
-4	10	38	82	-3874	87	1237	1027
23	-448	24	1282	1595	394	3911	8562
410	2830	2080	67626	73312	6768	25198	15817
244	6920	17	2126	2587	4037	17282	3867
133	2941	4014	29918	30467	8017	6869	4508
87	-38	1725	10713	14705	2206	5419	4793
47	5		10243	10257	1504	17766	5236
	2		399	417	150	1479	477
	-10295	4025	20448	20495		437	430
41	8714	8089	-1702	-1699		247	158

外商投资企业

Foreign Funded Enterprises

地区	Region	主营业务收入 Revenue from Principal Business	主营业务成本 Cost of Principal Business	主营业务税金及附加 Taxes and Other Charges on Principal Business	主营业务利润 Profits from Principal Business	其他业务利润 Profits from Other Business	销售费用 Selling Expenses	管理费用 Administrative Expenses
全国	**National Total**	**357156926**	**313125517**	**1598912**	**42432497**	**6202943**	**25426297**	**8148772**
北京	Beijing	84334672	73115861	168874	11049937	937834	6572002	2484857
天津	Tianjin	10032729	7934140	1016426	1082163	18467	718297	206315
河北	Hebei	612049	595492	485	16072	163	5304	3576
山西	Shanxi	12107	10678	74	1355	1305	1709	992
内蒙古	Inner Mongolia	56552	51062	80	5410		828	573
辽宁	Liaoning	1337502	1133512	3549	200441	935	85790	45518
吉林	Jilin	1380297	1213694	1710	164893	1227	169458	4677
黑龙江	Heilongjiang							
上海	Shanghai	183687632	160626405	263763	22797464	641598	13596855	3917500
江苏	Jiangsu	15996468	13503357	31478	2461633	92758	1570247	482385
浙江	Zhejiang	10263536	9928161	6621	328754	4144	115003	66308
安徽	Anhui	1677467	1164081	7433	505953	11104	556453	53733
福建	Fujian	6331915	5873089	15067	443759	13159	197764	70540
江西	Jiangxi	398412	361927	672	35813	860	13157	3121
山东	Shandong	1916224	1704406	22449	189369	920	83568	44808
河南	Henan	176619	143135	628	32856		16493	949
湖北	Hubei	3249434	2599662	13177	636595	110	536080	106404
湖南	Hunan	99840	81983	234	17623	15	1825	846
广东	Guangdong	29895930	27673381	40865	2181684	4475699	1015953	576569
广西	Guangxi	83244	83529	39	-324	1	449	830
海南	Hainan	94217	75710	375	18132	204	11587	6458
重庆	Chongqing	727271	661200	565	65506	54	33334	13525
四川	Sichuan	1063210	927739	3100	132371	597	82852	35370
贵州	Guizhou	96455	91950	140	4365		5513	3022
云南	Yunnan	165560	140361	336	24863	791	14137	4838
西藏	Tibet							
陕西	Shaanxi	3172960	3150557	348	22055	722	8928	5326
甘肃	Gansu	4396	3564	17	815		829	147
青海	Qinghai	158600	171356	120	-12876		1525	1437
宁夏	Ningxia	47637	30545	196	16896		6412	2432
新疆	Xinjiang	83989	74984	93	8912	278	3947	5719

单位：万元
Unit: 10000 yuan

#税金 Taxes	财务费用 Financial Expenses	#利息支出 Interest Expenses	营业利润 Operating Profits	利润总额 Total Profits	应交所得税 Income Tax Payable	应付职工薪酬 Payables to Employees	应交增值税 VAT Payable
268324	**258416**	**702196**	**11091503**	**11363497**	**2819110**	**7581663**	**5008890**
50859	-177826	202494	3547697	4069942	837224	2521603	1378822
3811	28406	28095	187256	191151	68032	190163	731890
278	-501	554	7756	8408	1410	16609	-798
3	318	318	-507	-480	55	983	38
8	15	1	3995	4007	94	12	13
528	2627	1360	71095	67023	12153	34056	20743
	-791	210	-7225	-7214	2	10808	14252
180426	228609	240287	5702723	5281921	1500561	3435258	1751223
2615	-4036	16031	538760	583256	130012	499276	288790
3913	51215	74328	142357	164959	32829	55153	24684
1808	5075	1572	-102666	-96013	892	63846	64266
3147	8669	17065	185018	187276	46041	50777	72220
364	1642	1981	18757	21099	1121	5341	5552
628	3846	9488	61962	61313	8806	30674	21498
64	-118	4	15533	15442	3862	653	5964
1082	2945	3328	18402	50528	16724	89834	87780
32	-7	153	15080	15092	1086	1210	573
16409	81057	86936	674873	713072	148358	518340	512706
93	985	551	-2578	-2270	183	462	327
35	-1517	14	1723	1964	162	7974	1918
189	2154	1027	16682	28829	3411	6017	-5630
1268	15935	18794	-2467	5458	2935	20916	17929
78	-5508	-5397	4533	4524	972	3905	227
64	3232	2417	-1938	-1417	692	4512	3161
346	11796	428	338	980	391	4982	6237
			-160	-159	23	437	139
			-12678	-12697		1249	736
144	272	158	7780	7787	865	4588	2964
130	-77		-598	-284	217	2026	668

3-4-4 各地区限额以上批发业企业损益及分配(按国民经济行业分)

农、林、牧产品批发

Wholesale of Agricultural, Forestry and Livestock Products

地区	Region	主营业务收入 Revenue from Principal Business	主营业务成本 Cost of Principal Business	主营业务税金及附加 Taxes and Other Charges on Principal Business	主营业务利润 Profits from Principal Business	其他业务利润 Profits from Other Business	销售费用 Selling Expenses	管理费用 Administrative Expenses
全国	**National Total**	**79186746**	**73085923**	**361396**	**5739427**	**196516**	**1516211**	**1271894**
北京	Beijing	10407266	10084450	9853	312963	53159	155744	142330
天津	Tianjin	1468218	1431981	426	35811	12387	35299	13429
河北	Hebei	2451024	2361053	2400	87571	4736	42155	24221
山西	Shanxi	193141	171545	107	21489	302	8669	6808
内蒙古	Inner Mongolia	2218684	2131649	3420	83615	8823	46040	44606
辽宁	Liaoning	5112802	4899177	7409	206216	18269	85770	52763
吉林	Jilin	2778822	2618938	1314	158570	9735	96580	43828
黑龙江	Heilongjiang	3263587	2829195	32021	402371	5899	103375	66694
上海	Shanghai	3997321	3922584	1303	73434	5402	47749	36191
江苏	Jiangsu	6819302	6048877	26658	743767	3277	130234	120568
浙江	Zhejiang	1950172	1871202	2571	76399	6950	30401	33991
安徽	Anhui	1898896	1750367	10816	137713	483	50529	39650
福建	Fujian	1447966	1368955	2412	76599	239	40978	29161
江西	Jiangxi	309658	292131	786	16741	2091	10938	12803
山东	Shandong	7982025	7016087	62269	903669	7008	149166	133388
河南	Henan	4206620	3691131	47624	467865	18865	87413	93049
湖北	Hubei	3401478	3053675	31706	316097	5938	62797	65056
湖南	Hunan	1290034	1094151	10285	185598	509	29215	40980
广东	Guangdong	5272782	4980541	3850	288391	13355	124944	78235
广西	Guangxi	508609	482601	491	25517	2149	11656	12508
海南	Hainan	35405	34823	2	580	35	911	767
重庆	Chongqing	620625	571845	3418	45362	556	11812	12949
四川	Sichuan	1357378	1292789	93229	-28640	4911	23715	24697
贵州	Guizhou	39779	37229	58	2492	61	493	1718
云南	Yunnan	2311690	1590242	1042	720406	769	22711	13770
西藏	Tibet	10296	14287	10	-4001		2669	1423
陕西	Shaanxi	279853	257190	2950	19713	256	5437	6114
甘肃	Gansu	248230	236298	407	11525	823	5067	3921
青海	Qinghai	2116	2076		40		108	242
宁夏	Ningxia	25155	23931	35	1189	17	308	317
新疆	Xinjiang	7277812	6924925	2524	350363	9513	93330	115718

Income and Distribution of Enterprises above Designated Size of Wholesale Trade by Region and Sector

单位：万元
Unit: 10000 yuan

#税金 Taxes	财务费用 Financial Expenses	#利息支出 Interest Expenses	营业利润 Operating Profits	利润总额 Total Profits	应交所得税 Income Tax Payable	应付职工薪酬 Payables to Employees	应交增值税 VAT Payable
62605	**1194277**	**1127933**	**2369476**	**2596522**	**254321**	**99105**	**374244**
6691	205668	280213	191903	286500	36563	125851	59637
200	17420	15298	-20687	10274	2254	10464	3190
998	27818	18291	7995	26089	2307	14078	5231
145	3784	3067	2195	7787	302	4306	301
681	74859	62130	-74470	21820	2114	15954	-2792
3597	92337	65211	4098	18334	4377	20961	8654
919	108272	106205	-75867	87595	1668	60106	5259
2084	139606	127859	113198	268934	5961	67176	3294
407	88	21706	5571	20582	4789	19582	1115
4302	66615	42825	422316	416740	66522	102738	39411
1053	19109	15786	1851	25488	1795	23698	4238
1129	16591	11576	31704	38502	3072	38281	3703
1824	23843	23265	-15978	27620	4292	19644	16025
45	3589	2740	-9142	7244	154	9667	3120
12516	68982	45224	597813	589135	54326	105212	96869
7541	67259	47083	219190	235677	13969	73563	33299
4321	64378	55383	108489	135760	11790	56708	33117
1137	20941	8738	38134	57397	3730	32573	6708
3117	32207	26651	79232	123075	12714	57936	22748
936	9745	8297	-6884	15446	1067	9007	1927
6	975	854	-2041	290	2	444	11
519	4696	4260	17468	21191	2244	11271	4118
2680	31636	29939	-12522	20662	1196	18315	2761
6	670	657	72	892	29	1126	497
466	13029	3980	671908	1520	592	6545	1081
157	354	385	-8617	1513	243	1519	
261	3347	1314	5121	8212	570	4166	2099
49	2512	1741	458	2784	228	2604	98
	-10	49		-299		153	1
10	289	293	275	678	18	264	1
4809	73670	96915	76694	119082	15431	77106	18524

食品、饮料及烟草制品批发

Wholesale of Food, Beverages and Tobaccos

地 区	Region	主营业务收入 Revenue from Principal Business	主营业务成本 Cost of Principal Business	主营业务税金及附加 Taxes and Other Charges on Principal Business	主营业务利润 Profits from Principal Business	其他业务利润 Profits from Other Business	销售费用 Selling Expenses	管理费用 Administrative Expenses
全 国	**National Total**	**346477775**	**284973297**	**8248110**	**53256368**	**1531760**	**15467938**	**10951288**
北 京	Beijing	17091951	14737679	166383	2187889	113490	1590842	368090
天 津	Tianjin	9786885	8895190	154028	737667	6404	186688	146562
河 北	Hebei	6337764	4964871	284600	1088293	8074	222806	268480
山 西	Shanxi	4533753	3574265	199040	760448	79508	112440	197607
内蒙古	Inner Mongolia	4050890	3087469	168788	794633	2766	82480	179245
辽 宁	Liaoning	7411528	6139714	234938	1036876	8691	164933	220115
吉 林	Jilin	2072135	1597586	111294	363255	5399	52639	100400
黑龙江	Heilongjiang	6691351	5525905	199449	965997	1071	173343	176262
上 海	Shanghai	31136395	27126724	196706	3812965	101594	2555836	868851
江 苏	Jiangsu	19822532	16246566	478895	3097071	519387	738065	486542
浙 江	Zhejiang	23534395	19552737	544214	3437444	68820	1135575	649328
安 徽	Anhui	9869285	7844492	301370	1723423	86686	546780	333068
福 建	Fujian	16256237	14159859	278177	1818201	21583	470865	403011
江 西	Jiangxi	4800744	3662653	213335	924756	2884	150351	197563
山 东	Shandong	28223277	22944063	605843	4673371	94952	854237	914968
河 南	Henan	15171462	11966480	525843	2679139	39189	459094	621226
湖 北	Hubei	14966885	11552173	399845	3014867	20879	1161717	586020
湖 南	Hunan	11049494	8808382	399355	1841757	7778	432120	516435
广 东	Guangdong	40426245	35361062	644620	4420563	230498	1588656	1058541
广 西	Guangxi	4807420	3884716	197968	724736	4199	148250	200328
海 南	Hainan	2260600	1976337	56877	227386	980	20955	51916
重 庆	Chongqing	11142012	9333037	346872	1462103	12552	290422	402011
四 川	Sichuan	14640772	11609489	445668	2585615	43732	676492	579380
贵 州	Guizhou	8541864	5300276	282225	2959363	18819	488058	423439
云 南	Yunnan	15548775	11914590	292809	3341376	13751	577429	417773
西 藏	Tibet	495471	381908	27117	86446	1758	11318	35500
陕 西	Shaanxi	5445831	4157639	224753	1063439	4675	289391	243044
甘 肃	Gansu	4203146	3372390	89003	741753	7936	171580	131204
青 海	Qinghai	1249451	1097441	33502	118508	216	11302	33365
宁 夏	Ningxia	880211	712802	33726	133683	347	17323	35453
新 疆	Xinjiang	4029016	3484802	110867	433347	3141	85951	105561

单位：万元
Unit: 10000 yuan

#税金 Taxes	财务费用 Financial Expenses	#利息支出 Interest Expenses	营业利润 Operating Profits	利润总额 Total Profits	应交所得税 Income Tax Payable	应付职工薪酬 Payables to Employees	应交增值税 VAT Payable
332647	**365578**	**1100906**	**28090482**	**29236211**	**6498726**	**9749064**	**9873315**
11180	17459	80376	661511	896237	172376	505457	326900
4164	34495	4809	402713	409680	88522	102179	144751
5152	-20363	9755	630548	609014	151019	201977	205042
5888	1753	3924	447810	447198	115857	163824	192367
21313	-12384	5374	379845	372068	91365	121063	162785
8131	-17688	9782	674992	697945	146608	169679	221579
2652	840	3934	237831	245659	63805	71104	105464
3688	26902	49962	588556	498756	88535	206290	103259
12445	71265	102766	772429	891597	199808	582024	298343
40139	-67190	49992	2085065	2073765	458492	399195	929767
14323	-16760	90785	1992293	2080314	475425	594974	616038
8847	-28974	59748	951702	977795	231406	318348	301622
16182	79415	84089	916013	936690	240675	362570	344044
4338	-19937	9138	596377	638542	159379	192443	190000
28457	102758	51618	2768831	2751162	498924	771986	679103
15787	16416	9269	1588034	1602197	273713	468553	438994
22330	9453	40857	1266106	1281188	290477	455535	519936
12282	37540	64834	856958	1022931	234496	405511	387253
26007	123775	164416	1915288	2153818	460395	981821	898478
5560	28153	23122	381476	406007	107969	177965	185535
2273	-10788	917	180639	182355	40123	49194	50237
10985	-906	23592	786866	758179	139220	385917	255990
15082	50050	38545	1292274	1383976	327442	433622	477127
8634	4112	19243	2055221	2084580	525557	507872	516187
12679	-50129	43449	2405695	2538653	632212	506229	705574
463	-5	572	40654	40229	6065	32884	25065
5327	13469	6855	521910	527992	120187	210092	213704
4089	-1108	18384	215036	242383	61021	176048	113583
797	-9290	1941	94883	93169	19070	39769	18563
929	-4016	1750	129835	133175	20054	45626	56288
2525	7259	27112	253093	258961	58530	109318	189741

纺织、服装及家庭用品批发
Wholesale of Textiles, Wearing Apparel and Household Articles

地区	Region	主营业务收入 Revenue from Principal Business	主营业务成本 Cost of Principal Business	主营业务税金及附加 Taxes and Other Charges on Principal Business	主营业务利润 Profits from Principal Business	其他业务利润 Profits from Other Business	销售费用 Selling Expenses	管理费用 Administr-ative Expenses
全国	**National Total**	**315548783**	**278756204**	**864850**	**35927729**	**6056976**	**18500497**	**8085827**
北京	Beijing	23405561	20126535	56236	3222790	92117	2286585	646383
天津	Tianjin	5839774	5097868	9149	732757	8428	279473	94062
河北	Hebei	1656705	1582217	1734	72754	14052	30980	13908
山西	Shanxi	417460	371947	1026	44487	869	25156	14156
内蒙古	Inner Mongolia	275609	248046	5263	22300	593	6102	3676
辽宁	Liaoning	5359252	4413769	22613	922870	1915	319910	255772
吉林	Jilin	180608	167531	391	12686	-26	8204	3652
黑龙江	Heilongjiang	1539681	1369777	7890	162014	1716	34589	92653
上海	Shanghai	48145733	37654434	170004	10321295	139748	6636720	1937258
江苏	Jiangsu	57395332	51397213	87415	5910704	58737	2084096	1392832
浙江	Zhejiang	51921800	48605738	73872	3242190	88772	1617162	805337
安徽	Anhui	6546428	5718436	13470	814522	18151	778052	98091
福建	Fujian	22572893	20802759	61397	1708737	35499	704520	401044
江西	Jiangxi	893665	835650	1747	56268	5874	22357	10027
山东	Shandong	12942666	12001672	51727	889267	29425	397050	168941
河南	Henan	3840303	3578483	15304	246516	3058	83276	31442
湖北	Hubei	3502127	3217854	12815	271458	47121	169452	67652
湖南	Hunan	1818477	1635412	8426	174639	1870	83885	34575
广东	Guangdong	53509723	47310624	234380	5964719	5478890	2389540	1821041
广西	Guangxi	1640798	1547862	2301	90635	4399	54448	33951
海南	Hainan	530615	509488	467	20660	2682	9709	4039
重庆	Chongqing	3576387	3172583	10581	393223	2138	153897	49488
四川	Sichuan	2223965	2021432	4526	198007	12656	123463	42423
贵州	Guizhou	344077	315921	710	27446	390	17323	6686
云南	Yunnan	1785042	1597954	2796	184292	1847	87288	11582
西藏	Tibet							
陕西	Shaanxi	2620350	2463530	6260	150560	5144	57303	25165
甘肃	Gansu	246765	226853	683	19229	61	8575	5719
青海	Qinghai	85015	81974	50	2991		769	825
宁夏	Ningxia	23656	19406	18	4232		2893	1002
新疆	Xinjiang	708316	663238	1602	43476	853	27721	12446

单位：万元
Unit: 10000 yuan

#税金 Taxes	财务费用 Financial Expenses	#利息支出 Interest Expenses	营业利润 Operating Profits	利润总额 Total Profits	应交所得税 Income Tax Payable	应付职工薪酬 Payables to Employees	应交增值税 VAT Payable
181195	**931526**	**1060037**	**9530953**	**9659075**	**2155790**	**6295234**	**5019993**
11747	-6656	50565	450913	572501	131090	890801	456077
6402	9987	9658	369404	384177	96326	103270	125791
418	-2898	2295	33302	33621	7059	28504	10808
309	1201	661	4444	6295	900	12627	4548
220	410	65	13527	13412	112	3935	551
13317	25936	11836	327389	302270	30940	193957	75552
93	114	128	2610	2647	217	3211	2092
403	3969	3764	36069	22953	6247	8732	38584
15458	96315	90277	1941487	2052437	469534	1422875	816432
17609	173654	179878	2578460	2620510	329995	736154	560067
27713	364899	388911	655979	740989	162644	838833	697059
4207	23051	22750	-71075	-79078	4961	102891	304293
28506	59263	92303	632137	651812	66626	289733	151940
194	-78	2563	26823	28377	2794	19921	26791
6466	26731	43145	328286	298648	46650	257363	121109
1745	4942	10961	130809	127725	22659	39499	46572
2602	11985	4173	4028	-893	3656	49452	81778
1325	4309	4327	52103	27572	4887	37573	19022
35466	95401	107083	1661482	1541902	691782	1049375	1240610
968	7906	6020	338	-2345	3923	22925	18080
111	4219	4177	4369	4478	974	4142	4628
2411	9761	8821	156587	135000	23931	38690	100511
1608	7708	6536	31473	30736	7847	56232	23674
175	1345	1452	2103	2596	802	8943	29486
671	1146	1652	83499	83952	12554	13159	36460
276	1019	1456	69206	53618	25732	42137	15786
282	2015	1072	3303	-478	134	4115	-355
12	385	60	1255	1490	6	638	21
8	237	3	100	91	15	964	2242
475	3252	3445	544	2058	794	14587	9786

文化、体育用品及器材批发

Wholesale of Culture, Sports Appliances and Equipments

地 区	Region	主营业务收入 Revenue from Principal Business	主营业务成本 Cost of Principal Business	主营业务税金及附加 Taxes and Other Charges on Principal Business	主营业务利润 Profits from Principal Business	其他业务利润 Profits from Other Business	销售费用 Selling Expenses	管理费用 Administrative Expenses
全 国	**National Total**	**64389414**	**59052686**	**141489**	**5195239**	**277106**	**2392907**	**1536870**
北 京	Beijing	13273316	12414774	16391	842151	102165	547812	260502
天 津	Tianjin	1320797	1210942	7229	102626	4405	37531	31346
河 北	Hebei	565227	429838	4095	131294	62	6747	13738
山 西	Shanxi	672396	636569	362	35465	142	11311	11998
内蒙古	Inner Mongolia	83355	78804	70	4481	1875	2259	3783
辽 宁	Liaoning	524652	482713	1372	40567	2974	17972	16865
吉 林	Jilin	53118	43396	78	9644	463	3293	9144
黑龙江	Heilongjiang	117090	105604	41	11445	33	2487	3670
上 海	Shanghai	7456261	6760398	19377	676486	28899	361931	213561
江 苏	Jiangsu	3832320	3438978	12480	380862	4393	182642	91598
浙 江	Zhejiang	6928831	6609286	6936	312609	6319	142923	90640
安 徽	Anhui	1470529	1389704	843	79982	1632	43551	17621
福 建	Fujian	1676749	1509012	5151	162586	2203	68694	46166
江 西	Jiangxi	91055	83904	324	6827		2294	2020
山 东	Shandong	3998675	3666186	10591	321898	3018	117388	104863
河 南	Henan	1215198	1137199	3990	74009	3166	32553	22013
湖 北	Hubei	1168522	1013399	3511	151612	71262	74326	40135
湖 南	Hunan	1183865	1023886	7439	152540	1420	41619	38063
广 东	Guangdong	15788065	14376711	36374	1374980	34140	563155	437394
广 西	Guangxi	227818	199853	152	27813	189	14981	7233
海 南	Hainan	80953	66422	84	14447	469	3420	3574
重 庆	Chongqing	606610	499913	749	105948	568	49060	14464
四 川	Sichuan	794812	759828	809	34175	3076	12888	15589
贵 州	Guizhou	166546	135524	605	30417	201	3803	2897
云 南	Yunnan	359023	333625	266	25132	1128	12923	6641
西 藏	Tibet	9724	7888		1836		796	509
陕 西	Shaanxi	337243	301626	1808	33809	1063	9725	10490
甘 肃	Gansu	167121	146476	87	20558		8875	9705
青 海	Qinghai	22434	15343	69	7022	1189	4462	3539
宁 夏	Ningxia	16354	14352	9	1993	184	716	1391
新 疆	Xinjiang	180757	160535	199	20023	468	10771	5720

单位：万元
Unit: 10000 yuan

#税金 Taxes	财务费用 Financial Expenses	#利息支出 Interest Expenses	营业利润 Operating Profits	利润总额 Total Profits	应交所得税 Income Tax Payable	应付职工薪酬 Payables to Employees	应交增值税 VAT Payable
84509	**370353**	**395786**	**1269226**	**1276372**	**254986**	**1320427**	**607657**
6826	118126	126861	61346	84381	63836	269387	95381
754	7864	4524	41014	49030	11314	23043	12549
1200	2400	4000	95300	11150	95	7560	-1738
533	1361	1343	11841	11705	2956	7837	922
62	-661	1	1132	1931	18	2379	51
1724	2399	2071	3278	5872	495	7941	2411
87	-9	51	-1312	793	680	6490	130
159	420	265	4904	914	31	1609	129
46454	42944	35415	117328	208995	41376	125326	65352
2178	28912	22502	82347	82138	17380	110221	42433
2769	34868	33596	67703	73697	14592	68198	25234
614	-59	45561	36667	39612	920	9481	87338
2095	8894	7194	45207	44258	4228	39922	17511
52	261	19	2259	2198	159	1145	1019
4330	694	17117	110961	99649	11251	106738	22733
1029	5682	2125	16105	26520	2267	24180	15773
1681	4491	3281	31534	31325	2898	54133	9640
2734	-2527	4889	74517	65182	3455	31684	15678
7185	97108	66937	351559	326041	62775	325549	173191
324	1001	1058	4161	6609	395	5755	420
7	15	8	8163	8179	189	3158	131
35	3443	2448	40312	43292	6710	39964	4303
316	11984	10222	-4995	1936	2978	9770	13955
230	273	327	23859	4990	294	2891	389
233	239	2493	21491	21803	1011	5691	1252
	-13		544	706	40	334	
443	-16	457	14215	14339	662	6802	858
	230	434	1948	1962	190	6620	36
42	-95		378	708	97	5304	53
67	-7	3	80	307	35	1064	
345	133	584	5382	6149	1661	10251	524

医药及医疗器材批发

Wholesale of Medicines and Medical Appliances

地　区	Region	主营业务收入 Revenue from Principal Business	主营业务成本 Cost of Principal Business	主营业务税金及附加 Taxes and Other Charges on Principal Business	主营业务利润 Profits from Principal Business	其他业务利润 Profits from Other Business	销售费用 Selling Expenses	管理费用 Administrative Expenses
全　国	**National Total**	**159270516**	**142553423**	**381334**	**16335759**	**737600**	**8524295**	**3716975**
北　京	Beijing	13961109	12217405	31540	1712164	128396	961592	404971
天　津	Tianjin	4060227	3741806	6992	311429	5791	134004	73219
河　北	Hebei	4158543	3981848	4638	172057	8494	65631	54185
山　西	Shanxi	1641479	1511585	2739	127155	10783	70115	30754
内蒙古	Inner Mongolia	525688	482780	721	42187	1356	15753	11655
辽　宁	Liaoning	4413389	4036006	16769	360614	14711	134462	97345
吉　林	Jilin	1615511	1375028	6075	234408	73886	135104	34472
黑龙江	Heilongjiang	2626728	2431651	8423	186654	2377	42154	30115
上　海	Shanghai	16715815	13355206	35548	3325061	139791	1946298	824510
江　苏	Jiangsu	9694074	8233795	28559	1431720	128373	1139469	223466
浙　江	Zhejiang	11033950	10109160	18788	906002	9654	434242	205026
安　徽	Anhui	7642619	7264168	10242	368209	7699	176120	92690
福　建	Fujian	3134814	2932899	14541	187374	5795	63416	59174
江　西	Jiangxi	2883854	2523293	12661	347900	3747	225944	46002
山　东	Shandong	8158882	7536432	17424	605026	9412	271080	146248
河　南	Henan	8001547	7533069	9849	458629	8550	109511	99806
湖　北	Hubei	8015268	7351320	30883	633065	5158	235711	141402
湖　南	Hunan	4244510	3905259	14265	324986	11183	144786	81978
广　东	Guangdong	21456176	19011550	47233	2397393	55779	1045170	561544
广　西	Guangxi	1500813	1392023	3236	105554	8759	45536	39977
海　南	Hainan	1260643	995809	4400	260434	9497	174421	43541
重　庆	Chongqing	5602249	5199906	10967	391376	36222	157321	109257
四　川	Sichuan	6945505	6411724	21648	512133	11548	229638	129168
贵　州	Guizhou	1136631	1029875	2772	103984	4442	48461	30544
云　南	Yunnan	3478707	3201628	7226	269853	14141	125061	57222
西　藏	Tibet	518944	235100	5525	278319		275859	7341
陕　西	Shaanxi	2356113	2241879	3573	110661	10457	47772	33847
甘　肃	Gansu	1202903	1129587	2368	70948	8109	26826	17758
青　海	Qinghai	107133	99246	144	7743		3924	2892
宁　夏	Ningxia	205982	194423	214	11345	8	4394	2747
新　疆	Xinjiang	970713	887964	1369	81380	3483	34521	24120

单位：万元
Unit: 10000 yuan

#税金 Taxes	财务费用 Financial Expenses	#利息支出 Interest Expenses	营业利润 Operating Profits	利润总额 Total Profits	应交所得税 Income Tax Payable	应付职工薪酬 Payables to Employees	应交增值税 VAT Payable
126658	**918327**	**743132**	**4095172**	**4169084**	**903938**	**3768752**	**2289114**
7085	47497	94855	542547	542072	118292	535489	213679
1547	27894	18712	82995	85862	19884	59673	53855
2446	18491	12656	37890	28874	7314	48999	24422
737	14323	10934	13134	12710	3094	32733	21653
355	2405	1882	12086	12359	1823	8831	13626
3213	26222	15545	104816	105604	23243	48903	118525
910	15189	8397	50292	52411	34463	26131	23295
1595	3657	2927	111716	17334	2897	15644	11038
23604	41847	26224	715564	798080	185841	888402	191911
3143	59438	46890	175846	208414	65224	422687	200390
6247	62986	66640	247125	268263	54532	183036	136189
4484	28693	25078	79102	78468	15371	62998	75016
10443	24498	22152	47745	45693	11822	49123	30933
1563	13800	11075	66300	63417	10233	100119	50558
7114	54220	45104	137982	137597	32593	120239	119128
3813	66880	40228	187124	186055	30184	70687	53986
8539	81132	32389	260232	253546	37422	148224	95574
3754	28547	19548	68690	65194	11403	66246	49494
18677	124679	117109	776247	770426	159846	421956	398330
1083	11377	8419	10142	10643	2774	30921	21194
859	8703	9686	34785	33486	6035	47470	51928
3629	51500	35523	100676	103965	14941	84307	60470
4698	44519	24344	87262	124652	25194	106387	98006
2015	9219	7354	17074	19537	4905	21610	14953
1782	20791	17744	67236	63062	10115	66445	43975
288	282	2168	-4869	22306	3297	25647	53397
1235	16552	9629	16389	14045	4586	29835	14679
505	8519	6196	19253	14246	2162	19133	8937
14	287	184	3439	3627	604	1349	1096
226	526	630	3394	3839	511	4376	2063
1056	3657	2914	22959	23298	3333	21155	36819

矿产品、建材及化工产品批发
Wholesale of Mineral Products, Building Materials and Chemical Products

地 区	Region	主营业务收入 Revenue from Principal Business	主营业务成本 Cost of Principal Business	主营业务税金及附加 Taxes and Other Charges on Principal Business	主营业务利润 Profits from Principal Business	其他业务利润 Profits from Other Business	销售费用 Selling Expenses	管理费用 Administrative Expenses
全 国	**National Total**	**2281432550**	**2215630725**	**2638702**	**63163123**	**1390911**	**25773878**	**13520708**
北 京	Beijing	226622590	222240232	137797	4244561	193308	1841873	1344273
天 津	Tianjin	197943816	192741984	333321	4868511	174031	1524341	575326
河 北	Hebei	56793316	55214203	40337	1538776	14491	730159	304195
山 西	Shanxi	73596238	72028460	49299	1518479	106942	927749	564807
内蒙古	Inner Mongolia	18118501	17257965	43531	817005	62706	481604	139161
辽 宁	Liaoning	85903276	84633015	99713	1170548	27202	723093	460740
吉 林	Jilin	9764843	9532788	19529	212526	1453	141389	29382
黑龙江	Heilongjiang	20286809	19759570	16578	510661	6491	333284	72007
上 海	Shanghai	328135652	322539615	87478	5508559	242820	2345103	1561471
江 苏	Jiangsu	178715829	172183071	191579	6341179	695526	1925133	1211457
浙 江	Zhejiang	198230854	194174680	140009	3916165	166866	1720560	1105381
安 徽	Anhui	19054494	18279184	30486	744824	26120	324750	147513
福 建	Fujian	70151556	67787496	75537	2288523	75061	974963	455550
江 西	Jiangxi	10894656	10427038	22917	444701	18911	196907	104272
山 东	Shandong	126394681	119116949	463144	6814588	100688	1690645	1107847
河 南	Henan	32004369	30175975	130327	1698067	32690	561038	312432
湖 北	Hubei	50163562	48198252	102146	1863164	20318	716252	351891
湖 南	Hunan	16801877	15849121	94250	858506	10212	261418	218290
广 东	Guangdong	275160355	266931180	223363	8005812	-828565	3077062	1833361
广 西	Guangxi	24333941	23506944	17590	809407	21960	398227	165719
海 南	Hainan	14140613	13893356	3219	244038	2790	45547	27126
重 庆	Chongqing	28295547	26851474	69954	1374119	21021	388843	206054
四 川	Sichuan	42832219	40155871	61480	2614868	51209	2076436	310741
贵 州	Guizhou	12343420	11844132	43991	455297	17082	242563	109301
云 南	Yunnan	30366036	29354648	44742	966646	38378	441948	231778
西 藏	Tibet							
陕 西	Shaanxi	37326934	35820542	56898	1449494	19868	664289	201338
甘 肃	Gansu	34380240	33475846	14567	889827	29131	229879	162592
青 海	Qinghai	9478163	9218790	4381	254992	8854	133041	47181
宁 夏	Ningxia	6223888	6164934	3369	55585	11279	94880	21002
新 疆	Xinjiang	46974274	46273414	17173	683687	22069	560904	138521

单位：万元
Unit: 10000 yuan

#税金 Taxes	财务费用 Financial Expenses	#利息支出 Interest Expenses	营业利润 Operating Profits	利润总额 Total Profits	应交所得税 Income Tax Payable	应付职工薪酬 Payables to Employees	应交增值税 VAT Payable
870118	**11483667**	**10722884**	**15820473**	**16390441**	**4447989**	**10539690**	**14725891**
79181	1225809	2122569	809070	949341	299210	1093727	410668
33501	1052549	791278	1594649	1607582	152257	258565	753814
21146	406282	312455	127827	94553	46901	314711	493796
28028	385154	433174	146807	118508	50753	406490	497247
11747	117324	82511	24051	-35691	21609	143403	272942
37436	326009	264668	-230719	-209818	63634	275039	321557
3725	36981	36643	6174	-10362	4050	71929	66611
10146	81599	99223	16642	-12463	32426	149263	327133
46693	810524	587792	1207570	1413677	473895	1184923	1368124
67008	939500	668195	1934990	1857574	428984	625611	931918
58954	1057081	1287778	950393	1141604	343488	922608	670868
17008	134536	120728	262041	278035	36049	151768	123799
28334	422505	435315	765499	771987	164992	338915	472203
11212	47824	41998	43951	69808	21152	175611	95892
107079	769629	464020	2882000	3168109	1053078	836185	1182271
24645	161124	87631	745858	791966	98112	245585	299539
24742	173404	143905	649377	620707	123258	398225	414069
17389	119130	95277	280920	228777	27423	166075	123337
98857	1028140	852389	2479561	2718074	607220	1216885	1888217
15309	210272	165155	62043	117157	30860	155134	314474
5056	57506	48807	140021	168531	35944	16677	838225
15077	171646	136015	621683	507435	45819	177826	201866
51264	703903	485918	-498868	-759981	38778	216229	241699
5638	134238	152709	15269	-28687	22059	86709	96853
9920	355819	354210	-44948	-43634	46856	244020	253802
19398	117889	149128	603980	417654	80615	187932	1238185
4204	235707	73804	340161	341530	10080	226724	53477
2557	14328	17678	107792	85064	8771	24069	35202
2632	36179	23637	-87275	-85683	1497	44404	155953
12235	151078	188274	-136045	109087	78222	184447	582155

机械设备、五金产品及电子产品批发
Wholesale of Machinery, Hardware and Electronic Products

地 区	Region	主营业务收入 Revenue from Principal Business	主营业务成本 Cost of Principal Business	主营业务税金及附加 Taxes and Other Charges on Principal Business	主营业务利润 Profits from Principal Business	其他业务利润 Profits from Other Business	销售费用 Selling Expenses	管理费用 Administrative Expenses
全 国	**National Total**	**494077617**	**451605547**	**1926007**	**40546063**	**2064013**	**19920420**	**9144110**
北 京	Beijing	115886092	103853142	192060	11840890	1009796	6026031	3208593
天 津	Tianjin	26605039	23989708	1051403	1563928	42324	605618	327872
河 北	Hebei	8726992	8401920	9957	315115	2997	186205	76325
山 西	Shanxi	5159750	5082824	1898	75028	5812	43028	37624
内蒙古	Inner Mongolia	442855	400073	1049	41733	4935	23700	16798
辽 宁	Liaoning	7445750	6904152	28696	512902	24761	167678	158211
吉 林	Jilin	1809955	1597427	3823	208705	2583	183951	20639
黑龙江	Heilongjiang	1567080	1296679	13176	257225	1455	47304	41675
上 海	Shanghai	137322031	124168088	158602	12995341	541272	7174892	2084958
江 苏	Jiangsu	26437054	24550696	48516	1837842	89775	598452	464223
浙 江	Zhejiang	27218054	25711014	31514	1475526	35517	833250	417915
安 徽	Anhui	4948648	4708488	7395	232765	13090	113541	60482
福 建	Fujian	7157475	6681277	20701	455497	13749	166666	137760
江 西	Jiangxi	1516933	1416378	6278	94277	2526	64781	18587
山 东	Shandong	16257325	14663463	86731	1507131	46108	421243	302009
河 南	Henan	5247261	4802072	17650	427539	8135	185552	72717
湖 北	Hubei	5955699	5452757	26757	476185	8768	185996	95440
湖 南	Hunan	2508550	2261141	21113	226296	6290	117424	54991
广 东	Guangdong	61399132	57185108	88186	4125838	118058	1784885	1069911
广 西	Guangxi	1207980	1127758	2311	77911	4427	54283	28177
海 南	Hainan	808728	740071	722	67935	726	53270	10452
重 庆	Chongqing	8779525	8089348	72161	618016	17340	295646	123478
四 川	Sichuan	9412193	8866959	20763	524471	30939	310654	135987
贵 州	Guizhou	1073926	994408	2025	77493	1941	44897	27700
云 南	Yunnan	1548206	1420905	2751	124550	8778	52213	31278
西 藏	Tibet	34873	31149	36	3688		1673	1039
陕 西	Shaanxi	2394913	2233952	5355	155606	13064	62007	43754
甘 肃	Gansu	934434	898362	732	35340	1456	23662	12626
青 海	Qinghai	1000746	965520	434	34792	365	5989	5445
宁 夏	Ningxia	180748	163954	424	16370	1435	11038	7972
新 疆	Xinjiang	3089672	2946754	2789	140129	5595	74891	49474

单位：万元
Unit: 10000 yuan

#税金 Taxes	财务费用 Financial Expenses	#利息支出 Interest Expenses	营业利润 Operating Profits	利润总额 Total Profits	应交所得税 Income Tax Payable	应付职工薪酬 Payables to Employees	应交增值税 VAT Payable
324489	**1537560**	**1984580**	**13273490**	**13075469**	**3168508**	**9241652**	**5373599**
71164	149188	608830	4167097	4655226	1030044	2598710	1370315
8979	164421	179949	485755	499886	116762	218497	772766
4629	73543	76900	33631	42304	9697	99616	36264
366	9443	14042	-7844	-6373	2056	110027	5028
727	3595	2363	-5773	-3115	964	14987	6525
6325	84740	47897	113354	114114	28654	1551283	77736
500	2104	2419	4866	1886	2726	103361	17990
3677	7239	6101	159784	149847	5913	22625	4905
99572	133585	203155	4425818	3790748	1038607	1804311	1014423
19525	179368	147921	579709	544478	92789	335863	247102
17309	134689	164830	256103	320320	74893	319038	143200
3986	27147	18221	46641	48258	6976	55141	22846
5189	38871	36999	202361	192829	29855	107269	75445
913	2833	3781	7686	7980	2033	13795	13232
14762	127557	53488	709179	693153	103756	267978	202553
3384	21733	16429	120480	131744	19423	71280	46691
7673	32394	21592	172215	137692	18873	126673	179925
2793	10604	6084	56137	30883	8721	44674	22647
31781	193053	245897	1354893	1346045	491493	919719	732859
1082	8709	5763	-3731	-1192	1469	46875	21284
354	-183	238	5236	5384	961	6907	4982
6531	28396	17878	210220	208001	29091	92752	151317
5477	45402	44071	65435	62331	25525	134872	92638
714	9869	11132	-1703	228	1297	17206	8097
600	14342	13281	36970	39735	9858	26716	34110
	129	86	849	1533	194	905	142
2548	5624	5719	47063	20306	5531	37830	28359
1039	3480	3265	207	1117	747	8575	7421
459	5740	4248	18796	19606	283	2933	3032
120	2795	2682	-4563	-3367	251	6551	2474
2312	17151	19321	16620	23882	9068	74684	27291

贸易经纪与代理

Trade Broker and Agency

地 区	Region	主营业务收入 Revenue from Principal Business	主营业务成本 Cost of Principal Business	主营业务税金及附加 Taxes and Other Charges on Principal Business	主营业务利润 Profits from Principal Business	其他业务利润 Profits from Other Business	销售费用 Selling Expenses	管理费用 Administr-ative Expenses
全 国	**National Total**	**48439009**	**46071895**	**69819**	**2297295**	**212676**	**1086608**	**632206**
北 京	Beijing	5775883	5234012	20362	521509	62843	152166	156491
天 津	Tianjin	3378801	3165674	11227	201900	11415	219402	36921
河 北	Hebei	57089	53154	4	3931	70	3390	607
山 西	Shanxi	292892	286361	191	6340	134	2009	1862
内 蒙 古	Inner Mongolia	40570	40266	1	303	127	132	25
辽 宁	Liaoning	556310	534532	239	21539	1	9126	5516
吉 林	Jilin	3790	3032	37	721		152	364
黑 龙 江	Heilongjiang	40020	38052	24	1944		1473	807
上 海	Shanghai	10263063	9545964	7083	710016	44687	392716	197804
江 苏	Jiangsu	3258957	3099830	6182	152945	1456	48817	34720
浙 江	Zhejiang	906375	878201	501	27673	114	12611	10621
安 徽	Anhui	122433	118930	26	3477	130	1885	1244
福 建	Fujian	1513561	1446894	1725	64942	2136	38674	16029
江 西	Jiangxi	20817	18728	166	1923		1252	889
山 东	Shandong	2164626	2067775	7999	88852	4026	57223	13934
河 南	Henan	21094	19154	31	1909		780	500
湖 北	Hubei	4608597	4534676	2142	71779	67539	9427	29400
湖 南	Hunan	25726	20494	1204	4028		1132	1007
广 东	Guangdong	13075479	12703621	5786	366072	13849	114173	115751
广 西	Guangxi	146255	145416	135	704	7	683	427
海 南	Hainan							
重 庆	Chongqing	2239	1867	19	353			104
四 川	Sichuan	104795	100863	113	3819	913	2426	1647
贵 州	Guizhou							
云 南	Yunnan	1873131	1837731	4534	30866	3070	11076	2959
西 藏	Tibet							
陕 西	Shaanxi	87923	83351	3	4569		2494	839
甘 肃	Gansu							
青 海	Qinghai	1933	1863		70		36	109
宁 夏	Ningxia							
新 疆	Xinjiang	96649	91456	85	5108	161	3352	1631

单位：万元
Unit: 10000 yuan

#税金 Taxes	财务费用 Financial Expenses	#利息支出 Interest Expenses	营业利润 Operating Profits	利润总额 Total Profits	应交所得税 Income Tax Payable	应付职工薪酬 Payables to Employees	应交增值税 VAT Payable
24023	**165255**	**464684**	**891890**	**903859**	**323386**	**580987**	**268456**
7758	-34693	303522	535373	545589	119290	125696	9044
596	-6182	-3773	-34837	-26888	4525	57841	32355
6	184	47	-235	-223	5	483	16
148	2618	1178	1210	1509	43	689	191
			272	348	12	32	
80	8482	1334	-1299	-1363	677	6038	1770
13	91	91	115	115	29	48	370
18	67	-1	-416	-216	39	242	87
1923	-826	9286	221545	221523	152343	196299	28876
1180	18119	4857	55352	47606	7221	15997	35540
344	839	2500	3784	5027	1463	5743	976
40	302	118	278	427	183	552	-17
1285	4446	2711	29591	31948	6531	9768	14083
44	9	32	-229	-235	3	604	83
1495	27506	2940	-4290	-7421	7048	12015	12296
2	131		497	57	20	436	40
3041	34175	26702	2481	7682	1519	12078	21527
1	4		1885	1885		132	1024
5400	91353	93021	81420	75772	21124	67690	118863
12	412	279	-1038	-804	43	423	70
			249	338		34	
59	441	436	486	942	226	1372	425
447	16932	18316	-1099	-552	509	2567	-9462
72	-28	62	1317	1091	168	760	184
			-73	-43	1	29	
59	873	1028	-449	-256	367	63421	117

其他批发业

Other Wholesale not Classified Elsewhere

地　区	Region	主营业务收入 Revenue from Principal Business	主营业务成本 Cost of Principal Business	主营业务税金及附加 Taxes and Other Charges on Principal Business	主营业务利润 Profits from Principal Business	其他业务利润 Profits from Other Business	销售费用 Selling Expenses	管理费用 Administrative Expenses
全　国	**National Total**	**84431020**	**79414596**	**335481**	**4680943**	**105851**	**1555444**	**1191274**
北　京	Beijing	5345396	5004336	6517	334543	8726	94175	79366
天　津	Tianjin	9603031	9296519	32668	273844	7610	71316	94786
河　北	Hebei	154871	143216	361	11294	748	2965	4185
山　西	Shanxi	209146	192178	311	16657	580	8725	6881
内蒙古	Inner Mongolia	21651	16216	167	5268		2258	2475
辽　宁	Liaoning	1455062	1423358	5507	26197	114	8921	8533
吉　林	Jilin	34943	33020	313	1610		641	335
黑龙江	Heilongjiang	411551	377866	8057	25628	-452	6017	11252
上　海	Shanghai	12057820	10853170	19862	1184788	30337	543403	343518
江　苏	Jiangsu	6763886	6396021	40723	327142	13497	81927	76787
浙　江	Zhejiang	7538277	7362114	20367	155796	5859	50629	48866
安　徽	Anhui	2436358	2269486	30240	136632	342	42601	49923
福　建	Fujian	6314368	6160778	9199	144391	3879	62563	39580
江　西	Jiangxi	509523	473402	2262	33859	337	10722	5199
山　东	Shandong	5254628	4864982	30215	359431	11509	61514	58375
河　南	Henan	1337861	1152338	10118	175405	1901	54598	20828
湖　北	Hubei	734299	625230	14237	94832	362	19368	16278
湖　南	Hunan	836314	698584	20645	117085	76	31567	34939
广　东	Guangdong	17652573	16834360	31055	787158	11196	249221	190960
广　西	Guangxi	154361	145244	655	8462	666	5363	2194
海　南	Hainan	666917	662215	217	4485	94	1205	2077
重　庆	Chongqing	1771073	1603478	19786	147809	1856	30694	26965
四　川	Sichuan	809386	637063	25208	147115	801	56003	21943
贵　州	Guizhou	70526	61463	364	8699	1922	3006	3117
云　南	Yunnan	1837563	1722247	4023	111293	2469	39138	25088
西　藏	Tibet							
陕　西	Shaanxi	116989	101230	1616	14143		5910	4761
甘　肃	Gansu	20678	18806	153	1719	-11	882	800
青　海	Qinghai	5074	4299	21	754	19	786	313
宁　夏	Ningxia	120126	114843	158	5125	19	1108	2543
新　疆	Xinjiang	186772	166534	457	19781	1396	8220	8408

单位：万元
Unit: 10000 yuan

#税金 Taxes	财务费用 Financial Expenses	#利息支出 Interest Expenses	营业利润 Operating Profits	利润总额 Total Profits	应交所得税 Income Tax Payable	应付职工薪酬 Payables to Employees	应交增值税 VAT Payable
55737	**703612**	**566408**	**1529622**	**1691049**	**341270**	**831469**	**1430326**
1335	27732	34921	147080	161575	42269	65529	32167
2482	47491	30713	83173	157439	29918	42814	243181
122	2452	1550	-5165	5891	897	4181	463
81	411	381	1205	1301	564	3849	1626
49	133	237	397	311	139	1584	200
317	4194	930	5065	3212	512	4000	7027
3	149		468	475	5	214	57
8303	4008	3163	4258	-8	238	21157	100
3829	30256	31476	337817	377163	95483	226542	99929
3711	54068	27471	118791	129163	27068	51022	251181
3290	74489	51287	-7771	24447	10495	29490	180735
1045	23443	21771	23575	48283	11349	22418	92423
1862	82580	92222	5788	22134	7057	36432	43702
394	2062	1577	16969	13643	2444	6248	9335
4729	45140	20162	198075	176287	23438	36984	73908
2873	18075	4214	83392	82922	5481	13589	26066
2500	7074	4270	51143	23248	3731	10722	39841
2514	11253	5808	39697	28104	2549	17275	6182
11830	237949	207077	157071	169433	42439	143453	235811
96	371	332	1272	1351	461	1781	3079
30	1427	833	50523	50752	218	1836	2053
2105	8960	7625	82366	79025	7569	16467	39216
497	12809	10030	53401	52752	12041	20844	22369
152	810	948	3166	3278	589	2951	750
829	4010	6083	69391	70244	12694	34035	8875
186	286	138	3234	2979	275	5336	6276
91	59	37	-77	-79	10	184	89
10	22	23	-377	-318		425	133
104	-161	-797	2141	1650	246	1666	140
367	2060	1929	3553	4392	1092	8444	3412

3-4-5 各地区限额以上零售业企业损益及分配

地区	Region	主营业务收入 Revenue from Principal Business	主营业务成本 Cost of Principal Business	主营业务税金及附加 Taxes and Other Charges on Principal Business	主营业务利润 Profits from Principal Business	其他业务利润 Profits from Other Business	销售费用 Selling Expenses	管理费用 Administrative Expenses
全国	**National Total**	**968885581**	**856457350**	**5533363**	**106894868**	**11169413**	**56847589**	**29491367**
北京	Beijing	75001390	67067545	259288	7674557	1529957	5763840	2263635
天津	Tianjin	19708011	17967447	70977	1669587	216709	1212836	607984
河北	Hebei	23823927	21674335	111795	2037797	263003	1184032	745944
山西	Shanxi	19522751	17894949	64034	1563768	155071	892596	533012
内蒙古	Inner Mongolia	14729308	13027431	79715	1622162	103613	782560	398397
辽宁	Liaoning	33628450	29967064	226542	3434844	232553	1694698	1304792
吉林	Jilin	13401692	11841625	78513	1481554	148832	588455	590187
黑龙江	Heilongjiang	13757641	12131738	116632	1509271	134167	560363	466700
上海	Shanghai	53679757	44505648	257541	8916568	838389	6511598	2766541
江苏	Jiangsu	90061978	79636642	410471	10014865	1653436	4754693	2734981
浙江	Zhejiang	59441270	53988086	204314	5248870	542039	3278937	1778719
安徽	Anhui	29634701	26774302	122524	2737875	160700	1469982	764036
福建	Fujian	30807369	27255881	155594	3395894	219020	1907071	946501
江西	Jiangxi	12804291	11434548	71743	1298000	118004	645738	345074
山东	Shandong	90345824	79164681	752789	10428354	700893	3684798	2353630
河南	Henan	38287921	33833373	339481	4115067	323108	1547360	1102592
湖北	Hubei	48671494	42142149	452441	6076904	1209395	2583156	1533579
湖南	Hunan	36253775	31931387	320968	4001420	207109	1981359	972778
广东	Guangdong	96822380	85454054	380638	10987688	934321	6487887	2746442
广西	Guangxi	11771388	10580420	41318	1149650	136186	696862	347753
海南	Hainan	4614847	4015081	22968	576798	36075	285025	147251
重庆	Chongqing	27950019	23904700	286384	3758935	264791	1613572	677516
四川	Sichuan	47321470	42267473	225128	4828869	344775	2658972	1246284
贵州	Guizhou	11699778	10453245	45404	1201129	89325	564769	261288
云南	Yunnan	18055783	16040288	70124	1945371	102395	1012570	474709
西藏	Tibet	1044920	966695	5097	73128	15102	43140	30054
陕西	Shaanxi	24594599	21459101	225835	2909663	308661	1256602	726329
甘肃	Gansu	8394672	7518190	62961	813521	41712	352681	177172
青海	Qinghai	1660954	1485637	4608	170709	34176	89605	55281
宁夏	Ningxia	2893869	2578252	11786	303831	35946	201280	83219
新疆	Xinjiang	8499355	7495386	55753	948216	69953	540555	308989

Income and Distribution of Enterprises above Designated Size of Retail Trade by Region

单位：万元
Unit: 10000 yuan

#税金 Taxes	财务费用 Financial Expenses	#利息支出 Interest Expenses	营业利润 Operating Profits	利润总额 Total Profits	应交所得税 Income Tax Payable	应付职工薪酬 Payables to Employees	应交增值税 VAT Payable
1264060	**7175266**	**4658311**	**24734200**	**25268042**	**4984095**	**32392550**	**16205579**
49529	340426	417498	1358794	1431482	382612	2728226	1077247
14343	143814	85591	39399	50533	52203	629180	297167
36277	221552	135413	231930	364378	587470	957735	283718
15723	170697	89425	105366	13955	32845	516945	225456
48493	150923	81559	470194	344298	36128	382896	466738
62249	373947	205363	540908	458539	95365	1085634	588520
22605	139092	95967	369791	362730	65492	378210	220373
21179	106299	68359	568548	1434557	56469	429149	172820
54326	250721	163073	226887	411639	303352	2199000	712743
99956	752716	445320	2638600	2251246	504088	2507095	1819913
61530	512288	449177	446794	529179	238249	2060719	719572
36945	198866	117248	512739	478089	79147	858728	335197
39966	196318	131174	700299	647873	109055	1009135	537687
15985	102088	70418	305240	336847	59705	488131	249877
142026	749237	397506	4239704	4341244	689622	2410524	1551633
63905	329717	169864	1491866	1412998	127317	1183557	511632
102859	428574	272185	1904288	1786478	266541	2549637	817007
59321	229025	128349	1111640	990676	131921	1159481	453277
88786	533781	319820	2394922	2436586	493190	3372994	1879636
17191	76230	57369	177114	183944	45703	451514	250193
6607	35971	33642	139339	149161	39234	145057	94952
33247	188473	119317	1407538	1408794	142596	944458	461141
56545	335351	212837	1012477	990199	158511	1453400	743518
12366	86955	62770	404054	450585	36983	287752	424594
21963	156006	112909	428453	556794	60689	581579	393841
269	760	1074	23281	27134	1265	28652	3643
51090	192780	106594	955617	863990	89010	711059	426662
10779	59110	38097	292290	276557	24448	314617	183532
2043	17766	8724	25581	24864	8988	167112	72985
4799	28602	16866	48511	69518	15708	105928	63427
11158	67182	44806	162037	183180	50191	294449	166881

3-4-5 续表

国有控股

State-controlled Enterprises

地　区	Region	主营业务收　入 Revenue from Principal Business	主营业务成　本 Cost of Principal Business	主营业务税金及　附　加 Taxes and Other Charges on Principal Business	主营业务利　润 Profits from Principal Business	其他业务利　润 Profits from Other Business	销售费用 Selling Expenses	管理费用 Administr-ative Expenses
全　国	**National Total**	**202839938**	**183744665**	**723785**	**18371488**	**1584472**	**9867291**	**4692119**
北　京	Beijing	20533526	18708785	87589	1737152	340854	1046853	551809
天　津	Tianjin	6286945	5828456	13757	444732	25258	297607	154952
河　北	Hebei	4707473	4315683	21844	369946	35743	139753	149971
山　西	Shanxi	6451230	6055177	8622	387431	17106	268504	97007
内蒙古	Inner Mongolia	5058665	4557428	5325	495912	8044	199127	37783
辽　宁	Liaoning	7532693	6795879	31085	705729	16769	384348	232021
吉　林	Jilin	2933915	2636426	15374	282115	44610	150333	142568
黑龙江	Heilongjiang	1714408	1511384	14384	188640	14321	45210	84101
上　海	Shanghai	10316789	8998118	55617	1263054	205361	793600	551378
江　苏	Jiangsu	15302478	14078110	22609	1201759	51687	608672	223421
浙　江	Zhejiang	10132302	9337060	27226	768016	52575	387957	204016
安　徽	Anhui	7718838	7086130	23992	608716	36504	285406	158672
福　建	Fujian	4494771	4112370	9954	372447	54670	253339	79680
江　西	Jiangxi	2584919	2303914	8996	272009	6139	114399	80357
山　东	Shandong	10055836	9212884	41538	801414	102995	427439	151286
河　南	Henan	5149536	4682703	26347	440486	17543	205250	140393
湖　北	Hubei	11511316	10148609	61809	1300898	175371	803827	288832
湖　南	Hunan	10763677	9726813	38497	998367	10237	463220	235896
广　东	Guangdong	20555228	18610884	53897	1890447	111953	950737	342923
广　西	Guangxi	1548186	1369087	8511	170588	21929	95120	70327
海　南	Hainan	2023170	1723957	13882	285331	2059	123792	43640
重　庆	Chongqing	7815255	6888777	32092	894386	139497	592128	171577
四　川	Sichuan	9955747	9123599	18659	813489	27870	472625	164695
贵　州	Guizhou	3840808	3421278	7783	411747	15301	130670	43197
云　南	Yunnan	3784305	3459228	12162	312915	8819	168938	53322
西　藏	Tibet	661240	620329	2984	37927	6212	23533	12379
陕　西	Shaanxi	3070771	2732777	15649	322345	11456	170626	81482
甘　肃	Gansu	2844493	2623376	6088	215029	3082	79703	28675
青　海	Qinghai	319896	292029	775	27092	9280	12124	6207
宁　夏	Ningxia	269022	248310	627	20085	1290	14166	4767
新　疆	Xinjiang	2902504	2535107	36114	331283	9936	158285	104787

单位：万元
Unit: 10000 yuan

#税金 Taxes	财务费用 Financial Expenses	#利息支出 Interest Expenses	营业利润 Operating Profits	利润总额 Total Profits	应交所得税 Income Tax Payable	应付职工薪酬 Payables to Employees	应交增值税 VAT Payable
216230	**645222**	**600636**	**5477968**	**6712790**	**902821**	**5908727**	**3383698**
16537	88191	140741	587507	626530	116366	763877	272461
4245	25085	19022	1498	11997	14543	172635	84594
7188	33150	32618	153251	272058	28649	100870	46519
4452	17907	12371	12884	30800	15041	139010	28983
8234	24420	13796	237137	63964	4889	103748	292808
11588	11249	14282	238133	244708	16439	264748	166384
8165	24615	20020	83247	82805	21293	79763	54324
1729	5546	4848	68180	1104800	10203	118379	10572
8052	13171	25409	281799	338262	75250	439457	174875
10824	61281	52215	230290	226277	36919	255970	249237
8513	11856	20817	253784	284039	63716	275788	98889
8107	14167	12439	214509	201265	21300	155672	76095
4639	11828	8317	64807	67491	17395	152229	166172
3615	6093	9504	83859	93429	19829	83090	37885
8877	51103	34889	280007	263217	68570	234650	150281
6510	18108	8929	125365	107441	12956	152352	56260
22855	51162	50681	364513	355306	56534	458718	193751
10064	35218	18083	268848	287311	51563	255215	151182
22737	44907	36039	740265	727373	113698	572539	308747
2872	5206	2482	39651	42651	9823	71543	22621
1893	644	1582	113491	120845	28654	50720	20914
10128	9533	7447	183500	159780	14942	330414	181294
7621	27597	20381	189746	207400	31538	259795	108303
1803	7596	6449	246758	314146	7517	54493	179272
3702	8718	5259	73016	203171	8949	75262	67348
164	-14	979	22271	22417	464	15987	2987
3223	11168	7924	74662	66566	8999	102507	34411
2901	4613	3447	145963	78337	2994	50621	112788
44	900	537	9949	9595	1216	7694	2288
572	754	735	2862	6257	278	10834	4020
4377	19452	8396	86216	92553	22298	100153	27436

3-4-6 各地区限额以上零售业企业损益及分配(按登记注册类型分)

内资企业

Domestic Funded Enterprises

地 区	Region	主营业务收入 Revenue from Principal Business	主营业务成本 Cost of Principal Business	主营业务税金及附加 Taxes and Other Charges on Principal Business	主营业务利润 Profits from Principal Business	其他业务利润 Profits from Other Business	销售费用 Selling Expenses	管理费用 Administrative Expenses
全 国	**National Total**	**863596622**	**769573926**	**4995348**	**89027348**	**8387512**	**44018662**	**24689595**
北 京	Beijing	62103545	56662706	191072	5249767	1156229	3989540	1678578
天 津	Tianjin	16483063	15224829	52106	1206128	102911	830178	440029
河 北	Hebei	23495148	21396011	110734	1988403	257832	1123897	739220
山 西	Shanxi	19196098	17623174	61844	1511080	151175	857936	521332
内蒙古	Inner Mongolia	14528912	12860127	78927	1589858	102689	766455	390470
辽 宁	Liaoning	30391049	27158154	193610	3039285	181147	1326913	1142599
吉 林	Jilin	12834059	11361872	75021	1397166	129857	544233	564680
黑龙江	Heilongjiang	13052307	11528138	113904	1410265	113051	479772	431686
上 海	Shanghai	35724965	31526882	141226	4056857	481568	2949528	1291887
江 苏	Jiangsu	77227156	68400283	365930	8460943	980237	3552055	2279934
浙 江	Zhejiang	52556686	48052101	170207	4334378	396836	2671973	1493581
安 徽	Anhui	27925407	25343316	114490	2467601	134878	1213818	701125
福 建	Fujian	27899560	24821784	142781	2934995	189839	1533461	855035
江 西	Jiangxi	11959883	10696930	67741	1195212	89384	566102	325094
山 东	Shandong	86699351	75999638	736421	9963292	603434	3399202	2186958
河 南	Henan	36462356	32229656	330332	3902368	234735	1435153	1006426
湖 北	Hubei	45492778	39378471	439508	5674799	1055437	2271545	1431617
湖 南	Hunan	35175859	31043917	314995	3816947	189063	1868632	920661
广 东	Guangdong	80205561	71575530	306752	8323279	667460	4589513	2210804
广 西	Guangxi	10968334	9894469	38216	1035649	117901	615068	331127
海 南	Hainan	4319642	3769791	21589	528262	34047	253411	140760
重 庆	Chongqing	26820697	23004865	273572	3542260	247605	1487630	617312
四 川	Sichuan	42287456	38085155	199612	4002689	282620	2182991	1036952
贵 州	Guizhou	11115832	9970727	41795	1103310	69583	501441	246158
云 南	Yunnan	16458138	14688313	63505	1706320	82446	862135	438788
西 藏	Tibet	1042102	964011	5093	72998	14972	42677	30026
陕 西	Shaanxi	20361723	17780695	212086	2368942	167510	968284	636873
甘 肃	Gansu	8253245	7398534	62196	792515	37275	338408	174237
青 海	Qinghai	1637704	1465812	4539	167353	33914	88203	54800
宁 夏	Ningxia	2833545	2525638	11711	296196	35946	197544	81808
新 疆	Xinjiang	8084462	7142399	53829	888234	45934	510967	289037

Income and Distribution of Enterprises above Designated Size of Retail Trade by Region and Type of Registration

单位：万元
Unit: 10000 yuan

#税金 Taxes	财务费用 Financial Expenses	#利息支出 Interest Expenses	营业利润 Operating Profits	利润总额 Total Profits	应交所得税 Income Tax Payable	应付职工薪酬 Payables to Employees	应交增值税 VAT Payable
1116361	**6687960**	**4253725**	**22028925**	**22596259**	**4188875**	**27673376**	**14223844**
40380	326762	374249	732235	827813	248430	2078584	756329
12833	115550	69346	35120	53562	36631	485641	232990
36002	218853	133204	245581	379636	585900	933265	278848
15304	166673	87339	100159	8849	28283	493546	221557
48121	141101	73393	471737	345285	33203	377648	464643
55449	326652	179687	596582	531966	72648	936798	527318
21669	121237	80148	357276	349670	59401	369906	213119
20500	98468	66104	563083	1428285	54455	399699	164000
17394	166362	110542	215003	381776	156507	1241125	421049
90017	732689	410890	2350407	2026681	432876	2018070	1651461
53934	469756	391916	291396	360138	183833	1758157	615014
34214	195233	113477	521867	494375	72667	770440	312832
37967	177405	123501	582941	535897	91800	843074	492231
15677	101369	69402	295921	302257	55709	460816	238525
137185	735692	377996	4173504	4272813	655684	2276150	1483388
61201	323202	162728	1400252	1320576	104748	1138889	477872
99744	420922	263612	1771067	1651203	250593	2422776	758466
46992	223434	122179	1062595	940383	123873	1102821	430898
71878	456521	282915	1819497	1813729	371107	2556149	1493030
16494	72790	53081	147135	149421	38410	422635	225201
5995	32340	30041	127600	140683	37259	134126	90069
31842	172723	113128	1370357	1362544	129799	897419	435623
41083	312590	197116	806112	833287	128049	1270735	673360
11867	84344	60287	359930	410282	28005	269032	408507
16657	152628	110409	355416	466658	46213	519173	343737
267	748	1074	23654	27481	1196	28512	3616
47795	170522	90466	757000	660345	68910	605981	358239
10424	58895	37810	284270	268571	22730	310780	181576
2018	17686	8658	23937	23273	8583	166210	72455
4701	27950	16263	47397	68464	15404	105178	62640
10761	66865	42767	139894	160357	45970	280042	135252

国有企业
State-owned Enterprises

地　区	Region	主营业务收入 Revenue from Principal Business	主营业务成本 Cost of Principal Business	主营业务税金及附加 Taxes and Other Charges on Principal Business	主营业务利润 Profits from Principal Business	其他业务利润 Profits from Other Business	销售费用 Selling Expenses	管理费用 Administrative Expenses
全　国	**National Total**	**20153857**	**17966130**	**122908**	**2064819**	**145460**	**849210**	**650502**
北　京	Beijing	1140138	963422	3715	173001	45940	83655	85505
天　津	Tianjin	213883	173049	1429	39405	4622	19282	25103
河　北	Hebei	223798	196372	6032	21394	3082	5009	5796
山　西	Shanxi	459525	419802	1285	38438	3439	21676	14151
内蒙古	Inner Mongolia	1662798	1579809	929	82060	1913	54381	11258
辽　宁	Liaoning	1584569	1431527	8087	144955	5408	81785	32937
吉　林	Jilin	23419	20895	164	2360	129	736	1326
黑龙江	Heilongjiang	604588	517773	10596	76219	5797	18265	26613
上　海	Shanghai	1405937	1288631	3423	113883	12643	48652	59692
江　苏	Jiangsu	859030	778566	1841	78623	4255	25431	27450
浙　江	Zhejiang	194819	170102	398	24319	2979	12572	9893
安　徽	Anhui	713454	658090	3004	52360	9378	26733	12745
福　建	Fujian	478407	446584	2188	29635	2034	24422	9865
江　西	Jiangxi	83806	74326	202	9278	93	3441	2976
山　东	Shandong	767592	664229	7583	95780	1142	17408	31047
河　南	Henan	1149962	1002221	15203	132538	3598	43094	43086
湖　北	Hubei	2132632	1891066	18320	223246	2893	68004	31356
湖　南	Hunan	756184	620217	10233	125734	861	44925	32550
广　东	Guangdong	1610052	1361750	7120	241182	12574	48316	83014
广　西	Guangxi	289087	257540	798	30749	2724	21744	8064
海　南	Hainan	10976	11861	17	-902		628	499
重　庆	Chongqing	967023	902903	2466	61654	1925	37519	11871
四　川	Sichuan	1142302	1076398	2368	63536	2709	47257	9966
贵　州	Guizhou	191962	170472	417	21073	2595	9526	8831
云　南	Yunnan	302308	269023	3463	29822	1568	14585	9911
西　藏	Tibet	169204	152816	2292	14096	78	5530	5744
陕　西	Shaanxi	597149	519637	8105	69407	8307	25940	27264
甘　肃	Gansu	170283	156095	520	13668	389	6437	4733
青　海	Qinghai							
宁　夏	Ningxia	34036	27159	278	6599	1290	5446	3552
新　疆	Xinjiang	214934	163797	433	50704	1097	26816	13708

单位：万元
Unit: 10000 yuan

#税金 Taxes	财务费用 Financial Expenses	#利息支出 Interest Expenses	营业利润 Operating Profits	利润总额 Total Profits	应交所得税 Income Tax Payable	应付职工薪酬 Payables to Employees	应交增值税 VAT Payable
30444	**63737**	**51541**	**664334**	**1690842**	**67048**	**757400**	**440315**
1906	190	3786	56212	63839	13421	95884	20284
988	-3459	204	7287	8934	2374	23864	10537
561	358	336	11557	-1145	40	7800	737
441	492	250	2939	4400	1289	12406	2842
5008	5740	3635	12640	-11629	143	29502	132931
1940	5605	907	26898	25447	1521	27659	14697
58	84	41	97	402	1	758	130
1020	3577	2216	29873	1071543	489	81708	3808
289	-1461	445	29629	38599	3805	46679	9049
627	4452	4475	25385	28615	4543	21865	14823
303	-572	345	5436	8446	1407	12320	1674
568	932	488	14771	7532	944	16554	5703
383	655	506	-2179	270	461	12824	49256
134	130	168	2774	2959	371	3035	2624
809	3627	1296	45982	46834	8184	21269	17608
3283	5772	867	43918	39496	1631	50427	15545
2856	13638	21831	104781	105613	5053	35229	28315
1239	10931	346	37202	27650	1493	25378	4592
3500	2666	1269	138707	138497	8376	88566	13057
433	695	562	7801	8222	1678	12636	2381
14	20	25	-1967	1136	48	761	128
559	1603	1735	13450	13654	196	19249	48243
411	3360	1615	7477	9270	1514	28155	9920
164	846	753	3115	4425	481	6571	11289
978	1465	1278	5310	9759	1434	9229	6260
109	-278	733	3246	3360	117	5752	1724
998	2618	1135	20173	17256	1416	30560	9100
140	309	138	2881	2320	433	4388	858
124	45	60	-950	1203	155	5101	556
604	-303	98	9889	13935	4030	21273	1645

集体企业
Collective-owned Enterprises

地 区	Region	主营业务收入 Revenue from Principal Business	主营业务成本 Cost of Principal Business	主营业务税金及附加 Taxes and Other Charges on Principal Business	主营业务利润 Profits from Principal Business	其他业务利润 Profits from Other Business	销售费用 Selling Expenses	管理费用 Administrative Expenses
全 国	**National Total**	**14281796**	**12499463**	**149321**	**1633012**	**48183**	**437520**	**403298**
北 京	Beijing	322409	278361	1880	42168	12874	32255	21760
天 津	Tianjin	184762	163748	294	20720		7875	6930
河 北	Hebei	499197	456228	3615	39354	659	10412	18697
山 西	Shanxi	453905	406219	2852	44834	2771	12824	16698
内蒙古	Inner Mongolia	93271	91027	101	2143		640	580
辽 宁	Liaoning	251446	208118	2157	41171	294	8278	7900
吉 林	Jilin	67700	58795	1045	7860	4	3194	2014
黑龙江	Heilongjiang	137467	123329	1248	12890	150	4325	2665
上 海	Shanghai	108200	91554	672	15974	1483	10371	7711
江 苏	Jiangsu	690429	598281	5831	86317	796	17723	17444
浙 江	Zhejiang	302395	274167	1129	27099	5558	14248	12032
安 徽	Anhui	41623	37282	198	4143	144	1548	1639
福 建	Fujian	224021	197046	1636	25339	252	9790	10208
江 西	Jiangxi	56221	50096	112	6013	169	1749	2451
山 东	Shandong	3673622	3070777	47445	555400	5623	86905	93333
河 南	Henan	2058973	1802919	38785	217269	504	71686	49572
湖 北	Hubei	1502667	1332496	14608	155563	8742	42597	50624
湖 南	Hunan	339284	300824	3736	34724	2865	11676	9393
广 东	Guangdong	1778236	1622641	7099	148496	1556	40974	24894
广 西	Guangxi	184991	165958	1882	17151	314	6029	5399
海 南	Hainan	3411	3119	6	286		145	68
重 庆	Chongqing	60507	50348	1008	9151	356	2814	3695
四 川	Sichuan	227017	203651	2559	20807	2164	6066	5663
贵 州	Guizhou	32117	29794	66	2257	25	745	1005
云 南	Yunnan	413921	373281	1597	39043	47	13933	8442
西 藏	Tibet							
陕 西	Shaanxi	443982	384219	7272	52491	494	17504	20114
甘 肃	Gansu	121404	117760	447	3197	178	1173	1504
青 海	Qinghai							
宁 夏	Ningxia	2414	2332	3	79	2		54
新 疆	Xinjiang	6204	5094	38	1072	160	42	811

3-4-6 Continued 2

单位：万元
Unit: 10000 yuan

#税金 Taxes	财务费用 Financial Expenses	#利息支出 Interest Expenses	营业利润 Operating Profits	利润总额 Total Profits	应交所得税 Income Tax Payable	应付职工薪酬 Payables to Employees	应交增值税 VAT Payable
22270	**77104**	**30605**	**731727**	**674875**	**67857**	**306789**	**218426**
502	5294	4680	-4255	-4095	661	16829	6730
179	9		5910	4965	373	9702	2872
1006	5898	3121	4980	3992	775	7984	3589
1543	1600	423	12491	4310	502	8823	3229
29	-2		925	1379	99	638	103
618	2263	646	23233	23136	947	5957	6739
46	195	177	2585	1999	45	1610	144
91	920	228	4019	1080	251	4099	534
195	12	50	4222	4820	634	7511	2301
404	4812	1536	45832	43200	6980	13623	8317
474	887	913	6037	7753	1440	9822	2963
104	69	55	1064	1029	69	1596	460
273	708	266	5433	5111	579	6289	2504
12	461	86	1352	1601	248	864	795
5598	21288	6412	361391	349999	37013	55103	95125
3260	7202	2733	85519	82727	5472	59506	24290
3296	14546	4050	37731	20559	1834	32417	20066
584	3133	605	10571	6376	300	8373	2225
863	1749	1033	75048	74595	7484	25233	22679
812	1315	607	4015	3890	153	3388	576
8	1		72	72	18	72	52
75	1014	229	1687	1556	159	2488	379
136	432	206	8629	7493	774	5389	2357
13	-131	120	3483	3511	125	411	543
42	999	961	16466	16045	496	6374	4611
2092	1877	1003	13106	7305	364	10306	4000
11	507	453	21	309	23	1814	147
	6		11	9		39	
4	43	12	149	151	42	529	100

股份合作企业
Cooperative Enterprises

地 区	Region	主营业务收入 Revenue from Principal Business	主营业务成本 Cost of Principal Business	主营业务税金及附加 Taxes and Other Charges on Principal Business	主营业务利润 Profits from Principal Business	其他业务利润 Profits from Other Business	销售费用 Selling Expenses	管理费用 Administrative Expenses
全 国	**National Total**	**1698962**	**1495751**	**13048**	**190163**	**14195**	**69129**	**66419**
北 京	Beijing	286963	270238	357	16368	1362	6663	10467
天 津	Tianjin	22570	19701	79	2790	216	817	692
河 北	Hebei	71619	64230	472	6917	24	3114	4340
山 西	Shanxi	10870	9611	57	1202			1242
内蒙古	Inner Mongolia	5907	5731	30	146		163	158
辽 宁	Liaoning	44319	39447	349	4523	137	2151	1599
吉 林	Jilin	44414	41035	292	3087		418	1788
黑龙江	Heilongjiang	41041	34844	89	6108	673	2559	2926
上 海	Shanghai	38857	35276	104	3477	141	1534	1312
江 苏	Jiangsu	50815	41791	114	8910	589	1665	2155
浙 江	Zhejiang	90948	83258	204	7486	511	2786	2118
安 徽	Anhui	23967	21011	416	2540		899	711
福 建	Fujian	1271	1163	6	102	46	73	127
江 西	Jiangxi	14010	12743	215	1052		457	292
山 东	Shandong	255199	227242	2209	25748	7189	14433	6444
河 南	Henan	29258	26017	227	3014		350	377
湖 北	Hubei	37952	24065	213	13674	667	1069	1460
湖 南	Hunan	55998	42880	1605	11513		3418	4285
广 东	Guangdong	93968	83177	253	10538	674	6693	4375
广 西	Guangxi	2477	2246	4	227	74	122	275
海 南	Hainan							
重 庆	Chongqing	54297	46543	269	7485	299	1578	1448
四 川	Sichuan	139281	111908	2821	24552	514	7379	7086
贵 州	Guizhou	38846	35951	71	2824	2	1214	1118
云 南	Yunnan	183529	173349	345	9835	265	5471	3144
西 藏	Tibet							
陕 西	Shaanxi	52350	35215	2232	14903		3499	5217
甘 肃	Gansu	6515	5563	10	942		496	412
青 海	Qinghai	656	583	3	70	70		70
宁 夏	Ningxia							
新 疆	Xinjiang	1068	934	3	131	743	111	779

3-4-6 Continued 3

单位：万元
Unit: 10000 yuan

#税金 Taxes	财务费用 Financial Expenses	#利息支出 Interest Expenses	营业利润 Operating Profits	利润总额 Total Profits	应交所得税 Income Tax Payable	应付职工薪酬 Payables to Employees	应交增值税 VAT Payable
6680	**5582**	**4433**	**67906**	**56381**	**7560**	**66985**	**19014**
91	-260	532	1044	1039	378	5338	3365
4	120	76	1159	1160	293	787	473
626	-5	14	-395	253	96	10189	588
	42	45	29	53	18	236	158
34	12		-186	-186		85	34
108	477	185	297	326	89	529	308
50	282	95	600	748	117	5818	437
19	250	228	482	253	16	2301	337
7	-164	2	1423	1745	434	1404	370
76	663	218	4979	4766	215	1464	549
172	210	228	2939	2892	777	2221	1221
67	43	35	894	948	1735	3559	613
5			-52	-6	2	76	9
1	6		296	300	1	404	223
70	1247	1110	15156	7200	1313	16436	1883
65	105	30	2220	2220	14	828	195
296	302	163	9609	9914	878	1299	347
223	424	218	2649	142	21	1299	1392
67	83	13	606	1161	695	3217	1342
	2		-98	-95	3	153	48
140	529	348	3943	4509	153	1889	297
59	162	23	10676	10474	104	3234	1925
12	259	381	406	561	131	933	546
82	412	437	3413	195	72	2282	307
4395	377	52	5780	5780		785	1929
4	5	2	28	19	6	148	98
						36	23
10			9	9		374	

3-4-6 续表 4

联营企业

Joint Ownership Enterprises

地区	Region	主营业务收入 Revenue from Principal Business	主营业务成本 Cost of Principal Business	主营业务税金及附加 Taxes and Other Charges on Principal Business	主营业务利润 Profits from Principal Business	其他业务利润 Profits from Other Business	销售费用 Selling Expenses	管理费用 Administr-ative Expenses
全国	**National Total**	**1064846**	**950175**	**7354**	**107317**	**950**	**35166**	**21766**
北京	Beijing	37809	33394	129	4286	13	4963	369
天津	Tianjin	31621	28959	78	2584	2	886	247
河北	Hebei							
山西	Shanxi	1370	1335	6	29		9	8
内蒙古	Inner Mongolia							
辽宁	Liaoning	21019	19849	26	1144		837	200
吉林	Jilin							
黑龙江	Heilongjiang	40936	40029	19	888		159	429
上海	Shanghai	163120	150123	259	12738	588	4451	1503
江苏	Jiangsu	47762	44037	118	3607		1303	856
浙江	Zhejiang	72612	66066	142	6404		1568	367
安徽	Anhui	7869	6783	17	1069		365	646
福建	Fujian	2389	1898	21	470		261	68
江西	Jiangxi							
山东	Shandong	104556	84824	2327	17405	139	2549	2086
河南	Henan	62721	55455	527	6739		684	673
湖北	Hubei	31028	28299	669	2060		739	569
湖南	Hunan	2155	1810	9	336	129	258	271
广东	Guangdong	300583	275765	2180	22638	78	6952	5804
广西	Guangxi							
海南	Hainan							
重庆	Chongqing	1057	834	58	165		97	25
四川	Sichuan	75802	60713	246	14843		6778	4362
贵州	Guizhou	29415	23559	32	5824		1236	1487
云南	Yunnan	20925	17628	111	3186		1025	1111
西藏	Tibet							
陕西	Shaanxi	6258	4984	379	895		5	589
甘肃	Gansu	3840	3832	5	3		45	99
青海	Qinghai							
宁夏	Ningxia							
新疆	Xinjiang							

3-4-6 Continued 4

单位：万元
Unit: 10000 yuan

	财务费用 Financial Expenses		营业利润 Operating Profits	利润总额 Total Profits	应交所得税 Income Tax Payable	应付职工薪酬 Payables to Employees	应交增值税 VAT Payable
#税金 Taxes		#利息支出 Interest Expenses					
1187	**3387**	**1720**	**50975**	**43529**	**8098**	**27745**	**13043**
15	113		-1146	652	148	1457	1034
46	-9	-1	1586	1625	329	716	550
			12	12		44	
1	12	2	109	99	14	354	185
7	147	148	132	132	25	194	50
17	-30	12	7254	7208	1809	3087	1731
54	307	273	1554	1552	325	1379	311
53	-10		4479	4455	1079	980	846
26	1	2	47	47	1	170	223
1			142	92	23	132	63
246	879	381	12969	10538	1462	2009	2716
64	53	34	5390	4329	398	659	480
14	3	1	747	601	42	212	13
	45	45	-109	-109		162	
185	393	50	11344	9069	1737	13811	2896
	5		39			96	3
12	821	766	2781	2492	518	1349	1654
	355		2747			74	
	301	8	738	576	174	803	242
446			302	302	15	34	4
2	2		-141	-141		26	42

有限责任公司

Limited Liability Corporations

地 区	Region	主营业务收入 Revenue from Principal Business	主营业务成本 Cost of Principal Business	主营业务税金及附加 Taxes and Other Charges on Principal Business	主营业务利润 Profits from Principal Business	其他业务利润 Profits from Other Business	销售费用 Selling Expenses	管理费用 Administrative Expenses
全 国	**National Total**	**377273087**	**337226570**	**1850375**	**38196142**	**4772893**	**21156182**	**10581447**
北 京	Beijing	39796460	36703037	97542	2995881	573716	2298474	803842
天 津	Tianjin	7042903	6453633	27678	561592	69668	404794	207459
河 北	Hebei	12277234	11152010	58273	1066951	181829	636769	415439
山 西	Shanxi	3085256	2788863	14155	282238	24705	142169	101910
内蒙古	Inner Mongolia	5119055	4526806	38382	553867	51087	245278	188276
辽 宁	Liaoning	10635511	9469445	64606	1101460	98390	553842	428114
吉 林	Jilin	5202956	4549620	27720	625616	92853	256841	238611
黑龙江	Heilongjiang	5733244	5133795	41034	558415	59411	237816	191269
上 海	Shanghai	20464571	17991791	92033	2380747	339238	1760595	724968
江 苏	Jiangsu	25639525	22881817	102132	2655576	374279	1500307	700891
浙 江	Zhejiang	23786247	21622957	78215	2085075	258193	1393185	648621
安 徽	Anhui	10721213	9698879	47490	974844	62711	551058	284543
福 建	Fujian	12635988	11262671	53000	1320317	127042	778863	341892
江 西	Jiangxi	6044885	5366600	30411	647874	38677	296391	168913
山 东	Shandong	31792234	27981186	196011	3615037	333435	1618607	793116
河 南	Henan	17061920	15123619	121425	1816876	169629	790172	502376
湖 北	Hubei	21530823	18958553	133250	2439020	845372	986192	693805
湖 南	Hunan	9348635	8219571	67156	1061908	86647	616718	277086
广 东	Guangdong	38304602	34171872	138154	3994576	385939	2311279	974228
广 西	Guangxi	5087492	4565645	14968	506879	54208	316852	132922
海 南	Hainan	2481608	2093146	18505	369957	30977	174669	108051
重 庆	Chongqing	11671771	10123601	95341	1452829	102766	633678	249677
四 川	Sichuan	18062129	16340986	69215	1651928	123073	906177	460517
贵 州	Guizhou	4667713	4179308	25326	463079	43837	260799	134458
云 南	Yunnan	7137371	6369457	24716	743198	40914	382377	190306
西 藏	Tibet	524790	489284	1121	34385	8929	18255	11980
陕 西	Shaanxi	12675066	11132155	121441	1421470	117015	637308	391903
甘 肃	Gansu	3662334	3302183	35660	324491	26215	150252	83747
青 海	Qinghai	1090265	964673	3602	121990	19862	65125	38024
宁 夏	Ningxia	1061560	927249	4526	129785	17615	91529	32579
新 疆	Xinjiang	2927727	2682159	7290	238278	14662	139812	61929

3-4-6 Continued 5

单位：万元
Unit: 10000 yuan

#税金 Taxes	财务费用 Financial Expenses	#利息支出 Interest Expenses	营业利润 Operating Profits	利润总额 Total Profits	应交所得税 Income Tax Payable	应付职工薪酬 Payables to Employees	应交增值税 VAT Payable
453845	**2845823**	**1873689**	**7545708**	**7581409**	**2105645**	**11967687**	**5911750**
23763	248912	256880	360640	410480	149832	1126030	388078
7061	71825	46727	58036	69612	18505	247285	114731
20578	114191	69893	78119	100208	545435	556015	156151
3206	31804	20311	33781	5007	11507	96304	26267
33779	59968	32350	128202	149430	19991	134754	86487
19867	135747	68727	100067	76500	23928	316719	144192
6915	52065	27029	131333	114662	14068	192223	101076
7091	52355	36387	166927	87351	23452	135087	102373
10911	66766	51731	123624	184098	98202	713647	230624
26271	232345	145422	519371	475616	140651	726810	544889
24812	162223	130259	187214	233350	98523	803249	315939
12657	70415	36615	139869	140391	29776	312269	115018
15712	81101	56446	239498	221134	49485	410039	210254
8452	48268	36424	153034	148193	30769	260587	107716
42632	254512	129932	1187426	1163415	189194	911705	463216
23341	154362	79636	539208	494089	54148	569127	218685
42623	204229	136143	603508	635665	109842	662003	362454
10313	54798	38149	199422	159533	25299	335647	139230
30073	216335	129115	798228	806344	211733	1223821	672247
7056	26629	20565	88829	96462	20690	175682	122490
3792	29481	26193	78768	91010	26113	92320	62684
12648	55466	31904	461436	505281	33027	350067	177655
13765	160964	97846	282654	305130	59358	508628	369408
5059	47513	31702	81644	74252	16711	131566	98079
6867	56556	41941	185501	175872	23520	233402	111341
54	653	264	27858	28370	448	11336	-389
25018	87809	50682	445364	424030	45764	373029	221686
3237	28108	16823	80278	119437	10449	169683	135327
1545	12928	5521	17864	19482	7456	61210	65692
1494	6897	4237	14825	22596	4657	43401	11712
3254	20597	17836	33179	44410	13115	84043	36440

股份有限公司
Share-holding Corporations Ltd.

地区	Region	主营业务收入 Revenue from Principal Business	主营业务成本 Cost of Principal Business	主营业务税金及附加 Taxes and Other Charges on Principal Business	主营业务利润 Profits from Principal Business	其他业务利润 Profits from Other Business	销售费用 Selling Expenses	管理费用 Administrative Expenses
全国	**National Total**	**139100626**	**125976143**	**580943**	**12543540**	**1406673**	**7034888**	**3192497**
北京	Beijing	10025680	9255558	56425	713697	343552	698526	239510
天津	Tianjin	4439324	4224573	6862	207889	7946	224066	53221
河北	Hebei	3358912	3080449	15855	262608	19466	109467	104082
山西	Shanxi	4758050	4517570	3968	236512	5013	174438	41822
内蒙古	Inner Mongolia	2869554	2495847	4555	369152	5720	120300	23630
辽宁	Liaoning	5413211	4876558	21548	515105	12005	241988	179829
吉林	Jilin	3323014	2995773	21133	306108	21218	162974	155480
黑龙江	Heilongjiang	2346216	2032168	17234	296814	38300	80695	95488
上海	Shanghai	2168025	1836628	12751	318646	41544	203414	88103
江苏	Jiangsu	12643791	11286032	40617	1317142	127089	510353	316466
浙江	Zhejiang	5087267	4672999	18788	395480	45522	230896	124863
安徽	Anhui	5889228	5474077	12775	402376	22255	216644	103904
福建	Fujian	2251329	2072636	6088	172605	16124	115429	41892
江西	Jiangxi	1799993	1615298	9564	175131	19957	86422	52499
山东	Shandong	13903728	12816971	65967	1020790	157269	531728	304451
河南	Henan	4335176	3978318	27519	329339	20128	164616	99602
湖北	Hubei	6536277	5596254	40061	899962	157274	604873	230498
湖南	Hunan	9563214	8651640	43857	867717	37130	528245	163798
广东	Guangdong	11240996	10132400	28217	1080379	37153	605666	187612
广西	Guangxi	1632499	1470236	8503	153760	24952	72988	64784
海南	Hainan	1585381	1449838	2534	133009	1143	60430	23779
重庆	Chongqing	4662258	4078501	26120	557637	111814	393748	127392
四川	Sichuan	7921718	7244384	15966	661368	78500	434297	154401
贵州	Guizhou	3161418	2827791	3509	330118	3112	93502	11555
云南	Yunnan	1857795	1697047	4160	156588	4103	74025	26448
西藏	Tibet	202984	196291	250	6443	5022	8165	4576
陕西	Shaanxi	1890092	1641123	21736	227233	23343	88255	63177
甘肃	Gansu	2105958	1927065	6950	171943	6277	65369	17814
青海	Qinghai	112473	102621	181	9671	6154	2703	4587
宁夏	Ningxia	500707	442366	4008	54333	5594	43459	6487
新疆	Xinjiang	1514362	1287133	33244	193985	1996	87212	80747

单位：万元
Unit: 10000 yuan

#税金 Taxes	财务费用 Financial Expenses	#利息支出 Interest Expenses	营业利润 Operating Profits	利润总额 Total Profits	应交所得税 Income Tax Payable	应付职工薪酬 Payables to Employees	应交增值税 VAT Payable
165381	**607814**	**502504**	**3926002**	**3849127**	**554481**	**3836432**	**2299968**
7696	6647	53388	277045	297851	44515	380421	142648
691	13652	8786	-77299	-72192	4157	91933	41378
5943	24022	23671	118283	253524	26446	74824	39410
2756	7164	2612	10361	17580	4269	78884	14991
3211	10719	8510	225002	66034	1448	65791	148876
9293	22738	32808	240291	192551	14160	271948	134998
9253	27328	27012	91830	92286	23229	92139	58556
3727	4036	4734	177084	173222	25704	64000	26805
1384	7070	10260	131045	146311	20901	102646	67910
14999	93714	50959	237177	203653	47257	245887	275321
5711	23353	24019	108392	114785	29798	144619	55154
7585	18496	16821	125514	118495	9683	116390	62865
1895	9166	8339	48616	48470	6052	54354	52898
2337	14380	13158	89759	89500	7465	60146	40272
16806	100713	74295	258430	278525	71510	271174	175323
5236	21549	11256	103491	91824	6618	106841	53086
13773	32223	25323	228052	204210	41916	354183	120273
6682	19243	10483	280439	287962	56361	175024	126951
14417	40711	28709	290633	285109	35527	293088	172885
2828	8192	5582	48329	48736	8304	54686	30006
1844	-492	1498	51171	48374	10580	31548	21966
6826	14251	12488	173916	101635	12272	229556	80887
8310	23233	15595	149967	150635	15644	253385	83438
1079	924	384	228211	291985	962	30639	151919
1694	3742	1024	36021	150291	3599	30815	55831
7	38	6	-5910	-5761	303	5733	1122
2331	38817	21819	70924	27171	1596	46462	10380
2935	6646	5853	130561	65317	3451	34191	18213
141	1035	819	2231	1734	27	3221	1281
1034	1714	812	30665	31815	8349	15478	16398
2957	12791	1482	45772	47498	12382	56427	17929

私营企业
Private Enterprises

地区	Region	主营业务收入 Revenue from Principal Business	主营业务成本 Cost of Principal Business	主营业务税金及附加 Taxes and Other Charges on Principal Business	主营业务利润 Profits from Principal Business	其他业务利润 Profits from Other Business	销售费用 Selling Expenses	管理费用 Administr-ative Expenses
全国	**National Total**	**305458098**	**269660885**	**2217727**	**33579486**	**1988557**	**14216385**	**9618823**
北京	Beijing	10494088	9158696	31025	1304367	178773	865004	517126
天津	Tianjin	4511389	4129125	15574	366690	17444	171834	142236
河北	Hebei	7009686	6396519	26272	586895	52658	356442	189753
山西	Shanxi	10378040	9435832	38272	903936	115106	504512	344596
内蒙古	Inner Mongolia	4744255	4129832	34645	579778	43969	344720	165182
辽宁	Liaoning	12358007	11041847	96502	1219658	64875	433355	488989
吉林	Jilin	4055856	3592365	24339	439152	15652	118812	162187
黑龙江	Heilongjiang	4041165	3550614	41690	448861	6026	131034	109050
上海	Shanghai	11328390	10090192	31873	1206325	85745	917748	406893
江苏	Jiangsu	36648039	32297548	204854	4145637	472350	1466242	1188889
浙江	Zhejiang	22960842	21108048	71260	1781534	84045	1015750	694401
安徽	Anhui	10378510	9317106	49786	1011618	40380	408683	292935
福建	Fujian	12080049	10652085	78912	1349052	43939	581940	442141
江西	Jiangxi	3936756	3557166	26708	352882	30375	176563	97221
山东	Shandong	35488210	30550760	406719	4530731	98161	1093403	938428
河南	Henan	11630752	10130118	124200	1376434	40872	359185	307064
湖北	Hubei	13233184	11152789	223503	1856892	40183	552750	408056
湖南	Hunan	15023241	13144006	186159	1693076	61430	655639	425031
广东	Guangdong	26116358	23279876	116645	2719837	228155	1527434	902868
广西	Guangxi	3753852	3416409	12034	325409	35594	196167	119193
海南	Hainan	238266	211826	528	25912	1927	17540	8364
重庆	Chongqing	9213960	7640370	146016	1427574	30223	410840	218545
四川	Sichuan	14435497	12801386	104817	1529294	76096	762068	384881
贵州	Guizhou	2987698	2698443	12324	276931	19869	133962	87512
云南	Yunnan	6432999	5688618	27683	716698	34961	366894	196840
西藏	Tibet	143870	124804	1380	17686	943	10720	7716
陕西	Shaanxi	4579803	3964154	49042	566607	18050	189076	124894
甘肃	Gansu	2169713	1875831	18500	275382	4205	113829	65672
青海	Qinghai	433001	396877	748	35376	7828	20244	12074
宁夏	Ningxia	1233886	1125768	2896	105222	11446	57046	39060
新疆	Xinjiang	3418737	3001880	12821	404036	27276	256949	131027

3-4-6 Continued 7

单位：万元
Unit: 10000 yuan

#税金 Taxes	财务费用 Financial Expenses	#利息支出 Interest Expenses	营业利润 Operating Profits	利润总额 Total Profits	应交所得税 Income Tax Payable	应付职工薪酬 Payables to Employees	应交增值税 VAT Payable
427027	**3047459**	**1773607**	**8730025**	**8419313**	**1352824**	**10540352**	**5259957**
6409	65868	54984	42694	58047	39475	452626	194192
3597	33882	13450	35404	36466	10439	109270	61784
7237	74361	36105	31944	22351	13007	274362	77906
7321	124602	62812	41010	-22182	10673	295288	173921
6004	64531	28879	104767	139943	11456	145210	94335
23423	159275	76214	202755	211391	31961	310147	225823
5252	40948	25567	122579	136155	21245	76191	51844
8355	36859	22147	180929	93064	4110	106699	29188
4586	94001	47935	-82869	-1760	30593	364514	108898
46219	391342	207173	1408857	1179732	227111	961341	795993
22363	283480	236026	-27683	-16173	50659	783290	237069
13014	103707	59092	234035	220045	30296	315111	127158
19293	84839	57339	285957	256882	34825	345206	171551
4717	37903	19447	47771	58987	16852	134787	85930
69299	348625	162512	2240312	2364592	341896	973619	720530
25797	131877	67593	611933	597417	35997	346828	164272
35276	152429	74652	740308	628220	85978	1325445	217084
26536	133902	72046	528439	454491	40226	555163	153735
21969	186111	117608	477382	471063	100832	891602	597995
5326	35757	25614	-1391	-7435	7579	175385	69511
337	3330	2325	-444	92	500	9425	5238
11253	96306	66069	706121	727552	83246	288603	126980
18210	121557	80022	332879	339342	49652	465571	202493
5532	34507	26890	39699	34770	9591	97168	146100
6920	88425	64056	107099	112466	16714	232956	164613
97	329	71	-1905	1513	328	5488	1159
12282	38687	15669	195066	172599	19476	139031	109227
4095	23277	14507	68858	80492	8369	100115	26882
332	3723	2318	3773	1992	1099	101654	5460
2049	19283	11148	2817	12813	2238	41094	33960
3931	33737	23339	50930	54387	16401	117165	79131

3-4-6 续表 8

其他企业

Other Enterprises

地 区	Region	主营业务收入 Revenue from Principal Business	主营业务成本 Cost of Principal Business	主营业务税金及附加 Taxes and Other Charges on Principal Business	主营业务利润 Profits from Principal Business	其他业务利润 Profits from Other Business	销售费用 Selling Expenses	管理费用 Administrative Expenses
全 国	**National Total**	**4565350**	**3798809**	**53673**	**712868**	**10602**	**220181**	**154842**
北 京	Beijing							
天 津	Tianjin	36612	32041	113	4458	3013	625	4142
河 北	Hebei	54703	50204	215	4284	115	2686	1113
山 西	Shanxi	49083	43942	1249	3892	140	2309	903
内蒙古	Inner Mongolia	34071	31075	285	2711		973	1386
辽 宁	Liaoning	82967	71364	336	11267	38	4679	3033
吉 林	Jilin	116699	103390	327	12982		1258	3276
黑龙江	Heilongjiang	107650	95587	1994	10069	2694	4919	3246
上 海	Shanghai	47867	42688	111	5068	186	2763	1705
江 苏	Jiangsu	647765	472212	10424	165129	879	29032	25783
浙 江	Zhejiang	61557	54504	73	6980	27	968	1286
安 徽	Anhui	149543	130090	804	18649	11	7888	4003
福 建	Fujian	226105	187701	932	37472	401	22683	8842
江 西	Jiangxi	24212	20702	529	2981	113	1079	742
山 东	Shandong	714210	603650	8162	102398	476	34170	18053
河 南	Henan	133595	110989	2447	20159	3	5366	3676
湖 北	Hubei	488214	394949	8885	84380	306	15321	15250
湖 南	Hunan	87147	62967	2241	21939		7753	8248
广 东	Guangdong	760768	648049	7085	105634	1333	42200	28010
广 西	Guangxi	17936	16436	28	1472	35	1166	491
海 南	Hainan							
重 庆	Chongqing	189823	161765	2294	25764	222	7357	4659
四 川	Sichuan	283712	245729	1620	36363	-435	12971	10076
贵 州	Guizhou	6664	5411	50	1203	143	458	194
云 南	Yunnan	109290	99910	1429	7951	589	3825	2587
西 藏	Tibet	1254	815	50	389		7	10
陕 西	Shaanxi	117024	99209	1880	15935	301	6698	3716
甘 肃	Gansu	13199	10206	104	2889	12	807	255
青 海	Qinghai	1309	1058	5	246		131	45
宁 夏	Ningxia	942	765	1	176		65	77
新 疆	Xinjiang	1430	1403	1	26		25	36

3-4-6 Continued 8

单位：万元
Unit: 10000 yuan

#税金 Taxes	财务费用 Financial Expenses	#利息支出 Interest Expenses	营业利润 Operating Profits	利润总额 Total Profits	应交所得税 Income Tax Payable	应付职工薪酬 Payables to Employees	应交增值税 VAT Payable
9529	**37054**	**15625**	**312247**	**280783**	**25362**	**169976**	**61370**
268	-469	103	3038	2991	162	2085	665
52	27	64	1093	453	101	2091	468
36	968	887	-464	-331	25	1560	149
56	133	18	386	314	65	1669	1878
200	534	199	2931	2516	29	3487	376
94	336	227	8253	3418	696	1166	933
190	324	16	3638	1640	408	5611	905
6	169	107	675	755	131	1637	167
1367	5053	836	107253	89548	5794	45702	11259
45	185	127	4582	4630	150	1657	149
192	1571	368	5673	5889	163	4789	792
407	936	605	5525	3944	374	14154	5696
25	222	117	935	717	4	994	965
1725	4801	2059	51839	51710	5112	24835	6987
156	2282	579	8573	8474	471	4673	1320
1610	3552	1449	46331	46422	5051	12317	9915
1415	957	288	3983	4339	173	1776	2772
806	8473	5119	27550	27892	4724	16812	9929
40	200	152	-351	-359	3	705	192
342	3549	357	9765	8357	746	5472	1179
180	2062	1043	11048	8451	485	5023	2166
9	70	57	626	779	5	1671	31
74	728	704	869	1453	205	3313	532
	6		366			203	
234	336	106	6285	5902	280	5774	1915
	42	35	1785	818		415	9
			69	64	1	90	
	5	5	29	29	6	65	14
2			-35	-33		233	8

港、澳、台商投资企业

Enterprises with Funds from Hong Kong,Macao and Taiwan

地　区	Region	主营业务收入 Revenue from Principal Business	主营业务成本 Cost of Principal Business	主营业务税金及附加 Taxes and Other Charges on Principal Business	主营业务利润 Profits from Principal Business	其他业务利润 Profits from Other Business	销售费用 Selling Expenses	管理费用 Administr-ative Expenses
全　国	**National Total**	**48906291**	**39903282**	**262796**	**8740213**	**1761276**	**6174721**	**2449467**
北　京	Beijing	3861371	3130422	20812	710137	200958	557588	170721
天　津	Tianjin	1569058	1353487	9800	205771	59217	226444	69546
河　北	Hebei	54082	42076	218	11788	1137	15345	1453
山　西	Shanxi	234713	195758	1689	37266	2814	19429	8828
内蒙古	Inner Mongolia	192563	160472	733	31358	924	13815	7113
辽　宁	Liaoning	1945350	1709923	13133	222294	21880	198076	105484
吉　林	Jilin	330846	272012	2824	56010	18422	25493	14970
黑龙江	Heilongjiang	412013	357246	2291	52476	10656	33346	27849
上　海	Shanghai	8258072	5772103	62168	2423801	163971	1908979	725343
江　苏	Jiangsu	6164631	5296681	21050	846900	564844	533276	305549
浙　江	Zhejiang	3279150	2736939	18418	523793	37446	278761	164063
安　徽	Anhui	988799	819684	4663	164452	7773	142329	41582
福　建	Fujian	1437535	1229278	5694	202563	12065	170253	66578
江　西	Jiangxi	431864	371679	2896	57289	25866	45430	6776
山　东	Shandong	1933053	1642435	7567	283051	56194	186770	50655
河　南	Henan	1238879	1057293	7198	174388	81498	64377	88800
湖　北	Hubei	1343302	1191893	4830	146579	118704	132889	51348
湖　南	Hunan	543998	448059	2468	93471	6954	63690	19981
广　东	Guangdong	7811668	6358795	41466	1411407	139453	989955	310207
广　西	Guangxi	711782	610602	2649	98531	15754	66332	15135
海　南	Hainan	65858	58249	265	7344	453	6961	2841
重　庆	Chongqing	620487	479113	8875	132499	5988	69956	30460
四　川	Sichuan	1994251	1659785	7623	326843	32897	170983	72050
贵　州	Guizhou	318428	267928	1879	48621	12661	33678	7577
云　南	Yunnan	775165	667512	2334	105319	8201	60111	18437
西　藏	Tibet							
陕　西	Shaanxi	1977642	1663661	7826	306155	130813	128532	50500
甘　肃	Gansu	126975	107236	707	19032	3688	12329	2198
青　海	Qinghai	23250	19825	69	3356	262	1402	481
宁　夏	Ningxia	53493	48078	50	5365		2975	1195
新　疆	Xinjiang	208013	175062	604	32347	19785	15217	11750

单位：万元
Unit: 10000 yuan

#税金 Taxes	财务费用 Financial Expenses	#利息支出 Interest Expenses	营业利润 Operating Profits	利润总额 Total Profits	应交所得税 Income Tax Payable	应付职工薪酬 Payables to Employees	应交增值税 VAT Payable
50783	**296301**	**214866**	**1278048**	**1181584**	**387361**	**2208547**	**1022083**
2461	14255	15806	49396	39557	34437	207462	98976
1067	7584	4229	-34664	-30214	6113	70099	32913
9	-13	-1	-3153	-4162	893	2939	1407
399	3672	1658	8622	8518	3979	18944	2085
372	9822	8166	618	828	2926	4387	2095
4309	26824	12100	-46205	-61647	12144	75111	34923
707	9680	9363	18295	18653	4791	2740	4541
225	6044	1018	3476	4404	1500	15167	5849
5600	45762	25364	-83045	-113199	52863	451446	128039
3785	16651	22175	162888	95456	36114	218371	98580
4755	25441	33197	112890	127869	30758	152483	58090
2374	846	1391	4620	367	4260	49276	12581
1615	11872	4278	56065	52249	8707	83724	19928
32	589	32	7095	15306	2467	10554	7216
1680	10468	8848	62343	63736	18488	72917	38964
2524	5139	5945	102046	103086	25130	27447	15284
1228	462	878	85623	94125	7581	50725	24386
1388	6169	5453	26509	28801	4321	29991	11590
8938	45028	19184	343451	358483	72346	443704	227617
654	2869	4071	28582	33026	6995	23212	23324
412	676	328	-1957	-2320	-772	2617	1566
985	13311	4635	27833	24723	8180	27518	15817
2866	13873	12329	118156	85616	16500	71842	39560
158	1621	1414	21607	17962	5162	7831	5264
129	1456	1724	30061	37072	6644	22065	32938
1386	14260	8924	156395	162204	10236	53615	48460
356	262	287	7930	7894	1718	3492	1956
26	79	66	1644	1591	405	902	530
85	636	603	686	624	197	426	493
256	962	1403	10243	10977	2282	7542	27112

3-4-6 续表 10

外商投资企业

Foreign Funded Enterprises

地　区	Region	主营业务收入 Revenue from Principal Business	主营业务成本 Cost of Principal Business	主营业务税金及附加 Taxes and Other Charges on Principal Business	主营业务利润 Profits from Principal Business	其他业务利润 Profits from Other Business	销售费用 Selling Expenses	管理费用 Administrative Expenses
全　国	**National Total**	**56382667**	**46980142**	**275220**	**9127305**	**1020626**	**6654206**	**2352304**
北　京	Beijing	9036473	7274417	47404	1714652	172771	1216712	414335
天　津	Tianjin	1655889	1389131	9071	257687	54581	156214	98409
河　北	Hebei	274697	236248	843	37606	4035	44789	5272
山　西	Shanxi	91940	76017	500	15423	1082	15231	2852
内蒙古	Inner Mongolia	7833	6833	56	944		2291	814
辽　宁	Liaoning	1292051	1098987	19799	173265	29527	169710	56709
吉　林	Jilin	236787	207741	668	28378	554	18729	10537
黑龙江	Heilongjiang	293321	246354	438	46529	10460	47245	7165
上　海	Shanghai	9696719	7206663	54147	2435909	192850	1653091	749311
江　苏	Jiangsu	6670192	5939678	23491	707023	108355	669362	149499
浙　江	Zhejiang	3605433	3199046	15688	390699	107757	328202	121075
安　徽	Anhui	720495	611303	3371	105821	18049	113836	21330
福　建	Fujian	1470273	1204819	7118	258336	17116	203357	24888
江　西	Jiangxi	412544	365938	1106	45500	2754	34206	13205
山　东	Shandong	1713420	1522608	8802	182010	41264	98826	116017
河　南	Henan	586686	546423	1951	38312	6875	47830	7366
湖　北	Hubei	1835414	1571785	8103	255526	35253	178722	50614
湖　南	Hunan	533918	439412	3505	91001	11092	49037	32136
广　东	Guangdong	8805151	7519730	32419	1253002	127408	908419	225431
广　西	Guangxi	91272	75349	452	15471	2531	15461	1490
海　南	Hainan	229347	187041	1114	41192	1575	24652	3650
重　庆	Chongqing	508835	420722	3937	84176	11199	55986	29744
四　川	Sichuan	3039762	2522534	17893	499335	29259	304998	137283
贵　州	Guizhou	265519	214590	1729	49200	7081	29650	7553
云　南	Yunnan	822480	684462	4286	133732	11747	90324	17484
西　藏	Tibet	2819	2684	4	131	130	463	28
陕　西	Shaanxi	2255233	2014745	5924	234564	10338	159786	38956
甘　肃	Gansu	14452	12420	57	1975	749	1944	738
青　海	Qinghai							
宁　夏	Ningxia	6831	4537	25	2269		760	215
新　疆	Xinjiang	206881	177926	1320	27635	4234	14372	8202

单位：万元
Unit: 10000 yuan

#税金 Taxes	财务费用 Financial Expenses	#利息支出 Interest Expenses	营业利润 Operating Profits	利润总额 Total Profits	应交所得税 Income Tax Payable	应付职工薪酬 Payables to Employees	应交增值税 VAT Payable
96915	**191005**	**189720**	**1427227**	**1490200**	**407859**	**2510626**	**959651**
6688	-592	27443	577163	564112	99745	442180	221942
443	20681	12017	38943	27185	9459	73439	31264
266	2712	2210	-10498	-11096	676	21531	3463
20	352	428	-3415	-3412	583	4456	1813
			-2160	-1815		861	
2491	20471	13576	-9469	-11781	10573	73725	26278
228	8174	6456	-5779	-5594	1301	5564	2714
454	1788	1238	1989	1868	514	14283	2970
31331	38598	27167	94929	143062	93983	506429	163655
6154	3376	12255	125304	129109	35098	270654	69872
2841	17091	24065	42508	41172	23658	150079	46468
357	2787	2381	-13748	-16654	2220	39013	9784
384	7042	3396	61293	59728	8548	82337	25528
277	130	985	2224	19284	1529	16761	4135
3161	3077	10662	3856	4696	15450	61457	29281
181	1376	1191	-10433	-10664	-2561	17221	18476
1887	7190	7696	47598	41150	8368	76136	34154
10942	-578	717	22536	21492	3728	26669	10790
7970	32232	17721	231974	264374	49737	373141	158990
43	571	217	1397	1496	297	5668	1668
200	2955	3272	13695	10798	2746	8314	3318
420	2439	1553	9348	21527	4617	19521	9700
12596	8888	3392	88210	71296	13962	110823	30598
341	990	1069	22517	22341	3817	10888	10823
5177	1922	777	42975	53064	7832	40340	17166
1	13		-373	-348	69	140	27
1909	7998	7204	42222	41441	9864	51463	19963
	-48		90	91		344	
14	16		428	430	107	325	295
141	-645	636	11900	11847	1939	6865	4517

3-4-7 各地区限额以上零售业企业损益及分配(按国民经济行业分)

综合零售

Integrated Retail

地区	Region	主营业务收入 Revenue from Principal Business	主营业务成本 Cost of Principal Business	主营业务税金及附加 Taxes and Other Charges on Principal Business	主营业务利润 Profits from Principal Business	其他业务利润 Profits from Other Business	销售费用 Selling Expenses	管理费用 Administrative Expenses
全国	**National Total**	**216879621**	**184216562**	**1880686**	**30782373**	**5890469**	**20467280**	**9582256**
北京	Beijing	14588526	12404722	120824	2062980	985471	1899393	655905
天津	Tianjin	2645627	2286134	20736	338757	158240	366942	199245
河北	Hebei	8119886	7152518	78533	888835	166380	604339	370441
山西	Shanxi	3108571	2729419	20653	358499	85082	235917	128274
内蒙古	Inner Mongolia	2111091	1852419	27127	231545	45907	120010	109147
辽宁	Liaoning	8759958	7394223	110286	1255449	159481	709627	649823
吉林	Jilin	4051147	3394660	37958	618529	73297	244082	296095
黑龙江	Heilongjiang	4201090	3613526	42719	544845	93077	247659	204007
上海	Shanghai	13923108	11500680	95463	2326965	456355	1895005	786762
江苏	Jiangsu	20092816	17112360	140527	2839929	552177	1726625	948228
浙江	Zhejiang	11855692	10126109	84304	1645279	326380	1265510	567957
安徽	Anhui	7913877	6921545	49526	942806	108498	659464	307539
福建	Fujian	5169017	4411098	34769	723150	139436	640488	166801
江西	Jiangxi	2420405	2067918	21785	330702	71899	239237	83640
山东	Shandong	26084164	22626955	206369	3250840	491255	1486863	912870
河南	Henan	9281512	7809890	130407	1341215	212520	576200	431453
湖北	Hubei	12505184	10409291	132171	1963722	380872	1175119	512547
湖南	Hunan	7901159	6607667	90757	1202735	130806	790297	308062
广东	Guangdong	17257205	14340378	110491	2806336	448203	2129014	563759
广西	Guangxi	2651732	2247354	18423	385955	82436	300759	111378
海南	Hainan	530886	404142	3112	123632	13154	84548	36559
重庆	Chongqing	6606787	5604982	56158	945647	192415	752752	198944
四川	Sichuan	9907909	8416537	72063	1419309	188257	978330	352491
贵州	Guizhou	1458382	1220031	12062	226289	50571	167348	48970
云南	Yunnan	3393232	2918221	26318	448693	38825	245160	114303
西藏	Tibet	89883	77740	986	11157	1077	5765	6448
陕西	Shaanxi	5863202	4913656	65613	883933	158972	525950	282166
甘肃	Gansu	1502535	1275665	19835	207035	24649	112166	47772
青海	Qinghai	376231	317596	2044	56591	14003	38326	17730
宁夏	Ningxia	751809	626656	7871	117282	15434	93215	22430
新疆	Xinjiang	1756998	1432473	40798	283727	25342	151169	140509

Income and Distribution of Enterprises above Designated Size of Retail Trade by Region and Sector

单位：万元
Unit: 10000 yuan

#税金 Taxes	财务费用 Financial Expenses	#利息支出 Interest Expenses	营业利润 Operating Profits	利润总额 Total Profits	应交所得税 Income Tax Payable	应付职工薪酬 Payables to Employees	应交增值税 VAT Payable
409030	**1532283**	**1019110**	**6827243**	**6832050**	**2030752**	**10406868**	**3835437**
18503	70665	102906	553078	550067	144256	879320	297957
3359	37940	29135	-74767	-67499	6026	221735	41946
20040	75886	38767	112219	251228	552960	472397	103648
3395	44552	23670	37653	2882	6918	104433	121668
6029	38668	17471	45617	59199	14244	90337	23747
24343	137855	75814	169519	107936	48146	460021	244054
12121	65292	49468	189192	188856	31815	173189	31277
7891	35602	22799	206952	190556	38487	163477	63233
10050	33443	35889	196260	234105	110630	650359	211227
31077	95460	74429	635511	533408	160382	856312	395168
20601	73198	76066	262987	280071	94209	713765	194424
13711	43385	22006	92505	85795	32973	330640	104541
6657	25415	11735	131834	126517	22843	282201	104450
3507	23941	19995	71210	91832	7721	121888	39317
53101	220339	141314	1073691	1113994	199567	915496	430662
21257	70358	27540	497346	485388	52889	430023	146079
36371	90291	42936	535041	521904	74703	691921	244069
25028	47472	28054	286753	321997	60108	277477	121880
16699	67173	30960	663880	665367	159490	897206	308207
4807	13390	7243	58906	56261	11408	140317	72083
1879	7435	6891	8482	8315	4006	30481	9163
10689	33110	15839	201856	165864	29397	397376	116808
10260	65707	38481	273353	258270	57711	404311	143224
2873	8138	5998	64466	59967	13792	72486	34200
9643	26301	20243	141719	141907	19908	143204	39896
11	268	20	-1686	1919	29	4218	184
24187	40786	36254	229725	225405	32462	279243	97865
4345	9381	6941	64563	56926	12768	53628	16111
1049	7376	2974	3688	5800	3557	19283	38562
1398	4440	2793	33089	40370	9887	39741	18347
4152	19018	4481	62603	67444	17459	90387	21438

食品、饮料及烟草制品专门零售
Special Retail of Food, Beverages and Tobaccos

地 区	Region	主营业务收入 Revenue from Principal Business	主营业务成本 Cost of Principal Business	主营业务税金及附加 Taxes and Other Charges on Principal Business	主营业务利润 Profits from Principal Business	其他业务利润 Profits from Other Business	销售费用 Selling Expenses	管理费用 Administrative Expenses
全 国	**National Total**	**30854472**	**25027986**	**380838**	**5445648**	**187257**	**2178846**	**1275170**
北 京	Beijing	1243544	769636	9703	464205	44787	353692	78825
天 津	Tianjin	485983	405943	1977	78063	1657	33063	25021
河 北	Hebei	92189	78724	457	13008	899	7223	4135
山 西	Shanxi	587029	512880	3286	70863	4466	30339	19468
内 蒙 古	Inner Mongolia	210312	192032	370	17910	313	10789	5545
辽 宁	Liaoning	514617	435995	5890	72732	1212	20652	20833
吉 林	Jilin	451693	368223	2503	80967	127	14844	35266
黑 龙 江	Heilongjiang	351412	300347	4346	46719	888	18058	5821
上 海	Shanghai	1187311	924991	7274	255046	31733	227649	67136
江 苏	Jiangsu	3172148	2464344	32920	674884	7484	185715	135273
浙 江	Zhejiang	886364	766236	3112	117016	13955	74712	43391
安 徽	Anhui	1319262	1143598	12152	163512	3042	63303	37512
福 建	Fujian	2403893	1924419	33636	445838	2951	188782	107642
江 西	Jiangxi	292730	229906	2900	59924	6465	19508	14999
山 东	Shandong	3301577	2668193	48763	584621	8438	125527	125794
河 南	Henan	1263311	1089846	15551	157914	3090	47561	36020
湖 北	Hubei	4250639	3451154	74552	724933	6897	204931	158857
湖 南	Hunan	1221023	991588	20180	209255	7716	79241	48962
广 东	Guangdong	1899041	1477582	18919	402540	19261	162426	100627
广 西	Guangxi	96081	88303	344	7434	1380	5275	4671
海 南	Hainan	19572	18904	31	637		1151	1519
重 庆	Chongqing	1008227	842876	12621	152730	2468	51985	28463
四 川	Sichuan	1577994	1303918	17634	256442	4288	108135	54854
贵 州	Guizhou	409595	349765	5339	54491	1572	29222	19458
云 南	Yunnan	1135859	986230	8391	141238	2838	41121	40408
西 藏	Tibet	56445	43149	2584	10712	111	2777	5199
陕 西	Shaanxi	793720	671001	10922	111797	606	46136	34987
甘 肃	Gansu	557647	471543	24071	62033	8438	18688	11435
青 海	Qinghai	6925	5908	47	970	-37	172	376
宁 夏	Ningxia	17255	15102	17	2136	33	2099	670
新 疆	Xinjiang	41076	35652	349	5075	180	4073	2004

单位：万元
Unit: 10000 yuan

#税金 Taxes	财务费用 Financial Expenses	#利息支出 Interest Expenses	营业利润 Operating Profits	利润总额 Total Profits	应交所得税 Income Tax Payable	应付职工薪酬 Payables to Employees	应交增值税 VAT Payable
52251	**257704**	**123908**	**1928952**	**2095383**	**256993**	**1516439**	**587002**
1412	3581	1751	75352	78021	26761	124265	74537
253	1285	343	21160	19553	4634	31756	12357
109	897	343	2163	1595	199	42402	837
377	4565	3175	17929	17745	966	18596	5444
114	7179	2155	-5144	5394	697	5423	1336
955	2512	751	24381	21175	1764	15671	9910
510	1361	556	28593	27628	4822	11675	8364
218	1269	361	21522	5459	653	7348	2630
430	3760	2339	-5498	6058	6790	109633	28332
4265	31288	16318	335584	296632	43507	154713	74194
1031	5539	5295	9737	24369	3960	52429	12526
1278	11333	7232	51039	50091	4272	53450	12126
4486	9541	5442	133430	131018	13613	101737	47359
1439	1805	1805	24710	20930	2661	16668	4973
9106	48822	14084	291344	499884	37543	99868	56720
2306	11468	4994	63646	59666	3262	45315	15755
9159	26830	10631	320530	291716	35233	223525	75643
2136	13278	3112	91014	65303	3572	46102	8834
2624	2065	6385	186994	200919	37905	98415	32275
70	1621	1506	315	439	157	5452	847
88	414	388	-2447	594	15	1340	187
1953	9390	7081	64527	56984	4089	36697	10385
3061	16279	12085	71157	68149	9191	47066	60502
438	4699	2405	6170	10688	2307	13098	6919
903	9351	8190	53868	56553	4309	37674	6519
83	2	-2	2790	1948	258	2708	1133
3285	21951	3301	23512	20816	2725	26241	7487
72	4946	1216	22901	55673	887	83001	8123
20	58	49	365	364	6	654	47
8	471	434	-1720	-392	100	1575	251
63	148	179	-969	410	137	1942	453

纺织、服装及日用品专门零售
Special Retail of Textiles, Garments and Daily Consumer Articles

地 区	Region	主营业务收入 Revenue from Principal Business	主营业务成本 Cost of Principal Business	主营业务税金及附加 Taxes and Other Charges on Principal Business	主营业务利润 Profits from Principal Business	其他业务利润 Profits from Other Business	销售费用 Selling Expenses	管理费用 Administr-ative Expenses
全 国	**National Total**	**40555774**	**29357603**	**450150**	**10748021**	**855631**	**6383298**	**2817466**
北 京	Beijing	2559198	1687585	19002	852611	58472	704174	206103
天 津	Tianjin	874163	683363	4577	186223	6913	122539	49801
河 北	Hebei	552136	457742	4936	89458	7990	42415	42513
山 西	Shanxi	904626	730225	5415	168986	19765	73315	61408
内蒙古	Inner Mongolia	500482	385676	10608	104198	18192	31179	41285
辽 宁	Liaoning	1184281	952608	11363	220310	10403	108483	81707
吉 林	Jilin	596586	496764	15105	84717	13363	26300	36009
黑龙江	Heilongjiang	631267	512549	11128	107590	10431	35105	32415
上 海	Shanghai	8028360	4684437	66958	3276965	79303	2338924	976084
江 苏	Jiangsu	2813946	2169436	26069	618441	497720	315777	112250
浙 江	Zhejiang	2479702	1824652	17479	637571	13313	391155	155112
安 徽	Anhui	748217	617140	6968	124109	4738	65165	32103
福 建	Fujian	1974273	1577435	14040	382798	7457	178944	90304
江 西	Jiangxi	224343	169219	2202	52922	2913	38831	10076
山 东	Shandong	2849336	2329168	41805	478363	3716	169516	95784
河 南	Henan	1241609	1014183	21452	205974	3621	63908	44664
湖 北	Hubei	1493834	1115101	25776	352957	16149	169124	71259
湖 南	Hunan	1172685	966478	31920	174287	7627	75874	39760
广 东	Guangdong	4002349	2563536	33156	1405657	23548	852525	333368
广 西	Guangxi	123177	94276	804	28097	3779	21763	5468
海 南	Hainan	494287	323183	13233	157871	3299	46647	28056
重 庆	Chongqing	895790	662480	13002	220308	7144	91795	74587
四 川	Sichuan	1450521	1108155	19076	323290	11803	191704	76155
贵 州	Guizhou	130234	103880	1031	25323	2028	16541	6238
云 南	Yunnan	405649	322743	3958	78948	4417	49561	23110
西 藏	Tibet	2819	2684	4	131	130	463	28
陕 西	Shaanxi	1635322	1318602	23900	292820	4559	90887	47111
甘 肃	Gansu	104194	81998	1333	20863	421	8591	11685
青 海	Qinghai	34513	29105	68	5340	229	4229	3661
宁 夏	Ningxia	41016	34472	255	6289	4775	7750	3838
新 疆	Xinjiang	406863	338728	3527	64608	7415	50118	25523

单位：万元
Unit: 10000 yuan

#税金 Taxes	财务费用 Financial Expenses	#利息支出 Interest Expenses	营业利润 Operating Profits	利润总额 Total Profits	应交所得税 Income Tax Payable	应付职工薪酬 Payables to Employees	应交增值税 VAT Payable
105034	**349347**	**184614**	**1614013**	**1504084**	**396333**	**3489557**	**1184151**
2903	10039	7225	-5520	-1126	12731	282593	115291
1207	5799	3676	20346	24165	4452	37700	29191
1456	11284	8430	7135	4563	2824	30072	8238
1125	9777	6204	41394	-9487	1522	27295	6157
13421	6198	3578	16038	43947	2501	25230	12259
4647	12431	3773	28715	26749	4832	41688	24046
1251	5694	4097	29277	16534	2030	18935	6307
977	5307	3253	36332	27945	1649	26369	5177
31037	44663	21283	91559	122450	100169	647417	226890
4903	33043	7062	214853	187245	45753	137218	88208
3783	38012	23774	70288	68952	35475	175375	81711
1230	3940	1996	26907	25788	2755	35299	13742
4523	11350	5317	108672	99877	13065	87127	45764
461	1581	1120	2357	5195	3077	13263	7287
4465	21086	9300	195691	197176	45085	127990	84615
2914	10174	4157	90414	89042	4984	53134	23237
6317	17375	11648	94905	78034	12513	955017	43118
1226	11348	4611	51968	29233	4511	45699	16877
7314	24861	8534	195930	209247	49201	422492	202477
97	1791	750	408	1702	369	5874	2698
1124	10922	11141	67762	74340	18515	22936	4095
2001	20068	17461	43732	39663	5296	68889	25266
1149	8840	6962	62622	60246	9122	89421	39259
142	1785	1431	5449	5782	991	7686	11543
1603	5343	1338	2536	2694	1706	27567	27006
1	13		-373	-348	69	140	27
2823	8205	1373	122868	81937	7671	35798	19015
210	2019	1116	3491	2921	473	12245	1455
49	841	747	-3173	-3503	21	3270	368
99	524	352	-2668	-954	39	4677	61
579	5034	2906	-5902	-5925	2934	21143	12769

文化、体育用品及器材专门零售
Special Retail of Culture, Sports Appliances and Equipments

地 区	Region	主营业务收入 Revenue from Principal Business	主营业务成本 Cost of Principal Business	主营业务税金及附加 Taxes and Other Charges on Principal Business	主营业务利润 Profits from Principal Business	其他业务利润 Profits from Other Business	销售费用 Selling Expenses	管理费用 Administrative Expenses
全 国	**National Total**	**30544994**	**25019998**	**268477**	**5256519**	**297781**	**2295264**	**1590445**
北 京	Beijing	3241888	2846991	9169	385728	36740	225469	142219
天 津	Tianjin	1003433	869912	7084	126437	17134	79101	63449
河 北	Hebei	472263	380234	1319	90710	6085	22846	43527
山 西	Shanxi	425262	354592	3908	66762	3080	44307	16863
内蒙古	Inner Mongolia	111282	96270	1772	13240	1898	7758	9539
辽 宁	Liaoning	713456	601451	11506	100499	3641	33006	43623
吉 林	Jilin	174647	139254	2500	32893	41674	8447	16883
黑龙江	Heilongjiang	425649	363196	1870	60583	3146	29786	16938
上 海	Shanghai	4330548	3708208	38729	583611	27627	485543	140955
江 苏	Jiangsu	3295299	2744135	28449	522715	29955	210009	130323
浙 江	Zhejiang	1490830	1268630	14555	207645	11597	114532	69582
安 徽	Anhui	813768	648815	5060	159893	4161	48233	36470
福 建	Fujian	1266221	952216	7797	306208	13381	110463	141666
江 西	Jiangxi	789279	621650	7033	160596	5872	33721	49603
山 东	Shandong	1440122	1180365	17875	241882	29851	74313	48498
河 南	Henan	1176005	949396	16543	210066	15513	70274	63584
湖 北	Hubei	893049	693752	13138	186159	2602	61094	49156
湖 南	Hunan	1379449	1081906	8276	289267	3028	129214	70965
广 东	Guangdong	2760080	2336912	13558	409610	1337	154554	137279
广 西	Guangxi	242302	194137	1168	46997	8080	21750	18593
海 南	Hainan	30268	21341	954	7973	3936	5775	5221
重 庆	Chongqing	1267980	888539	32827	346614	2022	40063	31331
四 川	Sichuan	804983	551004	4578	249401	14577	93881	103875
贵 州	Guizhou	162024	131221	1099	29704	1260	10439	12221
云 南	Yunnan	662216	450728	7557	203931	5131	89281	60871
西 藏	Tibet	4679	4155	4	520	147	269	759
陕 西	Shaanxi	588539	480599	5893	102047	1648	43098	30219
甘 肃	Gansu	320563	266447	3395	50721	1280	12764	17939
青 海	Qinghai	7648	5958	137	1553	178	776	916
宁 夏	Ningxia	31156	23560	141	7455	225	4182	3424
新 疆	Xinjiang	220111	164424	588	55099	976	30316	13956

3-4-7 Continued 3

单位：万元
Unit: 10000 yuan

#税金 Taxes	财务费用 Financial Expenses	#利息支出 Interest Expenses	营业利润 Operating Profits	利润总额 Total Profits	应交所得税 Income Tax Payable	应付职工薪酬 Payables to Employees	应交增值税 VAT Payable
54764	**160487**	**125835**	**1329248**	**1350085**	**161544**	**1627427**	**391630**
1815	14731	14076	44096	60634	16863	173253	30023
2712	10397	10167	8779	14628	3845	49518	25007
984	1019	363	28515	28608	73	29339	1423
746	4467	1684	3655	6092	2767	57727	3149
201	1365	1125	51	-2163	161	6686	1097
3561	9078	3624	20310	23112	1596	23794	6657
633	1227	820	7464	7166	104	10032	1308
428	1600	499	14975	13085	1146	65736	5485
2186	19358	19010	-42530	-31051	22111	157317	18331
7092	14252	10446	188056	185833	18799	132782	47441
2917	11340	13333	21333	34308	3697	84140	17010
1411	3230	2526	69886	66421	3684	32255	6571
2198	3792	1858	62910	64079	7301	54336	20545
2812	1317	4523	79131	77892	18208	41956	12449
3197	14242	13997	93765	91060	16223	66601	26242
2562	7491	2457	92234	75209	2561	65147	13290
3320	10276	8202	64787	75384	9777	33999	11344
1925	3662	2852	87689	83502	2880	69529	22289
4598	9428	5528	109535	118283	8565	158434	45028
753	618	618	11191	176	1181	58268	7648
378	3802	3773	-2531	-2931	146	2975	621
641	-5599	-7247	185751	186753	882	29074	14054
3054	5271	846	60409	64920	1725	87842	9574
150	648	386	7942	8575	538	9494	1935
1492	8836	6479	50504	51192	9703	50006	34989
	-3		-152	373	48	420	4
1840	1207	364	31661	15182	2303	34984	3360
354	2617	2608	20092	19231	550	12738	3231
63	127	125	137	-10	17	782	
162	130	37	170	1222	123	3662	202
580	565	757	9431	13320	3969	24601	1322

3-4-7 续表 4

医药及医疗器材专门零售
Special Retail of Medicines and Medical Appliances

地区	Region	主营业务收入 Revenue from Principal Business	主营业务成本 Cost of Principal Business	主营业务税金及附加 Taxes and Other Charges on Principal Business	主营业务利润 Profits from Principal Business	其他业务利润 Profits from Other Business	销售费用 Selling Expenses	管理费用 Administrative Expenses
全国	**National Total**	**49271956**	**42797105**	**207584**	**6267267**	**185299**	**2954555**	**1578180**
北京	Beijing	5217005	4554461	15593	646951	29700	308887	190504
天津	Tianjin	585350	529389	1156	54805	1073	19914	11482
河北	Hebei	1630273	1477213	3428	149632	3118	53919	42155
山西	Shanxi	863332	770998	1953	90381	1293	51193	25099
内蒙古	Inner Mongolia	256249	209897	1079	45273	2078	23925	15854
辽宁	Liaoning	2006125	1754549	8152	243424	9646	152314	54885
吉林	Jilin	653764	569587	2485	81692	2927	35980	22807
黑龙江	Heilongjiang	1492720	1301082	10439	181199	1547	42161	61475
上海	Shanghai	1748468	1528784	4249	215435	9997	119682	66938
江苏	Jiangsu	6785311	5988249	18168	778894	20671	281539	161319
浙江	Zhejiang	2629243	2330526	6551	292166	10154	142035	89182
安徽	Anhui	2344126	2145192	5684	193250	3744	76650	60750
福建	Fujian	1173267	1055888	3182	114197	2142	52656	37023
江西	Jiangxi	1037014	940772	2383	93859	1332	55008	21661
山东	Shandong	4189372	3488293	33749	667330	4481	300075	146825
河南	Henan	1422131	1193830	17045	211256	4637	82448	45161
湖北	Hubei	2641045	2348724	11991	280330	11362	113731	76073
湖南	Hunan	2022172	1729609	13757	278806	12528	145577	60460
广东	Guangdong	3101014	2495785	14508	590721	24182	314208	133501
广西	Guangxi	1692734	1522184	3376	167174	3169	76441	39883
海南	Hainan	33045	24877	64	8104		5433	1956
重庆	Chongqing	1120122	951566	5643	162913	3684	84642	40150
四川	Sichuan	919211	763355	6163	149693	4450	90705	43629
贵州	Guizhou	679872	594292	2548	83032	812	36001	25852
云南	Yunnan	861732	633286	4179	224267	7190	155366	36253
西藏	Tibet	12231	10269	44	1918		919	347
陕西	Shaanxi	656382	571269	4821	80292	2266	45933	21798
甘肃	Gansu	257991	202315	2470	53206	243	37611	12320
青海	Qinghai	46198	38928	151	7119	2004	3888	2705
宁夏	Ningxia	245259	221003	467	23789	749	11139	7194
新疆	Xinjiang	949198	850934	2108	96156	4120	34577	22940

单位：万元
Unit: 10000 yuan

#税金 Taxes	财务费用 Financial Expenses	#利息支出 Interest Expenses	营业利润 Operating Profits	利润总额 Total Profits	应交所得税 Income Tax Payable	应付职工薪酬 Payables to Employees	应交增值税 VAT Payable
50197	**440064**	**366298**	**1452218**	**1415404**	**255876**	**1839050**	**962215**
2744	87239	98751	179954	190040	37205	185195	120625
248	5827	5497	19643	20143	4623	14799	7504
909	24804	23291	26842	29764	7492	60190	20092
875	2456	2935	13253	14385	4575	29405	11740
934	1450	470	3913	2538	832	14798	10573
1973	12297	3962	29632	25554	6081	82785	25902
577	6227	2745	20164	20069	4596	19165	12153
1299	6736	4475	71190	37661	8457	36450	28834
351	1088	935	52218	55583	7476	68635	19760
4479	54510	47078	169995	165025	34912	162450	124822
2095	16481	14707	58771	59612	14662	105380	43258
2689	21533	16780	38572	32058	6110	54986	37076
1737	7748	6890	29355	29116	3899	41723	15179
1197	12042	5592	-455	11469	2366	36735	7383
4582	33193	18189	192870	201112	26562	122596	99541
2849	11143	5417	76722	72794	6329	63137	35818
4935	34095	39215	71021	61581	12076	75113	33933
2990	18099	15167	75939	71961	10680	81086	31480
2675	18745	9551	138329	139520	25816	204045	126159
1561	14513	11312	41620	43844	8846	51568	28806
8	699	28	15	304	78	3142	5319
1911	10517	5948	36628	30778	3015	53852	17491
1565	8319	3132	11999	9540	2950	49465	19353
1196	7337	6288	13359	13767	2770	26119	10502
1387	5107	2945	29875	28929	4792	94853	33911
	4		648	527	71	317	390
895	4118	2934	10906	9739	581	44921	7969
437	2290	1600	2438	1327	520	20654	7053
152	841	39	-329	-1505	31	3000	815
248	2722	2377	3000	3270	789	9652	3173
701	7888	8050	34133	34901	6684	22836	15601

汽车、摩托车、燃料及零配件专门零售
Special Retail of Motor Vehicles, Motorcycles, Fuel and Parts

地区	Region	主营业务收入 Revenue from Principal Business	主营业务成本 Cost of Principal Business	主营业务税金及附加 Taxes and Other Charges on Principal Business	主营业务利润 Profits from Principal Business	其他业务利润 Profits from Other Business	销售费用 Selling Expenses	管理费用 Administrative Expenses
全国	**National Total**	**451245914**	**420148446**	**1181886**	**29915582**	**2868375**	**13480108**	**8231041**
北京	Beijing	23985784	22628820	33319	1323645	256120	806424	494649
天津	Tianjin	11043840	10405800	15536	622504	36820	379295	167875
河北	Hebei	11152601	10518555	13311	620735	65716	341841	186907
山西	Shanxi	11643075	11020326	12607	610142	30290	361602	204402
内蒙古	Inner Mongolia	9678145	8828485	23797	825863	23050	355094	153816
辽宁	Liaoning	15984379	14851203	47986	1085190	31583	458509	313080
吉林	Jilin	6447258	5976903	11341	459014	13953	206611	139484
黑龙江	Heilongjiang	4669454	4281258	26462	361734	12910	118410	91759
上海	Shanghai	14710925	13733280	16694	960951	71076	403821	342868
江苏	Jiangsu	41096232	38194097	90204	2811931	436630	1232078	769807
浙江	Zhejiang	34969045	33143393	59241	1766411	139031	927050	678602
安徽	Anhui	12913030	12162774	21573	728683	21563	351284	198125
福建	Fujian	13541683	12693049	24223	824411	41797	450231	243385
江西	Jiangxi	6232246	5806451	23590	402205	19690	161061	121280
山东	Shandong	37659826	34474613	207671	2977542	118415	999357	663066
河南	Henan	18909296	17536622	67348	1305326	59550	496637	333181
湖北	Hubei	17715321	16252255	94517	1368549	762921	484672	363683
湖南	Hunan	18419197	17056103	71197	1291897	24408	563123	315373
广东	Guangdong	51966862	48510744	111474	3344644	315239	1683315	953471
广西	Guangxi	5732961	5354794	12290	365877	24617	182657	118759
海南	Hainan	3213694	2965795	4697	243202	12690	113922	62015
重庆	Chongqing	11776138	10802825	47613	925700	26006	321049	175968
四川	Sichuan	26340465	24553005	68452	1719008	82055	799150	455377
贵州	Guizhou	7955668	7290673	16581	648414	28140	220309	118956
云南	Yunnan	10242307	9582907	14925	644475	33386	347664	156972
西藏	Tibet	829849	783530	1245	45074	10172	27131	15316
陕西	Shaanxi	10374482	9535500	27099	811883	120170	313355	197221
甘肃	Gansu	4952022	4609709	7733	334580	5964	124559	58107
青海	Qinghai	1049857	972532	1284	76041	11850	28919	21734
宁夏	Ningxia	1528111	1417275	1849	108987	6287	54602	35454
新疆	Xinjiang	4512160	4205169	6028	300963	26279	166375	80350

单位：万元
Unit: 10000 yuan

#税金 Taxes	财务费用 Financial Expenses	#利息支出 Interest Expenses	营业利润 Operating Profits	利润总额 Total Profits	应交所得税 Income Tax Payable	应付职工薪酬 Payables to Employees	应交增值税 VAT Payable
410755	**3592165**	**2383822**	**6245132**	**5779181**	**1105035**	**9425969**	**700498**
11058	163160	159156	77847	91482	53102	537776	190343
3860	67393	31842	29103	26640	20839	212297	148662
11026	93489	59237	34440	34115	19236	254668	126277
8509	83199	38756	-24692	-19475	9906	208348	60464
25956	71550	44784	258200	80757	11995	18445	381980
20109	147342	92037	204916	194826	23253	357108	216912
5336	55797	36143	66854	82725	19332	111521	149023
6240	47778	34031	111875	57686	3065	100845	48985
2852	118505	57580	115726	118029	40683	262785	99124
33426	387800	250574	630317	484130	109271	681479	861101
27013	322994	286659	5683	36036	74506	743643	308963
12724	90753	51401	117447	106800	16647	241350	117499
11779	110668	81234	84963	70189	31463	293754	198556
4780	53325	32089	79969	73263	20332	209307	147725
38161	290831	157123	1114898	1011410	195658	687320	534412
19297	171493	112280	372111	349381	36141	352798	203730
21646	170848	108209	379855	318240	58599	405268	284852
17538	101186	65025	305466	259366	38549	537720	193069
41499	373809	234053	698931	707345	138639	1080038	864899
8510	38385	28764	46123	58979	16671	139867	114127
2800	10678	10209	70000	68710	15897	71146	71134
9392	84254	50704	302445	295381	24481	246300	194658
31563	199266	132685	370749	327843	51733	621206	400210
6290	59206	43327	278440	324290	12529	130224	342119
5561	92971	67644	53983	198722	17404	184743	236330
171	369	1043	22909	23418	723	17359	1750
11555	93813	54286	216189	206530	20309	194676	196057
4470	32921	22100	145345	108470	6834	76089	136750
541	8346	4738	18528	17801	3523	134781	30590
2409	17988	9667	12837	16031	3110	34127	38423
4684	32050	26443	43675	50062	10603	112984	106199

家用电器及电子产品专门零售
Special Retail of Household Electric Appliances and Electronic Products

地 区	Region	主营业务收入 Revenue from Principal Business	主营业务成本 Cost of Principal Business	主营业务税金及附加 Taxes and Other Charges on Principal Business	主营业务利润 Profits from Principal Business	其他业务利润 Profits from Other Business	销售费用 Selling Expenses	管理费用 Administr-ative Expenses
全 国	**National Total**	**78660914**	**69633949**	**444155**	**8582810**	**562088**	**4604359**	**2047353**
北 京	Beijing	14976286	13828822	34676	1112788	100196	743020	266281
天 津	Tianjin	1133210	1057689	2737	72784	3995	112308	20576
河 北	Hebei	1404982	1271457	5341	128184	9640	89566	34528
山 西	Shanxi	850592	773824	3069	73699	7887	52099	25733
内蒙古	Inner Mongolia	766676	692335	1904	72437	7420	45952	26456
辽 宁	Liaoning	2604620	2358740	15102	230778	10469	121057	72840
吉 林	Jilin	600133	518094	2821	79218	2500	40359	30359
黑龙江	Heilongjiang	1340973	1202276	9797	128900	11608	50817	36310
上 海	Shanghai	2933510	2482836	9781	440893	27185	269869	62453
江 苏	Jiangsu	6801179	5896372	34490	870317	85140	495201	234793
浙 江	Zhejiang	2743796	2449890	8771	285135	20915	191453	85618
安 徽	Anhui	2266339	2048940	8308	209091	8514	117301	45833
福 建	Fujian	2349216	2094985	9278	244953	6021	142672	66480
江 西	Jiangxi	1197926	1081726	5584	110616	5842	60256	26355
山 东	Shandong	6503952	5535999	65523	902430	26320	267241	144388
河 南	Henan	3045594	2644676	31711	369207	21449	153271	82796
湖 北	Hubei	5856716	5085192	48176	723348	23495	200207	210387
湖 南	Hunan	2319888	1995476	30316	294096	5505	115233	61388
广 东	Guangdong	7255167	6291338	27769	936060	68517	588110	216448
广 西	Guangxi	860496	767517	3481	89498	11770	63405	31837
海 南	Hainan	257241	228234	708	28299	2581	24473	8497
重 庆	Chongqing	2397674	2121992	23859	251823	22266	120292	53585
四 川	Sichuan	3405602	3042912	19186	343504	27338	209830	71706
贵 州	Guizhou	584838	512819	3993	68026	3899	43200	17792
云 南	Yunnan	726765	640642	2422	83701	6739	66019	24686
西 藏	Tibet	46242	42977	223	3042	3465	5570	1828
陕 西	Shaanxi	2327473	1989610	31188	306675	16344	125961	55971
甘 肃	Gansu	359403	318990	1745	38668	175	24289	7538
青 海	Qinghai	85677	73073	377	12227	1034	6859	3039
宁 夏	Ningxia	249887	219513	960	29414	8409	22534	7975
新 疆	Xinjiang	408864	365005	859	43000	5452	35937	12878

单位：万元
Unit: 10000 yuan

#税金 Taxes	财务费用 Financial Expenses	#利息支出 Interest Expenses	营业利润 Operating Profits	利润总额 Total Profits	应交所得税 Income Tax Payable	应付职工薪酬 Payables to Employees	应交增值税 VAT Payable
87329	**377084**	**214298**	**2331402**	**2402177**	**330909**	**2162653**	**1092676**
4441	-7859	19700	526366	550364	54887	281848	185328
456	4260	368	-693	-550	1954	25459	10748
897	11659	3603	5009	-276	1849	48998	17065
537	4493	2607	-1372	-2396	665	23876	5103
744	7386	4038	2491	4110	3183	27019	8529
2784	16341	3592	28476	24609	4361	64097	29547
1723	1717	1242	11114	9473	1423	24545	9141
2307	4301	1223	48818	29651	2751	16537	10273
1114	2748	2516	27021	30999	4967	70475	39249
9906	72684	25560	154767	121788	33913	238667	125637
1753	16481	14495	-8117	-3931	4747	113127	34173
1861	12447	8588	45628	48256	5045	61385	22363
2675	12262	9388	41415	40532	6761	82856	22699
1183	4939	2621	21670	34964	3109	35406	17051
10489	34235	13961	482311	475631	68438	197401	105489
6413	19500	6349	138772	130536	10503	88974	42293
13444	51266	41513	254280	277601	43392	87094	70646
5898	19208	6193	108422	76909	5317	61067	28091
6312	30956	12432	118353	123011	32156	276117	130485
685	6794	5347	-611	2966	1113	33611	12465
292	952	180	-2497	-754	298	10914	2985
3040	11431	8084	84453	138111	5269	63010	30291
3080	16352	8424	74784	120536	17583	84861	45627
950	4469	2521	5192	5449	1238	20564	9824
957	4473	3468	9918	3996	1457	30550	9565
2	78	12	-1025	-871	41	3306	96
2568	7458	3196	137635	138212	10671	53555	47829
93	2836	861	11879	12282	687	9784	8461
39	280	-14	2629	2701	1034	2842	1588
381	1377	976	5928	6409	1442	9588	2687
307	1565	1255	-1613	1860	655	15122	7350

五金、家具及室内装饰材料专门零售

Special Retail of Hardware, Furniture and Interior Decoration Materials

地区	Region	主营业务收入 Revenue from Principal Business	主营业务成本 Cost of Principal Business	主营业务税金及附加 Taxes and Other Charges on Principal Business	主营业务利润 Profits from Principal Business	其他业务利润 Profits from Other Business	销售费用 Selling Expenses	管理费用 Administrative Expenses
全国	**National Total**	**27444701**	**21921478**	**506664**	**5016559**	**124608**	**1471477**	**1124317**
北京	Beijing	731383	508110	6552	216721	18740	146087	58362
天津	Tianjin	394579	301496	9561	83522	1162	35946	42616
河北	Hebei	279855	234671	3752	41432	547	14978	15584
山西	Shanxi	544422	458084	10226	76112	6	17627	20983
内蒙古	Inner Mongolia	506299	391322	9401	105576	3899	23298	17158
辽宁	Liaoning	777890	663636	8171	106083	4321	34203	44869
吉林	Jilin	114223	97289	2006	14928	562	3783	6456
黑龙江	Heilongjiang	224109	186683	4204	33222	550	9879	8108
上海	Shanghai	729105	520544	7373	201188	15014	120359	77906
江苏	Jiangsu	3592101	2956452	29679	605970	6304	163038	155882
浙江	Zhejiang	611148	527931	5902	77315	4433	33293	29921
安徽	Anhui	733182	604711	10289	118182	3792	26206	30029
福建	Fujian	1563381	1352177	22475	188729	2522	61124	51133
江西	Jiangxi	273661	238108	4582	30971	2220	6735	10332
山东	Shandong	4649876	3760540	93344	795992	7348	141914	124726
河南	Henan	1151933	927798	28812	195323	1224	38789	43295
湖北	Hubei	1804185	1463725	37966	302494	1567	83695	62976
湖南	Hunan	832771	674914	22747	135110	12649	46493	31602
广东	Guangdong	1776110	1410780	23714	341616	8946	133034	98092
广西	Guangxi	35464	28935	182	6347	75	2139	3196
海南	Hainan	16317	12952	47	3318		1226	2037
重庆	Chongqing	2413808	1622512	91141	700155	7079	126215	64812
四川	Sichuan	952991	748213	14216	190562	10698	71354	48950
贵州	Guizhou	48250	40922	740	6588	12	1444	1765
云南	Yunnan	377265	303745	1402	72118	3309	8229	8424
西藏	Tibet							
陕西	Shaanxi	1946866	1642622	54838	249406	2516	41375	48884
甘肃	Gansu	170865	154716	1715	14434	468	4317	4040
青海	Qinghai	3453	1460	198	1795	4613	3921	2280
宁夏	Ningxia	19316	11418	210	7688	34	5091	1288
新疆	Xinjiang	169896	75014	1223	93659		65687	8615

3-4-7 Continued 7

单位：万元
Unit: 10000 yuan

#税金 Taxes	财务费用 Financial Expenses	#利息支出 Interest Expenses	营业利润 Operating Profits	利润总额 Total Profits	应交所得税 Income Tax Payable	应付职工薪酬 Payables to Employees	应交增值税 VAT Payable
57162	**316059**	**138123**	**2203463**	**2013973**	**260832**	**822081**	**507508**
1629	5196	5417	25779	26312	9149	48737	24568
1644	9586	4199	-2866	-5828	297	11461	3364
672	1956	1131	11100	9239	1124	9330	4774
-225	5516	2523	33774	12981	962	12512	8016
674	4418	2241	61629	61677	467	13708	3507
2394	11387	2910	19979	19484	3225	25618	14352
293	987	682	3200	3342	216	2979	1165
515	1272	581	15850	1372	162	3082	892
4749	23706	15942	-1370	7920	5787	60087	8982
2775	53392	9827	244244	214946	38892	73079	63832
915	16851	9926	2185	2916	1350	21074	7595
1510	10283	5514	50807	44165	4393	27863	11136
4096	9533	4397	65795	43626	5434	27906	18463
373	2003	1305	11916	10197	669	5063	6636
10848	42469	16681	502988	476427	60066	128282	106749
4650	18616	2931	93656	91185	4430	63967	19248
4830	20510	6210	131591	121845	13856	48156	28195
1547	9727	1711	52823	33596	1740	18693	13496
3090	13460	6035	115202	108984	15461	65944	51959
45	1643	1271	-19	125	148	1991	530
28	1032	979	-669	-669	71	1025	326
3106	23066	20486	471387	472060	67680	33560	49128
2215	11153	7524	64827	56923	5132	31341	13709
121	266	181	2776	1623	179	1539	746
232	898	828	60428	46529	599	6545	2344
3551	14175	4514	144084	124897	11569	30776	41923
667	1432	1361	5067	5206	210	42776	151
104	-5		-362	-343	12	384	65
44	867	192	-1502	3633	219	1347	345
74	668	624	19163	19602	7335	3257	1311

货摊、无店铺及其他零售

Stalls, Non-shop and Other Retails

地 区	Region	主营业务收入 Revenue from Principal Business	主营业务成本 Cost of Principal Business	主营业务税金及附加 Taxes and Other Charges on Principal Business	主营业务利润 Profits from Principal Business	其他业务利润 Profits from Other Business	销售费用 Selling Expenses	管理费用 Administr-ative Expenses
全 国	**National Total**	**43427234**	**38334224**	**212925**	**4880085**	**197906**	**3012401**	**1245137**
北 京	Beijing	8457775	7838399	10451	608925	-269	576695	170787
天 津	Tianjin	1541825	1427721	7614	106490	-10286	63728	27917
河 北	Hebei	119744	103221	718	15805	2630	6904	6156
山 西	Shanxi	595844	544601	2919	48324	3202	26197	30782
内蒙古	Inner Mongolia	588771	378996	3658	206117	855	164555	19597
辽 宁	Liaoning	1083125	954660	8087	120378	1798	56849	23132
吉 林	Jilin	312241	280851	1796	29594	429	8049	6828
黑龙江	Heilongjiang	420967	370819	5668	44480	11	8487	9866
上 海	Shanghai	6088423	5421888	11021	655514	120098	650745	245440
江 苏	Jiangsu	2412946	2111197	9964	291785	17356	144712	87105
浙 江	Zhejiang	1775449	1550719	4398	220332	2260	139198	59354
安 徽	Anhui	582901	481588	2964	98349	2648	62377	15676
福 建	Fujian	1366419	1194615	6195	165609	3313	81711	42067
江 西	Jiangxi	336687	278797	1685	56205	1771	31381	7131
山 东	Shandong	3667599	3100555	37692	529352	11069	119993	91678
河 南	Henan	796531	667132	10613	118786	1505	18273	22437
湖 北	Hubei	1511522	1322955	14156	174411	3530	90582	28641
湖 南	Hunan	985430	827647	31820	125963	2842	36309	36205
广 东	Guangdong	6804553	6026999	27048	750506	25089	470703	209898
广 西	Guangxi	336442	282920	1250	52272	882	22672	13969
海 南	Hainan	19538	15655	122	3761	415	1850	1390
重 庆	Chongqing	463493	406929	3520	53044	1708	24779	9678
四 川	Sichuan	1961795	1780375	3762	177658	1309	115883	39247
贵 州	Guizhou	270916	209642	2010	59264	1033	40263	10036
云 南	Yunnan	250759	201787	971	48001	560	10169	9681
西 藏	Tibet	2773	2190	7	576		246	130
陕 西	Shaanxi	408613	336242	1561	70810	1581	23908	7972
甘 肃	Gansu	169451	136807	664	31980	74	9696	6336
青 海	Qinghai	50454	41077	302	9075	302	2516	2841
宁 夏	Ningxia	10059	9254	16	789		670	945
新 疆	Xinjiang	34189	27987	273	5929	190	2303	2216

单位：万元
Unit: 10000 yuan

#税金 Taxes	财务费用 Financial Expenses	#利息支出 Interest Expenses	营业利润 Operating Profits	利润总额 Total Profits	应交所得税 Income Tax Payable	应付职工薪酬 Payables to Employees	应交增值税 VAT Payable
37539	**150072**	**102305**	**802529**	**1875707**	**185819**	**1102506**	**640041**
5024	-6327	8517	-118158	-114312	27658	215239	38576
606	1327	364	18695	19280	5535	24455	18388
185	560	247	4507	5542	1714	10340	1364
384	11673	7871	-16228	-8773	4563	34754	3716
421	12710	5698	87401	88840	2048	15251	23710
1484	24703	18899	14980	15094	2106	14852	17140
162	791	214	13934	6938	1155	6169	1636
1304	2434	1139	41035	1071142	100	9305	7309
1558	3452	7579	-206499	-132454	4739	172292	60848
2031	10289	4025	65273	62238	18660	70396	39509
1422	11393	4923	23927	26846	5643	51786	19914
532	1962	1206	19949	18715	3268	21501	10143
1816	6011	4914	41925	42920	4676	37495	64672
234	1135	1369	14732	11104	1560	7846	7055
8078	44021	12859	292144	274550	40480	64971	107204
1658	9475	3739	66965	59798	6219	21063	12183
2836	7085	3621	52279	40175	6391	29543	25206
1035	5044	1624	51566	48809	4565	22109	17263
3976	-6714	6343	167767	163909	25958	170304	118148
664	-2524	558	19181	19452	5808	14567	10989
10	37	53	1222	1250	208	1097	1122
516	2236	961	16759	23200	2487	15700	3058
598	4165	2698	22578	23773	3365	37887	12061
207	408	233	20260	20445	2639	6541	6806
186	2726	1773	25621	26271	811	6437	3281
1	31		169	169	25	186	59
387	1067	373	39038	41273	720	10865	5157
131	669	295	16514	14521	1518	3703	2197
27	-97	66	4099	3558	787	2116	950
51	84	36	-623	-71		1560	-62
18	248	110	1516	1505	416	2177	438

3-5-1 限额以上批发和零售业产业活动单位和个体经营户基本情况

Basic Conditions of Establishments and Getihus above Designated Size of Wholesale and Retail Trades

项　目	Item	单位数（个）Number of Units (unit)	年末从业人数（人）Engaged Persons the Year-end (person)
总　计	**Total**	**38454**	**690242**
一、批发业	**Wholesale Trade**	**6137**	**123419**
(一)按登记注册类型分	**by Type of Registration**		
1.内资企业	**Domestic Funded Enterprises**	**315**	**35910**
国有企业	State-owned Enterprises	101	9150
集体企业	Collective-owned Enterprises	7	329
股份合作企业	Cooperative Enterprises	3	563
联营企业	Joint Ownership Enterprises	1	12
国有联营企业	State Joint Ownership Enterprises		
集体联营企业	Collective Joint Ownership Enterprises		
国有与集体联营企业	Joint State-collective Enterprises	1	12
其他联营企业	Other Joint Ownership Enterprises		
有限责任公司	Limited Liability Corporations	69	11154
国有独资公司	State Sole Funded Corporations	5	199
其他有限责任公司	Other Limited Liability Corporations	64	10955
股份有限公司	Share-holding Corporations Ltd.	49	7200
私营企业	Private Enterprises	70	5279
私营独资企业	Private-funded Enterprises	14	213
私营合伙企业	Private Partnership Enterprises	1	55
私营有限责任公司	Private Limited Liability Corporations	47	4864
私营股份有限公司	Private Share-holding Corporations Ltd.	8	147
其他内资企业	Other Domestic Funded Enterprises	15	2223
2.港、澳、台商投资企业	**Enterprises with Funds from Hongkong, Macao and Taiwan**	**48**	**6524**
合资经营企业	Joint-venture Enterprises	11	709
合作经营企业	Cooperative Enterprises	1	25
独资经营企业	Enterprises with Sole Investment	29	5113
投资股份有限公司	Share-holding Corporations Ltd. with Investment	7	677
其他港澳台商投资企业	Other Enterprises with Funds from Hongkong, Macao and Taiwan		
3.外商投资企业	**Foreign Funded Enterprises**	**89**	**13067**
中外合资经营企业	Joint-venture Enterprises	28	2702
中外合作经营企业	Cooperative Enterprises	2	796
外资企业	Enterprises with Sole Foreign Investment	49	8465
外商投资股份有限公司	Share-holding Corporations Ltd. with Foreign Investment	8	985
其他外商投资企业	Other Foreign Funded Enterprises	2	119
4.个体经营户	**Getihus**	**5685**	**67918**

项 目	Item	单位数（个）Number of Units (unit)	年末从业人数（人）Engaged Persons the Year-end (person)
(二)按国民经济行业分	**by Sector**		
农、林、牧产品批发	Wholesale of Agricultural, Forestry and Livestock Products	401	7508
食品、饮料及烟草制品批发	Wholesale of Food, Beverages and Tobaccos	1742	37695
米、面制品及食用油批发	Wholesale of Rice, Flour and Edible Oil	126	2292
肉、禽、蛋、奶及水产品批发	Wholesale of Meal, Fowls, Eggs, Milk and Aquatic Products	465	7732
酒、饮料及茶叶批发	Wholesale of Wine, Beverages and Teas	216	7516
烟草制品批发	Wholesale of Tobaccos	13	1064
纺织、服装及家庭用品批发	Wholesale of Textiles, Wearing Apparel and Household Articles	1636	30465
服装批发	Wholesale of Garments	664	9498
鞋帽批发	Wholesale of Shoes and Hats	114	2349
家用电器批发	Wholesale of Household Electric Appliances	87	6286
文化、体育用品及器材批发	Wholesale of Culture, Sports Appliances and Equipments	314	4546
文具用品批发	Wholesale of Stationeries	29	273
体育用品及器材批发	Wholesale of Sports Appliances and Equipments	8	78
图书批发	Wholesale of Books	5	118
医药及医疗器材批发	Wholesale of Medicines and Medical Appliances	104	8170
西药批发	Wholesale of Western Medicine	7	1115
中药批发	Wholesale of Chinese Traditional Medicine	95	6995
矿产品、建材及化工产品批发	Wholesale of Mineral Products, Building Materials and Chemical Products	1013	20550
煤炭及制品批发	Wholesale of Coal and Related Products	46	2132
石油及制品批发	Wholesale of Petroleum and Related Products	32	3146
金属及金属矿批发	Wholesale of Metal Materials	212	3352
建材批发	Wholesale of Building Materials	441	8058
化肥批发	Wholesale of Chemical Fertilizer	148	2212
农药批发	Wholesale of Pesticides	12	202
机械设备、五金产品及电子产品批发	Wholesale of Machinery, Hardware and Electronic Products	839	12672
汽车批发	Wholesale of Motor Vehicles	3	653
计算机、软件及辅助设备批发	Wholesale of Computer, Software and Assistant Appliances	157	2159
通讯及广播电视设备批发	Wholesale of Communication, Radios and Televisions Equipments	157	1273
贸易经纪与代理	Trade Broker and Agency	2	14
其他批发业	Other Wholesale not Classified Elsewhere	86	1799

项 目	Item	单位数(个) Number of Units (unit)	年末从业人数(人) Engaged Persons the Year-end (person)	零售业营业面积(平方米) Business Area of Retail Trade at the Year-end (m²)
二、零售业	**Retail Trade**	**32317**	**566823**	**26368289**
(一)按登记注册类型分	**by Type of Registration**			
1.内资企业	**Domestic Funded Enterprises**	**720**	**64349**	**4041958**
国有企业	State-owned Enterprises	152	19504	358584
集体企业	Collective-owned Enterprises	32	1769	43401
股份合作企业	Cooperative Enterprises	8	317	8169
联营企业	Joint Ownership Enterprises			
国有联营企业	State Joint Ownership Enterprises			
集体联营企业	Collective Joint Ownership Enterprises			
国有与集体联营企业	Joint State-collective Enterprises			
其他联营企业	Other Joint Ownership Enterprises			
有限责任公司	Limited Liability Corporations	223	21746	1976147
国有独资公司	State Sole Funded Corporations	5	284	3383
其他有限责任公司	Other Limited Liability Corporations	218	21462	1972764
股份有限公司	Share-holding Corporations Ltd.	55	6794	830310
私营企业	Private Enterprises	224	12603	666784
私营独资企业	Private-funded Enterprises	36	1824	56483
私营合伙企业	Private Partnership Enterprises	8	102	4801
私营有限责任公司	Private Limited Liability Corporations	171	10189	590203
私营股份有限公司	Private Share-holding Corporations Ltd.	9	488	15297
其他企业	Other Enterprises	26	1616	158563
2.港、澳、台商投资企业	**Enterprises with Funds from Hongkong, Macao and Taiwan**	**117**	**12912**	**689740**
合资经营企业	Joint-venture Enterprises	17	2666	213528
合作经营企业	Cooperative Enterprises	3	16	729
独资经营企业	Enterprises with Sole Investment	92	9800	472983
投资股份有限公司	Share-holding Corporations Ltd. with Investment	4	380	1500
其他港澳台商投资企业	Other Enterprises with Funds from Hongkong, Macao and Taiwan	1	50	1000
3.外商投资企业	**Foreign Funded Enterprises**	**155**	**14783**	**630998**
中外合资经营企业	Joint-venture Enterprises	34	4256	241988
中外合作经营企业	Cooperative Enterprises	6	726	62720
外资企业	Enterprises with Sole Foreign Investment	109	9705	317714
外商投资股份有限公司	Share-holding Corporations Ltd. with Foreign Investment	4	75	8226
其他外商投资企业	Other Foreign Funded Enterprises	2	21	350
4.个体经营户	**Getihus**	**31325**	**474779**	**21005593**

项目	Item	单位数(个) Number of Units (unit)	年末从业人数(人) Engaged Persons the Year-end (person)	零售业营业面积(平方米) Business Area of Retail Trade at the Year-end (㎡)
(二)按国民经济行业分	**by Sector**			
综合零售	Integrated Retail	7750	210043	9620474
百货零售	Retail of General Merchandise	3455	82300	4391525
超级市场零售	Retail of Supermarkets	2938	100866	4268790
食品、饮料及烟草制品专门零售	Special Retail of Food, Beverages and Tobaccos	3347	52041	1528289
粮油零售	Retail of Cereal and Oil	299	3944	152102
肉、禽、蛋、奶及水产品零售	Retail of Meat, Poultry, Eggs, Milk and Aquatic Products	537	8628	207851
酒、饮料及茶叶零售	Retail of Wine, Beverages and Teas	1134	14069	374085
烟草制品零售	Retail of Tobaccos	277	2058	47521
纺织、服装及日用品专门零售	Special Retail of Textiles, Garments and Daily Consumer Articles	4681	80401	3930685
服装零售	Retail of Garments	2374	50298	3012221
文化、体育用品及器材专门零售	Special Retail of Culture, Sports Appliances and Equipments	2016	39804	585659
体育用品及器材零售	Retail of Sports Appliances and Equipments	64	1201	42186
图书、报刊零售	Retail of Books, Newspapers and Magazines	108	13959	90156
医药及医疗器材专门零售	Special Retail of Medicines and Medical Appliances	895	15012	378932
药品零售	Retail of Medicines	845	14573	353681
汽车、摩托车、燃料及零配件专门零售	Special Retail of Motor Vehicles, Motorcycles, Fuel and Parts	1894	22003	1473279
汽车零售	Retail of Motor Vehicles	241	3494	328221
机动车燃料零售	Retail of Automotive Fuels	733	9958	851043
家用电器及电子产品专门零售	Special Retail of Household Electric Appliances and Electronic Products	4394	57334	1873185
日用家电设备零售	Retail of Household Electric Appliances	2212	32938	1114425
计算机、软件及辅助设备零售	Retail of Computer, Software and Assistant Appliances	629	6499	121299
通信设备零售	Retail of Communication Equipments	466	6088	119408
五金、家具及室内装饰材料专门零售	Special Retail of Hardware, Furniture and Interior Decoration Materials	6721	78343	6383983
货摊、无店铺及其他零售业	Stalls, Non-shop and Other Retails	619	11842	593803
互联网零售	Retail on the Internet	10	49	285
(三)按零售业态分	**by Mode of Business Operation**			
有店铺零售	Store-based Retailing	32275	561215	26352844
超市	Supermarket	5864	148491	5616014
大型超市	Hypermarket	172	23351	1718528
百货店	Department Store	2402	55435	2938970
专业店	Speciality Store	11710	165992	6787007
专卖店	Exclusive Shop	6844	91041	4651593
无店铺零售	Non-Store Selling	42	5608	15445

3-5-2 各地区限额以上批发和零售业产业活动单位和个体经营户基本情况

Basic Conditions of Establishments and Getihus above Designated Size of Wholesale and Retail Trades by Region

地区	Region	批发业 Wholesale Trade		零售业 Retail Trade	
		单位数 (个) Number of Units (unit)	年末从业人数 (人) Engaged Persons at the Year-end (person)	单位数 (个) Number of Units (unit)	年末从业人数 (人) Engaged Persons at the Year-end (person)
全　国	**National Total**	**6560**	**184620**	**33819**	**628233**
北　京	Beijing	43	4004	143	6824
天　津	Tianjin	232	4326	561	4533
河　北	Hebei	64	2539	446	10760
山　西	Shanxi	41	1734	591	16439
内蒙古	Inner Mongolia	40	6655	312	13354
辽　宁	Liaoning	206	4684	1918	26284
吉　林	Jilin	28	697	1211	21287
黑龙江	Heilongjiang	139	1173	1134	19506
上　海	Shanghai	15	4255	10	835
江　苏	Jiangsu	749	10682	5066	59869
浙　江	Zhejiang	217	7653	847	18561
安　徽	Anhui	101	3315	938	24816
福　建	Fujian	129	3728	680	16321
江　西	Jiangxi	43	3783	483	14945
山　东	Shandong	533	11038	3649	71950
河　南	Henan	219	4951	2335	44583
湖　北	Hubei	75	15707	2864	75764
湖　南	Hunan	387	5049	2105	42945
广　东	Guangdong	2769	29879	3161	35426
广　西	Guangxi	29	3163	109	5855
海　南	Hainan	4	45	24	614
重　庆	Chongqing	245	3296	1500	20090
四　川	Sichuan	102	3842	2354	33678
贵　州	Guizhou	17	1602	105	4159
云　南	Yunnan	53	42753	503	20405
西　藏	Tibet			2	19
陕　西	Shaanxi	18	1127	502	12051
甘　肃	Gansu	10	675	65	2004
青　海	Qinghai			4	151
宁　夏	Ningxia			8	661
新　疆	Xinjiang	52	2265	189	3544

3-5-3 限额以上批发和零售业产业活动单位和个体经营户商品购、销、存总额

Total Purchases, Sales and Inventory of Establishments and Getihus above Designated Size of Wholesale and Retail Trades

单位：万元
Unit: 10000 yuan

项目	Item	商品购进额 Total Purchases Value	#进口 Imports	商品销售额 Total Sales Value	#出口 Exports	期末商品库存额 Inventory (year-end)
总计	**Total**	**168412167**	**1427240**	**186255614**	**566347**	**7452082**
一、批发业	**Wholesale Trade**	**96707393**	**1167305**	**105593598**	**562489**	**3023469**
(一)按登记注册类型分	**by Type of Registration**					
1.内资企业	**Domestic Funded Enterprises**	**28587962**	**543635**	**30334315**	**333495**	**1025497**
国有企业	State-owned Enterprises	15533785	153619	16016356	126658	356489
集体企业	Collective-owned Enterprises	136155		151266		4621
股份合作企业	Cooperative Enterprises	15579		65418		1925
联营企业	Joint Ownership Enterprises	54		231		71
国有联营企业	State Joint Ownership Enterprises					
集体联营企业	Collective Joint Ownership Enterprises					
国有与集体联营企业	Joint State-collective Enterprises	54		231		71
其他联营企业	Other Joint Ownership Enterprises					
有限责任公司	Limited Liability Corporations	5288902	389879	5592849		441135
国有独资公司	State Sole Funded Corporations	418777		475004		334
其他有限责任公司	Other Limited Liability Corporations	4870126	389879	5117846		440802
股份有限公司	Share-holding Corporations Ltd.	4140079	137	4579474	206837	136492
私营企业	Private Enterprises	3272577		3468189		71934
私营独资企业	Private-funded Enterprises	82420		85064		2519
私营合伙企业	Private Partnership Enterprises	118360		114358		7002
私营有限责任公司	Private Limited Liability Corporations	2980359		3166466		60094
私营股份有限公司	Private Share-holding Corporations Ltd.	91438		102301		2319
其他企业	Other Enterprises	200832		460533		12830
2.港、澳、台商投资企业	**Enterprises with Funds from Hongkong, Macao and Taiwan**	**3617620**	**546555**	**3985737**		**456259**
合资经营企业	Joint-venture Enterprises	297558		332364		13937
合作经营企业	Cooperative Enterprises	2121		2121		
独资经营企业	Enterprises with Sole Investment	3211918	546555	3529488		441274
投资股份有限公司	Share-holding Corporations Ltd. with Investment	106023		121763		1049
其他港澳台商投资企业	Other Enterprises with Funds from Hongkong, Macao and Taiwan					
3.外商投资企业	**Foreign Funded Enterprises**	**3568323**	**21959**	**4504486**	**26662**	**135298**
中外合资经营企业	Joint-venture Enterprises	585620	17671	1076973	26662	36693
中外合作经营企业	Cooperative Enterprises	67923		77420		3265
外资企业	Enterprises with Sole Foreign Investment	2736694	4288	3158919		85912
外商投资股份有限公司	Share-holding Corporations Ltd. with Foreign Investment	157790		166571		6471
其他外商投资企业	Other Foreign Funded Enterprises	20296		24604		2957
4.个体经营户	**Getihus**	**60933488**	**55157**	**66769060**	**202332**	**1406415**

单位：万元
Unit: 10000 yuan

项　目	Item	商品购进额 Total Purchases Value	#进口 Imports	商品销售额 Total Sales Value	#出口 Exports	期末商品库存额 Inventory (year-end)
（二）按国民经济行业分	by Sector					
农、林、牧产品批发	Wholesale of Agricultural, Forestry and Livestock Products	2553021		3002612		225865
食品、饮料及烟草制品批发	Wholesale of Food, Beverages and Tobaccos	17577378	1043	19557352	133950	509343
米、面制品及食用油批发	Wholesale of Rice, Flour and Edible Oil	1252297		1382937		71824
肉、禽、蛋、奶及水产品批发	Wholesale of Meal, Fowls, Eggs, Milk and Aquatic Products	4528404	1043	5432832	133840	92884
酒、饮料及茶叶批发	Wholesale of Wine, Beverages and Teas	2214333		2591764		131208
烟草制品批发	Wholesale of Tobaccos	439646		474610		1703
纺织、服装及家庭用品批发	Wholesale of Textiles, Wearing Apparel and Household Articles	15001741	3236	18366305	29284	323439
服装批发	Wholesale of Garments	3359856		5303008	6954	114056
鞋帽批发	Wholesale of Shoes and Hats	1153570		1296084		20102
家用电器批发	Wholesale of Household Electrical Appliances	2569624		2805456	90	65796
文化、体育用品及器材批发	Wholesale of Culture, Sports Appliances and Equipments	4769969		5196601	34126	356660
文具用品批发	Wholesale of Stationeries	147847		164582	2929	1716
体育用品及器材批发	Wholesale of Sports Appliances and Equipments	66414		74766		1423
图书批发	Wholesale of Books	24064		26591		1120
医药及医疗器材批发	Wholesale of Medicines and Medical Appliances	2283034	137	2544253	4639	170773
西药批发	Wholesale of Western Medicine	364918		436855		37654
中药批发	Wholesale of Chinese Traditional Medicine	1910829	137	2100107	4639	132679
矿产品、建材及化工产品批发	Wholesale of Mineral Products, Building Materials and Chemical Products	23318057	154671	24041890	205583	648923
煤炭及制品批发	Wholesale of Coal and Related Products	2438284		2565250	28815	41381
石油及制品批发	Wholesale of Petroleum and Related Products	10907546	153619	11054971	125528	59207
金属及金属矿批发	Wholesale of Metal Materials	3818321		3841393	51120	253351
建材批发	Wholesale of Building Materials	3847994		4070516	120	181655
化肥批发	Wholesale of Chemical Fertilizer	1457254		1476728		86917
农药批发	Wholesale of Pesticides	58954		62620		5002
机械设备、五金产品及电子产品	Wholesale of Machinery, Hardware and Electronic Products	30209126	1008217	31833622	153777	748910
汽车批发	Wholesale of Motor Vehicles	1418456		1449789		804
计算机、软件及辅助设备批发	Wholesale of Computer, Software and Assistant Appliances	9648218	936433	10211174	4915	403898
通讯及广播电视设备批发	Wholesale of Communication, Radios and Televisions Equipments	9729572	51500	9769408	124138	154851
贸易经纪与代理	Trade Broker and Agency	16438		17452		137
其他批发业	Other Wholesale not Classified Elsewhere	978629		1033512	1130	39420

单位：万元
Unit: 10000 yuan

项 目	Item	商品购进额 Total Purchases Value	#进口 Imports	商品销售额 Total Sales Value	#出口 Exports	期末商品库存额 Inventory (year-end)
二、零售业	**Retail Trade**	**71704774**	**259936**	**80662015**	**3858**	**4428613**
(一)按登记注册类型分	**by Type of Registration**					
1.内资企业	**Domestic Funded Enterprises**	**7139268**	**30134**	**8094466**	**3186**	**499731**
国有企业	State-owned Enterprises	1478005	27855	1645542	3178	118044
集体企业	Collective-owned Enterprises	273958		293123		42702
股份合作企业	Cooperative Enterprises	75864		83653		2880
联营企业	Joint Ownership Enterprises					
国有联营企业	State Joint Ownership Enterprises					
集体联营企业	Collective Joint Ownership Enterprises					
国有与集体联营企业	Joint State-collective Enterprises					
其他联营企业	Other Joint Ownership Enterprises					
有限责任公司	Limited Liability Corporations	2714785	2159	3139124	8	197520
国有独资公司	State Sole Funded Corporations	7390		9777		99
其他有限责任公司	Other Limited Liability Corporations	2707394	2159	3129346	8	197421
股份有限公司	Share-holding Corporations Ltd.	791856		898663		54208
私营企业	Private Enterprises	1606682	120	1839955		70530
私营独资企业	Private-funded Enterprises	382160		401049		11490
私营合伙企业	Private Partnership Enterprises	27911		31000		1400
私营有限责任公司	Private Limited Liability Corporations	1148746	120	1354394		55964
私营股份有限公司	Private Share-holding Corporations Ltd.	47865		53512		1676
其他企业	Other Enterprises	198119		194407		13846
2.港、澳、台商投资企业	**Enterprises with Funds from Hongkong, Macao and Taiwan**	**1010736**	**492**	**1509826**		**223796**
合资经营企业	Joint-venture Enterprises	368266		477155		29905
合作经营企业	Cooperative Enterprises	4531		5941		15
独资经营企业	Enterprises with Sole Investment	605814	492	951461		191877
投资股份有限公司	Share-holding Corporations Ltd. with Investment	32126		34638		1999
其他港澳台商投资企业	Other Enterprises with Funds from Hongkong, Macao and Taiwan			40631		
3.外商投资企业	**Foreign Funded Enterprises**	**2208211**	**18287**	**2811740**		**173713**
中外合资经营企业	Joint-venture Enterprises	695090	1618	761154		51889
中外合作经营企业	Cooperative Enterprises	251930		260041		16012
外资企业	Enterprises with Sole Foreign Investment	1179550	16668	1707873		103433
外商投资股份有限公司	Share-holding Corporations Ltd. with Foreign Investment	60587		59217		2279
其他外商投资企业	Other Foreign Funded Enterprises	21055		23455		100
4.个体经营户	**Getihus**	**61346559**	**211023**	**68245983**	**672**	**3531373**

单位：万元
Unit: 10000 yuan

项　目	Item	商品购进额 Total Purchases Value	#进口 Imports	商品销售额 Total Sales Value	#出口 Exports	期末商品库存额 Inventory (year-end)
(二)按国民经济行业分	**by Sector**					
综合零售	Integrated Retail	17028869	19384	18477478	68	1202820
百货零售	Retail of General Merchandise	7403066	10315	8031048	60	521644
超级市场零售	Retail of Supermarkets	6924735	4492	7474378	8	542648
食品、饮料及烟草制品专门零售	Special Retail of Food, Beverages and Tobaccos	8032699	16442	9100458	8	390037
粮油零售	Retail of Cereal and Oil	858045		1033682		32913
肉、禽、蛋、奶及水产品零售	Retail of Meat, Poultry, Eggs, Milk and Aquatic Products	1614379	13	1759294	8	40463
酒、饮料及茶叶零售	Retail of Wine, Beverages and Teas	2094320	13467	2384706		142311
烟草制品零售	Retail of Tobaccos	329832	2755	366531		19370
纺织、服装及日用品专门零售	Special Retail of Textiles, Garments and Daily Consumer Articles	9408755	6161	11458181	560	625713
服装零售	Retail of Garments	5266300	13	5844861		380671
文化、体育用品及器材专门零售	Special Retail of Culture, Sports Appliances and Equipments	4736373	184998	6398586		475821
体育用品及器材零售	Retail of Sports Appliances and Equipments	166589		165641		23633
图书、报刊零售	Retail of Books, Newspapers and Magazines	612475	19548	659731	3143	97509
医药及医疗器材专门零售	Special Retail of Medicines and Medical Appliances	1631221	498	1799782		116908
药品零售	Retail of Medicines	1500401	498	1670466		110894
汽车、摩托车、燃料及零配件专门零售	Special Retail of Motor Vehicles, Motorcycles, Fuel and Parts	5280760	5974	5724559	35	239350
汽车零售	Retail of Motor Vehicles	795625	2147	910074		56110
机动车燃料零售	Retail of Fuel of Motor Vehicles	2839099	3675	3052307	35	101277
家用电器及电子产品专门零售	Special Retail of Household Electric and Electronic Products	9629042	1119	10313601	1	522320
日用家电设备零售	Retail of Household Electric Appliances	4030721	966	4296272	1	258787
计算机、软件及辅助设备零售	Retail of Computer, Software and Assistant Appliances	1156427		1301322		57656
通信设备零售	Retail of Communication Equipments	2497748		2571015		91781
五金、家具及室内装饰材料专门零售	Special Retail of Hardware, Furniture and Interior Decoration Materials	14202611	25360	15514127		799884
货摊、无店铺及其他零售	Stalls, Non-shop and Other Retails	1754445		1875243		55761
互联网零售	Retail on the Internet	5440		6207		347
(三)按零售业态分	**by Mode of Business Operation**					
有店铺零售	Store-based Retailing	71251453	259936	79904186	3858	4413541
超市	Supermarket	10832411	2716	11576607	10	774647
大型超市	Hypermarket	1971392	2631	2194755	8	187568
百货店	Department Store	5528496	10542	6247729		337898
专业店	Speciality Store	26897781	215945	31043489	3222	1405196
专卖店	Exclusive Shop	14310063	11732	15958337	561	1008217
无店铺零售	Non-Store Selling	453322		757829		15072

3-5-4 各地区限额以上批发业产业活动单位和个体经营户商品购、销、存情况

Total Purchases, Sales and Inventory of Establishments and Getihus above Designated Size of Wholesale Trade by Region

单位：万元

Unit: 10000 yuan

地区	Region	商品购进额 Total Purchases Value	#进口 Imports	商品销售额 Total Sales Value	#出口 Exports	期末商品库存额 Inventory (year-end)
全国	**National Total**	**96707393**	**1167305**	**105593598**	**562489**	**3023469**
北京	Beijing	5035885	937486	5201844	1130	519534
天津	Tianjin	2773085	45078	3464788	22875	135553
河北	Hebei	2955254		3012137		28211
山西	Shanxi	386358		447923		16245
内蒙古	Inner Mongolia	566023		829367	28815	36280
辽宁	Liaoning	2264073	16750	2425077	14975	63984
吉林	Jilin	184913		225498		3823
黑龙江	Heilongjiang	1036788		1009299		140804
上海	Shanghai	8755566	3236	9012447		56762
江苏	Jiangsu	4950855		5459863		97899
浙江	Zhejiang	3525009	4565	3994060	75007	93316
安徽	Anhui	2042811		2168309		31293
福建	Fujian	1504332		1593195		14380
江西	Jiangxi	819055		899390		48238
山东	Shandong	4446507		4741178	120	162162
河南	Henan	1619308		1931832	122152	83219
湖北	Hubei	2180447		2366959		38401
湖南	Hunan	1973433		2320150		203285
广东	Guangdong	41832002	51512	45666011	138892	920135
广西	Guangxi	994027		1088724	51120	100555
海南	Hainan	622		600		130
重庆	Chongqing	2093495		2335673		42429
四川	Sichuan	1904861	108678	2281325	107292	51949
贵州	Guizhou	426043		500521		9039
云南	Yunnan	654458		656590	111	59635
西藏	Tibet					
陕西	Shaanxi	95920		101943		3825
甘肃	Gansu	56790		81168		547
青海	Qinghai					
宁夏	Ningxia					
新疆	Xinjiang	1629475		1777728		61837

3-5-5 各地区限额以上零售业产业活动单位和个体经营户商品购、销、存情况

Total Purchases, Sales and Inventory of Establishments and Getihus above Designated Size of Retail Trade by Region

单位：万元

Unit: 10000 yuan

地区	Region	商品购进额 Total Purchases Value	#进口 Imports	商品销售额 Total Sales Value	#出口 Exports	期末商品库存额 Inventory (year-end)
全国	**National Total**	**71704774**	**259936**	**80662015**	**3858**	**4428613**
北京	Beijing	954107	3503	1194504		270703
天津	Tianjin	1514885		1703559		79324
河北	Hebei	910870	3280	958531	560	67443
山西	Shanxi	1450449	13166	1612324		100613
内蒙古	Inner Mongolia	875384		997755		56278
辽宁	Liaoning	3707333	3733	3980849		190339
吉林	Jilin	2494913	1540	2652833		143618
黑龙江	Heilongjiang	2750952		2899666		160704
上海	Shanghai	183903		481370		4297
江苏	Jiangsu	7463655	631	8361086		332485
浙江	Zhejiang	2390424	24172	2952683	3187	238574
安徽	Anhui	1345926		1544214		93042
福建	Fujian	1325860	602	1453939		75510
江西	Jiangxi	1048168	2	1134771		93331
山东	Shandong	9737459	1618	10277563		404350
河南	Henan	4172815	4684	4547272		299133
湖北	Hubei	8181897	26021	8681373	1	436516
湖南	Hunan	4424875	105	4805530	50	249025
广东	Guangdong	5896246	163681	8508628	10	361404
广西	Guangxi	247372	5141	269099		50571
海南	Hainan	17822		21090		2295
重庆	Chongqing	2984103	152	3364556		105833
四川	Sichuan	3554446	7903	3835832	51	268609
贵州	Guizhou	256194		290683		39937
云南	Yunnan	1754384		1987860		152462
西藏	Tibet	2739		2359		916
陕西	Shaanxi	1319328		1372649		76166
甘肃	Gansu	162121		167937		13348
青海	Qinghai	32173		32019		868
宁夏	Ningxia	43047		52381		6020
新疆	Xinjiang	500926	3	517102		54899

3−6−1 按业态分连锁零售企业基本情况
Basic Conditions of Chain Retail Enterprises by Business Categories

业　态	Business Categories	门店总数（个）Number of Stores (unit)	从业人员（万人）Engaged Persons (10 000 persons)	营业面积（万平方米）Operating Area (10 000 sq.m)	商品销售额（亿元）Total Sales Value (100 million yuan)	#零售额 Retail Value
总　计	**Total**	**206415**	**250.2**	**16221.3**	**37340.6**	**27356.5**
便利店	Convenience Store	16832	7.8	144.8	346.0	309.5
折扣店	Discount Store	377	0.2	17.7	29.5	26.9
超市	Supermarket	33202	44.5	1890.8	2981.8	2600.2
大型超市	Hypermarket	9481	56.2	3109.2	4647.2	4185.1
仓储会员店	Warehouse Club	108	1.5	66.4	240.9	240.9
百货店	Department Store	4689	25.8	1984.8	3806.1	3096.5
专业店	Specialty Store	108809	94.3	8260.8	23345.8	15702.4
#加油站	Gas Station	34985	29.7	5490.4	16786.3	11245.6
专卖店	Franchised Store	22854	14.6	444.1	1400.3	904.8
家居建材商店	Building Material Store	69	0.4	44.5	50.9	46.2
厂家直销中心	Factory Outlets Center	309	0.4	3.3	16.4	7.7
其他	Other Store	9685	4.5	255.0	475.7	236.4

3-6-2 按登记注册类型分连锁零售企业基本情况

Basic Conditions of Chain Retail Enterprises by Status of Registration

项　目	Item	门店总数(个) Number of Stores (unit)	从业人员(万人) Employed Person (10000 person)	营业面积(万平方米) Operational Area (10000 sq.m)	商品销售额(亿元) Total Sales Value (100 million yuan)	#零售额 Retail Value
合　计	**Total**	**206415**	**250.2**	**16221.3**	**37340.6**	**27356.5**
内资企业	**Domestic Funded Enterprises**	**186649**	**199.3**	**13497.8**	**31775.6**	**22464.4**
国有企业	State-owned Enterprises	15600	12.3	1154.3	4630.3	2321.2
集体企业	Collective-owned Enterprises	1275	1.1	52.0	93.4	78.7
股份合作企业	Cooperative Enterprises	358	0.5	5.9	123.8	98.0
联营企业	Joint Ownership Enterprises	220	0.2	9.5	9.3	8.6
国有联营企业	State Joint Ownership Enterprises	173	0.2	8.6	6.0	6.0
集体联营企业	Collective Joint Ownership Enterprises					
国有与集体联营企业	Joint State-collective Enterprises	5		0.1	0.1	0.1
其他联营企业	Other Joint Ownership Enterprises	42		0.8	3.2	2.5
有限责任公司	Limited Liability Corporations	66801	65.1	3163.9	5811.1	4657.7
国有独资公司	State Sole Funded Corporations	1184	0.7	9.5	80.8	26.1
其他有限责任公司	Other Limited Liability Corporations	65617	64.5	3154.4	5730.2	4631.5
股份有限公司	Share-holding Corporations Ltd.	52488	82.0	7717.2	18513.2	12995.7
私营企业	Private Enterprises	47609	36.5	1351.3	2540.1	2250.4
私营独资企业	Private-funded Enterprises	1757	0.7	19.5	36.4	27.2
私营合伙企业	Private Partnership Enterprises	301	0.4	28.0	23.1	23.1
私营有限责任公司	Private Limited Liability Corporations	39071	29.4	1102.7	2079.8	1870.4
私营股份有限公司	Private Share-holding Corporations Ltd.	6480	6.1	201.1	400.8	329.7
其他企业	Other Enterprises	2298	1.5	43.7	54.5	54.1
港、澳、台商投资企业	**Enterprises with Funds from Hong Kong, Macao and Taiwan**	**7677**	**22.6**	**1127.5**	**2320.7**	**2090.8**
港、澳、台商合资经营企业	Joint-venture Enterprises	2864	3.5	191.8	449.9	367.4
港、澳、台商合作经营企业	Cooperative Enterprises	216	5.3	250.7	420.3	420.3
港、澳、台商独资经营企业	Enterprises with Sole Investment	3985	9.8	404.4	1091.2	946.9
港、澳、台商投资股份有限公司	Share-holding Corporations Ltd. with Investment	324	0.2	5.2	20.7	17.7
其他港澳台商投资企业	Other Enterprises with Funds from Hongkong, Macao and Taiwan	288	3.8	275.3	338.5	338.5
外商投资企业	**Foreign Funded Enterprises**	**12089**	**28.3**	**1596.0**	**3244.3**	**2801.3**
中外合资经营企业	Joint-venture Enterprises	4608	17.0	1053.3	2109.4	1815.6
中外合作经营企业	Cooperative Enterprises	1327	2.4	91.0	275.6	163.7
外资企业	Enterprises with Sole Foreign Investment	6141	8.9	448.6	856.6	819.3
外商投资股份有限公司	Share-holding Corporations Ltd. with Foreign Investment	10		3.1	2.4	2.4
其他外商投资企业	Other Foreign Funded Enterprises	3		0.1	0.3	0.3

3-6-3 按行业分连锁零售企业基本情况
Basic Conditions of Chain Retail Enterprises by Sector

项目	Item	门店总数（个）Number of Stores (unit)	从业人员（万人）Employed Person (10000 person)	营业面积（万平方米）Operational Area (10000 sq.m)
总计	**Total**	**206415**	**250.2**	**16221.3**
一、批发业	**Wholesale Trade**	**50965**	**31.9**	**4243.6**
农、林、牧产品批发	Wholesale of Farm Produce and Livestock Products	3824	1.1	7.1
食品、饮料及烟草制品专门批发	Wholesale of Food, Beverages and Tobaccos	5598	3.4	64.0
纺织、服装及家庭用品批发	Wholesale of Textiles, Garments and Daily Consumer Articles	2252	2.2	169.7
文化、体育用品及器材批发	Wholesale of Culture, Sports Appliances and Equipments	720	1.8	89.9
医药及医疗器材批发	Wholesale of Medicines and Medical Appliances	2671	1.1	25.8
矿产品、建材及化工产品批发	Wholesale of Mineral Products, Building Materials and	34172	20.8	3771.9
机械设备、五金产品及电子产品批发	Wholesale of Machinery, Hardware and Electronic Equipment	596	0.7	10.3
贸易经济及代理	Trade Broker and Agency			
其他批发业	Other Wholesale not Classified Elsewhere	1132	0.9	104.9
二、零售业	**Retail Trade**	**155450**	**218.2**	**11977.6**
综合零售	Integrated Retail	67090	138.1	7364.2
食品、饮料及烟草制品专门零售	Retail of Food, Beverages and Tobaccos	12747	5.8	71.5
纺织、服装及日用品专门零售	Special Retail of Textiles, Garments and Daily	11737	7.3	254.6
文化、体育用品及器材专门零售	Retail of Culture, Sports Appliances and Equipments	1660	3.7	108.0
医药及医疗器材专门零售	Retail of Medicines and Medical Appliances	41570	23.4	527.1
汽车、摩托车、燃料及零配件专门零售	Retail of Motor Vehicles, Motorcycles, Fuel	13344	12.9	2091.2
家用电器及电子产品专门零售	Special Retail of Household Electric Appliances and Electronic Products	6997	26.3	1509.4
五金、家具及室内装饰材料专门零售	Special Retail of Hardware, Furniture and Decoration Materials	185	0.6	49.5
货摊、无店铺及其他零售业	Non-shop and Other Retails	120	0.1	2.1

3-6-3 续表 Continued

项　目	Item	商品销售额 (亿元) Total Sales (100 million yuan)	#零售额 Retail
总　计	**Total**	**37340.6**	**27356.5**
一、批发业	**Wholesale Trade**	**13433.6**	**7512.3**
农、林、牧产品批发	Wholesale of Farm Produce and Livestock Products	160.5	1.7
食品、饮料及烟草制品专门批发	Wholesale of Food, Beverages and Tobaccos	873.2	44.4
纺织、服装及家庭用品批发	Wholesale of Textiles, Garments and Daily Consumer Articles	309.7	155.9
文化、体育用品及器材批发	Wholesale of Culture, Sports Appliances and Equipments	308.5	120.5
医药及医疗器材批发	Wholesale of Medicines and Medical Appliances	81.3	35.9
矿产品、建材及化工产品批发	Wholesale of Mineral Products, Building Materials and	11300.6	6864.0
机械设备、五金产品及电子产品批发	Wholesale of Machinery, Hardware and Electronic Equipment	92.2	52.2
贸易经济及代理	Trade Broker and Agency		
其他批发业	Other Wholesale not Classified Elsewhere	307.8	237.7
二、零售业	**Retail Trade**	**23907.0**	**19844.2**
综合零售	Integrated Retail	12471.7	10789.6
食品、饮料及烟草制品专门零售	Retail of Food, Beverages and Tobaccos	307.5	278.9
纺织、服装及日用品专门零售	Special Retail of Textiles, Garments and Daily	433.2	396.2
文化、体育用品及器材专门零售	Retail of Culture, Sports Appliances and Equipments	484.5	244.4
医药及医疗器材专门零售	Retail of Medicines and Medical Appliances	1208.5	1116.7
汽车、摩托车、燃料及零配件专门零售	Retail of Motor Vehicles, Motorcycles, Fuel	6736.3	4910.8
家用电器及电子产品专门零售	Special Retail of Household Electric Appliances and Electronic Products	2191.9	2046.0
五金、家具及室内装饰材料专门零售	Special Retail of Hardware, Furniture and Decoration Materials	62.9	58.5
货摊、无店铺及其他零售业	Non-shop and Other Retails	10.6	3.1

3-6-4 各地区连锁零售企业基本情况
Basic Conditions of Chain Retail Enterprises by Region

年份 Year	地区 Region	门店总数（个）Number of Stores (unit)	从业人数（万人）Employed Person (10000 persons)	营业面积（万平方米）Selling Space (10000 sq.m)	商品销售额（亿元）Total Revenue of Sales (100 million yuan)	#零售额 Retail Sales
	2004	77631	128.2	7202.6	8393.6	6163.1
	2005	105684	160.1	8687.5	12587.8	8569.5
	2006	128924	187.1	8979.0	14952.2	10764.8
	2007	145366	186.2	10044.0	17754.3	13066.8
	2008	168502	197.1	10197.8	20466.5	14369.7
	2009	175677	210.9	11809.2	22240.0	15860.3
	2010	176792	225.2	12756.8	27385.4	19009.5
	2011	195779	249.1	13670.7	34510.7	23812.5
	2012	192870	256.3	14765.9	35462.1	24605.3
	2013	204090	255.9	15640.3	38006.9	26340.8
	2014	206415	250.2	16221.3	37340.6	27356.5
北 京	Beijing	7433	16.0	736.8	2544.3	1848.3
天 津	Tianjin	2324	3.5	203.5	753.1	553.4
河 北	Hebei	4537	5.4	645.9	1145.3	801.9
山 西	Shanxi	3425	4.1	269.2	577.4	457.7
内蒙古	Inner Mongolia	262	0.5	24.5	39.8	38.8
辽 宁	Liaoning	6157	6.6	470.7	941.7	697.8
吉 林	Jilin	833	1.0	32.5	157.8	138.4
黑龙江	Heilongjiang	1857	2.0	77.1	234.7	203.8
上 海	Shanghai	18254	26.0	1040.9	3007.9	2194.9
江 苏	Jiangsu	18350	37.4	1954.3	3483.9	2114.2
浙 江	Zhejiang	27307	14.9	1131.6	2614.8	1939.6
安 徽	Anhui	9594	9.6	557.8	1663.3	925.4
福 建	Fujian	5250	8.8	629.9	1363.4	1237.6
江 西	Jiangxi	4242	5.5	334.0	1214.3	768.2
山 东	Shandong	10733	17.1	1590.2	2818.6	2307.5
河 南	Henan	5321	6.9	687.6	903.5	765.0
湖 北	Hubei	7357	14.5	724.8	1871.6	1573.0
湖 南	Hunan	6825	7.5	472.1	1075.1	934.8
广 东	Guangdong	24576	26.2	2494.5	5351.7	4341.9
广 西	Guangxi	3799	4.0	356.3	832.6	460.6
海 南	Hainan	715	0.5	40.9	186.8	130.1
重 庆	Chongqing	12233	9.8	427.8	1163.2	961.9
四 川	Sichuan	9869	7.8	336.4	589.8	522.2
贵 州	Guizhou	1257	0.9	33.4	57.0	55.7
云 南	Yunnan	4689	4.1	196.9	522.5	354.0
西 藏	Tibet	3	0.1	2.2	2.2	2.2
陕 西	Shaanxi	2206	3.6	252.1	1036.7	354.2
甘 肃	Gansu	741	0.7	78.4	223.3	188.1
青 海	Qinghai	141	0.6	21.2	25.3	25.0
宁 夏	Ningxia	1639	1.3	66.3	138.6	84.4
新 疆	Xinjiang	4486	3.1	331.6	800.1	375.8

3-6-4 续表 Continued

年 份 Year	地 区 Region	商品购进总额(亿元) Total Purchases (100 million yuan)	统一配送商品购进额(亿元) Centralized Purchase and Delivery (100 million yuan)	自有配送中心配送商品购进额 Self Centralized Purchase and Delivery	非自有配送中心配送商品购进额 Non-self Centralized Purchase and Delivery
2004		7130.1	5545.6	4481.7	1063.9
2005		10734.6	8409.4	6696.1	1251.8
2006		13447.4	10565.7	7729.7	1384.0
2007		15917.0	12542.4	9057.0	1707.3
2008		17193.1	13782.1	8654.9	3118.8
2009		19343.7	14723.1	9616.9	2647.2
2010		24044.6	17412.5	10910.3	3373.4
2011		29653.0	22919.6	13458.8	3384.1
2012		30825.5	23975.8	13932.9	3522.8
2013		32258.7	25341.8	14598.7	4554.0
2014		31298.5	24582.4	14637.3	4265.7
北 京	Beijing	2126.6	1126.4	435.1	114.2
天 津	Tianjin	668.5	459.2	313.7	18.5
河 北	Hebei	988.8	689.0	415.5	11.6
山 西	Shanxi	348.0	243.7	157.1	16.5
内蒙古	Inner Mongolia	32.9	28.7	20.0	0.5
辽 宁	Liaoning	850.3	676.5	171.3	161.6
吉 林	Jilin	128.6	121.4	102.6	1.7
黑龙江	Heilongjiang	204.5	184.5	135.6	18.5
上 海	Shanghai	2692.7	2112.3	913.2	255.4
江 苏	Jiangsu	3130.7	3060.5	2761.0	240.5
浙 江	Zhejiang	2462.5	2282.5	2105.0	108.2
安 徽	Anhui	1651.7	857.1	596.9	42.8
福 建	Fujian	1048.1	760.9	355.0	113.9
江 西	Jiangxi	714.3	616.1	344.8	83.0
山 东	Shandong	2367.8	1812.7	1254.3	115.3
河 南	Henan	808.0	505.5	273.2	13.6
湖 北	Hubei	1667.8	1224.7	884.2	84.7
湖 南	Hunan	817.2	744.1	531.9	37.1
广 东	Guangdong	4432.2	3833.9	1173.9	2378.5
广 西	Guangxi	384.1	333.5	148.9	4.2
海 南	Hainan	167.0	167.0	0.6	38.2
重 庆	Chongqing	860.9	535.8	369.1	127.1
四 川	Sichuan	486.4	397.4	156.5	19.1
贵 州	Guizhou	58.1	52.0	27.5	2.5
云 南	Yunnan	300.8	256.1	98.9	20.4
西 藏	Tibet	2.0	2.0		
陕 西	Shaanxi	878.1	627.8	374.3	29.8
甘 肃	Gansu	138.7	114.5	30.9	0.4
青 海	Qinghai	20.3	12.9	0.9	2.5
宁 夏	Ningxia	140.5	111.3	103.2	0.8
新 疆	Xinjiang	720.5	632.5	382.2	204.6

住宿和餐饮业

HOTELS AND CATERING SERVICES

第4篇

4-1-1 限额以上住宿和餐饮业企业基本情况

Basic Conditions of Enterprises above Designated Size of Hotels and Catering Services

项 目	Item	法人单位数(个) Number of Corporation Enterprises (unit)	年末从业人数(人) Engaged Persons at the Year-end (person)	年末餐饮营业面积(平方米) Business Area of Catering Services at the Year-end (m²)
总 计	**Total**	**45508**	**4323996**	**95699538**
一、住宿业	**Hotels**	**18874**	**1978522**	**40141774**
#国有控股	State-controlled Enterprises	3518	526940	8145572
(一)按登记注册类型分	**by Type of Registration**			
1.内资企业	**Domestic Funded Enterprises**	**17947**	**1761990**	**37474109**
国有企业	State-owned Enterprises	2089	262287	4634404
集体企业	Collective-owned Enterprises	434	33352	677530
股份合作企业	Cooperative Enterprises	81	6088	129913
联营企业	Joint Ownership Enterprises	27	2925	41774
国有联营企业	State Joint Ownership Enterprises	10	1541	15794
集体联营企业	Collective Joint Ownership Enterprises	8	598	18280
国有与集体联营企业	Joint State-collective Enterprises	7	643	2700
其他联营企业	Other Joint Ownership Enterprises	2	143	5000
有限责任公司	Limited Liability Corporations	6288	771331	15006397
国有独资公司	State Sole Funded Corporations	322	59185	836083
其他有限责任公司	Other Limited Liability Corporations	5966	712146	14170314
股份有限公司	Share-holding Corporations Ltd.	575	71531	1450013
私营企业	Private Enterprises	8183	596034	15012321
私营独资企业	Private-funded Enterprises	1122	55531	1690645
私营合伙企业	Private Partnership Enterprises	291	15631	444710
私营有限责任公司	Private Limited Liability Corporations	6374	492492	12025181
私营股份有限公司	Private Share-holding Corporations Ltd.	396	32380	851785
其他企业	Other Enterprises	270	18442	521757
2.港、澳、台商投资企业	**Enterprises with Funds from Hongkong, Macao and Taiwan**	**523**	**130654**	**1645957**
合资经营企业	Joint-venture Enterprises	222	60904	840173
合作经营企业	Cooperative Enterprises	58	16070	174866
独资经营企业	Enterprises with Sole Investment	214	48145	537342
投资股份有限公司	Share-holding Corporations Ltd. with Investment	27	5205	92321
其他港澳台商投资企业	Other Enterprises with Funds from Hongkong, Macao and Taiwan	2	330	1255
3.外商投资企业	**Foreign Funded Enterprises**	**404**	**85878**	**1021708**
中外合资经营企业	Joint-venture Enterprises	176	38127	466188
中外合作经营企业	Cooperative Enterprises	50	12465	148154
外资企业	Enterprises with Sole Foreign Investment	157	31289	337185
外商投资股份有限公司	Share-holding Corporations Ltd. with Foreign Investment	15	2422	41413
其他外商投资企业	Other Foreign Funded Enterprises	6	1575	28768
(二)按国民经济行业分	**by Sector**			
旅游饭店	Tourist Hotel	12077	1589571	30727240
一般旅馆	Fonda	6206	346298	8363439
其他住宿业	Others	591	42653	1051095

4-1-1 续表 Continued

项 目	Item	法人单位数(个) Number of Corporation Enterprises (unit)	年末从业人数(人) Engaged Persons at the Year-end (person)	年末餐饮营业面积(平方米) Business Area of Catering Services at the Year-end (m²)
二、餐饮业	**Catering Services**	**26634**	**2345474**	**55557764**
#国有控股	State-controlled Enterprises	895	121499	2684400
(一)按登记注册类型分	**by Type of Registration**			
1.内资企业	**Domestic Funded Enterprises**	**25414**	**1787563**	**49661286**
国有企业	State-owned Enterprises	449	40290	1071187
集体企业	Collective-owned Enterprises	228	11261	344193
股份合作企业	Cooperative Enterprises	130	8284	188673
联营企业	Joint Ownership Enterprises	8	578	14816
国有联营企业	State Joint Ownership Enterprises			
集体联营企业	Collective Joint Ownership Enterprises	8	578	14816
国有与集体联营企业	Joint State-collective Enterprises			
其他联营企业	Other Joint Ownership Enterprises			
有限责任公司	Limited Liability Corporations	6519	566412	14909555
国有独资公司	State Sole Funded Corporations	120	19111	371843
其他有限责任公司	Other Limited Liability Corporations	6399	547301	14537712
股份有限公司	Share-holding Corporations Ltd.	455	59740	1839571
私营企业	Private Enterprises	17076	1072654	30469312
私营独资企业	Private-funded Enterprises	3964	146986	4771043
私营合伙企业	Private Partnership Enterprises	457	22169	724581
私营有限责任公司	Private Limited Liability Corporations	12078	858037	23523281
私营股份有限公司	Private Share-holding Corporations Ltd.	577	45462	1450407
其他企业	Other Enterprises	549	28344	823979
2.港、澳、台商投资企业	**Enterprises with Funds from Hongkong, Macao and Taiwan**	**679**	**190079**	**2128973**
合资经营企业	Joint-venture Enterprises	131	43931	559525
合作经营企业	Cooperative Enterprises	34	7384	109574
独资经营企业	Enterprises with Sole Investment	498	137394	1431924
投资股份有限公司	Share-holding Corporations Ltd. with Investment	11	1153	20937
其他港澳台商投资企业	Other Enterprises with Funds from Hongkong, Macao and Taiwan	5	217	7013
3.外商投资企业	**Foreign Funded Enterprises**	**541**	**367832**	**3767505**
中外合资经营企业	Joint-venture Enterprises	139	81626	816640
中外合作经营企业	Cooperative Enterprises	22	5215	61535
外资企业	Enterprises with Sole Foreign Investment	352	278025	2826379
外商投资股份有限公司	Share-holding Corporations Ltd. with Foreign Investment	20	2276	45282
其他外商投资企业	Other Foreign Funded Enterprises	8	690	17669
(二)按国民经济行业分	**by Sector**			
正餐服务	Dinner	24892	1783495	49839209
快餐服务	Snack	938	437370	4230489
饮料及冷饮服务	Beverage and Cold Drink	227	43579	494877
其他餐饮业	Others	577	81030	993189

4-1-2 各地区限额以上住宿业企业基本情况
Basic Conditions of Enterprises above Designated Size of Hotels by Region

地区	Region	住宿业 Hotels		#国有控股 State-controlled Enterprises	
		法人单位数（个） Number of Corporation Enterprises (unit)	年末从业人数（人） Engaged Persons at the Year-end (person)	法人单位数（个） Number of Corporation Enterprises (unit)	年末从业人数（人） Engaged Persons at the Year-end (person)
全国	**National Total**	**18874**	**1978522**	**3518**	**526940**
北京	Beijing	1162	140611	464	74244
天津	Tianjin	235	22697	69	8742
河北	Hebei	494	58972	160	20724
山西	Shanxi	402	40941	102	13185
内蒙古	Inner Mongolia	306	29429	53	7675
辽宁	Liaoning	579	51982	112	15436
吉林	Jilin	185	19132	60	7802
黑龙江	Heilongjiang	227	20011	78	8318
上海	Shanghai	747	80363	181	33468
江苏	Jiangsu	1026	110425	187	31825
浙江	Zhejiang	1273	138360	169	25624
安徽	Anhui	579	51334	89	11279
福建	Fujian	809	88728	119	18476
江西	Jiangxi	399	40963	85	9671
山东	Shandong	1086	104981	186	34014
河南	Henan	1153	93692	155	22269
湖北	Hubei	844	66286	97	12179
湖南	Hunan	714	84240	97	17033
广东	Guangdong	2063	272625	249	41796
广西	Guangxi	513	49529	80	10526
海南	Hainan	259	54889	37	8819
重庆	Chongqing	377	40173	56	8065
四川	Sichuan	964	87439	132	17817
贵州	Guizhou	464	34125	57	6518
云南	Yunnan	553	56998	102	15852
西藏	Tibet	58	5096	19	2343
陕西	Shaanxi	718	72452	114	16175
甘肃	Gansu	280	23855	74	9504
青海	Qinghai	71	7082	19	2424
宁夏	Ningxia	80	8073	13	2316
新疆	Xinjiang	254	23039	103	12821

4-1-3 各地区限额以上住宿业企业基本情况(按登记注册类型分)

Basic Conditions of Enterprises above Designated Size of Hotels by Region and Type of Registration

地区	Region	内资企业 Domestic Funded Enterprises		国有企业 State-owned Enterprises	
		法人单位数(个) Number of Corporation Enterprises (unit)	年末从业人数(人) Engaged Persons at the Year-end (person)	法人单位数(个) Number of Corporation Enterprises (unit)	年末从业人数(人) Engaged Persons at the Year-end (person)
全国	**National Total**	**17947**	**1761990**	**2089**	**262287**
北京	Beijing	1095	117173	252	33634
天津	Tianjin	219	20400	39	3496
河北	Hebei	486	57151	127	15933
山西	Shanxi	400	40498	81	10302
内蒙古	Inner Mongolia	302	28327	32	3505
辽宁	Liaoning	523	43588	82	9584
吉林	Jilin	178	17750	51	6404
黑龙江	Heilongjiang	213	18301	53	5589
上海	Shanghai	698	66238	67	11271
江苏	Jiangsu	957	98489	96	13372
浙江	Zhejiang	1212	124163	77	8889
安徽	Anhui	564	48155	38	3169
福建	Fujian	728	71622	60	7128
江西	Jiangxi	381	38968	63	6637
山东	Shandong	1058	99326	137	22754
河南	Henan	1134	90687	108	14522
湖北	Hubei	821	61348	60	6730
湖南	Hunan	690	78427	62	8546
广东	Guangdong	1834	214749	133	18197
广西	Guangxi	492	44390	59	6608
海南	Hainan	230	43608	13	2193
重庆	Chongqing	368	36972	19	2668
四川	Sichuan	943	82959	58	6031
贵州	Guizhou	457	33066	35	2985
云南	Yunnan	533	53397	61	6001
西藏	Tibet	55	4581	17	1957
陕西	Shaanxi	699	66730	70	8053
甘肃	Gansu	278	23335	54	6102
青海	Qinghai	69	6716	13	1454
宁夏	Ningxia	79	7991	5	1169
新疆	Xinjiang	251	22885	67	7404

4-1-3 续表 1 Continued 1

地区	Region	集体企业 Collective-owned Enterprises 法人单位数（个）Number of Corporation Enterprises (unit)	集体企业 Collective-owned Enterprises 年末从业人数（人）Engaged Persons at the Year-end (person)	股份合作企业 Cooperative Enterprises 法人单位数（个）Number of Corporation Enterprises (unit)	股份合作企业 Cooperative Enterprises 年末从业人数（人）Engaged Persons at the Year-end (person)
全　国	**National Total**	**434**	**33352**	**81**	**6088**
北　京	Beijing	49	5682	28	1952
天　津	Tianjin	14	930	1	501
河　北	Hebei	13	929	2	110
山　西	Shanxi	12	1160		
内蒙古	Inner Mongolia	5	488	1	80
辽　宁	Liaoning	33	1486	1	20
吉　林	Jilin	3	208	2	90
黑龙江	Heilongjiang	5	295	2	333
上　海	Shanghai	16	1109		
江　苏	Jiangsu	26	1797		
浙　江	Zhejiang	25	1930	7	231
安　徽	Anhui	4	294	2	57
福　建	Fujian	12	671	3	184
江　西	Jiangxi	2	85	3	113
山　东	Shandong	32	2409	1	185
河　南	Henan	41	3095	3	229
湖　北	Hubei	11	1142	3	147
湖　南	Hunan	11	1214	2	256
广　东	Guangdong	45	2569	6	411
广　西	Guangxi	6	446	2	222
海　南	Hainan	1	65	1	136
重　庆	Chongqing	7	607	1	16
四　川	Sichuan	7	1130	5	492
贵　州	Guizhou	12	416		
云　南	Yunnan	17	1310	3	153
西　藏	Tibet	1	45		
陕　西	Shaanxi	11	632	2	170
甘　肃	Gansu	4	356		
青　海	Qinghai	4	271		
宁　夏	Ningxia	1	66		
新　疆	Xinjiang	4	515		

地 区	Region	联营企业 Joint Ownership Enterprises 法人单位数(个) Number of Corporation Enterprises (unit)	联营企业 Joint Ownership Enterprises 年末从业人数(人) Engaged Persons at the Year-end (person)	有限责任公司 Limited Liability Corporations 法人单位数(个) Number of Corporation Enterprises (unit)	有限责任公司 Limited Liability Corporations 年末从业人数(人) Engaged Persons at the Year-end (person)
全 国	**National Total**	**27**	**2925**	**6288**	**771331**
北 京	Beijing	2	165	422	54979
天 津	Tianjin			76	10032
河 北	Hebei	1	223	178	21239
山 西	Shanxi			58	8139
内 蒙 古	Inner Mongolia	1	85	124	14168
辽 宁	Liaoning	2	87	135	15445
吉 林	Jilin			59	5671
黑 龙 江	Heilongjiang			78	7126
上 海	Shanghai	3	409	198	29809
江 苏	Jiangsu	1	79	280	37986
浙 江	Zhejiang	3	390	367	53577
安 徽	Anhui			192	20421
福 建	Fujian	1	531	255	31775
江 西	Jiangxi			131	16969
山 东	Shandong			344	38890
河 南	Henan			431	38781
湖 北	Hubei			305	27505
湖 南	Hunan	2	135	239	33104
广 东	Guangdong	5	363	685	102897
广 西	Guangxi			143	13777
海 南	Hainan			169	33414
重 庆	Chongqing			147	19173
四 川	Sichuan	3	242	334	34919
贵 州	Guizhou			172	16990
云 南	Yunnan	2	177	198	24898
西 藏	Tibet			13	906
陕 西	Shaanxi			317	34871
甘 肃	Gansu			113	10962
青 海	Qinghai			18	2055
宁 夏	Ningxia			23	2488
新 疆	Xinjiang	1	39	84	8365

4-1-3 续表 3 Continued 3

地 区	Region	股份有限公司 Share-holding Corporations Ltd. 法人单位数(个) Number of Corporation Enterprises (unit)	股份有限公司 Share-holding Corporations Ltd. 年末从业人数(人) Engaged Persons at the Year-end (person)	私营企业 Private Enterprises 法人单位数(个) Number of Corporation Enterprises (unit)	私营企业 Private Enterprises 年末从业人数(人) Engaged Persons at the Year-end (person)
全 国	**National Total**	**575**	**71531**	**8183**	**596034**
北 京	Beijing	9	2073	333	18688
天 津	Tianjin	3	376	82	4720
河 北	Hebei	17	2590	146	16006
山 西	Shanxi	9	925	237	19675
内 蒙 古	Inner Mongolia	17	1231	115	8271
辽 宁	Liaoning	14	873	248	15674
吉 林	Jilin	8	746	52	4501
黑 龙 江	Heilongjiang	11	1292	61	3586
上 海	Shanghai	19	1586	392	21245
江 苏	Jiangsu	36	7011	511	37788
浙 江	Zhejiang	17	3727	714	55374
安 徽	Anhui	22	2989	303	20960
福 建	Fujian	13	1994	369	27630
江 西	Jiangxi	30	2405	144	12281
山 东	Shandong	43	4178	487	29788
河 南	Henan	53	4429	486	29175
湖 北	Hubei	22	2736	398	22446
湖 南	Hunan	33	5845	335	29059
广 东	Guangdong	38	6738	870	79610
广 西	Guangxi	27	3642	234	18230
海 南	Hainan	12	1925	30	5182
重 庆	Chongqing	11	1616	175	12519
四 川	Sichuan	48	4614	470	34545
贵 州	Guizhou	5	277	226	12009
云 南	Yunnan	17	2097	220	17878
西 藏	Tibet	4	229	20	1444
陕 西	Shaanxi	23	1857	259	19833
甘 肃	Gansu	6	296	98	5486
青 海	Qinghai	1	423	31	2455
宁 夏	Ningxia	2	199	48	4069
新 疆	Xinjiang	5	612	89	5907

地 区	Region	港、澳、台商投资企业 Enterprises with Funds from Hongkong, Macao and Taiwan		外商投资企业 Foreign Funded Enterprises	
		法人单位数 (个) Number of Corporation Enterprises (unit)	年末从业人数 (人) Engaged Persons at the Year-end (person)	法人单位数 (个) Number of Corporation Enterprises (unit)	年末从业人数 (人) Engaged Persons at the Year-end (person)
全 国	**National Total**	**523**	**130654**	**404**	**85878**
北 京	Beijing	37	15548	30	7890
天 津	Tianjin	6	500	10	1797
河 北	Hebei	6	1138	2	683
山 西	Shanxi	2	443		
内 蒙 古	Inner Mongolia	2	255	2	847
辽 宁	Liaoning	22	4707	34	3687
吉 林	Jilin	2	391	5	991
黑 龙 江	Heilongjiang	9	935	5	775
上 海	Shanghai	28	9508	21	4617
江 苏	Jiangsu	30	5901	39	6035
浙 江	Zhejiang	33	10150	28	4047
安 徽	Anhui	9	1989	6	1190
福 建	Fujian	47	9785	34	7321
江 西	Jiangxi	9	1023	9	972
山 东	Shandong	15	3637	13	2018
河 南	Henan	13	2363	6	642
湖 北	Hubei	18	4338	5	600
湖 南	Hunan	19	4914	5	899
广 东	Guangdong	142	31788	87	26088
广 西	Guangxi	17	4655	4	484
海 南	Hainan	18	7414	11	3867
重 庆	Chongqing	5	922	4	2279
四 川	Sichuan	10	2787	11	1693
贵 州	Guizhou	6	840	1	219
云 南	Yunnan	7	1606	13	1995
西 藏	Tibet	1	185	2	330
陕 西	Shaanxi	8	2729	11	2993
甘 肃	Gansu	1	179	1	341
青 海	Qinghai			2	366
宁 夏	Ningxia			1	82
新 疆	Xinjiang	1	24	2	130

4-1-4 各地区限额以上住宿业企业基本情况(按国民经济行业分)

Basic Conditions of Enterprises above Designated Size of Hotels by Region and Sector

地区	Region	旅游饭店 Tourist Hotel		一般旅馆 Fonda		其他住宿业 Others	
		法人单位数(个) Number of Corporation Enterprises (unit)	年末从业人数(人) Engaged Persons at the Year-end (person)	法人单位数(个) Number of Corporation Enterprises (unit)	年末从业人数(人) Engaged Persons at the Year-end (person)	法人单位数(个) Number of Corporation Enterprises (unit)	年末从业人数(人) Engaged Persons at the Year-end (person)
全国	**National Total**	**12077**	**1589571**	**6206**	**346298**	**591**	**42653**
北京	Beijing	644	111269	486	27391	32	1951
天津	Tianjin	117	14812	97	6408	21	1477
河北	Hebei	332	42882	141	12228	21	3862
山西	Shanxi	209	28286	173	11251	20	1404
内蒙古	Inner Mongolia	200	21978	96	6548	10	903
辽宁	Liaoning	399	44565	163	6741	17	676
吉林	Jilin	144	16406	34	1820	7	906
黑龙江	Heilongjiang	163	16109	55	3210	9	692
上海	Shanghai	345	58986	372	19044	30	2333
江苏	Jiangsu	676	95651	316	12769	34	2005
浙江	Zhejiang	867	119449	390	17948	16	963
安徽	Anhui	385	41677	180	8919	14	738
福建	Fujian	555	74315	225	12411	29	2002
江西	Jiangxi	278	31571	115	8994	6	398
山东	Shandong	679	83923	379	19374	28	1684
河南	Henan	633	65147	485	26535	35	2010
湖北	Hubei	437	47930	390	17386	17	970
湖南	Hunan	476	68572	205	13343	33	2325
广东	Guangdong	1375	226069	613	40812	75	5744
广西	Guangxi	375	40674	128	8162	10	693
海南	Hainan	242	53215	15	1145	2	529
重庆	Chongqing	222	31322	129	7181	26	1670
四川	Sichuan	561	66851	383	19177	20	1411
贵州	Guizhou	316	27433	134	5823	14	869
云南	Yunnan	402	46555	132	9039	19	1404
西藏	Tibet	57	5032			1	64
陕西	Shaanxi	468	56326	221	14002	29	2124
甘肃	Gansu	193	19580	76	3803	11	472
青海	Qinghai	60	6589	8	279	3	214
宁夏	Ningxia	66	7187	12	726	2	160
新疆	Xinjiang	201	19210	53	3829		

4-1-5 各地区限额以上餐饮业企业基本情况
Basic Conditions of Enterprises above Designated Size of Catering Services by Region

地 区	Region	餐饮业 Catering Services		#国有控股 State-controlled Enterprises	
		法人单位数（个） Number of Corporation Enterprises (unit)	年末从业人数（人） Engaged Persons at the Year-end (person)	法人单位数（个） Number of Corporation Enterprises (unit)	年末从业人数（人） Engaged Persons at the Year-end (person)
全 国	**National Total**	**26634**	**2345474**	**895**	**121499**
北 京	Beijing	1873	233974	102	19254
天 津	Tianjin	400	53130	20	2297
河 北	Hebei	467	35216	22	2301
山 西	Shanxi	506	54955	37	4670
内蒙古	Inner Mongolia	387	30310	17	1515
辽 宁	Liaoning	637	41513	28	1764
吉 林	Jilin	162	9677	17	1793
黑龙江	Heilongjiang	176	11166	19	1289
上 海	Shanghai	1892	245619	59	11328
江 苏	Jiangsu	2122	216627	91	10403
浙 江	Zhejiang	1544	131722	32	7351
安 徽	Anhui	1097	74633	28	2429
福 建	Fujian	864	67535	12	2811
江 西	Jiangxi	236	20794	13	1215
山 东	Shandong	2268	143307	109	13237
河 南	Henan	1311	73197	24	1422
湖 北	Hubei	1883	110080	38	2985
湖 南	Hunan	598	53367	14	1215
广 东	Guangdong	2914	324907	55	12522
广 西	Guangxi	305	28315	13	717
海 南	Hainan	62	5412	1	65
重 庆	Chongqing	1120	82241	20	2688
四 川	Sichuan	1547	121212	24	2214
贵 州	Guizhou	385	17355	13	1704
云 南	Yunnan	361	29515	19	2583
西 藏	Tibet	10	506		
陕 西	Shaanxi	968	86920	37	7100
甘 肃	Gansu	339	22569	17	1176
青 海	Qinghai	40	3951	2	230
宁 夏	Ningxia	79	7011	2	156
新 疆	Xinjiang	81	8738	10	1065

4-1-6 各地区限额以上餐饮业企业基本情况(按登记注册类型分)

Basic Conditions of Enterprises above Designated Size of Catering Services by Region and Type of Registration

地　区	Region	内资企业 Domestic Funded Enterprises		国有企业 State-owned Enterprises	
		法人单位数(个) Number of Corporation Enterprises (unit)	年末从业人数(人) Engaged Persons at the Year-end (person)	法人单位数(个) Number of Corporation Enterprises (unit)	年末从业人数(人) Engaged Persons at the Year-end (person)
全　国	**National Total**	**25414**	**1787563**	**449**	**40290**
北　京	Beijing	1727	155375	30	2189
天　津	Tianjin	366	28582	10	1130
河　北	Hebei	461	34753	16	1327
山　西	Shanxi	502	49057	25	2019
内蒙古	Inner Mongolia	382	29724	10	926
辽　宁	Liaoning	582	29516	18	1147
吉　林	Jilin	160	9627	10	1286
黑龙江	Heilongjiang	149	8235	15	684
上　海	Shanghai	1606	126306	15	1767
江　苏	Jiangsu	2035	139245	33	2735
浙　江	Zhejiang	1508	105290	10	895
安　徽	Anhui	1089	72281	10	706
福　建	Fujian	810	47600	6	1171
江　西	Jiangxi	224	18109	10	798
山　东	Shandong	2234	133455	71	8257
河　南	Henan	1300	66915	20	904
湖　北	Hubei	1854	97174	20	996
湖　南	Hunan	587	48323	8	791
广　东	Guangdong	2622	228287	28	4122
广　西	Guangxi	298	22578	13	717
海　南	Hainan	57	4592	1	65
重　庆	Chongqing	1112	74060	2	203
四　川	Sichuan	1518	103016	11	1009
贵　州	Guizhou	384	17100	9	709
云　南	Yunnan	354	24741	11	674
西　藏	Tibet	10	506		
陕　西	Shaanxi	948	73943	16	1191
甘　肃	Gansu	337	20285	14	913
青　海	Qinghai	40	3951		
宁　夏	Ningxia	78	6869		
新　疆	Xinjiang	80	8068	7	959

地区	Region	集体企业 Collective-owned Enterprises 法人单位数(个) Number of Corporation Enterprises (unit)	集体企业 Collective-owned Enterprises 年末从业人数(人) Engaged Persons at the Year-end (person)	股份合作企业 Cooperative Enterprises 法人单位数(个) Number of Corporation Enterprises (unit)	股份合作企业 Cooperative Enterprises 年末从业人数(人) Engaged Persons at the Year-end (person)
全国	**National Total**	**228**	**11261**	**130**	**8284**
北京	Beijing	30	1254	47	2032
天津	Tianjin	4	167		
河北	Hebei	3	238	4	366
山西	Shanxi	5	348	2	80
内蒙古	Inner Mongolia	2	125		
辽宁	Liaoning	10	259	1	5
吉林	Jilin	6	275		
黑龙江	Heilongjiang	2	57	1	25
上海	Shanghai	16	893	5	352
江苏	Jiangsu	16	802	2	103
浙江	Zhejiang	2	56	4	466
安徽	Anhui	6	371		
福建	Fujian	5	405		
江西	Jiangxi	1	13	3	232
山东	Shandong	22	1299	4	305
河南	Henan	13	391	2	197
湖北	Hubei	7	318	2	228
湖南	Hunan	1	15		
广东	Guangdong	34	2149	38	1716
广西	Guangxi	3	102	4	179
海南	Hainan				
重庆	Chongqing	22	761	4	121
四川	Sichuan	7	384	4	1777
贵州	Guizhou	1	40	1	23
云南	Yunnan	3	143	1	43
西藏	Tibet				
陕西	Shaanxi	7	396	1	34
甘肃	Gansu				
青海	Qinghai				
宁夏	Ningxia				
新疆	Xinjiang				

地 区	Region	联营企业 Joint Ownership Enterprises		有限责任公司 Limited Liability Corporations	
		法人单位数 (个) Number of Corporation Enterprises (unit)	年末从业人数 (人) Engaged Persons at the Year-end (person)	法人单位数 (个) Number of Corporation Enterprises (unit)	年末从业人数 (人) Engaged Persons at the Year-end (person)
全 国	**National Total**	**8**	**578**	**6519**	**566412**
北 京	Beijing			476	62234
天 津	Tianjin			108	10946
河 北	Hebei			167	12444
山 西	Shanxi			69	8527
内 蒙 古	Inner Mongolia			148	11767
辽 宁	Liaoning			111	6628
吉 林	Jilin			63	4106
黑 龙 江	Heilongjiang			41	2355
上 海	Shanghai	1	41	186	23457
江 苏	Jiangsu	1	60	390	35693
浙 江	Zhejiang	1	55	221	24166
安 徽	Anhui			262	21608
福 建	Fujian			230	13640
江 西	Jiangxi			72	6436
山 东	Shandong	1	56	555	38421
河 南	Henan	1	62	399	24734
湖 北	Hubei	1	238	590	43933
湖 南	Hunan			201	16802
广 东	Guangdong			557	67301
广 西	Guangxi			79	6793
海 南	Hainan			41	3382
重 庆	Chongqing			293	20411
四 川	Sichuan			441	35099
贵 州	Guizhou			105	6032
云 南	Yunnan			115	8871
西 藏	Tibet			5	277
陕 西	Shaanxi	1	34	436	39052
甘 肃	Gansu	1	32	119	7603
青 海	Qinghai			4	472
宁 夏	Ningxia			19	1689
新 疆	Xinjiang			16	1533

4-1-6 续表 3 Continued 3

地区	Region	股份有限公司 Share-holding Corporations Ltd. 法人单位数(个) Number of Corporation Enterprises (unit)	股份有限公司 Share-holding Corporations Ltd. 年末从业人数(人) Engaged Persons at the Year-end (person)	私营企业 Private Enterprises 法人单位数(个) Number of Corporation Enterprises (unit)	私营企业 Private Enterprises 年末从业人数(人) Engaged Persons at the Year-end (person)
全国	**National Total**	**455**	**59740**	**17076**	**1072654**
北京	Beijing	29	5809	1115	81857
天津	Tianjin	6	1339	221	14498
河北	Hebei	17	1940	248	18222
山西	Shanxi	8	769	386	36828
内蒙古	Inner Mongolia	19	2428	195	14027
辽宁	Liaoning	9	720	421	20025
吉林	Jilin	10	489	67	3330
黑龙江	Heilongjiang	6	324	80	4590
上海	Shanghai	10	1844	1359	97251
江苏	Jiangsu	33	3634	1534	93604
浙江	Zhejiang	11	3395	1251	75985
安徽	Anhui	14	831	786	48291
福建	Fujian	4	263	535	30664
江西	Jiangxi	9	936	125	9563
山东	Shandong	59	9138	1473	73399
河南	Henan	44	2235	797	37193
湖北	Hubei	18	1154	1142	48282
湖南	Hunan	9	999	360	29226
广东	Guangdong	21	4031	1848	143114
广西	Guangxi	10	832	170	13021
海南	Hainan	6	555	8	508
重庆	Chongqing	15	7071	738	44097
四川	Sichuan	32	2088	991	61003
贵州	Guizhou	3	273	257	9709
云南	Yunnan	5	214	206	14212
西藏	Tibet			5	229
陕西	Shaanxi	27	4810	433	26157
甘肃	Gansu	14	899	182	10499
青海	Qinghai	5	512	31	2967
宁夏	Ningxia	1	70	57	5050
新疆	Xinjiang	1	138	55	5253

地 区	Region	港、澳、台商投资企业 Enterprises with Funds from Hongkong, Macao and Taiwan		外商投资企业 Foreign Funded Enterprises	
		法人单位数 (个) Number of Corporation Enterprises (unit)	年末从业人数 (人) Engaged Persons at the Year-end (person)	法人单位数 (个) Number of Corporation Enterprises (unit)	年末从业人数 (人) Engaged Persons at the Year-end (person)
全 国	**National Total**	**679**	**190079**	**541**	**367832**
北 京	Beijing	67	27484	79	51115
天 津	Tianjin	10	1280	24	23268
河 北	Hebei	3	153	3	310
山 西	Shanxi	2	112	2	5786
内蒙古	Inner Mongolia	3	458	2	128
辽 宁	Liaoning	15	2179	40	9818
吉 林	Jilin			2	50
黑龙江	Heilongjiang	12	923	15	2008
上 海	Shanghai	163	67703	123	51610
江 苏	Jiangsu	44	11780	43	65602
浙 江	Zhejiang	18	3675	18	22757
安 徽	Anhui	6	2223	2	129
福 建	Fujian	34	7598	20	12337
江 西	Jiangxi	9	1181	3	1504
山 东	Shandong	14	3198	20	6654
河 南	Henan	5	996	6	5286
湖 北	Hubei	16	3412	13	9494
湖 南	Hunan	7	638	4	4406
广 东	Guangdong	210	41418	82	55202
广 西	Guangxi	4	469	3	5268
海 南	Hainan	5	820		
重 庆	Chongqing	4	701	4	7480
四 川	Sichuan	15	6644	14	11552
贵 州	Guizhou			1	255
云 南	Yunnan	4	1147	3	3627
西 藏	Tibet				
陕 西	Shaanxi	8	3789	12	9188
甘 肃	Gansu	1	98	1	2186
青 海	Qinghai				
宁 夏	Ningxia			1	142
新 疆	Xinjiang			1	670

4-1-7 各地区限额以上餐饮业企业基本情况(按国民经济行业分)

Basic Conditions of Enterprises above Designated Size of Catering Services by Region and Sector

地区	Region	正餐服务 Dinner		快餐服务 Snack	
		法人单位数(个) Number of Corporation Enterprises (unit)	年末从业人数(人) Engaged Persons at the Year-end (person)	法人单位数(个) Number of Corporation Enterprises (unit)	年末从业人数(人) Engaged Persons at the Year-end (person)
全国	**National Total**	**24892**	**1783495**	**938**	**437370**
北京	Beijing	1650	160321	131	54471
天津	Tianjin	344	25260	27	24282
河北	Hebei	461	34919	4	121
山西	Shanxi	488	47870	14	6886
内蒙古	Inner Mongolia	379	29636	7	642
辽宁	Liaoning	585	29826	28	9914
吉林	Jilin	160	9288	1	324
黑龙江	Heilongjiang	169	9627	6	1513
上海	Shanghai	1640	161669	95	45613
江苏	Jiangsu	1949	133248	88	72546
浙江	Zhejiang	1426	99439	48	27560
安徽	Anhui	1044	61108	37	12699
福建	Fujian	799	49131	36	16376
江西	Jiangxi	221	18819	14	1930
山东	Shandong	2167	127706	78	12538
河南	Henan	1228	63628	63	8088
湖北	Hubei	1836	97116	29	9813
湖南	Hunan	575	45342	15	7705
广东	Guangdong	2675	226433	117	83493
广西	Guangxi	286	19716	13	7736
海南	Hainan	58	5060	3	302
重庆	Chongqing	1071	75107	22	5054
四川	Sichuan	1489	92379	27	14479
贵州	Guizhou	376	17030	3	148
云南	Yunnan	347	23892	4	4520
西藏	Tibet	9	454	1	52
陕西	Shaanxi	932	81443	19	4416
甘肃	Gansu	333	20115	3	2362
青海	Qinghai	40	3951		
宁夏	Ningxia	79	7011		
新疆	Xinjiang	76	6951	5	1787

地区	Region	饮料及冷饮服务 Beverage and Cold Drink 法人单位数(个) Number of Corporation Enterprises (unit)	饮料及冷饮服务 Beverage and Cold Drink 年末从业人数(人) Engaged Persons at the Year-end (person)	其他餐饮业 Others 法人单位数(个) Number of Corporation Enterprises (unit)	其他餐饮业 Others 年末从业人数(人) Engaged Persons at the Year-end (person)
全　国	**National Total**	**227**	**43579**	**577**	**81030**
北　京	Beijing	28	5005	64	14177
天　津	Tianjin			29	3588
河　北	Hebei	1	39	1	137
山　西	Shanxi			4	199
内蒙古	Inner Mongolia			1	32
辽　宁	Liaoning	14	632	10	1141
吉　林	Jilin			1	65
黑龙江	Heilongjiang	1	26		
上　海	Shanghai	37	23245	120	15092
江　苏	Jiangsu	17	1495	68	9338
浙　江	Zhejiang	23	929	47	3794
安　徽	Anhui	9	244	7	582
福　建	Fujian	12	592	17	1436
江　西	Jiangxi	1	45		
山　东	Shandong	1	168	22	2895
河　南	Henan			20	1481
湖　北	Hubei	10	2136	8	1015
湖　南	Hunan	5	205	3	115
广　东	Guangdong	40	5947	82	9034
广　西	Guangxi	2	164	4	699
海　南	Hainan	1	50		
重　庆	Chongqing	3	80	24	2000
四　川	Sichuan	12	2208	19	12146
贵　州	Guizhou	3	98	3	79
云　南	Yunnan	3	181	7	922
西　藏	Tibet				
陕　西	Shaanxi	2	32	15	1029
甘　肃	Gansu	2	58	1	34
青　海	Qinghai				
宁　夏	Ningxia				
新　疆	Xinjiang				

4-2-1 限额以上住宿和餐饮业企业经营情况

项　目	Item	营业额 Business Revenue	客房收入 from Hotel Rooms
总　计	**Total**	**81505732**	**20115505**
一、住宿业	**Hotels**	**35352496**	**17391883**
#国有控股	State-controlled Enterprises	9523782	4308934
(一)按登记注册类型分	**by Type of Registration**		
1.内资企业	**Domestic Funded Enterprises**	**29847170**	**14682884**
国有企业	State-owned Enterprises	4175590	1833371
集体企业	Collective-owned Enterprises	537234	242955
股份合作企业	Cooperative Enterprises	102051	45607
联营企业	Joint Ownership Enterprises	53240	24538
国有联营企业	State Joint Ownership Enterprises	27900	13838
集体联营企业	Collective Joint Ownership Enterprises	8542	3141
国有与集体联营企业	Joint State-collective Enterprises	11789	5638
其他联营企业	Other Joint Ownership Enterprises	5009	1921
有限责任公司	Limited Liability Corporations	13291515	6524993
国有独资公司	State Sole Funded Corporations	1089403	491683
其他有限责任公司	Other Limited Liability Corporations	12202112	6033310
股份有限公司	Share-holding Corporations Ltd.	1255268	547261
私营企业	Private Enterprises	10120242	5312132
私营独资企业	Private-funded Enterprises	1063904	550943
私营合伙企业	Private Partnership Enterprises	251106	115533
私营有限责任公司	Private Limited Liability Corporations	8244841	4367061
私营股份有限公司	Private Share-holding Corporations Ltd.	560390	278595
其他企业	Other Enterprises	312030	152028
2.港、澳、台商投资企业	**Enterprises with Funds from Hongkong, Macao and Taiwan**	**3449995**	**1680621**
合资经营企业	Joint-venture Enterprises	1491190	697518
合作经营企业	Cooperative Enterprises	518343	240539
独资经营企业	Enterprises with Sole Investment	1325179	679420
投资股份有限公司	Share-holding Corporations Ltd. with Investment	111786	60746
其他港澳台商投资企业	Other Enterprises with Funds from Hongkong, Macao and Taiwan	3497	2397
3.外商投资企业	**Foreign Funded Enterprises**	**2055331**	**1028378**
中外合资经营企业	Joint-venture Enterprises	991727	478863
中外合作经营企业	Cooperative Enterprises	238072	108711
外资企业	Enterprises with Sole Foreign Investment	724581	390073
外商投资股份有限公司	Share-holding Corporations Ltd. with Foreign Investment	48919	26776
其他外商投资企业	Other Foreign Funded Enterprises	52032	23956
(二)按国民经济行业分	**by Sector**		
旅游饭店	Tourist Hotel	28368580	13146849
一般旅馆	Fonda	6250568	3847615
其他住宿业	Others	733348	397420

Business of Enterprises above Designated Size of Hotels and Catering Services

单位：万元

Unit: 10000 yuan

			客房数 (间) Hotel Rooms (unit)	床位数 (个) Hotel Beds (unit)	餐位数 (位) Seats for Meal (unit)
餐费收入 from Meals	商品销售额 from Commodities	其他收入 Others			
54537142	**2244561**	**4608524**	**3817499**	**6287252**	**23415432**
13334728	**950467**	**3675417**	**3198974**	**5230343**	**7046695**
3579938	238187	1396723	648487	1127597	1611229
11471902	**834584**	**2857800**	**2868116**	**4742307**	**6497225**
1695761	108011	538448	287727	514750	889226
209444	16100	68735	42825	79628	123491
34276	7155	15014	9012	16832	22797
19860	2787	6055	4065	8241	11404
9463	386	4213	1978	3975	3480
4758	320	323	1167	2589	6250
2667	2005	1478	725	1344	1008
2972	76	41	195	333	666
4989168	326392	1450962	1228434	2022186	2563029
392202	23496	182022	85675	149443	172409
4596966	302896	1268939	1142759	1872743	2390620
477044	54836	176127	124008	206219	275122
3917509	306043	584559	1147214	1852062	2527017
424975	44730	43257	88331	156568	270835
110051	13701	11822	25452	42183	70066
3143688	232658	501434	976523	1563049	2027439
238795	14954	28046	56908	90262	158677
128841	13260	17901	24831	42389	85139
1150684	**86809**	**531881**	**194892**	**283990**	**334485**
543779	31482	218410	61019	92288	149314
171535	4316	101952	15575	23297	33845
392429	50401	202929	112362	158963	136097
41891	610	8539	5593	8923	15054
1049		51	343	519	175
712143	**29074**	**285736**	**135966**	**204046**	**214985**
343518	10062	159284	76518	116819	98962
98408	7312	23641	11126	16775	39646
228375	11058	95075	43622	63201	63905
15219	631	6293	3316	5284	6409
26621	13	1443	1384	1967	6063
11291977	753042	3176712	2363597	3859449	5698348
1808779	168566	425609	743604	1210043	1190280
233973	28860	73096	91773	160851	158067

项 目	Item	营业额 Business Revenue	客房收入 from Hotel Rooms
二、餐饮业	**Catering Services**	**46153236**	**2723622**
#国有控股	State-controlled Enterprises	2271157	279829
(一)按登记注册类型分	**by Type of Registration**		
1.内资企业	**Domestic Funded Enterprises**	**33612837**	**2641618**
国有企业	State-owned Enterprises	695219	151306
集体企业	Collective-owned Enterprises	250329	27472
股份合作企业	Cooperative Enterprises	160459	7111
联营企业	Joint Ownership Enterprises	57597	380
国有联营企业	State Joint Ownership Enterprises		
集体联营企业	Collective Joint Ownership Enterprises	57597	380
国有与集体联营企业	Joint State-collective Enterprises		
其他联营企业	Other Joint Ownership Enterprises		
有限责任公司	Limited Liability Corporations	9853612	926056
国有独资公司	State Sole Funded Corporations	376629	41368
其他有限责任公司	Other Limited Liability Corporations	9476983	884688
股份有限公司	Share-holding Corporations Ltd.	1291451	109249
私营企业	Private Enterprises	20781866	1383399
私营独资企业	Private-funded Enterprises	3467489	187727
私营合伙企业	Private Partnership Enterprises	417457	32994
私营有限责任公司	Private Limited Liability Corporations	16047802	1101744
私营股份有限公司	Private Share-holding Corporations Ltd.	849119	60933
其他企业	Other Enterprises	522304	36646
2.港、澳、台商投资企业	**Enterprises with Funds from Hongkong, Macao and Taiwan**	**4095708**	**55207**
合资经营企业	Joint-venture Enterprises	740354	13790
合作经营企业	Cooperative Enterprises	200768	4407
独资经营企业	Enterprises with Sole Investment	3124873	36936
投资股份有限公司	Share-holding Corporations Ltd. with Investment	23946	
其他港澳台商投资企业	Other Enterprises with Funds from Hongkong, Macao and Taiwan	5766	73
3.外商投资企业	**Foreign Funded Enterprises**	**8444690**	**26798**
中外合资经营企业	Joint-venture Enterprises	1923138	18171
中外合作经营企业	Cooperative Enterprises	123408	1790
外资企业	Enterprises with Sole Foreign Investment	6327962	6118
外商投资股份有限公司	Share-holding Corporations Ltd. with Foreign Investment	46523	473
其他外商投资企业	Other Foreign Funded Enterprises	23658	245
(二)按国民经济行业分	**by Sector**		
正餐服务	Restaurant	33936409	2686171
快餐服务	Snack	9297266	9365
饮料及冷饮服务	Beverage and Cold Drink	1261601	1299
其他餐饮业	Others	1657960	26787

单位：万元
Unit: 10000 yuan

餐费收入 from Meals	商品销售额 from Commodities	其他收入 Others	客房数 (间) Hotel Rooms (unit)	床位数 (个) Hotel Beds (unit)	餐位数 (位) Seats for Meal (unit)
41202414	**1294093**	**933107**	**618525**	**1056909**	**16368737**
1678288	135348	177692	49682	88847	582968
28971008	**1199412**	**800799**	**598677**	**1023798**	**14222043**
484976	20119	38818	27968	51084	241120
192689	13955	16214	5702	10250	94670
136546	9809	6993	1069	1880	54444
37245	19953	19	151	253	7420
37245	19953	19	151	253	7420
8168247	406034	353275	236822	397846	5040627
259550	23421	52291	7407	12636	91864
7908697	382613	300984	229415	385210	4948763
1071062	77646	33493	18127	30626	292243
18420185	631133	347150	301757	518904	8287334
3099195	145396	35171	36084	64226	1286112
367277	12680	4505	6898	12177	177986
14210206	450969	284883	245994	421122	6525300
743507	22088	22591	12781	21379	297936
460058	20762	4838	7081	12955	204185
3938096	**59895**	**42511**	**10005**	**16380**	**694293**
705858	6004	14702	2658	4275	154733
184489	8760	3111	731	1295	25097
3018668	44969	24301	6581	10760	505884
23557		390			6151
5524	162	7	35	50	2428
8293309	**34787**	**89797**	**9843**	**16731**	**1452401**
1866902	13316	24750	7157	12301	299952
102290	203	19125	245	417	10895
6264074	12845	44925	1601	2618	1129084
44637	477	936	769	1285	9204
15407	7946	60	71	110	3266
29383042	1109417	757780	609558	1035950	12244114
9112287	78769	96845	3606	10338	3622029
1205470	43053	11779	210	365	168835
1501614	62855	66703	5151	10256	333759

4-2-2 各地区限额以上住宿业企业经营情况
Business of Enterprises above Designated Size of Hotels by Region

单位：万元
Unit: 10000 yuan

地区	Region	营业额 Business Revenue	客房收入 from Hotel Rooms	餐费收入 from Meals	商品销售额 from Commodities	其他收入 Others
全国	**National Total**	**35352496**	**17391883**	**13334728**	**950467**	**3675417**
北京	Beijing	3402224	1790225	874264	40861	696875
天津	Tianjin	389780	202026	116526	3699	67529
河北	Hebei	647153	273688	307619	12569	53279
山西	Shanxi	393018	183260	171336	8783	29639
内蒙古	Inner Mongolia	369284	166036	174212	2315	26721
辽宁	Liaoning	1039368	480576	450710	23533	84548
吉林	Jilin	289707	131796	129960	3659	24293
黑龙江	Heilongjiang	329372	181187	112057	15136	20991
上海	Shanghai	2549952	1320963	702201	45669	481119
江苏	Jiangsu	2085656	898294	958902	63598	164862
浙江	Zhejiang	2800271	1243548	1272120	31649	252955
安徽	Anhui	707502	327708	322251	17902	39640
福建	Fujian	1531695	672494	677330	77731	104139
江西	Jiangxi	526594	272228	207414	15193	31759
山东	Shandong	2114358	916591	1004249	80949	112569
河南	Henan	1507076	743979	616665	62042	84390
湖北	Hubei	1206005	600096	482244	55022	68642
湖南	Hunan	1448544	690279	602256	77564	78445
广东	Guangdong	5013620	2549444	1661845	101790	700541
广西	Guangxi	615265	332869	212731	11022	58642
海南	Hainan	973348	603762	290217	9116	70253
重庆	Chongqing	776991	379157	305034	35825	56976
四川	Sichuan	1474281	760889	543778	56002	113612
贵州	Guizhou	467047	285698	140101	14992	26256
云南	Yunnan	749004	422171	217583	27283	81968
西藏	Tibet	64236	39839	15166	1140	8091
陕西	Shaanxi	1049208	487514	456872	41647	63174
甘肃	Gansu	360556	200021	129526	7172	23837
青海	Qinghai	79590	48159	23595	1313	6523
宁夏	Ningxia	83692	40492	35702	2053	5446
新疆	Xinjiang	308102	146896	120262	3239	37705

4-2-2 续表 Continued

国有控股

State-controlled Enterprises

单位：万元

Unit: 10000 yuan

地 区	Region	营业额 Business Revenue	客房收入 from Hotel Rooms	餐费收入 from Meals	商品销售额 from Commodities	其他收入 Others
全 国	**National Total**	**9523782**	**4308934**	**3579938**	**238187**	**1396723**
北 京	Beijing	1712607	810058	485082	22358	395110
天 津	Tianjin	130013	62280	45470	1264	21000
河 北	Hebei	234022	93887	117511	6312	16312
山 西	Shanxi	137131	63040	63343	1487	9261
内 蒙 古	Inner Mongolia	84902	29942	46600	240	8120
辽 宁	Liaoning	298299	121220	152523	3984	20572
吉 林	Jilin	105843	46567	50566	768	7942
黑 龙 江	Heilongjiang	116303	56322	43324	7895	8762
上 海	Shanghai	1011489	434733	311748	17623	247386
江 苏	Jiangsu	592717	212670	276157	32682	71209
浙 江	Zhejiang	532651	223752	240437	5913	62548
安 徽	Anhui	161048	74300	71332	5410	10006
福 建	Fujian	309709	149988	137270	891	21560
江 西	Jiangxi	115269	59070	46504	3440	6255
山 东	Shandong	571326	231815	249064	20980	69467
河 南	Henan	304640	131884	124305	17894	30558
湖 北	Hubei	195606	90939	74596	8776	21295
湖 南	Hunan	301518	118796	136954	20694	25074
广 东	Guangdong	932508	492557	289563	6294	144094
广 西	Guangxi	127314	54979	48387	6420	17528
海 南	Hainan	169575	106329	49844	746	12657
重 庆	Chongqing	133611	57636	48248	6252	21474
四 川	Sichuan	273054	128164	96964	10987	36939
贵 州	Guizhou	104168	51840	39718	4532	8077
云 南	Yunnan	217945	104554	72308	8312	32771
西 藏	Tibet	28625	17059	6613	285	4668
陕 西	Shaanxi	216899	96972	96840	7425	15662
甘 肃	Gansu	166422	83626	62861	4723	15212
青 海	Qinghai	31309	16993	9963	1054	3300
宁 夏	Ningxia	25279	11688	9660	579	3352
新 疆	Xinjiang	181982	75274	76188	1970	28550

4-2-3 各地区限额以上住宿业企业经营情况(按登记注册类型分)

Business of Enterprises above Designated Size of Hotels by Region and Type of Registration

内资企业
Domestic Funded Enterprises

单位：万元
Unit: 10000 yuan

地　区	Region	营业额 Business Revenue	客房收入 from Hotel Rooms	餐费收入 from Meals	商品销售额 from Commodities	其他收入 Others
全　国	**National Total**	**29847170**	**14682884**	**11471902**	**834584**	**2857800**
北　京	Beijing	2465500	1343109	636944	31820	453628
天　津	Tianjin	346442	172187	106174	3557	64524
河　北	Hebei	626506	265706	300507	10466	49828
山　西	Shanxi	388610	181145	169184	8783	29498
内蒙古	Inner Mongolia	344732	155345	163077	2315	23996
辽　宁	Liaoning	860263	398499	379862	17487	64415
吉　林	Jilin	257085	118924	117124	3460	17577
黑龙江	Heilongjiang	278549	151574	95782	13101	18092
上　海	Shanghai	1893108	1032895	509606	41971	308636
江　苏	Jiangsu	1848469	789779	845460	62068	151162
浙　江	Zhejiang	2390010	1080342	1073489	30036	206142
安　徽	Anhui	665756	308952	303771	17442	35592
福　建	Fujian	1147627	519290	516520	40339	71478
江　西	Jiangxi	498217	256440	197822	14492	29463
山　东	Shandong	2006002	867626	963156	73804	101416
河　南	Henan	1448736	719177	592222	58541	78796
湖　北	Hubei	1110721	550550	446068	53705	60399
湖　南	Hunan	1377544	655377	574925	77121	70121
广　东	Guangdong	3672439	1812722	1241757	76544	541416
广　西	Guangxi	527303	288644	174448	10235	53975
海　南	Hainan	697771	420558	211809	8303	57102
重　庆	Chongqing	716001	348743	286960	33816	46481
四　川	Sichuan	1345371	693178	502326	55335	94533
贵　州	Guizhou	449581	275396	133830	14530	25825
云　南	Yunnan	691526	389983	201714	25580	74249
西　藏	Tibet	52419	32556	11125	1140	7597
陕　西	Shaanxi	929040	430341	414678	34818	49204
甘　肃	Gansu	348010	193046	124680	7172	23113
青　海	Qinghai	74022	44505	21716	1313	6487
宁　夏	Ningxia	83326	40309	35518	2053	5446
新　疆	Xinjiang	306487	145988	119650	3239	37610

4-2-3 续表 1 Continued 1

国有企业
State-owned Enterprises

单位：万元
Unit: 10000 yuan

地 区	Region	营业额 Business Revenue	客房收入 from Hotel Rooms	餐费收入 from Meals	商品销售额 from Commodities	其他收入 Others
全 国	**National Total**	**4175590**	**1833371**	**1695761**	**108011**	**538448**
北 京	Beijing	672491	321694	192520	9140	149138
天 津	Tianjin	37337	17523	12808	516	6490
河 北	Hebei	173268	69926	90030	5151	8161
山 西	Shanxi	100696	46768	49102	548	4278
内蒙古	Inner Mongolia	35725	13468	19708	148	2402
辽 宁	Liaoning	151742	63365	75327	1510	11540
吉 林	Jilin	83368	35833	42143	405	4988
黑龙江	Heilongjiang	71637	34297	30393	2125	4822
上 海	Shanghai	315675	132451	106577	7072	69575
江 苏	Jiangsu	224986	81753	116304	5165	21765
浙 江	Zhejiang	183103	79277	80398	1689	21739
安 徽	Anhui	40044	15780	19864	2269	2131
福 建	Fujian	118652	54151	55015	278	9208
江 西	Jiangxi	71800	37702	28363	1880	3855
山 东	Shandong	395461	146616	195828	11051	41965
河 南	Henan	196336	79037	87063	13340	16895
湖 北	Hubei	96277	44677	41899	5421	4280
湖 南	Hunan	140756	57167	65493	11553	6544
广 东	Guangdong	355584	173414	118752	3734	59683
广 西	Guangxi	80569	33142	30740	5175	11512
海 南	Hainan	24610	11177	8031	176	5226
重 庆	Chongqing	39594	15173	15630	1846	6944
四 川	Sichuan	85979	41083	32756	3594	8546
贵 州	Guizhou	40340	22641	13671	448	3580
云 南	Yunnan	82619	35436	26756	3656	16772
西 藏	Tibet	26504	15714	5806	285	4699
陕 西	Shaanxi	99226	42917	45639	4925	5745
甘 肃	Gansu	103615	54162	42761	3375	3317
青 海	Qinghai	13914	6797	5482	299	1335
宁 夏	Ningxia	13617	6206	5594	107	1709
新 疆	Xinjiang	100065	44024	35307	1131	19603

集体企业
Collective-owned Enterprises

单位：万元
Unit: 10000 yuan

地 区	Region	营业额 Business Revenue	客房收入 from Hotel Rooms	餐费收入 from Meals	商品销售额 from Commodities	其他收入 Others
全 国	**National Total**	**537234**	**242955**	**209444**	**16100**	**68735**
北 京	Beijing	102969	51207	23054	360	28348
天 津	Tianjin	18466	6700	8125	104	3537
河 北	Hebei	11497	3362	6526	178	1431
山 西	Shanxi	10662	4589	5818	101	155
内 蒙 古	Inner Mongolia	2745	1394	1331	11	9
辽 宁	Liaoning	24122	12526	9791	101	1704
吉 林	Jilin	7548	3359	4189		
黑 龙 江	Heilongjiang	5978	4585	657	18	718
上 海	Shanghai	18814	6146	9770	26	2873
江 苏	Jiangsu	34875	12833	19816	540	1686
浙 江	Zhejiang	34710	21284	9235	244	3947
安 徽	Anhui	3333	1740	1481		112
福 建	Fujian	21217	6832	9059	1758	3569
江 西	Jiangxi	1724	914	723	57	30
山 东	Shandong	38621	15235	20166	2087	1133
河 南	Henan	39497	16325	18721	1403	3048
湖 北	Hubei	29656	10289	16758	649	1960
湖 南	Hunan	27388	10120	10812	5807	650
广 东	Guangdong	29931	14407	10015	74	5435
广 西	Guangxi	6191	2695	1921	252	1323
海 南	Hainan	621	453			168
重 庆	Chongqing	14389	8043	5096	706	544
四 川	Sichuan	10741	5141	3936	118	1546
贵 州	Guizhou	8910	6387	2044	307	171
云 南	Yunnan	12584	6343	4448	203	1590
西 藏	Tibet	557	324			233
陕 西	Shaanxi	8200	3806	2053	762	1579
甘 肃	Gansu	3194	2312	548	169	166
青 海	Qinghai	1045	715	226		104
宁 夏	Ningxia	414	414			
新 疆	Xinjiang	6639	2479	3127	67	966

股份合作企业
Cooperative Enterprises

单位：万元
Unit: 10000 yuan

地区	Region	营业额 Business Revenue	客房收入 from Hotel Rooms	餐费收入 from Meals	商品销售额 from Commodities	其他收入 Others
全国	**National Total**	**102051**	**45607**	**34276**	**7155**	**15014**
北京	Beijing	33571	18482	6494	471	8124
天津	Tianjin	10688	1505	3756	739	4688
河北	Hebei	1552	1418	134		
山西	Shanxi					
内蒙古	Inner Mongolia	263	133	99	1	30
辽宁	Liaoning	400	220	180		
吉林	Jilin	1695	1077	619		
黑龙江	Heilongjiang	9463	1825	2591	4891	156
上海	Shanghai					
江苏	Jiangsu					
浙江	Zhejiang	4821	3269	1341	25	186
安徽	Anhui	383	313	70		
福建	Fujian	1116	591	409	103	14
江西	Jiangxi	3718	2040	1371	212	94
山东	Shandong	4608	1645	2643	320	
河南	Henan	4319	2513	1505	34	268
湖北	Hubei	1560	756	694	40	70
湖南	Hunan	2867	1928	902		36
广东	Guangdong	4172	1602	2075	103	392
广西	Guangxi	1745	984	680		81
海南	Hainan	1379	581	637	39	123
重庆	Chongqing	790	790			
四川	Sichuan	6244	2091	3585	175	393
贵州	Guizhou					
云南	Yunnan	1565	963	240		362
西藏	Tibet					
陕西	Shaanxi	5133	880	4253		
甘肃	Gansu					
青海	Qinghai					
宁夏	Ningxia					
新疆	Xinjiang					

联营企业 单位：万元
Joint Ownership Enterprises Unit: 10000 yuan

地 区	Region	营业额 Business Revenue	客房收入 from Hotel Rooms	餐费收入 from Meals	商品销售额 from Commodities	其他收入 Others
全 国	**National Total**	**53240**	**24538**	**19860**	**2787**	**6055**
北 京	Beijing	4960	1954	2500	1	506
天 津	Tianjin					
河 北	Hebei	2074	625	1193	5	251
山 西	Shanxi					
内 蒙 古	Inner Mongolia	741	111	630		
辽 宁	Liaoning	1557	535	569	18	434
吉 林	Jilin					
黑 龙 江	Heilongjiang					
上 海	Shanghai	6295	2277	2507	46	1465
江 苏	Jiangsu	3285	1397	1584	26	277
浙 江	Zhejiang	5899	2819	2126	192	762
安 徽	Anhui					
福 建	Fujian	10707	5512	3795	179	1220
江 西	Jiangxi					
山 东	Shandong					
河 南	Henan					
湖 北	Hubei					
湖 南	Hunan	4635	1817	2710	83	24
广 东	Guangdong	4922	3778	74	126	944
广 西	Guangxi					
海 南	Hainan					
重 庆	Chongqing					
四 川	Sichuan	5812	2288	1430	2094	
贵 州	Guizhou					
云 南	Yunnan	2171	1262	722	17	170
西 藏	Tibet					
陕 西	Shaanxi					
甘 肃	Gansu					
青 海	Qinghai					
宁 夏	Ningxia					
新 疆	Xinjiang	183	163	20		

有限责任公司
Limited Liability Corporations

单位：万元
Unit: 10000 yuan

地区	Region	营业额 Business Revenue	客房收入 from Hotel Rooms	餐费收入 from Meals	商品销售额 from Commodities	其他收入 Others
全国	**National Total**	**13291515**	**6524993**	**4989168**	**326392**	**1450962**
北京	Beijing	1245453	676279	324987	18707	225481
天津	Tianjin	184062	83601	56710	1529	42222
河北	Hebei	245741	111119	108719	3153	22751
山西	Shanxi	82662	34123	36408	2794	9337
内蒙古	Inner Mongolia	165545	75151	77017	950	12427
辽宁	Liaoning	269052	128661	120229	1933	18230
吉林	Jilin	85814	46002	32985	2024	4803
黑龙江	Heilongjiang	96272	55759	30714	2218	7581
上海	Shanghai	856098	429982	268655	11355	146105
江苏	Jiangsu	735627	306246	347989	18577	62816
浙江	Zhejiang	1074811	468192	487146	13758	105715
安徽	Anhui	278014	125069	126262	7487	19196
福建	Fujian	501484	245315	213095	10757	32316
江西	Jiangxi	229631	117188	88475	6436	17531
山东	Shandong	736868	320002	352710	25277	38879
河南	Henan	532879	284123	198998	17337	32420
湖北	Hubei	459951	245699	165323	14387	34541
湖南	Hunan	563966	243818	249581	32910	37658
广东	Guangdong	1924444	890863	652890	49791	330901
广西	Guangxi	158949	94141	44907	1823	18078
海南	Hainan	562947	343619	166099	6975	46255
重庆	Chongqing	362414	179960	138402	18001	26051
四川	Sichuan	552492	292803	196304	16829	46555
贵州	Guizhou	244285	138206	81387	8479	16212
云南	Yunnan	342569	187923	107064	11545	36038
西藏	Tibet	9745	6676	2106		962
陕西	Shaanxi	470629	236635	191054	16272	26669
甘肃	Gansu	161189	86157	56804	2711	15517
青海	Qinghai	20694	11945	5197	338	3214
宁夏	Ningxia	26360	11307	11112	1000	2941
新疆	Xinjiang	110869	48430	49839	1039	11560

4-2-3 续表 6 Continued 6

股份有限公司
Share-holding Corporations Ltd

单位：万元
Unit: 10000 yuan

地 区	Region	营业额 Business Revenue	客房收入 from Hotel Rooms	餐费收入 from Meals	商品销售额 from Commodities	其他收入 Others
全 国	**National Total**	**1255268**	**547261**	**477044**	**54836**	**176127**
北 京	Beijing	43592	20367	10912	673	11641
天 津	Tianjin	6074	3621	1964		489
河 北	Hebei	24181	8622	10525	598	4436
山 西	Shanxi	7728	3396	3458	201	673
内蒙古	Inner Mongolia	13551	6084	6465	83	919
辽 宁	Liaoning	37739	13769	22664	664	643
吉 林	Jilin	10936	5372	4112	14	1438
黑龙江	Heilongjiang	20367	15037	3202	296	1832
上 海	Shanghai	78941	20476	6668	500	51296
江 苏	Jiangsu	167681	60568	55513	22971	28630
浙 江	Zhejiang	76899	29935	30628	3982	12353
安 徽	Anhui	50061	31402	17215	388	1056
福 建	Fujian	31998	17596	11653	213	2537
江 西	Jiangxi	39962	19602	17535	1909	917
山 东	Shandong	90923	38724	45274	4046	2880
河 南	Henan	77276	32658	35764	3502	5352
湖 北	Hubei	40808	18944	16365	2389	3109
湖 南	Hunan	99308	44742	44668	3108	6790
广 东	Guangdong	98351	39282	40826	880	17362
广 西	Guangxi	40977	19805	15671	1139	4361
海 南	Hainan	25138	16343	7596	29	1169
重 庆	Chongqing	26725	12417	10303	808	3197
四 川	Sichuan	75129	33130	29174	4535	8290
贵 州	Guizhou	2484	1912	350	114	109
云 南	Yunnan	26444	14156	9607	527	2154
西 藏	Tibet	2047	1345	574	48	80
陕 西	Shaanxi	19860	8327	9427	491	1614
甘 肃	Gansu	2868	1405	1368	38	58
青 海	Qinghai	9422	5046	3505	648	223
宁 夏	Ningxia	2481	942	1505	18	16
新 疆	Xinjiang	5320	2238	2554	25	504

私营企业
Private Enterprises

单位：万元
Unit: 10000 yuan

地 区	Region	营业额 Business Revenue	客房收入 from Hotel Rooms	餐费收入 from Meals	商品销售额 from Commodities	其他收入 Others
全 国	**National Total**	**10120242**	**5312132**	**3917509**	**306043**	**584559**
北 京	Beijing	362463	253127	76477	2469	30391
天 津	Tianjin	84748	56097	22075	535	6042
河 北	Hebei	166414	70086	82148	1382	12798
山 西	Shanxi	183430	91411	73644	3442	14933
内蒙古	Inner Mongolia	121246	56669	56378	294	7905
辽 宁	Liaoning	365705	177543	145660	10686	31816
吉 林	Jilin	63435	26050	30147	932	6306
黑龙江	Heilongjiang	73745	39282	27927	3553	2984
上 海	Shanghai	576134	414121	104234	22972	34808
江 苏	Jiangsu	676031	323884	301911	14636	35601
浙 江	Zhejiang	1009155	475138	462439	10145	61433
安 徽	Anhui	291355	133350	137859	7172	12973
福 建	Fujian	442955	182731	213121	25830	21273
江 西	Jiangxi	146104	76230	59193	3703	6977
山 东	Shandong	714859	336993	332279	29209	16378
河 南	Henan	587688	298041	246683	22152	20812
湖 北	Hubei	459237	219840	192710	30377	16310
湖 南	Hunan	534512	293795	198811	23548	18358
广 东	Guangdong	1199004	659790	396991	21022	121201
广 西	Guangxi	226025	131557	74641	1627	18199
海 南	Hainan	73837	42155	26825	1083	3774
重 庆	Chongqing	259327	125964	112377	11880	9105
四 川	Sichuan	594541	310150	228179	27362	28850
贵 州	Guizhou	147328	102328	34161	5127	5713
云 南	Yunnan	210653	137634	48955	9559	14505
西 藏	Tibet	13567	8498	2638	807	1623
陕 西	Shaanxi	308793	131764	153229	11735	12065
甘 肃	Gansu	75911	48360	22621	874	4056
青 海	Qinghai	28417	19522	7255	28	1612
宁 夏	Ningxia	40454	21441	17307	927	780
新 疆	Xinjiang	83171	48582	28635	977	4977

4-2-3 续表 8 Continued 8

其他企业 单位：万元

Other Enterprises Unit: 10000 yuan

地 区	Region	营业额 Business Revenue	客房收入 from Hotel Rooms	餐费收入 from Meals	商品销售额 from Commodities	其他收入 Others
全 国	**National Total**	**312030**	**152028**	**128841**	**13260**	**17901**
北 京	Beijing					
天 津	Tianjin	5069	3141	736	135	1057
河 北	Hebei	1779	548	1231		
山 西	Shanxi	3432	858	754	1698	122
内蒙古	Inner Mongolia	4918	2336	1450	828	303
辽 宁	Liaoning	9947	1881	5442	2575	48
吉 林	Jilin	4289	1232	2930	85	42
黑龙江	Heilongjiang	1087	788	299		
上 海	Shanghai	41152	27443	11195		2514
江 苏	Jiangsu	5982	3098	2344	153	387
浙 江	Zhejiang	613	428	178	1	7
安 徽	Anhui	2567	1297	1021	126	123
福 建	Fujian	19497	6563	10373	1221	1341
江 西	Jiangxi	5279	2764	2161	295	58
山 东	Shandong	24662	8411	14256	1813	182
河 南	Henan	10742	6479	3488	774	
湖 北	Hubei	23233	10344	12318	441	129
湖 南	Hunan	4112	1991	1948	111	62
广 东	Guangdong	56031	29586	20135	812	5498
广 西	Guangxi	12847	6320	5889	218	420
海 南	Hainan	9239	6231	2622		387
重 庆	Chongqing	12763	6396	5152	577	639
四 川	Sichuan	14434	6493	6961	629	351
贵 州	Guizhou	6235	3922	2217	55	40
云 南	Yunnan	12921	6265	3923	74	2659
西 藏	Tibet					
陕 西	Shaanxi	17200	6012	9024	632	1531
甘 肃	Gansu	1233	650	577	6	
青 海	Qinghai	530	480	51		
宁 夏	Ningxia					
新 疆	Xinjiang	240	72	168		

4-2-3 续表 9 Continued 9

港、澳、台商投资企业 单位：万元
Enterprises with Funds from Hong Kong, Macao and Taiwan Unit: 10000 yuan

地区	Region	营业额 Business Revenue	客房收入 from Hotel Rooms	餐费收入 from Meals	商品销售额 from Commodities	其他收入 Others
全国	**National Total**	**3449995**	**1680621**	**1150684**	**86809**	**531881**
北京	Beijing	610163	312478	153243	7178	137264
天津	Tianjin	11473	8680	1772	90	932
河北	Hebei	12431	4049	3091	2101	3190
山西	Shanxi	4408	2115	2152		141
内蒙古	Inner Mongolia	4603	2763	1839		2
辽宁	Liaoning	109555	49221	45821	4634	9879
吉林	Jilin	5456	2503	2650	159	144
黑龙江	Heilongjiang	23732	13228	7981	1076	1447
上海	Shanghai	523931	222095	151156	1241	149439
江苏	Jiangsu	112276	50904	55010	272	6089
浙江	Zhejiang	318723	121291	153140	1074	43218
安徽	Anhui	26516	13226	10892	384	2013
福建	Fujian	241577	88442	101097	34375	17663
江西	Jiangxi	12454	5600	5275	109	1471
山东	Shandong	65562	27456	22539	6264	9303
河南	Henan	39283	15748	17074	2006	4455
湖北	Hubei	88573	45705	33799	1185	7884
湖南	Hunan	57019	25392	23616	425	7587
广东	Guangdong	728710	404043	213488	17135	94045
广西	Guangxi	78400	37041	36417	787	4155
海南	Hainan	193098	130514	53516	615	8454
重庆	Chongqing	17308	12544	3643	68	1053
四川	Sichuan	60110	34421	16985	354	8351
贵州	Guizhou	14312	8878	4826	463	145
云南	Yunnan	26253	15084	8771	5	2392
西藏	Tibet	5381	3478	1599		304
陕西	Shaanxi	54763	21304	17925	4809	10725
甘肃	Gansu	3640	2147	1368		126
青海	Qinghai					
宁夏	Ningxia					
新疆	Xinjiang	285	273			12

4-2-3 续表 10 Continued 10

外商投资企业
Foreign Funded Enterprises

单位：万元
Unit: 10000 yuan

地区	Region	营业额 Business Revenue	客房收入 from Hotel Rooms	餐费收入 from Meals	商品销售额 from Commodities	其他收入 Others
全国	**National Total**	**2055331**	**1028378**	**712143**	**29074**	**285736**
北京	Beijing	326560	134638	84077	1862	105983
天津	Tianjin	31864	21160	8580	52	2073
河北	Hebei	8216	3934	4020	2	261
山西	Shanxi					
内蒙古	Inner Mongolia	19948	7928	9297		2723
辽宁	Liaoning	69549	32855	25028	1412	10255
吉林	Jilin	27166	10369	10186	40	6571
黑龙江	Heilongjiang	27091	16385	8294	959	1452
上海	Shanghai	132913	65973	41440	2457	23043
江苏	Jiangsu	124912	57611	58432	1258	7611
浙江	Zhejiang	91539	41915	45491	539	3594
安徽	Anhui	15230	5530	7588	77	2035
福建	Fujian	142491	64762	59714	3017	14998
江西	Jiangxi	15923	10188	4317	591	826
山东	Shandong	42793	21509	18554	881	1850
河南	Henan	19057	9054	7369	1495	1139
湖北	Hubei	6711	3842	2378	132	359
湖南	Hunan	13981	9511	3716	18	737
广东	Guangdong	612471	332679	206600	8112	65080
广西	Guangxi	9562	7184	1866		512
海南	Hainan	82479	52691	24892	199	4698
重庆	Chongqing	43683	17870	14431	1941	9442
四川	Sichuan	68800	33290	24467	314	10729
贵州	Guizhou	3154	1424	1445		285
云南	Yunnan	31225	17104	7097	1697	5327
西藏	Tibet	6437	3805	2442		190
陕西	Shaanxi	65405	35869	24269	2021	3246
甘肃	Gansu	8905	4829	3478		599
青海	Qinghai	5568	3653	1879		36
宁夏	Ningxia	367	183	184		
新疆	Xinjiang	1331	635	612		83

4-2-4 各地区限额以上住宿业企业经营情况(按国民经济行业分)
Business of Enterprises above Designated Size of Hotels by Region and Sector

旅游饭店
Tourist Hotel

单位：万元
Unit: 10000 yuan

地区	Region	营业额 Business Revenue	客房收入 from Hotel Rooms	餐费收入 from Meals	商品销售额 from Commodities	其他收入 Others
全国	**National Total**	**28368580**	**13146849**	**11291977**	**753042**	**3176712**
北京	Beijing	2719039	1294314	782141	33904	608680
天津	Tianjin	253336	138446	82829	2012	30049
河北	Hebei	459275	196243	217100	7881	38052
山西	Shanxi	281377	118900	130727	6917	24833
内蒙古	Inner Mongolia	277574	114898	137324	1665	23687
辽宁	Liaoning	868678	375879	398523	16596	77681
吉林	Jilin	247784	108307	113385	3438	22654
黑龙江	Heilongjiang	254346	132908	90149	13855	17434
上海	Shanghai	1943534	900137	609957	39641	393799
江苏	Jiangsu	1809794	717000	885016	58405	149374
浙江	Zhejiang	2444143	1011194	1175130	28902	228917
安徽	Anhui	556488	245621	263791	12885	34191
福建	Fujian	1269780	529848	577792	71893	90247
江西	Jiangxi	414570	205843	167876	12335	28516
山东	Shandong	1591779	625589	808266	59194	98731
河南	Henan	969317	451072	410726	39035	68483
湖北	Hubei	810343	391886	334129	27327	57002
湖南	Hunan	1119071	521358	478197	53974	65543
广东	Guangdong	4289258	2039574	1521142	90962	637581
广西	Guangxi	515692	263239	192531	9781	50142
海南	Hainan	953769	593872	284276	8609	67012
重庆	Chongqing	626736	288566	256125	31970	50076
四川	Sichuan	1128284	545126	442623	43941	96594
贵州	Guizhou	382167	228312	120129	12765	20961
云南	Yunnan	596575	327834	181826	18101	68814
西藏	Tibet	63646	39594	14834	1140	8078
陕西	Shaanxi	807030	382008	340294	33735	50993
甘肃	Gansu	305198	160059	116760	6169	22210
青海	Qinghai	74208	43625	23096	1312	6175
宁夏	Ningxia	73876	35567	31049	1883	5378
新疆	Xinjiang	261915	120032	104239	2815	34829

4-2-4 续表 1 Continued 1

一般旅馆
Fonda

单位：万元
Unit: 10000 yuan

地 区	Region	营业额 Business Revenue	客房收入 from Hotel Rooms	餐费收入 from Meals	商品销售额 from Commodities	其他收入 Others
全 国	**National Total**	**6250568**	**3847615**	**1808779**	**168566**	**425609**
北 京	Beijing	652492	476908	85393	6427	83763
天 津	Tianjin	106975	50530	26034	872	29538
河 北	Hebei	144026	59283	72360	2461	9922
山 西	Shanxi	97684	58891	35244	1154	2395
内 蒙 古	Inner Mongolia	82402	47514	32818	305	1765
辽 宁	Liaoning	154234	92435	48458	6739	6602
吉 林	Jilin	30361	18326	11169	145	722
黑 龙 江	Heilongjiang	62917	42729	16973	1193	2022
上 海	Shanghai	537203	364763	82111	5909	84420
江 苏	Jiangsu	236358	157937	61882	4542	11996
浙 江	Zhejiang	335182	218111	93277	2651	21143
安 徽	Anhui	137571	75613	52742	4985	4232
福 建	Fujian	213472	122196	76035	4100	11142
江 西	Jiangxi	105846	62994	36855	2840	3156
山 东	Shandong	483163	268324	181536	19755	13548
河 南	Henan	499441	271178	193157	21178	13928
湖 北	Hubei	364603	197766	141490	15305	10043
湖 南	Hunan	282135	146935	102241	23255	9704
广 东	Guangdong	648802	464284	121372	9454	53692
广 西	Guangxi	89515	65661	18717	1120	4017
海 南	Hainan	14667	8216	4070	496	1885
重 庆	Chongqing	120848	75947	38357	2250	4294
四 川	Sichuan	321353	200515	93771	11933	15134
贵 州	Guizhou	77571	52909	17627	2142	4893
云 南	Yunnan	138718	86160	32190	8637	11732
西 藏	Tibet					
陕 西	Shaanxi	203923	90174	101617	7126	5006
甘 肃	Gansu	50119	36500	10989	1003	1627
青 海	Qinghai	4097	3528	224	1	344
宁 夏	Ningxia	8704	4425	4047	164	68
新 疆	Xinjiang	46187	26864	16023	423	2876

其他住宿业
Others

单位：万元
Unit: 10000 yuan

地 区	Region	营业额 Business Revenue	客房收入 from Hotel Rooms	餐费收入 from Meals	商品销售额 from Commodities	其他收入 Others
全 国	**National Total**	**733348**	**397420**	**233973**	**28860**	**73096**
北 京	Beijing	30693	19003	6730	529	4432
天 津	Tianjin	29469	13050	7663	815	7941
河 北	Hebei	43852	18162	18159	2227	5305
山 西	Shanxi	13957	5470	5366	712	2411
内 蒙 古	Inner Mongolia	9308	3624	4071	345	1269
辽 宁	Liaoning	16455	12263	3729	198	265
吉 林	Jilin	11562	5163	5407	75	917
黑 龙 江	Heilongjiang	12109	5551	4935	88	1535
上 海	Shanghai	69215	56063	10134	119	2900
江 苏	Jiangsu	39505	23357	12004	651	3493
浙 江	Zhejiang	20947	14243	3714	95	2895
安 徽	Anhui	13443	6474	5719	32	1218
福 建	Fujian	48442	20451	23503	1739	2750
江 西	Jiangxi	6178	3390	2683	17	87
山 东	Shandong	39416	22678	14448	2000	290
河 南	Henan	38318	21728	12781	1830	1978
湖 北	Hubei	31059	10445	6626	12390	1598
湖 南	Hunan	47338	21987	21818	335	3198
广 东	Guangdong	75560	45586	19331	1375	9268
广 西	Guangxi	10058	3969	1483	122	4483
海 南	Hainan	4912	1674	1870	12	1356
重 庆	Chongqing	29407	14644	10552	1605	2606
四 川	Sichuan	24644	15248	7384	128	1884
贵 州	Guizhou	7309	4477	2346	85	402
云 南	Yunnan	13711	8177	3567	545	1422
西 藏	Tibet	590	246	332		13
陕 西	Shaanxi	38255	15331	14961	786	7176
甘 肃	Gansu	5239	3462	1777		
青 海	Qinghai	1285	1006	276		4
宁 夏	Ningxia	1112	500	607	5	
新 疆	Xinjiang					

4-2-5 各地区限额以上餐饮业企业经营情况
Business of Enterprises above Designated Size of Catering Services by Region

单位：万元
Unit: 10000 yuan

地区	Region	营业额 Business Revenue	客房收入 from Hotel Rooms	餐费收入 from Meals	商品销售额 from Commodities	其他收入 Others
全国	**National Total**	**46153236**	**2723622**	**41202414**	**1294093**	**933107**
北京	Beijing	5308182	37027	5048761	89967	132427
天津	Tianjin	968062	29479	896825	6851	34907
河北	Hebei	402254	63915	319478	11317	7544
山西	Shanxi	566306	99344	431473	24134	11354
内蒙古	Inner Mongolia	518437	78149	423616	7674	8998
辽宁	Liaoning	1344626	53638	1247658	23681	19648
吉林	Jilin	183798	39603	136570	4993	2632
黑龙江	Heilongjiang	199515	15533	161991	12699	9293
上海	Shanghai	5892657	71579	5701905	48731	70442
江苏	Jiangsu	3635984	321515	3162502	75773	76196
浙江	Zhejiang	2699468	202126	2392904	39291	65147
安徽	Anhui	1115862	116878	885882	88142	24961
福建	Fujian	1461645	63891	1338711	38914	20129
江西	Jiangxi	334484	39980	272284	18008	4213
山东	Shandong	3266194	347745	2688001	170779	59668
河南	Henan	1550844	142700	1312665	50171	45307
湖北	Hubei	2429325	210545	2086283	108046	24451
湖南	Hunan	1038415	109368	873467	37379	18202
广东	Guangdong	6278813	230199	5799382	130890	118341
广西	Guangxi	316907	21063	282922	6297	6626
海南	Hainan	73174	2168	62522	968	7516
重庆	Chongqing	1815958	92131	1623471	72898	27459
四川	Sichuan	2229488	128929	1930701	95898	73959
贵州	Guizhou	227014	20334	191001	9219	6460
云南	Yunnan	476721	16978	425034	18677	16031
西藏	Tibet	6141	163	5897	10	72
陕西	Shaanxi	1288542	108036	1055578	92582	32347
甘肃	Gansu	288644	28185	254012	4445	2003
青海	Qinghai	37519	8643	28225	146	505
宁夏	Ningxia	76356	8906	61249	3379	2822
新疆	Xinjiang	121902	14874	101445	2135	3448

4-2-5 续表 Continued

国有控股 单位：万元

State-controlled Enterprises Unit: 10000 yuan

地 区	Region	营业额 Business Revenue	客房收入 from Hotel Rooms	餐费收入 from Meals	商品销售额 from Commodities	其他收入 Others
全 国	**National Total**	**2271157**	**279829**	**1678288**	**135348**	**177692**
北 京	Beijing	442558	5041	352813	27355	57350
天 津	Tianjin	44541	3833	24992	1429	14287
河 北	Hebei	26858	8478	15673	1687	1020
山 西	Shanxi	34973	11400	20605	864	2104
内蒙古	Inner Mongolia	16137	4663	9451	1225	798
辽 宁	Liaoning	36180	7784	26356	936	1104
吉 林	Jilin	34429	10901	23391	2	136
黑龙江	Heilongjiang	22789	6913	14528	897	450
上 海	Shanghai	269769	11462	221728	22419	14161
江 苏	Jiangsu	158189	41148	101822	4283	10935
浙 江	Zhejiang	153598	11434	138073	1264	2827
安 徽	Anhui	64327	8843	50918	3327	1239
福 建	Fujian	39383	6426	29951	605	2401
江 西	Jiangxi	15865	5056	10139	589	81
山 东	Shandong	210742	41748	151220	8394	9379
河 南	Henan	29860	3085	24775	1256	744
湖 北	Hubei	61459	12198	44873	1033	3356
湖 南	Hunan	18037	6123	11327	353	234
广 东	Guangdong	280067	25948	195416	26097	32607
广 西	Guangxi	6989	1520	4360	818	291
海 南	Hainan	519		519		
重 庆	Chongqing	60124	14585	39663	2745	3130
四 川	Sichuan	46357	7467	30650	5091	3148
贵 州	Guizhou	20229	2710	15718	475	1327
云 南	Yunnan	45625	2894	29685	11270	1776
西 藏	Tibet					
陕 西	Shaanxi	99781	7331	70940	10178	11332
甘 肃	Gansu	18090	5229	12138	637	85
青 海	Qinghai	1766	1014	743	7	2
宁 夏	Ningxia	2084	717	612	93	662
新 疆	Xinjiang	9834	3880	5211	19	725

4-2-6 各地区限额以上餐饮业企业经营情况(按登记注册类型分)

Business of Enterprises above Designated Size of Catering Services by Region and Type of Registration

内资企业 单位：万元

Domestic Funded Enterprises Unit: 10000 yuan

地　区	Region	营业额 Business Revenue	客房收入 from Hotel Rooms	餐费收入 from Meals	商品销售额 from Commodities	其他收入 Others
全　国	**National Total**	**33612837**	**2641618**	**28971008**	**1199412**	**800799**
北　京	Beijing	3239639	36975	3034964	62382	105319
天　津	Tianjin	545254	28351	475316	6851	34737
河　北	Hebei	397287	63241	315186	11317	7544
山　西	Shanxi	502723	99333	367902	24134	11354
内蒙古	Inner Mongolia	453790	77926	363337	3528	8998
辽　宁	Liaoning	726842	52398	640057	17918	16469
吉　林	Jilin	183445	39593	136260	4959	2632
黑龙江	Heilongjiang	152447	15533	119375	8247	9293
上　海	Shanghai	2943445	68048	2770045	47842	57510
江　苏	Jiangsu	2591402	309269	2138023	74758	69352
浙　江	Zhejiang	2101657	185050	1826166	36561	53880
安　徽	Anhui	1085703	116298	856454	88136	24816
福　建	Fujian	1057772	52267	953366	38399	13740
江　西	Jiangxi	263902	38529	204526	16634	4213
山　东	Shandong	2977395	342092	2407781	168676	58847
河　南	Henan	1431423	142700	1211330	48120	29273
湖　北	Hubei	2026033	207843	1689042	107521	21628
湖　南	Hunan	901182	108958	746310	28283	17631
广　东	Guangdong	3941974	212076	3531838	102440	95620
广　西	Guangxi	241319	21063	207334	6297	6626
海　南	Hainan	58934	2168	50112	804	5851
重　庆	Chongqing	1668812	89844	1480819	72680	25469
四　川	Sichuan	1908712	127134	1619049	93723	68805
贵　州	Guizhou	223094	20334	187203	9219	6337
云　南	Yunnan	400922	16978	352430	18659	12854
西　藏	Tibet	6141	163	5897	10	72
陕　西	Shaanxi	1110298	106847	889089	91209	23153
甘　肃	Gansu	261951	28185	227318	4445	2003
青　海	Qinghai	37519	8643	28225	146	505
宁　夏	Ningxia	74760	8906	59653	3379	2822
新　疆	Xinjiang	97061	14874	76604	2135	3448

4-2-6 续表 1 Continued 1

国有企业 单位：万元
State-controlled Enterprises Unit: 10000 yuan

地 区	Region	营业额 Business Revenue	客房收入 from Hotel Rooms	餐费收入 from Meals	商品销售额 from Commodities	其他收入 Others
全 国	**National Total**	**695219**	**151306**	**484976**	**20119**	**38818**
北 京	Beijing	47855	2226	37841	650	7140
天 津	Tianjin	15091	2723	9706	978	1685
河 北	Hebei	14718	2949	9217	1674	878
山 西	Shanxi	14148	3491	9660	250	747
内蒙古	Inner Mongolia	9281	3147	5209	155	769
辽 宁	Liaoning	21933	7371	13061	397	1104
吉 林	Jilin	30207	9647	20559	2	
黑龙江	Heilongjiang	14131	3702	9843	149	438
上 海	Shanghai	34681	1063	30753	308	2557
江 苏	Jiangsu	52849	12506	34277	1709	4358
浙 江	Zhejiang	38788	2784	35530	196	278
安 徽	Anhui	10940	4007	6637	178	118
福 建	Fujian	19626	4322	13041	104	2159
江 西	Jiangxi	10631	2988	7145	438	61
山 东	Shandong	134299	33448	91067	5006	4779
河 南	Henan	24756	2991	20153	868	744
湖 北	Hubei	31233	8655	21051	743	785
湖 南	Hunan	10276	4032	6135	29	80
广 东	Guangdong	66657	15101	45475	478	5603
广 西	Guangxi	6989	1520	4360	818	291
海 南	Hainan	519		519		
重 庆	Chongqing	8109	1690	6419		
四 川	Sichuan	18004	4152	11481	1132	1239
贵 州	Guizhou	7635	2125	3882	353	1275
云 南	Yunnan	9720	2402	6834	405	80
西 藏	Tibet					
陕 西	Shaanxi	19498	4072	12121	2454	850
甘 肃	Gansu	14392	4628	9047	637	80
青 海	Qinghai					
宁 夏	Ningxia					
新 疆	Xinjiang	8254	3565	3958	12	719

集体企业 单位：万元

Collective-owned Enterprises Unit: 10000 yuan

地区	Region	营业额 Business Revenue	客房收入 from Hotel Rooms	餐费收入 from Meals	商品销售额 from Commodities	其他收入 Others
全国	**National Total**	**250329**	**27472**	**192689**	**13955**	**16214**
北京	Beijing	22042	285	19672	223	1863
天津	Tianjin	2376		1979	62	335
河北	Hebei	1038	279	633	103	23
山西	Shanxi	3145	837	1808	78	423
内蒙古	Inner Mongolia	842	155	687		
辽宁	Liaoning	9833	60	9760		13
吉林	Jilin	3916	1025	2478	244	168
黑龙江	Heilongjiang	539		539		
上海	Shanghai	22926	702	21083		1141
江苏	Jiangsu	12000	2431	7375	455	1739
浙江	Zhejiang	1018		1018		
安徽	Anhui	4172	413	2834	567	358
福建	Fujian	11061	111	6029	4895	26
江西	Jiangxi	180	35	116	29	
山东	Shandong	31815	3269	27083	524	940
河南	Henan	11921	2693	9141	84	3
湖北	Hubei	10770	1103	9550	94	23
湖南	Hunan	899	563	244	48	44
广东	Guangdong	49191	9152	33785	1279	4975
广西	Guangxi	791		676	115	
海南	Hainan					
重庆	Chongqing	26527	554	21786	4006	181
四川	Sichuan	8310	1270	2803	279	3958
贵州	Guizhou	214	36	178		
云南	Yunnan	3351	697	2648	5	2
西藏	Tibet					
陕西	Shaanxi	11451	1802	8782	867	
甘肃	Gansu					
青海	Qinghai					
宁夏	Ningxia					
新疆	Xinjiang					

4-2-6 续表 3 Continued 3

股份合作企业 单位：万元

Cooperative Enterprises Unit: 10000 yuan

地 区	Region	营业额 Business Revenue	客房收入 from Hotel Rooms	餐费收入 from Meals	商品销售额 from Commodities	其他收入 Others
全 国	**National Total**	**160459**	**7111**	**136546**	**9809**	**6993**
北 京	Beijing	37576	294	36857	139	286
天 津	Tianjin					
河 北	Hebei	7696		7634	63	
山 西	Shanxi	308	145	163		
内蒙古	Inner Mongolia					
辽 宁	Liaoning	93		93		
吉 林	Jilin					
黑龙江	Heilongjiang	207		165	41	
上 海	Shanghai	5711	107	5448	43	113
江 苏	Jiangsu	1070	134	909	27	
浙 江	Zhejiang	10111	68	9633	110	300
安 徽	Anhui					
福 建	Fujian					
江 西	Jiangxi	2405		1877	528	
山 东	Shandong	2677	812	1711	154	
河 南	Henan	2885		1379	1241	265
湖 北	Hubei	3050	520	2530		
湖 南	Hunan					
广 东	Guangdong	39683	74	39440	56	113
广 西	Guangxi	1950	258	1599	30	63
海 南	Hainan					
重 庆	Chongqing	7200	2640	3696	864	
四 川	Sichuan	34493	1272	20949	6418	5853
贵 州	Guizhou	268		268		
云 南	Yunnan	359		359		
西 藏	Tibet					
陕 西	Shaanxi	2720	787	1837	96	
甘 肃	Gansu					
青 海	Qinghai					
宁 夏	Ningxia					
新 疆	Xinjiang					

联营企业
Joint Ownership Enterprises

单位：万元
Unit: 10000 yuan

地 区	Region	营业额 Business Revenue	客房收入 from Hotel Rooms	餐费收入 from Meals	商品销售额 from Commodities	其他收入 Others
全 国	**National Total**	**57597**	**380**	**37245**	**19953**	**19**
北 京	Beijing					
天 津	Tianjin					
河 北	Hebei					
山 西	Shanxi					
内蒙古	Inner Mongolia					
辽 宁	Liaoning					
吉 林	Jilin					
黑龙江	Heilongjiang					
上 海	Shanghai	518	53	457		8
江 苏	Jiangsu	941		861	80	
浙 江	Zhejiang	314	121	188	6	
安 徽	Anhui					
福 建	Fujian					
江 西	Jiangxi					
山 东	Shandong	519	91	389	28	11
河 南	Henan	1483	116	1281	87	
湖 北	Hubei	52399		32646	19753	
湖 南	Hunan					
广 东	Guangdong					
广 西	Guangxi					
海 南	Hainan					
重 庆	Chongqing					
四 川	Sichuan					
贵 州	Guizhou					
云 南	Yunnan					
西 藏	Tibet					
陕 西	Shaanxi	938		938		
甘 肃	Gansu	485		485		
青 海	Qinghai					
宁 夏	Ningxia					
新 疆	Xinjiang					

4-2-6 续表 5 Continued 5

有限责任公司
Limited Liability Corporations

单位：万元
Unit: 10000 yuan

地 区	Region	营业额 Business Revenue	客房收入 from Hotel Rooms	餐费收入 from Meals	商品销售额 from Commodities	其他收入 Others
全 国	**National Total**	**9853612**	**926056**	**8168247**	**406034**	**353275**
北 京	Beijing	1321553	12534	1193808	40178	75033
天 津	Tianjin	238195	14488	199695	2256	21756
河 北	Hebei	135383	24167	103084	5649	2482
山 西	Shanxi	97644	20417	59373	13506	4349
内蒙古	Inner Mongolia	134192	31163	97405	1713	3911
辽 宁	Liaoning	125955	12017	105378	2366	6194
吉 林	Jilin	69688	12713	53704	1242	2029
黑龙江	Heilongjiang	55990	7710	41376	3394	3510
上 海	Shanghai	519844	22742	470916	4340	21846
江 苏	Jiangsu	650129	112964	479433	20153	37580
浙 江	Zhejiang	485789	56953	390838	20445	17553
安 徽	Anhui	319645	40197	242177	27751	9520
福 建	Fujian	212459	19247	176885	13439	2887
江 西	Jiangxi	93446	12266	74981	5102	1096
山 东	Shandong	629622	103378	470249	32399	23596
河 南	Henan	372491	50063	301184	13323	7922
湖 北	Hubei	795489	89509	667228	26890	11862
湖 南	Hunan	306768	38092	254698	7125	6854
广 东	Guangdong	1189640	75025	1037035	42966	34614
广 西	Guangxi	84574	3799	76479	3087	1209
海 南	Hainan	41384	1284	36235	503	3363
重 庆	Chongqing	445841	35348	380356	17259	12877
四 川	Sichuan	614289	47982	515445	32546	18315
贵 州	Guizhou	81655	4944	70029	4007	2674
云 南	Yunnan	139338	2157	120760	13902	2520
西 藏	Tibet	2857	98	2758		
陕 西	Shaanxi	558643	57712	438181	47976	14774
甘 肃	Gansu	84545	7277	75445	794	1029
青 海	Qinghai	5016	2495	2519		3
宁 夏	Ningxia	21171	4930	14263	468	1510
新 疆	Xinjiang	20380	2386	16330	1256	408

4-2-6 续表 6 Continued 6

股份有限公司
Share-holding Corporations Ltd.

单位：万元
Unit: 10000 yuan

地 区	Region	营业额 Business Revenue	客房收入 from Hotel Rooms	餐费收入 from Meals	商品销售额 from Commodities	其他收入 Others
全 国	**National Total**	**1291451**	**109249**	**1071062**	**77646**	**33493**
北 京	Beijing	184063	45	174617	3360	6042
天 津	Tianjin	16226	2656	11255	9	2306
河 北	Hebei	21182	2502	18539		141
山 西	Shanxi	4699	952	3129	491	127
内 蒙 古	Inner Mongolia	105737	1305	103596	834	3
辽 宁	Liaoning	32806	692	31762	353	
吉 林	Jilin	8197	1641	6192	322	42
黑 龙 江	Heilongjiang	3393	146	3055	150	42
上 海	Shanghai	100203	1301	79380	19446	77
江 苏	Jiangsu	77405	7376	67599	1504	927
浙 江	Zhejiang	74925	2025	71912	529	459
安 徽	Anhui	11910	2359	8471	826	254
福 建	Fujian	3711	864	1844		1002
江 西	Jiangxi	9811	1929	6502	904	476
山 东	Shandong	199648	46977	136196	9748	6727
河 南	Henan	43637	7351	34776	1367	142
湖 北	Hubei	21837	2982	13717	2988	2150
湖 南	Hunan	37834	830	35779	1095	129
广 东	Guangdong	86389	5427	60138	17845	2980
广 西	Guangxi	4236	725	3323	39	149
海 南	Hainan	7752	884	6795	69	4
重 庆	Chongqing	78465	3271	70224	4314	656
四 川	Sichuan	35021	4455	24843	2979	2744
贵 州	Guizhou	5538	1969	3244	325	
云 南	Yunnan	4287	63	4128	77	20
西 藏	Tibet					
陕 西	Shaanxi	89936	5864	71777	7493	4802
甘 肃	Gansu	15261	1379	13557	1	325
青 海	Qinghai	4715	1014	3592	108	2
宁 夏	Ningxia	1082		627	455	
新 疆	Xinjiang	1545	265	497	17	767

私营企业
Private Enterprises

单位：万元
Unit: 10000 yuan

地 区	Region	营业额 Business Revenue	客房收入 from Hotel Rooms	餐费收入 from Meals	商品销售额 from Commodities	其他收入 Others
全 国	**National Total**	**20781866**	**1383399**	**18420185**	**631133**	**347149**
北 京	Beijing	1626550	21592	1572169	17834	14955
天 津	Tianjin	264501	8390	244069	3436	8605
河 北	Hebei	215463	32848	174777	3819	4019
山 西	Shanxi	378755	73051	290209	9787	5709
内 蒙 古	Inner Mongolia	200412	41535	153749	826	4302
辽 宁	Liaoning	515946	30994	462894	13341	8717
吉 林	Jilin	68481	13646	51395	3049	392
黑 龙 江	Heilongjiang	75909	3621	62913	4073	5302
上 海	Shanghai	2246841	40987	2151731	23221	30902
江 苏	Jiangsu	1748770	171977	1501883	50504	24407
浙 江	Zhejiang	1487796	122856	1314409	15240	35290
安 徽	Anhui	733694	67604	592768	58759	14564
福 建	Fujian	793281	27607	738534	19477	7663
江 西	Jiangxi	143559	20851	110568	9565	2575
山 东	Shandong	1906343	148208	1616910	118597	22628
河 南	Henan	944566	78464	815297	30647	20159
湖 北	Hubei	1050465	101562	890563	52069	6270
湖 南	Hunan	535736	64499	440793	19922	10523
广 东	Guangdong	2419400	103639	2231278	38195	46288
广 西	Guangxi	133664	14555	112004	2209	4896
海 南	Hainan	8855		6239	133	2484
重 庆	Chongqing	1064971	45138	964191	43967	11675
四 川	Sichuan	1174234	64762	1024169	49165	36139
贵 州	Guizhou	123728	10720	106376	4282	2351
云 南	Yunnan	238305	11201	212978	3989	10137
西 藏	Tibet	3284	64	3139	10	72
陕 西	Shaanxi	392291	31214	330019	28717	2341
甘 肃	Gansu	140977	14182	123216	3010	569
青 海	Qinghai	27788	5135	22115	38	500
宁 夏	Ningxia	52115	3976	44421	2406	1312
新 疆	Xinjiang	65185	8523	54409	850	1404

4-2-6 续表 8 Continued 8

其他企业
Other Enterprises

单位：万元
Unit: 10000 yuan

地 区	Region	营业额 Business Revenue	客房收入 from Hotel Rooms	餐费收入 from Meals	商品销售额 from Commodities	其他收入 Others
全 国	**National Total**	**522304**	**36646**	**460058**	**20762**	**4838**
北 京	Beijing					
天 津	Tianjin	8865	94	8611	111	48
河 北	Hebei	1807	495	1302	9	
山 西	Shanxi	4024	440	3561	24	
内蒙古	Inner Mongolia	3326	621	2692		13
辽 宁	Liaoning	20276	1263	17109	1462	442
吉 林	Jilin	2957	923	1932	101	1
黑龙江	Heilongjiang	2279	353	1485	441	
上 海	Shanghai	12721	1095	10277	483	867
江 苏	Jiangsu	48237	1882	45687	327	342
浙 江	Zhejiang	2917	243	2638	35	
安 徽	Anhui	5342	1718	3567	55	2
福 建	Fujian	17635	116	17033	484	2
江 西	Jiangxi	3869	460	3338	67	5
山 东	Shandong	72472	5909	64177	2220	166
河 南	Henan	29685	1023	28119	504	39
湖 北	Hubei	60791	3512	51757	4985	538
湖 南	Hunan	9670	943	8661	65	1
广 东	Guangdong	91014	3659	84687	1621	1047
广 西	Guangxi	9117	206	8894		17
海 南	Hainan	424		324	99	
重 庆	Chongqing	37699	1203	34146	2270	80
四 川	Sichuan	24362	3241	19359	1205	557
贵 州	Guizhou	4055	539	3226	253	37
云 南	Yunnan	5562	459	4724	282	96
西 藏	Tibet					
陕 西	Shaanxi	34821	5396	25433	3606	386
甘 肃	Gansu	6290	718	5569	3	
青 海	Qinghai					
宁 夏	Ningxia	392		342	50	
新 疆	Xinjiang	1697	136	1410		150

4-2-6 续表 9 Continued 9

港、澳、台商投资企业 单位：万元

Enterprises with Funds from Hongkong, Macao and Taiwan Unit: 10000 yuan

地区	Region	营业额 Business Revenue	客房收入 from Hotel Rooms	餐费收入 from Meals	商品销售额 from Commodities	其他收入 Others
全国	**National Total**	**4095708**	**55207**	**3938096**	**59895**	**42511**
北京	Beijing	721504		701621	17848	2035
天津	Tianjin	13930	947	12813		170
河北	Hebei	2632		2632		
山西	Shanxi	704	11	693		
内蒙古	Inner Mongolia	4709		4709		
辽宁	Liaoning	72620	176	66822	4549	1072
吉林	Jilin					
黑龙江	Heilongjiang	19893		18801	1092	
上海	Shanghai	1313184	2228	1307012	479	3465
江苏	Jiangsu	215746	9971	199072	310	6393
浙江	Zhejiang	67922	7772	57652	211	2287
安徽	Anhui	28955	136	28820		
福建	Fujian	202829	8171	187981	447	6230
江西	Jiangxi	13913	1451	11364	1099	
山东	Shandong	61969	3723	56082	1644	520
河南	Henan	23586		21136	1987	464
湖北	Hubei	71735	1051	67813	380	2491
湖南	Hunan	13741	410	11611	1150	570
广东	Guangdong	981060	14799	933985	25754	6523
广西	Guangxi	8676		8676		
海南	Hainan	14239		12410	164	1666
重庆	Chongqing	15730	2287	11434	19	1990
四川	Sichuan	130187	1043	124710	1590	2844
贵州	Guizhou					
云南	Yunnan	25028		21851		3177
西藏	Tibet					
陕西	Shaanxi	70301	1031	67481	1173	617
甘肃	Gansu	916		916		
青海	Qinghai					
宁夏	Ningxia					
新疆	Xinjiang					

外商投资企业
Foreign Funded Enterprises

单位：万元
Unit: 10000 yuan

地 区	Region	营业额 Business Revenue	客房收入 from Hotel Rooms	餐费收入 from Meals	商品销售额 from Commodities	其他收入 Others
全 国	**National Total**	**8444690**	**26798**	**8293309**	**34787**	**89797**
北 京	Beijing	1347039	51	1312177	9738	25073
天 津	Tianjin	408878	182	408697		
河 北	Hebei	2335	674	1661		
山 西	Shanxi	62879		62879		
内蒙古	Inner Mongolia	59938	222	55570	4146	
辽 宁	Liaoning	545163	1064	540779	1214	2107
吉 林	Jilin	354	10	309	34	
黑龙江	Heilongjiang	27176		23815	3361	
上 海	Shanghai	1636028	1302	1624848	410	9468
江 苏	Jiangsu	828836	2275	825406	705	451
浙 江	Zhejiang	529889	9304	509086	2520	8980
安 徽	Anhui	1204	445	608	6	145
福 建	Fujian	201044	3453	197364	68	159
江 西	Jiangxi	56669		56393	275	
山 东	Shandong	226830	1930	224138	460	302
河 南	Henan	95834		80200	64	15571
湖 北	Hubei	331557	1652	329429	144	333
湖 南	Hunan	123492		115546	7946	
广 东	Guangdong	1355779	3324	1333560	2697	16199
广 西	Guangxi	66913		66913		
海 南	Hainan					
重 庆	Chongqing	131417		131218	199	
四 川	Sichuan	190589	752	186942	584	2310
贵 州	Guizhou	3921		3798		123
云 南	Yunnan	50771		50753	18	
西 藏	Tibet					
陕 西	Shaanxi	107942	157	99008	200	8578
甘 肃	Gansu	25777		25777		
青 海	Qinghai					
宁 夏	Ningxia	1596		1596		
新 疆	Xinjiang	24841		24841		

4-2-7 各地区限额以上餐饮业企业经营情况(按国民经济行业分)
Business of Enterprises above Designated Size of Catering Services by Region and Sector

正餐服务 单位：万元
Dinner Unit: 10000 yuan

地 区	Region	营业额 Business Revenue	客房收入 from Hotel Rooms	餐费收入 from Meals	商品销售额 from Commodities	其他收入 Others
全 国	**National Total**	**33936409**	**2686171**	**29383042**	**1109417**	**757780**
北 京	Beijing	3490007	36773	3315894	47336	90004
天 津	Tianjin	475813	25432	412485	4848	33048
河 北	Hebei	399411	63915	316750	11203	7544
山 西	Shanxi	483263	98614	349398	23906	11346
内蒙古	Inner Mongolia	506465	77251	416705	3521	8988
辽 宁	Liaoning	734002	53532	645421	17919	17130
吉 林	Jilin	171157	39603	125628	3293	2632
黑龙江	Heilongjiang	168262	15533	135323	12614	4793
上 海	Shanghai	4017090	66835	3854872	40288	55096
江 苏	Jiangsu	2471760	315041	2018585	66523	71612
浙 江	Zhejiang	1978007	200965	1691835	31365	53842
安 徽	Anhui	950412	114823	744131	71446	20012
福 建	Fujian	1016489	62785	915837	24621	13245
江 西	Jiangxi	271457	39980	209414	17851	4213
山 东	Shandong	2848788	346002	2286446	159635	56705
河 南	Henan	1337702	141045	1123356	45458	27844
湖 北	Hubei	1988531	209112	1648689	106362	24369
湖 南	Hunan	843914	108981	683922	34503	16507
广 东	Guangdong	4012642	227457	3594819	91973	98395
广 西	Guangxi	211546	20847	179294	5381	6023
海 南	Hainan	66131	2168	55699	749	7516
重 庆	Chongqing	1647774	89122	1465052	68245	25355
四 川	Sichuan	1598089	127808	1327331	92148	50802
贵 州	Guizhou	223509	20334	187537	9177	6460
云 南	Yunnan	384841	16978	336617	18411	12834
西 藏	Tibet	5674	163	5430	10	72
陕 西	Shaanxi	1181910	104465	962481	91753	23210
甘 肃	Gansu	259219	28185	224587	4445	2003
青 海	Qinghai	37519	8643	28225	146	505
宁 夏	Ningxia	76356	8906	61249	3379	2822
新 疆	Xinjiang	78670	14874	60031	912	2854

4-2-7 续表 1 Continued 1

快餐服务 单位：万元
Snack Unit: 10000 yuan

地　区	Region	营业额 Business Revenue	客房收入 from Hotel Rooms	餐费收入 from Meals	商品销售额 from Commodities	其他收入 Others
全　国	**National Total**	**9297266**	**9365**	**9112287**	**78769**	**96845**
北　京	Beijing	1394176		1366193	7715	20268
天　津	Tianjin	437675		436922	732	21
河　北	Hebei	1731		1724	7	
山　西	Shanxi	80808	4	80791	5	9
内蒙古	Inner Mongolia	11485	429	6905	4146	5
辽　宁	Liaoning	571361		566169	3439	1753
吉　林	Jilin	10941		10941		
黑龙江	Heilongjiang	25901		25816	85	
上　海	Shanghai	931657	2228	921515	338	7576
江　苏	Jiangsu	959428	598	957498	1061	270
浙　江	Zhejiang	614449	1080	596316	6912	10142
安　徽	Anhui	157376	1297	134867	16317	4896
福　建	Fujian	388988		369869	12313	6806
江　西	Jiangxi	62756		62598	157	
山　东	Shandong	371372	800	364330	5194	1048
河　南	Henan	179796	561	159377	4288	15569
湖　北	Hubei	344829	318	343681	815	14
湖　南	Hunan	180589	387	175889	2618	1695
广　东	Guangdong	1870405	52	1849774	6844	13735
广　西	Guangxi	99597		99541		56
海　南	Hainan	6531		6531		
重　庆	Chongqing	112145	20	110309	1813	3
四　川	Sichuan	246757	975	243308	2396	78
贵　州	Guizhou	1951		1951		
云　南	Yunnan	76333		72944	213	3177
西　藏	Tibet	467		467		
陕　西	Shaanxi	86167	615	76282	138	9132
甘　肃	Gansu	28366		28366		
青　海	Qinghai					
宁　夏	Ningxia					
新　疆	Xinjiang	43232		41414	1224	594

4-2-7 续表 2 Continued 2

饮料及冷饮服务
Beverage and Cold Drink

单位：万元
Unit: 10000 yuan

地 区	Region	营业额 Business Revenue	客房收入 from Hotel Rooms	餐费收入 from Meals	商品销售额 from Commodities	其他收入 Others
全 国	**National Total**	**1261601**	**1299**	**1205470**	**43053**	**11779**
北 京	Beijing	198878	254	167870	30023	731
天 津	Tianjin					
河 北	Hebei	399		399		
山 西	Shanxi					
内蒙古	Inner Mongolia					
辽 宁	Liaoning	20792		18603	2189	
吉 林	Jilin					
黑龙江	Heilongjiang	5352		852		4500
上 海	Shanghai	665302		663239	817	1246
江 苏	Jiangsu	26989		23840	252	2898
浙 江	Zhejiang	17690		16773	362	555
安 徽	Anhui	2808		2759		49
福 建	Fujian	11845	668	9931	1206	41
江 西	Jiangxi	271		271		
山 东	Shandong	8621		7761	860	
河 南	Henan					
湖 北	Hubei	43570	112	42736	721	
湖 南	Hunan	2015		1800	215	
广 东	Guangdong	188390	119	183082	4863	326
广 西	Guangxi	1169		622	8	539
海 南	Hainan	512		293	219	
重 庆	Chongqing	6374		6315	59	
四 川	Sichuan	55080	146	53418	623	893
贵 州	Guizhou	700		690	10	
云 南	Yunnan	2145		2145		
西 藏	Tibet					
陕 西	Shaanxi	2036		1410	627	
甘 肃	Gansu	664		664		
青 海	Qinghai					
宁 夏	Ningxia					
新 疆	Xinjiang					

其他餐饮业　　　　　　　　　　　　　　　　　　　　　　单位：万元
Others　　　　　　　　　　　　　　　　　　　　　　　Unit: 10000 yuan

地　区	Region	营业额 Business Revenue	客房收入 from Hotel Rooms	餐费收入 from Meals	商品销售额 from Commodities	其他收入 Others
全　国	**National Total**	**1657960**	**26787**	**1501614**	**62855**	**66703**
北　京	Beijing	225121		198805	4893	21424
天　津	Tianjin	54575	4047	47418	1272	1838
河　北	Hebei	714		606	108	
山　西	Shanxi	2235	726	1285	224	
内蒙古	Inner Mongolia	488	469	5	8	5
辽　宁	Liaoning	18471	107	17465	134	765
吉　林	Jilin	1700			1700	
黑龙江	Heilongjiang					
上　海	Shanghai	278608	2516	262280	7289	6523
江　苏	Jiangsu	177807	5876	162579	7937	1416
浙　江	Zhejiang	89322	81	87980	653	608
安　徽	Anhui	5267	758	4126	379	3
福　建	Fujian	44322	438	43074	774	37
江　西	Jiangxi					
山　东	Shandong	37413	943	29464	5091	1915
河　南	Henan	33346	1094	29933	425	1895
湖　北	Hubei	52395	1003	51177	147	68
湖　南	Hunan	11898		11855	43	
广　东	Guangdong	207375	2572	171708	27210	5885
广　西	Guangxi	4596	216	3465	908	8
海　南	Hainan					
重　庆	Chongqing	49665	2988	41795	2781	2101
四　川	Sichuan	329562		306644	731	22187
贵　州	Guizhou	856		823	33	
云　南	Yunnan	13402		13329	53	20
西　藏	Tibet					
陕　西	Shaanxi	18429	2955	15405	65	5
甘　肃	Gansu	395		395		
青　海	Qinghai					
宁　夏	Ningxia					
新　疆	Xinjiang					

4-3-1 限额以上住宿和餐饮业企业年末资产负债
Assets and Liabilities of Enterprises above Designated Size of Hotels and Catering Services at the Year-end

项　目	Item	流动资产合计 Total Working Capitals	#存货 Stock	固定资产原价 Original Value of Fixed Assets
总　计	**Total**	**59840768**	**4377634**	**93305400**
一、住宿业	**Hotels**	**39033379**	**2229846**	**71812037**
#国有控股	State-controlled Enterprises	8407028	520192	25067676
(一)按登记注册类型分	**by Type of Registration**			
1.内资企业	**Domestic Funded Enterprises**	**31857642**	**1786844**	**56302459**
国有企业	State-owned Enterprises	3384010	185429	10338308
集体企业	Collective-owned Enterprises	416612	19830	1040671
股份合作企业	Cooperative Enterprises	94385	24434	165678
联营企业	Joint Ownership Enterprises	51673	2117	121713
国有联营企业	State Joint Ownership Enterprises	23486	780	80442
集体联营企业	Collective Joint Ownership Enterprises	5829	919	18810
国有与集体联营企业	Joint State-collective Enterprises	21775	318	20913
其他联营企业	Other Joint Ownership Enterprises	583	100	1547
有限责任公司	Limited Liability Corporations	15961224	848638	28931867
国有独资公司	State Sole Funded Corporations	1026651	38764	3130925
其他有限责任公司	Other Limited Liability Corporations	14934573	809874	25800942
股份有限公司	Share-holding Corporations Ltd.	1548523	84887	2516055
私营企业	Private Enterprises	10240398	610558	12859172
私营独资企业	Private-funded Enterprises	494022	37203	1068310
私营合伙企业	Private Partnership Enterprises	88510	7932	228405
私营有限责任公司	Private Limited Liability Corporations	8959081	531131	10780866
私营股份有限公司	Private Share-holding Corporations Ltd.	698784	34292	781591
其他企业	Other Enterprises	160817	10952	328997
2.港、澳、台商投资企业	**Enterprises with Funds from Hongkong, Macao and Taiwan**	**4587043**	**323193**	**9731254**
合资经营企业	Joint-venture Enterprises	2150058	133996	4404048
合作经营企业	Cooperative Enterprises	608030	15221	1453859
独资经营企业	Enterprises with Sole Investment	1748598	170042	3588028
投资股份有限公司	Share-holding Corporations Ltd. with Investment	76696	3508	252657
其他港澳台商投资企业	Other Enterprises with Funds from Hongkong, Macao and Taiwan	3661	427	32662
3.外商投资企业	**Foreign Funded Enterprises**	**2588694**	**119809**	**5778324**
中外合资经营企业	Joint-venture Enterprises	1159786	76587	2622022
中外合作经营企业	Cooperative Enterprises	246743	21026	627639
外资企业	Enterprises with Sole Foreign Investment	1128982	19989	2079202
外商投资股份有限公司	Share-holding Corporations Ltd. with Foreign Investment	25819	1449	345932
其他外商投资企业	Other Foreign Funded Enterprises	27364	757	103529
(二)按国民经济行业分	**by Sector**			
旅游饭店	Tourist Hotel	32929520	1928857	64226907
一般旅馆	Fonda	5277402	267015	6410160
其他住宿业	Others	826458	33974	1174970

项　　目	Item	累计折旧 Accumulated Depreciation	#本年折旧 Current Year Depreciation
总　　计	**Total**	**34898925**	**5054507**
一、住宿业	**Hotels**	**27810017**	**3546785**
#国有控股	State-controlled Enterprises	10564940	971761
(一)按登记注册类型分	**by Type of Registration**		
1.内资企业	**Domestic Funded Enterprises**	**20683503**	**2845873**
国有企业	State-owned Enterprises	4525368	422869
集体企业	Collective-owned Enterprises	478810	45798
股份合作企业	Cooperative Enterprises	79857	7019
联营企业	Joint Ownership Enterprises	67221	2291
国有联营企业	State Joint Ownership Enterprises	45716	1571
集体联营企业	Collective Joint Ownership Enterprises	7315	440
国有与集体联营企业	Joint State-collective Enterprises	12873	110
其他联营企业	Other Joint Ownership Enterprises	1317	172
有限责任公司	Limited Liability Corporations	10011935	1430458
国有独资公司	State Sole Funded Corporations	1297620	104362
其他有限责任公司	Other Limited Liability Corporations	8714315	1326095
股份有限公司	Share-holding Corporations Ltd.	1020857	146427
私营企业	Private Enterprises	4376059	772883
私营独资企业	Private-funded Enterprises	292147	57414
私营合伙企业	Private Partnership Enterprises	71692	13324
私营有限责任公司	Private Limited Liability Corporations	3760127	662400
私营股份有限公司	Private Share-holding Corporations Ltd.	252093	39745
其他企业	Other Enterprises	123397	18129
2.港、澳、台商投资企业	**Enterprises with Funds from Hongkong, Macao and Taiwan**	**4483175**	**420631**
合资经营企业	Joint-venture Enterprises	2241297	183852
合作经营企业	Cooperative Enterprises	816706	48558
独资经营企业	Enterprises with Sole Investment	1339691	170122
投资股份有限公司	Share-holding Corporations Ltd. with Investment	78424	16839
其他港澳台商投资企业	Other Enterprises with Funds from Hongkong, Macao and Taiwan	7057	1260
3.外商投资企业	**Foreign Funded Enterprises**	**2643339**	**280281**
中外合资经营企业	Joint-venture Enterprises	1325695	118626
中外合作经营企业	Cooperative Enterprises	364956	19414
外资企业	Enterprises with Sole Foreign Investment	856365	116549
外商投资股份有限公司	Share-holding Corporations Ltd. with Foreign Investment	72774	19880
其他外商投资企业	Other Foreign Funded Enterprises	23550	5812
(二)按国民经济行业分	**by Sector**		
旅游饭店	Tourist Hotel	25313076	3113744
一般旅馆	Fonda	2105273	369232
其他住宿业	Others	391668	63809

单位：万元

Unit:10000 yuan

资产合计 Total Assets	负债合计 Total Liabilities	所有者权益合计 Total Owners' Equities	实收资本 Paicl-up Capitals			
				#国家资本 State-owned Capitals	# 港澳台资本 Capitals from Hongkong, Macao and Taiwan	# 外商资本 Foreign Capitals
159040511	**115548895**	**43490825**	**54809299**	**9624005**	**4738516**	**2937368**
110562249	**80708259**	**29853990**	**34700616**	**8859634**	**3936797**	**1929870**
30784553	17872039	12912514	11931564	8097385	110279	76729
89666305	**65381667**	**24284639**	**26874630**	**8266222**	**129424**	**13878**
11876484	6835024	5041460	4263878	3707848	1891	
1216572	866191	350381	281013	7228		
238689	191879	46810	46381	8545		200
123515	77994	45521	51027	24521		
63813	34839	28974	35259	17411		
19900	4783	15117	5322			
38482	33404	5077	8745	7110		
1320	4968	-3648	1701			
46596695	34326468	12270228	13927209	4112336	125963	9468
3890228	2295230	1594998	1470217	1023427		2800
42706468	32031238	10675230	12456992	3088909	125963	6668
4113239	2803664	1309576	1144774	373582	445	1691
25058804	19998903	5059901	7019966	11351	681	2509
1492729	726424	766305	870825	2422	6	6
319498	153541	165957	138861			
21621731	17855119	3766612	5612218	8433	675	2503
1624845	1263819	361027	398062	496	1	
442308	281544	160764	140382	20812	444	10
13767234	**10068445**	**3698788**	**4992140**	**421021**	**3678984**	**38456**
6095260	4631339	1463921	1939454	318468	958755	20785
1484870	1143232	341638	581980	90743	365264	13913
5795611	3992469	1803142	2296636		2204097	3758
353995	285823	68173	148691	11810	125533	
37498	15583	21915	25379		25335	
7128710	**5258147**	**1870563**	**2833845**	**172390**	**128390**	**1877536**
3037054	2190913	846141	1172665	149519	46346	566913
641872	772023	-130151	256958	17871	78641	82860
2960145	1871034	1089111	1247864	5000	3403	1096977
379010	412637	-33627	62257			50191
110630	11541	99089	94101			80596
95102694	70241947	24860747	29862986	8131926	3619141	1817282
13333724	8879699	4454025	4235151	505771	296224	107237
2125831	1586613	539218	602479	221937	21431	5351

项 目	Item	流动资产合 计 Working Assets	#存 货 Stock	固定资产原 价 Original Value of Fixed Assets
二、餐饮业	**Catering Services**	**20807389**	**2147788**	**21493363**
#国有控股	State-controlled Enterprises	1739787	184940	2253014
(一)按登记注册类型分	**by Type of Registration**			
1.内资企业	**Domestic Funded Enterprises**	**17831340**	**1682650**	**18066642**
国有企业	State-owned Enterprises	308560	25572	875087
集体企业	Collective-owned Enterprises	179875	6771	98070
股份合作企业	Cooperative Enterprises	247337	126334	90539
联营企业	Joint Ownership Enterprises	5344	2183	11133
国有联营企业	State Joint Ownership Enterprises			
集体联营企业	Collective Joint Ownership Enterprises	5344	2183	11133
国有与集体联营企业	Joint State-collective Enterprises			
其他联营企业	Other Joint Ownership Enterprises			
有限责任公司	Limited Liability Corporations	6500789	567300	6504248
国有独资公司	State Sole Funded Corporations	302202	20643	368543
其他有限责任公司	Other Limited Liability Corporations	6198586	546657	6135704
股份有限公司	Share-holding Corporations Ltd.	1071971	75043	809984
私营企业	Private Enterprises	9377553	863167	9456158
私营独资企业	Private-funded Enterprises	778493	93460	1306100
私营合伙企业	Private Partnership Enterprises	87592	9940	142754
私营有限责任公司	Private Limited Liability Corporations	8036864	723499	7637749
私营股份有限公司	Private Share-holding Corporations Ltd.	474604	36268	369555
其他企业	Other Enterprises	139912	16280	221423
2.港、澳、台商投资企业	**Enterprises with Funds from Hongkong, Macao and Taiwan**	**1625489**	**116278**	**1525786**
合资经营企业	Joint-venture Enterprises	367143	24794	345700
合作经营企业	Cooperative Enterprises	114578	8467	111371
独资经营企业	Enterprises with Sole Investment	1080000	82402	1054069
投资股份有限公司	Share-holding Corporations Ltd. with Investment	62306	488	13867
其他港澳台商投资企业	Other Enterprises with Funds from Hongkong, Macao and Taiwan	1462	128	779
3.外商投资企业	**Foreign Funded Enterprises**	**1350560**	**348861**	**1900935**
中外合资经营企业	Joint-venture Enterprises	272153	61010	654538
中外合作经营企业	Cooperative Enterprises	27308	1867	28750
外资企业	Enterprises with Sole Foreign Investment	1027904	283217	1187263
外商投资股份有限公司	Share-holding Corporations Ltd. with Foreign Investment	16034	2161	17392
其他外商投资企业	Other Foreign Funded Enterprises	7161	607	12992
(二)按国民经济行业分	**by Sector**			
正餐服务	Dinner	17691451	1700334	18827457
快餐服务	Snack	1999508	366166	2034744
饮料及冷饮服务	Beverage and Cold Drink	465466	28382	247497
其他餐饮业	Others	650963	52907	383665

4-3-1 Continued 2

单位：万元
Unit:10000 yuan

累计折旧 Accumulation Depreciation	#本年折旧 Current Year Depreciation	资产合计 Total Assets	负债合计 Total liabilities	所有者权益合计 Total Owners' Equities	实收资本 Paid-up Capitals	#国家资本 State-owned Capitals	#港澳台资本 Capitals from Hongkong, Macao and Taiwan	#外商资本 Foreign Capitals
7088909	**1507722**	**48478263**	**34840635**	**13636836**	**20108683**	**764372**	**801719**	**1007498**
723281	111980	4306379	2899729	1406651	1064513	677893	3621	6635
5603188	**1168960**	**40171164**	**29013250**	**11156940**	**17663372**	**746956**	**15076**	**6813**
292739	41475	1113904	643663	470240	346269	312729	25	25
38730	4703	283022	215026	67996	49997			
41757	5473	404795	325501	79294	52586	101		
1579	224	16586	5112	11474	10401			
1579	224	16586	5112	11474	10401			
2063326	423513	14585869	11341316	3244595	3641162	340033	13843	1630
114795	17696	698967	530086	168881	166563	125922		
1948531	405817	13886902	10811230	3075714	3474598	214111	13843	1630
285139	46673	2504851	1570386	934464	611860	77419		4433
2817931	632890	20902062	14702637	6198409	12837127	14282	712	725
343406	83670	2064696	881304	1183392	879890	286	138	12
43284	8102	231348	104743	126605	280570	5		
2309674	516663	17590606	13013736	4575853	6375605	10627	523	684
121567	24456	1015412	702854	312558	5301061	3364	51	29
61986	14008	360076	209609	150467	113971	2393	495	
648023	**155090**	**3436207**	**2321152**	**1115238**	**1112359**	**9114**	**764136**	**52762**
139361	26964	775376	499951	275425	243506	7325	120765	749
64462	6456	199120	205352	-6232	74725	1788	32467	1284
439101	120886	2384500	1570156	814527	769950	1	605464	50709
4633	714	75238	44054	31184	23014		4427	20
466	71	1974	1640	334	1164		1013	
837698	**183672**	**4870891**	**3506233**	**1364658**	**1332952**	**8301**	**22507**	**947922**
292780	96975	1054862	692996	361866	310536	8289	18773	109998
15461	453	58059	53369	4690	28016		1020	24077
518242	82472	3665136	2709622	955514	943264	12	2394	804979
7760	2986	69148	39275	29872	31373			7348
3455	785	23687	10971	12715	19764		320	1520
5931642	1194515	40842198	29533012	11308394	18544474	735609	552170	481117
912425	242110	5498259	3969327	1528933	1098332	17588	175673	450764
96998	33338	1010507	688053	322454	189742	162	54791	49771
147844	37758	1127298	650243	477055	276135	11012	19086	25846

4-3-2 各地区限额以上住宿和餐饮业企业年末资产负债
Assets and Liabilities of Enterprises above Designated Size of Hotels and Catering Services by Region at the Year-end

单位：万元
Unit: 10000 yuan

地区	Region	资产总计 Total Assets	#流动资产合计 Total Working Capitals	#固定资产合计 Total Fixed Assets	负债合计 Total Liabilities	所有者权益合计 Total Owners' Equities
全国	**National Total**	**159040511**	**59840768**	**59467355**	**115548895**	**43490825**
北京	Beijing	16662699	6546060	5456602	12948732	3713966
天津	Tianjin	2158318	893538	720365	1818700	339619
河北	Hebei	3542608	1524316	1437806	2776892	765716
山西	Shanxi	2731344	906217	1130122	2124844	606501
内蒙古	Inner Mongolia	2464711	825649	1062271	1669692	795019
辽宁	Liaoning	4448832	1704040	1851434	3376295	1072538
吉林	Jilin	1329870	446081	683938	834339	495531
黑龙江	Heilongjiang	1140510	313817	659369	718914	421596
上海	Shanghai	12076298	5150555	3532432	8086170	3990127
江苏	Jiangsu	11264105	3895795	4356584	8309431	2954675
浙江	Zhejiang	12045085	4466110	4685740	9513359	2531726
安徽	Anhui	4495895	1580466	1526700	3222599	1273297
福建	Fujian	5041608	1870004	1894212	3141502	1900106
江西	Jiangxi	2364615	828736	913966	1595329	769286
山东	Shandong	8688637	3019092	3772906	6144716	2543921
河南	Henan	4874189	1980651	1878841	3264492	1609697
湖北	Hubei	5669271	1730019	2518674	3644113	2025158
湖南	Hunan	4565170	1417173	2063683	3141999	1423170
广东	Guangdong	20626622	8347326	6443194	16127914	4497873
广西	Guangxi	2362699	797727	953857	1825074	537625
海南	Hainan	3757606	1476002	1498589	2877716	879890
重庆	Chongqing	3608904	1532484	1261506	2553735	1055169
四川	Sichuan	8158874	3353552	2837369	5846658	2312217
贵州	Guizhou	1799890	675955	776905	1263736	536197
云南	Yunnan	4169223	1684946	1445857	2667897	1501326
西藏	Tibet	370941	63457	270220	157826	213115
陕西	Shaanxi	4600859	1585747	2051543	3349669	1251191
甘肃	Gansu	1450073	393947	667346	779800	670273
青海	Qinghai	434203	159050	189307	223582	210621
宁夏	Ningxia	623756	263054	281436	539367	84390
新疆	Xinjiang	1513098	409205	644584	1003804	509294

4-3-3 各地区限额以上住宿业企业年末资产负债

Assets and Liabilities of Enterprises above Designated Size of Hotels by Region at the Year-end

单位：万元
Unit: 10000 yuan

地 区	Region	资产总计 Total Assets	#流动资产合计 Total Working Capitals	#固定资产合计 Total Fixed Assets	负债合计 Total Liabilities	所有者权益合计 Total Owners' Equities
全 国	**National Total**	**110562249**	**39033379**	**44790587**	**80708259**	**29853990**
北 京	Beijing	12401680	4235080	4854118	9407954	2993726
天 津	Tianjin	1251209	432911	505442	1117049	134160
河 北	Hebei	2925925	1249234	1230357	2303272	622653
山 西	Shanxi	1348036	467230	584980	1023695	324341
内蒙古	Inner Mongolia	1232770	370671	608798	759164	473606
辽 宁	Liaoning	3166116	1226366	1425881	2407938	758178
吉 林	Jilin	958190	325862	510916	662320	295869
黑龙江	Heilongjiang	953005	250636	571493	610832	342173
上 海	Shanghai	8124218	2884288	2802891	5016469	3107749
江 苏	Jiangsu	6893222	2113709	2875424	4996861	1896362
浙 江	Zhejiang	8915370	3218317	3491470	6993402	1921969
安 徽	Anhui	2538510	780815	946925	1882925	655585
福 建	Fujian	3893936	1284968	1632714	2434201	1459735
江 西	Jiangxi	1885264	661929	743204	1300908	584356
山 东	Shandong	4771383	1716751	2113628	3494033	1277350
河 南	Henan	3479398	1397693	1343773	2478459	1000940
湖 北	Hubei	3117666	869480	1524165	1988475	1129191
湖 南	Hunan	3583827	1086087	1655271	2529312	1054515
广 东	Guangdong	15229224	5951429	5257408	12023265	3205959
广 西	Guangxi	1995833	617991	844292	1552489	443344
海 南	Hainan	3638305	1407182	1472656	2624339	1013966
重 庆	Chongqing	2362774	1044551	798051	1884820	477954
四 川	Sichuan	4768991	1871288	1973757	3640297	1128695
贵 州	Guizhou	1440502	511044	648158	1024834	415668
云 南	Yunnan	3327772	1185058	1210978	2142931	1184840
西 藏	Tibet	360052	55058	268001	148184	211868
陕 西	Shaanxi	3038247	955709	1508130	2326750	711498
甘 肃	Gansu	1056263	257377	514259	595611	460652
青 海	Qinghai	330960	122786	144637	158731	172229
宁 夏	Ningxia	428260	170423	221038	374053	54206
新 疆	Xinjiang	1145341	311460	507773	804688	340653

4-3-3 续表 Continued

国有控股 单位：万元

State-controlled Enterprises Unit: 10000 yuan

地区	Region	资产总计 Total Assets	#流动资产合计 Total Working Capitals	#固定资产合计 Total Fixed Assets	负债合计 Total Liabilities	所有者权益合计 Total Owners' Equities
全国	**National Total**	**30784553**	**8407028**	**14867264**	**17872039**	**12912514**
北京	Beijing	5883289	1457663	2844094	3996332	1886958
天津	Tianjin	631661	157034	283947	538931	92730
河北	Hebei	858901	255986	499770	455453	403449
山西	Shanxi	393317	125411	196464	248898	144419
内蒙古	Inner Mongolia	326063	72076	188216	141485	184578
辽宁	Liaoning	684812	238317	345088	445598	239214
吉林	Jilin	368978	79353	236139	218932	150046
黑龙江	Heilongjiang	317898	48686	226980	160363	157535
上海	Shanghai	2926754	831281	1184455	1275375	1651379
江苏	Jiangsu	2419357	583060	1159719	1300961	1118396
浙江	Zhejiang	1581890	448315	695250	766975	814916
安徽	Anhui	408044	90737	240853	220966	187078
福建	Fujian	766369	197180	331080	280897	485472
江西	Jiangxi	466798	111485	205583	261430	205368
山东	Shandong	1768171	591322	897939	1117848	650323
河南	Henan	590015	159277	332679	386663	203352
湖北	Hubei	669956	101265	366025	364006	305951
湖南	Hunan	1177065	384540	513965	829637	347428
广东	Guangdong	2692623	795309	1037251	1424513	1268110
广西	Guangxi	401547	72321	220396	262005	139542
海南	Hainan	997108	326295	556528	483212	513897
重庆	Chongqing	433282	103424	179594	296709	136573
四川	Sichuan	893052	282609	440472	618912	274139
贵州	Guizhou	270553	63687	175427	196996	73557
云南	Yunnan	873110	360945	319661	453532	419577
西藏	Tibet	153048	26084	113896	35319	117730
陕西	Shaanxi	629259	149232	332294	381549	247711
甘肃	Gansu	392309	103741	227721	259309	133000
青海	Qinghai	110228	28964	78079	25511	84717
宁夏	Ningxia	154733	16057	132137	154751	-18
新疆	Xinjiang	544364	145373	305566	268973	275391

4-3-4 各地区限额以上住宿业企业年末资产负债(按登记注册类型分)
Assets and Liabilities of Enterprises above Designated Size of Hotels by Region and Type of Registration at the Year-end

内资企业 单位：万元

Domestic Funded Enterprises Unit: 10000 yuan

地区	Region	资产总计 Total Assets	#流动资产合计 Total Working Capitals	#固定资产合计 Total Fixed Assets	负债合计 Total Liabilities	所有者权益合计 Total Owners' Equities
全国	**National Total**	**89666305**	**31857642**	**36335459**	**65381667**	**24284639**
北京	Beijing	9014595	3045974	3738744	7210210	1804385
天津	Tianjin	1087131	396782	404759	952447	134684
河北	Hebei	2825905	1234113	1169791	2143328	682577
山西	Shanxi	1336908	463325	579375	1014046	322862
内蒙古	Inner Mongolia	1090579	358560	489029	665378	425201
辽宁	Liaoning	2422002	972134	1044194	1789245	632757
吉林	Jilin	851169	295091	442833	596485	254684
黑龙江	Heilongjiang	728289	205786	420119	463349	264940
上海	Shanghai	5183162	1979355	1787704	3125397	2057765
江苏	Jiangsu	5952581	1842672	2431608	4223001	1729580
浙江	Zhejiang	7412616	2647260	2786843	5877590	1535026
安徽	Anhui	2255887	730506	899342	1614268	641619
福建	Fujian	2815475	948924	1210391	1641421	1174055
江西	Jiangxi	1773931	636827	693527	1234209	539721
山东	Shandong	4330949	1629944	1799957	3111924	1219025
河南	Henan	3060974	1171026	1227762	2069769	991205
湖北	Hubei	2872381	809188	1383554	1784031	1088350
湖南	Hunan	3273058	988584	1509324	2265703	1007355
广东	Guangdong	10724842	4077845	3582607	8601148	2123694
广西	Guangxi	1582883	545235	604037	1167621	415262
海南	Hainan	2555218	1054658	1194536	2009190	546028
重庆	Chongqing	2074555	909945	701967	1666665	407890
四川	Sichuan	4273424	1670125	1725333	3255313	1018111
贵州	Guizhou	1412130	507669	626455	1013705	398426
云南	Yunnan	3027808	1082419	1074689	1991655	1036153
西藏	Tibet	277459	44015	196730	99632	177827
陕西	Shaanxi	2603643	799359	1267537	1915455	688188
甘肃	Gansu	1034933	253776	496530	581291	453641
青海	Qinghai	284119	112450	123471	150648	133471
宁夏	Ningxia	387018	133227	218862	345960	41058
新疆	Xinjiang	1140683	310871	503849	801584	339099

4-3-4 续表 1 Continued 1

国有企业 单位：万元

State-owned Enterprises Unit: 10000 yuan

地 区	Region	资产总计 Total Assets	#流动资产合计 Total Working Capitals	#固定资产合计 Total Fixed Assets	负债合计 Total Liabilities	所有者权益合计 Total Owners' Equities
全 国	**National Total**	**11876484**	**3384010**	**6145754**	**6835024**	**5041460**
北 京	Beijing	2406827	641741	1301802	1681398	725429
天 津	Tianjin	117755	27207	47722	92376	25379
河 北	Hebei	536489	169041	301268	358758	177731
山 西	Shanxi	303389	107719	134782	218537	84852
内 蒙 古	Inner Mongolia	148324	29708	73809	55290	93034
辽 宁	Liaoning	321202	99130	167974	199402	121800
吉 林	Jilin	265875	58089	167662	162559	103316
黑 龙 江	Heilongjiang	188413	26313	141100	77383	111030
上 海	Shanghai	1001963	292857	420886	379849	622114
江 苏	Jiangsu	1000226	195653	582273	521457	478769
浙 江	Zhejiang	299315	113462	128876	125996	173319
安 徽	Anhui	65779	20592	34961	43900	21879
福 建	Fujian	266028	74683	123912	91738	174290
江 西	Jiangxi	217831	64478	128004	99857	117974
山 东	Shandong	1124017	481853	494940	660260	463757
河 南	Henan	360294	97621	200298	229790	130503
湖 北	Hubei	196617	45808	114169	110585	86032
湖 南	Hunan	254695	70410	125802	154406	100289
广 东	Guangdong	864126	246851	352196	483924	380202
广 西	Guangxi	259498	47021	129082	139534	119964
海 南	Hainan	95628	36395	55657	106934	-11306
重 庆	Chongqing	108489	14708	85286	86092	22397
四 川	Sichuan	204178	78509	81304	82386	121793
贵 州	Guizhou	63503	19194	37839	32866	30637
云 南	Yunnan	264251	104189	127967	120907	143344
西 藏	Tibet	131365	24836	94351	37620	93746
陕 西	Shaanxi	257410	45448	144986	151494	105916
甘 肃	Gansu	172690	61118	86127	100430	72259
青 海	Qinghai	45275	8872	35553	9410	35864
宁 夏	Ningxia	100792	8460	90617	106239	-5447
新 疆	Xinjiang	234241	72046	134551	113647	120594

4-3-4 续表 2 Continued 2

集体企业 单位：万元

Collective-owned Enterprises Unit: 10000 yuan

地 区	Region	资产总计 Total Assets	#流动资产合计 Total Working Capitals	#固定资产合计 Total Fixed Assets	负债合计 Total Liabilities	所有者权益合计 Total Owners' Equities
全 国	**National Total**	**1216572**	**416612**	**578431**	**866191**	**350381**
北 京	Beijing	323103	94894	185254	223073	100031
天 津	Tianjin	56033	33022	19964	41871	14163
河 北	Hebei	18050	4875	9728	11326	6725
山 西	Shanxi	35907	11037	12530	31498	4409
内蒙古	Inner Mongolia	4811	1543	2347	3432	1378
辽 宁	Liaoning	31879	12357	14975	22831	9048
吉 林	Jilin	6870	6236	633	5037	1832
黑龙江	Heilongjiang	6328	2389	3383	7873	-1545
上 海	Shanghai	46368	12683	28181	20025	26343
江 苏	Jiangsu	83451	36371	27009	75221	8230
浙 江	Zhejiang	85160	23683	44281	60193	24967
安 徽	Anhui	5437	2848	2366	1905	3532
福 建	Fujian	20402	8670	11180	7739	12663
江 西	Jiangxi	2048	1240	808	736	1311
山 东	Shandong	70163	18979	46730	33393	36769
河 南	Henan	82097	27190	32856	80197	1900
湖 北	Hubei	49996	17833	28821	20620	29377
湖 南	Hunan	43634	25446	16664	16243	27392
广 东	Guangdong	64270	19190	24877	58000	6271
广 西	Guangxi	8735	3081	4853	5887	2848
海 南	Hainan	408	232	39	445	-37
重 庆	Chongqing	12038	4696	5789	11844	194
四 川	Sichuan	21654	5407	11148	20933	722
贵 州	Guizhou	17528	1606	15674	3139	14388
云 南	Yunnan	38904	22442	10491	20572	18332
西 藏	Tibet	2754	191	2550	1164	1590
陕 西	Shaanxi	22037	12506	6942	26068	-4031
甘 肃	Gansu	7432	2513	4380	3808	3624
青 海	Qinghai	2564	624	1692	1593	971
宁 夏	Ningxia	190	177	13	104	86
新 疆	Xinjiang	46322	2655	2277	49422	-3100

4-3-4 续表 3 Continued 3

股份合作企业 | 单位：万元
Cooperative Enterprises | Unit: 10000 yuan

地　区	Region	资产总计 Total Assets	#流动资产合计 Total Working Capitals	#固定资产合计 Total Fixed Assets	负债合计 Total Liabilities	所有者权益合计 Total Owners' Equities
全　国	**National Total**	**238689**	**94385**	**89796**	**191879**	**46810**
北　京	Beijing	99661	40449	30960	75771	23890
天　津	Tianjin	8791	5627	2498	2103	6688
河　北	Hebei	1465	75	1390	206	1260
山　西	Shanxi					
内蒙古	Inner Mongolia	1861	228	174	241	1620
辽　宁	Liaoning	278	65		150	128
吉　林	Jilin	3994	1076	2291	937	3057
黑龙江	Heilongjiang	22958	86	13789	23620	-661
上　海	Shanghai					
江　苏	Jiangsu					
浙　江	Zhejiang	17994	9302	7093	13507	4487
安　徽	Anhui	1182	1129	10	705	477
福　建	Fujian	1166	379	699	157	1009
江　西	Jiangxi	3714	668	2414	3279	435
山　东	Shandong	8294	1876	1466	6391	1903
河　南	Henan	4119	764	3179	1162	2957
湖　北	Hubei	7398	460	6934	6968	430
湖　南	Hunan	2213	241	1642	275	1938
广　东	Guangdong	3868	491	1814	2002	1866
广　西	Guangxi	4102	1200	2902	3419	683
海　南	Hainan	830	99	673	12104	-11274
重　庆	Chongqing	2971	67	1280	1683	1289
四　川	Sichuan	38957	28822	8026	35910	3047
贵　州	Guizhou					
云　南	Yunnan	1396	1010	70	380	1016
西　藏	Tibet					
陕　西	Shaanxi	1478	271	495	911	567
甘　肃	Gansu					
青　海	Qinghai					
宁　夏	Ningxia					
新　疆	Xinjiang					

4-3-4 续表 4 Continued 4

联营企业
Joint Ownership Enterprises

单位：万元
Unit: 10000 yuan

地区	Region	资产总计 Total Assets	#流动资产合计 Total Working Capitals	#固定资产合计 Total Fixed Assets	负债合计 Total Liabilities	所有者权益合计 Total Owners' Equities
全国	**National Total**	**123515**	**51673**	**54492**	**77994**	**45521**
北京	Beijing	4259	2709	603	7036	-2777
天津	Tianjin					
河北	Hebei	8308	273	7433	6222	2086
山西	Shanxi					
内蒙古	Inner Mongolia	1083		565	278	805
辽宁	Liaoning	2857	2213	590	1073	1784
吉林	Jilin					
黑龙江	Heilongjiang					
上海	Shanghai	22357	6211	10807	21077	1281
江苏	Jiangsu	765	262	137	1816	-1050
浙江	Zhejiang	8904	6005	2844	1952	6952
安徽	Anhui					
福建	Fujian	29215	11278	16790	11425	17790
江西	Jiangxi					
山东	Shandong					
河南	Henan					
湖北	Hubei					
湖南	Hunan	3261	1982	380	1108	2154
广东	Guangdong	18646	10102	5456	7304	11342
广西	Guangxi					
海南	Hainan					
重庆	Chongqing					
四川	Sichuan	19814	8628	7702	17099	2715
贵州	Guizhou					
云南	Yunnan	1755	564	343	326	1429
西藏	Tibet					
陕西	Shaanxi					
甘肃	Gansu					
青海	Qinghai					
宁夏	Ningxia					
新疆	Xinjiang	2290	1447	843	1279	1011

有限责任公司 单位：万元
Limited Liability Corporations Unit: 10000 yuan

地 区	Region	资产总计 Total Assets	#流动资产合计 Total Working Capitals	#固定资产合计 Total Fixed Assets	负债合计 Total Liabilities	所有者权益合计 Total Owners' Equities
全 国	**National Total**	**46596695**	**15961224**	**19007777**	**34326468**	**12270228**
北 京	Beijing	4999601	1646999	1962539	4017606	981995
天 津	Tianjin	669593	234296	256396	595337	74255
河 北	Hebei	1454454	733182	513122	1065473	388981
山 西	Shanxi	227401	67850	119610	163993	63408
内蒙古	Inner Mongolia	535438	177803	238701	314942	220496
辽 宁	Liaoning	864005	309346	447992	615492	248513
吉 林	Jilin	314045	113272	156999	209775	104270
黑龙江	Heilongjiang	314945	127918	148880	227188	87757
上 海	Shanghai	2551580	760062	1032221	1387436	1164145
江 苏	Jiangsu	2789052	820366	1198991	1954827	834225
浙 江	Zhejiang	3904342	1265813	1617757	2943588	960754
安 徽	Anhui	1017184	291833	386354	770310	246875
福 建	Fujian	1454261	478321	662075	929003	525258
江 西	Jiangxi	955877	361335	317362	714591	241285
山 东	Shandong	1810609	537795	754862	1404477	406132
河 南	Henan	1382903	611648	512597	1017977	364926
湖 北	Hubei	1582734	398343	794599	1015562	567172
湖 南	Hunan	1451908	333841	802416	1092917	358991
广 东	Guangdong	6802592	2594072	2188621	5368751	1433841
广 西	Guangxi	535220	206294	176826	397370	137850
海 南	Hainan	2203781	906925	1025923	1660900	542881
重 庆	Chongqing	1205720	469516	417084	960557	245163
四 川	Sichuan	2143081	764617	854751	1655640	487441
贵 州	Guizhou	834764	297923	373178	669325	165439
云 南	Yunnan	1483327	665602	509684	994584	488743
西 藏	Tibet	59228	6911	44337	21068	38160
陕 西	Shaanxi	1670860	440094	878664	1300613	370248
甘 肃	Gansu	627310	126276	294349	346108	281201
青 海	Qinghai	118365	34561	45331	71052	47313
宁 夏	Ningxia	94241	33737	48894	70465	23776
新 疆	Xinjiang	538275	144675	226665	369541	168735

4-3-4 续表 6 Continued 6

股份有限公司
Share-holding Corporations Ltd.

单位：万元
Unit: 10000 yuan

地　区	Region	资产总计 Total Assets	#流动资产合计 Total Working Capitals	#固定资产合计 Total Fixed Assets	负债合计 Total Liabilities	所有者权益合计 Total Owners' Equities
全　国	**National Total**	**4113239**	**1548523**	**1527093**	**2803664**	**1309576**
北　京	Beijing	323953	162864	71043	296881	27072
天　津	Tianjin	8386	7729	628	3383	5004
河　北	Hebei	192361	70797	70790	144633	47729
山　西	Shanxi	27267	3632	18549	13604	13664
内 蒙 古	Inner Mongolia	51201	15792	32315	18242	32959
辽　宁	Liaoning	75175	24017	22358	43977	31199
吉　林	Jilin	28688	3349	20751	9529	19159
黑 龙 江	Heilongjiang	69708	10471	51024	46540	23169
上　海	Shanghai	87629	50405	21265	47020	40610
江　苏	Jiangsu	467252	143608	129682	248322	218930
浙　江	Zhejiang	230005	79753	68705	164516	65489
安　徽	Anhui	128843	43545	75183	87736	41107
福　建	Fujian	81604	24796	30863	28861	52743
江　西	Jiangxi	108411	38804	54634	75707	32704
山　东	Shandong	250883	53886	146157	186756	64127
河　南	Henan	161567	91740	44733	102492	59076
湖　北	Hubei	155668	68451	67497	92550	63119
湖　南	Hunan	634024	294464	125034	455369	178656
广　东	Guangdong	270155	100644	100307	203504	66651
广　西	Guangxi	126759	19155	73513	80565	46194
海　南	Hainan	78175	23798	40798	56811	21365
重　庆	Chongqing	108484	77256	17538	89967	18516
四　川	Sichuan	226208	77999	117171	181794	44414
贵　州	Guizhou	7803	2920	4677	4255	3548
云　南	Yunnan	77115	27816	40811	48803	28313
西　藏	Tibet	12495	1183	10809	5976	6519
陕　西	Shaanxi	40200	7716	28285	32434	7766
甘　肃	Gansu	16298	1222	15070	10253	6045
青　海	Qinghai	22221	11042	9337	7429	14792
宁　夏	Ningxia	7468	5162	1853	6377	1092
新　疆	Xinjiang	37232	4510	15715	9382	27850

私营企业　　　　　　　　　　　　　　　　　　　　　　　　　　　　单位：万元

Private Enterprises　　　　　　　　　　　　　　　　　　　　　　　　Unit: 10000 yuan

地　区	Region	资产总计 Total Assets	#流动资产合计 Total Working Capitals	#固定资产合计 Total Fixed Assets	负债合计 Total Liabilities	所有者权益合计 Total Owners' Equities
全　国	**National Total**	**25058804**	**10240398**	**8724515**	**19998903**	**5059901**
北　京	Beijing	857190	456318	186543	908446	-51256
天　津	Tianjin	223966	87969	76038	213957	10009
河　北	Hebei	610887	254799	263289	553563	57324
山　西	Shanxi	731460	271501	284007	574923	156537
内蒙古	Inner Mongolia	338750	131815	135702	268034	70716
辽　宁	Liaoning	1089604	501963	377775	867819	221785
吉　林	Jilin	229041	111872	93168	207697	21345
黑龙江	Heilongjiang	125228	38301	61722	80317	44911
上　海	Shanghai	1449682	840256	269095	1247396	202286
江　苏	Jiangsu	1601504	642583	491157	1412617	188887
浙　江	Zhejiang	2863021	1148618	915801	2565570	297451
安　徽	Anhui	1024424	366963	394348	702247	322176
福　建	Fujian	934364	341432	357740	560883	373481
江　西	Jiangxi	476392	166638	186699	332929	143463
山　东	Shandong	1036445	515854	348263	806942	229504
河　南	Henan	1060245	340263	429361	635070	425175
湖　北	Hubei	868367	274111	366069	533917	334450
湖　南	Hunan	877897	260898	434225	543927	333970
广　东	Guangdong	2604135	1073393	859962	2418754	185380
广　西	Guangxi	630896	263740	206364	531949	98947
海　南	Hainan	171950	84966	69542	167608	4342
重　庆	Chongqing	628883	342152	169085	514303	114580
四　川	Sichuan	1595465	699654	631050	1248570	346895
贵　州	Guizhou	479612	184765	187495	297429	182183
云　南	Yunnan	1132863	251657	372165	785592	347270
西　藏	Tibet	71617	10894	44683	33804	37813
陕　西	Shaanxi	578638	286585	190161	385183	193455
甘　肃	Gansu	205179	62099	91163	118128	87051
青　海	Qinghai	94803	57161	30858	60477	34327
宁　夏	Ningxia	184327	85692	77486	162775	21552
新　疆	Xinjiang	281970	85490	123501	258077	23892

其他内资企业
Other Domestic Funded Enterprises

单位：万元
Unit: 10000 yuan

地 区	Region	资产总计 Total Assets	#流动资产合计 Total Working Capitals	#固定资产合计 Total Fixed Assets	负债合计 Total Liabilities	所有者权益合计 Total Owners' Equities
全 国	**National Total**	**442308**	**160817**	**207601**	**281544**	**160764**
北 京	Beijing					
天 津	Tianjin	2607	933	1513	3421	-814
河 北	Hebei	3891	1071	2772	3149	742
山 西	Shanxi	11484	1587	9898	11491	-7
内蒙古	Inner Mongolia	9112	1670	5416	4919	4193
辽 宁	Liaoning	37002	23043	12531	38501	-1500
吉 林	Jilin	2656	1197	1329	952	1704
黑龙江	Heilongjiang	708	308	222	429	280
上 海	Shanghai	23583	16882	5250	22595	988
江 苏	Jiangsu	10332	3828	2359	8741	1590
浙 江	Zhejiang	3875	624	1488	2268	1607
安 徽	Anhui	13037	3597	6120	7464	5574
福 建	Fujian	28436	9366	7133	11615	16821
江 西	Jiangxi	9658	3664	3607	7109	2549
山 东	Shandong	30538	19702	7541	13704	16833
河 南	Henan	9750	1800	4739	3082	6668
湖 北	Hubei	11600	4182	5465	3830	7770
湖 南	Hunan	5426	1302	3161	1459	3967
广 东	Guangdong	97050	33102	49374	58909	38142
广 西	Guangxi	17674	4745	10497	8898	8776
海 南	Hainan	4446	2244	1906	4389	57
重 庆	Chongqing	7971	1551	5906	2220	5752
四 川	Sichuan	24067	6489	14181	12982	11086
贵 州	Guizhou	8921	1262	7593	6690	2231
云 南	Yunnan	28196	9141	13159	20490	7707
西 藏	Tibet					
陕 西	Shaanxi	33020	6738	18005	18753	14267
甘 肃	Gansu	6024	549	5441	2563	3460
青 海	Qinghai	892	192	700	687	205
宁 夏	Ningxia					
新 疆	Xinjiang	354	49	298	237	117

4-3-4 续表 9 Continued 9

港、澳、台商投资企业 单位：万元

Enterprises with Funds from Hongkong, Macao and Taiwan Unit: 10000 yuan

地区	Region	资产总计 Total Assets	#流动资产合计 Total Working Capitals	#固定资产合计 Total Fixed Assets	负债合计 Total Liabilities	所有者权益合计 Total Owners' Equities
全国	**National Total**	**13767234**	**4587043**	**5270558**	**10068445**	**3698788**
北京	Beijing	2298543	765809	659016	1416158	882386
天津	Tianjin	99240	9387	83071	100148	-909
河北	Hebei	51536	9942	19269	95291	-43755
山西	Shanxi	11128	3904	5605	9649	1479
内蒙古	Inner Mongolia	54506	5142	47179	40746	13761
辽宁	Liaoning	538578	153837	301549	283501	255076
吉林	Jilin	13941	8977	2202	16724	-2783
黑龙江	Heilongjiang	149704	24212	107467	113499	36206
上海	Shanghai	2361712	676060	826229	1474099	887613
江苏	Jiangsu	467787	114200	222253	433124	34663
浙江	Zhejiang	1075479	412493	539793	721811	353668
安徽	Anhui	228488	46379	24940	220581	7907
福建	Fujian	735523	248545	243125	554990	180533
江西	Jiangxi	71968	9253	30398	33699	38269
山东	Shandong	382524	72492	278073	331253	51271
河南	Henan	349733	195170	99608	364044	-14311
湖北	Hubei	210125	47374	121412	177613	32512
湖南	Hunan	229467	90048	74840	179896	49571
广东	Guangdong	2472570	1057281	878072	2021979	450591
广西	Guangxi	384879	70071	217018	352433	32446
海南	Hainan	930144	307262	191142	523188	406956
重庆	Chongqing	63601	7670	46479	70021	-6420
四川	Sichuan	222941	154144	44413	306050	-83109
贵州	Guizhou	17242	2371	13978	8581	8661
云南	Yunnan	126652	43650	52405	72526	54126
西藏	Tibet	1682	1682		1471	211
陕西	Shaanxi	211179	46854	137495	144081	67097
甘肃	Gansu	5842	2694	3148	1214	4628
青海	Qinghai					
宁夏	Ningxia					
新疆	Xinjiang	522	140	381	74	448

4-3-4 续表 10 Continued 10

外商投资企业 单位：万元

Foreign Funded Enterprises Unit: 10000 yuan

地 区	Region	资产总计 Total Assets	#流动资产合计 Total Working Capitals	#固定资产合计 Total Fixed Assets	负债合计 Total Liabilities	所有者权益合计 Total Owners' Equities
全 国	**National Total**	**7128710**	**2588694**	**3184570**	**5258147**	**1870563**
北 京	Beijing	1088542	423298	456358	781586	306956
天 津	Tianjin	64839	26742	17612	64454	385
河 北	Hebei	48484	5179	41297	64653	-16169
山 西	Shanxi					
内 蒙 古	Inner Mongolia	87685	6970	72590	53040	34645
辽 宁	Liaoning	205537	100395	80139	335192	-129656
吉 林	Jilin	93080	21795	65881	49112	43968
黑 龙 江	Heilongjiang	75012	20638	43907	33985	41027
上 海	Shanghai	579344	228873	188958	416973	162371
江 苏	Jiangsu	472854	156837	221564	340735	132119
浙 江	Zhejiang	427276	158563	164835	394000	33275
安 徽	Anhui	54135	3930	22643	48076	6059
福 建	Fujian	342938	87499	179197	237791	105147
江 西	Jiangxi	39366	15850	19279	33001	6366
山 东	Shandong	57910	14316	35598	50856	7055
河 南	Henan	68691	31497	16403	44645	24046
湖 北	Hubei	35161	12919	19199	26832	8329
湖 南	Hunan	81302	7455	71108	83713	-2411
广 东	Guangdong	2031812	816303	796729	1400137	631675
广 西	Guangxi	28072	2685	23236	32435	-4364
海 南	Hainan	152943	45263	86977	91961	60982
重 庆	Chongqing	224618	126935	49606	148134	76484
四 川	Sichuan	272626	47019	204012	78934	193692
贵 州	Guizhou	11129	1004	7725	2548	8581
云 南	Yunnan	173312	58989	83884	78751	94561
西 藏	Tibet	80911	9361	71271	47081	33830
陕 西	Shaanxi	223426	109496	103098	267213	-43787
甘 肃	Gansu	15488	907	14581	13105	2383
青 海	Qinghai	46841	10336	21166	8083	38758
宁 夏	Ningxia	41241	37195	2176	28093	13148
新 疆	Xinjiang	4136	448	3543	3029	1106

4-3-5 各地区限额以上住宿业企业年末资产负债(按国民经济行业分)

Assets and Liabilities of Enterprises above Designated Size of Hotels by Region and Sector at the Year-end

旅游饭店　　单位：万元

Tourist Hotel　　Unit: 10000 yuan

地　区	Region	资产总计 Total Assets	#流动资产合计 Total Current Assets	#固定资产合计 Total Fixed Assets	负债合计 Total Liabilities	所有者权益合计 Total Owners' Equities
全　国	**National Total**	**95102694**	**32929520**	**39631701**	**70241947**	**24860747**
北　京	Beijing	10501804	3501870	4474946	8192224	2309580
天　津	Tianjin	950681	325238	350444	826100	124581
河　北	Hebei	2137520	862401	948975	1776613	360906
山　西	Shanxi	1040647	344716	440369	782182	258466
内蒙古	Inner Mongolia	986796	255538	510101	575239	411558
辽　宁	Liaoning	2878157	1101914	1310837	2181087	697070
吉　林	Jilin	876994	289683	475981	598535	278460
黑龙江	Heilongjiang	831112	219857	496761	508134	322978
上　海	Shanghai	6671298	2149588	2590504	3901611	2769686
江　苏	Jiangsu	6478496	1957673	2760611	4685113	1793383
浙　江	Zhejiang	8123091	2976675	3230903	6406196	1716895
安　徽	Anhui	2172711	659049	789038	1638214	534497
福　建	Fujian	3541042	1147252	1506907	2212962	1328080
江　西	Jiangxi	1524278	537386	597956	1057730	466548
山　东	Shandong	3982721	1501387	1821178	2832872	1149850
河　南	Henan	2843741	1206997	1054549	2138102	705639
湖　北	Hubei	2537481	678661	1271380	1645971	891510
湖　南	Hunan	2778048	739007	1439192	1989307	788741
广　东	Guangdong	13205227	4961335	4672093	10885720	2319508
广　西	Guangxi	1709040	489918	771534	1308614	400427
海　南	Hainan	3449709	1377935	1316144	2523175	926534
重　庆	Chongqing	2048745	936891	656237	1634337	414408
四　川	Sichuan	4011532	1567429	1675895	3103050	908482
贵　州	Guizhou	1227894	436884	556127	907228	320666
云　南	Yunnan	2969920	1047466	1049829	1908524	1061396
西　藏	Tibet	357980	54575	266412	147975	210004
陕　西	Shaanxi	2659866	805749	1363503	2091655	568211
甘　肃	Gansu	825758	223803	430940	531487	294271
青　海	Qinghai	313464	119095	132810	149307	164157
宁　夏	Ningxia	415937	165586	215367	362740	53197
新　疆	Xinjiang	1051003	287966	454180	739945	311058

一般旅馆 单位：万元

Fonda Unit: 10000 yuan

地区	Region	资产总计 Total Assets	#流动资产合计 Total Current Assets	#固定资产合计 Total Fixed Assets	负债合计 Total Liabilities	所有者权益合计 Total Owners' Equities
全国	**National Total**	**13333724**	**5277402**	**4361270**	**8879699**	**4454025**
北京	Beijing	1789585	701316	357725	1090537	699048
天津	Tianjin	221111	88425	105881	216129	4982
河北	Hebei	619448	337830	193191	373400	246048
山西	Shanxi	276558	114184	124862	216301	60256
内蒙古	Inner Mongolia	206581	92353	87329	146065	60516
辽宁	Liaoning	257845	115812	105366	212347	45499
吉林	Jilin	54545	14027	33072	37164	17381
黑龙江	Heilongjiang	81225	28480	40715	48833	32392
上海	Shanghai	1314375	650663	174049	1038536	275839
江苏	Jiangsu	369501	136729	102662	267739	101762
浙江	Zhejiang	753941	234822	241822	557990	195951
安徽	Anhui	310491	116479	125029	193395	117097
福建	Fujian	280326	104807	95565	163074	117252
江西	Jiangxi	336968	113945	139582	230921	106047
山东	Shandong	695563	179738	242596	591815	103748
河南	Henan	609834	179727	276765	329802	280032
湖北	Hubei	525084	179993	223478	313412	211673
湖南	Hunan	326333	80415	180311	178948	147385
广东	Guangdong	1878347	950414	518149	1044227	834120
广西	Guangxi	271940	118657	70537	231620	40320
海南	Hainan	69466	7583	59071	56132	13334
重庆	Chongqing	277234	95245	126308	208137	69097
四川	Sichuan	719296	293053	277688	525753	193543
贵州	Guizhou	196940	68490	82726	106496	90444
云南	Yunnan	302267	118035	136075	192114	110153
西藏	Tibet					
陕西	Shaanxi	267826	96562	111592	175169	92658
甘肃	Gansu	210795	29305	68858	53598	157197
青海	Qinghai	5686	2377	2386	5604	82
宁夏	Ningxia	10276	4443	4286	9699	577
新疆	Xinjiang	94338	23494	53593	64743	29595

其他住宿业 单位：万元

Others Unit: 10000 yuan

地 区	Region	资产总计 Total Assets	#流动资产合计 Total Current Assets	#固定资产合计 Total Fixed Assets	负债合计 Total Liabilities	所有者权益合计 Total Owners' Equities
全 国	**National Total**	**2125831**	**826458**	**797615**	**1586613**	**539218**
北 京	Beijing	110291	31895	21446	125193	-14902
天 津	Tianjin	79417	19248	49117	74820	4598
河 北	Hebei	168958	49003	88190	153259	15699
山 西	Shanxi	30831	8330	19749	25212	5619
内 蒙 古	Inner Mongolia	39393	22781	11367	37860	1533
辽 宁	Liaoning	30114	8640	9678	14505	15609
吉 林	Jilin	26650	22152	1863	26622	29
黑 龙 江	Heilongjiang	40668	2299	34018	53865	-13197
上 海	Shanghai	138546	84038	38338	76322	62224
江 苏	Jiangsu	45226	19308	12151	44009	1217
浙 江	Zhejiang	38339	6820	18745	29216	9123
安 徽	Anhui	55308	5287	32859	51316	3992
福 建	Fujian	72568	32910	30242	58165	14403
江 西	Jiangxi	24018	10598	5666	12257	11761
山 东	Shandong	93099	35626	49853	69347	23752
河 南	Henan	25823	10970	12460	10554	15269
湖 北	Hubei	55101	10827	29308	29092	26009
湖 南	Hunan	479446	266664	35768	361057	118389
广 东	Guangdong	145650	39680	67167	93319	52331
广 西	Guangxi	14853	9416	2220	12255	2598
海 南	Hainan	119129	21664	97441	45031	74098
重 庆	Chongqing	36796	12415	15506	42347	-5551
四 川	Sichuan	38163	10806	20174	11493	26669
贵 州	Guizhou	15669	5670	9305	11111	4558
云 南	Yunnan	55584	19557	25074	42293	13291
西 藏	Tibet	2072	483	1589	209	1864
陕 西	Shaanxi	110555	53398	33035	59926	50629
甘 肃	Gansu	19710	4270	14461	10526	9183
青 海	Qinghai	11811	1314	9440	3820	7990
宁 夏	Ningxia	2046	394	1385	1614	432
新 疆	Xinjiang					

4-3-6 各地区限额以上餐饮业企业年末资产负债

Assets and Liabilitiest of Enterprises above Designated Size of Catering Services by Region at the Year-end

单位：万元

Unit: 10000 yuan

地区	Region	资产总计 Total Assets	#流动资产合计 Total Current Assets	#固定资产合计 Total Fixed Assets	负债合计 Total Liabilities	所有者权益合计 Total Owners' Equities
全国	**National Total**	**48478263**	**20807389**	**14676769**	**34840635**	**13636836**
北京	Beijing	4261019	2310980	602484	3540778	720240
天津	Tianjin	907109	460627	214922	701651	205459
河北	Hebei	616683	275082	207450	473620	143063
山西	Shanxi	1383309	438987	545142	1101149	282160
内蒙古	Inner Mongolia	1231941	454978	453473	910529	321412
辽宁	Liaoning	1282716	477674	425553	968356	314360
吉林	Jilin	371680	120220	173022	172019	199661
黑龙江	Heilongjiang	187505	63181	87875	108082	79424
上海	Shanghai	3952080	2266267	729541	3069701	882378
江苏	Jiangsu	4370883	1782086	1481159	3312570	1058313
浙江	Zhejiang	3129714	1247794	1194269	2519958	609757
安徽	Anhui	1957385	799652	579775	1339674	617711
福建	Fujian	1147672	585036	261499	707301	440371
江西	Jiangxi	479351	166807	170763	294421	184930
山东	Shandong	3917253	1302341	1659278	2650683	1266571
河南	Henan	1394790	582958	535068	786033	608757
湖北	Hubei	2551605	860538	994509	1655638	895967
湖南	Hunan	981343	331087	408412	612688	368655
广东	Guangdong	5397398	2395897	1185786	4104649	1291914
广西	Guangxi	366866	179736	109565	272585	94281
海南	Hainan	119301	68819	25933	253377	-134076
重庆	Chongqing	1246129	487933	463454	668915	577214
四川	Sichuan	3389883	1482264	863611	2206361	1183522
贵州	Guizhou	359388	164911	128746	238902	120529
云南	Yunnan	841451	499888	234879	524966	316486
西藏	Tibet	10889	8399	2219	9642	1247
陕西	Shaanxi	1562612	630038	543413	1022919	539693
甘肃	Gansu	393811	136570	153086	184189	209621
青海	Qinghai	103242	36264	44670	64851	38392
宁夏	Ningxia	195497	92632	60399	165314	30183
新疆	Xinjiang	367757	97745	136810	199116	168641

4-3-6 续表 Continued

国有控股
State-controlled Enterprises

单位：万元
Unit: 10000 yuan

地 区	Region	资产总计 Total Assets	#流动资产合计 Total Current Assets	#固定资产合计 Total Fixed Assets	负债合计 Total Liabilities	所有者权益合计 Total Owners' Equities
全 国	**National Total**	**4306379**	**1739787**	**1530605**	**2899729**	**1406651**
北 京	Beijing	774070	366909	113450	519911	254160
天 津	Tianjin	40500	20363	11418	44365	-3865
河 北	Hebei	48472	16716	23791	47907	565
山 西	Shanxi	237809	31086	137517	120349	117460
内 蒙 古	Inner Mongolia	72590	17658	29489	46273	26317
辽 宁	Liaoning	50940	16057	23441	35154	15786
吉 林	Jilin	82508	21398	42439	47165	35344
黑 龙 江	Heilongjiang	28520	2886	24139	28957	-437
上 海	Shanghai	486297	278414	100627	372830	113467
江 苏	Jiangsu	504966	283370	172144	412036	92930
浙 江	Zhejiang	200717	105358	36678	123754	76963
安 徽	Anhui	75019	17751	41304	62215	12804
福 建	Fujian	23602	12743	8096	28618	-5016
江 西	Jiangxi	28245	8346	13350	16060	12185
山 东	Shandong	466055	110370	308535	321193	144862
河 南	Henan	14038	4294	7133	9480	4558
湖 北	Hubei	139724	38899	66148	82864	56860
湖 南	Hunan	32484	6135	21057	15998	16486
广 东	Guangdong	316381	136603	128360	255452	60929
广 西	Guangxi	8354	1855	5608	7836	517
海 南	Hainan	1667	374	1293	1611	56
重 庆	Chongqing	128788	70951	43813	71794	56995
四 川	Sichuan	97168	34319	39976	51281	45887
贵 州	Guizhou	37371	19861	7089	31688	5683
云 南	Yunnan	62652	26192	19466	27772	34880
西 藏	Tibet					
陕 西	Shaanxi	182680	70374	40920	90063	92617
甘 肃	Gansu	18832	7028	11681	8274	10558
青 海	Qinghai	8509	1517	6405	8485	23
宁 夏	Ningxia	4227	301	3555	2578	1649
新 疆	Xinjiang	133194	11660	41687	7765	125429

4-3-7 各地区限额以上餐饮业企业年末资产负债(按登记注册类型分)

Assets and Liabilities of Enterprises above Designated Size of Catering Services by Region and Type of Registration at the Year-end

内资企业
Domestic Funded Enterprises

单位：万元
Unit: 10000 yuan

地　区	Region	资产总计 Total Assets	#流动资产合计 Total Current Assets	#固定资产合计 Total Fixed Assets	负债合计 Total Liabilities	所有者权益合计 Total Owners' Equities
全　国	**National Total**	**40171164**	**17831340**	**12612257**	**29013250**	**11156940**
北　京	Beijing	3145480	1791127	397944	2779064	366416
天　津	Tianjin	694595	414796	150010	549469	145126
河　北	Hebei	610933	272037	205457	471045	139888
山　西	Shanxi	1361885	433705	540694	1087412	274473
内蒙古	Inner Mongolia	1123145	390445	438105	871340	251805
辽　宁	Liaoning	972300	386971	347003	717445	254855
吉　林	Jilin	371255	120127	172689	171435	199820
黑龙江	Heilongjiang	149648	47291	83653	94376	55272
上　海	Shanghai	2392048	1508975	415075	1966508	425540
江　苏	Jiangsu	3689476	1606646	1284276	2875729	813748
浙　江	Zhejiang	2646521	1135005	922580	2111076	535445
安　徽	Anhui	1902308	795481	569466	1302281	600027
福　建	Fujian	884309	490949	196100	498032	386277
江　西	Jiangxi	399457	140708	138233	229423	170034
山　东	Shandong	3672536	1235981	1574098	2443237	1229299
河　南	Henan	1262093	517252	501129	683363	578730
湖　北	Hubei	2298538	814042	899737	1433634	864904
湖　南	Hunan	935555	320595	389367	582302	353253
广　东	Guangdong	3333020	1750196	848386	2744728	587276
广　西	Guangxi	335721	165857	105103	257330	78391
海　南	Hainan	91537	63935	9269	229670	-138133
重　庆	Chongqing	1135158	441254	416800	628842	506315
四　川	Sichuan	3174713	1420810	767342	2055318	1119396
贵　州	Guizhou	355330	161431	128651	236350	119023
云　南	Yunnan	805528	484391	226225	503979	301549
西　藏	Tibet	10889	8399	2219	9642	1247
陕　西	Shaanxi	1396200	572215	494427	899049	497151
甘　肃	Gansu	383693	132662	151710	179899	203794
青　海	Qinghai	103242	36264	44670	64851	38392
宁　夏	Ningxia	175759	76986	56326	142684	33075
新　疆	Xinjiang	358294	94807	135514	193740	164554

4-3-7 续表 1 Continued 1

国有企业 单位：万元

State-owned Enterprises Unit: 10000 yuan

地 区	Region	资产总计 Total Assets	#流动资产合计 Total Current Assets	#固定资产合计 Total Fixed Assets	负债合计 Total Liabilities	所有者权益合计 Total Owners' Equities
全 国	**National Total**	**1113904**	**308560**	**583968**	**643663**	**470240**
北 京	Beijing	40906	26981	7708	24400	16507
天 津	Tianjin	15785	5666	6302	14387	1398
河 北	Hebei	21265	7381	10618	18830	2436
山 西	Shanxi	26484	6999	15620	19994	6490
内蒙古	Inner Mongolia	39135	4981	19367	8866	30268
辽 宁	Liaoning	39510	9305	21165	31360	8150
吉 林	Jilin	64450	18057	36989	33249	31202
黑龙江	Heilongjiang	20860	-901	20506	22760	-1900
上 海	Shanghai	15081	12783	849	10553	4528
江 苏	Jiangsu	106213	28790	67127	84172	22042
浙 江	Zhejiang	18969	11433	4340	13891	5078
安 徽	Anhui	13566	4128	5211	11067	2500
福 建	Fujian	11797	7374	3688	10990	807
江 西	Jiangxi	14973	4512	6528	5476	9497
山 东	Shandong	294855	64044	207610	186715	108141
河 南	Henan	11201	3568	6813	6332	4870
湖 北	Hubei	27081	5898	18508	14989	12092
湖 南	Hunan	11254	2836	7297	6951	4303
广 东	Guangdong	82000	34591	24405	46771	35229
广 西	Guangxi	8354	1855	5608	7836	517
海 南	Hainan	1667	374	1293	1611	56
重 庆	Chongqing	1356	452	714	839	517
四 川	Sichuan	43712	18097	16800	25850	17862
贵 州	Guizhou	6525	2507	2030	4946	1579
云 南	Yunnan	9073	4269	4688	6452	2621
西 藏	Tibet					
陕 西	Shaanxi	20575	5465	12000	9318	11257
甘 肃	Gansu	17726	6593	11021	7842	9884
青 海	Qinghai					
宁 夏	Ningxia					
新 疆	Xinjiang	129530	10524	39162	7218	122312

4-3-7 续表 2 Continued 2

集体企业 单位：万元
Collective-owned Enterprises Unit: 10000 yuan

地区	Region	资产总计 Total Assets	#流动资产合计 Total Current Assets	#固定资产合计 Total Fixed Assets	负债合计 Total Liabilities	所有者权益合计 Total Owners' Equities
全国	**National Total**	**283022**	**179875**	**58237**	**215026**	**67996**
北京	Beijing	12798	5337	4628	11884	914
天津	Tianjin	970	552	384	968	2
河北	Hebei	1494	870	624	644	850
山西	Shanxi	18782	7644	3477	8267	10515
内蒙古	Inner Mongolia	723	502	45	1139	-416
辽宁	Liaoning	1862	592	553	938	924
吉林	Jilin	2151	1077	1046	1554	597
黑龙江	Heilongjiang	227	61	67	142	85
上海	Shanghai	25132	10966	9663	11815	13317
江苏	Jiangsu	19537	9753	7536	17309	2228
浙江	Zhejiang	98	95	1	179	-81
安徽	Anhui	1110	515	589	5857	-4748
福建	Fujian	7772	5287	1130	2838	4934
江西	Jiangxi	66	35	31	31	35
山东	Shandong	26577	10134	12138	14680	11897
河南	Henan	8129	1282	4108	3056	5073
湖北	Hubei	5976	1318	4526	5086	890
湖南	Hunan	747	23	700	451	296
广东	Guangdong	30910	26395	2520	15114	15796
广西	Guangxi	118	78	32	49	69
海南	Hainan					
重庆	Chongqing	4459	1964	2021	2199	2259
四川	Sichuan	109124	93686	232	107259	1865
贵州	Guizhou	480	36	398	911	-431
云南	Yunnan	1230	610	564	948	282
西藏	Tibet					
陕西	Shaanxi	2550	1063	1225	1707	843
甘肃	Gansu					
青海	Qinghai					
宁夏	Ningxia					
新疆	Xinjiang					

4-3-7 续表 3 Continued 3

股份合作企业 单位：万元

Cooperative Enterprises Unit: 10000 yuan

地 区	Region	资产总计 Total Assets	#流动资产合计 Total Current Assets	#固定资产合计 Total Fixed Assets	负债合计 Total Liabilities	所有者权益合计 Total Owners' Equities
全 国	**National Total**	**404795**	**247337**	**51153**	**325501**	**79294**
北 京	Beijing	25021	18112	3188	22913	2108
天 津	Tianjin					
河 北	Hebei	9741	1735	6354	8619	1122
山 西	Shanxi	190	136	55	68	123
内蒙古	Inner Mongolia					
辽 宁	Liaoning	95	95		1	94
吉 林	Jilin					
黑龙江	Heilongjiang	363	328	34	1	362
上 海	Shanghai	5748	3738	742	2174	3575
江 苏	Jiangsu	1252	514	701	640	612
浙 江	Zhejiang	2754	1857	780	1509	1245
安 徽	Anhui					
福 建	Fujian					
江 西	Jiangxi	3954	3297	186	4611	-658
山 东	Shandong	5951	1564	2294	4176	1775
河 南	Henan	2271	71	796	741	1530
湖 北	Hubei	985	164	274	117	868
湖 南	Hunan					
广 东	Guangdong	16726	9806	3456	15473	1253
广 西	Guangxi	4102	3165	932	1243	2859
海 南	Hainan					
重 庆	Chongqing	2030	354	1554	533	1498
四 川	Sichuan	316256	201601	28000	257585	58671
贵 州	Guizhou	364	20	162	169	195
云 南	Yunnan	5424	580	708	3420	2004
西 藏	Tibet					
陕 西	Shaanxi	1570	200	935	1510	60
甘 肃	Gansu					
青 海	Qinghai					
宁 夏	Ningxia					
新 疆	Xinjiang					

4-3-7 续表 4 Continued 4

联营企业 单位：万元

Joint Ownership Enterprises Unit: 10000 yuan

地 区	Region	资产总计 Total Assets	#流动资产合计 Total Current Assets	#固定资产合计 Total Fixed Assets	负债合计 Total Liabilities	所有者权益合计 Total Owners' Equities
全 国	**National Total**	**16586**	**5344**	**9554**	**5112**	**11474**
北 京	Beijing					
天 津	Tianjin					
河 北	Hebei					
山 西	Shanxi					
内 蒙 古	Inner Mongolia					
辽 宁	Liaoning					
吉 林	Jilin					
黑 龙 江	Heilongjiang					
上 海	Shanghai	2191	96	2095	770	1420
江 苏	Jiangsu	191	189	2	89	102
浙 江	Zhejiang	221	71	119	21	200
安 徽	Anhui					
福 建	Fujian					
江 西	Jiangxi					
山 东	Shandong	1895	554	91	1743	152
河 南	Henan	561		167	310	251
湖 北	Hubei	11108	4219	6889	2141	8967
湖 南	Hunan					
广 东	Guangdong					
广 西	Guangxi					
海 南	Hainan					
重 庆	Chongqing					
四 川	Sichuan					
贵 州	Guizhou					
云 南	Yunnan					
西 藏	Tibet					
陕 西	Shaanxi	53	31	10	11	42
甘 肃	Gansu	368	185	182	27	341
青 海	Qinghai					
宁 夏	Ningxia					
新 疆	Xinjiang					

有限责任公司 单位：万元

Limited Liability Corporations Unit: 10000 yuan

地 区	Region	资产总计 Total Assets	#流动资产合计 Total Current Assets	#固定资产合计 Total Fixed Assets	负债合计 Total Liabilities	所有者权益合计 Total Owners' Equities
全 国	**National Total**	**14585868**	**6500788**	**4502291**	**11341316**	**3244595**
北 京	Beijing	1422721	760131	171754	1343311	79410
天 津	Tianjin	210927	131582	41107	190599	20328
河 北	Hebei	224161	94753	71948	158406	65755
山 西	Shanxi	325520	69667	158300	218350	107170
内蒙古	Inner Mongolia	457966	147111	173819	408459	49507
辽 宁	Liaoning	275353	96540	89069	220982	54371
吉 林	Jilin	140483	54175	48640	66363	74120
黑龙江	Heilongjiang	56303	24121	23246	33342	22960
上 海	Shanghai	513890	331332	108736	412745	101146
江 苏	Jiangsu	1264706	616167	412693	1031441	233265
浙 江	Zhejiang	786370	310901	306981	695379	90991
安 徽	Anhui	651165	261673	178831	469162	182002
福 建	Fujian	310301	177283	62112	206279	104022
江 西	Jiangxi	141440	56484	51304	83975	57465
山 东	Shandong	1309860	359393	674087	793690	516170
河 南	Henan	565936	274159	175273	373365	192570
湖 北	Hubei	1091289	416932	380718	814221	277068
湖 南	Hunan	314340	143931	93572	217768	96572
广 东	Guangdong	1531949	788025	378507	1335366	196583
广 西	Guangxi	97906	42774	25340	92475	5431
海 南	Hainan	68029	51681	2847	209791	-141762
重 庆	Chongqing	440662	222649	128894	273010	167652
四 川	Sichuan	923319	456928	235929	686728	236590
贵 州	Guizhou	123738	57837	40632	81205	42576
云 南	Yunnan	216749	104186	72820	131273	85475
西 藏	Tibet	770	191	321	954	-183
陕 西	Shaanxi	801157	351785	276948	576077	225081
甘 肃	Gansu	153930	47304	45593	67335	86595
青 海	Qinghai	14436	3180	10053	6099	8337
宁 夏	Ningxia	72260	28043	16873	67667	4593
新 疆	Xinjiang	78234	19873	45345	75498	2736

4-3-7 续表 6 Continued 6

股份有限公司 Share-holding Corporations Ltd.

单位：万元 Unit: 10000 yuan

地区	Region	资产总计 Total Assets	#流动资产合计 Total Current Assets	#固定资产合计 Total Fixed Assets	负债合计 Total Liabilities	所有者权益合计 Total Owners' Equities
全国	**National Total**	**2504851**	**1071971**	**523952**	**1570386**	**934464**
北京	Beijing	569614	298961	78442	291090	278525
天津	Tianjin	107098	53616	30159	59788	47310
河北	Hebei	27276	10323	11753	25810	1466
山西	Shanxi	15760	6636	467	15824	-64
内蒙古	Inner Mongolia	100609	41095	29821	51241	49368
辽宁	Liaoning	24250	2428	20792	17741	6509
吉林	Jilin	27489	12071	8287	23244	4245
黑龙江	Heilongjiang	3776	1093	1753	2540	1236
上海	Shanghai	229501	123024	10183	146265	83236
江苏	Jiangsu	126840	78086	24415	99156	27684
浙江	Zhejiang	93763	33732	24288	38344	55419
安徽	Anhui	53480	16760	8601	40703	12777
福建	Fujian	5061	517	2753	629	4432
江西	Jiangxi	20760	4047	4467	7570	13190
山东	Shandong	443011	147021	82108	413534	29477
河南	Henan	39401	11242	22255	18396	21005
湖北	Hubei	30748	9633	17771	23646	7102
湖南	Hunan	24113	3092	16168	6759	17354
广东	Guangdong	100061	63867	12236	47887	52174
广西	Guangxi	6200	829	3307	2701	3499
海南	Hainan	12528	5856	3885	6491	6037
重庆	Chongqing	137270	32049	33530	89765	47505
四川	Sichuan	98310	30680	37212	48872	49438
贵州	Guizhou	6136	5672	439	5628	508
云南	Yunnan	2102	924	1161	55	2047
西藏	Tibet					
陕西	Shaanxi	134110	48749	18056	46220	87890
甘肃	Gansu	20377	9150	8937	12628	7750
青海	Qinghai	16740	8130	7895	9838	6902
宁夏	Ningxia	1660	360	360	326	1334
新疆	Xinjiang	26807	12330	2451	17696	9110

私营企业 单位：万元

Private Enterprises Unit: 10000 yuan

地 区	Region	资产总计 Total Assets	#流动资产合计 Total Current Assets	#固定资产合计 Total Fixed Assets	负债合计 Total Liabilities	所有者权益合计 Total Owners' Equities
全 国	**National Total**	**20902062**	**9377553**	**6723633**	**14702637**	**6198409**
北 京	Beijing	1074420	681605	132224	1085467	-11047
天 津	Tianjin	355458	220614	70909	275152	80307
河 北	Hebei	324852	156257	103316	257499	67353
山 西	Shanxi	970572	340723	360462	819018	151554
内蒙古	Inner Mongolia	518763	195990	212102	397553	121210
辽 宁	Liaoning	621609	271778	214347	436791	184819
吉 林	Jilin	130257	33668	72535	40693	89564
黑龙江	Heilongjiang	65975	22201	36465	34768	31207
上 海	Shanghai	1587562	1022730	277290	1371365	216197
江 苏	Jiangsu	2127258	865001	740394	1610191	517067
浙 江	Zhejiang	1738800	775122	582549	1360686	378113
安 徽	Anhui	1177060	508200	375255	773587	403473
福 建	Fujian	535841	296441	119343	273848	261993
江 西	Jiangxi	215653	70824	75179	127395	88258
山 东	Shandong	1550509	628036	588339	1004437	546072
河 南	Henan	627136	223939	289450	278403	348733
湖 北	Hubei	1095113	365153	452162	565114	530000
湖 南	Hunan	578313	169552	266831	347690	230623
广 东	Guangdong	1526015	809142	410251	1258402	266596
广 西	Guangxi	210254	113404	66630	149813	60441
海 南	Hainan	8979	6024	922	11743	-2765
重 庆	Chongqing	525185	169151	241994	242492	282693
四 川	Sichuan	1664631	614785	440169	923962	740670
贵 州	Guizhou	216230	94787	83769	142772	73458
云 南	Yunnan	564999	371262	144034	359237	205763
西 藏	Tibet	10118	8208	1898	8689	1430
陕 西	Shaanxi	398699	150392	166055	240149	158551
甘 肃	Gansu	184323	67084	84400	88913	95410
青 海	Qinghai	72066	24955	26722	48913	23153
宁 夏	Ningxia	101809	48554	39093	74666	27144
新 疆	Xinjiang	123604	51972	48546	93233	30371

4-3-7 续表 8 Continued 8

其他企业
Other Enterprises

单位：万元
Unit: 10000 yuan

地区	Region	资产总计 Total Assets	#流动资产合计 Total Current Assets	#固定资产合计 Total Fixed Assets	负债合计 Total Liabilities	所有者权益合计 Total Owners' Equities
全国	**National Total**	**360076**	**139912**	**159470**	**209609**	**150467**
北京	Beijing					
天津	Tianjin	4356	2766	1148	8575	-4219
河北	Hebei	2144	719	845	1237	907
山西	Shanxi	4576	1900	2313	5891	-1315
内蒙古	Inner Mongolia	5948	767	2951	4082	1867
辽宁	Liaoning	9621	6234	1078	9634	-12
吉林	Jilin	6426	1079	5191	6333	93
黑龙江	Heilongjiang	2144	389	1580	823	1321
上海	Shanghai	12943	4305	5517	10822	2122
江苏	Jiangsu	43480	8146	31407	32732	10748
浙江	Zhejiang	5546	1796	3521	1066	4480
安徽	Anhui	5928	4206	980	1906	4022
福建	Fujian	13538	4047	7075	3448	10090
江西	Jiangxi	2610	1509	537	363	2247
山东	Shandong	39880	25236	7431	24263	15617
河南	Henan	7459	2990	2267	2760	4699
湖北	Hubei	36239	10724	18890	8321	27918
湖南	Hunan	6790	1161	4801	2683	4106
广东	Guangdong	45359	18371	17011	25714	19645
广西	Guangxi	8787	3751	3254	3212	5575
海南	Hainan	334		322	34	300
重庆	Chongqing	24196	14635	8093	20005	4191
四川	Sichuan	19361	5034	9000	5061	14300
贵州	Guizhou	1858	571	1223	719	1139
云南	Yunnan	5951	2559	2250	2594	3357
西藏	Tibet					
陕西	Shaanxi	37485	14531	19198	24057	13428
甘肃	Gansu	6969	2347	1577	3154	3815
青海	Qinghai					
宁夏	Ningxia	30	29		26	4
新疆	Xinjiang	120	109	11	95	25

港、澳、台商投资企业 单位：万元

Enterprises with Funds from Hongkong,Macao and Taiwan Unit: 10000 yuan

地 区	Region	资产总计 Total Assets	#流动资产合计 Total Current Assets	#固定资产合计 Total Fixed Assets	负债合计 Total Liabilities	所有者权益合计 Total Owners' Equities
全 国	**National Total**	**3436207**	**1625489**	**884688**	**2321152**	**1115238**
北 京	Beijing	503145	325456	66238	315622	187522
天 津	Tianjin	23363	5593	6396	20203	3160
河 北	Hebei	1827	1515	95	1371	456
山 西	Shanxi	1109	403	334	810	300
内 蒙 古	Inner Mongolia	3695	1673	536	2002	1693
辽 宁	Liaoning	54996	21595	24577	42584	12411
吉 林	Jilin					
黑 龙 江	Heilongjiang	12968	11525	1236	5334	7634
上 海	Shanghai	788087	428191	144572	538040	250047
江 苏	Jiangsu	301802	80648	87587	161992	139810
浙 江	Zhejiang	147076	46474	67981	121261	25815
安 徽	Anhui	19750	2035	9476	19207	543
福 建	Fujian	163802	72231	40491	138649	25153
江 西	Jiangxi	58992	23288	27326	50923	8069
山 东	Shandong	128654	34915	55801	123431	5222
河 南	Henan	64106	47542	7241	44328	19778
湖 北	Hubei	64535	15106	30348	55099	9436
湖 南	Hunan	10779	5151	2208	6143	4636
广 东	Guangdong	791957	400609	182825	457076	335063
广 西	Guangxi	5440	3917	866	2366	3074
海 南	Hainan	27764	4885	16665	23707	4057
重 庆	Chongqing	30235	6294	19242	22597	7638
四 川	Sichuan	106400	30109	56724	78445	27955
贵 州	Guizhou					
云 南	Yunnan	19390	12964	4845	8908	10482
西 藏	Tibet					
陕 西	Shaanxi	106154	43194	31074	81026	25128
甘 肃	Gansu	184	178	6	26	158
青 海	Qinghai					
宁 夏	Ningxia					
新 疆	Xinjiang					

外商投资企业
Foreign Funded Enterprises

单位：万元
Unit: 10000 yuan

地 区	Region	资产总计 Total Assets	#流动资产合计 Total Current Assets	#固定资产合计 Total Fixed Assets	负债合计 Total Liabilities	所有者权益合计 Total Owners' Equities
全 国	**National Total**	**4870891**	**1350560**	**1179825**	**3506233**	**1364658**
北 京	Beijing	612394	194396	138302	446092	166302
天 津	Tianjin	189152	40238	58517	131979	57173
河 北	Hebei	3923	1530	1897	1205	2719
山 西	Shanxi	20315	4880	4114	12928	7387
内蒙古	Inner Mongolia	105102	62859	14832	37187	67914
辽 宁	Liaoning	255421	69109	53973	208327	47094
吉 林	Jilin	425	92	333	584	-159
黑龙江	Heilongjiang	24889	4365	2987	8371	16518
上 海	Shanghai	771944	329101	169894	565154	206791
江 苏	Jiangsu	379606	94792	109297	274849	104756
浙 江	Zhejiang	336117	66314	203708	287621	48496
安 徽	Anhui	35327	2136	834	18185	17142
福 建	Fujian	99561	21856	24907	70620	28941
江 西	Jiangxi	20902	2811	5204	14075	6827
山 东	Shandong	116063	31445	29380	84014	32050
河 南	Henan	68592	18163	26699	58342	10250
湖 北	Hubei	188532	31390	64424	166905	21627
湖 南	Hunan	35008	5342	16837	24242	10766
广 东	Guangdong	1272421	245092	154576	902846	369575
广 西	Guangxi	25706	9962	3596	12890	12817
海 南	Hainan					
重 庆	Chongqing	80737	40385	27412	17475	63262
四 川	Sichuan	108771	31345	39546	72599	36172
贵 州	Guizhou	4058	3480	95	2552	1506
云 南	Yunnan	16533	2533	3809	12078	4455
西 藏	Tibet					
陕 西	Shaanxi	60259	14630	17912	42845	17414
甘 肃	Gansu	9934	3730	1370	4264	5670
青 海	Qinghai					
宁 夏	Ningxia	19738	15646	4073	22629	-2891
新 疆	Xinjiang	9463	2938	1296	5376	4087

4-3-8 各地区限额以上餐饮业企业年末资产负债(按国民经济行业)

Assets and Liabilities of Enterprises above Designated Size of Catering Services by Region and Sector at the Year-end

正餐服务

Dinner

单位：万元

Unit: 10000 yuan

地区	Region	资产总计 Total Assets	#流动资产合计 Total Current Assets	#固定资产合计 Total Fixed Assets	负债合计 Total Liabilities	所有者权益合计 Total Owners' Equities
全国	**National Total**	**40842198**	**17691451**	**13070977**	**29533012**	**11308394**
北京	Beijing	3116399	1797475	422868	2652663	463736
天津	Tianjin	666905	386126	150667	537911	128994
河北	Hebei	615068	273858	207212	472743	142325
山西	Shanxi	1344908	428472	531778	1077944	266964
内蒙古	Inner Mongolia	1213926	442639	448211	893877	320048
辽宁	Liaoning	989750	392155	358922	761627	228123
吉林	Jilin	361916	118863	170497	167598	194318
黑龙江	Heilongjiang	170320	56482	83389	93723	76597
上海	Shanghai	2986463	1755537	535917	2390347	596116
江苏	Jiangsu	3863703	1597761	1349444	2983773	879930
浙江	Zhejiang	2779676	1101091	1036695	2251559	528118
安徽	Anhui	1853839	741330	552686	1270210	583629
福建	Fujian	944031	514224	214065	564703	379329
江西	Jiangxi	453719	161782	164095	278800	174919
山东	Shandong	3712968	1242545	1605197	2494463	1218504
河南	Henan	1271293	544896	486352	686292	585001
湖北	Hubei	2357003	817265	938120	1507490	849513
湖南	Hunan	902996	313735	377072	560552	342444
广东	Guangdong	3207631	1523060	927555	2581389	625407
广西	Guangxi	296093	146056	96394	224925	71167
海南	Hainan	114672	67027	25237	251262	-136591
重庆	Chongqing	1101059	432641	418980	567322	533738
四川	Sichuan	2959333	1279391	761229	2028693	930640
贵州	Guizhou	355367	162244	127491	237758	117652
云南	Yunnan	781085	474220	220678	488024	293061
西藏	Tibet	10467	8331	2104	9497	970
陕西	Shaanxi	1392789	563846	475309	901581	491208
甘肃	Gansu	379355	129869	150862	177567	201788
青海	Qinghai	103242	36264	44670	64851	38392
宁夏	Ningxia	195497	92632	60399	165314	30183
新疆	Xinjiang	340727	89640	126883	188555	152172

4-3-8 续表 1 Continued 1

快餐服务 Snack

单位：万元 Unit: 10000 yuan

地区	Region	资产总计 Total Assets	#流动资产合计 Total Current Assets	#固定资产合计 Total Fixed Assets	负债合计 Total Liabilities	所有者权益合计 Total Owners' Equities
全国	**National Total**	**5498259**	**1999508**	**1216906**	**3969327**	**1528933**
北京	Beijing	649334	282194	143523	426826	222508
天津	Tianjin	202061	47876	61245	141194	60867
河北	Hebei	537	221	163	201	336
山西	Shanxi	29336	10013	5545	19160	10177
内蒙古	Inner Mongolia	15529	10184	4950	13185	2344
辽宁	Liaoning	251411	65728	52067	195811	55600
吉林	Jilin	8447	510	2053	4232	4215
黑龙江	Heilongjiang	16434	6173	4261	13966	2467
上海	Shanghai	470697	248748	97801	356096	114601
江苏	Jiangsu	382097	122118	99983	261796	120301
浙江	Zhejiang	277184	93624	145937	217175	60009
安徽	Anhui	95126	53907	24184	65845	29281
福建	Fujian	172879	53596	39073	131997	40882
江西	Jiangxi	25384	5026	6590	15573	9811
山东	Shandong	179848	46263	48262	145802	34046
河南	Henan	93941	24720	35803	78958	14983
湖北	Hubei	155169	27512	45378	128905	26264
湖南	Hunan	72033	16807	29556	49726	22307
广东	Guangdong	1965881	730607	227782	1418946	546935
广西	Guangxi	44879	18374	5831	27252	17626
海南	Hainan	4516	1679	696	2092	2424
重庆	Chongqing	73152	33236	21053	47199	25953
四川	Sichuan	126807	33194	59172	92762	34045
贵州	Guizhou	1074	800	263	266	808
云南	Yunnan	33623	7965	10794	22265	11358
西藏	Tibet	422	68	115	145	277
陕西	Shaanxi	110956	44331	33500	75607	35350
甘肃	Gansu	12472	5929	1399	5783	6689
青海	Qinghai					
宁夏	Ningxia					
新疆	Xinjiang	27030	8105	9927	10561	16469

4-3-8 续表 2 Continued 2

饮料及冷饮服务 单位：万元

Beverage and Cold Drink Unit: 10000 yuan

地 区	Region	资产总计 Total Assets	#流动资产合计 Total Current Assets	#固定资产合计 Total Fixed Assets	负债合计 Total Liabilities	所有者权益合计 Total Owners' Equities
全 国	**National Total**	**1010507**	**465466**	**151353**	**688053**	**322454**
北 京	Beijing	371486	157109	21977	345355	26130
天 津	Tianjin					
河 北	Hebei	38	27	10	1	37
山 西	Shanxi					
内蒙古	Inner Mongolia					
辽 宁	Liaoning	12777	6025	2191	5387	7390
吉 林	Jilin					
黑龙江	Heilongjiang	752	527	225	392	360
上 海	Shanghai	368337	174974	74179	214512	153825
江 苏	Jiangsu	47569	20998	10011	25726	21843
浙 江	Zhejiang	10425	7700	897	3992	6433
安 徽	Anhui	2465	1111	557	1164	1301
福 建	Fujian	10065	3266	4805	2031	8034
江 西	Jiangxi	248		78	48	200
山 东	Shandong	5045	2367	735	1275	3770
河 南	Henan					
湖 北	Hubei	23722	5265	6898	11679	12043
湖 南	Hunan	1479	318	898	541	939
广 东	Guangdong	98132	53997	16026	39892	58240
广 西	Guangxi	15014	9922	4388	11869	3144
海 南	Hainan	114	114		23	91
重 庆	Chongqing	472	311	155	220	252
四 川	Sichuan	30695	12594	5966	15476	15219
贵 州	Guizhou	1332	517	735	399	933
云 南	Yunnan	8362	7495	141	6978	1384
西 藏	Tibet					
陕 西	Shaanxi	543	154	103	295	247
甘 肃	Gansu	1438	675	378	797	641
青 海	Qinghai					
宁 夏	Ningxia					
新 疆	Xinjiang					

4-3-8 续表 3 Continued 3

其他餐饮业

Others

单位：万元

Unit: 10000 yuan

地 区	Region	资产总计 Total Assets	#流动资产合计 Total Current Assets	#固定资产合计 Total Fixed Assets	负债合计 Total Liabilities	所有者权益合计 Total Owners' Equities
全 国	**National Total**	**1127298**	**650963**	**237533**	**650243**	**477055**
北 京	Beijing	123800	74202	14116	115934	7865
天 津	Tianjin	38143	26625	3010	22546	15597
河 北	Hebei	1041	976	64	676	364
山 西	Shanxi	9065	503	7819	4045	5019
内蒙古	Inner Mongolia	2486	2155	312	3466	-980
辽 宁	Liaoning	28777	13767	12373	5531	23246
吉 林	Jilin	1317	846	471	189	1129
黑龙江	Heilongjiang					
上 海	Shanghai	126583	87008	21644	108746	17838
江 苏	Jiangsu	77514	41210	21722	41275	36239
浙 江	Zhejiang	62429	45378	10741	47232	15197
安 徽	Anhui	5956	3303	2348	2455	3501
福 建	Fujian	20697	13950	3556	8571	12126
江 西	Jiangxi					
山 东	Shandong	19393	11167	5085	9142	10251
河 南	Henan	29556	13341	12913	20783	8774
湖 北	Hubei	15711	10496	4114	7564	8147
湖 南	Hunan	4834	227	886	1869	2965
广 东	Guangdong	125755	88233	14423	64423	61332
广 西	Guangxi	10881	5384	2952	8538	2343
海 南	Hainan					
重 庆	Chongqing	71446	21745	23266	54174	17272
四 川	Sichuan	273049	157085	37244	69430	203619
贵 州	Guizhou	1615	1349	257	479	1136
云 南	Yunnan	18381	10208	3267	7699	10682
西 藏	Tibet					
陕 西	Shaanxi	58324	21708	34501	45436	12888
甘 肃	Gansu	546	98	447	42	504
青 海	Qinghai					
宁 夏	Ningxia					
新 疆	Xinjiang					

4-4-1 限额以上住宿和餐饮业企业损益及分配

项 目	Item	主营业务收入 Revenue from Principal Business	主营业务成本 Cost of Principal Business
总 计	**Total**	**80298872**	**36607189**
一、住宿业	**Hotels**	**34863077**	**13439710**
#国有控股	State-controlled Enterprises	9390676	3344130
(一)按登记注册类型分	**by Type of Registration**		
1.内资企业	**Domestic Funded Enterprises**	**29443238**	**11756252**
国有企业	State-owned Enterprises	4121714	1573758
集体企业	Collective-owned Enterprises	530112	215284
股份合作企业	Cooperative Enterprises	100106	39857
联营企业	Joint Ownership Enterprises	54773	17944
国有联营企业	State Joint Ownership Enterprises	29733	8131
集体联营企业	Collective Joint Ownership Enterprises	8262	3925
国有与集体联营企业	Joint State-collective Enterprises	11770	3949
其他联营企业	Other Joint Ownership Enterprises	5009	1938
有限责任公司	Limited Liability Corporations	13163097	4856986
国有独资公司	State Sole Funded Corporations	1082868	395431
其他有限责任公司	Other Limited Liability Corporations	12080229	4461554
股份有限公司	Share-holding Corporations Ltd.	1211052	537089
私营企业	Private Enterprises	9964772	4368456
私营独资企业	Private-funded Enterprises	1039217	585555
私营合伙企业	Private Partnership Enterprises	242751	135450
私营有限责任公司	Private Limited Liability Corporations	8138754	3390343
私营股份有限公司	Private Share-holding Corporations Ltd.	544050	257107
其他企业	Other Enterprises	297612	146879
2.港、澳、台商投资企业	**Enterprises with Funds from Hongkong, Macao and Taiwan**	**3399159**	**1078467**
合资经营企业	Joint-venture Enterprises	1481246	411148
合作经营企业	Cooperative Enterprises	513225	179764
独资经营企业	Enterprises with Sole Investment	1289935	441944
投资股份有限公司	Share-holding Corporations Ltd. with Investment	111254	45021
其他港澳台商投资企业	Other Enterprises with Funds from Hongkong, Macao and Taiwan	3500	591
3.外商投资企业	**Foreign Funded Enterprises**	**2020680**	**604991**
中外合资经营企业	Joint-venture Enterprises	967662	229174
中外合作经营企业	Cooperative Enterprises	234034	82254
外资企业	Enterprises with Sole Foreign Investment	718435	260626
外商投资股份有限公司	Share-holding Corporations Ltd. with Foreign Investment	48518	7821
其他外商投资企业	Other Foreign Funded Enterprises	52032	25116
(二)按国民经济行业分	**by Sector**		
旅游饭店	Tourist Hotel	27993237	10308101
一般旅馆	Fonda	6151422	2815229
其他住宿业	Others	718419	316380

Income and Distribution of Enterprises above Designated Size of Hotels and Catering Services

单位：万元

Unit: 10000 yuan

主营业务税金及附加 Taxes and Other Charges on Principal Business	主营业务利润 Profits from Principal Business	其他业务利润 Profits from Other Business	销售费用 Selling Expenses	管理费用 Administrative Expenses	#税 金 Taxes
4176240	**39515444**	**1237275**	**22976403**	**15157722**	**578756**
1900908	**19522459**	**752955**	**9969086**	**9793542**	**408413**
505020	5541526	263730	2903619	3033414	135696
1569440	**16117546**	**658540**	**8587231**	**7986168**	**305685**
222528	2325428	154026	1313626	1260634	53712
28975	285853	11194	154303	128634	6893
4929	55320	1981	29922	22712	971
2847	33982	10	17745	18675	439
1647	19954	10	11454	7335	272
273	4064		1708	1675	92
676	7144		3682	7679	67
251	2820		901	1986	8
722902	7583209	299355	3978733	4003786	154661
56517	630920	19352	311727	368025	14906
666385	6952290	280003	3667006	3635762	139755
60962	613000	18896	320221	300047	14322
511571	5084745	162125	2715542	2198161	73089
47993	405668	5881	142914	126646	6760
11292	96008	2245	43306	32216	1534
424329	4324082	145367	2405128	1930207	59813
27957	258986	8633	124194	109092	4982
14725	136008	10954	57138	53520	1598
216358	**2104334**	**56936**	**822905**	**1150144**	**74231**
83429	986669	38960	388017	516862	32895
30086	303375	5022	101551	151685	3920
95250	752741	12401	299301	452911	35573
7376	58857	553	32022	26550	1842
217	2692		2015	2136	
115110	**1300579**	**37479**	**558950**	**657230**	**28498**
56495	681993	20834	282492	354537	17425
13185	138595	1709	81226	56746	1989
40209	417600	13643	167756	214043	7144
2227	38469	1193	21770	19585	1844
2995	23922	101	5707	12320	96
1551737	16133399	623589	8278755	8344462	355758
311614	3024579	124565	1527000	1261321	48072
37558	364481	4801	163330	187760	4583

项　目	Item	财务费用 Financial Expenses	#利息支出 Interest Expenses
总　计	**Total**	**2654122**	**1812775**
一、住宿业	**Hotels**	**1917015**	**1431882**
#国有控股	State-controlled Enterprises	271166	257833
(一)按登记注册类型分	**by Type of Registration**		
1.内资企业	**Domestic Funded Enterprises**	**1565371**	**1150379**
国有企业	State-owned Enterprises	69381	72270
集体企业	Collective-owned Enterprises	13420	4972
股份合作企业	Cooperative Enterprises	3717	3623
联营企业	Joint Ownership Enterprises	1083	442
国有联营企业	State Joint Ownership Enterprises	997	357
集体联营企业	Collective Joint Ownership Enterprises	38	34
国有与集体联营企业	Joint State-collective Enterprises	-1	3
其他联营企业	Other Joint Ownership Enterprises	50	48
有限责任公司	Limited Liability Corporations	834272	625311
国有独资公司	State Sole Funded Corporations	20337	16059
其他有限责任公司	Other Limited Liability Corporations	813935	609252
股份有限公司	Share-holding Corporations Ltd.	62107	53591
私营企业	Private Enterprises	572950	384646
私营独资企业	Private-funded Enterprises	25131	13819
私营合伙企业	Private Partnership Enterprises	6303	3818
私营有限责任公司	Private Limited Liability Corporations	501174	333485
私营股份有限公司	Private Share-holding Corporations Ltd.	40343	33525
其他企业	Other Enterprises	8441	5524
2.港、澳、台商投资企业	**Enterprises with Funds from Hongkong, Macao and Taiwan**	**249934**	**171086**
合资经营企业	Joint-venture Enterprises	111454	63725
合作经营企业	Cooperative Enterprises	21202	17971
独资经营企业	Enterprises with Sole Investment	108912	84352
投资股份有限公司	Share-holding Corporations Ltd. with Investment	8373	5038
其他港澳台商投资企业	Other Enterprises with Funds from Hongkong, Macao and Taiwan	-6	
3.外商投资企业	**Foreign Funded Enterprises**	**101710**	**110418**
中外合资经营企业	Joint-venture Enterprises	56434	75631
中外合作经营企业	Cooperative Enterprises	21226	19303
外资企业	Enterprises with Sole Foreign Investment	21919	14545
外商投资股份有限公司	Share-holding Corporations Ltd. with Foreign Investment	954	577
其他外商投资企业	Other Foreign Funded Enterprises	1176	362
(二)按国民经济行业分	**by Sector**		
旅游饭店	Tourist Hotel	1702260	1299552
一般旅馆	Fonda	181860	107685
其他住宿业	Others	32896	24645

4-4-1 Continued 1

单位：万元
Unit: 10000 yuan

营业利润 Operating Profits	利润总额 Total Profits	应交所得税 Income Tax Payable	应付职工薪酬 Payables to Employees
-442260	**-712461**	**781547**	**17290685**
-1506494	**-1659285**	**313626**	**8442744**
-467792	-403115	90811	2845443
-1547149	**-1696149**	**223102**	**7240002**
-235561	-147075	25296	1336867
-392	701	5489	127950
-403	566	1117	25327
-3269	-2654	638	18280
292	834	408	10594
720	794	17	1983
-4163	-4166	205	4742
-117	-117	9	961
-958947	-971882	102319	3424355
-52664	-87361	16904	326430
-906283	-884521	85415	3097925
-33531	-28858	9786	311637
-334836	-566710	76577	1933048
98236	88475	10201	151646
16971	14079	1764	39522
-441662	-459250	60770	1642188
-8381	-210013	3843	99692
19790	19761	1881	62538
19146	**15912**	**54111**	**739710**
526	10021	19950	356504
31003	30032	13945	91407
-3653	23949	19542	267730
-7274	-46634	675	23046
-1456	-1456		1022
21509	**20953**	**36413**	**463033**
6493	8264	17957	224461
-14129	-16496	1882	63293
27393	27141	15395	152125
-3072	-2740	849	15069
4825	4784	331	8085
-1609893	-1734747	236585	7082530
117375	137716	70763	1204371
-13976	-62255	6279	155843

项　目	Item	主营业务收入 Revenue from Principal Business	主营业务成本 Cost of Principal Business
二、餐饮业	**Catering Services**	**45435795**	**23167479**
#国有控股	State-controlled Enterprises	2244825	1147524
(一)按登记注册类型分	**by Type of Registration**		
1.内资企业	**Domestic Funded Enterprises**	**33094934**	**17820235**
国有企业	State-owned Enterprises	655108	339217
集体企业	Collective-owned Enterprises	245861	146441
股份合作企业	Cooperative Enterprises	159097	82008
联营企业	Joint Ownership Enterprises	57552	47658
国有联营企业	State Joint Ownership Enterprises		
集体联营企业	Collective Joint Ownership Enterprises	57552	47658
国有与集体联营企业	Joint State-collective Enterprises		
其他联营企业	Other Joint Ownership Enterprises		
有限责任公司	Limited Liability Corporations	9718482	4895566
国有独资公司	State Sole Funded Corporations	410860	225775
其他有限责任公司	Other Limited Liability Corporations	9307622	4669791
股份有限公司	Share-holding Corporations Ltd.	1240489	629718
私营企业	Private Enterprises	20505584	11365317
私营独资企业	Private-funded Enterprises	3405062	2142155
私营合伙企业	Private Partnership Enterprises	406440	243149
私营有限责任公司	Private Limited Liability Corporations	15855174	8520467
私营股份有限公司	Private Share-holding Corporations Ltd.	838908	459545
其他企业	Other Enterprises	512761	314311
2.港、澳、台商投资企业	**Enterprises with Funds from Hongkong, Macao and Taiwan**	**4079970**	**1551434**
合资经营企业	Joint-venture Enterprises	737325	355758
合作经营企业	Cooperative Enterprises	198890	75127
独资经营企业	Enterprises with Sole Investment	3114167	1109321
投资股份有限公司	Share-holding Corporations Ltd. with Investment	23830	8899
其他港澳台商投资企业	Other Enterprises with Funds from Hongkong, Macao and Taiwan	5759	2329
3.外商投资企业	**Foreign Funded Enterprises**	**8260891**	**3795810**
中外合资经营企业	Joint-venture Enterprises	1906440	868995
中外合作经营企业	Cooperative Enterprises	118542	68193
外资企业	Enterprises with Sole Foreign Investment	6165923	2827912
外商投资股份有限公司	Share-holding Corporations Ltd. with Foreign Investment	46328	19023
其他外商投资企业	Other Foreign Funded Enterprises	23658	11687
(二)按国民经济行业分	**by Sector**		
正餐服务	Dinner	33477911	17651952
快餐服务	Snack	9127990	4211980
饮料及冷饮服务	Beverage and Cold Drink	1193796	391389
其他餐饮业	Others	1636098	912158

单位：万元
Unit: 10000 yuan

主营业务税金及附加 Taxes and Other Charges on Principal Business	主营业务利润 Profits from Principal Business	其他业务利润 Profits from Other Business	销售费用 Selling Expenses	管理费用 Administrative Expenses	
					#税 金 Taxes
2275331	**19992985**	**484319**	**13007317**	**5364180**	**170343**
105301	992000	43526	620161	386441	11947
1633036	**13641663**	**386448**	**8211721**	**4146919**	**157798**
31147	284744	10714	165352	113969	4923
10922	88499	1297	42106	25338	2645
8730	68359	431	43912	17509	1667
412	9482		2490	1951	296
412	9482		2490	1951	296
490984	4331932	145482	2875904	1404596	45727
19119	165966	14991	108011	70768	1500
471865	4165966	130491	2767893	1333828	44227
56821	553949	10203	336177	172816	5937
1007443	8132824	212672	4668531	2362390	93634
159343	1103564	20751	344598	262961	23776
17970	145320	1105	69417	41267	2522
789938	6544769	181707	4042398	1962161	64626
40192	339171	9109	212117	96001	2710
26576	171874	5649	77248	48351	2969
213229	**2315307**	**23455**	**1759047**	**433520**	**8105**
38512	343055	4752	230454	91766	1824
9487	114276	705	88042	30910	281
163654	1841192	17967	1426915	307238	5754
1310	13621	31	11387	3187	197
266	3163		2250	419	49
429066	**4036015**	**74417**	**3036550**	**783740**	**4440**
99895	937550	9511	742877	166664	1167
6498	43852	184	32968	16448	222
318904	3019107	61357	2230704	593382	2781
2522	24782	3365	21269	5039	269
1247	10724		8732	2208	2
1685550	14140409	388751	8700762	4293447	155168
458686	4457324	80857	3391965	811345	6535
62229	740178	1743	534804	84218	2338
68866	655074	12969	379786	175170	6302

项　　目	Item	财务费用 Financial Expenses	#利息支出 Interest Expenses
二、餐饮业	**Catering Services**	**737107**	**380893**
#国有控股	State-controlled Enterprises	29384	19455
(一)按登记注册类型分	**by Type of Registration**		
1.内资企业	**Domestic Funded Enterprises**	**657594**	**343159**
国有企业	State-owned Enterprises	7791	4025
集体企业	Collective-owned Enterprises	1593	640
股份合作企业	Cooperative Enterprises	1711	1185
联营企业	Joint Ownership Enterprises	1427	
国有联营企业	State Joint Ownership Enterprises		
集体联营企业	Collective Joint Ownership Enterprises	1427	
国有与集体联营企业	Joint State-collective Enterprises		
其他联营企业	Other Joint Ownership Enterprises		
有限责任公司	Limited Liability Corporations	211193	118209
国有独资公司	State Sole Funded Corporations	5778	4177
其他有限责任公司	Other Limited Liability Corporations	205415	114033
股份有限公司	Share-holding Corporations Ltd.	36726	24726
私营企业	Private Enterprises	390037	191747
私营独资企业	Private-funded Enterprises	43567	18144
私营合伙企业	Private Partnership Enterprises	5061	2321
私营有限责任公司	Private Limited Liability Corporations	324051	163397
私营股份有限公司	Private Share-holding Corporations Ltd.	17358	7885
其他企业	Other Enterprises	7116	2627
2.港、澳、台商投资企业	**Enterprises with Funds from Hongkong, Macao and Taiwan**	**41924**	**18744**
合资经营企业	Joint-venture Enterprises	12677	6378
合作经营企业	Cooperative Enterprises	1936	612
独资经营企业	Enterprises with Sole Investment	26975	11519
投资股份有限公司	Share-holding Corporations Ltd. with Investment	324	236
其他港澳台商投资企业	Other Enterprises with Funds from Hongkong, Macao and Taiwan	13	
3.外商投资企业	**Foreign Funded Enterprises**	**37589**	**18989**
中外合资经营企业	Joint-venture Enterprises	11976	7226
中外合作经营企业	Cooperative Enterprises	1627	95
外资企业	Enterprises with Sole Foreign Investment	23699	11028
外商投资股份有限公司	Share-holding Corporations Ltd. with Foreign Investment	210	640
其他外商投资企业	Other Foreign Funded Enterprises	77	0
(二)按国民经济行业分	**by Sector**		
正餐服务	Dinner	672201	343517
快餐服务	Snack	48399	25743
饮料及冷饮服务	Beverage and Cold Drink	4856	4052
其他餐饮业	Others	11651	7580

4-4-1 Continued 3

单位：万元
Unit: 10000 yuan

营业利润 Operating Profits	利润总额 Total Profits	应交所得税 Income Tax Payable	应付职工薪酬 Payables to Employees
1064234	**946824**	**467920**	**8847941**
34108	57392	22338	645470
813495	**717162**	**332585**	**6816449**
6211	12206	5053	229411
19466	18542	3356	41778
5343	5442	2059	30219
3614	3611	785	1303
3614	3611	785	1303
-93334	-84932	91584	2274000
-13708	-7161	3533	90823
-79626	-77771	88051	2183177
65216	62702	9346	235917
768258	668102	216399	3923379
455961	397498	44359	426154
30079	25102	3586	63616
262522	227771	160857	3283122
19697	17731	7598	150487
38722	31490	4002	80442
77682	**49853**	**48164**	**746763**
11344	-12473	3738	149417
-5997	-7657	2566	39487
74066	71483	41690	551943
-1927	-1552	122	4987
196	53	49	929
173056	**179809**	**87172**	**1284728**
19814	11077	14240	377685
-4816	-4405	553	34612
157518	170798	71704	860030
412	2594	534	8831
129	-254	141	3570
628158	533099	329021	6825185
219770	221605	81247	1471403
118270	100762	32706	186230
98036	91358	24946	365122

4-4-2 各地区限额以上住宿和餐饮业企业损益及分配

地区	Region	主营业务收入 Revenue from Principal Busines	主营业务成本 Cost of Principal Business	主营业务税金及附加 Taxes and Other Charges on Principal Business	主营业务利润 Profits from Principal Business	其他业务利润 Profits from Other Business	销售费用 Selling Expenses	管理费用 Administr-ative Expenses
全国	**National Total**	**80298872**	**36607189**	**4176240**	**39515443**	**1237275**	**22976403**	**15157722**
北京	Beijing	8691752	3120825	471175	5099752	78197	3301489	1872452
天津	Tianjin	1331021	615248	69630	646143	5560	453146	236941
河北	Hebei	1033989	479865	57128	496996	18791	365628	281186
山西	Shanxi	953613	458021	49864	445728	42695	329694	244030
内蒙古	Inner Mongolia	873724	432887	39608	401229	19445	233329	201834
辽宁	Liaoning	2372168	1212319	121292	1038557	44620	591875	428638
吉林	Jilin	468742	218664	22406	227672	8088	123743	119799
黑龙江	Heilongjiang	511437	224469	33424	253544	15160	131043	115182
上海	Shanghai	8365899	3367558	466694	4531647	159693	2832599	1498166
江苏	Jiangsu	5599897	2622414	283497	2693986	41580	1553005	1118410
浙江	Zhejiang	5424473	2215288	296587	2912598	114599	1727930	1206627
安徽	Anhui	1794185	932311	86585	775289	31280	441753	314612
福建	Fujian	2939265	1456483	146651	1336131	21604	756935	516669
江西	Jiangxi	855174	391931	44059	419184	10560	230653	169609
山东	Shandong	5334498	2844459	259687	2230352	66985	1037865	805349
河南	Henan	2955798	1635958	137439	1182401	35185	490651	395838
湖北	Hubei	3642075	1952853	189212	1500010	62534	766551	508251
湖南	Hunan	2372919	1172049	120012	1080858	60894	515187	460225
广东	Guangdong	11139756	4884674	588235	5666847	154596	3592007	1941502
广西	Guangxi	912046	357522	50913	503611	17197	315566	231161
海南	Hainan	1030827	259215	58336	713276	22840	301296	408724
重庆	Chongqing	2554085	1380569	114862	1058654	29272	458579	310500
四川	Sichuan	3582200	1654015	182129	1746056	73939	935688	622284
贵州	Guizhou	682652	328303	36779	317570	12985	151758	155060
云南	Yunnan	1168291	576233	60409	531649	17454	297074	271866
西藏	Tibet	68558	23824	3980	40754	3227	29430	28000
陕西	Shaanxi	2291930	1136853	114806	1040271	37121	624905	399373
甘肃	Gansu	644092	323814	32762	287516	21594	145574	99232
青海	Qinghai	117082	48833	6156	62093	1462	43110	28552
宁夏	Ningxia	159347	70832	8587	79928	4113	59656	43145
新疆	Xinjiang	427381	208900	23337	195144	4009	138687	124505

Income and Distribution of Enterprises above Designated Size of Hotels and Catering Services by Region

单位：万元

Unit: 10000 yuan

#税金 Taxes	财务费用 Financial Expenses	#利息支出 Interest Expenses	营业利润 Operating Profits	利润总额 Total Profits	应交所得税 Income Tax Payable	应付职工薪酬 Payables to Employees
578756	**2654122**	**1812775**	**-442260**	**-712461**	**781547**	**17290685**
81468	241949	250375	-214977	-186167	91195	2222746
3629	26328	7799	-39989	-35005	12379	282094
10747	61137	34589	-182720	-157063	5247	276012
5184	37174	19513	-157549	-222530	4438	427693
11327	24736	16729	-80566	-77337	3974	179315
20276	62710	27165	-40640	-21323	23738	306942
3971	19390	14246	-25862	-15685	2139	94606
5118	13862	10261	-3992	-182753	5669	115573
18043	177008	82643	240144	313190	115903	1424939
34202	190114	106406	-115499	-87133	47642	1115138
34661	262329	200471	-193407	-169633	42777	1133190
14329	89517	64948	-53635	-74016	16453	368573
24105	82114	61848	17941	24073	27870	578932
5551	43122	29154	-23533	-18786	5099	361606
35427	139112	82282	269965	261931	95878	1221635
25360	89058	36448	226302	216180	20017	474812
29297	104889	60166	140679	119181	39401	621297
22975	106187	82747	3527	-28281	11467	463268
71312	370057	263027	-108878	-124321	101378	2511423
9306	56718	44168	-86381	-73415	5021	315728
21828	49026	32843	-62114	-109559	7619	322320
14340	70230	52433	229013	192384	23159	468594
26037	140354	95221	60506	52072	39548	717801
6830	40332	32685	-29820	-31551	5166	166993
10683	51853	43608	-74886	-64364	7957	276859
203	1965	1953	-14335	-12608	206	23876
17530	56671	24378	-23558	-110500	11142	477459
4422	17021	13242	24496	7605	5672	123948
863	4804	2421	-13716	-10621	86	38681
1752	10906	9032	-33297	-32754	644	49909
7982	13449	9974	-75477	-53673	2666	128723

4-4-3 各地区限额以上住宿业企业损益及分配

地 区	Region	主营业务收入 Revenue from Principal Business	主营业务成本 Cost of Principal Business	主营业务税金及附加 Taxes and Other Charges on Principal Business	主营业务利润 Profits from Principal Business	其他业务利润 Profits from Other Business	销售费用 Selling Expenses	管理费用 Administrative Expenses
全 国	**National Total**	**34863077**	**13439710**	**1900908**	**19522459**	**752955**	**9969086**	**9793542**
北 京	Beijing	3405588	900286	190230	2315072	32149	1095440	1226440
天 津	Tianjin	388138	151955	19633	216550	1753	140091	128256
河 北	Hebei	644381	274865	36816	332700	14330	242998	215239
山 西	Shanxi	391901	158105	22105	211691	25187	149343	130537
内 蒙 古	Inner Mongolia	370144	159614	18920	191610	7700	104007	107880
辽 宁	Liaoning	1038795	490812	50858	497125	35654	264258	285048
吉 林	Jilin	284020	127826	14113	142081	6485	83493	84047
黑 龙 江	Heilongjiang	325650	124736	22059	178855	6168	88248	95629
上 海	Shanghai	2582856	803033	158351	1621472	100598	685000	821229
江 苏	Jiangsu	2033137	786254	104976	1141907	18529	602124	622809
浙 江	Zhejiang	2787857	886489	158905	1742463	87670	923020	840913
安 徽	Anhui	695582	317312	36805	341465	20367	184458	192729
福 建	Fujian	1491091	596181	81925	812985	18463	441162	360667
江 西	Jiangxi	522006	212338	27643	282025	5165	148050	130739
山 东	Shandong	2076974	966116	103835	1007023	49375	496125	423533
河 南	Henan	1461436	737684	71365	652387	17455	292551	275175
湖 北	Hubei	1261252	591412	72065	597775	43745	270560	279278
湖 南	Hunan	1396449	620874	72528	703047	52738	305895	358449
广 东	Guangdong	4878921	1881141	271388	2726392	76190	1485344	1250159
广 西	Guangxi	595939	198295	32923	364721	14742	221970	190355
海 南	Hainan	956557	226067	54381	676109	18349	276696	391073
重 庆	Chongqing	757836	319757	40465	397614	14849	186075	180340
四 川	Sichuan	1431793	554744	75771	801278	25973	412444	367103
贵 州	Guizhou	462012	204673	25608	231731	10057	108208	120641
云 南	Yunnan	706475	307452	38072	360951	12815	191509	218403
西 藏	Tibet	62437	20192	3640	38605	3227	28457	26799
陕 西	Shaanxi	1029497	442512	51515	535470	10810	289046	256926
甘 肃	Gansu	357117	165305	18343	173469	14988	88273	70195
青 海	Qinghai	79439	29326	4291	45822	1516	29262	22637
宁 夏	Ningxia	83406	34446	4482	44478	2594	37051	24638
新 疆	Xinjiang	304394	149909	16900	137585	3316	97931	95678

Income and Distribution of Enterprises above Designated Size of Hotels by Region

单位：万元
Unit: 10000 yuan

#税金 Taxes	财务费用 Financial Expenses	#利息支出 Interest Expenses	营业利润 Operating Profits	利润总额 Total Profits	应交所得税 Income Tax Payable	应付职工薪酬 Payables to Employees
408413	**1917015**	**1431882**	**-1506494**	**-1659285**	**313626**	**8442744**
73056	191473	219686	-135860	-108418	50542	1000881
2729	16558	6007	-58500	-49917	497	109322
8922	49130	29214	-143602	-126954	3238	185852
3060	21741	12535	-89003	-158123	1255	110612
6053	9906	6887	-40947	-39104	1095	89997
12794	44387	21226	-89241	-68925	6009	165243
3414	15543	11984	-32252	-21675	1263	66717
3785	12078	9995	-15418	-187955	2725	63109
12042	120754	70709	162066	196514	53501	516896
21634	116826	69682	-161856	-131820	10442	468065
25977	203641	161593	-167408	-158274	20175	630725
8794	51345	43658	-76557	-88684	3270	162577
16384	68418	53309	-33228	-23741	16237	362402
3905	34885	23556	-30207	-28092	2099	311325
16606	69172	48196	26756	39104	23393	383947
16511	64807	25449	30436	33610	8315	274397
13433	63843	42225	2011	-520	11214	272386
17190	85406	71609	-45772	-56183	6236	289109
55604	299616	224327	-193342	-182417	48982	1207182
8048	46806	36539	-81797	-70012	1344	157604
21237	48511	32809	-21284	-69214	7067	304424
7412	49083	41432	-5810	-7822	6659	215998
15797	92264	70022	-54648	-40581	10080	298415
4991	35046	29426	-32494	-35207	4291	118450
8926	37641	30552	-77596	-63576	4207	190942
198	1880	1873	-14262	-12451	197	22399
8598	33393	12091	-37072	-115921	4356	240679
2954	12216	10173	3167	-5727	3548	70722
530	3429	1477	-7816	-6288	23	26373
976	6986	6077	-23942	-22332	168	26911
6851	10233	7567	-61018	-48579	1198	99081

国有控股

State-controlled Enterprises

地　区	Region	主营业务收入 Revenue from Principal Business	主营业务成本 Cost of Principal Business	主营业务税金及附加 Taxes and Other Charges on Principal Business	主营业务利润 Profits from Principal Business	其他业务利润 Profits from Other Business	销售费用 Selling Expenses	管理费用 Administrative Expenses
全　国	**National Total**	**9390676**	**3344130**	**505020**	**5541526**	**263730**	**2903618**	**3033414**
北　京	Beijing	1721357	438438	94480	1188439	18641	540952	679040
天　津	Tianjin	128722	45953	6888	75881	353	43455	52713
河　北	Hebei	232252	108232	13567	110453	3081	85007	75876
山　西	Shanxi	135729	51960	7548	76221	21035	49600	47828
内蒙古	Inner Mongolia	85056	47041	4756	33259	2732	20507	26337
辽　宁	Liaoning	294554	166774	13857	113923	19743	61702	75587
吉　林	Jilin	104126	46615	5406	52105	2871	33912	28779
黑龙江	Heilongjiang	115354	47730	10805	56819	5140	27709	37187
上　海	Shanghai	994514	272363	49938	672213	53613	322091	331731
江　苏	Jiangsu	572387	221021	28530	322836	5284	174922	198975
浙　江	Zhejiang	524605	153311	29106	342188	12148	178485	173315
安　徽	Anhui	156642	72167	8278	76197	10926	44042	41726
福　建	Fujian	303098	85743	18316	199039	7681	122841	84733
江　西	Jiangxi	113930	42953	6396	64581	999	39262	29515
山　东	Shandong	555049	221086	28903	305060	26806	184282	156041
河　南	Henan	294896	135966	16758	142172	6003	75347	71293
湖　北	Hubei	217244	124653	8637	83954	4100	46675	44481
湖　南	Hunan	277160	114339	14406	148415	12406	55134	97769
广　东	Guangdong	929863	277486	51375	601002	13043	304136	273193
广　西	Guangxi	120658	48886	6640	65132	3450	42004	38516
海　南	Hainan	166959	34758	9148	123053	890	49246	83648
重　庆	Chongqing	138108	63700	6910	67498	1859	36043	39180
四　川	Sichuan	271467	96892	13922	160653	7178	93398	76441
贵　州	Guizhou	101304	48728	5546	47030	2672	26592	26409
云　南	Yunnan	196493	79044	10833	106616	5867	58635	67478
西　藏	Tibet	25514	8173	1517	15824	1287	13825	8395
陕　西	Shaanxi	212594	78829	11365	122400	858	69651	63785
甘　肃	Gansu	165707	82994	8670	74043	11534	39889	31475
青　海	Qinghai	31160	12472	1633	17055	260	11542	9893
宁　夏	Ningxia	25081	15814	1177	8090	51	10527	7560
新　疆	Xinjiang	179095	100010	9709	69376	1218	42207	54518

4-4-3 Continued

单位：万元
Unit: 10000 yuan

#税金 Taxes	财务费用 Financial Expenses	#利息支出 Interest Expenses	营业利润 Operating Profits	利润总额 Total Profits	应交所得税 Income Tax Payable	应付职工薪酬 Payables to Employees
135696	**271166**	**257833**	**-467792**	**-403115**	**90811**	**2845443**
38457	66467	69656	-73232	-57311	22659	582659
1590	7116	4513	-21411	-18889	91	43740
3282	3924	2974	-34370	-23941	2320	69449
782	1744	1547	-18465	-17421	136	46612
1241	855	673	-11186	-10420	31	28155
4212	1664	1370	-20477	-14419	1384	53465
1333	1918	269	-11089	-9550	9	32406
2548	1587	1390	-9504	-10217	747	30352
7827	10475	13180	38794	50658	22710	247107
9385	23299	21388	-57928	-47542	2790	155613
6983	16648	16748	-13673	-4052	5183	150350
2143	1786	1261	-7810	-23539	491	43452
2946	4213	2716	-4660	3015	5281	102025
1579	3448	2391	-7207	-5935	268	143771
3430	14675	18453	-42889	-34922	1906	129010
3742	8158	4219	-13881	-11194	-351	75640
2965	7197	6935	-11461	-5587	1192	50367
4048	23353	21080	-23753	-29975	1162	68692
13348	22951	21664	16618	29508	14854	298712
2706	10131	9619	-21546	-19657	148	41041
4164	7241	7595	-6980	-57605	1801	49276
1691	4404	3723	-12129	-5619	622	43726
3901	7795	7643	-14262	-4828	1554	76531
782	6792	6518	-11619	-10724	809	31189
3162	1289	1916	-14899	-12487	1103	66277
34	18	26	-2923	-2588	77	10254
2028	6436	2393	-14790	-13437	469	60487
1068	5238	5112	-2823	-6439	735	30318
204	28	-46	-3495	-3327	13	11847
459	175	33	-9974	-9521	-9	10639
3657	144	877	-24770	-15152	628	62282

4-4-4 各地区限额以上住宿业企业损益及分配(按登记注册类型分)

内资企业

Domestic Funded Enterprises

地 区	Region	主营业务收入 Revenue from Principal Business	主营业务成本 Cost of Principal Business	主营业务税金及附加 Taxes and Other Charges on Principal Business	主营业务利润 Profits from Principal Business	其他业务利润 Profits from Other Business	销售费用 Selling Expenses	管理费用 Administr-ative Expense
全 国	**National Total**	**29443238**	**11756252**	**1569440**	**16117546**	**658540**	**8587231**	**7986168**
北 京	Beijing	2468215	648251	135939	1684025	28749	883180	917316
天 津	Tianjin	345304	136720	17200	191384	1728	125009	110464
河 北	Hebei	623770	268544	35633	319593	14328	238928	200635
山 西	Shanxi	387493	155789	21843	209861	25187	148145	128197
内蒙古	Inner Mongolia	345458	142433	17575	185450	7700	99036	99691
辽 宁	Liaoning	860263	440506	41347	378410	15926	209122	198341
吉 林	Jilin	251750	118925	12368	120457	9085	68219	70370
黑龙江	Heilongjiang	275203	112523	19179	143501	6151	71802	73842
上 海	Shanghai	1869343	567079	97501	1204763	83092	577281	626045
江 苏	Jiangsu	1798027	706887	92320	998820	15265	528653	527535
浙 江	Zhejiang	2372057	770031	133493	1468533	73036	813552	713610
安 徽	Anhui	655185	306299	34445	314441	20367	173244	166621
福 建	Fujian	1124826	468210	62194	594422	15052	341806	253845
江 西	Jiangxi	493535	202983	25906	264646	4107	137962	121790
山 东	Shandong	1974960	937955	98031	938974	44989	468004	376267
河 南	Henan	1406016	720014	68251	617751	16873	271325	248801
湖 北	Hubei	1171661	564409	66915	540337	38565	243076	247634
湖 南	Hunan	1326554	597775	68379	660400	52681	276556	340183
广 东	Guangdong	3627187	1411813	197218	2018156	64613	1144353	894914
广 西	Guangxi	508652	180103	28620	299929	12174	192862	142970
海 南	Hainan	683188	173517	37965	471706	18018	217365	289436
重 庆	Chongqing	698592	306087	37216	355289	6572	168109	164537
四 川	Sichuan	1313729	533011	68955	711763	25517	379807	321171
贵 州	Guizhou	444723	198281	24494	221948	10057	106287	114526
云 南	Yunnan	651104	292146	34946	324012	12734	174693	192148
西 藏	Tibet	50620	18675	2979	28966	3227	24157	14981
陕 西	Shaanxi	911564	401188	45336	465040	10346	258772	223898
甘 肃	Gansu	344571	163599	17942	163030	14988	85379	65954
青 海	Qinghai	73871	28604	3998	41269	1503	26459	20777
宁 夏	Ningxia	83039	34260	4447	44332	2594	36933	24423
新 疆	Xinjiang	302779	149638	16802	136339	3316	97155	95250

Income and Distribution of Enterprises above Designated Size of Hotels by Region and Type of Registration

单位：万元

Unit: 10000 yuan

#税金 Taxes	财务费用 Financial Expense	#利息支出 Interest Expense	营业利润 Operating Profit	利润总额 Total Profit	应交所得税 Income Tax Payable	应付职工薪酬 Payables to Employees
305684	**1565371**	**1150379**	**-1547149**	**-1696149**	**223102**	**7240002**
45202	144675	128478	-228944	-207334	19201	743243
2728	15448	5878	-50076	-39977	391	96572
8513	48523	29210	-140776	-124124	3203	178476
3060	21718	12536	-87271	-156398	1255	108720
5416	8322	5302	-32363	-30924	1095	87872
10167	39128	18624	-61418	-47804	5373	136846
3107	13295	10122	-29336	-18346	442	62925
3695	9669	7364	-10829	-183686	1500	56539
8958	54246	33737	104127	132652	34640	403010
17103	95256	63278	-120653	-90924	9943	409200
20578	162866	136436	-180949	-178827	12840	544224
8155	43658	36047	-58722	-71463	3248	150571
10774	40636	31923	-29365	-13867	11974	282798
3845	34505	23549	-28349	-27269	2046	305525
14695	60729	42917	45222	58068	23076	362926
15546	57499	19376	50143	52053	8189	261157
12435	58413	39155	7328	5165	10932	248815
16440	76374	62777	-31094	-42568	5883	270831
29268	244548	185386	-231227	-194467	33522	939745
5364	30916	25639	-53907	-45973	1278	135580
7793	43195	33099	-59618	-104415	5724	240315
6629	41957	38845	-11816	-13886	5149	203303
15248	89011	67818	-63353	-50617	6883	273760
4487	34338	28895	-33534	-34681	4167	114495
7892	35736	29730	-71401	-60793	4148	172764
198	588	525	-6491	-4843	197	17717
7347	27318	8465	-39661	-118398	1941	214120
2732	12173	10148	-95	-5368	3483	68027
518	3418	1477	-7908	-6372	23	24754
976	6986	6077	-23755	-22145	168	26678
6816	10231	7567	-61059	-48619	1190	98493

国有企业
State-owned Enterprises

地区	Region	主营业务收入 Revenue from Principal Business	主营业务成本 Cost of Principal Business	主营业务税金及附加 Taxes and Other Charges on Principal Business	主营业务利润 Profits from Principal Business	其他业务利润 Profits from Other Business	销售费用 Selling Expenses	管理费用 Administr-ative Expenses
全国	**National Total**	**4121714**	**1573758**	**222528**	**2325428**	**154026**	**1313626**	**1260634**
北京	Beijing	680889	185425	37157	458307	8560	226048	273093
天津	Tianjin	37138	13521	1873	21744	346	14516	13158
河北	Hebei	171205	81082	9522	80601	2951	65994	45371
山西	Shanxi	99904	33636	5533	60735	17900	40471	35682
内蒙古	Inner Mongolia	35735	18149	1930	15656	3207	7484	14861
辽宁	Liaoning	149697	83146	8409	58142	2417	28647	43531
吉林	Jilin	81716	39725	4085	37906	2769	24715	22689
黑龙江	Heilongjiang	71692	31209	8824	31659	3612	17763	21703
上海	Shanghai	305347	72734	16181	216432	40162	108863	115521
江苏	Jiangsu	215795	79795	11011	124989	3306	73008	73278
浙江	Zhejiang	180597	56915	9616	114066	1723	58989	55095
安徽	Anhui	37721	19892	1908	15921	3140	10729	9930
福建	Fujian	116805	38801	6607	71397	4017	44660	27105
江西	Jiangxi	70484	30219	4139	36126	114	22055	17434
山东	Shandong	386929	171409	19395	196125	16077	110555	100312
河南	Henan	189584	91643	10349	87592	4732	48105	41419
湖北	Hubei	119106	74482	3962	40662	202	24409	17258
湖南	Hunan	130730	62112	6190	62428	2898	32674	29468
广东	Guangdong	353088	97060	19627	236401	8881	127453	112146
广西	Guangxi	75861	27655	4208	43998	2880	30475	21897
海南	Hainan	24461	8119	1343	14999	35	13312	7529
重庆	Chongqing	38865	18449	1799	18617	1077	10125	10793
四川	Sichuan	86066	32111	3956	49999	2966	31249	21748
贵州	Guizhou	39078	17355	2214	19509	1714	9158	13337
云南	Yunnan	75623	28930	4115	42578	1979	23965	25010
西藏	Tibet	22793	6345	1399	15049	3033	13563	5991
陕西	Shaanxi	96584	41727	5112	49745	1988	26246	26610
甘肃	Gansu	103120	49938	5584	47598	10312	28451	20605
青海	Qinghai	13861	7444	705	5712	262	6041	4048
宁夏	Ningxia	13600	5080	534	7986		9479	4031
新疆	Xinjiang	97640	49651	5243	42746	767	24427	29982

单位：万元
Unit: 10000 yuan

#税金 Taxes	财务费用 Financial Expenses	#利息支出 Interest Expenses	营业利润 Operating Profits	利润总额 Total Profits	应交所得税 Income Tax Payable	应付职工薪酬 Payables to Employees
53712	**69381**	**72270**	**-235561**	**-147075**	**25296**	**1336866**
13287	20415	26496	-55550	-42495	4065	251745
259	54		-5896	-5157	91	15201
1487	2426	1170	-28032	-20231	597	50254
502	1700	1515	-13082	-12097	109	34342
944	602	496	-5640	-5026	12	11430
1711	809	613	-12285	-6205	764	31624
1004	1700	241	-10597	-9071	9	26813
1919	1001	829	-8374	-7184	136	20466
1749	-2088	-92	14252	20458	3450	75970
4171	6449	6263	-22559	-17415	1045	60747
1526	533	1135	1904	3592	2363	47019
375	110	10	-3209	-2468	38	9663
1015	842	968	1184	3181	2306	36792
782	1219	619	-4001	-3662	134	133020
2279	10886	16847	-20637	-13170	1399	87312
1890	4756	1141	-5398	-2277	539	45406
1091	1357	1538	-1753	2919	669	26542
1187	2090	1431	301	-2215	740	29493
5104	5368	4654	-2528	9266	4046	147354
1436	2617	2141	-7894	-7512	75	24049
749	230	187	-5963	-3427	20	8834
1034	1228	815	-3390	63	355	11380
1734	553	1265	-944	-225	330	22200
540	294	189	-3143	-2883	280	10919
1904	620	749	-6307	-4814	442	23180
34	77	94	-486	-162	123	8256
894	3248	458	-5121	-3574	233	25368
898	458	384	-2333	-993	546	19506
175	-9		-2846	-3436		6001
68	142	14	-5665	-5499		4869
1965	-301	103	-9571	-5357	381	31115

集体企业

Collective-owned Enterprises

地 区	Region	主营业务收入 Revenue from Principal Business	主营业务成本 Cost of Principal Business	主营业务税金及附加 Taxes and Other Charges on Principal Business	主营业务利润 Profits from Principal Business	其他业务利润 Profits from Other Business	销售费用 Selling Expenses	管理费用 Administr-ative Expenses
全 国	**National Total**	**530111**	**215284**	**28975**	**285852**	**11194**	**154303**	**128634**
北 京	Beijing	102200	16495	5676	80029	1505	46160	32535
天 津	Tianjin	20313	11358	595	8360	12	2353	4527
河 北	Hebei	10350	4287	626	5437		2587	2598
山 西	Shanxi	10355	5702	459	4194	90	3114	2881
内蒙古	Inner Mongolia	3422	1369	202	1851	116	285	1703
辽 宁	Liaoning	23271	14378	1498	7395	321	4876	3573
吉 林	Jilin	7548	3720	422	3406		1250	2057
黑龙江	Heilongjiang	5829	3050	210	2569	16	948	1824
上 海	Shanghai	18248	8367	1036	8845	792	8457	6170
江 苏	Jiangsu	34431	16079	1805	16547	58	12076	4882
浙 江	Zhejiang	35474	9198	2064	24212	2966	13837	11131
安 徽	Anhui	3528	2213	188	1127	6	325	684
福 建	Fujian	20409	12009	1286	7114		2922	1918
江 西	Jiangxi	1693	685	57	951		765	203
山 东	Shandong	36890	19156	1940	15794	1169	7104	5803
河 南	Henan	38936	20556	1893	16487	1203	6663	6245
湖 北	Hubei	28610	12674	1484	14452	671	4103	7529
湖 南	Hunan	27403	8959	1452	16992	60	6318	9054
广 东	Guangdong	29346	11121	1911	16314	266	12393	5923
广 西	Guangxi	6204	1536	431	4237	899	2679	1698
海 南	Hainan	622		35	587		585	115
重 庆	Chongqing	13828	6270	752	6806	65	4003	2888
四 川	Sichuan	10184	6409	557	3218	543	2278	2084
贵 州	Guizhou	9470	5425	592	3453	25	312	650
云 南	Yunnan	12201	6087	711	5403	224	2267	3129
西 藏	Tibet	557	307	31	219			98
陕 西	Shaanxi	7736	4271	487	2978	187	1322	1838
甘 肃	Gansu	3194	965	163	2066		700	1042
青 海	Qinghai	1094	413	69	612		440	432
宁 夏	Ningxia	414		27	387		240	65
新 疆	Xinjiang	6350	2227	315	3808		2944	3356

单位：万元

Unit: 10000 yuan

#税金 Taxes	财务费用 Financial Expenses	#利息支出 Interest Expenses	营业利润 Operating Profits	利润总额 Total Profits	应交所得税 Income Tax Payable	应付职工薪酬 Payables to Employees
6893	**13420**	**4972**	**-392**	**701**	**5489**	**127950**
2849	384	204	1860	1980	1071	33208
54	474	433	1056	1184	23	4437
31	98		-328	-351	3	3149
103	236	228	-1952	-1867	1	3142
40	8		-189	-160		760
194	38	12	-816	-819	63	4540
	15		85	87	19	927
47	10	4	-192	-156	35	738
5	70		-5421	-5458	67	3880
71	723	617	-895	-616	137	6986
361	423	289	-699	-480	179	8532
63	8		177	180	19	784
74	26	3	2217	2692	550	2238
9	15		-31	-147		374
407	1110	308	2314	2359	690	7302
576	1185	513	2393	2642	338	8545
712	506	222	2615	2560	552	4758
213	618	667	950	593	302	4471
280	693	568	-2753	-2426	456	9531
55	85	84	-38	158	76	1654
20	3		-116	-116		220
156	127	108	-25	291	161	2182
27	5840	39	-967	-725		3548
63	-56	56	2458	1913	637	1356
161	55	5	76	-65	81	3850
			121	1		200
126	377	291	-364	-392	3	1701
120	8		316	-111		1060
24	3		-280	-144		606
	1		81	81	20	141
51	338	320	-2046	-1987	7	3132

股份合作企业

Cooperative Enterprises

地 区	Region	主营业务收入 Revenue from Principal Business	主营业务成本 Cost of Principal Business	主营业务税金及附加 Taxes and Other Charges on Principal Business	主营业务利润 Profits from Principal Business	其他业务利润 Profits from Other Business	销售费用 Selling Expenses	管理费用 Administrative Expenses
全 国	**National Total**	**100106**	**39857**	**4929**	**55320**	**1981**	**29922**	**22712**
北 京	Beijing	32997	8881	1793	22323	46	11994	9793
天 津	Tianjin	10675	3485	190	7000		4742	1686
河 北	Hebei	1552	1089	118	345		161	207
山 西	Shanxi							
内蒙古	Inner Mongolia	263	124	14	125	1	58	93
辽 宁	Liaoning	810	691	45	74		35	21
吉 林	Jilin	1695	1226	125	344		164	163
黑龙江	Heilongjiang	9463	3098	329	6036	587	2354	2740
上 海	Shanghai							
江 苏	Jiangsu							
浙 江	Zhejiang	4853	1245	246	3362	9	1733	1372
安 徽	Anhui	406	240	23	143		5	133
福 建	Fujian	1079	598	148	333		359	131
江 西	Jiangxi	3718	1069	132	2517	4	1248	624
山 东	Shandong	4608	2173	241	2194	1311	884	1288
河 南	Henan	3945	2341	214	1390		670	435
湖 北	Hubei	1555	1293	34	228		71	222
湖 南	Hunan	2814	1901	205	708		124	117
广 东	Guangdong	4172	2276	176	1720		1056	1104
广 西	Guangxi	1195	903	90	202		214	459
海 南	Hainan	1334	337	75	922		1165	219
重 庆	Chongqing	790	583	36	171		32	50
四 川	Sichuan	6153	2380	364	3409	25	2510	1715
贵 州	Guizhou							
云 南	Yunnan	1565	680	290	595		181	79
西 藏	Tibet							
陕 西	Shaanxi	4465	3245	43	1177		167	61
甘 肃	Gansu							
青 海	Qinghai							
宁 夏	Ningxia							
新 疆	Xinjiang							

4-4-4 Continued 3

单位：万元

Unit: 10000 yuan

#税金 Taxes	财务费用 Financial Expenses	#利息支出 Interest Expense	营业利润 Operating Profits	利润总额 Total Profits	应交所得税 Income Tax Payable	应付职工薪酬 Payables to Employees
971	**3717**	**3623**	**-403**	**566**	**1117**	**25327**
328	854	1223	-178	381	442	10382
	-17	-17	585	698	195	2690
3			-23	-46	8	179
5	1	1	-26	-1		22
12	3		15	15		18
	11	10	-12	-26		293
112	514	517	428	1350	365	2090
170	438	421	-148	129	45	1176
	4	2	2			168
9	14		-171	3		323
	31		554	554	45	309
	31		-8	-8		632
62	59	2	350	339		611
1	16	2	-80	-81		417
	50		418	142		1356
79	18	3	-454	-465	12	1083
11	58		20	-63		396
27	848	847	-1290	-1207		547
	14		74			67
151	607	612	-1259	-1249	6	1561
1	1		141	101		359
	165		660			647

4-4-4 续表 4

联营企业

Joint Ownership Enterprises

地 区	Region	主营业务收入 Revenue from Principal Business	主营业务成本 Cost of Principal Business	主营业务税金及附加 Taxes and Other Charges on Principal Business	主营业务利润 Profits from Principal Business	其他业务利润 Profits from Other Business	销售费用 Selling Expenses	管理费用 Administr-ative Expenses
全 国	**National Total**	**54773**	**17944**	**2847**	**33982**	**10**	**17745**	**18675**
北 京	Beijing	4960	1265	282	3413		1127	2704
天 津	Tianjin							
河 北	Hebei	2074	2279	110	-315		58	778
山 西	Shanxi							
内蒙古	Inner Mongolia	708	312	39	357		325	112
辽 宁	Liaoning	1557	405	69	1083		437	433
吉 林	Jilin							
黑龙江	Heilongjiang							
上 海	Shanghai	6056	1157	334	4565	10	2856	6561
江 苏	Jiangsu	3285	774	181	2330		1462	705
浙 江	Zhejiang	5726	1670	267	3789		1673	1612
安 徽	Anhui							
福 建	Fujian	10707	1940	590	8177		5478	1586
江 西	Jiangxi							
山 东	Shandong							
河 南	Henan							
湖 北	Hubei							
湖 南	Hunan	4635	2622	101	1912		374	435
广 东	Guangdong	6967	1666	393	4908		1815	2291
广 西	Guangxi							
海 南	Hainan							
重 庆	Chongqing							
四 川	Sichuan	5730	3324	330	2076		1080	807
贵 州	Guizhou							
云 南	Yunnan	2186	509	123	1554		885	597
西 藏	Tibet							
陕 西	Shaanxi							
甘 肃	Gansu							
青 海	Qinghai							
宁 夏	Ningxia							
新 疆	Xinjiang	183	21	29	133		175	55

4-4-4 Continued 4

单位：万元

Unit: 10000 yuan

#税金 Taxes	财务费用 Financial Expenses	#利息支出 Interest Expenses	营业利润 Operating Profits	利润总额 Total Profits	应交所得税 Income Tax Payable	应付职工薪酬 Payables to Employees
439	**1083**	**442**	**-3269**	**-2654**	**638**	**18280**
1	51	47	-468	-467		1348
105	11		-1162	-1332		1273
39			-81			255
24	1		212	189	18	224
117	407	353	-5258	-5240		3992
	18		144	146	4	957
68	-69		665	667	66	1925
	599		523	612	140	3790
19	33	32	1069	1069	9	539
3	26	2	918	1345	340	2113
33	2	3	196	190	45	883
31	3	6	69	69	15	874
			-97	96		107

有限责任公司

Limited Liability Corporations

地 区	Region	主营业务收入 Revenue from Principal Business	主营业务成本 Cost of Principal Business	主营业务税金及附加 Taxes and Other Charges on Principal Business	主营业务利润 Profits from Principal Business	其他业务利润 Profits from Other Business	销售费用 Selling Expenses	管理费用 Administr-ative Expenses
全 国	**National Total**	**13163097**	**4856985**	**722902**	**7583210**	**299355**	**3978733**	**4003786**
北 京	Beijing	1241434	314920	68512	858002	15925	444523	464419
天 津	Tianjin	182545	76379	9167	96999	673	65465	58026
河 北	Hebei	249016	102194	14673	132149	9578	93525	91710
山 西	Shanxi	81171	33586	4625	42960	3591	30828	25244
内 蒙 古	Inner Mongolia	165714	70062	9345	86307	1647	51835	53282
辽 宁	Liaoning	270530	124378	12788	133364	1847	83187	73200
吉 林	Jilin	83899	34966	4212	44721	4735	28814	22569
黑 龙 江	Heilongjiang	94875	32275	5312	57288	1231	26928	31412
上 海	Shanghai	850761	229307	45390	576064	16461	248299	315667
江 苏	Jiangsu	722767	264493	38542	419732	3399	215645	237197
浙 江	Zhejiang	1064822	317730	60852	686240	41024	374753	346790
安 徽	Anhui	273529	119318	15183	139028	11605	84340	84195
福 建	Fujian	493851	180741	28969	284141	8331	164183	134628
江 西	Jiangxi	228260	81718	11706	134836	2221	74464	63484
山 东	Shandong	727963	305535	37708	384720	17167	208117	158669
河 南	Henan	518970	227601	27442	263927	7262	127398	127944
湖 北	Hubei	515020	211225	36880	266915	30644	117307	142341
湖 南	Hunan	541967	216500	28841	296626	42587	127722	177054
广 东	Guangdong	1900403	779052	101583	1019768	28789	557926	471364
广 西	Guangxi	154572	52391	8933	93248	1038	59156	51304
海 南	Hainan	549143	134755	30581	383807	11872	158701	243194
重 庆	Chongqing	358629	155806	18974	183849	1691	90117	95605
四 川	Sichuan	540316	209257	30387	300672	12995	152915	148096
贵 州	Guizhou	240278	104052	13126	123100	3332	60988	68098
云 南	Yunnan	322551	129308	17511	175732	7693	93488	102242
西 藏	Tibet	10199	4462	589	5148		3083	4077
陕 西	Shaanxi	462962	180501	24133	258328	4867	153087	134393
甘 肃	Gansu	159128	75209	8206	75713	2811	39305	29967
青 海	Qinghai	20655	9973	1170	9512	1036	4614	6347
宁 夏	Ningxia	25973	15793	1360	8820	1747	6852	6877
新 疆	Xinjiang	111199	63501	6205	41493	1557	31169	34390

4-4-4 Continued 5

单位：万元

Unit: 10000 yuan

#税金 Taxes	财务费用 Financial Expenses	#利息支出 Interest Expenses	营业利润 Operating Profits	利润总额 Total Profits	应交所得税 Income Tax Payable	应付职工薪酬 Payables to Employees
154661	**834272**	**625311**	**-958947**	**-971881**	**102319**	**3424355**
24698	96240	76334	-124219	-118544	12419	354666
2113	9517	5428	-28782	-28074	211	49557
4999	22226	11974	-55589	-48629	2177	67559
763	4418	2862	-17274	-16216	57	25619
2609	2685	1938	-16838	-18550	283	45829
3545	8706	3525	-28143	-27500	517	54381
1142	4828	3368	-9942	-1666	220	19878
1168	1847	347	-3376	-6884	557	20832
6089	23859	18933	111098	125709	24037	205954
7148	50582	32822	-71360	-56701	2646	167893
11338	84276	72786	-100245	-84073	3662	263264
4570	20320	18906	-43343	-59212	1176	69116
6115	23514	19579	-30792	-21845	5693	134255
1834	19258	13727	-21511	-20905	746	134411
5787	27140	14352	-4105	1398	8569	151881
7416	29960	8416	-22718	-20205	1486	114657
5105	29347	19601	-17223	-18801	3089	142873
9561	40321	32272	-56609	-49323	1664	123869
15637	152146	122908	-150861	-134814	17117	455855
1925	9523	8338	-23198	-17834	737	41169
5939	35789	26988	-38815	-90373	5691	150371
3735	25186	22203	-23724	-20655	1946	132124
6620	36482	29744	-34598	-28441	1824	129086
3022	25792	23366	-33173	-31493	1726	62896
3659	21594	18901	-35457	-31347	2512	89094
	172	146	-2174	-1111	1	3573
3772	13862	5077	-38616	-111851	649	124668
951	7914	6740	-1712	-6744	492	32224
206	1720	790	-3624	-1759	13	6942
469	228	170	-5083	-4085	32	9137
2729	4818	2771	-26943	-21354	370	40724

股份有限公司

Share-holding Corporations Ltd.

地　区	Region	主营业务收　入 Revenue from Principal Business	主营业务成　本 Cost of Principal Business	主营业务税金及　附　加 Taxes and Other Charges on Principal Business	主营业务利　润 Profits from Principal Business	其他业务利　润 Profits from Other Business	销售费用 Selling Expenses	管理费用 Administr-ative Expenses
全　国	**National Total**	**1211052**	**537089**	**60962**	**613001**	**18896**	**320221**	**300047**
北　京	Beijing	42080	28262	2439	11379	2389	6525	13679
天　津	Tianjin	5911	869	386	4656		1271	2709
河　北	Hebei	23980	7246	1416	15318	172	10863	11063
山　西	Shanxi	7790	2479	384	4927	72	3370	3555
内蒙古	Inner Mongolia	13473	5992	690	6791	478	4627	3561
辽　宁	Liaoning	37691	26233	891	10567		6353	4148
吉　林	Jilin	11170	4988	737	5445		2497	2074
黑龙江	Heilongjiang	20630	4664	1157	14809	8	8319	6003
上　海	Shanghai	77113	53077	1827	22209	4947	13283	10752
江　苏	Jiangsu	155117	73538	6604	74975	587	40309	39531
浙　江	Zhejiang	72266	23168	3914	45184	763	26605	21044
安　徽	Anhui	49488	21549	2763	25176	183	8625	11297
福　建	Fujian	30682	9094	1847	19741	267	12319	8923
江　西	Jiangxi	39917	20252	2128	17537	415	5943	8799
山　东	Shandong	89348	49233	3890	36225	3158	16668	12770
河　南	Henan	72558	35363	3263	33932	1594	16680	10649
湖　北	Hubei	38530	16415	1796	20319	654	11005	9465
湖　南	Hunan	96554	35366	6432	54756	617	19233	27544
广　东	Guangdong	98647	28976	5761	63910	226	31282	30716
广　西	Guangxi	40441	15334	2011	23096	582	13042	11936
海　南	Hainan	24877	8186	1434	15257	5	8086	9764
重　庆	Chongqing	25917	9144	1667	15106	5	6774	5979
四　川	Sichuan	71807	31260	3572	36975	67	21375	13365
贵　州	Guizhou	2430	674	421	1335		494	803
云　南	Yunnan	21322	10467	1330	9525	748	8766	8259
西　藏	Tibet	1983	431	113	1439		1027	1256
陕　西	Shaanxi	19443	7699	1122	10622	768	6941	2947
甘　肃	Gansu	2674	926	83	1665	161	836	776
青　海	Qinghai	9262	1686	496	7080		4199	2910
宁　夏	Ningxia	2665	855	95	1715	2	1147	332
新　疆	Xinjiang	5288	3665	293	1330	29	1759	3440

单位：万元
Unit: 10000 yuan

#税金 Taxes	财务费用 Financial Expenses	#利息支出 Interest Expenses	营业利润 Operating Profits	利润总额 Total Profits	应交所得税 Income Tax Payable	应付职工薪酬 Payables to Employees
14322	**62107**	**53591**	**-33531**	**-28858**	**9786**	**311637**
1407	6645	6163	-13080	-12120	176	12559
	-6	-1	843	843		1550
288	5456	3695	-10375	-8460	20	6726
19	57	5	-1735	-1551	2	1975
178	67	23	-1336	-1157	18	3900
371	1553	1151	-1492	-364	360	2605
132	51	30	807	1087	61	1980
64	112	31	405	123	177	3824
241	-1	45	-601	-56	539	8367
690	3453	2512	4068	9760	1226	31229
514	6382	5480	-4865	-4834	120	20143
553	1614	903	3598	3786	25	11754
344	248	48	-1484	-935	197	9624
395	3548	1238	-994	-1348	187	5567
875	2807	2315	4716	4975	1836	12423
963	2449	1660	6731	7349	1496	13325
504	1112	806	597	851	213	8765
1838	11620	12563	-2285	-7347	578	24191
2201	4261	3620	-635	-1557	1805	28674
451	1446	1245	-3000	-3619	2	11062
320	1069	966	-3202	-5017	4	52449
223	1196	4167	1377	1402	251	7270
878	4903	4381	-2706	-1883	365	12954
36	130	49	-93	-93	11	515
214	180	33	-3355	-3442	40	6857
	44	40	-830	-814		741
188	1147	239	-399	-1327	23	3921
329	8	8	-21	-69	53	442
	-46	-46	17	17		3088
33	162	159	76	81		496
73	441	63	-4281	-3139		2663

私营企业

Private Enterprises

地 区	Region	主营业务收入 Revenue from Principal Business	主营业务成本 Cost of Principal Business	主营业务税金及附加 Taxes and Other Charges on Principal Business	主营业务利润 Profits from Principal Business	其他业务利润 Profits from Other Business	销售费用 Selling Expenses	管理费用 Administr-ative Expenses
全 国	**National Total**	**9964772**	**4368456**	**511571**	**5084745**	**162125**	**2715542**	**2198161**
北 京	Beijing	363654	93004	20081	250569	325	146803	121093
天 津	Tianjin	84081	28252	4701	51128	680	36152	28768
河 北	Hebei	163814	69393	9123	85298	1628	65220	48770
山 西	Shanxi	183921	77770	10767	95384	3478	69296	60064
内蒙古	Inner Mongolia	121935	44179	5088	72668	2169	33252	25404
辽 宁	Liaoning	366741	184003	17375	165363	11341	85152	71998
吉 林	Jilin	61434	31493	2684	27257	1581	10762	20604
黑龙江	Heilongjiang	71612	37686	3284	30642	698	15257	10013
上 海	Shanghai	570667	190266	30399	350002	20720	191967	160848
江 苏	Jiangsu	660750	270423	33874	356453	7915	183305	170699
浙 江	Zhejiang	1007706	359703	56500	591503	26551	335803	276331
安 徽	Anhui	287958	141152	14237	132569	5433	68988	59813
福 建	Fujian	436073	215881	21940	198252	2403	108098	77887
江 西	Jiangxi	144121	65808	7476	70837	1354	32965	30969
山 东	Shandong	705518	378059	33789	293670	4462	120809	93068
河 南	Henan	572807	335325	24765	212717	2082	71361	61581
湖 北	Hubei	446261	234861	21535	189865	6393	81793	68825
湖 南	Hunan	518562	268097	25013	225452	5846	89778	95481
广 东	Guangdong	1181012	471332	65446	644234	20132	394614	261770
广 西	Guangxi	217519	74806	12142	130571	6777	85083	53365
海 南	Hainan	73512	18733	3976	50803	5988	33565	24847
重 庆	Chongqing	250537	111059	13368	126110	3698	56027	48224
四 川	Sichuan	579041	239259	29085	310697	8184	165514	131715
贵 州	Guizhou	147344	67881	7839	71624	4265	34067	30711
云 南	Yunnan	203651	110090	10203	83358	1934	42527	49526
西 藏	Tibet	15089	7131	847	7111	194	6484	3559
陕 西	Shaanxi	303493	155254	13547	134692	2214	68050	54681
甘 肃	Gansu	75223	35917	3828	35478	1673	15908	13469
青 海	Qinghai	28469	8730	1527	18212	205	11120	6976
宁 夏	Ningxia	40388	12532	2431	25425	845	19215	13118
新 疆	Xinjiang	81880	30378	4700	46802	963	36607	23985

4-4-4 Continued 7

单位：万元
Unit: 10000 yuan

#税金 Taxes	财务费用 Financial Expenses	#利息支出 Interest Expenses	营业利润 Operating Profits	利润总额 Total Profits	应交所得税 Income Tax Payable	应付职工薪酬 Payables to Employees
73089	**572950**	**384646**	**-334836**	**-566710**	**76577**	**1933048**
2633	20087	18012	-37308	-36069	1027	79335
267	5403	35	-17294	-9195	-131	20743
1602	18253	12318	-45316	-45124	398	48909
1662	15278	7924	-53079	-124534	1087	43101
1596	4834	2830	-7960	-5813	763	24967
4274	27581	13324	-19023	-13234	3632	42907
829	6676	6473	-10808	-9866	132	12715
378	6164	5630	184	-171027	230	8437
758	31685	14440	-22202	-15057	6526	95795
5022	33695	21065	-29486	-25752	4878	139856
6584	70882	56325	-77344	-93634	6406	201993
2512	21592	16226	-15623	-13507	1989	58398
3141	15055	11112	-688	2214	3025	89494
825	10170	7703	-3130	-2248	854	30667
4878	18188	8869	61359	60846	10305	100229
4587	18946	7525	68203	63622	4263	77570
4740	25791	16881	21817	16116	6325	63322
3587	21557	15762	24591	14169	2541	86234
5794	78620	50801	-75989	-66928	8852	280624
1460	17016	13713	-19700	-17381	332	53692
733	5206	4111	-9913	-4158	4	25087
1377	13999	11355	11418	2587	2308	49350
5795	40515	31695	-23151	-18401	4281	101046
803	8039	5146	-229	-1446	1500	38082
1808	12219	9067	-25268	-20423	1006	46508
164	294	245	-3123	-2758	73	4947
2334	8331	2310	3166	-1553	1026	53991
434	3739	2975	3465	2436	2390	14398
111	1749	733	-1207	-1083	10	7945
406	6454	5734	-13163	-12723	116	12036
1998	4935	4310	-18033	-16790	432	20672

其他内资企业

Other Domestic Funded Enterprises

地 区	Region	主营业务收入 Revenue from Principal Business	主营业务成本 Cost of Principal Business	主营业务税金及附加 Taxes and Other Charges on Principal Business	主营业务利润 Profits from Principal Business	其他业务利润 Profits from Other Business	销售费用 Selling Expenses	管理费用 Administrative Expenses
全 国	**National Total**	**297612**	**146879**	**14725**	**136008**	**10953**	**57138**	**53520**
北 京	Beijing							
天 津	Tianjin	4642	2857	286	1499	17	510	1590
河 北	Hebei	1779	976	45	758		520	137
山 西	Shanxi	4351	2616	75	1660	55	1064	770
内 蒙 古	Inner Mongolia	4209	2247	267	1695	82	1170	675
辽 宁	Liaoning	9967	7270	273	2424		435	1437
吉 林	Jilin	4289	2807	103	1379		19	215
黑 龙 江	Heilongjiang	1102	540	62	500		234	147
上 海	Shanghai	41152	12172	2333	26647		3556	10526
江 苏	Jiangsu	5883	1785	304	3794		2849	1243
浙 江	Zhejiang	613	402	34	177		158	235
安 徽	Anhui	2556	1935	144	477		233	568
福 建	Fujian	15220	9145	808	5267	35	3787	1667
江 西	Jiangxi	5342	3232	269	1841		523	277
山 东	Shandong	23705	12390	1069	10246	1645	3867	4357
河 南	Henan	9217	7186	325	1706		449	529
湖 北	Hubei	22579	13459	1224	7896		4388	1994
湖 南	Hunan	3889	2219	145	1525	675	335	1030
广 东	Guangdong	53550	20331	2321	30898	6319	17816	9600
广 西	Guangxi	12860	7478	804	4578		2213	2311
海 南	Hainan	9239	3386	522	5331	119	1952	3767
重 庆	Chongqing	10027	4776	621	4630	39	1031	998
四 川	Sichuan	14430	9011	705	4714	739	2886	1641
贵 州	Guizhou	6123	2894	303	2926	721	1268	927
云 南	Yunnan	12004	6076	665	5263	156	2615	3305
西 藏	Tibet							
陕 西	Shaanxi	16882	8492	892	7498	322	2959	3369
甘 肃	Gansu	1233	643	78	512	31	180	96
青 海	Qinghai	530	358	30	142		46	65
宁 夏	Ningxia							
新 疆	Xinjiang	240	196	16	28		74	42

单位：万元
Unit: 10000 yuan

#税金 Taxes	财务费用 Financial Expenses	#利息支出 Interest Expenses	营业利润 Operating Profits	利润总额 Total Profits	应交所得税 Income Tax Payable	应付职工薪酬 Payables to Employees
1598	**8441**	**5524**	**19790**	**19761**	**1881**	**62538**
36	22		-589	-277	2	2395
	53	53	48	48		429
10	29	2	-149	-134		542
5	127	15	-293	-218	19	710
37	438		114	113	19	549
	15		1130	1110		320
7	21	5	97	93		152
	314	58	12258	12295	21	9051
	336	1	-566	-346	8	1532
18	1		-217	-194		172
83	11		-324	-242		689
75	337	213	-154	211	64	6282
1	264	263	765	487	79	1178
468	568	226	1582	1669	278	3148
52	145	119	583	583	66	1042
283	284	105	1354	1601	85	2138
35	85	51	471	344	50	680
170	3416	2830	1074	1113	894	14511
27	171	118	-96	278	56	3557
5	50		-320	-118	5	2807
104	207	198	2454	2425	129	929
10	110	79	75	118	32	2482
24	140	91	646	-680	14	726
114	1065	969	-1300	-873	51	2041
33	189	91	1012	299	8	3824
	45	41	190	114	1	398
1			32	32	1	172
			-89	-89		81

港、澳、台商投资企业

Enterprises with Funds from Hongkong, Macao and Taiwan

地 区	Region	主营业务收入 Revenue from Principal Business	主营业务成本 Cost of Principal Business	主营业务税金及附加 Taxes and Other Charges on Principal Business	主营业务利润 Profits from Principal Business	其他业务利润 Profits from Other Business	销售费用 Selling Expenses	管理费用 Administrative Expenses
全 国	**National Total**	**3399159**	**1078467**	**216358**	**2104334**	**56936**	**822905**	**1150144**
北 京	Beijing	614389	183283	33973	397133	961	140804	195763
天 津	Tianjin	11395	7799	680	2916	10	1167	6628
河 北	Hebei	12395	4671	716	7008	2	3732	5286
山 西	Shanxi	4408	2316	262	1830		1198	2340
内 蒙 古	Inner Mongolia	4603	2356	264	1983		4071	1581
辽 宁	Liaoning	109052	24192	5809	79051	19634	33013	57088
吉 林	Jilin	5564	1388	315	3861	4	1946	2964
黑 龙 江	Heilongjiang	23373	8246	1396	13731		8742	10622
上 海	Shanghai	572625	214197	52998	305430	31	65796	135444
江 苏	Jiangsu	112216	35486	6174	70556	1057	36137	50338
浙 江	Zhejiang	324715	84130	20251	220334	13122	83912	94361
安 徽	Anhui	26544	4954	1592	19998		8266	20078
福 建	Fujian	232464	90714	11696	130054	393	52807	64651
江 西	Jiangxi	12501	5407	844	6250	1058	4708	3271
山 东	Shandong	59921	15518	3220	41183	4058	17689	35553
河 南	Henan	38943	10476	2112	26355	582	17653	24903
湖 北	Hubei	83619	25516	4773	53330	5181	25337	28427
湖 南	Hunan	56222	16066	3189	36967		24943	16371
广 东	Guangdong	647133	237510	40541	369082	8341	183320	215935
广 西	Guangxi	78145	15558	3814	58773	2076	27053	42951
海 南	Hainan	191015	35369	11948	143698	165	33182	76726
重 庆	Chongqing	17308	3687	959	12662		5393	9283
四 川	Sichuan	56586	12669	3221	40696	1	18575	17534
贵 州	Guizhou	14135	5933	827	7375		1274	4072
云 南	Yunnan	26253	7546	1550	17157		7242	10573
西 藏	Tibet	5381	710	309	4362		1368	1734
陕 西	Shaanxi	54332	22170	2726	29436	259	12472	14018
甘 肃	Gansu	3640	596	186	2858		933	1574
青 海	Qinghai							
宁 夏	Ningxia							
新 疆	Xinjiang	285	4	16	265		176	73

单位：万元
Unit: 10000 yuan

#税金 Taxes	财务费用 Financial Expenses	#利息支出 Interest Expenses	营业利润 Operating Profits	利润总额 Total Profits	应交所得税 Income Tax Payable	应付职工薪酬 Payables to Employees
74231	**249934**	**171086**	**19146**	**15912**	**54111**	**739709**
17876	27354	32057	57510	59582	17110	167767
1	258	-1	-4959	-4959	90	2754
46	551	3	-2560	-2594	35	4070
	24		-1732	-1725		1892
42	1476	1479	-5145	-4776		1355
1432	3273	989	-14168	-6944	177	15917
54	1061	1008	-2092	-2096		1467
86	2744	2623	-7787	-8242		2546
2848	54975	36400	59304	63732	15308	85084
2539	14091	4533	-26350	-25362	60	29125
4466	31615	17847	26786	32297	7052	64516
483	7545	7553	-15879	-15409		8561
2373	19317	14811	2840	-4784	3083	44610
60	24	7	-1571	-528	32	2246
1463	6771	4334	-21842	-21668	164	11966
680	6002	4959	-21637	-20364	126	10852
936	5394	3070	-4465	-4844	278	21693
540	6794	6632	-11914	-10669	346	13936
22255	34163	23919	10582	-14145	9622	144964
2045	8784	3912	-20752	-17160	66	20322
12043	5521	46	28376	28803	30	38617
31	4473	167	-6487	-6480		4508
376	2473	2059	2138	2461	103	13250
505	690	531	1339	-216	124	3439
466	177	279	-799	1262	10	9231
			1260	1260		1768
571	4362	1844	-1195	-862	226	12501
7	25	25	326	326	65	663
8	-1		18	18	4	90

4-4-4 续表 10

外商投资企业

Foreign Funded Enterprises

地　区	Region	主营业务收入 Revenue from Principal Business	主营业务成本 Cost of Principal Business	主营业务税金及附加 Taxes and Other Charges on Principal Business	主营业务利润 Profits from Principal Business	其他业务利润 Profits from Other Business	销售费用 Selling Expenses	管理费用 Administrative Expenses
全　国	**National Total**	**2020680**	**604991**	**115110**	**1300579**	**37479**	**558950**	**657230**
北　京	Beijing	322985	68752	20317	233916	2439	71456	113361
天　津	Tianjin	31439	7436	1754	22249	16	13915	11164
河　北	Hebei	8216	1650	467	6099		339	9319
山　西	Shanxi							
内蒙古	Inner Mongolia	20082	14825	1081	4176		900	6607
辽　宁	Liaoning	69480	26114	3702	39664	94	22124	29619
吉　林	Jilin	26706	7513	1430	17763	-2604	13328	10713
黑龙江	Heilongjiang	27074	3968	1484	21622	17	7704	11165
上　海	Shanghai	140887	21757	7853	111277	17475	41923	59741
江　苏	Jiangsu	122894	43881	6481	72532	2207	37334	44936
浙　江	Zhejiang	91084	32328	5161	53595	1513	25555	32943
安　徽	Anhui	13853	6059	767	7027		2948	6030
福　建	Fujian	133802	37257	8034	88511	3018	46550	42172
江　西	Jiangxi	15971	3948	894	11129		5380	5678
山　东	Shandong	42093	12643	2584	26866	328	10432	11714
河　南	Henan	16477	7194	1002	8281		3572	1471
湖　北	Hubei	5971	1488	376	4107		2147	3217
湖　南	Hunan	13674	7032	959	5683	57	4396	1895
广　东	Guangdong	604601	231818	33630	339153	3236	157671	139310
广　西	Guangxi	9143	2634	489	6020	491	2056	4434
海　南	Hainan	82355	17181	4468	60706	166	26149	24911
重　庆	Chongqing	41937	9982	2290	29665	8276	12574	6521
四　川	Sichuan	61478	9064	3595	48819	455	14062	28398
贵　州	Guizhou	3154	460	287	2407		646	2043
云　南	Yunnan	29118	7760	1576	19782	80	9574	15681
西　藏	Tibet	6437	806	353	5278		2932	10084
陕　西	Shaanxi	63601	19154	3452	40995	205	17802	19009
甘　肃	Gansu	8905	1110	216	7579		1960	2666
青　海	Qinghai	5568	723	293	4552	13	2803	1860
宁　夏	Ningxia	367	186	35	146		118	215
新　疆	Xinjiang	1331	267	81	983		601	355

单位：万元
Unit: 10000 yuan

#税金 Taxes	财务费用 Financial Expenses	#利息支出 Interest Expenses	营业利润 Operating Profits	利润总额 Total Profits	应交所得税 Income Tax Payable	应付职工薪酬 Payables to Employees
28498	**101710**	**110418**	**21509**	**20953**	**36413**	**463033**
9978	19445	59151	35573	39334	14231	89872
	852	129	-3466	-4980	16	9996
362	57		-266	-235		3305
595	107	105	-3439	-3404		770
1196	1986	1614	-13654	-14176	459	12480
253	1187	854	-823	-1232	821	2325
5	-335	8	3198	3972	1225	4025
236	11533	572	-1365	129	3553	28802
1992	7480	1870	-14853	-15534	439	29739
933	9161	7310	-13246	-11744	283	21985
156	143	58	-1956	-1813	22	3446
3238	8465	6575	-6704	-5089	1180	34994
	356	1	-287	-296	21	3553
449	1672	945	3376	2703	152	9055
285	1306	1114	1930	1921		2388
62	36		-852	-841	5	1879
210	2238	2199	-2763	-2946	7	4341
4080	20904	15022	27304	26194	5838	122473
639	7106	6988	-7139	-6879		1702
1402	-205	-337	9958	6399	1313	25493
752	2653	2420	12493	12544	1510	8188
174	779	145	6567	7574	3094	11404
	17		-299	-310		516
568	1728	544	-5396	-4045	49	8948
	1293	1349	-9031	-8868		2915
679	1713	1782	3784	3339	2189	14058
216	18		2936	-686		2033
12	11		92	85		1620
			-187	-187		233
27	3		23	23	5	497

4-4-5 各地区限额以上住宿业企业损益及分配(按国民经济行业分)

旅游饭店

Tourist Hotel

地区	Region	主营业务收入 Revenue from Principal Business	主营业务成本 Cost of Principal Business	主营业务税金及附加 Taxes and Other Charges on Principal Business	主营业务利润 Profits from Principal Business	其他业务利润 Profits from Other Business	销售费用 Selling Expenses	管理费用 Administrative Expenses
全国	**National Total**	**27993237**	**10308101**	**1551737**	**16133399**	**623589**	**8278755**	**8344462**
北京	Beijing	2723641	695086	152190	1876365	20168	859344	1023029
天津	Tianjin	254035	96186	13724	144125	708	90367	93483
河北	Hebei	455856	176253	26653	252950	13665	195669	167645
山西	Shanxi	280882	110709	15905	154268	21878	113061	96025
内蒙古	Inner Mongolia	277702	122129	14461	141112	7119	78265	84519
辽宁	Liaoning	867052	381819	44007	441226	35452	236382	259401
吉林	Jilin	242845	104564	12150	126131	5431	76246	75304
黑龙江	Heilongjiang	253740	91858	18245	143637	5404	70933	77911
上海	Shanghai	1975050	627855	125894	1221301	82292	507625	650339
江苏	Jiangsu	1766020	668672	91675	1005673	16594	533405	561415
浙江	Zhejiang	2436936	776855	138576	1521505	77807	797977	739744
安徽	Anhui	547713	240493	30011	277209	16501	153258	167147
福建	Fujian	1233017	476826	67914	688277	15711	380195	311014
江西	Jiangxi	410101	159796	21882	228423	3842	118616	109426
山东	Shandong	1563786	695182	80072	788532	43748	398796	366435
河南	Henan	939213	429849	48551	460813	13160	224305	220249
湖北	Hubei	880745	386478	54430	439837	39836	206578	227461
湖南	Hunan	1073564	438166	56898	578500	22856	263620	306694
广东	Guangdong	4164405	1560420	232456	2371529	66798	1288082	1092845
广西	Guangxi	497836	166974	27665	303197	13489	186217	162386
海南	Hainan	938110	221877	53371	662862	16935	269288	379313
重庆	Chongqing	612675	242384	32922	337369	13779	161247	151834
四川	Sichuan	1094282	394340	57636	642306	18646	324069	293989
贵州	Guizhou	378889	167546	20942	190401	6535	88665	102245
云南	Yunnan	562687	222479	31733	308475	11080	165530	190531
西藏	Tibet	61857	20035	3608	38214	3212	28180	26717
陕西	Shaanxi	791360	315357	40487	435516	8776	238860	217704
甘肃	Gansu	302594	140469	15664	146461	14166	73475	61234
青海	Qinghai	74072	25592	3894	44586	2860	28400	20391
宁夏	Ningxia	73600	30890	3969	38741	2373	33883	21889
新疆	Xinjiang	258976	120967	14152	123857	2769	88217	86141

Income and Distribution of Enterprises above Designated Size of Hotels by Region and Sector

单位：万元

Unit: 10000 yuan

#税金 Taxes	财务费用 Financial Expenses	#利息支出 Interest Expenses	营业利润 Operating Profits	利润总额 Total Profits	应交所得税 Income Tax Payable	应付职工薪酬 Payables to Employees
355758	**1702259**	**1299552**	**-1609893**	**-1734747**	**236585**	**7082530**
67285	166242	196501	-131358	-108566	40961	840567
1392	15026	6047	-45468	-37075	71	76239
5933	43569	26768	-127025	-112375	2654	138107
2543	17619	9970	-72651	-143835	575	80437
5005	6269	4645	-38844	-39684	578	71256
11258	41217	20679	-89426	-72647	4295	143599
3254	14716	11519	-31137	-21602	1092	59297
3318	11440	9641	-14923	-185442	2453	53248
10822	101735	64404	110277	134733	35225	411864
20165	111339	67261	-162538	-132575	7876	413235
23966	188403	150956	-156407	-151610	17457	558260
7396	45424	39200	-78729	-91491	2136	135187
14734	61838	49879	-42298	-33165	13601	305413
3308	28260	18145	-25382	-23251	1462	287796
11754	57494	42707	-27860	-11765	15670	311393
11484	53270	22125	-27022	-20681	5004	204076
9210	50299	35040	-32478	-26265	5875	215229
12790	68467	58078	-52209	-68372	4184	233148
51784	279726	211004	-176386	-168167	40221	1035505
7372	42941	33828	-77175	-65724	794	129088
20896	47496	31653	-13969	-15076	7022	297993
6611	43812	37734	-7291	-8184	5513	187636
13399	79495	60524	-41971	-32083	8257	233412
4385	32608	27551	-30606	-31363	3511	90333
7745	32605	27014	-73252	-58507	3583	159783
198	1880	1872	-14294	-12499	197	22192
7262	28557	10515	-44593	-119758	3904	195219
2618	10996	9747	600	-8193	1282	59772
530	3186	1257	-7052	-4198	10	24973
910	6604	6053	-23389	-21718	137	25120
6434	9729	2134	7235		4848	83158

一般旅馆

Fonda

地 区	Region	主营业务收入 Revenue from Principal Business	主营业务成本 Cost of Principal Business	主营业务税金及附加 Taxes and Other Charges on Principal Business	主营业务利润 Profits from Principal Business	其他业务利润 Profits from Other Business	销售费用 Selling Expenses	管理费用 Administr-ative Expenses
全 国	**National Total**	**6151422**	**2815229**	**311614**	**3024579**	**124565**	**1527000**	**1261320**
北 京	Beijing	651489	195183	36312	419994	11792	224548	190811
天 津	Tianjin	104848	45508	4668	54672	1014	38182	25503
河 北	Hebei	147408	83043	7846	56519	648	39437	27457
山 西	Shanxi	98117	41931	5402	50784	1078	32958	30186
内蒙古	Inner Mongolia	83634	34180	4118	45336	580	23348	20335
辽 宁	Liaoning	155075	97274	6159	51642	146	25775	22664
吉 林	Jilin	29672	18761	1399	9512	815	4689	4710
黑龙江	Heilongjiang	60381	27760	3228	29393	560	14620	13236
上 海	Shanghai	539930	152955	28794	358181	17808	158308	155108
江 苏	Jiangsu	228962	104928	11466	112568	1769	58461	51140
浙 江	Zhejiang	330234	103764	18878	207592	9864	118556	96610
安 徽	Anhui	133912	69533	6155	58224	3865	28790	21801
福 建	Fujian	210215	93774	11279	105162	2589	53984	43632
江 西	Jiangxi	105638	50803	5372	49463	1316	27094	19214
山 东	Shandong	474796	248616	21913	204267	5450	92749	54370
河 南	Henan	485178	284975	21173	179030	4253	65246	52077
湖 北	Hubei	350332	182369	16432	151531	3902	62285	50026
湖 南	Hunan	275698	159700	13231	102767	29353	39282	39616
广 东	Guangdong	640467	296265	34563	309639	8868	171062	131885
广 西	Guangxi	88654	29238	4746	54670	1252	32993	24079
海 南	Hainan	13922	3255	757	9910	1415	5306	5788
重 庆	Chongqing	116232	63272	5726	47234	992	19677	21049
四 川	Sichuan	313052	149593	16765	146694	6761	81400	68811
贵 州	Guizhou	75915	34181	4289	37445	3515	17639	15287
云 南	Yunnan	130540	78801	5582	46157	1329	22744	22790
西 藏	Tibet							
陕 西	Shaanxi	199626	111353	9393	78880	2025	41110	30507
甘 肃	Gansu	49285	21180	2454	25651	1051	13236	8362
青 海	Qinghai	4098	1301	318	2479	4	786	2138
宁 夏	Ningxia	8694	2796	451	5447	2	3022	2592
新 疆	Xinjiang	45418	28941	2748	13729	547	9714	9537

单位：万元
Unit: 10000 yuan

#税金 Taxes	财务费用 Financial Expenses	#利息支出 Interest Expenses	营业利润 Operating Profits	利润总额 Total Profits	应交所得税 Income Tax Payable	应付职工薪酬 Payables to Employees
48072	**181860**	**107685**	**117375**	**137716**	**70763**	**1204371**
5605	19482	17558	6515	11160	9536	152621
1193	807	50	-9246	-9292	191	25755
2200	3292	2057	-13510	-11367	469	35771
437	2352	1073	-14320	-11737	592	27612
1039	3543	2242	-1692	714	400	16210
1458	3170	546	871	3652	1633	18920
159	766	465	-912	122	170	4284
438	627	348	868	627	236	8416
1067	17926	5609	44867	53919	15722	93642
1174	5230	2254	97	400	2226	47505
1958	14047	10439	-12133	-7558	2629	68084
1016	5456	4076	2776	3112	946	24613
1381	5102	2601	3885	3757	1954	49398
581	6526	5412	-4923	-4536	637	22353
4364	11178	5190	48107	44342	7448	66990
4826	11189	3230	51123	48378	3080	64828
4187	12994	6522	32402	23799	5310	54174
3902	6507	3625	9596	16632	1931	46215
3547	18513	12454	-8914	-10176	8343	149758
645	3649	2584	-4911	-4579	319	26521
341	338	287	-2059	-145	45	4442
741	4455	2941	1787	726	1059	21369
2128	12498	9312	-12511	-8312	1636	56653
508	2395	1769	-527	-2481	774	25646
1069	4135	2738	-1830	-3267	567	26920
1301	3820	1488	5059	2626	387	37662
326	849	337	3997	3318	2266	9837
	146	123	-586	-563	14	839
66	363	24	-521	-582	31	1414
418	504	332	-5979	-4970	213	15923

其他住宿业
Others

地 区	Region	主营业务收入 Revenue from Principal Business	主营业务成本 Cost of Principal Business	主营业务税金及附加 Taxes and Other Charges on Principal Business	主营业务利润 Profits from Principal Business	其他业务利润 Profits from Other Business	销售费用 Selling Expenses	管理费用 Administrative Expenses
全 国	**National Total**	**718419**	**316380**	**37558**	**364481**	**4801**	**163330**	**187760**
北 京	Beijing	30458	10018	1728	18712	189	11548	12601
天 津	Tianjin	29255	10261	1241	17753	31	11542	9270
河 北	Hebei	41117	15569	2317	23231	17	7893	20137
山 西	Shanxi	12902	5466	798	6638	2231	3324	4326
内蒙古	Inner Mongolia	8808	3306	342	5160		2394	3026
辽 宁	Liaoning	16668	11719	692	4257	57	2101	2983
吉 林	Jilin	11503	4502	565	6436	240	2558	4033
黑龙江	Heilongjiang	11529	5119	585	5825	205	2694	4483
上 海	Shanghai	67876	22223	3663	41990	497	19067	15782
江 苏	Jiangsu	38155	12654	1835	23666	166	10258	10253
浙 江	Zhejiang	20688	5870	1451	13367		6487	4560
安 徽	Anhui	13957	7287	639	6031		2409	3781
福 建	Fujian	47860	25582	2732	19546	162	6984	6021
江 西	Jiangxi	6267	1739	390	4138	7	2339	2099
山 东	Shandong	38392	22318	1850	14224	177	4580	2728
河 南	Henan	37044	22860	1641	12543	41	2999	2849
湖 北	Hubei	30174	22566	1203	6405	8	1697	1791
湖 南	Hunan	47187	23008	2398	21781	529	2993	12139
广 东	Guangdong	74049	24456	4369	45224	523	26200	25428
广 西	Guangxi	9449	2083	512	6854	1	2760	3890
海 南	Hainan	4525	936	254	3335		2103	5972
重 庆	Chongqing	28930	14101	1817	13012	78	5151	7457
四 川	Sichuan	24459	10812	1371	12276	566	6974	4304
贵 州	Guizhou	7208	2946	377	3885	7	1903	3109
云 南	Yunnan	13248	6173	756	6319	405	3235	5082
西 藏	Tibet	581	157	32	392	15	277	82
陕 西	Shaanxi	38510	15802	1635	21073	9	9076	8714
甘 肃	Gansu	5239	3656	225	1358	-229	1562	599
青 海	Qinghai	1269	2434	80	-1245	-1348	76	108
宁 夏	Ningxia	1112	760	63	289	219	146	157
新 疆	Xinjiang							

单位：万元
Unit: 10000 yuan

#税金 Taxes	财务费用 Financial Expenses	#利息支出 Interest Expenses	营业利润 Operating Profits	利润总额 Total Profits	应交所得税 Income Tax Payable	应付职工薪酬 Payables to Employees
4583	**32896**	**24645**	**-13976**	**-62255**	**6279**	**155843**
166	5750	5627	-11017	-11013	45	7693
144	725	-91	-3787	-3549	236	7328
789	2269	389	-3068	-3211	115	11974
81	1771	1492	-2032	-2551	88	2564
10	94		-412	-133	117	2531
79		2	-686	71	82	2725
1	62		-202	-195	1	3137
30	11	7	-1363	-3139	36	1445
153	1093	696	6923	7862	2554	11390
295	257	167	585	354	340	7325
54	1192	198	1132	894	89	4381
382	465	382	-604	-306	188	2778
268	1478	829	5185	5668	681	7592
16	99		98	-305		1176
489	500	299	6510	6527	275	5565
201	349	95	6335	5913	231	5494
36	550	663	2087	1946	29	2984
499	10432	9906	-3159	-4443	120	9746
273	1377	869	-8042	-4074	418	21919
31	216	127	288	291	231	1996
	676	869	-5256	-53993		1990
60	816	756	-306	-364	88	6993
271	270	186	-166	-187	187	8350
99	43	107	-1361	-1363	6	2472
112	902	800	-2514	-1803	56	4239
	1	1	32	48		207
35	1015	87	2462	1212	65	7799
11	371	88	-1430	-852		1114
	97	96	-178	-1526		562
	19		-32	-32		377

4-4-6 各地区限额以上餐饮业企业损益及分配

地区	Region	主营业务收入 Revenue from Principal Business	主营业务成本 Cost of Principal Business	主营业务税金及附加 Taxes and Other Charges on Principal Business	主营业务利润 Profits from Principal Business	其他业务利润 Profits from Other Business	销售费用 Selling Expenses	管理费用 Administrative Expenses
全国	**National Total**	**45435795**	**23167479**	**2275331**	**19992985**	**484319**	**13007317**	**5364180**
北京	Beijing	5286163	2220538	280945	2784680	46048	2206049	646012
天津	Tianjin	942883	463293	49997	429593	3806	313056	108684
河北	Hebei	389608	205000	20313	164295	4461	122630	65947
山西	Shanxi	561713	299916	27759	234038	17508	180352	113493
内蒙古	Inner Mongolia	503580	273273	20687	209620	11745	129322	93954
辽宁	Liaoning	1333373	721507	70434	541432	8966	327617	143590
吉林	Jilin	184722	90838	8293	85591	1603	40250	35752
黑龙江	Heilongjiang	185787	99733	11365	74689	8992	42795	19552
上海	Shanghai	5783043	2564525	308343	2910175	59095	2147599	676936
江苏	Jiangsu	3566760	1836160	178521	1552079	23051	950881	495602
浙江	Zhejiang	2636616	1328799	137683	1170134	26929	804911	365714
安徽	Anhui	1098603	614999	49780	433824	10913	257295	121884
福建	Fujian	1448173	860302	64726	523145	3141	315772	156001
江西	Jiangxi	333168	179593	16416	137159	5394	82603	38870
山东	Shandong	3257524	1878343	155852	1223329	17610	541741	381816
河南	Henan	1494363	898275	66074	530014	17730	198101	120663
湖北	Hubei	2380823	1361441	117147	902235	18789	495991	228974
湖南	Hunan	976470	551175	47484	377811	8156	209292	101776
广东	Guangdong	6260835	3003534	316847	2940454	78405	2106663	691344
广西	Guangxi	316107	159228	17990	138889	2455	93596	40807
海南	Hainan	74271	33148	3954	37169	4491	24600	17651
重庆	Chongqing	1796248	1060812	74397	661039	14423	272504	130160
四川	Sichuan	2150407	1099271	106358	944778	47966	523244	255181
贵州	Guizhou	220639	123630	11172	85837	2928	43550	34419
云南	Yunnan	461816	268781	22337	170698	4639	105565	53463
西藏	Tibet	6121	3633	339	2149		973	1201
陕西	Shaanxi	1262434	694342	63291	504801	26311	335859	142447
甘肃	Gansu	286975	158510	14419	114046	6605	57301	29037
青海	Qinghai	37643	19507	1865	16271	-54	13849	5915
宁夏	Ningxia	75941	36386	4105	35450	1520	22604	18507
新疆	Xinjiang	122987	58991	6437	57559	693	40757	28828

Income and Distribution of Enterprises above Designated Size of Catering Services by Region

单位：万元
Unit: 10000 yuan

#税金 Taxes	财务费用 Financial Expenses	#利息支出 Interest Expenses	营业利润 Operating Profits	利润总额 Total Profits	应交所得税 Income Tax Payable	应付职工薪酬 Payables to Employees
170343	**737107**	**380893**	**1064234**	**946824**	**467920**	**8847941**
8412	50475	30689	-79117	-77749	40653	1221865
900	9770	1792	18512	14912	11882	172772
1825	12007	5376	-39118	-30110	2009	90159
2124	15432	6978	-68546	-64407	3183	317081
5274	14830	9842	-39619	-38233	2878	89318
7482	18323	5939	48601	47602	17728	141698
557	3847	2262	6390	5990	877	27888
1332	1784	265	11426	5202	2944	52464
6001	56254	11934	78078	116676	62402	908043
12568	73288	36724	46357	44688	37200	647073
8684	58688	38878	-25999	-11359	22602	502465
5534	38173	21290	22921	14668	13183	205996
7722	13696	8540	51170	47814	11634	216529
1646	8237	5598	6674	9306	3000	50281
18821	69940	34086	243208	222827	72485	837687
8849	24251	10999	195865	182570	11702	200415
15864	41046	17941	138668	119700	28187	348911
5785	20781	11138	49298	27902	5231	174159
15708	70442	38700	84463	58097	52396	1304241
1259	9912	7629	-4584	-3403	3677	158124
591	515	34	-40830	-40345	553	17896
6928	21147	11001	234823	200206	16500	252596
10240	48091	25199	115153	92653	29468	419387
1838	5286	3258	2674	3656	874	48544
1757	14212	13056	2710	-787	3751	85917
5	84	80	-74	-157	9	1477
8932	23278	12288	13514	5422	6786	236780
1468	4805	3070	21329	13332	2124	53226
333	1375	944	-5900	-4334	63	12308
775	3921	2956	-9355	-10422	476	22998
1131	3216	269	2407	-2	316	29642

国有控股

State-controlled Enterprises

地 区	Region	主营业务收入 Revenue from Principal Business	主营业务成本 Cost of Principal Business	主营业务税金及附加 Taxes and Other Charges on Principal Business	主营业务利润 Profits from Principal Business	其他业务利润 Profits from Other Business	销售费用 Selling Expenses	管理费用 Administr-ative Expenses
全 国	**National Total**	**2244825**	**1147524**	**105301**	**992000**	**43526**	**620161**	**386441**
北 京	Beijing	467090	191545	23515	252030	12047	177468	67160
天 津	Tianjin	44180	25687	2471	16022	202	11914	7105
河 北	Hebei	26217	11993	1386	12838	55	9601	5736
山 西	Shanxi	38240	21497	2061	14682	1803	10599	19869
内 蒙 古	Inner Mongolia	16421	6447	1158	8816	16	4206	7064
辽 宁	Liaoning	34957	20069	1317	13571		4560	5689
吉 林	Jilin	34517	8737	1205	24575		5771	12346
黑 龙 江	Heilongjiang	22387	12943	1118	8326	3199	4174	3262
上 海	Shanghai	245866	121738	11148	112980	14818	71743	42980
江 苏	Jiangsu	151990	65972	7667	78351	248	47076	43870
浙 江	Zhejiang	130641	62907	5853	61881	429	44490	17908
安 徽	Anhui	64046	47613	3439	12994	176	5768	7437
福 建	Fujian	38190	19466	1675	17049	310	13075	7757
江 西	Jiangxi	15739	8299	844	6596	1821	5920	2271
山 东	Shandong	240833	154709	9491	76633	935	46363	34260
河 南	Henan	28793	18439	940	9414	371	2370	3016
湖 北	Hubei	60079	38633	2462	18984	523	10649	5655
湖 南	Hunan	17728	8975	834	7919	239	3266	4153
广 东	Guangdong	260959	133825	12346	114788	3389	63413	43175
广 西	Guangxi	6824	4065	291	2468	230	1903	1299
海 南	Hainan	637	441	31	165			359
重 庆	Chongqing	67285	36879	3144	27262	637	10795	10702
四 川	Sichuan	38611	16829	1922	19860	455	11655	7237
贵 州	Guizhou	19132	12514	849	5769	69	3257	2544
云 南	Yunnan	45925	32219	1481	12225	226	5224	6106
西 藏	Tibet							
陕 西	Shaanxi	98068	48204	5290	44574	54	35554	10609
甘 肃	Gansu	16084	9822	671	5591	907	3078	1561
青 海	Qinghai	1906	1821	105	-20	2	315	625
宁 夏	Ningxia	2135	802	104	1229		1242	126
新 疆	Xinjiang	9347	4436	486	4425	364	4713	4561

4-4-6 Continued

单位：万元
Unit: 10000 yuan

#税金 Taxes	财务费用 Financial Expenses	#利息支出 Interest Expenses	营业利润 Operating Profits	利润总额 Total Profits	应交所得税 Income Tax Payable	应付职工薪酬 Payables to Employees
11947	**29384**	**19455**	**34108**	**57392**	**22338**	**645470**
1924	1409	2852	26931	33016	7808	142670
4	449	384	-3014	-2750	92	10209
276	965	421	-2617	-2497	106	6530
144	873	593	-15059	-13982	38	10543
139	311	244	-4418	-3452	9	3773
182	1241	162	1830	2564	1380	5527
140	294	30	6290	6387	25	5030
211	72	1	996	-300	561	4587
193	8903	3065	6353	-1165	1779	60112
1036	2664	2093	-14553	-11331	889	45176
670	732	629	12168	14157	847	28852
148	284	201	-252	-164	303	7464
524	38		-3639	-3265	76	11242
6	322	274	-629	-744	25	3117
2413	2983	1101	-5093	-1305	1385	124524
195	163	39	3028	2688	361	3825
254	682	435	1431	2082	448	9562
117	439	259	171	-1	59	4733
930	3818	4380	23079	23852	2618	81334
74	133	117	-447	-253		1469
31	-6	-7	-188	-176		298
477	154	35	6557	10685	1057	12079
71	435	336	747	865	231	9145
242	479	199	-255	-584	-9	6827
99	290	301	802	917	473	12096
1258	975	1037	-938	3005	1711	25990
87	26	16	822	884	66	2585
	-10	5	-998	-296		914
	17		-156	-138		443
104	252	254	-4844	-1308		4818

4-4-7 各地区限额以上餐饮业企业损益及分配(按登记注册类型分)

内资企业

Domestic Funded Enterprises

地 区	Region	主营业务收入 Revenue from Principal Business	主营业务成本 Cost of Principal Business	主营业务税金及附加 Taxes and Other Charges on Principal Business	主营业务利润 Profits from Principal Business	其他业务利润 Profits from Other Business	销售费用 Selling Expenses	管理费用 Administr-ative Expenses
全 国	**National Total**	**33094934**	**17820235**	**1633036**	**13641663**	**386448**	**8211721**	**4146919**
北 京	Beijing	3239308	1384492	174482	1680334	32583	1335795	438824
天 津	Tianjin	520501	274207	27750	218544	3807	163845	66859
河 北	Hebei	384641	203047	20043	161551	4460	120861	64915
山 西	Shanxi	498130	269412	24214	204504	17508	161195	108486
内蒙古	Inner Mongolia	438932	229218	18484	191230	11769	112620	81171
辽 宁	Liaoning	717873	440593	38599	238681	8454	110655	85757
吉 林	Jilin	184367	90666	8273	85428	1603	40079	35697
黑龙江	Heilongjiang	138724	75461	8389	54874	5650	28590	14156
上 海	Shanghai	2908203	1425639	150760	1331804	55258	927610	386543
江 苏	Jiangsu	2524047	1350883	125874	1047290	20731	593881	392649
浙 江	Zhejiang	2045948	1056258	105765	883925	21239	603143	294778
安 徽	Anhui	1068655	602833	48125	417697	10913	240582	120313
福 建	Fujian	1049995	673418	43649	332928	1918	164931	117046
江 西	Jiangxi	263533	144061	12408	107064	5394	59686	32677
山 东	Shandong	2968990	1737405	139868	1091717	17290	453326	349571
河 南	Henan	1392348	850296	60376	481676	7939	156152	105695
湖 北	Hubei	1978841	1184429	95287	699125	18741	344347	191562
湖 南	Hunan	897949	510068	43162	344719	8028	187613	95207
广 东	Guangdong	3914750	2020936	206081	1687733	47881	1115382	494083
广 西	Guangxi	240518	124366	13713	102439	2371	71700	35545
海 南	Hainan	60007	29369	3176	27462	774	18866	11938
重 庆	Chongqing	1650738	964570	66509	619659	9006	248136	117895
四 川	Sichuan	1829962	953413	89629	786920	41536	435971	224890
贵 州	Guizhou	216719	122377	10948	83394	2928	42420	33962
云 南	Yunnan	387804	228975	18868	139961	4639	85920	45444
西 藏	Tibet	6121	3633	339	2149		973	1201
陕 西	Shaanxi	1096916	621566	54364	420986	15263	266328	122406
甘 肃	Gansu	260282	146564	12975	100743	6605	50549	27036
青 海	Qinghai	37643	19507	1865	16271	-54	13849	5915
宁 夏	Ningxia	74344	35709	4018	34617	1520	21741	18081
新 疆	Xinjiang	98146	46868	5045	46233	693	34975	26617

Income and Distribution of Enterprises above Designated Size of Catering Services by Region and Type of Registration

单位：万元
Unit: 10000 yuan

#税金 Taxes	财务费用 Financial Expenses	#利息支出 Interest Expenses	营业利润 Operating Profits	利润总额 Total Profits	应交所得税 Income Tax Payable	应付职工薪酬 Payables to Employees
157798	**657594**	**343159**	**813495**	**717162**	**332585**	**6816449**
6618	43037	26434	-106420	-98003	23102	755922
877	8563	1772	3446	1768	6094	110467
1709	12000	5376	-39087	-30075	1969	88855
2118	15407	6977	-73891	-69462	2100	315539
5146	14061	9577	-15889	-12365	2874	87196
7177	14906	3772	27955	27728	9042	89619
551	3825	2262	6474	6075	876	27771
1152	1488	246	11447	5333	2247	44954
4032	41646	8215	12196	48050	28292	522296
11077	61980	30815	13948	13313	22300	479025
7909	51193	31362	-34496	-23452	13632	374434
5452	38029	21274	25222	16749	13129	200641
6997	8758	5861	53492	49314	8504	151971
1622	7023	5592	7277	9705	2988	47173
18086	63522	31935	238419	216542	68831	783336
8783	23577	10376	195330	184373	10845	182887
14312	37245	17240	129203	109027	23418	299724
5756	20588	11115	44954	23783	4230	152137
14419	64402	36314	41991	30766	37115	895305
1259	10055	7620	-13910	-12638	1413	146381
132	466	25	-39013	-38762	369	14608
6781	20548	10441	223948	188965	14641	224555
10196	42508	23601	100375	78735	24117	382996
1804	5085	3092	2018	2991	874	47710
1754	14144	12996	-2204	-5673	2407	71792
5	84	80	-74	-157	9	1477
8388	21010	10415	15725	8215	5196	207137
1466	4919	3070	16665	8726	970	50086
333	1375	944	-5900	-4334	63	12308
764	2917	1958	-7895	-8963	476	22392
1126	3233	2407	-17809	-9110	463	25757

国有企业

State-owned Enterprises

地 区	Region	主营业务收入 Revenue from Principal Business	主营业务成本 Cost of Principal Business	主营业务税金及附加 Taxes and Other Charges on Principal Business	主营业务利润 Profits from Principal Business	其他业务利润 Profits from Other Business	销售费用 Selling Expenses	管理费用 Administrative Expenses
全 国	**National Total**	**655108**	**339217**	**31147**	**284744**	**10714**	**165352**	**113969**
北 京	Beijing	43076	19003	2403	21670	4235	17977	6894
天 津	Tianjin	15083	5921	835	8327	202	5949	2810
河 北	Hebei	13950	7601	649	5700	47	4912	1723
山 西	Shanxi	14530	8697	747	5086	47	2881	5007
内蒙古	Inner Mongolia	9321	5579	484	3258		2358	3131
辽 宁	Liaoning	21667	11538	855	9274		3197	4153
吉 林	Jilin	30224	6703	991	22530		4869	10376
黑龙江	Heilongjiang	13593	8345	524	4724	205	2744	2093
上 海	Shanghai	33819	19295	1382	13142		8612	4008
江 苏	Jiangsu	50241	24475	2449	23317	63	13251	12549
浙 江	Zhejiang	16987	7157	954	8876	26	6486	2119
安 徽	Anhui	10939	7484	350	3105	70	1838	1273
福 建	Fujian	19439	10039	658	8742	10	6939	3645
江 西	Jiangxi	10609	5865	533	4211	1290	3827	1192
山 东	Shandong	132468	74272	6513	51683	591	25215	21150
河 南	Henan	23689	15344	852	7493	371	973	2612
湖 北	Hubei	30077	19564	1559	8954	523	6396	2461
湖 南	Hunan	10130	5867	471	3792	2	1134	1824
广 东	Guangdong	66722	26247	3642	36833	1287	24383	10341
广 西	Guangxi	6824	4065	291	2468	230	1903	1299
海 南	Hainan	637	441	31	165			359
重 庆	Chongqing	8109	7205	268	636	7	4	8
四 川	Sichuan	17913	8499	806	8608	1	4913	2812
贵 州	Guizhou	7399	2840	462	4097	69	3004	1129
云 南	Yunnan	8570	4936	398	3236	110	1161	1740
西 藏	Tibet							
陕 西	Shaanxi	18948	10785	1128	7035	54	3953	1817
甘 肃	Gansu	12392	8220	511	3661	907	1873	1407
青 海	Qinghai							
宁 夏	Ningxia							
新 疆	Xinjiang	7754	3230	406	4118	364	4599	4037

4-4-7 Continued 1

单位：万元
Unit: 10000 yuan

#税金 Taxes	财务费用 Financial Expenses	#利息支出 Interest Expenses	营业利润 Operating Profits	利润总额 Total Profits	应交所得税 Income Tax Payable	应付职工薪酬 Payables to Employees
4923	**7791**	**4025**	**6211**	**12205**	**5053**	**229411**
119	117	125	1281	1420	486	17313
	388	378	-614	-517	53	4931
267	395	370	-1309	-1160	5	3825
112	282	231	-2956	-2696	1	4029
115	36	21	-2269	-1298	8	3914
116	1260	162	400	1354	1024	3865
111	252	3	7024	7073		3972
85	36	1	30	-456		3130
8	52	18	1583	1730	398	7700
197	444	340	-2085	-1999	325	11229
	10	50	336	349	259	4379
26	30	4	-24	38	20	1715
476	17		-1859	-1889	6	5320
6	194	177	288	197		1918
1976	1786	342	3659	3954	859	107132
184	147	38	2925	2931	316	2517
91	373	147	-76	-218	181	2628
90	378	247	431	187	6	2730
306	634	476	1541	2156	496	18113
74	133	117	-447	-253		1469
31	-6	-7	-188	-176		298
	5	2	619	53		714
21	256	262	633	616	69	3626
203	201	185	-208	-111	14	1124
63	38	38	163	177	5	1474
65	56	29	1496	1303	459	3364
83	26	16	355	419	66	2543
101	253	254	-4516	-978		4440

集体企业

Collective-owned Enterprises

地　区	Region	主营业务收入 Revenue from Principal Business	主营业务成本 Cost of Principal Business	主营业务税金及附加 Taxes and Other Charges on Principal Business	主营业务利润 Profits from Principal Business	其他业务利润 Profits from Other Business	销售费用 Selling Expenses	管理费用 Administr-ative Expenses
全　国	**National Total**	**245861**	**146441**	**10922**	**88498**	**1297**	**42106**	**25338**
北　京	Beijing	22015	10936	1209	9870	28	7483	2582
天　津	Tianjin	2376	1371	60	945	10	228	689
河　北	Hebei	1200	643	82	475		309	129
山　西	Shanxi	3011	1368	110	1533		868	890
内蒙古	Inner Mongolia	842	382	50	410		199	258
辽　宁	Liaoning	9702	6625	368	2709	13	721	360
吉　林	Jilin	3916	2266	171	1479	9	895	241
黑龙江	Heilongjiang	541	318	43	180			106
上　海	Shanghai	22559	10471	1261	10827	352	6492	2996
江　苏	Jiangsu	12207	6186	655	5366	16	2723	2902
浙　江	Zhejiang	1018	612	56	350		269	100
安　徽	Anhui	3826	2257	226	1343	45	1772	503
福　建	Fujian	11032	5574	303	5155		1739	1796
江　西	Jiangxi	180	77	11	92		110	
山　东	Shandong	31020	19958	1620	9442	-101	3501	2347
河　南	Henan	11663	7811	470	3382		779	583
湖　北	Hubei	10695	6529	588	3578		726	752
湖　南	Hunan	899	618	63	218			23
广　东	Guangdong	49216	31118	2087	16011	49	7534	4367
广　西	Guangxi	887	449	30	408		106	166
海　南	Hainan							
重　庆	Chongqing	25197	18475	539	6183	4	1095	866
四　川	Sichuan	8204	2285	439	5480	870	3493	1655
贵　州	Guizhou	214	89	12	113			178
云　南	Yunnan	3388	1916	162	1310	2	698	279
西　藏	Tibet							
陕　西	Shaanxi	10054	8107	306	1641		367	572
甘　肃	Gansu							
青　海	Qinghai							
宁　夏	Ningxia							
新　疆	Xinjiang							

单位：万元
Unit: 10000 yuan

#税金 Taxes	财务费用 Financial Expenses	#利息支出 Interest Expenses	营业利润 Operating Profits	利润总额 Total Profits	应交所得税 Income Tax Payable	应付职工薪酬 Payables to Employees
2645	**1593**	**640**	**19466**	**18542**	**3356**	**41778**
12	63	2	-241	-256	96	5099
17	1		92	37	3	613
1	6		18	18	30	542
17	172	167	-364	-491	1	709
	3		-49	16		322
15	26	23	1610	1115	41	781
7	5	5	338	348	68	685
1			74	74		97
	-11	9	1790	1944	486	4961
57	271	236	-594	-581	11	2290
1	3	3	-22	21	11	211
6	25		-886	-881	51	1156
1408	2	7	1619	1536	413	2698
			-18	-18	6	21
111	243	120	3260	3243	897	5344
61	193	4	1465	3887	41	979
53	43	21	1887	813	11	370
12	15	2	148	148		75
510	307	13	3823	3238	954	8904
			136	33		229
7	84	19	4397	3491	122	2183
	80	1	493	366	114	2170
			-65	-65		88
95	2		78	82		371
255	62	8	478	425		882

股份合作企业

Cooperative Enterprises

地 区	Region	主营业务收入 Revenue from Principal Business	主营业务成本 Cost of Principal Business	主营业务税金及附加 Taxes and Other Charges on Principal Business	主营业务利润 Profits from Principal Business	其他业务利润 Profits from Other Business	销售费用 Selling Expenses	管理费用 Administrative Expenses
全 国	**National Total**	**159097**	**82008**	**8730**	**68359**	**431**	**43912**	**17509**
北 京	Beijing	37527	19765	2092	15670	39	13001	3010
天 津	Tianjin							
河 北	Hebei	7696	3651	424	3621		1889	1116
山 西	Shanxi	308	156	17	135		142	36
内蒙古	Inner Mongolia							
辽 宁	Liaoning	90	63	5	22			18
吉 林	Jilin							
黑龙江	Heilongjiang	207	107	25	75		72	1
上 海	Shanghai	5436	2480	333	2623		1640	1445
江 苏	Jiangsu	1038	488	57	493	17	191	87
浙 江	Zhejiang	10111	7336	558	2217		893	475
安 徽	Anhui							
福 建	Fujian							
江 西	Jiangxi	2405	1384	87	934		945	20
山 东	Shandong	2616	1208	179	1229		813	751
河 南	Henan	2509	1801	100	608	6	276	180
湖 北	Hubei	3050	1674	444	932		61	192
湖 南	Hunan							
广 东	Guangdong	39431	20344	2100	16987	369	12259	3006
广 西	Guangxi	1911	828	142	941		705	390
海 南	Hainan							
重 庆	Chongqing	7131	4460	359	2312		234	172
四 川	Sichuan	34286	13927	1639	18720		10576	6341
贵 州	Guizhou	268	138	15	115		100	
云 南	Yunnan	359	289	4	66		25	89
西 藏	Tibet							
陕 西	Shaanxi	2720	1908	151	661		92	181
甘 肃	Gansu							
青 海	Qinghai							
宁 夏	Ningxia							
新 疆	Xinjiang							

4-4-7 Continued 3

单位：万元
Unit: 10000 yuan

#税金 Taxes	财务费用 Financial Expenses	#利息支出 Interest Expenses	营业利润 Operating Profits	利润总额 Total Profits	应交所得税 Income Tax Payable	应付职工薪酬 Payables to Employees
1667	**1711**	**1185**	**5343**	**5442**	**2059**	**30219**
59	203	37	-500	-464	48	7260
242	240	243	29	32	25	982
			-44	-44	8	140
			5	5	4	9
			2	2		46
	5	-2	-336	651	123	1659
2	1		209	13	3	273
18	187	187	663	611	203	1507
	23	1	-54	-88	47	583
31	3		-338	-345	2	905
35	4		150	162		541
150	3		676	676	171	661
102	682	404	1196	885	617	6770
11	7		-88	-88	44	666
88	50		1856	1845		599
800	257	269	1610	1271	763	7420
			15	15	4	42
	11	11	-59	-47		81
130	35	35	353	353		78

联营企业

Joint Ownership Enterprises

地 区	Region	主营业务收入 Revenue from Principal Business	主营业务成本 Cost of Principal Business	主营业务税金及附加 Taxes and Other Charges on Principal Business	主营业务利润 Profits from Principal Business	其他业务利润 Profits from Other Business	销售费用 Selling Expenses	管理费用 Administr-ative Expenses
全 国	**National Total**	**57552**	**47658**	**412**	**9482**		**2490**	**1951**
北 京	Beijing							
天 津	Tianjin							
河 北	Hebei							
山 西	Shanxi							
内蒙古	Inner Mongolia							
辽 宁	Liaoning							
吉 林	Jilin							
黑龙江	Heilongjiang							
上 海	Shanghai	518	327	28	163		85	83
江 苏	Jiangsu	941	509	53	379		343	
浙 江	Zhejiang	314	236	10	68			35
安 徽	Anhui							
福 建	Fujian							
江 西	Jiangxi							
山 东	Shandong	519	387	33	99		287	42
河 南	Henan	1439	877	26	536		114	66
湖 北	Hubei	52399	44402	230	7767		1600	1686
湖 南	Hunan							
广 东	Guangdong							
广 西	Guangxi							
海 南	Hainan							
重 庆	Chongqing							
四 川	Sichuan							
贵 州	Guizhou							
云 南	Yunnan							
西 藏	Tibet							
陕 西	Shaanxi	938	580	4	354			6
甘 肃	Gansu	485	340	29	116		61	35
青 海	Qinghai							
宁 夏	Ningxia							
新 疆	Xinjiang							

单位：万元
Unit: 10000 yuan

	#税金 Taxes	财务费用 Financial Expenses	#利息支出 Interest Expenses	营业利润 Operating Profits	利润总额 Total Profits	应交所得税 Income Tax Payable	应付职工薪酬 Payables to Employees
	296	**1427**		**3614**	**3611**	**785**	**1303**
		4		-10	5	1	114
		6		31	31	8	189
				33	30		145
				-230	-227		46
	33	5		351	351	7	142
	230	1401		3079	3079	770	510
	4	7		342	342		91
	29	3		17			65

有限责任公司

Limited Liability Corporations

地 区	Region	主营业务收入 Revenue from Principal Business	主营业务成本 Cost of Principal Business	主营业务税金及附加 Taxes and Other Charges on Principal Business	主营业务利润 Profits from Principal Business	其他业务利润 Profits from Other Business	销售费用 Selling Expenses	管理费用 Administr-ative Expenses
全 国	**National Total**	**9718482**	**4895565**	**490984**	**4331933**	**145482**	**2875904**	**1404596**
北 京	Beijing	1340108	547085	72100	720923	13982	579182	180445
天 津	Tianjin	208948	101920	11436	95592	1516	79984	29480
河 北	Hebei	126227	65948	6482	53797	1977	44005	25773
山 西	Shanxi	97998	58725	4930	34343	2248	25910	29561
内蒙古	Inner Mongolia	130243	56965	6219	67059	10237	43194	32879
辽 宁	Liaoning	124544	67578	5957	51009	2025	31384	24019
吉 林	Jilin	68322	33824	3696	30802	640	18769	13253
黑龙江	Heilongjiang	50650	25052	2885	22713	4252	9263	5321
上 海	Shanghai	505987	217884	26644	261459	29843	170610	77299
江 苏	Jiangsu	639625	303572	32797	303256	10160	182834	130342
浙 江	Zhejiang	482204	222685	24692	234827	4265	168880	80273
安 徽	Anhui	309448	173823	13645	121980	1826	82245	35966
福 建	Fujian	208653	113857	10524	84272	1272	47597	29633
江 西	Jiangxi	93799	48810	4761	40228	2686	26805	12135
山 东	Shandong	651983	366482	31913	253588	10366	144567	99346
河 南	Henan	367891	206389	16398	145104	1821	68358	39755
湖 北	Hubei	786046	435947	38904	311195	10007	190466	96074
湖 南	Hunan	308491	160830	15231	132430	2656	77676	39200
广 东	Guangdong	1175807	580171	62142	533494	6866	365730	153011
广 西	Guangxi	81968	41251	4729	35988	620	28475	12114
海 南	Hainan	42504	19321	2208	20975	370	14101	8620
重 庆	Chongqing	445652	236995	18854	189803	3263	99130	40574
四 川	Sichuan	573838	312791	28678	232369	7427	142969	88050
贵 州	Guizhou	77235	46179	3592	27464	1167	12397	12209
云 南	Yunnan	135803	79499	6819	49485	1759	32420	14640
西 藏	Tibet	2857	1566	157	1134		513	632
陕 西	Shaanxi	549357	301171	27226	220960	8699	154202	68364
甘 肃	Gansu	85786	48320	4897	32569	3222	17432	8560
青 海	Qinghai	5013	2007	271	2735	3	1621	1285
宁 夏	Ningxia	21120	9006	1181	10933	230	6232	8881
新 疆	Xinjiang	20376	9913	1019	9444	78	8955	6903

4-4-7 Continued 5

单位：万元

Unit: 10000 yuan

#税金 Taxes	财务费用 Financial Expenses	#利息支出 Interest Expenses	营业利润 Operating Profits	利润总额 Total Profits	应交所得税 Income Tax Payable	应付职工薪酬 Payables to Employees
45727	**211193**	**118209**	**-93334**	**-84932**	**91584**	**2274000**
3135	11508	6596	-35471	-26646	14771	326822
190	3121	1026	-1612	-2141	4869	43977
347	4859	826	-20049	-7243	757	30590
283	1889	-1444	-16253	-11786	407	20948
2095	4582	2016	-14398	-8912	1891	32633
701	3354	1446	-7628	-7280	1277	22141
132	1625	831	-1942	-1944	277	12141
578	324	98	8298	1200	832	29624
458	6380	3485	21947	19827	9610	104362
3814	15995	8373	-17856	-8293	4123	140083
2393	13990	9734	-24788	-21157	2413	96212
1034	13922	7261	-4729	-2054	3797	54837
1021	2231	1331	5697	4365	2723	44208
504	2177	1607	-1580	2727	603	17529
4258	18636	11263	-1639	-5113	6298	382186
2372	10020	7455	25379	21352	3701	68870
5624	15531	8292	11087	8166	8576	145479
2195	4579	2473	12240	2825	1620	56587
3515	30505	17870	-10277	-10581	12322	256664
548	3315	2716	-6181	-6230	506	16906
81	198	13	-37570	-37353	203	10924
2173	6514	2750	45609	41499	4810	65084
2485	16060	11882	-7114	-13394	1965	109988
530	1409	745	1762	913	247	18109
1024	2170	1585	1831	1092	969	28678
5	5	1	35	-24	5	634
2820	12446	5893	-9757	-13114	1295	109276
539	1596	811	4472	2572	332	17984
130	29		-197	-410		1410
235	1600	1119	-5697	-5689	143	4064
512	625	159	-6952	-2104	243	5052

股份有限公司

Share-holding Corporations Ltd.

地 区	Region	主营业务收入 Revenue from Principal Business	主营业务成本 Cost of Principal Business	主营业务税金及附加 Taxes and Other Charges on Principal Business	主营业务利润 Profits from Principal Business	其他业务利润 Profits from Other Business	销售费用 Selling Expenses	管理费用 Administr-ative Expenses
全 国	**National Total**	**1240489**	**629718**	**56821**	**553950**	**10203**	**336177**	**172815**
北 京	Beijing	182168	61521	8797	111850	1559	82653	31880
天 津	Tianjin	16875	4823	888	11164	1130	8858	3543
河 北	Hebei	20947	9228	1043	10676	147	8994	2470
山 西	Shanxi	4609	2410	283	1916	526	1624	1173
内蒙古	Inner Mongolia	98653	72512	2128	24013	306	9697	3952
辽 宁	Liaoning	32813	25782	1411	5620		2942	1258
吉 林	Jilin	8820	4801	299	3720	-30	1455	2881
黑龙江	Heilongjiang	3339	1943	312	1084	144	615	365
上 海	Shanghai	79053	44324	2549	32180		16867	10995
江 苏	Jiangsu	70735	36749	3247	30739	485	17300	9532
浙 江	Zhejiang	74691	35723	3578	35390	211	26011	9265
安 徽	Anhui	11891	6853	609	4429		3059	2134
福 建	Fujian	3583	2130	175	1278		511	352
江 西	Jiangxi	9802	6114	594	3094	54	1372	1086
山 东	Shandong	199246	80320	10343	108583	279	58088	46034
河 南	Henan	42512	27775	1852	12885		4134	3200
湖 北	Hubei	20754	13326	1046	6382	12	2747	2281
湖 南	Hunan	37705	27360	1695	8650		3711	1547
广 东	Guangdong	79852	39483	3483	36886	1990	22313	11134
广 西	Guangxi	4127	2380	199	1548		1180	329
海 南	Hainan	7679	4109	439	3131	404	2188	962
重 庆	Chongqing	73956	33909	4280	35767		16320	10760
四 川	Sichuan	35068	17742	1768	15558	505	10212	6607
贵 州	Guizhou	5538	1778	314	3446		1744	427
云 南	Yunnan	3265	2644	18	603	40	263	364
西 藏	Tibet							
陕 西	Shaanxi	89925	52616	4668	32641	728	23941	5031
甘 肃	Gansu	15261	7364	512	7385	1710	5193	1290
青 海	Qinghai	4855	3195	228	1432	4	1527	782
宁 夏	Ningxia	1077	477	17	583		14	309
新 疆	Xinjiang	1690	328	49	1313		646	873

单位：万元

Unit: 10000 yuan

#税金 Taxes	财务费用 Financial Expenses	#利息支出 Interest Expenses	营业利润 Operating Profits	利润总额 Total Profits	应交所得税 Income Tax Payable	应付职工薪酬 Payables to Employees
5937	**36726**	**24726**	**65216**	**62702**	**9346**	**235917**
1337	12368	11867	-11872	-14472	2116	49632
9	1933		3881	4549	71	7208
39	230	90	-1002	-625	30	5152
29	659	445	-1535	-760	13	1139
470	2713	2696	8020	5137	7	6765
117	120	5	1303	1346	439	1878
25	197	66	-813	-836	51	1242
131	1		102	93	48	1004
1	5731		12807	12864	443	11465
82	2234	1548	2175	913	560	13519
173	537	470	11917	13406	579	9801
605	903	534	-1654	-1586	42	2218
3	14	11	402	62	18	685
176	66	40	386	198	33	3156
154	2208	1504	2222	174	826	34875
296	780	265	5015	6185	145	6346
113	284	147	1079	1005	46	2864
52	592	90	2930	212	52	3790
518	77	491	21875	21592	1098	18035
24	39	2	189	104	31	1158
	220	15	-203	236	81	1579
163	2891	2891	5607	5464	1079	20710
504	290	414	-1541	-1169	172	7661
1	316		961	1000	10	589
78	1	1	-25	-46		585
769	1156	994	3331	7101	1323	17790
15	99	72	598	662	29	2271
2	63	68	-988	-266		1853
5	1	1	259	259	5	336
49	3		-209	-98		611

私营企业

Private Enterprises

地　区	Region	主营业务收　入 Revenue from Principal Business	主营业务成　本 Cost of Principal Business	主营业务税金及　附　加 Taxes and Other Charges on Principal Business	主营业务利　润 Profits from Principal Business	其他业务利　润 Profits from Other Business	销售费用 Selling Expenses	管理费用 Administr-ative Expenses
全　国	**National Total**	**20505584**	**11365317**	**1007443**	**8132824**	**212672**	**4668531**	**2362390**
北　京	Beijing	1614414	726181	87881	800352	12740	635498	214014
天　津	Tianjin	268540	154439	13996	100105	948	67419	29846
河　北	Hebei	212816	114878	11274	86664	2289	60254	33532
山　西	Shanxi	373857	196212	17937	159708	14124	128179	71153
内蒙古	Inner Mongolia	196585	91830	9428	95327	1226	56685	40471
辽　宁	Liaoning	509760	315436	28672	165652	6423	70878	54809
吉　林	Jilin	69134	41548	2929	24657	983	12455	8532
黑龙江	Heilongjiang	68180	38150	4502	25528	1050	15682	5847
上　海	Shanghai	2248290	1121116	117941	1009233	25063	722060	288692
江　苏	Jiangsu	1701713	958480	84069	659164	9977	361233	232169
浙　江	Zhejiang	1457573	780753	75747	601073	16738	400022	201423
安　徽	Anhui	727210	409428	33045	284737	8973	150473	79137
福　建	Fujian	789960	530276	30912	228772	636	105115	80260
江　西	Jiangxi	142869	79399	6168	57302	1364	26202	17957
山　东	Shandong	1880421	1147685	86493	646243	6077	214581	173566
河　南	Henan	913271	569440	39843	303988	5741	79215	58005
湖　北	Hubei	1019175	624395	48866	345914	8199	140640	85464
湖　南	Hunan	531193	310670	25228	195295	5358	103288	50742
广　东	Guangdong	2413241	1271784	127601	1013856	35768	662851	303063
广　西	Guangxi	135689	70066	7911	57712	1483	37777	20101
海　南	Hainan	8764	5246	458	3060		2575	869
重　庆	Chongqing	1053225	639951	40243	373031	4667	127688	63330
四　川	Sichuan	1136499	584268	54744	497487	30896	260629	117411
贵　州	Guizhou	122042	68957	6336	46749	1692	24638	19178
云　南	Yunnan	230881	136567	11199	83115	2397	50398	27424
西　藏	Tibet	3264	2067	183	1014		460	569
陕　西	Shaanxi	390464	224210	19361	146893	5756	79181	42733
甘　肃	Gansu	140244	78652	6820	54772	766	25581	15627
青　海	Qinghai	27774	14305	1366	12103	-61	10701	3848
宁　夏	Ningxia	51755	26030	2808	22917	1290	15400	8866
新　疆	Xinjiang	66782	32898	3485	30399	113	20774	13752

单位：万元
Unit: 10000 yuan

#税金 Taxes	财务费用 Financial Expenses	#利息支出 Interest Expenses	营业利润 Operating Profits	利润总额 Total Profits	应交所得税 Income Tax Payable	应付职工薪酬 Payables to Employees
93634	**390037**	**191747**	**768258**	**668102**	**216399**	**3923379**
1958	18778	7809	-59617	-57585	5587	349796
634	3116	369	1153	-497	1080	51770
802	6258	3841	-16710	-21034	1104	47178
1678	12399	7578	-52261	-53206	1670	287723
2453	6717	4843	-7382	-7457	952	42277
5832	10091	2128	30515	29387	6162	59009
261	1561	1191	1905	1508	480	9445
311	1090	147	3117	4614	1367	10519
3565	29383	4648	-25451	11250	17113	389184
6821	42264	20300	29247	20618	16460	303680
5318	36451	20909	-22101	-17245	10146	261093
3766	23126	13462	32933	21622	9197	139586
4077	6441	4469	47379	44583	5302	95036
929	4552	3761	7807	6380	2282	23684
11252	39799	18369	223718	208037	59005	243259
5636	12174	2590	156365	145865	6604	100390
7714	19131	8425	102628	87871	13013	141667
3318	14868	8279	29399	20323	2515	87233
8766	31003	16504	20791	12163	21002	570113
564	6327	4654	-7921	-6404	808	123928
21	50	3	-49	-466	73	1658
4091	10378	4332	160565	133114	8475	130216
6186	25190	10529	102546	88135	20796	248827
1011	3122	2146	-456	1225	600	26902
472	11903	11353	-4516	-7216	1409	39443
	79	79	-108	-133	3	843
4215	6022	3231	18274	10973	2074	70304
800	2834	2090	9889	4835	524	26642
202	1283	876	-4715	-3658	63	9045
522	1314	838	-2518	-3533	327	17824
463	2336	1994	-6169	-5965	207	15109

其他内资企业

Other Domestic Funded Enterprises

地 区	Region	主营业务收入 Revenue from Principal Business	主营业务成本 Cost of Principal Business	主营业务税金及附加 Taxes and Other Charges on Principal Business	主营业务利润 Profits from Principal Business	其他业务利润 Profits from Other Business	销售费用 Selling Expenses	管理费用 Administr-ative Expenses
全 国	**National Total**	**512761**	**314311**	**26576**	**171874**	**5649**	**77248**	**48351**
北 京	Beijing							
天 津	Tianjin	8680	5734	535	2411		1407	491
河 北	Hebei	1805	1098	89	618		499	172
山 西	Shanxi	3818	1844	190	1784	563	1592	666
内蒙古	Inner Mongolia	3288	1950	176	1162		487	481
辽 宁	Liaoning	19297	13571	1332	4394	-7	1534	1141
吉 林	Jilin	3951	1524	188	2239		1638	415
黑龙江	Heilongjiang	2215	1546	98	571		214	423
上 海	Shanghai	12542	9743	622	2177		1244	1026
江 苏	Jiangsu	47548	20422	2548	24578	14	16007	5068
浙 江	Zhejiang	3049	1756	171	1122		581	1088
安 徽	Anhui	5342	2989	250	2103		1197	1299
福 建	Fujian	17328	11544	1078	4706		3029	1361
江 西	Jiangxi	3869	2411	253	1205		427	286
山 东	Shandong	70718	47092	2775	20851	78	6273	6335
河 南	Henan	29373	20859	836	7678		2303	1295
湖 北	Hubei	56646	38592	3649	14405		1710	2652
湖 南	Hunan	9531	4722	475	4334	11	1804	1871
广 东	Guangdong	90481	51790	5027	33664	1553	20312	9161
广 西	Guangxi	9113	5327	411	3375	39	1554	1146
海 南	Hainan	424	252	40	132		3	1128
重 庆	Chongqing	37468	23575	1968	11925	1065	3666	2184
四 川	Sichuan	24156	13901	1556	8699	1837	3179	2014
贵 州	Guizhou	4023	2396	217	1410		538	842
云 南	Yunnan	5538	3125	268	2145	331	955	908
西 藏	Tibet							
陕 西	Shaanxi	34510	22189	1520	10801	26	4592	3704
甘 肃	Gansu	6113	3667	205	2241		409	117
青 海	Qinghai							
宁 夏	Ningxia	392	195	13	184		95	26
新 疆	Xinjiang	1544	499	87	958	139		1052

单位：万元
Unit: 10000 yuan

#税金 Taxes	财务费用 Financial Expenses	#利息支出 Interest Expenses	营业利润 Operating Profits	利润总额 Total Profits	应交所得税 Income Tax Payable	应付职工薪酬 Payables to Employees
2969	**7116**	**2627**	**38722**	**31490**	**4002**	**80442**
27	5		546	336	16	1968
11	13	6	-65	-62	19	588
	6	1	-479	-479		850
13	10	2	189	148	15	1286
397	56	8	1751	1802	95	1936
14	185	165	-38	-73		286
47	37		-176	-194		535
	103	57	-136	-219	120	2852
105	766	18	2822	2610	811	7764
7	15	9	-535	533	22	1088
15	22	13	-418	-390	23	1131
13	53	43	254	657	43	4024
9	12	6	448	309	16	283
304	847	336	7766	6821	945	9589
166	256	23	3680	3642	31	3101
338	479	208	8844	7635	652	5545
89	156	24	-193	88	37	1723
701	1196	556	3042	1314	625	16705
40	234	131	402	200	24	2026
	4		-1003	-1003	12	148
259	626	448	5296	3499	156	5049
201	376	244	3748	2911	238	3305
60	38	17	9	15		857
21	20	8	324	285	24	1159
131	1227	225	1210	833	46	5351
	360	81	1333	239	18	580
2	2		61			168
1	16		37	36	13	545

港、澳、台商投资企业

Enterprises with Funds from Hongkong, Macao and Taiwan

地 区	Region	主营业务收入 Revenue from Principal Business	主营业务成本 Cost of Principal Business	主营业务税金及附加 Taxes and Other Charges on Principal Business	主营业务利润 Profits from Principal Business	其他业务利润 Profits from Other Business	销售费用 Selling Expenses	管理费用 Administr-ative Expenses
全 国	**National Total**	**4079970**	**1551433**	**213229**	**2315308**	**23455**	**1759047**	**433520**
北 京	Beijing	715620	248271	36973	430376	612	331282	73786
天 津	Tianjin	13782	5404	701	7677		5403	2582
河 北	Hebei	2632	1246	140	1246	1	896	459
山 西	Shanxi	704	372	40	292		467	128
内蒙古	Inner Mongolia	4709	2113	245	2351	-24	2042	429
辽 宁	Liaoning	72732	30092	3149	39491		30325	8271
吉 林	Jilin							
黑龙江	Heilongjiang	20225	12025	1181	7019	2794	5206	2540
上 海	Shanghai	1301183	502285	71626	727272	1408	535654	143010
江 苏	Jiangsu	214948	82088	9115	123745	558	95453	26478
浙 江	Zhejiang	67321	22764	3618	40939	1555	29978	11680
安 徽	Anhui	28738	11327	1591	15820		16672	1095
福 建	Fujian	197019	85188	9660	102171	1216	87832	18681
江 西	Jiangxi	13764	8601	939	4224		5167	1721
山 东	Shandong	61657	27455	3637	30565	321	27020	7770
河 南	Henan	22078	8224	1233	12621		13692	1417
湖 北	Hubei	71613	23174	3959	44480	31	34053	6049
湖 南	Hunan	11743	8208	650	2885	129	1356	870
广 东	Guangdong	997591	377204	51455	568932	2203	437107	92875
广 西	Guangxi	8676	3078	497	5101		4434	208
海 南	Hainan	14264	3779	779	9706	3717	5734	5713
重 庆	Chongqing	14094	4184	791	9119	5249	6859	5972
四 川	Sichuan	130762	41427	6689	82646	30	38975	10718
贵 州	Guizhou							
云 南	Yunnan	23428	14556	816	8056		5797	3598
西 藏	Tibet							
陕 西	Shaanxi	69774	28041	3694	38039	3657	37251	7349
甘 肃	Gansu	916	329	52	535		392	124
青 海	Qinghai							
宁 夏	Ningxia							
新 疆	Xinjiang							

单位：万元
Unit: 10000 yuan

#税金 Taxes	财务费用 Financial Expenses	#利息支出 Interest Expenses	营业利润 Operating Profits	利润总额 Total Profits	应交所得税 Income Tax Payable	应付职工薪酬 Payables to Employees
8105	**41924**	**18744**	**77682**	**49853**	**48164**	**746763**
1045	3515	2039	21867	16690	9817	178658
15	354	2	-554	-375	56	3615
	3		-79	-79	36	471
6	1	1	-305	-302		199
6	-7	1	-112	-106	4	1156
80	-65	190	-86	-255	846	12015
128	9	19	-735	-1194	324	2096
1239	7177	3040	50882	36356	13554	219819
516	4775	1123	-2431	-2727	2443	41111
305	4309	3999	-3217	-3006	762	12805
3	140	16	-2086	-1869	54	5087
503	3526	1858	-4915	-4392	1112	32568
24	1133	4	-3760	-3671	13	2951
707	5240	1047	-9189	-9594	550	15091
1	162		-2650	-4127	25	3954
1263	1327	388	3082	4218	1792	14162
17	109	22	654	301	26	1815
1101	2591	1151	37489	29918	13624	165425
	12	10	449	450	125	1673
458	49	9	-1818	-1583	183	3288
148	566	533	970	897	357	2439
26	4748	1608	2176	2181	2010	7673
3	44	60	955	875	328	6936
512	2210	1624	-8924	-8776	118	11511
2			19	19	4	246

4-4-7 续表 10

外商投资企业

Foreign Funded Enterprises

地　区	Region	主营业务收入 Revenue from Principal Business	主营业务成本 Cost of Principal Business	主营业务税金及附加 Taxes and Other Charges on Principal Business	主营业务利润 Profits from Principal Business	其他业务利润 Profits from Other Business	销售费用 Selling Expenses	管理费用 Administrative Expenses
全　国	**National Total**	**8260891**	**3795810**	**429066**	**4036015**	**74417**	**3036550**	**783740**
北　京	Beijing	1331235	587776	69491	673968	12853	538972	133402
天　津	Tianjin	408600	183682	21547	203371	-1	143808	39244
河　北	Hebei	2335	707	130	1498		872	574
山　西	Shanxi	62879	30132	3505	29242		18689	4879
内蒙古	Inner Mongolia	59938	41942	1959	16037		14660	12354
辽　宁	Liaoning	542768	250822	28686	263260	512	186636	49562
吉　林	Jilin	356	172	20	164		171	54
黑龙江	Heilongjiang	26838	12247	1796	12795	548	8999	2856
上　海	Shanghai	1573657	636601	85958	851098	2429	684335	147384
江　苏	Jiangsu	827764	403189	43532	381043	1762	261547	76475
浙　江	Zhejiang	523347	249778	28299	245270	4134	171790	59257
安　徽	Anhui	1210	839	65	306		41	476
福　建	Fujian	201160	101696	11418	88046	7	63009	20274
江　西	Jiangxi	55871	26931	3070	25870		17750	4473
山　东	Shandong	226877	113483	12347	101047		61395	24476
河　南	Henan	79938	39755	4466	35717	9792	28257	13551
湖　北	Hubei	330369	153839	17901	158629	17	117591	31363
湖　南	Hunan	66779	32899	3672	30208		20324	5700
广　东	Guangdong	1348494	605394	59312	683788	28321	554173	104385
广　西	Guangxi	66913	31784	3780	31349	84	17461	5053
海　南	Hainan							
重　庆	Chongqing	131417	92059	7097	32261	169	17509	6293
四　川	Sichuan	189684	104431	10040	75213	6400	48298	19573
贵　州	Guizhou	3921	1253	224	2444		1130	457
云　南	Yunnan	50584	25250	2653	22681		13848	4421
西　藏	Tibet							
陕　西	Shaanxi	95744	44735	5233	45776	7391	32280	12692
甘　肃	Gansu	25777	11617	1392	12768		6360	1877
青　海	Qinghai							
宁　夏	Ningxia	1596	677	87	832		863	426
新　疆	Xinjiang	24841	12123	1392	11326		5782	2211

4-4-7 Continued 10

单位：万元
Unit: 10000 yuan

#税金 Taxes	财务费用 Financial Expenses	#利息支出 Interest Expenses	营业利润 Operating Profits	利润总额 Total Profits	应交所得税 Income Tax Payable	应付职工薪酬 Payables to Employees
4440	**37589**	**18989**	**173056**	**179809**	**87172**	**1284728**
749	3923	2216	5436	3564	7734	287286
8	853	18	15621	13519	5732	58690
116	4		48	44	5	833
	24		5650	5357	1083	1343
122	776	265	-23619	-25762		966
226	3482	1978	20732	20129	7840	40065
6	23		-84	-85		117
53	287		714	1062	373	5414
730	7431	678	15000	32270	20555	165928
975	6533	4786	34840	34102	12457	126937
470	3186	3517	11714	15099	8207	115226
80	4		-215	-212		267
222	1413	821	2593	2892	2018	31991
	81	2	3157	3272		157
28	1178	1104	13979	15879	3104	39261
66	512	623	3186	2325	832	13574
289	2475	314	6383	6456	2976	35025
13	84	1	3691	3818	976	20207
189	3449	1236	4983	-2587	1657	243511
	-155		8877	8785	2139	10071
	34	28	9905	10344	1501	25602
17	835	-9	12602	11737	3341	28718
34	201	167	656	665		834
1	25		3959	4010	1016	7188
33	59	249	6712	5983	1471	18133
	-114		4646	4588	1150	2894
12	1003	998	-1461	-1459		606
5	-17		3350	4016	1004	3885

4-4-8 各地区限额以上餐饮业企业损益及分配(按国民经济行业分)

正餐服务

Dinner

地 区	Region	主营业务收入 Revenue from Principal Business	主营业务成本 Cost of Principal Business	主营业务税金及附加 Taxes and Other Charges on Principal Business	主营业务利润 Profits from Principal Business	其他业务利润 Profits from Other Business	销售费用 Selling Expenses
全 国	**National Total**	**33477910**	**17651952**	**1685550**	**14140408**	**388751**	**8700762**
北 京	Beijing	3500168	1468820	191206	1840142	25094	1427688
天 津	Tianjin	446709	232370	24245	190094	3297	147015
河 北	Hebei	386765	203716	20144	162905	4461	122119
山 西	Shanxi	478166	258051	23342	196773	17487	156670
内 蒙 古	Inner Mongolia	491671	267905	20307	203459	11703	125170
辽 宁	Liaoning	725050	446637	38871	239542	8759	112086
吉 林	Jilin	172081	85988	7673	78420	1603	34318
黑 龙 江	Heilongjiang	159423	87957	10437	61029	7579	33794
上 海	Shanghai	3982489	1757003	214921	2010565	53041	1457223
江 苏	Jiangsu	2407930	1262261	122301	1023368	17358	593466
浙 江	Zhejiang	1925172	972970	101796	850406	16524	578805
安 徽	Anhui	940460	545194	44532	350734	10575	187525
福 建	Fujian	1011088	611470	45751	353867	1560	187776
江 西	Jiangxi	270979	149726	13040	108213	5341	63209
山 东	Shandong	2842385	1661366	135549	1045470	16967	425110
河 南	Henan	1299679	792971	54968	451740	7693	148143
湖 北	Hubei	1942301	1149477	95369	697455	18731	346546
湖 南	Hunan	840322	485796	40355	314171	8036	162106
广 东	Guangdong	3995551	1996428	211683	1787440	72976	1204636
广 西	Guangxi	208658	110568	12199	85891	1956	60204
海 南	Hainan	67232	30934	3587	32711	4491	23056
重 庆	Chongqing	1630373	988202	67545	574626	8998	216580
四 川	Sichuan	1542812	849826	74937	618049	29997	354880
贵 州	Guizhou	217134	121503	11010	84621	2928	43017
云 南	Yunnan	371263	222079	18377	130807	4599	78446
西 藏	Tibet	5654	3396	317	1941		825
陕 西	Shaanxi	1165426	648882	58130	458414	18366	296829
甘 肃	Gansu	257551	144800	12865	99886	6487	49941
青 海	Qinghai	37643	19507	1865	16271	-54	13849
宁 夏	Ningxia	75941	36386	4105	35450	1520	22604
新 疆	Xinjiang	79835	39766	4123	35946	683	27129

Income and Distribution of Enterprises above Designated Size of Catering Services by Region and Sector

单位：万元

Unit: 10000 yuan

管理费用 Administr-ative Expenses	#税金 Taxes	财务费用 Financial Expenses	#利息支出 Interest Expenses	营业利润 Operating Profits	利润总额 Total Profits	应交所得税 Income Tax Payable	应付职工薪酬 Payables to Employees
4293447	**155168**	**672201**	**343517**	**628158**	**533099**	**329021**	**6825185**
470718	6833	42995	24391	-79394	-79641	29729	808923
59700	667	8709	1766	-588	352	5818	97654
65112	1821	11995	5375	-39152	-30093	1998	89497
106606	2098	15344	6970	-75068	-70119	1987	313150
91328	5239	14251	9279	-38422	-37016	2818	86685
89275	7247	15970	4654	21367	21351	9026	90857
34977	551	3645	2061	6127	5695	802	26169
18087	1332	1167	247	8848	2906	2017	48680
518469	5488	50195	9883	16992	51926	40180	657330
391739	11404	65161	31524	-10038	-9835	20927	465072
301345	7878	52487	32318	-49330	-37788	12579	357653
112521	5498	36753	20469	16422	7769	11540	171623
120005	6519	10673	7016	45872	41740	8561	159930
34150	1597	8137	5579	3010	5172	2862	48749
344996	18375	65829	32811	222714	200874	66684	761059
99936	8471	22483	9719	179932	169903	10168	174830
193870	14356	37826	17873	123094	106965	23763	301147
93529	5417	19089	10464	43061	23802	4190	140096
499771	13565	63652	34720	44166	27209	38322	912987
30800	1193	8276	5971	-11668	-10188	1253	141912
15068	272	496	25	-41142	-40655	489	16318
109959	6174	18467	9402	221516	188182	14073	233233
207671	7701	44144	24322	21714	5049	8416	276500
33849	1809	5275	3258	2554	3544	871	47665
44106	1668	14195	12974	-2599	-6246	2398	68575
1186	5	82	80	-116	-199	3	1333
128815	8345	21554	11096	15043	7973	5719	219587
26672	1438	4915	3068	16783	8707	941	49593
5915	333	1375	944	-5900	-4334	63	12308
18507	775	3921	2956	-9355	-10422	476	22998
24768	1102	3140	2304	-18285	-9485	352	23072

快餐服务
Snack

地　区	Region	主营业务收入 Revenue from Principal Business	主营业务成本 Cost of Principal Business	主营业务税金及附加 Taxes and Other Charges on Principal Business	主营业务利润 Profits from Principal Business	其他业务利润 Profits from Other Business	销售费用 Selling Expenses	管理费用 Administr-ative Expenses
全　国	**National Total**	**9127990**	**4211980**	**458686**	**4457324**	**80857**	**3391965**	**811345**
北　京	Beijing	1370447	561884	70528	738035	20650	612803	134511
天　津	Tianjin	437321	196861	23136	217324	510	154274	41014
河　北	Hebei	1731	919	90	722		425	212
山　西	Shanxi	81300	40973	4383	35944		23091	6330
内蒙古	Inner Mongolia	11485	5337	355	5793	42	3921	2409
辽　宁	Liaoning	568818	256190	29951	282677	159	205797	48673
吉　林	Jilin	10941	4131	613	6197		5429	602
黑龙江	Heilongjiang	25512	11412	874	13226	1413	8683	990
上　海	Shanghai	918015	432834	49603	435578	5802	353357	92385
江　苏	Jiangsu	956890	468871	48560	439459	5092	296440	88343
浙　江	Zhejiang	607183	288501	32055	286627	9836	206058	53726
安　徽	Anhui	150257	65276	4910	80071	171	68230	8517
福　建	Fujian	382259	212303	16423	153533	1426	119938	30522
江　西	Jiangxi	61918	29789	3362	28767	53	19305	4710
山　东	Shandong	369562	188607	18292	162663	622	109727	32780
河　南	Henan	161858	85775	9755	66328	9924	45925	17425
湖　北	Hubei	342321	159692	18200	164429	13	120003	30821
湖　南	Hunan	121819	55933	6245	59641	110	46405	7828
广　东	Guangdong	1858919	821937	85198	951784	5115	783937	145016
广　西	Guangxi	101693	45824	5675	50194	107	31999	8508
海　南	Hainan	6527	1997	355	4175		1479	2487
重　庆	Chongqing	112185	42234	5843	64108	5421	46674	11272
四　川	Sichuan	245598	131735	12478	101385	6679	45250	20695
贵　州	Guizhou	1951	1112	115	724		388	338
云　南	Yunnan	72970	34175	3698	35097		25737	6439
西　藏	Tibet	467	237	22	208		148	15
陕　西	Shaanxi	76529	35242	4168	37119	7703	35845	8481
甘　肃	Gansu	28366	12974	1487	13905		7073	2239
青　海	Qinghai							
宁　夏	Ningxia							
新　疆	Xinjiang	43152	19225	2314	21613	11	13628	4060

4-4-8 Continued 1

单位：万元

Unit: 10000 yuan

#税金 Taxes	财务费用 Financial Expenses	#利息支出 Interest Expenses	营业利润 Operating Profits	利润总额 Total Profits	应交所得税 Income Tax Payable	应付职工薪酬 Payables to Employees
6535	**48399**	**25743**	**219770**	**221605**	**81247**	**1471403**
1099	4188	3016	3939	5951	5724	291608
185	814	20	16758	14601	5896	62371
4	4		80	64	4	284
4	82	5	6506	5983	1195	3486
10	280	265	-816	-836	61	2580
97	2270	1286	23472	22654	7804	39904
6	202	201	-35	-3		1439
	593	18	2960	-1185	56	3514
125	4751	405	-1701	16892	4545	125427
777	6820	4991	46374	45498	14247	153976
116	5287	5572	20214	23750	8948	127543
27	1329	813	5771	6155	1575	32199
194	2704	1134	3358	3004	2295	48022
49	100	18	3585	4055	126	1402
420	3760	1046	16407	17839	5033	64799
323	1115	772	11640	8354	1051	21443
198	2588	39	10207	7552	3105	35700
309	1509	631	3603	3588	1022	32876
1546	6278	3806	3627	-5434	6203	330666
1	235	213	7997	7864	2407	15129
319	19	9	191	189	63	1428
372	478	-24	11374	11688	1951	9538
59	1585	154	13421	12043	3434	29574
10	11		-13	-22	1	403
11	8	61	4664	4915	1166	11828
	2		42	42	5	144
240	1420	1188	-2386	-2633	1045	14155
3	-111		4704	4646	1169	3398
29	76	103	3826	4392	1116	6570

饮料及冷饮服务
Beverage and Cold Drink

地　区	Region	主营业务收入 Revenue from Principal Business	主营业务成本 Cost of Principal Business	主营业务税金及附加 Taxes and Other Charges on Principal Business	主营业务利润 Profits from Principal Business	其他业务利润 Profits from Other Business	销售费用 Selling Expenses	管理费用 Administrative Expenses
全　国	**National Total**	**1193796**	**391389**	**62229**	**740178**	**1743**	**534804**	**84218**
北　京	Beijing	195275	63424	9501	122350	261	94546	19506
天　津	Tianjin							
河　北	Hebei	399	199	27	173		45	101
山　西	Shanxi							
内蒙古	Inner Mongolia							
辽　宁	Liaoning	20803	7457	1094	12252	22	8411	1512
吉　林	Jilin							
黑龙江	Heilongjiang	852	363	55	434		318	474
上　海	Shanghai	606638	193122	31823	381693	305	281166	32915
江　苏	Jiangsu	26613	10261	1023	15329	207	10458	4337
浙　江	Zhejiang	16076	6843	879	8354	267	5158	3424
安　徽	Anhui	2622	1630	81	911	167	455	293
福　建	Fujian	10858	5272	582	5004		3918	1291
江　西	Jiangxi	271	78	14	179		90	10
山　东	Shandong	8661	2253	441	5967		4145	358
河　南	Henan							
湖　北	Hubei	43934	12550	2333	29051		20892	2525
湖　南	Hunan	2278	1519	79	680	10	332	111
广　东	Guangdong	189483	62535	10861	116087		78205	11925
广　西	Guangxi	1169	375	70	724	385	690	392
海　南	Hainan	512	216	12	284		65	97
重　庆	Chongqing	6315	4152	160	2003		318	217
四　川	Sichuan	55041	15630	2941	36470		24505	4301
贵　州	Guizhou	700	426	32	242		117	59
云　南	Yunnan	2600	1396	108	1096		672	313
西　藏	Tibet							
陕　西	Shaanxi	2036	1214	66	756		12	34
甘　肃	Gansu	664	473	48	143	118	287	24
青　海	Qinghai							
宁　夏	Ningxia							
新　疆	Xinjiang							

单位：万元
Unit: 10000 yuan

	财务费用 Financial Expenses		营业利润 Operating Profits	利润总额 Total Profits	应交所得税 Income Tax Payable	应付职工薪酬 Payables to Employees
#税金 Taxes		#利息支出 Interest Expenses				
2338	**4856**	**4052**	**118270**	**100762**	**32706**	**186230**
213	1642	1703	6918	6521	4564	66470
	1		27			92
26	129		2102	1636	448	6899
	24		-383	3481	870	269
207	618	1190	69435	50060	16745	64421
39	526	55	241	317	212	6270
29	116	2	19	18	163	3045
9	47	1	303	304	24	655
113	25	12	-213	868	96	1761
			79	79	13	131
1	39		1424	1425	359	2862
1265	270	26	5389	5410	1275	8300
24	32	4	224	167	4	500
210	110	19	23980	23376	5881	20540
64	962	1007	-936	-938		408
			121	121		150
100	79		1294	487	94	160
1	234	32	7509	7384	1950	2284
20			93	66		304
			107	-28		455
15			710	40		99
2	2	1	-171	-34	8	156

其他餐饮业
Others

地 区	Region	主营业务收入 Revenue from Principal Business	主营业务成本 Cost of Principal Business	主营业务税金及附加 Taxes and Other Charges on Principal Business	主营业务利润 Profits from Principal Business	其他业务利润 Profits from Other Business	销售费用 Selling Expenses	管理费用 Administr-ative Expenses
全 国	**National Total**	**1636098**	**912158**	**68866**	**655074**	**12969**	**379786**	**175170**
北 京	Beijing	220274	126411	9710	84153	43	71012	21277
天 津	Tianjin	58853	34061	2616	22176		11767	7970
河 北	Hebei	714	166	51	497		41	523
山 西	Shanxi	2246	891	34	1321	21	590	558
内 蒙 古	Inner Mongolia	424	32	25	367		231	218
辽 宁	Liaoning	18702	11223	518	6961	26	1324	4130
吉 林	Jilin	1700	719	7	974		503	173
黑 龙 江	Heilongjiang							
上 海	Shanghai	275901	181566	11996	82339	-53	55852	33168
江 苏	Jiangsu	175328	94768	6637	73923	394	50517	11183
浙 江	Zhejiang	88185	60486	2953	24746	302	14890	7219
安 徽	Anhui	5263	2898	258	2107		1086	553
福 建	Fujian	43967	31256	1971	10740	156	4140	4185
江 西	Jiangxi							
山 东	Shandong	36917	26117	1569	9231	22	2759	3682
河 南	Henan	32826	19529	1352	11945	114	4033	3303
湖 北	Hubei	52268	39722	1247	11299	45	8550	1758
湖 南	Hunan	12052	7927	805	3320		450	309
广 东	Guangdong	216882	122635	9105	85142	315	39885	34631
广 西	Guangxi	4587	2461	46	2080	8	703	1107
海 南	Hainan							
重 庆	Chongqing	47376	26225	849	20302	4	8932	8713
四 川	Sichuan	306957	102080	16002	188875	11291	98609	22514
贵 州	Guizhou	856	589	15	252		28	174
云 南	Yunnan	14983	11131	155	3697	40	711	2605
西 藏	Tibet							
陕 西	Shaanxi	18443	9003	927	8513	242	3173	5117
甘 肃	Gansu	395	263	18	114			101
青 海	Qinghai							
宁 夏	Ningxia							
新 疆	Xinjiang							

4-4-8 Continued 3

单位：万元

Unit: 10000 yuan

	财务费用 Financial Expenses		营业利润 Operating Profits	利润总额 Total Profits	应交所得税 Income Tax Payable	应付职工薪酬 Payables to Employees
#税金 Taxes		#利息支出 Interest Expenses				
6302	**11651**	**7580**	**98036**	**91358**	**24946**	**365122**
267	1650	1580	-10580	-10580	637	54864
48	248	6	2342	-41	168	12747
	7		-73	-81	7	287
23	6	4	16	-271		445
25	299	298	-381	-381		53
112	-46		1660	1960	451	4039
			297	297	74	280
180	689	455	-6648	-2201	932	60866
348	782	155	9780	8708	1814	21756
661	797	986	3099	2661	912	14224
	43	7	426	439	44	1519
896	294	378	2153	2202	682	6816
25	313	229	2663	2690	409	8967
56	653	508	4293	4313	483	4142
45	362	3	-21	-226	44	3764
35	151	39	2409	345	15	686
387	403	156	12691	12945	1990	40049
1	439	438	23	-140	16	675
283	2122	1623	640	-152	382	9666
2478	2127	692	72510	68177	15669	111029
		1	40	68	3	171
78	10	21	538	572	187	5060
332	304	4	147	41	22	2939
25			13	13	6	79

4-5-1 限额以上住宿和餐饮业产业活动单位和个体经营户基本情况

Basic Conditions of Establishments and Getihus above Designated Size of Hotels and Catering Services

项　目	Item	单位数（个）Number of Units (unit)	年末从业人数（人）Engaged Persons at the Year-end (person)
总　计	**Total**	**36417**	**1138806**
一、住宿业	**Hotels**	**4645**	**276833**
（一）按登记注册类型分	**by Type of Registration**		
1.内资企业	**Domestic Funded Enterprises**	**989**	**155018**
国有企业	State-owned Enterprises	252	30264
集体企业	Collective-owned Enterprises	27	1815
股份合作企业	Cooperative Enterprises	8	3444
联营企业	Joint Ownership Enterprises	4	525
国有联营企业	State Joint Ownership Enterprises		
集体联营企业	Collective Joint Ownership Enterprises	1	268
国有与集体联营企业	Joint State-collective Enterprises		
其他联营企业	Other Joint Ownership Enterprises	3	257
有限责任公司	Limited Liability Corporations	365	64996
国有独资公司	State Sole Funded Corporations	14	2034
其他有限责任公司	Other Limited Liability Corporations	351	62962
股份有限公司	Share-holding Corporations Ltd.	67	12708
私营企业	Private Enterprises	231	36591
私营独资企业	Private-funded Enterprises	22	1967
私营合伙企业	Private Partnership Enterprises	4	113
私营有限责任公司	Private Limited Liability Corporations	191	33077
私营股份有限公司	Private Share-holding Corporations Ltd.	14	1434
其他内资企业	Other Domestic Funded Enterprises	35	4675
2.港、澳、台商投资企业	**Enterprises with Funds from Hongkong, Macao and Taiwan**	**40**	**14293**
合资经营企业	Joint-venture Enterprises	19	8019
合作经营企业	Cooperative Enterprises	2	1062
独资经营企业	Enterprises with Sole Investment	17	4612
投资股份有限公司	Share-holding Corporations Ltd. with Investment	2	600
其他港澳台商投资企业	Other Enterprises with Funds from Hongkong, Macao and Taiwan		
3.外商投资企业	**Foreign Funded Enterprises**	**38**	**12722**
中外合资经营企业	Joint-venture Enterprises	18	6519
中外合作经营企业	Cooperative Enterprises	3	1480
外资企业	Enterprises with Sole Foreign Investment	15	3665
外商投资股份有限公司	Share-holding Corporations Ltd. With Foreign Investment		
其他外商投资企业	Other Foreign Funded Enterprises	2	1058
4.个体经营户	**Getihus**	**3578**	**94800**
（二）按国民经济行业分	**by Sector**		
旅游饭店	Tourist Hotel	1630	187336
一般旅馆	Fonda	2846	82523
其他住宿业	Others	169	6974

项 目	Item	单位数（个）Number of Units (unit)	年末从业人数（人）Engaged Persons at the Year-end (person)	年末餐饮营业面积（平方米）Business Area of Catering Services at the Year-end (m^2)
二、餐饮业	**Catering Services**	**31772**	**861973**	**27326955**
（一）按登记注册类型分	**by Type of Registration**			
1.内资企业	**Domestic Funded Enterprises**	**652**	**59880**	**2014468**
国有企业	State-owned Enterprises	120	11348	388172
集体企业	Collective-owned Enterprises	39	2462	81361
股份合作企业	Cooperative Enterprises	7	774	15309
联营企业	Joint Ownership Enterprises	5	240	17490
国有联营企业	State Joint Ownership Enterprises	1	67	9640
集体联营企业	Collective Joint Ownership Enterprises			
国有与集体联营企业	Joint State-collective Enterprises	1	60	5000
其他联营企业	Other Joint Ownership Enterprises	3	113	2850
有限责任公司	Limited Liability Corporations	182	17349	566501
国有独资公司	State Sole Funded Corporations	5	167	3510
其他有限责任公司	Other Limited Liability Corporations	177	17182	562991
股份有限公司	Share-holding Corporations Ltd.	28	5840	151591
私营企业	Private Enterprises	207	17047	499662
私营独资企业	Private-funded Enterprises	59	3610	138423
私营合伙企业	Private Partnership Enterprises	11	597	10978
私营有限责任公司	Private Limited Liability Corporations	129	12049	338049
私营股份有限公司	Private Share-holding Corporations Ltd.	8	791	12212
其他企业	Other Enterprises	64	4820	294382

4-5-1 续表 2 continued 2

项　目	Item	单位数（个）Number of Units (unit)	年末从业人数（人）Engaged Persons at the Year-end (person)	年末餐饮营业面积（平方米）Business Area of Catering Services at the Year-end (m²)
2.港、澳、台商投资企业	**Enterprises with Funds from Hongkong, Macao and Taiwan**	**28**	**5070**	**71983**
合资经营企业	Joint-venture Enterprises	2	440	21500
合作经营企业	Cooperative Enterprises	2	105	8547
独资经营企业	Enterprises with Sole Investment	19	3640	33796
投资股份有限公司	Share-holding Corporations Ltd. with Investment	2	655	5050
其他港澳台商投资企业	Other Enterprises with Funds from Hongkong, Macao and Taiwan	3	230	3090
3.外商投资企业	**Foreign Funded Enterprises**	**65**	**5609**	**73994**
中外合资经营企业	Joint-venture Enterprises	4	565	8650
中外合作经营企业	Cooperative Enterprises	2	481	7457
外资企业	Enterprises with Sole Foreign Investment	56	4391	55080
外商投资股份有限公司	Share-holding Corporations Ltd. With Foreign Investment	2	89	1007
其他外商投资企业	Other Foreign Funded Enterprises	1	83	1800
4.个体经营户	**Getihus**	**31027**	**791414**	**25166510**
(二)按国民经济行业分	**by Sector**			
正餐服务	Dinner	30150	819331	26057644
快餐服务	Snack	883	23334	690939
饮料及冷饮服务	Beverage and Cold Drink	272	6496	168833
其他餐饮业	Others	467	12812	409539

4-5-2 各地区限额以上住宿和餐饮业产业活动单位和个体经营户基本情况

Basic Conditions of Establishments and Getihus above Designated Size of Hotels and Catering Services by Region

地区	Region	住宿业 Hotels		餐饮业 Catering Services	
		单位数（个） Number of Units (unit)	年末从业人数（人） Engaged Persons at the Year-end (person)	单位数（个） Number of Units (unit)	年末从业人数（人） Engaged Persons at the Year-end (person)
全国	**National Total**	**4690**	**295554**	**34202**	**958171**
北京	Beijing	183	30849	133	6340
天津	Tianjin	22	3963	255	10691
河北	Hebei	75	10282	514	21166
山西	Shanxi	53	7515	299	14631
内蒙古	Inner Mongolia	122	4614	547	20564
辽宁	Liaoning	218	19273	2223	53381
吉林	Jilin	155	5809	1179	24060
黑龙江	Heilongjiang	166	4064	820	18883
上海	Shanghai	41	11986	11	1374
江苏	Jiangsu	333	19010	4059	87328
浙江	Zhejiang	202	17362	1554	54996
安徽	Anhui	98	6067	960	26444
福建	Fujian	77	6861	910	19981
江西	Jiangxi	116	7098	516	21227
山东	Shandong	386	11077	3963	85244
河南	Henan	407	11389	2539	63543
湖北	Hubei	279	7816	2167	53167
湖南	Hunan	319	22298	1289	42864
广东	Guangdong	344	20894	3191	115566
广西	Guangxi	79	3726	413	17697
海南	Hainan	43	1976	159	7153
重庆	Chongqing	156	6454	2302	51993
四川	Sichuan	256	14928	2450	70322
贵州	Guizhou	97	5424	240	10552
云南	Yunnan	193	11934	573	19252
西藏	Tibet	2	103	2	158
陕西	Shaanxi	90	8343	471	18742
甘肃	Gansu	36	1669	143	6356
青海	Qinghai	7	621	7	724
宁夏	Ningxia	17	2391	8	394
新疆	Xinjiang	118	9758	305	13378

4-5-3 限额以上住宿和餐饮业产业活动单位和个体经营户经营情况

项　目	Item	营业额 Business Revenue	客房收入 from Hotel Rooms
总　计	**Total**	**33544798**	**4546183**
一、住宿业	**Hotels**	**6606547**	**3775093**
(一)按登记注册类型分	**by Type of Registration**		
1.内资企业	**Domestic Funded Enterprises**	**3082973**	**1582333**
国有企业	State-owned Enterprises	542609	253203
集体企业	Collective-owned Enterprises	29524	13574
股份合作企业	Cooperative Enterprises	36599	18107
联营企业	Joint Ownership Enterprises	9135	5064
国有联营企业	State Joint Ownership Enterprises		
集体联营企业	Collective Joint Ownership Enterprises	4912	3166
国有与集体联营企业	Joint State-collective Enterprises		
其他联营企业	Other Joint Ownership Enterprises	4224	1898
有限责任公司	Limited Liability Corporations	1360432	712546
国有独资公司	State Sole Funded Corporations	50120	27407
其他有限责任公司	Other Limited Liability Corporations	1310312	685139
股份有限公司	Share-holding Corporations Ltd.	251475	137935
私营企业	Private Enterprises	758130	393135
私营独资企业	Private-funded Enterprises	63190	28952
私营合伙企业	Private Partnership Enterprises	1547	955
私营有限责任公司	Private Limited Liability Corporations	666805	349550
私营股份有限公司	Private Share-holding Corporations Ltd.	26588	13678
其他企业	Other Enterprises	95068	48770
2.港、澳、台商投资企业	**Enterprises with Funds from Hongkong, Macao and Taiwan**	**452466**	**213364**
合资经营企业	Joint-venture Enterprises	232070	97155
合作经营企业	Cooperative Enterprises	51030	30840
独资经营企业	Enterprises with Sole Investment	167878	84739
投资股份有限公司	Share-holding Corporations Ltd. with Investment	1488	630
其他港澳台商投资企业	Other Enterprises with Funds from Hongkong, Macao and Taiwan		
3.外商投资企业	**Foreign Funded Enterprises**	**441732**	**221864**
中外合资经营企业	Joint-venture Enterprises	217380	103667
中外合作经营企业	Cooperative Enterprises	67551	33573
外资企业	Enterprises with Sole Foreign Investment	105379	62641
外商投资股份有限公司	Share-holding Corporations Ltd. With Foreign Investment		
其他外商投资企业	Other Foreign Funded Enterprises	51423	21984
4.个体经营户	**Getihus**	**2629375**	**1757533**
(二)按国民经济行业分	**by Sector**		
旅游饭店	Tourist Hotel	4235608	2149862
一般旅馆	Fonda	2218220	1540282
其他住宿业	Others	152719	84949

Business of Establishments and Getihus above Designated Size of Hotels and Catering Services

单位：万元
Unit: 10000 yuan

餐费收入 from Meals	商品销售额 from Commodities	其他收入 Others	客房数 (间) Hotel Rooms (unit)	床位数 (个) Hotel Beds (unit)	餐位数 (位) Seats for Meal (unit)
27104759	**1484982**	**408874**	**657293**	**1142573**	**99268318**
2378481	**176685**	**276288**	**446080**	**760286**	**1464492**
1254745	**68522**	**177373**	**220539**	**351634**	**993946**
223225	27196	38986	44599	72794	628567
13700	374	1876	1901	3510	6491
15746	71	2676	3716	5080	5772
3080	272	720	653	980	768
1396		350	325	480	180
1684	272	370	328	500	588
536310	22262	89314	92042	147310	178328
16637	123	5952	2112	3480	4594
519673	22139	83362	89930	143830	173734
94250	5348	13942	13619	24006	31663
328637	11464	24894	57980	87960	124918
29802	1736	2700	2616	4239	7284
456	63	74	248	429	908
286938	8435	21881	52977	79950	112506
11441	1230	239	2139	3342	4220
39798	1536	4965	6029	9994	17439
212626	**3723**	**22753**	**12979**	**18423**	**32888**
117419	2762	14734	6822	9757	18515
18181		2010	1415	1737	1578
76259	931	5948	4291	6111	11645
767	30	61	451	818	1150
190423	**2602**	**26844**	**11924**	**16613**	**19246**
97803	2258	13653	6317	9285	10749
30943		3035	1253	1563	1418
34461	297	7981	3746	4945	5321
27217	47	2175	608	820	1758
720687	**101838**	**49318**	**200638**	**373616**	**418412**
1770170	96194	219382	248959	405446	1132967
555094	75854	46990	187063	336025	301201
53217	4637	9917	10058	18815	30324

项 目	Item	营业额 Business Revenue	客房收入 from Hotel Rooms
二、餐饮业	**Catering Services**	**26938251**	**771090**
(一)按登记注册类型分	**by Type of Registration**		
1.内资企业	**Domestic Funded Enterprises**	**1240435**	**190703**
国有企业	State-owned Enterprises	220178	25495
集体企业	Collective-owned Enterprises	85140	4574
股份合作企业	Cooperative Enterprises	24723	10530
联营企业	Joint Ownership Enterprises	5186	1112
国有联营企业	State Joint Ownership Enterprises	2956	732
集体联营企业	Collective Joint Ownership Enterprises		
国有与集体联营企业	Joint State-collective Enterprises	336	
其他联营企业	Other Joint Ownership Enterprises	1894	380
有限责任公司	Limited Liability Corporations	331565	69967
国有独资公司	State Sole Funded Corporations	4811	948
其他有限责任公司	Other Limited Liability Corporations	326754	69019
股份有限公司	Share-holding Corporations Ltd.	112213	12851
私营企业	Private Enterprises	340753	51928
私营独资企业	Private-funded Enterprises	74643	10376
私营合伙企业	Private Partnership Enterprises	11926	270
私营有限责任公司	Private Limited Liability Corporations	242574	39912
私营股份有限公司	Private Share-holding Corporations Ltd.	11610	1370
其他内资企业	Other Domestic Funded Enterprises	120678	14246
2.港、澳、台商投资企业	**Enterprises with Funds from Hongkong, Macao and Taiwan**	**82155**	**10565**
合资经营企业	Joint-venture Enterprises	14262	3017
合作经营企业	Cooperative Enterprises	2663	
独资经营企业	Enterprises with Sole Investment	50031	4813
投资股份有限公司	Share-holding Corporations Ltd. with Investment	9970	2410
其他港澳台商投资企业	Other Enterprises with Funds from Hongkong, Macao and Taiwan	5229	324
3.外商投资企业	**Foreign Funded Enterprises**	**164036**	**34169**
中外合资经营企业	Joint-venture Enterprises	16018	3937
中外合作经营企业	Cooperative Enterprises	14868	
外资企业	Enterprises with Sole Foreign Investment	131157	29962
外商投资股份有限公司	Share-holding Corporations Ltd. With Foreign Investment	1277	
其他外商投资企业	Other Foreign Funded Enterprises	716	270
4.个体经营户	**Getihus**	**25451626**	**535654**
(二)按国民经济行业分	**by Sector**		
正餐服务	Restaurant	25491761	760632
快餐服务	Snack Counter	777530	4981
饮料及冷饮服务	Beverage and Cold Drink	292627	1524
其他餐饮业	Others	376334	3953

单位：万元
Unit: 10000 yuan

餐费收入 from Meals	商品销售额 from Commodities	其他收入 Others	客房数（间） Hotel Rooms (unit)	床位数（个） Hotel Beds (unit)	餐位数（位） Seats for Meal (unit)
24726278	**1308298**	**132586**	**211213**	**382287**	**97803826**
910133	**104159**	**35440**	**107682**	**188592**	**450488**
175409	7284	11990	4644	11662	113285
53586	26681	299	1399	2675	23469
13719	20	453	550	834	4991
3521	546	7	439	1233	3101
1717	506		382	1128	2386
336					400
1467	40	7	57	105	315
215261	40962	5375	84172	144909	87585
3440	349	73	142	280	770
211820	40613	5302	84030	144629	86815
91486	3815	4062	1423	2214	28988
267600	10582	10643	12945	21102	109324
56212	6432	1622	1793	2999	24888
10857	778	21	102	204	5278
190721	3255	8685	10676	17135	74478
9809	117	315	374	764	4680
89552	14270	2610	2110	3963	79745
63638	**5575**	**2377**	**1752**	**2808**	**12656**
10355	889		280	520	2540
2663					708
42250	2395	573	877	1329	7699
3466	2290	1803	349	473	649
4905			246	486	1060
125180	**1907**	**2780**	**1984**	**2829**	**16606**
11877		204	411	540	2082
14863		5			1114
96780	1907	2508	1523	2215	13152
1277					138
384		63	50	74	120
23627326	**1196657**	**91989**	**99795**	**188058**	**97324076**
23410526	1194843	125759	209613	379435	97402945
718719	50691	3139	786	1490	241949
261835	26335	2934	189	358	44733
335198	36429	754	625	1004	114199

4-5-4 各地区限额以上住宿业产业活动单位和个体经营户经营情况

Business of Establishments and Getihus above Designated Size of Hotels by Region

单位：万元

Unit: 10000 yuan

地　区	Region	营业额 Business Revenue	客房收入 from Hotel Rooms	餐费收入 from Meals	商品销售额 from Commodities	其他收入 Others
全　国	**National Total**	**6606547**	**3775093**	**2378481**	**176685**	**276288**
北　京	Beijing	914559	520845	314853	5665	73195
天　津	Tianjin	73242	38472	27155	303	7312
河　北	Hebei	97101	40660	47622	3478	5342
山　西	Shanxi	93479	35629	41788	11577	4486
内蒙古	Inner Mongolia	86751	52682	31696	701	1673
辽　宁	Liaoning	340603	179791	140655	8074	12082
吉　林	Jilin	167705	94765	65039	4504	3398
黑龙江	Heilongjiang	180948	153367	19604	5931	2046
上　海	Shanghai	454282	236027	187732	2823	27700
江　苏	Jiangsu	488247	284642	174710	8608	20287
浙　江	Zhejiang	429666	210048	198111	2126	19381
安　徽	Anhui	108164	61384	40954	3547	2279
福　建	Fujian	154719	76135	70560	2777	5248
江　西	Jiangxi	108712	57771	41168	5037	4736
山　东	Shandong	335987	186902	116613	27029	5442
河　南	Henan	304758	207616	82142	8533	6467
湖　北	Hubei	197877	124862	62334	6998	3683
湖　南	Hunan	280991	166085	98149	11332	5425
广　东	Guangdong	567890	359289	182707	7153	18740
广　西	Guangxi	43800	29282	12511	332	1674
海　南	Hainan	23510	11933	10614	316	648
重　庆	Chongqing	236750	138107	85739	8682	4222
四　川	Sichuan	309872	191079	96063	12880	9849
贵　州	Guizhou	71689	47346	20203	1061	3079
云　南	Yunnan	153871	97305	42785	5002	8779
西　藏	Tibet	610	467	127	6	10
陕　西	Shaanxi	181028	72717	79744	20128	8439
甘　肃	Gansu	20206	14550	4986	266	404
青　海	Qinghai	4304	2277	1757	7	263
宁　夏	Ningxia	31273	13290	15217	261	2505
新　疆	Xinjiang	143955	69770	65144	1548	7494

4-5-5 各地区限额以上餐饮业产业活动单位和个体经营户经营情况

Business of Establishments and Getihus above Designated Size of Catering Services by Region

单位：万元
Unit: 10000 yuan

地 区	Region	营业额 Business Revenue	客房收入 from Hotel Rooms	餐费收入 from Meals	商品销售额 from Commodities	其他收入 Others
全 国	**National Total**	**26938251**	**771090**	**24726278**	**1308298**	**132586**
北 京	Beijing	102816	825	99962	874	1155
天 津	Tianjin	156591	532	150221	3405	2432
河 北	Hebei	245620	11798	224290	8198	1334
山 西	Shanxi	206603	20718	177309	5593	2984
内蒙古	Inner Mongolia	365958	31152	326941	7340	524
辽 宁	Liaoning	1712593	23265	1663243	22934	3151
吉 林	Jilin	1096492	17021	1017991	59279	2202
黑龙江	Heilongjiang	578445	23821	498001	54326	2297
上 海	Shanghai	65039	35367	27199	31	2442
江 苏	Jiangsu	3283927	93679	2939634	231460	19154
浙 江	Zhejiang	1035775	56429	917751	46911	14684
安 徽	Anhui	519060	19568	477232	17406	4855
福 建	Fujian	546352	9037	515121	20217	1977
江 西	Jiangxi	411854	17473	341782	49669	2930
山 东	Shandong	3422235	46453	3040950	317272	17560
河 南	Henan	1717823	56172	1566800	87053	7798
湖 北	Hubei	1990539	87697	1789378	107146	6318
湖 南	Hunan	1229444	71027	1117993	35637	4788
广 东	Guangdong	3197088	28867	3142332	17873	8016
广 西	Guangxi	202344	6823	190815	3372	1334
海 南	Hainan	118141	1525	113054	2787	774
重 庆	Chongqing	2078468	31027	1968896	72101	6445
四 川	Sichuan	1518080	40608	1377330	87829	12313
贵 州	Guizhou	127657	3391	120136	3305	826
云 南	Yunnan	331822	8105	310188	12686	843
西 藏	Tibet	1502	713	738	15	36
陕 西	Shaanxi	347067	14019	307752	22773	2524
甘 肃	Gansu	70248	2103	67328	718	100
青 海	Qinghai	2141	12	2130		
宁 夏	Ningxia	17253		16139	1114	
新 疆	Xinjiang	239277	11867	217644	8974	792

4-6-1 按登记注册类型分连锁餐饮企业基本情况
Basic Conditions of Chain Catering Enterprises by Status of Registration

项 目	Item	门店总数（个）Number of Stores (unit)	从业人员（万人）Employed Person (10000 person)	营业面积（万平方米）Operational Area (10000 sq.m)
合 计	**Total**	**22494**	**78.0**	**1020.0**
内资企业	**Domestic Funded Enterprises**	**7491**	**27.8**	**500.0**
国有企业	State-owned Enterprises	89	0.3	2.7
集体企业	Collective-owned Enterprises	11	0.1	1.3
股份合作企业	Cooperative Enterprises	9		0.6
联营企业	Joint Ownership Enterprises			
国有联营企业	State Joint Ownership Enterprises			
集体联营企业	Collective Joint Ownership Enterprises			
国有与集体联营企业	Joint State-collective Enterprises			
其他联营企业	Other Joint Ownership Enterprises			
有限责任公司	Limited Liability Corporations	2804	9.0	181.1
国有独资公司	State Sole Funded Corporations	38	0.2	1.7
其他有限责任公司	Other Limited Liability Corporations	2766	8.9	179.4
股份有限公司	Share-holding Corporations Ltd.	915	4.6	84.7
私营企业	Private Enterprises	3651	13.7	229.1
私营独资企业	Private-funded Enterprises	117	0.6	9.3
私营合伙企业	Private Partnership Enterprises			
私营有限责任公司	Private Limited Liability Corporations	3340	12.3	184.4
私营股份有限公司	Private Share-holding Corporations Ltd.	194	0.8	35.4
其他企业	Other Enterprises	12		0.4
港、澳、台商投资企业	**Enterprises with Funds from Hong Kong, Macao and Taiwan**	**3533**	**10.7**	**98.2**
港、澳、台商合资经营企业	Joint-venture Enterprises	646	2.9	25.1
港、澳、台商合作经营企业	Cooperative Enterprises	4	0.1	1.7
港、澳、台商独资经营企业	Enterprises with Sole Investment	2881	7.7	71.1
港、澳、台商投资股份有限公司	Share-holding Corporations Ltd. with Investment	2		0.3
其他港澳台商投资企业	Other Enterprises with Funds from Hongkong, Macao and Taiwan			
外商投资企业	**Foreign Funded Enterprises**	**11470**	**39.5**	**421.8**
中外合资经营企业	Joint-venture Enterprises	2390	7.6	77.2
中外合作经营企业	Cooperative Enterprises	47	0.1	2.0
外资企业	Enterprises with Sole Foreign Investment	8764	31.2	325.1
外商投资股份有限公司	Share-holding Corporations Ltd. With Foreign Investment	18		0.2
其他外商投资企业	Other Foreign Funded Enterprises	251	0.7	17.2

4-6-1 续表 Continued

项 目	Item	餐位数（万个）Number of Dining-seats (10000 units)	营业额（亿元）Business Revenue (100 million yuan)	#餐费及商品销售收入 From Meals and Commodities
合 计	**Total**	**338.6**	**1391.0**	**1387.0**
内资企业	**Domestic Funded Enterprises**	**151.9**	**407.3**	**404.3**
国有企业	State-owned Enterprises	0.8	6.2	**6.1**
集体企业	Collective-owned Enterprises	0.3	1.2	1.1
股份合作企业	Cooperative Enterprises	0.2	0.4	0.4
联营企业	Joint Ownership Enterprises			
国有联营企业	State Joint Ownership Enterprises			
集体联营企业	Collective Joint Ownership Enterprises			
国有与集体联营企业	Joint State-collective Enterprises			
其他联营企业	Other Joint Ownership Enterprises			
有限责任公司	Limited Liability Corporations	55.8	153.1	152.4
国有独资公司	State Sole Funded Corporations	1.0	1.8	1.8
其他有限责任公司	Other Limited Liability Corporations	54.8	151.3	150.6
股份有限公司	Share-holding Corporations Ltd.	19.3	76.1	75.9
私营企业	Private Enterprises	75.2	170.1	168.2
私营独资企业	Private-funded Enterprises	3.5	12.9	12.7
私营合伙企业	Private Partnership Enterprises			
私营有限责任公司	Private Limited Liability Corporations	66.2	145.9	144.6
私营股份有限公司	Private Share-holding Corporations Ltd.	5.5	11.2	10.9
其他企业	Other Enterprises	0.2	0.3	0.2
港、澳、台商投资企业	**Enterprises with Funds from Hong Kong, Macao and Taiwan**	**37.6**	**214.3**	**214.2**
港、澳、台商合资经营企业	Joint-venture Enterprises	7.4	43.6	43.5
港、澳、台商合作经营企业	Cooperative Enterprises	0.2	1.8	1.8
港、澳、台商独资经营企业	Enterprises with Sole Investment	30.0	168.6	168.6
港、澳、台商投资股份有限公司	Share-holding Corporations Ltd. with Investment	0.1	0.3	0.3
其他港、澳、台商投资企业	Other Enterprises with Funds from Hongkong, Macao and Taiwan			
外商投资企业	**Foreign Funded Enterprises**	**149.1**	**769.3**	**768.6**
中外合资经营企业	Joint-venture Enterprises	30.0	169.2	169.0
中外合作经营企业	Cooperative Enterprises	0.6	3.2	3.2
外资企业	Enterprises with Sole Foreign Investment	110.9	583.8	583.3
外商投资股份有限公司	Share-holding Corporations Ltd. with Foreign Investment	0.1	0.5	0.5
其他外商投资企业	Other Foreign Funded Enterprises	7.5	12.6	12.6355

4-6-2 按行业分连锁餐饮企业基本情况
Basic Conditions of Chain Catering Enterprises by Sector

行　业	Sector	门店总数（个）Number of Stores (unit)	从业人数（万人）Engaged Persons (10000 persons)	营业面积（万平方米）Operating Area (10000 sq.m)
总　计	**Total**	**22494**	**78.0**	**1020.0**
正餐服务	Restaurant	6959	30.1	587.5
快餐服务	Snack Counter	12854	44.6	397.8
饮料及冷饮服务	Beverages and Cold Drinks	2093	2.4	25.9
其他餐饮业	Others	588	0.9	8.8

4-6-2 续表　Continued

业　态	Business Categories	餐位数（万个）Number of Dining-seats (10000 units)	营业额（亿元）Business Revenue (100 million yuan)	#餐费及商品销售收入 From Meals and Commodities
总　计	**Total**	**338.6**	**1391.0**	**1387.0**
正餐服务	Restaurant	181.9	460.0	458.0
快餐服务	Snack Counter	142.9	833.3	831.4
饮料及冷饮服务	Beverages and Cold Drinks	8.7	78.6	78.5
其他餐饮业	Others	5.1	19.1	19.1

4-6-3 各地区连锁餐饮企业基本情况
Basic Conditions of Chain Catering Enterprises by Region

年份 Year	地区 Region	门店总数（个） Number of Stores (unit)	从业人数（万人） Employed Person (10000 persons)	营业面积（万平方米） Operational Area (10000 sq.m)	餐位数（万个） Number of dining-seat (10000 unit)	营业额（亿元） Business Revenue (100 million yuan)
	2004	7578	37.9	352.6	180.1	348.2
	2005	9748	50.1	478.1	245.8	454.4
	2006	11360	55.7	588.2	274.8	563.8
	2007	12743	62.6	629.2	280.0	640.0
	2008	12561	66.1	651.9	253.1	806.9
	2009	13739	65.2	691.6	248.9	879.3
	2010	15333	70.6	742.6	263.8	955.4
	2011	16285	83.3	821.4	277.1	1120.4
	2012	18153	80.6	869.2	286.5	1283.3
	2013	20554	80.3	937.1	319.5	1319.6
	2014	22494	78.0	1020.0	338.6	1391.0
北京	Beijing	3871	11.6	189.5	59.7	265.3
天津	Tianjin	503	2.3	20.3	6.0	39.4
河北	Hebei	6	0.1	2.5	0.5	1.2
山西	Shanxi	115	0.8	7.0	2.1	8.1
内蒙古	Inner Mongolia	213	0.4	11.0	3.3	13.7
辽宁	Liaoning	706	1.1	27.0	7.9	59.7
吉林	Jilin	23	0.1	1.3	0.4	0.9
黑龙江	Heilongjiang	68	0.3	3.5	1.2	3.7
上海	Shanghai	2685	6.6	75.1	22.4	165.0
江苏	Jiangsu	1460	7.2	48.5	16.1	96.7
浙江	Zhejiang	1728	5.3	94.3	26.3	94.1
安徽	Anhui	583	1.2	46.4	7.1	15.6
福建	Fujian	786	2.0	22.4	7.7	30.9
江西	Jiangxi	112	0.4	7.3	2.3	8.8
山东	Shandong	438	2.1	19.9	5.6	30.1
河南	Henan	210	0.7	11.4	3.0	11.3
湖北	Hubei	649	3.7	47.4	15.3	54.3
湖南	Hunan	621	3.3	44.2	18.1	38.0
广东	Guangdong	3403	11.7	104.3	38.5	221.1
广西	Guangxi	170	0.7	3.7	1.5	8.7
海南	Hainan	5		0.2	0.1	0.6
重庆	Chongqing	2596	10.5	174.6	63.7	128.4
四川	Sichuan	845	2.5	26.0	15.6	49.8
贵州	Guizhou	18	0.1	2.3	0.4	1.3
云南	Yunnan	295	1.6	16.9	9.8	22.8
西藏	Tibet	3				
陕西	Shaanxi	181	1.1	7.7	2.3	13.3
甘肃	Gansu	37	0.3	1.2	0.4	3.0
青海	Qinghai					
宁夏	Ningxia					
新疆	Xinjiang	164	0.3	4.1	1.3	5.2

4-6-3 续表 Continued

年份 Year	地区 Region	#餐费收入及商品销售额 From Meals and Commodities	商品购进总额(亿元) Total Purchases Value (100 million yuan)	统一配送商品购进额(亿元) Centralized Purchase and Delivery (100 million yuan)	#自有配送中心配送商品购进额 Self Centralized Purchase and Delivery	#非自有配送中心配送商品购进额 Non-self Centralized Purchase and Delivery
2004		345.3	124.6	89.3	64.7	24.6
2005		447.2	171.5	109.1	77.9	31.0
2006		563.2	201.2	127.5	93.6	33.7
2007		639.3	274.9	168.8	110.0	30.9
2008		796.2	271.6	192.5	118.7	35.3
2009		878.5	362.0	239.8	138.0	50.7
2010		952.9	455.8	298.8	159.5	51.4
2011		1098.7	518.9	343.1	190.0	65.1
2012		1280.3	561.4	388.5	202.3	86.0
2013		1316.0	571.2	400.7	183.0	80.8
2014		1387.0	583.4	413.9	193.4	68.8
北京	Beijing	263.8	89.2	74.3	40.5	9.3
天津	Tianjin	39.4	32.8	3.9	0.3	
河北	Hebei	1.2	1.0	1.0	1.0	
山西	Shanxi	8.1	4.9	4.0	4.0	
内蒙古	Inner Mongolia	13.7	8.6	1.0	0.2	
辽宁	Liaoning	59.6	42.2	36.3	2.7	
吉林	Jilin	0.9	0.4	0.4	0.4	
黑龙江	Heilongjiang	3.7	1.6	1.5	0.7	0.8
上海	Shanghai	165.0	51.2	43.7	19.4	20.3
江苏	Jiangsu	96.6	34.3	32.1	17.4	14.6
浙江	Zhejiang	93.8	34.2	32.1	23.0	5.8
安徽	Anhui	15.2	8.0	7.4	5.0	0.2
福建	Fujian	30.9	19.1	13.8	11.3	0.5
江西	Jiangxi	8.8	4.4	4.0	0.6	
山东	Shandong	30.1	14.2	13.7	0.6	
河南	Henan	11.2	5.8	4.3	0.1	
湖北	Hubei	54.1	11.3	10.2	3.1	4.2
湖南	Hunan	37.4	13.6	1.4	1.0	
广东	Guangdong	220.7	74.7	67.9	26.7	4.6
广西	Guangxi	8.7	2.7	2.7	2.7	
海南	Hainan	0.6	0.2	0.2		0.2
重庆	Chongqing	128.3	86.3	19.5	12.4	5.3
四川	Sichuan	49.7	21.3	18.6	9.5	1.4
贵州	Guizhou	1.3	0.7	0.7		
云南	Yunnan	22.7	10.8	10.5	2.8	1.6
西藏	Tibet					
陕西	Shaanxi	13.3	6.9	6.3	6.0	
甘肃	Gansu	3.0	1.3	1.2	1.2	
青海	Qinghai					
宁夏	Ningxia					
新疆	Xinjiang	5.2	1.6	1.5	1.0	

国际收支

BALANCE OF PAYMENTS

第 5 篇

5-1 国际收支概况

Brief Table of BOP of China

单位：亿美元

Unit: USD 100 million

年 份 Year	经常项目差额 Current Account Balance	资本和金融项目差额 Capital and Financial Account Balance	储备资产变动 Reserve Assets	净误差与遗漏 Net Errors and Omissions
1982	56.74	-17.36	-42.17	2.79
1983	42.40	-13.72	-26.95	-1.73
1984	20.30	-37.52	5.31	11.91
1985	-114.17	84.85	54.22	-24.90
1986	-70.35	65.40	17.27	-12.32
1987	3.00	27.31	-16.60	-13.71
1988	-38.03	52.69	-4.55	-10.11
1989	-43.18	64.28	-22.02	0.92
1990	119.97	-27.74	-60.89	-31.34
1991	132.71	45.81	-110.91	-67.61
1992	64.01	-2.51	21.02	-82.52
1993	-119.04	234.74	-17.67	-98.03
1994	76.58	326.44	-305.27	-97.75
1995	16.18	386.75	-224.63	-178.30
1996	72.42	399.67	-316.62	-155.47
1997	369.63	210.15	-357.24	-222.54
1998	314.71	-63.21	-64.26	-187.24
1999	211.14	51.80	-85.05	-177.88
2000	205.19	19.22	-105.48	-118.93
2001	174.05	347.75	-473.25	-48.56
2002	354.22	322.91	-755.07	77.94
2003	430.52	548.73	-1061.48	82.24
2004	689.41	1081.52	-1900.60	129.67
2005	1323.78	953.49	-2506.49	229.21
2006	2318.43	493.05	-2847.76	36.28
2007	3531.83	942.32	-4607.04	132.90
2008	4205.69	401.26	-4795.39	188.44
2009	2432.57	1984.70	-4003.44	-413.83
2010	2378.10	2868.65	-4717.39	-529.36
2011	1360.97	2654.70	-3878.01	-137.66
2012	2153.92	-317.66	-965.52	-870.74
2013	1482.04	3461.00	-4313.79	-629.25
2014	2196.78	382.40	-1177.80	-1401.37

注：根据国家外汇管理局最新公布的时间序列数据对2013年数据进行了相应的调整(下同)。

Note: According to State Administration of Foreign Exchange latest time-series data on the table，some years data were adjusted accordingly.

5-2 国际收支平衡表
Balance of Payments

单位：万美元
Unit: USD 10000

项目	Item	2013			2014		
		差额 Balance	贷方 Credit	借方 Debit	差额 Balance	贷方 Credit	借方 Debit
一、经常帐户	**Current Account**	**14820395.0**	**266212933.3**	**251392538.3**	**21967759.9**	**279917714.5**	**257949954.5**
A.货物和服务	Goods and Services	23537956.2	242499453.1	218961497.0	28402222.4	254508922.4	226106700.0
a.货物	Goods	35988994.9	221897667.8	185908672.9	47599162.6	235414489.1	187815326.5
b.服务	Services	-12451038.7	20601785.3	33052824.0	-19196940.2	19094433.3	38291373.5
1.运输	Transportation	-5667810.8	3764565.9	9432376.7	-5791502.0	3824277.8	9615779.8
2.旅游	Travel	-7691239.5	5166400.0	12857639.5	-10794610.9	5691300.0	16485910.9
3.通讯服务	Communication Services	2718.2	166592.5	163874.2	-47376.5	181237.6	228614.2
4.建筑服务	Construction Services	677276.2	1066303.5	389027.3	1048532.4	1535496.5	486964.1
5.保险服务	Insurance Services	-1809653.0	399616.7	2209269.6	-1787994.5	457414.6	2245409.1
6. 金融服务	Financial Services	-50615.8	318508.1	369124.0	-40924.5	453091.6	494016.0
7.计算机和信息服务	Computer and Information Services	944727.8	1543251.5	598523.8	989841.2	1836053.9	846212.7
8.专有权利使用费和特许费	Royalties and License Fees	-2014640.8	88667.0	2103307.8	-2193741.9	67638.2	2261380.1
9.咨询	Consultation Services	1693189.8	4053562.8	2360373.0	1644064.2	4292292.1	2648227.9
10.广告、宣传	Advertising and Public Opinion Polling	176722.0	490609.9	313887.9	116032.3	496352.1	380319.8
11.电影、音像	Audiovisual and Related Services	-63558.0	14715.9	78274.0	-69865.3	17483.7	87349.0
12.其他商业服务	Other Business Services	1347960.1	3406228.2	2058268.2	-2172116.2	136366.2	2308482.4
13.别处未提及的政府服务	Government Services,n.i.e	3885.2	122763.2	118878.1	-97278.4	105429.1	202707.5
B.收益	Income	-7844212.9	18397316.0	26241528.9	-3410985.5	21296122.2	24707107.6
1.职工报酬	Compensation of Employees	1607590.3	1779010.5	171420.3	2575519.9	2991050.1	415530.2
2.投资收益	Investment Income	-9451803.2	16618305.4	26070108.6	-5986505.3	18305072.1	24291577.4
C.经常转移	Current Transfers	-873348.3	5316164.2	6189512.4	-3023477.1	4112669.9	7136146.9
1.各级政府	General Government	-311272.9	112422.8	423695.7	-292886.1	164237.5	457123.6
2.其它部门	Other Sectors	-562075.3	5203741.3	5765816.7	-2730591.0	3948432.4	6679023.3
二、资本和金融帐户	**Capital and Financial Account**	**34610026.4**	**175275275.3**	**140665248.9**	**3823967.8**	**257298723.9**	**253474756.1**
A.资本帐户	Capital Account	305201.2	445220.8	140019.6	-3274.8	193949.8	197224.6
B.金融帐户	Financial Account	34304825.2	174830054.5	140525229.3	3827242.6	257104774.1	253277531.5
1.直接投资	Direct Investment	21795755.2	38056126.9	16260371.8	20867869.6	43523028.5	22655158.9
1.1 我国在外直接投资	Abroad	-7297088.0	3640164.5	10937252.4	-8041848.5	5552935.1	13594783.6
1.2 外国在华直接投资	In China	29092843.1	34415962.5	5323119.3	28909718.1	37970093.4	9060375.3
2.证券投资	Portfolio Investment	5289111.8	10581735.7	5292623.9	8242944.7	16644609.3	8401664.5
2.1 资产	Assets	-535297.4	2576007.2	3111304.6	-1081474.4	2932630.1	4014104.4
2.1.1 股本证券	Equity Securities	-253106.7	1356293.3	1609400.0	-140153.9	1703526.2	1843680.1
2.1.2 债务证券	Debt	-282190.7	1219713.9	1501904.6	-941320.4	1229103.8	2170424.3
2.1.2.1 (中)长期债务	Bonds and Notes	-282081.4	1219623.8	1501705.3	-922642.3	1227886.4	2150528.7
2.1.2.2 货币市场工具	Money Market Instruments	-109.3	90.1	199.3	-18678.2	1217.5	19895.6

5-2 续表 Continued

单位：万美元
Unit: USD 10000

项　目	Item	2013			2014		
		差　额 Balance	贷　方 Credit	借　方 Debit	差　额 Balance	贷　方 Credit	借　方 Debit
2.2 负债	Liabilities	5824409.2	8005728.5	2181319.3	9324419.1	13711979.2	4387560.1
2.2.1 股本证券	Equity Securities	3259497.1	4068432.8	808935.7	5191578.9	7767338.6	2575759.7
2.2.2 债务证券	Debt Securities	2564912.1	3937295.7	1372383.6	4132840.2	5944640.6	1811800.4
2.2.2.1 (中)长期债务	Bonds and Notes	1359493.5	2381385.0	1021891.5	4095895.4	4971290.4	875395.0
2.2.2.2 货币市场工具	Money Market Instruments	1205418.6	1555910.7	350492.1	36944.8	973350.2	936405.4
3.其它投资	Other Investment	7219958.3	126192191.8	118972233.6	-25283571.7	196937136.4	222220708.1
3.1 资产	Assets	-14196231.6	13515963.1	27712194.7	-30298709.7	9948717.2	40247427.0
3.1.1 贸易信贷	Trade Credits	-6026614.6	648000.0	6674614.6	-6875562.2	2820628.2	9696190.4
长期	Long-term	-120532.3	12960.0	133492.3	-137511.2	56412.6	193923.8
短期	Short-term	-5906082.3	635040.0	6541122.3	-6738051.0	2764215.7	9502266.6
3.1.2 贷款	Loans	-3194727.3	3739213.8	6933941.1	-7378737.9	1770437.3	9149175.2
长期	Long-term	-4215052.0	1000000.0	5215052.0	-4554769.9		4554769.9
短期	Short-term	1020324.7	2739213.8	1718889.1	-2823968.0	1770437.3	4594405.3
3.1.3 货币和存款	Currency and Deposits	-744729.9	8029923.4	8774653.3	-15968170.0	5142184.2	21110354.2
3.1.4 其它资产	Other Assets	-4230159.8	1098826.0	5328985.7	-76239.7	215467.5	291707.2
长期	Long-term	1000000.0	1000000.0				
短期	Short-term	-5230159.8	98826.0	5328985.7	-76239.7	215467.5	291707.2
3.2 负债	Liabilities	21416189.9	112676228.7	91260038.9	5015138.1	186988419.2	181973281.1
3.2.1 贸易信贷	Trade Credits	4493653.7	4493653.7		-207938.0	1535822.9	1743760.9
长期	Long-term	78638.9	78638.9		-3638.9	26876.9	30515.8
短期	Short-term	4415014.8	4415014.8		-204299.1	1508946.0	1713245.1
3.2.2 贷款	Loans	9344283.2	94926478.7	85582195.5	-3432927.9	174641304.9	178074232.8
长期	Long-term	1941284.7	5692646.0	3751361.3	-573062.1	5114284.8	5687346.9
短期	Short-term	7402998.5	89233832.7	81830834.2	-2859865.8	169527020.1	172386885.9
3.2.3 货币和存款	Currency and Deposits	7576160.9	12075960.9	4499800.0	8137907.0	9940539.6	1802632.6
3.2.4 其它负债	Other Liabilities	2092.1	1180135.4	1178043.3	518096.9	870751.8	352654.8
长期	Long-term	79920.3	213086.7	133166.4	575591.3	637502.1	61910.8
短期	Short-term	-77828.2	967048.7	1044876.9	-57494.4	233249.7	290744.1
三、储备资产	**Reserves Assets**	**-43137942.7**	**132026.0**	**43269968.7**	**-11778012.2**	**3122789.9**	**14900802.1**
3.1 货币黄金	Monetary Gold						
3.2 特别提款权	Special Drawing Rights	20292.3	20656.0	363.7	6066.3	13882.7	7816.4
3.3 在基金组织的储备头寸	Reserve Position in the Fund	111370.0	111370.0		97713.5	133450.3	35736.7
3.4 外汇	Foreign Exchange	-43269605.0		43269605.0	-11881792.0	2975457.0	14857249.0
3.5 其它债权	Other Claims						
四、净误差与遗漏	**Net Errors and Omissions**	**-6292478.7**		**6292478.7**	**-14013715.6**		**14013715.6**

5-3 外债概况

Notes of China's External Debt at the Year-end

单位：亿美元

Unit: USD 100 million

年 份 Year	合 计 Outstanding Debt	中长期外债 Long-term Debt	短期外债 Short-term Debt
1985	158.3	94.1	64.2
1986	214.8	167.1	47.7
1987	302.1	244.8	57.3
1988	400.0	326.9	73.1
1989	413.0	370.3	42.7
1990	525.5	457.8	67.7
1991	605.6	502.6	103.0
1992	693.2	584.7	108.5
1993	835.7	700.2	135.5
1994	928.1	823.9	104.2
1995	1065.9	946.8	119.1
1996	1162.8	1021.7	141.1
1997	1309.6	1128.2	181.4
1998	1460.4	1287.0	173.4
1999	1518.3	1366.5	151.8
2000	1457.3	1326.5	130.8
2001	2033.0	1195.3	837.7
2002	2026.3	1155.5	870.8
2003	2193.6	1165.9	1027.7
2004	2629.9	1242.9	1387.0
2005	2965.4	1249.0	1716.4
2006	3385.9	1393.6	1992.3
2007	3892.2	1535.3	2356.9
2008	3901.6	1638.8	2262.8
2009	4286.5	1693.9	2592.6
2010	5489.4	1732.4	3757.0
2011	6950.0	1941.0	5009.0
2012	7369.9	1960.6	5409.3
2013	8631.7	1865.4	6766.3
2014	8954.6	2121.0	6833.6
构成 Proportion (%)			
1985	100.0	59.4	40.6
1986	100.0	77.8	22.2
1987	100.0	81.1	18.9
1988	100.0	81.7	18.3
1989	100.0	89.7	10.3
1990	100.0	87.1	12.9
1991	100.0	83.0	17.0
1992	100.0	84.4	15.6
1993	100.0	83.8	16.2
1994	100.0	88.8	11.2
1995	100.0	88.8	11.2
1996	100.0	87.9	12.1
1997	100.0	86.1	13.9
1998	100.0	88.1	11.9
1999	100.0	90.0	10.0
2000	100.0	91.0	9.0
2001	100.0	58.8	41.2
2002	100.0	57.0	43.0
2003	100.0	53.2	46.8
2004	100.0	47.3	52.7
2005	100.0	42.1	57.9
2006	100.0	41.2	58.8
2007	100.0	39.4	60.6
2008	100.0	42.0	58.0
2009	100.0	39.5	60.5
2010	100.0	31.6	68.4
2011	100.0	27.9	72.1
2012	100.0	26.6	73.4
2013	100.0	21.6	78.4
2014	100.0	23.7	76.3

注：2009年，国家外汇管理局对贸易信贷抽样调查方法进行了调整，为保证数据的可比性，2001—2008年末贸易信贷余额及外债余额也相应进行了调整(下同)。

Note:In 2009, trade credit sample survey method was adjusted, outstanding of trade credit and external debts were adjusted accordingly from 2001 to 2008 for comparison. The same applies to the table following.

5-4 外债风险指标
Risk Indicators on Foreign Debts

单位：%
Unit: %

年 份 Year	偿债率 Debt Service Ratio	负债率 Liability Ratio	债务率 Foreign Debt Ratio
1985	2.7	5.2	56.0
1986	15.4	7.3	72.1
1987	9.0	9.4	77.1
1988	6.5	10.0	87.1
1989	8.3	9.2	86.4
1990	8.7	13.6	91.6
1991	8.5	14.9	91.9
1992	7.1	14.4	87.9
1993	10.2	13.6	96.5
1994	9.1	16.6	78.0
1995	7.6	14.6	72.4
1996	6.0	13.6	67.7
1997	7.3	13.7	63.2
1998	10.9	14.3	70.4
1999	11.2	14.0	68.7
2000	9.2	12.2	52.1
2001	7.5	15.3	67.9
2002	7.9	13.9	55.5
2003	6.9	13.4	45.2
2004	3.2	13.6	40.2
2005	3.1	13.1	35.4
2006	2.1	12.5	31.9
2007	2.0	11.1	29.0
2008	1.8	8.6	24.7
2009	2.9	8.6	32.2
2010	1.6	9.3	29.2
2011	1.7	9.5	33.3
2012	1.6	9.0	32.8
2013	1.6	9.4	35.6
2014	1.9	8.6	35.2

注：1.偿债率指偿还外债本息与当年贸易和非贸易外汇收入(国际收支口径)之比。
2.负债率指外债余额与当年国民生产总值之比。
3.债务率指外债余额与当年贸易和非贸易外汇收入(国际收支口径)之比。
4.国家外汇管理局根据调整后的1993—2004年度国内生产总值数据对负债率指标的数据进行了相应的调整。

Note: a) Debt service ratio refers to the ratio of the payment of principal and interest of foreign debts to the foreign exchange receipts from foreign trade and non-trade services of the current year.
b) Liability ratio refers to the ratio of the balance of foreign debts to the gross national product of the current year.
c) Foreign debt ratio refers to the ratio of the balance of foreign debts to the foreign exchange receipts from foreign trade and non-trade services of the current year.
d) According to the adjusted 1993-2004 annual GDP data ,liability ratio data is adjusted accordingly by State Administration of Foreign Exchange.

5-5 人民币市场汇率(年平均汇价)

Reference Exchange Rate of Renminbi(Period Average)

单位：人民币元

Unit: RMB yuan

年 份 Year	美 元 US Dollar (100)	欧 元 EURO (100)	日 元 Japanese Yen (100)	港 币 Hong Kong Dollar (100)	英 镑 Pound (100)
1981	170.50		0.77	30.41	
1982	189.25		0.76	31.15	
1983	197.57		0.83	27.36	
1984	232.70		0.98	29.71	
1985	293.67		1.25	37.57	
1986	345.28		2.07	44.22	
1987	372.21		2.58	47.74	
1988	372.21		2.91	47.70	
1989	376.51		2.74	48.28	
1990	478.32		3.32	61.39	
1991	532.33		3.96	68.45	
1992	551.46		4.36	71.24	
1993	576.20		5.20	74.41	
1994	861.87		8.44	111.53	
1995	835.10		8.92	107.96	
1996	831.42		7.64	107.51	
1997	828.98		6.86	107.09	
1998	827.91		6.35	106.88	
1999	827.83		7.29	106.66	
2000	827.84		7.69	106.18	
2001	827.70		6.81	106.08	
2002	827.70	800.58	6.62	106.07	
2003	827.70	936.13	7.15	106.24	
2004	827.68	1029.00	7.66	106.23	
2005	819.17	1019.53	7.45	105.30	
2006	797.18	1001.90	6.86	102.62	
2007	760.40	1041.75	6.46	97.46	1522.13
2008	694.51	1022.27	6.74	89.19	1286.64
2009	683.1	952.7	7.30	88.12	1071.97
2010	676.95	897.25	7.73	87.13	1045.72
2011	645.88	900.11	8.11	82.97	1036.39
2012	631.25	810.67	7.90	81.38	1000.12
2013	619.32	822.19	6.33	79.85	967.93
2014	614.28	816.51	5.82	79.22	1012.91

5-6 人民币市场汇率(年末价)
Reference Exchange Rate of Renminbi(End of Period)

单位：人民币元
Unit: RMB yuan

年 份 Year	美 元 US Dollar (100)	欧 元 EURO (100)	日 元 Japanese Yen (100)	港 币 Hong Kong Dollar (100)	英镑 Pound (100)
1981	174.55		0.79	30.80	
1982	192.27		0.82	29.80	
1983	198.09		0.85	25.30	
1984	257.55		1.13	35.90	
1985	320.15		1.59	40.79	
1986	372.21		2.33	47.68	
1987	372.21		3.01	47.90	
1988	372.21		2.98	47.61	
1989	472.21		3.29	60.48	
1990	522.21		3.87	67.00	
1991	543.42		4.32	69.42	
1992	575.18		4.61	74.31	
1993	580.00		5.21	75.09	
1994	844.62		8.48	109.14	
1995	831.74		8.05	107.96	
1996	829.84		7.20	107.24	
1997	827.96		6.35	106.99	
1998	827.87		7.17	106.78	
1999	827.93		8.09	106.51	
2000	827.81		7.24	106.06	
2001	827.66		6.30	106.06	
2002	827.73	863.60	6.90	106.11	
2003	827.67	1033.83	7.73	106.57	
2004	827.65	1126.27	7.97	106.37	
2005	807.02	957.97	6.87	104.03	
2006	780.87	1026.65	6.56	100.47	
2007	730.46	1066.69	6.11	93.64	1458.07
2008	683.46	965.90	7.57	88.19	987.98
2009	682.82	979.71	7.38	88.05	1097.8
2010	662.27	880.65	8.13	85.09	1021.82
2011	630.09	816.25	8.11	81.07	971.16
2012	628.55	831.76	7.30	81.09	1016.11
2013	609.69	841.89	5.78	78.62	1005.56
2014	611.90	745.56	5.14	78.89	954.37

5-7 国家外汇储备和外债余额
Foreign Exchange Reserves and Outstanding External Debt

年 份 Year	黄金储备 (万盎司) Gold Reserves (10000 Ounces)	外汇储备 (亿美元) Foreign Exchange Reserves (USD 100 millions)	外债余额 (亿美元) Outstanding External Debt (USD 100 millions)
1979	1280	8.40	
1980	1280	-12.96	
1981	1267	27.08	
1982	1267	69.86	
1983	1267	89.01	
1984	1267	82.20	
1985	1267	26.44	158.28
1986	1267	20.72	214.84
1987	1267	29.23	302.05
1988	1267	33.72	400.02
1989	1267	55.50	412.99
1990	1267	110.93	525.45
1991	1267	217.12	605.61
1992	1267	194.43	693.21
1993	1267	211.99	835.74
1994	1267	516.20	928.06
1995	1267	735.97	1065.91
1996	1267	1050.49	1162.75
1997	1267	1398.90	1309.58
1998	1267	1449.59	1460.43
1999	1267	1546.75	1518.3
2000	1267	1655.74	1457.3
2001	1608	2121.65	1701.1
2002	1929	2864.07	1713.56
2003	1929	4032.51	1936.34
2004	1929	6099.32	2285.96
2005	1929	8188.72	2810.44
2006	1929	10663.44	3229.88
2007	1929	15282.49	3736.18
2008	1929	19460.30	3746.61
2009	3389	23991.52	4286.47
2010	3389	28473.38	5489.38
2011	3389	31811.48	6949.97
2012	3389	33115.89	7369.86
2013	3389	38213.15	8631.67
2014	3389	38430.18	8954.60

对外贸易

FOREIGN TRADE

第6篇

6-1 进出口额(按人民币计算)

Total Value of Imports and Exports by RMB

单位：亿元

Unit: USD 100 million

年 份 Year	进出口总额 Total	出口额 Exports	进口额 Imports	差额(+顺差,−逆差) Balance
1950	41.3	20.0	21.3	-1.3
1955	109.8	48.7	61.1	-12.4
1960	128.4	63.3	65.1	-1.8
1961	90.7	47.7	43.0	4.7
1962	80.9	47.1	33.8	13.3
1963	85.7	50.0	35.7	14.3
1964	97.5	55.4	42.1	13.3
1965	118.4	63.1	55.3	7.8
1966	127.1	66.0	61.1	4.9
1967	112.2	58.8	53.4	5.4
1968	108.5	57.6	50.9	6.7
1969	107.0	59.8	47.2	12.6
1970	112.9	56.8	56.1	0.7
1971	120.9	68.5	52.4	16.1
1972	146.9	82.9	64.0	18.9
1973	220.5	116.9	103.6	13.3
1974	292.2	139.4	152.8	-13.4
1975	290.4	143.0	147.4	-4.4
1976	264.1	134.8	129.3	5.5
1977	272.5	139.7	132.8	6.9
1978	355.0	167.6	187.4	-19.8
1979	454.6	211.7	242.9	-31.2
1980	570.0	271.2	298.8	-27.6
1981	735.3	367.6	367.7	-0.1
1982	771.3	413.8	357.5	56.3
1983	860.1	438.3	421.8	16.5
1984	1201.0	580.5	620.5	-40.0
1985	2066.7	808.9	1257.8	-448.9
1986	2580.4	1082.1	1498.3	-416.2
1987	3084.2	1470.0	1614.2	-144.2
1988	3821.8	1766.7	2055.1	-288.4
1989	4155.9	1956.0	2199.9	-243.9
1990	5560.1	2985.8	2574.3	411.5
1991	7225.8	3827.1	3398.7	428.4
1992	9119.6	4676.3	4443.3	233.0
1993	11271.0	5284.8	5986.2	-701.4
1994	20381.9	10421.8	9960.1	461.7
1995	23499.9	12451.8	11048.1	1403.7
1996	24133.8	12576.4	11557.4	1019.0
1997	26967.2	15160.7	11806.5	3354.2
1998	26849.7	15223.6	11626.1	3597.5
1999	29896.3	16159.8	13736.5	2423.3
2000	39273.2	20634.4	18638.8	1995.6
2001	42183.6	22024.4	20159.2	1865.2
2002	51378.2	26947.9	24430.3	2517.6
2003	70483.5	36287.9	34195.6	2092.3
2004	95539.1	49103.3	46435.8	2667.5
2005	116921.8	62648.1	54273.7	8374.4
2006	140974.0	77597.2	63376.9	14220.3
2007	166863.7	93563.6	73300.1	20263.5
2008	179921.5	100394.9	79526.5	20868.4
2009	150648.1	82029.7	68618.4	13411.3
2010	201722.1	107022.8	94699.3	12323.5
2011	236402.0	123240.6	113161.4	10079.2
2012	244160.2	129359.3	114801.0	14558.3
2013	258168.9	137131.4	121037.5	16094.0
2014	264241.8	143883.7	120358.0	23525.7

6-2 进出口额(按美元计算)

Total Value of Imports and Exports By USD

单位：亿美元
Unit: USD 100 million

年 份 Year	进出口总额 Total	出口额 Exports	进口额 Imports	差额(+顺差,-逆差) Balance
1950	11.3	5.5	5.8	-0.3
1955	31.4	14.1	17.3	-3.2
1960	38.1	18.6	19.5	-0.9
1961	29.4	14.9	14.5	0.4
1962	26.6	14.9	11.7	3.2
1963	29.2	16.5	12.7	3.8
1964	34.7	19.2	15.5	3.7
1965	42.5	22.3	20.2	2.1
1966	46.2	23.7	22.5	1.2
1967	41.6	21.4	20.2	1.2
1968	40.5	21.0	19.5	1.5
1969	40.3	22.0	18.3	3.7
1970	45.9	22.6	23.3	-0.7
1971	48.4	26.4	22.0	4.4
1972	63.0	34.4	28.6	5.8
1973	109.8	58.2	51.6	6.6
1974	145.7	69.5	76.2	-6.7
1975	147.5	72.6	74.9	-2.3
1976	134.3	68.5	65.8	2.7
1977	148.0	75.9	72.1	3.8
1978	206.4	97.5	108.9	-11.4
1979	293.3	136.6	156.7	-20.1
1980	381.4	181.2	200.2	-19.0
1981	440.3	220.1	220.2	-0.1
1982	416.1	223.2	192.9	30.3
1983	436.2	222.3	213.9	8.4
1984	535.5	261.4	274.1	-12.7
1985	696.0	273.5	422.5	-149.0
1986	738.5	309.4	429.1	-119.7
1987	826.5	394.4	432.1	-37.7
1988	1027.9	475.2	552.7	-77.5
1989	1116.8	525.4	591.4	-66.0
1990	1154.4	620.9	533.5	87.4
1991	1357.0	719.1	637.9	81.2
1992	1655.3	849.4	805.9	43.5
1993	1957.0	917.4	1039.6	-122.2
1994	2366.2	1210.1	1156.1	54.0
1995	2808.6	1487.8	1320.8	167.0
1996	2898.8	1510.5	1388.3	122.2
1997	3251.6	1827.9	1423.7	404.2
1998	3239.5	1837.1	1402.4	434.7
1999	3606.3	1949.3	1657.0	292.3
2000	4742.9	2492.0	2250.9	241.1
2001	5096.5	2661.0	2435.5	225.5
2002	6207.7	3256.0	2951.7	304.3
2003	8509.9	4382.3	4127.6	254.7
2004	11545.5	5933.3	5612.3	320.9
2005	14219.1	7619.5	6599.5	1020.0
2006	17604.4	9689.8	7914.6	1774.8
2007	21765.7	12204.6	9561.2	2618.3
2008	25632.6	14306.9	11325.7	2981.3
2009	22075.4	12016.1	10059.2	1956.9
2010	29740.0	15777.5	13962.4	1815.1
2011	36418.6	18983.8	17434.8	1549.0
2012	38671.2	20487.1	18184.1	2303.1
2013	41589.9	22090.0	19499.9	2590.1
2014	43015.3	23422.9	19592.3	3830.6

注：1.本表1979年以前为外贸业务统计数，1980年以后为海关进出口统计数。以下诸表同。
2.进出口差额负数为入超。

Note: a) Figures before 1980 are recorded by the Ministry of Foreign Trade and figures since 1980 are recorded by General Administration of Customs. The same to the following tables.
b) Negative figures in balance refer to unfavourable positions.

6-3 进出口额指数(按美元计算)
Indices of Total Value of Imports and Exports by USD

(1980年 =100) (Year of 1980 =100)

年 份 Year	进出口总额 Total	出口额 Exports	进口额 Imports
1980	100.00	100.00	100.00
1981	115.44	121.47	109.99
1982	109.10	123.18	96.35
1983	114.37	122.68	106.84
1984	140.40	144.26	136.91
1985	182.49	150.94	211.04
1986	193.63	170.75	214.34
1987	216.70	217.66	215.83
1988	269.51	262.25	276.07
1989	292.82	289.96	295.40
1990	302.67	342.66	266.48
1991	355.79	396.85	318.63
1992	434.01	468.76	402.55
1993	513.11	506.29	519.28
1994	620.40	667.83	577.47
1995	736.39	821.08	659.74
1996	760.04	833.61	693.46
1997	852.54	1008.77	711.14
1998	849.37	1013.85	700.50
1999	945.54	1075.77	827.67
2000	1243.55	1375.28	1124.33
2001	1336.26	1468.54	1216.53
2002	1627.61	1796.91	1474.38
2003	2231.23	2418.49	2061.74
2004	3027.14	3274.39	2803.35
2005	3728.13	4205.02	3296.45
2006	4615.62	5347.33	3953.35
2007	5699.33	6720.62	4774.98
2008	6720.65	7895.66	5657.15
2009	5787.98	6631.41	5024.59
2010	7797.58	8707.25	6974.25
2011	9548.67	10476.72	8708.71
2012	10139.27	11306.37	9082.94
2013	10904.54	12190.95	9740.21
2014	11278.26	12926.56	9786.39

6-4 进出口额增长速度(按美元计算)
Growth Rates of Import and Export Value by USD

(上年=100) (Percentage change over previous year)

年 份 Year	进出口总额 Total (%)	出口额 Exports (%)	进口额 Imports (%)
1980	30.0	32.7	27.8
1981	15.4	21.5	10.0
1982	-5.5	1.4	-12.4
1983	4.8	-0.4	10.9
1984	22.8	17.6	28.1
1985	30.0	4.6	54.1
1986	6.1	13.1	1.6
1987	11.9	27.5	0.7
1988	24.4	20.5	27.9
1989	8.6	10.6	7.0
1990	3.4	18.2	-9.8
1991	17.6	15.8	19.6
1992	22.0	18.1	26.3
1993	18.2	8.0	29.0
1994	20.9	31.9	11.2
1995	18.7	22.9	14.2
1996	3.2	1.5	5.1
1997	12.2	21.0	2.5
1998	-0.4	0.5	-1.5
1999	11.3	6.1	18.2
2000	31.5	27.8	35.8
2001	7.5	6.8	8.2
2002	21.8	22.4	21.2
2003	37.1	34.6	39.8
2004	35.7	35.4	36.0
2005	23.2	28.4	17.6
2006	23.8	27.2	20.0
2007	23.5	25.7	20.8
2008	17.9	17.5	18.5
2009	-13.9	-16.0	-11.2
2010	34.7	31.3	38.8
2011	22.5	20.3	24.9
2012	6.2	7.9	4.3
2013	7.5	7.8	7.2
2014	3.4	6.0	0.5

6–5 中国出口额占国内生产总值的比重
China's Export Proportion in GDP

单位：人民币亿元
Unit: RMB 100 million yuan

年 份 Year	国内生产总值 GDP	出 口 额 Exports	出口占国内生产总值的比重(%) Exports Proportion(%)
1980	4551.6	271.2	6.0
1981	4898.1	367.6	7.5
1982	5333.0	413.8	7.8
1983	5975.6	438.3	7.3
1984	7226.3	580.5	8.0
1985	9039.9	808.9	8.9
1986	10308.8	1082.1	10.5
1987	12102.2	1470.0	12.1
1988	15101.1	1766.7	11.7
1989	17090.3	1956.0	11.4
1990	18774.3	2985.8	15.9
1991	21895.5	3827.1	17.5
1992	27068.3	4676.3	17.3
1993	35524.3	5284.8	14.9
1994	48459.6	10421.8	21.5
1995	61129.8	12451.8	20.4
1996	71572.3	12576.4	17.6
1997	79429.5	15160.7	19.1
1998	84883.7	15223.6	17.9
1999	90187.7	16159.8	17.9
2000	99776.3	20634.4	20.7
2001	110270.4	22024.4	20.0
2002	121002.0	26947.9	22.3
2003	136564.6	36287.9	26.6
2004	160714.4	49103.3	30.6
2005	185895.8	62648.1	33.7
2006	217656.6	77597.2	35.7
2007	268019.4	93563.6	34.9
2008	316751.7	100394.9	31.7
2009	345629.2	82029.7	23.7
2010	408903.0	107022.8	26.2
2011	484123.5	123240.6	25.5
2012	534123.0	129359.3	24.2
2013	588018.8	137131.4	23.3
2014	636138.7	143883.7	22.6

6-6 中国出口额占世界出口总额的比重和位次
China's Export Share and Ranking in the World

单位：亿美元
Unit: USD 100 million

年 份 Year	世界出口总额 World Exports	中国出口额 China Exports	中国出口额占世界出口总额的比重(%) China' s Share (%)	位 次 Ranking
1980	20360	181	0.9	26
1981	20140	220	1.1	19
1982	18860	223	1.2	17
1983	18460	222	1.2	17
1984	19560	261	1.3	18
1985	19530	274	1.4	17
1986	21390	309	1.4	16
1987	25160	394	1.6	16
1988	28690	475	1.7	16
1989	30990	525	1.7	14
1990	34900	621	1.8	15
1991	35110	719	2.0	13
1992	37790	849	2.2	11
1993	37950	917	2.4	11
1994	43280	1210	2.8	11
1995	51680	1488	2.9	11
1996	54060	1511	2.8	11
1997	55920	1827	3.3	10
1998	55030	1837	3.3	9
1999	57190	1949	3.4	9
2000	64580	2492	3.9	7
2001	61950	2661	4.3	6
2002	64990	3256	5.0	5
2003	75900	4382	5.8	4
2004	92230	5933	6.4	3
2005	105090	7620	7.3	3
2006	121310	9690	8.0	3
2007	140230	12205	8.7	2
2008	161600	14307	8.9	2
2009	125550	12016	9.6	1
2010	153010	15778	10.3	1
2011	183380	18984	10.4	1
2012	184960	20487	11.1	1
2013	189540	22090	11.7	1
2014	190020	23423	12.3	1

注：根据WTO网站公布的数据对历年“世界出口总额”进行了调整。
Note:"World Exports" from 1980 to 2014 is adjusted according to the statistics from WTO website.

6-7 分贸易方式进出口总额
Imports and Exports by Customs Regime

单位：万美元
Unit: USD 10000

贸易方式	Customs Regime	2013 出口 Exports	2013 进口 Imports	2014 出口 Exports	2014 进口 Imports
合　计	**Total**	**220900400**	**194998947**	**234229270**	**195923465**
一般贸易	Ordinary Trade	108732625	110985906	120339050	110894046
国家间、国际组织无偿援助和赠送的物资	Aid or Donation between Governments or by International Organizations	45588	2109	47832	3835
其他捐赠物资	Other Donation	817	1083	607	972
补偿贸易	Compensation Trade			22	
来料加工装配贸易	Processing and Assembling with Materials Provided Abroad	9248657	8751418	9064209	9748188
进料加工贸易	Processing with Imported Materials	76755330	40914817	79357621	42660288
寄售代销贸易	Goods on Consignment	65			12
边境小额贸易	Border Trade	3092872	1406539	3720453	987740
加工贸易进口设备	Equipment Imported for Processing and Assembling		96903		68672
对外承包工程出口货物	Contracting Projects	1598766		1634031	
租赁贸易	Goods on Lease	30393	866415	32744	1021287
外商投资企业作为投资进口的设备、物品	Equipment or Materials Invested by Foreign-invested Enterprises		974498		910619
出料加工贸易	Outward Processing	19936	25192	23523	30719
易货贸易	Barter Trade	206	99	333	290
免税外汇商品	Duty-free Commodities		2747		1992
免税品	Duty-free Goods				156113
保税监管场所进出境货物	Customs Trade through Bonded Supervision Areas	4650961	8483787	5326933	9980121
海关特殊监管区域物流货物	Logistics Goods By Customs Special Control Area	14197974	21842967	11038086	18668369
海关特殊监管区域进口设备	Equipment Imported Into Customs Special Control Area		398551		509622
其他	Others	2526211	245914	3643825	280581

注：自2014年起，免税品列入海关统计。
Note: Since 2014, "Duty-free Goods" is listed in the import and export statistics.

6-8 一般贸易与加工贸易进出口额

Imports and Exports by Conventional Trade and Processing Trade

单位：亿美元
Unit: USD 100 million

年 份 Year	一般贸易 Conventional Trade		加工贸易 Processing Trade		其他贸易 Other Trading Forms	
	出 口 Exports	进 口 Imports	出 口 Exports	进 口 Imports	出 口 Exports	进 口 Imports
1981	208.00	203.66	11.31	15.04	0.79	1.50
1982	206.69	170.17	15.77	21.28	0.74	1.45
1983	201.60	187.68	20.01	24.01	0.69	2.21
1984	231.62	238.49	29.29	31.47	0.49	4.14
1985	237.30	372.72	33.16	42.74	3.04	7.04
1986	250.95	352.07	51.41	63.90	7.04	13.13
1987	296.43	287.72	81.38	95.02	16.59	49.36
1988	325.96	352.08	128.33	137.46	20.91	63.16
1989	315.52	356.14	188.04	156.78	21.84	78.48
1990	354.60	262.00	254.20	187.60	12.10	83.90
1991	381.20	295.40	324.30	250.30	13.60	92.20
1992	436.80	336.20	396.07	315.14	16.53	154.56
1993	432.00	380.45	442.36	363.60	43.04	295.55
1994	615.60	355.20	569.80	475.70	24.70	325.20
1995	713.61	433.81	737.18	583.59	37.01	303.40
1996	628.24	393.63	843.27	622.75	38.99	371.92
1997	779.74	390.30	996.02	702.06	52.14	331.34
1998	742.35	436.80	1044.54	685.99	50.22	279.58
1999	791.35	670.40	1108.82	735.78	49.14	250.81
2000	1051.81	1000.79	1376.52	925.58	63.70	324.57
2001	1118.81	1134.56	1474.34	939.74	67.83	361.23
2002	1361.87	1291.11	1799.27	1222.00	94.82	438.59
2003	1820.34	1877.00	2418.49	1629.35	143.45	621.22
2004	2436.06	2481.45	3279.70	2216.95	217.50	913.89
2005	3150.63	2796.33	4164.67	2740.12	304.23	1063.08
2006	4162.33	3330.74	5103.55	3214.72	423.81	1369.15
2007	5393.55	4286.64	6175.60	3684.74	623.20	1590.20
2008	6628.62	5720.93	6751.14	3783.77	927.17	1820.92
2009	5298.12	5344.70	5868.62	3222.91	849.37	1491.62
2010	7206.12	7692.76	7402.79	4174.82	1168.63	2094.86
2011	9170.34	10076.21	8352.84	4697.56	1460.64	2661.07
2012	9878.99	10223.86	8626.77	4812.75	1981.38	3147.43
2013	10873.26	11098.59	8600.40	4966.62	2616.38	3434.68
2014	12033.91	11089.40	8842.18	5240.85	2546.84	3262.09

6-9 一般贸易与加工贸易进出口增长速度

Growth Rates of Imports and Exports by Conventional Trade and Processing Trade

(上年=100) (Percentage change over previous year)

年 份 Year	一般贸易 Conventional Trade		加工贸易 Processing Trade		其他贸易 Other Trading Forms	
	出 口(%) Exports	进 口(%) Imports	出 口(%) Exports	进 口(%) Imports	出 口(%) Exports	进 口(%) Imports
1982	-0.6	-16.4	39.4	41.5	-6.3	-3.3
1983	-2.5	10.3	26.9	12.8	-6.8	52.4
1984	14.9	27.1	46.4	31.1	-29.0	87.3
1985	2.5	56.3	13.2	35.8	520.4	70.0
1986	5.8	-5.5	55.0	49.5	131.6	86.5
1987	18.1	-18.3	58.3	48.7	135.7	275.9
1988	10.0	22.4	57.7	44.7	26.0	28.0
1989	-3.2	1.2	46.5	14.1	4.4	24.3
1990	12.4	-26.4	35.2	19.7	-44.6	6.9
1991	7.5	12.7	27.6	33.4	12.4	9.9
1992	14.6	13.8	22.1	25.9	21.5	67.6
1993	-1.1	13.2	11.7	15.4	160.4	91.2
1994	42.5	-6.6	28.8	30.8	-42.6	10.0
1995	15.9	22.1	29.4	22.7	49.8	-6.7
1996	-12.0	-9.3	14.4	6.7	5.3	22.6
1997	24.1	-0.8	18.1	12.7	33.7	-10.9
1998	-4.8	11.9	4.9	-2.3	-3.7	-15.6
1999	6.6	53.5	6.2	7.3	-2.2	-10.3
2000	32.9	49.3	24.1	25.8	29.6	29.4
2001	6.4	13.4	7.1	1.5	6.5	11.3
2002	21.7	13.8	22.0	30.0	39.8	21.4
2003	33.7	45.4	34.4	33.3	51.3	41.6
2004	33.8	32.2	35.6	36.1	51.6	47.1
2005	29.3	12.7	27.0	23.6	39.9	16.3
2006	32.1	19.1	22.5	17.3	39.3	28.8
2007	29.6	28.7	21.0	14.6	47.0	16.1
2008	23.1	33.5	9.3	2.7	50.1	14.6
2009	-20.1	-6.6	-13.1	-14.8	-8.4	-18.1
2010	36.0	43.9	26.1	29.5	37.6	40.4
2011	27.3	31.0	12.8	12.5	25.0	27.0
2012	7.7	1.5	3.3	2.5	35.7	18.3
2013	10.1	8.6	-0.3	3.2	32.0	9.1
2014	10.7	-0.1	2.8	5.5	-2.7	-5.0

6-10 按国际贸易标准分类的进出口简表
Brief Table of Imports and Exports by SITC

单位：亿美元
Unit: USD 100 million

年 份 Year	初级产品 Primary Goods		工业制成品 Manufactured Goods	
	出 口 Exports	进 口 Imports	出 口 Exports	进 口 Imports
1980	91.14	69.59	90.05	130.58
1981	102.48	80.44	117.59	139.71
1982	100.50	76.34	122.71	116.51
1983	96.20	58.08	126.06	155.82
1984	119.34	52.08	142.05	222.02
1985	138.28	52.89	135.22	369.63
1986	112.72	56.49	196.70	372.55
1987	132.31	69.15	262.06	363.01
1988	144.06	100.68	331.10	452.07
1989	150.78	117.54	374.60	473.86
1990	158.86	98.53	462.05	434.92
1991	161.45	108.34	556.98	529.57
1992	170.04	132.55	679.36	673.30
1993	166.66	142.10	750.78	897.49
1994	197.08	164.86	1012.98	991.28
1995	214.85	244.17	1272.95	1076.67
1996	219.25	254.41	1291.23	1133.92
1997	239.53	286.20	1588.39	1137.50
1998	204.89	229.49	1632.20	1172.88
1999	199.41	268.46	1749.90	1388.53
2000	254.60	467.39	2237.43	1783.55
2001	263.38	457.43	2397.60	1978.10
2002	285.40	492.71	2970.56	2458.99
2003	348.12	727.63	4034.16	3399.96
2004	405.49	1172.67	5527.77	4439.62
2005	490.37	1477.14	7129.16	5122.39
2006	529.19	1871.29	9160.17	6043.32
2007	615.09	2430.85	11562.67	7128.65
2008	779.57	3623.95	13527.36	7701.67
2009	631.12	2898.04	11384.83	7161.19
2010	816.86	4338.50	14960.69	9623.94
2011	1005.45	6042.69	17978.36	11392.15
2012	1005.58	6349.34	19481.56	11834.71
2013	1072.68	6580.81	21017.36	12919.09
2014	1126.92	6469.40	22296.01	13122.95

6-11 按国际贸易标准分类的进出口增长速度
Growth Rates of Imports and Exports by SITC

(上年=100) (Percentage change over previous year)

年 份 Year	初级产品 Primary Goods		工业制成品 Manufactured Goods	
	出 口 Exports (%)	进 口 Imports (%)	出 口 Exports (%)	进 口 Imports (%)
1981	12.4	15.6	30.6	7.0
1982	-1.9	-5.1	4.4	-16.6
1983	-4.3	-23.9	2.7	33.7
1984	24.1	-10.3	12.7	42.5
1985	15.9	1.6	-4.8	66.5
1986	-18.5	6.8	45.5	0.8
1987	17.4	22.4	33.2	-2.6
1988	8.9	45.6	26.3	24.5
1989	4.7	16.7	13.1	4.8
1990	5.4	-16.2	23.3	-8.2
1991	1.6	10.0	20.5	21.8
1992	5.3	22.3	22.0	27.1
1993	-2.0	7.2	10.5	33.3
1994	18.3	16.0	34.9	10.5
1995	9.0	48.1	25.7	8.6
1996	2.0	4.2	1.4	5.3
1997	9.2	12.5	23.0	0.3
1998	-14.5	-19.8	2.8	3.1
1999	-2.7	17.0	7.2	18.4
2000	27.7	74.1	27.9	28.4
2001	3.4	-2.1	7.2	10.9
2002	8.4	7.7	23.9	24.3
2003	22.0	47.7	35.8	38.3
2004	16.5	61.2	37.0	30.6
2005	20.9	26.0	29.0	15.4
2006	7.9	26.7	28.5	18.0
2007	16.2	29.9	26.2	18.0
2008	26.7	49.1	17.0	8.0
2009	-19.0	-20.0	-15.8	-7.0
2010	29.4	49.7	31.4	34.4
2011	23.1	39.3	20.2	18.4
2012	0.0	5.1	8.4	3.9
2013	6.7	3.6	7.9	9.2
2014	5.1	-1.7	6.1	1.6

6–12 按国际贸易标准分类的出口商品金额
Value of Exports by SITC

单位：亿美元
Unit: USD 100 million

商品分类	Category	2012	2013	2014
总　额	**Total**	**20487.14**	**22090.04**	**23422.93**
一、初级产品	**Primary Goods**	**1005.58**	**1072.68**	**1126.92**
食品及主要供食用的活动物	Food and Live Animals Chiefly for food	520.75	557.26	589.14
饮料及烟类	Beverages and Tobacco	25.90	26.09	28.83
非食用原料	Crude Materials,Inedible,Except Fuels	143.41	145.63	158.26
矿物燃料、润滑油及有关原料	Mineral Fuels，Lubricants and Related Materials	310.07	337.86	344.46
动植物油、脂及蜡	Animal and Vegetable Oils，Fats and Waxes	5.44	5.84	6.23
二、工业制成品	**Manufactured Goods**	**19481.56**	**21017.36**	**22296.01**
化学成品及有关产品	Chemicals and Related Products	1135.65	1196.18	1345.43
轻纺产品、橡胶制品、矿冶产品及其制品	Manufactured Goods Classified Chiefly by Material	3331.41	3606.06	4002.24
机械及运输设备	Machinery and Transport Equipment	9643.61	10385.34	10705.04
杂项制品	Miscellaneous Manufactured Articles	5356.72	5812.49	6220.62
未分类的其他商品	Products Not Classified Elsewhere	14.17	17.29	22.67

6–13 按国际贸易标准分类的进口商品金额
Value of Imports by SITC

单位：亿美元
Unit: USD 100 million

商品分类	Category	2012	2013	2014
总　额	**Total**	**18184.05**	**19499.89**	**19592.35**
一、初级产品	**Primary Goods**	**6349.34**	**6580.81**	**6469.40**
食品及主要供食用的活动物	Food and Live Animals Chiefly for food	352.60	417.01	468.27
饮料及烟类	Beverages and Tobacco	44.03	45.09	52.22
非食用原料	Crude Materials,Inedible,Except Fuels	2696.60	2863.71	2696.42
矿物燃料、润滑油及有关原料	Mineral Fuels，Lubricants and Related Materials	3130.85	3151.60	3167.56
动植物油、脂及蜡	Animal and Vegetable Oils，Fats and Waxes	125.27	103.39	84.93
二、工业制成品	**Manufactured Goods**	**11834.71**	**12919.09**	**13122.95**
化学成品及有关产品	Chemicals and Related Products	1792.87	1903.04	1932.56
轻纺产品、橡胶制品、矿冶产品及其制品	Manufactured Goods Classified Chiefly by Material	1459.53	1478.72	1723.69
机械及运输设备	Machinery and Transport Equipment	6529.41	7101.41	7241.97
杂项制品	Miscellaneous Manufactured Articles	1365.19	1388.55	1397.08
未分类的其他商品	Products Not Classified Elsewhere	687.72	1047.36	827.64

6–14 按国际贸易标准分类的出口商品构成
Composition of Exports by SITC

单位：%
Unit: %

商品分类	Category	2012	2013	2014
总　额	**Total**	**100.00**	**100.00**	**100.00**
一、初级产品	**Primary Goods**	**4.91**	**4.86**	**4.81**
食品及主要供食用的活动物	Food and Live Animals Chiefly for food	2.54	2.52	2.52
饮料及烟类	Beverages and Tobacco	0.13	0.12	0.12
非食用原料	Crude Materials,Inedible,Except Fuels	0.70	0.66	0.68
矿物燃料、润滑油及有关原料	Mineral Fuels，Lubricants and Related Materials	1.51	1.53	1.47
动植物油、脂及蜡	Animal and Vegetable Oils，Fats and Waxes	0.03	0.03	0.03
二、工业制成品	**Manufactured Goods**	**95.09**	**95.14**	**95.19**
化学成品及有关产品	Chemicals and Related Products	5.54	5.41	5.74
轻纺产品、橡胶制品、矿冶产品及其制品	Manufactured Goods Classified Chiefly by Material	16.26	16.32	17.09
机械及运输设备	Machinery and Transport Equipment	47.07	47.01	45.70
杂项制品	Miscellaneous Manufactured Articles	26.15	26.31	26.56
未分类的其他商品	Products Not Classified Elsewhere	0.07	0.08	0.10

6–15 按国际贸易标准分类的进口商品构成
Composition of Imports by SITC

单位：%
Unit: %

商品分类	Category	2012	2013	2014
总　额	**Total**	**100.00**	**100.00**	**100.00**
一、初级产品	**Primary Goods**	**34.92**	**33.75**	**33.02**
食品及主要供食用的活动物	Food and Live Animals Chiefly for food	1.94	2.14	2.39
饮料及烟类	Beverages and Tobacco	0.24	0.23	0.27
非食用原料	Crude Materials,Inedible,Except Fuels	14.83	14.69	13.76
矿物燃料、润滑油及有关原料	Mineral Fuels，Lubricants and Related Materials	17.22	16.16	16.17
动植物油、脂及蜡	Animal and Vegetable Oils，Fats and Waxes	0.69	0.53	0.43
二、工业制成品	**Manufactured Goods**	**65.08**	**66.25**	**66.98**
化学成品及有关产品	Chemicals and Related Products	9.86	9.76	9.86
轻纺产品、橡胶制品、矿冶产品及其制品	Manufactured Goods Classified Chiefly by Material	8.03	7.58	8.80
机械及运输设备	Machinery and Transport Equipment	35.91	36.42	36.96
杂项制品	Miscellaneous Manufactured Articles	7.51	7.12	7.13
未分类的其他商品	Products Not Classified Elsewhere	3.78	5.37	4.22

6-16 出口商品分类金额

Value of Exports by HS

单位：亿元

Unit: 100 million

商品分类	HS Section and Division	2013 人民币 RMB Yuan	2013 美元 USD	2014 人民币 RMB Yuan	2014 美元 USD
总　　额	**Total**	**137131.43**	**22090.04**	**143883.75**	**23422.93**
第一类　活动物；动物产品	**LIVE ANIMALS；ANIMAL PRODUCTS**	**1045.18**	**168.41**	**1150.17**	**187.21**
01章　活动物	Live animals	36.02	5.81	35.96	5.86
02章　肉及食用杂碎	Meat and edible meat offal	61.32	9.89	72.61	11.82
03章　鱼、甲壳动物、软体动物及其他水生无脊椎动物	Fish and crustaceans molluscs and other aquatic invertebrates	777.43	125.26	864.60	140.74
04章　乳品；蛋品；天然蜂蜜；其他食用动物产品	Dairy produce；birds' eggs；natural honey；edible products of animal origin，not elsewhere specified or included	33.79	5.45	36.00	5.86
05章　其他动物产品	Products of animal origin，not elsewhere specified or included	136.61	22.00	141.01	22.93
第二类　植物产品	**VEGETABLE PRODUCTS**	**1232.02**	**198.53**	**1289.04**	**209.88**
06章　活树及其他活植物；鳞茎、根及类似品；插花及装饰用簇叶	Live tree and other plants；bulbs，roots and the like；cut flowers and ornamental foliage	17.12	2.75	25.19	4.10
07章　食用蔬菜、根及块茎	Edible vegetables and certain roots and tubers	488.55	78.71	505.25	82.26
08章　食用水果及坚果；甜瓜或柑桔属水果的果皮	Edible fruit and nuts；peel of citrus fruit or melons	258.56	41.72	265.19	43.18
09章　咖啡、茶、马黛茶及调味香料	Coffee，tea，mate and spices	139.40	22.45	150.63	24.53
10章　谷物	Cereals	31.97	5.14	27.37	4.45
11章　制粉工业产品；麦芽；淀粉；菊粉；面筋	Products of the milling industry；malt；starches；inulin；wheat gluten	37.89	6.11	37.61	6.12
12章　含油子仁及果实；杂项子仁及果实；工业用或药用植物；稻草、秸秆及饲料	Oil seeds and oleaginous fruits；miscellaneous grains，seeds and fruit；industrial or medicinal plants；straw and fodder	181.53	29.25	191.22	31.14
13章　虫胶；树胶、树脂及其他植物液、汁	Lac；gums，resins and other vegetable saps and extracts	71.45	11.51	80.22	13.06
14章　编结用植物材料；其他植物产品	Vegetable plaiting materials；vegetable products not elsewhere specified or included	5.54	0.89	6.36	1.04
第三类　动、植物油、脂及其分解产品；精制的食用油脂；动、植物蜡	**ANIMAL OR VEGETABLE FATS AND OILS AND THEIR CLEAVAGE PRODUCTS；PREPARED EDIBLE FATS；ANIMAL OR VEGETABLE WAXES**	**37.66**	**6.07**	**39.59**	**6.45**
15章　动、植物油、脂及其分解产品；精制的食用油脂；动、植物蜡	Animal or vegetable fats and oils and their cleavage products；prepared edible fats；animal or vegetable waxes	37.66	6.07	39.59	6.45
第四类　食品；饮料、酒及醋；烟草、烟草及烟草代用品的制品	**PREPARED FOODSTUFFS；BEVERAGES, SPIRITS AND VINEGAR；TOBACCO AND MANUFACTURED TOBACCO SUBSTITUTES**	**1742.25**	**280.65**	**1781.98**	**290.09**
16章　肉、鱼、甲壳动物、软体动物及其他水生无脊椎动物的制品	Preparations of meat，of fish or of crustaceans，molluscs or other aquatic invertebrates	557.60	89.82	545.73	88.82
17章　糖及糖食	Sugars and sugar confectionery	90.09	14.52	94.60	15.40
18章　可可及可可制品	Cocoa and cocoa preparations	23.93	3.86	29.22	4.76
19章　谷物、粮食粉、淀粉或乳的制品；糕饼点心	Preparations of cereals，flour，starch or milk；pastry-cooks' products	95.06	15.32	96.65	15.73

6-16 续表 1 Continued 1

单位：亿元
Unit: 100 million

商品分类	HS Section and Division	2013 人民币 RMB Yuan	2013 美元 USD	2014 人民币 RMB Yuan	2014 美元 USD
20章 蔬菜、水果、坚果或植物其他部分的制品	Preparations of vegetables, fruit，nuts or other parts of plants	487.56	78.52	468.88	76.34
21章 杂项食品	Miscellaneous edible preparations	152.98	24.65	166.36	27.08
22章 饮料、酒及醋	Beverages，spirits and vinegar	83.12	13.41	101.46	16.51
23章 食品工业的残渣及废料；配制的动物饲料	Residues and waste from the food industries；prepared animal fodder	170.01	27.34	200.18	32.60
24章 烟草及烟草代用品的制品	Tobacco and manufactured tobacco substitutes	81.91	13.22	78.89	12.84
第五类 矿产品	**MINERAL PRODUCTS**	**2339.28**	**376.34**	**2374.79**	**386.74**
25章 盐；硫磺；泥土及石料；石膏料、石灰及水泥	Salt；sulphur；earths and stone；plastering materials，lime and cement	214.68	34.56	237.84	38.73
26章 矿砂、矿渣及矿灰	Ores，slag and ash	23.55	3.79	21.51	3.50
27章 矿物燃料、矿物油及其蒸馏产品；沥青物质；矿物蜡	Mineral fuels，mineral oils and products of their distillation; bituminous substances; mineral waxes	2101.05	337.99	2115.44	344.52
第六类 化学工业及其相关工业的产品	**PRODUCTS OF THE CHEMICAL OR INDUSTRIES ALLIED**	**6065.22**	**976.89**	**6719.72**	**1094.06**
28章 无机化学品；贵金属、稀土金属、放射性元素及其同位素的有机及无机化合物	Inorganic chemicals；organic or inorganic compounds of precious metals，of rare- earth metals, of radioactive elements or of isotopes	843.94	135.93	922.85	150.26
29章 有机化学品	Organic chemicals	2621.19	422.02	2790.66	454.43
30章 药品	Pharmaceutical products	385.55	62.08	404.90	65.92
31章 肥料	Fertilizers	387.46	62.53	548.34	89.20
32章 鞣料浸膏及染料浸膏；鞣酸及其衍生物；染料、颜料及其他着色料；油漆及清漆；油灰及其他类似胶粘剂；墨水、油墨	Tanning or dyeing extracts；tannins and their derivatives；dyes，pigments and other colouring matter；paints and varnishes；putty and other mastics；inks	360.24	58.03	412.98	67.24
33章 精油及香膏；芳香料制品及化妆盥洗品	Essential oils and retinoid；perfumery，cosmetic or toilet preparations	224.60	36.21	257.24	41.87
34章 肥皂、有机表面活性剂、洗涤剂、润滑剂、人造蜡、调制蜡、光洁剂、蜡烛及类似品、塑型用膏、"牙科用蜡"及牙科用熟石膏制剂	Soap，organic surface-active agents，washing preparations，lubricating preparations，artificial waxes，prepared waxes，polishing or scouring preparations，candles and similar articles，modelling pastes，"dental waxes" and dental preparations with a basis of plast	194.56	31.34	211.79	34.48
35章 蛋白类物质；改性淀粉；胶；酶	Albuminoidal substances；modified starches；glues；enzymes	152.26	24.53	164.58	26.79
36章 炸药；烟火制品；火柴；引火合金；易燃材料制品	Explosives；pyrotechnic products；matches；pyrophoric alloys；certain combustible preparations	55.91	9.02	60.43	9.84
37章 照相及电影用品	Photographic or cinematographic goods	75.59	12.18	73.24	11.92
38章 杂项化学产品	Miscellaneous chemical products	763.94	123.04	872.70	142.11
第七类 塑料及其制品，橡胶及其制品	**PLASTICS AND ARTICLES THEREOF RUBBER AND ARTICLES THEREOF**	**5269.37**	**848.83**	**5551.97**	**903.87**
39章 塑料及其制品	Plastics and articles thereof	3833.38	617.53	4102.37	667.89
40章 橡胶及其制品	Rubber and articles thereof	1435.99	231.30	1449.60	235.97
第八类 生皮、皮革、毛皮及其制品；鞍具及挽具；旅行用品、手提包及类似品；动物肠线(蚕胶丝除外)制品	**RAW HIDES AND SKINS，LEATHER，FUR SKINS AND ARTICLES THEREOF；SADDLERY AND HARNESS；TRAVEL GOODS，HANDBAGS AND SIMILAR CONTAINERS；ARTICLES OF ANIMAL GUT(OTHER THAN SILK-WORM GUT)**	**2159.02**	**347.96**	**2155.51**	**350.84**
41章 生皮(毛皮除外)及皮革	Raw hides and skins(other than fur skins) and leather	28.90	4.66	34.61	5.63

单位：亿元
Unit: 100 million

商品分类	HS Section and Division	2013		2014	
		人民币 RMB Yuan	美元 USD	人民币 RMB Yuan	美元 USD
42章 皮革制品；鞍具及挽具；旅行用品、手提包及类似容器；动物肠线(蚕胶丝除外)制品	Articles of leather；saddlery and harness；travel goods，hand bags and similar containers；articles of animal gut (other than silk-worm gut)	1903.92	306.73	1865.42	303.66
43章 毛皮、人造毛皮及其制品	Fur skins and artificial fur；manufactures thereof	226.19	36.57	255.48	41.55
第九类 木及木制品；木炭；软木及软木制品；稻草，秸秆、针茅或其他编结材料制品；篮筐及柳条编结品	**WOOD AND ARTICLES OF WOOD；WOOD CHAR-COAL；CORK AND ARTICLES OF CORK；MANUFACTURES OF STRAW，OF ESPARTO OR OF OTHER PLAITING MATERIALS；BASKET WARE AND WICKERWORK**	**897.37**	**144.57**	**992.37**	**161.54**
44章 木及木制品；木炭	Wood and articles of wood；wood charcoal	791.27	127.48	888.98	144.70
45章 软木及软木制品	Cork and articles of cork	1.06	0.17	1.21	0.20
46章 稻草、秸秆、针茅或其他编结材料制品；篮筐及柳条编结品	Manufactures of straw，of esparto or of other plaiting Materials；basket ware and wickerwork	105.04	16.92	102.18	16.64
第十类 木浆及其他纤维状纤维素浆；纸及纸板的废碎品；纸、纸板及其制品	**PULP OF WOOD OR OF OTHER FIBROUS CELLULOSIC MATERIAL；WASTE AND SCRAP OF PAPER OR PAPERBOARD；PAPER AND PAPERBOARD AND ARTICLES THEREOF**	**1228.05**	**197.94**	**1337.65**	**217.74**
47章 木浆及其他纤维状纤维素浆；纸及纸板的废碎品	Pulp of wood or of other fibrous cellulosic material；waste and scrap of paper or paperboard	6.61	1.06	7.22	1.18
48章 纸及纸板；纸浆、纸或纸板制品	Paper and paperboard；articles of paper pulp，of paper or paperboard	991.94	159.88	1094.63	178.19
49章 书籍、报纸、印刷图画及其他印制品；手稿、打字稿及设计图纸	Printed books，newspapers，pictures and other products of the printing industry；manuscripts，typescripts and plans	229.50	37.00	235.79	38.38
第十一类 纺织原料及纺织制品	**TEXTILES AND TEXTILE ARTICLES**	**16998.07**	**2739.59**	**17667.08**	**2875.84**
50章 蚕丝	Silk	101.21	16.30	93.15	15.17
51章 羊毛、动物细毛或粗毛；马毛纱线及其机织物	Wool，fine or coarse animal hair；horsehair yarn and woven fabric	162.82	26.19	154.88	25.22
52章 棉花	Cotton	1089.44	175.47	1001.27	163.04
53章 其他植物纺织纤维；纸纱线及其机织物	Other vegetable textile fibres；paper yarn and woven fabrics of paper yarn	79.73	12.85	91.30	14.86
54章 化学纤维长丝	Man-made filaments	993.95	160.14	1036.70	168.78
55章 化学纤维短纤	Man-made short fibres	696.15	112.11	787.29	128.17
56章 絮胎、毡呢及无纺织物；特种纱线；线、绳、索、缆及其制品	Wadding，felt and nonwoven；special yarns；twine，cordage，ropes and cables and articles thereof	256.03	41.25	282.43	45.98
57章 地毯及纺织材料的其他铺地制品	Carpets and other textile floor coverings	155.49	25.05	164.64	26.80
58章 特种机织物；簇绒织物；花边；装饰毯；装饰带；刺绣品	Special woven fabrics；tufted textile fabrics；lace；tapestries；trimmings；embroidery	302.61	48.75	314.66	51.23
59章 浸渍、涂布、包覆或层压的纺织物；工业用纺织制品	Impregnated，coated，covered or laminated textile fabrics；textile articles of a kind suitable for industrial use	458.05	73.76	467.26	76.07
60章 针织物及钩编织物	Knitted or crocheted fabrics	800.51	129.00	868.68	141.42
61章 针织或钩编的服装及衣着附件	Articles of apparel and clothing accessories，knitted or crocheted	6005.20	967.93	5652.02	919.92
62章 非针织或非钩编的服装及衣着附件	Articles of apparel and clothing accessories，not knitted or crocheted	4232.34	682.52	5003.94	814.45

6-16 续表 3 Continued 3

单位：亿元
Unit: 100 million

商品分类	HS Section and Division	2013 人民币 RMB Yuan	2013 美元 USD	2014 人民币 RMB Yuan	2014 美元 USD
63章 其他纺织制成品；成套物品；旧衣着及旧纺织品；碎织物	Other made up textile articles；sets；worn clothing and worn textile articles；rags articles；rags	1664.55	268.25	1748.87	284.73
第十二类 鞋、帽、伞、杖、鞭及其零件；已加工的羽毛及其制品；人造花；人发制品	**FOOTWEAR，HEADGEAR，UMBRELLAS，SUN UMBRELLAS，WALKING-STICKS，SEAT-STICKS，WHIPS，RIDING-CROPS AND PARTS THEREOF；PREPARED FEATHERS AND ARTICLES MADE THEREWITH；ARTIFICIAL FLOWERS；ARTICLES OF HUMAN HAIR**	**3974.88**	**640.53**	**4333.27**	**705.45**
64章 鞋靴、护腿和类似品及其零件	Footwear，gaiters and the like；parts of such articles	3150.00	507.61	3455.13	562.49
65章 帽类及其零件	Headgear and parts thereof	275.59	44.39	279.06	45.42
66章 雨伞、阳伞、手杖、鞭子、马鞭及其零件	Umbrellas，sun umbrellas，walking-sticks，seat-sticks，whips，riding-crops and parts thereof	186.49	30.02	197.35	32.14
67章 已加工羽毛、羽绒及其制品；人造花；人发制品	Prepared feathers and down and articles made of feathers or of down；artificial flowers；articles of human hair	362.80	58.49	401.74	65.39
第十三类 石料、石膏、水泥、石棉、云母及类似材料的制品；陶瓷产品；玻璃及其制品	**ARTICLES OF STONE，PLASTER，CEMENT，ASBESTOS，MICA OR SIMILAR MATERIALS；CERAMIC PRODUCTS；GLASS AND GLASSWARE**	**2818.96**	**454.28**	**3017.14**	**491.13**
68章 石料、石膏、水泥、石棉、云母及类似材料的制品	Articles of stone，plaster，cement，asbestos，mica or similar materials；ceramic products；glass and glassware	624.47	100.62	681.55	110.95
69章 陶瓷产品	Ceramic products	1188.73	191.63	1350.29	219.79
70章 玻璃及其制品	Glass and glassware	1005.75	162.03	985.30	160.40
第十四类 天然或养殖珍珠、宝石或半宝石、贵金属、包贵金属及其制品；仿首饰；硬币	**NATURAL OR CULTURED PEARLS，PRECIOUS OR SEMI-PRECIOUS STONES，PRECIOUS METALS，METALS CLAD WITH PRECIOUS METAL AND STONES，PRECIOUS METALS，METALS CLAD WITH PRECIOUS METAL AND ARTICLES THEREOF；IMITATION JEWELLERY；COIN**	**3126.71**	**502.88**	**3882.47**	**632.00**
71章 天然或养殖珍珠、宝石或半宝石、贵金属、包贵金属及其制品；仿首饰；硬币	Natural or cultured pearls，precious or semi-precious stones，precious metals，metals clad with precious metal and articles thereof；imitation jewellery；coin	3126.71	502.88	3882.47	632.00
第十五类 贱金属及其制品	**BASE METALS AND ARTICLES OF BASE METAL**	**9687.93**	**1559.99**	**11319.18**	**1842.57**
72章 钢铁	Iron and steel	2399.33	386.21	3407.76	554.79
73章 钢铁制品	Articles of iron or steel	3561.35	573.48	3725.24	606.37
74章 铜及其制品	Copper and articles thereof	444.26	71.44	428.86	69.83
75章 镍及其制品	Nickel and articles thereof	61.88	9.97	136.12	22.14
76章 铝及其制品	Aluminium and articles thereof	1244.23	200.39	1389.29	226.15
78章 铅及其制品	Lead and articles thereof	10.21	1.64	9.86	1.61
79章 锌及其制品	Zinc and articles thereof	14.44	2.33	35.20	5.73
80章 锡及其制品	Tin and articles thereof	9.74	1.57	8.69	1.41
81章 其他贱金属、金属陶瓷及其制品	Other base metals；cermets；articles thereof	197.89	31.85	214.20	34.88
82章 贱金属工具、器具、利口器、餐匙、餐叉及其零件	Tools，implements，cutlery，spoons and forks，of base metal；parts thereof of base metal	822.80	132.57	908.46	147.86
83章 贱金属杂项制品	Miscellaneous articles of base metal	921.80	148.53	1055.51	171.80

6-16 续表 4 Continued 4

单位：亿元
Unit: 100 million

商品分类	HS Section and Division	2013 人民币 RMB Yuan	2013 美元 USD	2014 人民币 RMB Yuan	2014 美元 USD
第十六类 机器、机械器具、电气设备及其零件；录音机及放声机、电视图像、声音的录制和重放设备及其零件、附件	**MACHINERY AND MECHANICAL APPLIANCES；ELECTRICAL EQUIPMENT；PARTS THEREOF；SOUND RECORDERS AND REPRODUCERS，TELEVISION IMAGE AND SOUND RECORDERS AND REPRODUCERS；AND PARTS AND ACCESSORIES OF RECORDERS AND REPRODUCERS；AND PARTS AND ACCESSORIES OF SUCH ARTICLES**	**58631.38**	**9444.38**	**59690.83**	**9717.59**
84章 核反应堆、锅炉、机器、机械器具及其零件	Nuclear reactors，boilers，machinery and mechanical appliances；parts thereof	23785.56	3831.53	24620.48	4008.34
85章 电机、电气设备及其零件；录音机及放声机、电视图像、声音的录制和重放设备及其零件、附件	Electrical machinery and equipment and parts thereof；sound recorders and reproducers，television image and sound recorders and reproducers，and parts and accessories of such articles	34845.82	5612.86	35070.36	5709.24
第十七类 车辆、航空器、船舶及有关运输设备	**VEHICLES，AIRCRAFT，VESSELS AND ASSOCIATED TRANSPORT EQUIPMENT**	**6220.78**	**1001.65**	**6436.40**	**1047.80**
86章 铁道及电车道机车、车辆及其零件；铁道及电车轨道固定装置及其零件、附件；各种机械(包括电动机械)交通信号设备	Railway or tramway locomotives，rolling-stock and parts thereof；railway or tramway track fixtures and fittings and parts thereof；mechanical(including electro-mechanical) traffic signalling equipment of all kinds	682.93	109.95	782.53	127.37
87章 车辆及其零件、附件，但铁道及电车道车辆除外	Vehicles other than railway or tramway rolling-stock，and parts and accessories thereof	3635.18	585.50	3943.72	641.93
88章 航空器、航天器及其零件	Aircraft，spacecraft，and parts thereof	120.50	19.40	162.59	26.47
89章 船舶及浮动结构体	Ships，boats and floating structures	1782.17	286.81	1547.56	252.02
第十八类 光学、照相、电影、计量、检验、医疗或外科用仪器及设备、精密仪器及设备；钟表；乐器；上述物品的零件、附件	**OPTICAL，PHOTOGRAPHIC，CINEMATOGRAPHIC，MEASURING，CHECKING，PRECISION，MEDICAL OR SURGICAL INSTRUMENTS AND APPARATUS；CLOCKS AND WATCHES；MUSICAL INSTRUMENTS；PARTS AND ACCESSORIES THEREOF**	**5076.86**	**817.59**	**4980.26**	**810.35**
90章 光学、照相、电影、计量、检验、医疗或外科用仪器及设备、精密仪器及设备；上述物品的零件、附件	Optical，photographic，cinematographic，measuring，checking，precision medical or surgical instruments and apparatus；parts and accessories thereof	4627.75	745.30	4545.75	740.01
91章 钟表及其零件	Clocks and watches and parts thereof	346.10	55.68	329.40	53.23
92章 乐器及其零件、附件	Musical instruments；parts and accessories of such articles	103.02	16.60	105.11	17.11
第十九类 武器、弹药及其零件、附件	**ARMS AND AMMUNITION；PARTS AND ACCESSORIES THEREOF**	**9.88**	**1.59**	**9.90**	**1.61**
93章 武器、弹药及其零件、附件	Arms and ammunition；parts and accessories thereof	9.88	1.59	9.90	1.61
第二十类 杂项制品	**MISCELLANEOUS MANUFACTURED ARTICLES**	**8398.86**	**1353.69**	**8978.48**	**1461.55**
94章 家具；寝具、褥垫、弹簧床垫、软坐垫及类似的填充制品；未列名灯具及照明装置；发光标志、发光名牌及类似品；活动房屋	Furniture；bedding，mattresses，mattress supports，cushions and similar stuffed furnishings；lamps and lighting fittings，not elsewhere specified or included；illuminated signs，illuminated	5364.11	864.15	5735.85	933.74
95章 玩具、游戏品、运动用品及其零件、附件	Toys，games and sports requisites；parts and accessories thereof	2221.21	358.47	2368.63	385.53
96章 杂项制品	Miscellaneous manufactured articles	813.55	131.07	874.00	142.28
第二十一类 艺术品、收藏品及古物	**WORKS OF ART，COLLECTORS' PIECES AND ANTIQUES**	**64.42**	**10.41**	**36.69**	**5.97**
97章 艺术品、收藏品及古物	Works of art，collectors' pieces and antiques	64.42	10.41	36.69	5.97
第二十二类 特殊交易品及未分类商品	**COMMODITIES AND TRANSACTIONS NOT CLASSIFIED ACCORDING TO KIND**	**107.28**	**17.28**	**139.25**	**22.66**
98章 特殊交易品及未分类商品	Commodities and transactions not classified according to kind	107.28	17.28	139.25	22.66

6-17 进口商品分类金额
Value of Imports by HS

单位：亿元
Unit: 100 million

商品分类		HS Section and Division	2013		2014	
			人民币 RMB Yuan	美元 USD	人民币 RMB Yuan	美元 USD
总　　额		**Total**	**121037.46**	**19499.89**	**120358.03**	**19592.35**
第一类	**活动物；动物产品**	**LIVE ANIMALS；ANIMAL PRODUCTS**	**1122.82**	**180.99**	**1242.32**	**202.33**
01章	活动物	Live animals	26.81	4.33	51.37	8.35
02章	肉及食用杂碎	Meat and edible meat offal	368.01	59.30	358.88	58.44
03章	鱼、甲壳动物、软体动物及其他水生无脊椎动物	Fish and crustaceans molluscs and other aquatic invertebrates	372.02	59.94	404.39	65.83
04章	乳品；蛋品；天然蜂蜜；其他食用动物产品	Dairy produce；birds' eggs；natural honey；edible products of animal origin，not elsewhere specified or included	325.05	52.45	398.21	64.91
05章	其他动物产品	Products of animal origin，not elsewhere specified or included	30.95	4.98	29.48	4.79
第二类	**植物产品**	**VEGETABLE PRODUCTS**	**3471.67**	**559.72**	**3789.93**	**617.17**
06章	活树及其他活植物；鳞茎、根及类似品；插花及装饰用簇叶	Live tree and other plants；bulbs，roots and the like；cut flowers and ornamental foliage	10.76	1.73	11.69	1.89
07章	食用蔬菜、根及块茎	Edible vegetables and certain roots and tubers	158.41	25.49	158.27	25.80
08章	食用水果及坚果；甜瓜或柑桔属水果的果皮	Edible fruit and nuts；peel of citrus fruit or melons	254.87	41.01	315.88	51.45
09章	咖啡、茶、马黛茶及调味香料	Coffee，tea，mate and spices	15.90	2.56	21.03	3.42
10章	谷物	Cereals	313.19	50.54	379.06	61.75
11章	制粉工业产品；麦芽；淀粉；菊粉；面筋	Products of the milling industry；malt；starches；inulin；wheat gluten	49.74	8.02	59.17	9.64
12章	含油子仁及果实；杂项子仁及果实；工业用或药用植物；稻草、秸秆及饲料	Oil seeds and oleaginous fruits；miscellaneous grains，seeds and fruit；industrial or medicinal plants；straw and fodder	2643.37	426.27	2818.15	458.88
13章	虫胶；树胶、树脂及其他植物液、汁	Lac；gums，resins and other vegetable saps and extracts	13.91	2.24	14.41	2.35
14章	编结用植物材料；其他植物产品	Vegetable plaiting materials；vegetable products not elsewhere specified or included	11.51	1.85	12.25	2.00
第三类	**动、植物油、脂及其分解产品；精制的食用油脂；动、植物蜡**	**ANIMAL OR VEGETABLE FATS AND OILS AND THEIR CLEAVAGE PRODUCTS；PREPARED EDIBLE FATS；ANIMAL OR VEGETABLE WAXES**	**671.89**	**108.23**	**559.84**	**91.19**
15章	动、植物油、脂及其分解产品；精制的食用油脂；动、植物蜡	Animal or vegetable fats and oils and their cleavage products；prepared edible fats；animal or vegetable waxes	671.89	108.23	559.84	91.19
第四类	**食品；饮料、酒及醋；烟草、烟草及烟草代用品的制品**	**PREPARED FOODSTUFFS；BEVERAGES, SPIRITS AND VINEGAR；TOBACCO AND MANUFACTURED TOBACCO SUBSTITUTES**	**986.05**	**158.98**	**1052.22**	**171.26**
16章	肉、鱼、甲壳动物、软体动物及其他水生无脊椎动物的制品	Preparations of meat，of fish or of crustaceans，molluscs or other aquatic invertebrates	12.25	1.97	15.29	2.49
17章	糖及糖食	Sugars and sugar confectionery	146.39	23.64	109.66	17.86
18章	可可及可可制品	Cocoa and cocoa preparations	44.24	7.14	53.54	8.71
19章	谷物、粮食粉、淀粉或乳的制品；糕饼点心	Preparations of cereals，flour，starch or milk；pastry-cooks' products	160.21	25.84	173.03	28.14

6-17 续表 1 Continued 1

单位：亿元
Unit: 100 million

商品分类	HS Section and Division	2013 人民币 RMB Yuan	2013 美元 USD	2014 人民币 RMB Yuan	2014 美元 USD
20章 蔬菜、水果、坚果或植物其他部分的制品	Preparations of vegetables, fruit, nuts or other parts of plants	41.06	6.62	47.07	7.66
21章 杂项食品	Miscellaneous edible preparations	74.74	12.05	86.45	14.07
22章 饮料、酒及醋	Beverages, spirits and vinegar	190.02	30.58	194.51	31.59
23章 食品工业的残渣及废料；配制的动物饲料	Residues and waste from the food industries；prepared animal fodder	226.40	36.54	244.38	39.81
24章 烟草及烟草代用品的制品	Tobacco and manufactured tobacco substitutes	90.74	14.60	128.30	20.93
第五类 矿产品	**MINERAL PRODUCTS**	**29174.39**	**4699.91**	**28098.93**	**4576.93**
25章 盐；硫磺；泥土及石料；石膏料、石灰及水泥	Salt；sulphur；earths and stone；plastering materials, lime and cement	371.92	59.87	383.55	62.44
26章 矿砂、矿渣及矿灰	Ores, slag and ash	9232.63	1487.72	8266.75	1346.61
27章 矿物燃料、矿物油及其蒸馏产品；沥青物质；矿物蜡	Mineral fuels, mineral oils and products of their distillation; bituminous substances; mineral waxes	19569.85	3152.32	19448.62	3167.88
第六类 化学工业及其相关工业的产品	**PRODUCTS OF THE CHEMICAL OR INDUSTRIES ALLIED**	**7789.35**	**1254.60**	**7743.08**	**1260.59**
28章 无机化学品；贵金属、稀土金属、放射性元素及其同位素的有机及无机化合物	Inorganic chemicals；organic or inorganic compounds of precious metals, of rare- earth metals, of radioactive elements or of isotopes	587.03	94.60	637.98	103.85
29章 有机化学品	Organic chemicals	4090.68	658.77	3703.00	603.13
30章 药品	Pharmaceutical products	937.18	150.96	1090.71	177.52
31章 肥料	Fertilizers	209.93	33.75	205.83	33.51
32章 鞣料浸膏及染料浸膏；鞣酸及其衍生物；染料、颜料及其他着色料；油漆及清漆；油灰及其他类似胶粘剂；墨水、油墨	Tanning or dyeing extracts；tannins and their derivatives；dyes, pigments and other colouring matter；paints and varnishes；putty and other mastics；inks	267.58	43.12	274.25	44.61
33章 精油及香膏； 芳香料制品及化妆盥洗品	Essential oils and retinoid；perfumery, cosmetic or toilet preparations	148.02	23.85	207.26	33.72
34章 肥皂、有机表面活性剂、洗涤剂、润滑剂、人造蜡、调制蜡、光洁剂、蜡烛及类似品、塑型用膏、“牙科用蜡”及牙科用熟石膏制剂	Soap, organic surface-active agents, washing preparations, lubricating preparations, artificial waxes, prepared waxes, polishing or scouring preparations, candles and similar articles, modelling pastes, “dental waxes” and dental preparations with a basis of plast	229.19	36.92	243.01	39.53
35章 蛋白类物质；改性淀粉；胶；酶	Albuminoidal substances；modified starches；glues；enzymes	192.29	30.99	199.30	32.42
36章 炸药；烟火制品；火柴；引火合金；易燃材料制品	Explosives；pyrotechnic products；matches；pyrophoric alloys；certain combustible preparations	7.53	1.21	9.20	1.50
37章 照相及电影用品	Photographic or cinematographic goods	144.15	23.22	139.73	22.73
38章 杂项化学产品	Miscellaneous chemical products	975.75	157.20	1032.81	168.07
第七类 塑料及其制品，橡胶及其制品	**PLASTICS AND ARTICLES THEREOF RUBBER AND ARTICLES THEREOF**	**5727.20**	**922.89**	**5685.82**	**925.61**
39章 塑料及其制品	Plastics and articles thereof	4491.47	723.90	4618.93	751.90
40章 橡胶及其制品	Rubber and articles thereof	1235.73	198.98	1066.90	173.71
第八类 生皮、皮革、毛皮及其制品；鞍具及挽具；旅行用品、手提包及类似品；动物肠线(蚕胶丝除外)制品	**RAW HIDES AND SKINS, LEATHER, FUR SKINS AND ARTICLES THEREOF；SADDLERY AND HARNESS；TRAVEL GOODS, HANDBAGS AND SIMILAR CONTAINERS；ARTICLES OF ANIMAL GUT(OTHER THAN SILK-WORM GUT)**	**691.92**	**111.47**	**712.69**	**116.00**
41章 生皮(毛皮除外)及皮革	Raw hides and skins(other than fur skins) and leather	498.13	80.26	507.38	82.61

6-17 续表 2 Continued 2

单位：亿元
Unit: 100 million

商品分类	HS Section and Division	2013 人民币 RMB Yuan	2013 美元 USD	2014 人民币 RMB Yuan	2014 美元 USD
42章 皮革制品；鞍具及挽具；旅行用品、手提包及类似容器；动物肠线(蚕胶丝除外)制品	Articles of leather; saddlery and harness; travel goods, hand bags and similar containers; articles of animal gut (other than silk-worm gut)	119.01	19.17	126.09	20.52
43章 毛皮、人造毛皮及其制品	Fur skins and artificial fur; manufactures thereof	74.78	12.04	79.21	12.87
第九类 木及木制品；木炭；软木及软木制品；稻草，秸秆、针茅或其他编结材料制品；篮筐及柳条编结品	**WOOD AND ARTICLES OF WOOD; WOOD CHAR-COAL; CORK AND ARTICLES OF CORK; MANUFACTURES OF STRAW, OF ESPARTO OR OF OTHER PLAITING MATERIALS ; BASKET WARE AND WICKERWORK**	**1167.48**	**188.18**	**1403.55**	**228.50**
44章 木及木制品；木炭	Wood and articles of wood; wood charcoal	1164.39	187.69	1400.31	227.98
45章 软木及软木制品	Cork and articles of cork	2.30	0.37	2.54	0.41
46章 稻草、秸秆、针茅或其他编结材料制品；篮筐及柳条编结品	Manufactures of straw, of esparto or of other plaiting Materials; basket ware and wickerwork	0.79	0.13	0.70	0.11
第十类 木浆及其他纤维状纤维素浆；纸及纸板的废碎品；纸、纸板及其制品	**PULP OF WOOD OR OF OTHER FIBROUS CELLULOSIC MATERIAL; WASTE AND SCRAP OF PAPER OR PAPERBOARD; PAPER AND PAPERBOARD AND ARTICLES THEREOF**	**1463.75**	**235.77**	**1451.57**	**236.32**
47章 木浆及其他纤维状纤维素浆；纸及纸板的废碎品	Pulp of wood or of other fibrous cellulosic material; waste and scrap of paper or paperboard	1074.43	173.06	1069.25	174.14
48章 纸及纸板；纸浆、纸或纸板制品	Paper and paperboard; articles of paper pulp, of paper or paperboard	271.53	43.73	264.82	43.09
49章 书籍、报纸、印刷图画及其他印制品；手稿、打字稿及设计图纸	Printed books, newspapers, pictures and other products of the printing industry; manuscripts, typescripts and plans	117.79	18.98	117.49	19.10
第十一类 纺织原料及纺织制品	**TEXTILES AND TEXTILE ARTICLES**	**2509.12**	**404.16**	**2211.66**	**360.02**
50章 蚕丝	Silk	5.35	0.86	4.25	0.69
51章 羊毛、动物细毛或粗毛；马毛纱线及其机织物	Wool, fine or coarse animal hair; horsehair yarn and woven fabric	228.36	36.74	207.93	33.84
52章 棉花	Cotton	1069.87	172.29	783.14	127.56
53章 其他植物纺织纤维；纸纱线及其机织物	Other vegetable textile fibres; paper yarn and woven fabrics of paper yarn	42.99	6.92	54.63	8.89
54章 化学纤维长丝	Man-made filaments	230.49	37.13	216.75	35.27
55章 化学纤维短纤	Man-made short fibres	210.52	33.92	188.44	30.67
56章 絮胎、毡呢及无纺织物；特种纱线；线、绳、索、缆及其制品	Wadding, felt and nonwoven; special yarns; twine, cordage, ropes and cables and articles thereof	74.15	11.95	80.60	13.11
57章 地毯及纺织材料的其他铺地制品	Carpets and other textile floor coverings	9.48	1.53	10.08	1.64
58章 特种机织物；簇绒织物；花边；装饰毯；装饰带；刺绣品	Special woven fabrics; tufted textile fabrics; lace; tapestries; trimmings; embroidery	45.57	7.34	41.23	6.71
59章 浸渍、涂布、包覆或层压的纺织物；工业用纺织制品	Impregnated, coated, covered or laminated textile fabrics; textile articles of a kind suitable for industrial use	122.77	19.78	123.92	20.16
60章 针织物及钩编织物	Knitted or crocheted fabrics	144.10	23.22	125.34	20.39
61章 针织或钩编的服装及衣着附件	Articles of apparel and clothing accessories, knitted or crocheted	103.46	16.68	126.92	20.66
62章 非针织或非钩编的服装及衣着附件	Articles of apparel and clothing accessories, not knitted or crocheted	195.32	31.49	218.74	35.59

6-17 续表 3 Continued 3

单位：亿元
Unit: 100 million

商品分类	HS Section and Division	2013 人民币 RMB Yuan	2013 美元 USD	2014 人民币 RMB Yuan	2014 美元 USD
63章 其他纺织制成品；成套物品；旧衣着及旧纺织品；碎织物	Other made up textile articles; sets; worn clothing and worn textile articles; rags articles; rags	26.69	4.30	29.70	4.83
第十二类 鞋、帽、伞、杖、鞭及其零件；已加工的羽毛及其制品；人造花；人发制品	**FOOTWEAR, HEADGEAR, UMBRELLAS, SUN UMBRELLAS, WALKING-STICKS, SEAT-STICKS, WHIPS, RIDING-CROPS AND PARTS THEREOF; PREPARED FEATHERS AND ARTICLES MADE THEREWITH; ARTIFICIAL FLOWERS; ARTICLES OF HUMAN HAIR**	**146.40**	**23.58**	**162.78**	**26.49**
64章 鞋靴、护腿和类似品及其零件	Footwear, gaiters and the like; parts of such articles	121.39	19.55	140.94	22.93
65章 帽类及其零件	Headgear and parts thereof	2.79	0.45	3.19	0.52
66章 雨伞、阳伞、手杖、鞭子、马鞭及其零件	Umbrellas, sun umbrellas, walking-sticks, seat-sticks, whips, riding-crops and parts thereof	1.21	0.19	1.35	0.22
67章 已加工羽毛、羽绒及其制品；人造花；人发制品	Prepared feathers and down and articles made of feathers or of down; artificial flowers; articles of human hair	21.02	3.38	17.29	2.82
第十三类 石料、石膏、水泥、石棉、云母及类似材料的制品；陶瓷产品；玻璃及其制品	**ARTICLES OF STONE, PLASTER, CEMENT, ASBESTOS, MICA OR SIMILAR MATERIALS; CERAMIC PRODUCTS; GLASS AND GLASSWARE**	**595.91**	**96.02**	**601.50**	**97.77**
68章 石料、石膏、水泥、石棉、云母及类似材料的制品	Articles of stone, plaster, cement, asbestos, mica or similar materials; ceramic products; glass and glassware	90.15	14.53	102.59	16.68
69章 陶瓷产品	Ceramic products	42.74	6.89	47.89	7.78
70章 玻璃及其制品	Glass and glassware	463.02	74.61	451.02	73.31
第十四类 天然或养殖珍珠、宝石或半宝石、贵金属、包贵金属及其制品；仿首饰；硬币	**NATURAL OR CULTURED PEARLS, PRECIOUS OR SEMI-PRECIOUS STONES, PRECIOUS METALS, METALS CLAD WITH PRECIOUS METAL AND STONES, PRECIOUS METALS, METALS CLAD WITH PRECIOUS METAL AND ARTICLES THEREOF; IMITATION JEWELLERY; COIN**	**1136.51**	**183.40**	**2601.34**	**423.33**
71章 天然或养殖珍珠、宝石或半宝石、贵金属、包贵金属及其制品；仿首饰；硬币	Natural or cultured pearls, precious or semi-precious stones, precious metals, metals clad with precious metal and articles thereof; imitation jewellery; coin	1136.51	183.40	2601.34	423.33
第十五类 贱金属及其制品	**BASE METALS AND ARTICLES OF BASE METAL**	**6434.46**	**1036.67**	**6240.18**	**1015.68**
72章 钢铁	Iron and steel	1324.80	213.36	1301.11	211.67
73章 钢铁制品	Articles of iron or steel	647.34	104.30	725.31	117.87
74章 铜及其制品	Copper and articles thereof	3092.11	498.29	2902.72	472.78
75章 镍及其制品	Nickel and articles thereof	281.23	45.25	251.66	40.97
76章 铝及其制品	Aluminium and articles thereof	539.96	87.03	493.86	80.39
78章 铅及其制品	Lead and articles thereof	5.19	0.84	4.33	0.71
79章 锌及其制品	Zinc and articles thereof	103.70	16.72	100.64	16.39
80章 锡及其制品	Tin and articles thereof	34.34	5.52	26.32	4.29
81章 其他贱金属、金属陶瓷及其制品	Other base metals; cermets; articles thereof	95.68	15.41	96.20	15.66
82章 贱金属工具、器具、利口器、餐匙、餐叉及其零件	Tools, implements, cutlery, spoons and forks, of base metal; parts thereof of base metal	199.19	32.10	218.94	35.59
83章 贱金属杂项制品	Miscellaneous articles of base metal	110.92	17.87	119.09	19.35

6-17 续表 4 Continued 4

单位：亿元
Unit: 100 million

商品分类	HS Section and Division	2013 人民币 RMB Yuan	2013 美元 USD	2014 人民币 RMB Yuan	2014 美元 USD
第十六类 机器、机械器具、电气设备及其零件；录音机及放声机、电视图像、声音的录制和重放设备及其零件、附件	**MACHINERY AND MECHANICAL APPLIANCES；ELECTRICAL EQUIPMENT；PARTS THEREOF；SOUND RECORDERS AND REPRODUCERS，TELEVISION IMAGE AND SOUND RECORDERS AND REPRODUCERS；AND PARTS AND ACCESSORIES OF RECORDERS AND REPRODUCERS；AND PARTS AND ACCESSORIES OF SUCH ARTICLES**	**37867.47**	**6099.88**	**37101.20**	**6036.97**
84章 核反应堆、锅炉、机器、机械器具及其零件	Nuclear reactors，boilers，machinery and mechanical appliances；parts thereof	10587.06	1705.71	11033.44	1793.78
85章 电机、电气设备及其零件；录音机及放声机、电视图像、声音的录制和重放设备及其零件、附件	Electrical machinery and equipment and parts thereof；sound recorders and reproducers，television image and sound recorders and reproducers，and parts and accessories of such articles	27280.40	4394.17	26067.75	4243.19
第十七类 车辆、航空器、船舶及有关运输设备	**VEHICLES，AIRCRAFT，VESSELS AND ASSOCIATED TRANSPORT EQUIPMENT**	**6223.87**	**1003.63**	**7433.69**	**1209.10**
86章 铁道及电车道机车、车辆及其零件；铁道及电车轨道固定装置及其零件、附件；各种机械(包括电动机械)交通信号设备	Railway or tramway locomotives，rolling-stock and parts thereof；railway or tramway track fixtures and fittings and parts thereof；mechanical(including electro-mechanical) traffic signalling equipment of all kinds	61.98	9.99	101.45	16.44
87章 车辆及其零件、附件，但铁道及电车道车辆除外	Vehicles other than railway or tramway rolling-stock，and parts and accessories thereof	4598.67	741.48	5504.30	895.09
88章 航空器、航天器及其零件	Aircraft，spacecraft，and parts thereof	1436.65	231.81	1746.99	284.38
89章 船舶及浮动结构体	Ships，boats and floating structures	126.57	20.35	80.96	13.18
第十八类 光学、照相、电影、计量、检验、医疗或外科用仪器及设备、精密仪器及设备；钟表；乐器；上述物品的零件、附件	**OPTICAL，PHOTOGRAPHIC，CINEMATOGRAPHIC，MEASURING，CHECKING，PRECISION，MEDICAL OR SURGICAL INSTRUMENTS AND APPARATUS；CLOCKS AND WATCHES；MUSICAL INSTRUMENTS；PARTS AND ACCESSORIES THEREOF**	**6938.82**	**1117.84**	**6740.71**	**1096.85**
90章 光学、照相、电影、计量、检验、医疗或外科用仪器及设备、精密仪器及设备；上述物品的零件、附件	Optical，photographic，cinematographic，measuring，checking，precision medical or surgical instruments and apparatus；parts and accessories thereof	6678.57	1075.88	6501.98	1058.06
91章 钟表及其零件	Clocks and watches and parts thereof	242.11	39.03	219.15	35.61
92章 乐器及其零件、附件	Musical instruments；parts and accessories of such articles	18.14	2.92	19.58	3.18
第十九类 武器、弹药及其零件、附件	**ARMS AND AMMUNITION；PARTS AND ACCESSORIES THEREOF**	**0.30**	**0.05**	**0.37**	**0.06**
93章 武器、弹药及其零件、附件	Arms and ammunition；parts and accessories thereof	0.30	0.05	0.37	0.06
第二十类 杂项制品	**MISCELLANEOUS MANUFACTURED ARTICLES**	**365.32**	**58.87**	**441.16**	**71.69**
94章 家具；寝具、褥垫、弹簧床垫、软坐垫及类似的填充制品；未列名灯具及照明装置；发光标志、发光名牌及类似品；活动房屋	Furniture；bedding，mattresses，mattress supports，cushions and similar stuffed furnishings；lamps and lighting fittings，not elsewhere specified or included；illuminated signs，illuminated	190.16	30.64	207.63	33.74
95章 玩具、游戏品、运动用品及其零件、附件	Toys，games and sports requisites；parts and accessories thereof	83.81	13.51	127.45	20.72
96章 杂项制品	Miscellaneous manufactured articles	91.35	14.72	106.09	17.23
第二十一类 艺术品、收藏品及古物	**WORKS OF ART，COLLECTORS' PIECES AND ANTIQUES**	**47.49**	**7.71**	**32.20**	**5.24**
97章 艺术品、收藏品及古物	Works of art，collectors' pieces and antiques	47.49	7.71	32.20	5.24
第二十二类 特殊交易品及未分类商品	**COMMODITIES AND TRANSACTIONS NOT CLASSIFIED ACCORDING TO KIND**	**6505.26**	**1047.35**	**5051.29**	**823.24**
98章 特殊交易品及未分类商品	Commodities and transactions not classified according to kind	6505.26	1047.35	5051.29	823.24

6-18 一般贸易进出口商品分类金额

Value of Imports and Exports in Ordinary by HS

单位：亿元

Unit: 100 million

商品分类	HS Section and Division	出口 Exports 人民币 RMB Yuan	出口 Exports 美元 USD	进口 Imports 人民币 RMB Yuan	进口 Imports 美元 USD
总　额	**Total**	**73926.10**	**12033.91**	**68127.25**	**11089.40**
第一类　活动物；动物产品	**LIVE ANIMALS；ANIMAL PRODUCTS**	**847.94**	**138.02**	**815.59**	**132.85**
01章　活动物	Live animals	35.93	5.85	51.33	8.35
02章　肉及食用杂碎	Meat and edible meat offal	71.43	11.63	333.16	54.26
03章　鱼、甲壳动物、软体动物及其他水生无脊椎动物	Fish and crustaceans molluscs and other aquatic invertebrates	587.49	95.63	137.53	22.39
04章　乳品；蛋品；天然蜂蜜；其他食用动物产品	Dairy produce；birds' eggs；natural honey；edible products of animal origin，not elsewhere specified or included	34.01	5.54	282.43	46.05
05章　其他动物产品	Products of animal origin，not elsewhere specified or included	119.08	19.37	11.15	1.82
第二类　植物产品	**VEGETABLE PRODUCTS**	**1108.77**	**180.54**	**3516.70**	**572.67**
06章　活树及其他活植物；鳞茎、根及类似品；插花及装饰用簇叶	Live tree and other plants；bulbs，roots and the like；cut flowers and ornamental foliage	24.83	4.04	11.59	1.88
07章　食用蔬菜、根及块茎	Edible vegetables and certain roots and tubers	449.37	73.17	153.38	25.00
08章　食用水果及坚果；甜瓜或柑桔属水果的果皮	Edible fruit and nuts；peel of citrus fruit or melons	209.54	34.12	262.21	42.71
09章　咖啡、茶、马黛茶及调味香料	Coffee，tea，mate and spices	140.11	22.82	11.79	1.92
10章　谷物	Cereals	20.44	3.33	361.70	58.92
11章　制粉工业产品；麦芽；淀粉；菊粉；面筋	Products of the milling industry；malt；starches；inulin；wheat gluten	26.85	4.37	51.86	8.45
12章　含油子仁及果实；杂项子仁及果实；工业用或药用植物；稻草、秸秆及饲料	Oil seeds and oleaginous fruits；miscellaneous grains，seeds and fruit；industrial or medicinal plants；straw and fodder	177.21	28.86	2641.55	430.11
13章　虫胶；树胶、树脂及其他植物液、汁	Lac；gums，resins and other vegetable saps and extracts	54.12	8.81	11.38	1.85
14章　编结用植物材料；其他植物产品	Vegetable plaiting materials；vegetable products not elsewhere specified or included	6.29	1.02	11.24	1.83
第三类　动、植物油、脂及其分解产品；精制的食用油脂；动、植物蜡	**ANIMAL OR VEGETABLE FATS AND OILS AND THEIR CLEAVAGE PRODUCTS；PREPARED EDIBLE FATS；ANIMAL OR VEGETABLE WAXES**	**22.87**	**3.72**	**450.51**	**73.39**
15章　动、植物油、脂及其分解产品；精制的食用油脂；动、植物蜡	Animal or vegetable fats and oils and their cleavage products；prepared edible fats；animal or vegetable waxes	22.87	3.72	450.51	73.39
第四类　食品；饮料、酒及醋；烟草、烟草及烟草代用品的制品	**PREPARED FOODSTUFFS；BEVERAGES, SPIRITS AND VINEGAR; TOBACCO AND MANUFACTURED TOBACCO SUBSTITUTES**	**1477.25**	**240.49**	**783.37**	**127.52**
16章　肉、鱼、甲壳动物、软体动物及其他水生无脊椎动物的制品	Preparations of meat，of fish or of crustaceans，molluscs or other aquatic invertebrates	452.12	73.59	6.94	1.13
17章　糖及糖食	Sugars and sugar confectionery	83.10	13.53	84.80	13.81
18章　可可及可可制品	Cocoa and cocoa preparations	14.68	2.39	34.87	5.67
19章　谷物、粮食粉、淀粉或乳的制品；糕饼点心	Preparations of cereals，flour，starch or milk；pastry-cooks' products	73.23	11.92	125.33	20.39

6-18 续表 1 Continued 1

单位：亿元
Unit: 100 million

商品分类		HS Section and Division	出口 Exports		进口 Imports	
			人民币 RMB Yuan	美元 USD	人民币 RMB Yuan	美元 USD
20章	蔬菜、水果、坚果或植物其他部分的制品	Preparations of vegetables, fruit, nuts or other parts of plants	406.75	66.23	41.02	6.67
21章	杂项食品	Miscellaneous edible preparations	136.64	22.24	60.52	9.85
22章	饮料、酒及醋	Beverages, spirits and vinegar	77.02	12.54	87.01	14.12
23章	食品工业的残渣及废料；配制的动物饲料	Residues and waste from the food industries; prepared animal fodder	162.53	26.47	240.91	39.24
24章	烟草及烟草代用品的制品	Tobacco and manufactured tobacco substitutes	71.18	11.58	101.97	16.64
第五类	**矿产品**	**MINERAL PRODUCTS**	**581.38**	**94.66**	**22586.60**	**3679.11**
25章	盐；硫磺；泥土及石料；石膏料、石灰及水泥	Salt; sulphur; earths and stone; plastering materials, lime and cement	220.71	35.94	352.20	57.34
26章	矿砂、矿渣及矿灰	Ores, slag and ash	9.22	1.50	7224.55	1176.86
27章	矿物燃料、矿物油及其蒸馏产品；沥青物质；矿物蜡	Mineral fuels, mineral oils and products of their distillation; bituminous substances; mineral waxes	351.45	57.22	15009.84	2444.92
第六类	**化学工业及其相关工业的产品**	**PRODUCTS OF THE CHEMICAL OR INDUSTRIES ALLIED**	**5320.80**	**866.29**	**4567.17**	**743.54**
28章	无机化学品；贵金属、稀土金属、放射性元素及其同位素的有机及无机化合物	Inorganic chemicals; organic or inorganic compounds of precious metals, of rare- earth metals, of radioactive elements or of isotopes	827.16	134.68	417.47	67.96
29章	有机化学品	Organic chemicals	2193.30	357.16	2355.82	383.71
30章	药品	Pharmaceutical products	225.33	36.68	300.35	48.88
31章	肥料	Fertilizers	468.30	76.15	126.65	20.62
32章	鞣料浸膏及染料浸膏；鞣酸及其衍生物；染料、颜料及其他着色料；油漆及清漆；油灰及其他类似胶粘剂；墨水、油墨	Tanning or dyeing extracts; tannins and their derivatives; dyes, pigments and other colouring matter; paints and varnishes; putty and other mastics; inks	385.82	62.81	185.61	30.18
33章	精油及香膏；芳香料制品及化妆盥洗品	Essential oils and retinoid; perfumery, cosmetic or toilet preparations	164.68	26.81	70.88	11.52
34章	肥皂、有机表面活性剂、洗涤剂、润滑剂、人造蜡、调制蜡、光洁剂、蜡烛及类似品、塑型用膏、"牙科用蜡"及牙科用熟石膏制剂	Soap, organic surface-active agents, washing preparations, lubricating preparations, artificial waxes, prepared waxes, polishing or scouring preparations, candles and similar articles, modelling pastes, "dental waxes" and dental preparations with a basis of plast	159.09	25.90	200.08	32.55
35章	蛋白类物质；改性淀粉；胶；酶	Albuminoidal substances; modified starches; glues; enzymes	130.51	21.25	114.66	18.64
36章	炸药；烟火制品；火柴；引火合金；易燃材料制品	Explosives; pyrotechnic products; matches; pyrophoric alloys; certain combustible preparations	59.46	9.68	5.78	0.94
37章	照相及电影用品	Photographic or cinematographic goods	40.06	6.52	74.43	12.11
38章	杂项化学产品	Miscellaneous chemical products	667.10	108.64	715.42	116.43
第七类	**塑料及其制品，橡胶及其制品**	**PLASTICS AND ARTICLES THEREOF RUBBER AND ARTICLES THEREOF**	**2653.72**	**432.02**	**3140.85**	**511.22**
39章	塑料及其制品	Plastics and articles thereof	2347.68	382.21	2577.72	419.58
40章	橡胶及其制品	Rubber and articles thereof	306.04	49.81	563.13	91.65
第八类	**生皮、皮革、毛皮及其制品；鞍具及挽具；旅行用品、手提包及类似品；动物肠线(蚕胶丝除外)制品**	**RAW HIDES AND SKINS, LEATHER, FUR SKINS AND ARTICLES THEREOF; SADDLERY AND HARNESS; TRAVEL GOODS, HANDBAGS AND SIMILAR CONTAINERS; ARTICLES OF ANIMAL GUT(OTHER THAN SILK-WORM GUT)**	**1556.21**	**253.29**	**376.34**	**61.25**
41章	生皮(毛皮除外)及皮革	Raw hides and skins(other than fur skins) and leather	10.41	1.69	251.25	40.91

单位：亿元
Unit: 100 million

商品分类	HS Section and Division	出口 Exports 人民币 RMB Yuan	出口 Exports 美元 USD	进口 Imports 人民币 RMB Yuan	进口 Imports 美元 USD
42章 皮革制品；鞍具及挽具；旅行用品、手提包及类似容器；动物肠线(蚕胶丝除外)制品	Articles of leather；saddlery and harness；travel goods，hand bags and similar containers；articles of animal gut (other than silk-worm gut)	1364.64	222.13	99.92	16.26
43章 毛皮、人造毛皮及其制品	Fur skins and artificial fur；manufactures thereof	181.16	29.46	25.17	4.09
第九类 木及木制品；木炭；软木及软木制品；稻草，秸秆、针茅或其他编结材料制品；篮筐及柳条编结品	**WOOD AND ARTICLES OF WOOD；WOOD CHAR-COAL；CORK AND ARTICLES OF CORK；MANUFACTURES OF STRAW，OF ESPARTO OR OF OTHER PLAITING MATERIALS；BASKET WARE AND WICKERWORK**	**860.94**	**140.15**	**1051.38**	**171.15**
44章 木及木制品；木炭	Wood and articles of wood；wood charcoal	763.24	124.24	1048.63	170.70
45章 软木及软木制品	Cork and articles of cork	1.16	0.19	2.45	0.40
46章 稻草、秸秆、针茅或其他编结材料制品；篮筐及柳条编结品	Manufactures of straw，of esparto or of other plaiting Materials；basket ware and wickerwork	96.54	15.72	0.30	0.05
第十类 木浆及其他纤维状纤维素浆；纸及纸板的废碎品；纸、纸板及其制品	**PULP OF WOOD OR OF OTHER FIBROUS CELLULOSIC MATERIAL；WASTE AND SCRAP OF PAPER OR PAPERBOARD；PAPER AND PAPERBOARD AND ARTICLES THEREOF**	**746.68**	**121.52**	**1031.81**	**168.01**
47章 木浆及其他纤维状纤维素浆；纸及纸板的废碎品	Pulp of wood or of other fibrous cellulosic material；waste and scrap of paper or paperboard	6.55	1.07	795.42	129.54
48章 纸及纸板；纸浆、纸或纸板制品	Paper and paperboard；articles of paper pulp，of paper or paperboard	621.30	101.12	171.35	27.88
49章 书籍、报纸、印刷图画及其他印制品；手稿、打字稿及设计图纸	Printed books，newspapers，pictures and other products of the printing industry；manuscripts，typescripts and plans	118.83	19.34	65.04	10.58
第十一类 纺织原料及纺织制品	**TEXTILES AND TEXTILE ARTICLES**	**13387.25**	**2179.17**	**1062.98**	**173.02**
50章 蚕丝	Silk	91.90	14.96	1.11	0.18
51章 羊毛、动物细毛或粗毛；马毛纱线及其机织物	Wool，fine or coarse animal hair；horsehair yarn and woven fabric	105.41	17.17	116.50	18.97
52章 棉花	Cotton	678.89	110.54	340.79	55.51
53章 其他植物纺织纤维；纸纱线及其机织物	Other vegetable textile fibres；paper yarn and woven fabrics of paper yarn	84.19	13.71	40.70	6.63
54章 化学纤维长丝	Man-made filaments	845.39	137.63	79.13	12.88
55章 化学纤维短纤	Man-made short fibres	560.26	91.22	111.85	18.21
56章 絮胎、毡呢及无纺织物；特种纱线；线、绳、索、缆及其制品	Wadding，felt and nonwoven；special yarns；twine，cordage，ropes and cables and articles thereof	208.79	33.99	43.98	7.15
57章 地毯及纺织材料的其他铺地制品	Carpets and other textile floor coverings	144.42	23.51	5.51	0.90
58章 特种机织物；簇绒织物；花边；装饰毯；装饰带；刺绣品	Special woven fabrics；tufted textile fabrics；lace；tapestries；trimmings；embroidery	270.84	44.09	7.93	1.29
59章 浸渍、涂布、包覆或层压的纺织物；工业用纺织制品	Impregnated，coated，covered or laminated textile fabrics；textile articles of a kind suitable for industrial use	392.57	63.91	49.18	7.99
60章 针织物及钩编织物	Knitted or crocheted fabrics	663.96	108.08	20.29	3.30
61章 针织或钩编的服装及衣着附件	Articles of apparel and clothing accessories．Knitted or crocheted	4308.81	701.28	84.97	13.83
62章 非针织或非钩编的服装及衣着附件	Articles of apparel and clothing accessories，not knitted or crocheted	3648.90	593.93	145.87	23.73

单位：亿元
Unit: 100 million

商品分类	HS Section and Division	出口 Exports 人民币 RMB Yuan	出口 Exports 美元 USD	进口 Imports 人民币 RMB Yuan	进口 Imports 美元 USD
63章 其他纺织制成品；成套物品；旧衣着及旧纺织品；碎织物	Other made up textile articles；sets；worn clothing and worn textile articles；rags articles；rags	1382.90	225.14	15.17	2.47
第十二类 鞋、帽、伞、杖、鞭及其零件；已加工的羽毛及其制品；人造花；人发制品	**FOOTWEAR，HEADGEAR，UMBRELLAS，SUN UMBRELLAS，WALKING-STICKS，SEAT-STICKS WHIPS，RIDING-CROPS AND PARTS THEREOF；PREPARED FEATHERS AND ARTICLES MADE THEREWITH；ARTIFICIAL FLOWERS；ARTICLES OF HUMAN HAIR**	**2922.36**	**475.76**	**119.59**	**19.46**
64章 鞋靴、护腿和类似品及其零件	Footwear，gaiters and the like；parts of such articles	2236.12	364.04	117.20	19.07
65章 帽类及其零件	Headgear and parts thereof	193.99	31.58	1.84	0.30
66章 雨伞、阳伞、手杖、鞭子、马鞭及其零件	Umbrellas，sun umbrellas，walking-sticks，seat-sticks，whips，riding-crops and parts thereof	165.92	27.02	0.35	0.06
67章 已加工羽毛、羽绒及其制品；人造花；人发制品	Prepared feathers and down and articles made of feathers or of down；artificial flowers；articles of human hair	326.32	53.12	0.21	0.03
第十三类 石料、石膏、水泥、石棉、云母及类似材料的制品；陶瓷产品；玻璃及其制品	**ARTICLES OF STONE，PLASTER，CEMENT，ASBESTOS，MICA OR SIMILAR MATERIALS；CERAMIC PRODUCTS；GLASS AND GLASSWARE**	**2514.38**	**409.31**	**258.96**	**42.06**
68章 石料、石膏、水泥、石棉、云母及类似材料的制品	Articles of stone，plaster，cement，asbestos，mica or similar materials；ceramic products；glass and glassware	595.95	97.02	60.87	9.89
69章 陶瓷产品	Ceramic products	1210.44	197.04	34.33	5.58
70章 玻璃及其制品	Glass and glassware	707.99	115.26	163.75	26.59
第十四类 天然或养殖珍珠、宝石或半宝石、贵金属、包贵金属及其制品；仿首饰；硬币	**NATURAL OR CULTURED PEARLS，PRECIOUS OR SEMI-PRECIOUS STONES，PRECIOUS METALS，METALS CLAD WITH PRECIOUS METAL AND STONES，PRECIOUS METALS，METALS CLAD WITH PRECIOUS METAL AND ARTICLES THEREOF；IMITATION JEWELLERY；COIN**	**167.28**	**27.25**	**333.19**	**54.27**
71章 天然或养殖珍珠、宝石或半宝石、贵金属、包贵金属及其制品；仿首饰；硬币	Natural or cultured pearls，precious or semi-precious stones，precious metals，metals clad with precious metal and articles thereof；imitation jewellery；coin	167.28	27.25	333.19	54.27
第十五类 贱金属及其制品	**BASE METALS AND ARTICLES OF BASE METAL**	**8987.52**	**1463.02**	**3520.64**	**572.81**
72章 钢铁	Iron and steel	3102.21	505.04	793.41	129.03
73章 钢铁制品	Articles of iron or steel	3053.84	497.09	450.58	73.19
74章 铜及其制品	Copper and articles thereof	110.83	18.04	1609.28	262.03
75章 镍及其制品	Nickel and articles thereof	6.19	1.01	91.15	14.84
76章 铝及其制品	Aluminium and articles thereof	1030.24	167.70	263.83	42.94
78章 铅及其制品	Lead and articles thereof	3.91	0.64	1.52	0.25
79章 锌及其制品	Zinc and articles thereof	14.99	2.44	34.57	5.63
80章 锡及其制品	Tin and articles thereof	3.56	0.58	6.12	1.00
81章 其他贱金属、金属陶瓷及其制品	Other base metals；cermets；articles thereof	200.36	32.63	40.34	6.57
82章 贱金属工具、器具、利口器、餐匙、餐叉及其零件	Tools，implements，cutlery，spoons and forks，of base metal；parts thereof of base metal	659.99	107.41	154.18	25.06
83章 贱金属杂项制品	Miscellaneous articles of base metal	801.40	130.45	75.67	12.29

单位：亿元

Unit: 100 million

商品分类	HS Section and Division	出口 Exports		进口 Imports	
		人民币 RMB Yuan	美元 USD	人民币 RMB Yuan	美元 USD
第十六类 机器、机械器具、电气设备及其零件；录音机及放声机、电视图像、声音的录制和重放设备及其零件、附件	**MACHINERY AND MECHANICAL APPLIANCES; ELECTRICAL EQUIPMENT; PARTS THEREOF; SOUND RECORDERS AND REPRODUCERS, TELEVISION IMAGE AND SOUND RECORDERS AND REPRODUCERS; AND PARTS AND ACCESSORIES OF RECORDERS AND REPRODUCERS; AND PARTS AND ACCESSORIES OF SUCH ARTICLES**	**18810.79**	**3061.81**	**12297.33**	**1999.51**
84章 核反应堆、锅炉、机器、机械器具及其零件	Nuclear reactors, boilers, machinery and mechanical appliances; parts thereof	7782.95	1266.79	5744.34	933.22
85章 电机、电气设备及其零件；录音机及放声机、电视图像、声音的录制和重放设备及其零件、附件	Electrical machinery and equipment and parts thereof; sound recorders and reproducers, television image and sound recorders and reproducers, and parts and accessories of such articles	11027.83	1795.03	6552.99	1066.28
第十七类 车辆、航空器、船舶及有关运输设备	**VEHICLES, AIRCRAFT, VESSELS AND ASSOCIATED TRANSPORT EQUIPMENT**	**3293.78**	**536.15**	**5544.90**	**901.68**
86章 铁道及电车道机车、车辆及其零件；铁道及电车轨道固定装置及其零件、附件；各种机械(包括电动机械)交通信号设备	Railway or tramway locomotives, rolling-stock and parts thereof; railway or tramway track fixtures and fittings and parts thereof; mechanical(including electro-mechanical) traffic signalling equipment of all kinds	172.34	28.05	86.18	13.96
87章 车辆及其零件、附件，但铁道及电车道车辆除外	Vehicles other than railway or tramway rolling-stock, and parts and accessories thereof	3013.62	490.54	5103.62	829.90
88章 航空器、航天器及其零件	Aircraft, spacecraft, and parts thereof	36.53	5.95	290.99	47.39
89章 船舶及浮动结构体	Ships, boats and floating structures	71.30	11.61	64.11	10.43
第十八类 光学、照相、电影、计量、检验、医疗或外科用仪器及设备、精密仪器及设备；钟表；乐器；上述物品的零件、附件	**OPTICAL, PHOTOGRAPHIC, CINEMATOGRAPHIC, MEASURING, CHECKING, PRECISION, MEDICAL OR SURGICAL INSTRUMENTS AND APPARATUS; CLOCKS AND WATCHES; MUSICAL INSTRUMENTS; PARTS AND ACCESSORIES THEREOF**	**1224.19**	**199.26**	**2300.84**	**374.11**
90章 光学、照相、电影、计量、检验、医疗或外科用仪器及设备、精密仪器及设备；上述物品的零件、附件	Optical, photographic, cinematographic, measuring, checking, precision medical or surgical instruments and apparatus; parts and accessories thereof	1068.25	173.88	2211.81	359.64
91章 钟表及其零件	Clocks and watches and parts thereof	98.38	16.01	75.29	12.23
92章 乐器及其零件、附件	Musical instruments; parts and accessories of such articles	57.56	9.37	13.74	2.23
第十九类 武器、弹药及其零件、附件	**ARMS AND AMMUNITION; PARTS AND ACCESSORIES THEREOF**	**9.63**	**1.57**	**0.37**	**0.06**
93章 武器、弹药及其零件、附件	Arms and ammunition; parts and accessories thereof	9.63	1.57	0.37	0.06
第二十类 杂项制品	**MISCELLANEOUS MANUFACTURED ARTICLES**	**6345.66**	**1033.00**	**230.47**	**37.42**
94章 家具；寝具、褥垫、弹簧床垫、软坐垫及类似的填充制品；未列名灯具及照明装置；发光标志、发光名牌及类似品；活动房屋	Furniture; bedding, mattresses, mattress supports, cushions and similar stuffed furnishings; lamps and lighting fittings, not elsewhere specified or included; illuminated signs, illuminated	4632.82	754.22	122.68	19.92
95章 玩具、游戏品、运动用品及其零件、附件	Toys, games and sports requisites; parts and accessories thereof	1106.24	180.03	41.26	6.70
96章 杂项制品	Miscellaneous manufactured articles	606.60	98.75	66.53	10.80
第二十一类 艺术品、收藏品及古物	**WORKS OF ART, COLLECTORS' PIECES AND ANTIQUES**	**15.65**	**2.55**	**4.52**	**0.73**
97章 艺术品、收藏品及古物	Works of art, collectors' pieces and antiques	15.65	2.55	4.52	0.73
第二十二类 特殊交易品及未分类商品	**COMMODITIES AND TRANSACTIONS NOT CLASSIFIED ACCORDING TO KIND**	**1071.05**	**174.35**	**4133.14**	**673.54**
98章 特殊交易品及未分类商品	Commodities and transactions not classified according to kind	1071.05	174.35	4133.14	673.54

6-19 加工贸易进出口商品分类金额

Value of Imports and Exports in Processing Trade by HS

单位：亿元

Unit: 100 million

商品分类	HS Section and Division	出口 Exports 人民币 RMB Yuan	出口 Exports 美元 USD	进口 Imports 人民币 RMB Yuan	进口 Imports 美元 USD
总　　额	**Total**	**54311.29**	**8842.18**	**32193.19**	**5240.85**
第一类　活动物；动物产品	**LIVE ANIMALS；ANIMAL PRODUCTS**	**274.67**	**44.70**	**188.52**	**30.69**
01章　活动物	Live animals				
02章　肉及食用杂碎	Meat and edible meat offal	0.66	0.11	6.30	1.03
03章　鱼、甲壳动物、软体动物及其他水生无脊椎动物	Fish and crustaceans molluscs and other aquatic invertebrates	252.49	41.10	163.33	26.59
04章　乳品；蛋品；天然蜂蜜；其他食用动物产品	Dairy produce；birds' eggs；natural honey；edible products of animal origin，not elsewhere specified or included	0.16	0.03	1.23	0.20
05章　其他动物产品	Products of animal origin，not elsewhere specified or included	21.36	3.47	17.66	2.87
第二类　植物产品	**VEGETABLE PRODUCTS**	**59.83**	**9.74**	**128.92**	**20.99**
06章　活树及其他活植物；鳞茎、根及类似品；插花及装饰用簇叶	Live tree and other plants；bulbs，roots and the like；cut flowers and ornamental foliage	0.12	0.02	0.01	0.00
07章　食用蔬菜、根及块茎	Edible vegetables and certain roots and tubers	1.89	0.31	1.81	0.29
08章　食用水果及坚果；甜瓜或柑桔属水果的果皮	Edible fruit and nuts；peel of citrus fruit or melons	17.36	2.83	26.93	4.38
09章　咖啡、茶、马黛茶及调味香料	Coffee，tea，mate and spices	5.44	0.89	2.47	0.40
10章　谷物	Cereals	2.13	0.35	11.03	1.80
11章　制粉工业产品；麦芽；淀粉；菊粉；面筋	Products of the milling industry；malt；starches；inulin；wheat gluten	8.04	1.31	5.85	0.95
12章　含油子仁及果实；杂项子仁及果实；工业用或药用植物；稻草、秸秆及饲料	Oil seeds and oleaginous fruits；miscellaneous grains，seeds and fruit；industrial or medicinal plants；straw and fodder	1.99	0.32	78.57	12.80
13章　虫胶；树胶、树脂及其他植物液、汁	Lac；gums，resins and other vegetable saps and extracts	22.81	3.71	1.75	0.28
14章　编结用植物材料；其他植物产品	Vegetable plaiting materials；vegetable products not elsewhere specified or included	0.06	0.01	0.50	0.08
第三类　动、植物油、脂及其分解产品；精制的食用油脂；动、植物蜡	**ANIMAL OR VEGETABLE FATS AND OILS AND THEIR CLEAVAGE PRODUCTS；PREPARED EDIBLE FATS；ANIMAL OR VEGETABLE WAXES**	**4.22**	**0.69**	**13.02**	**2.12**
15章　动、植物油、脂及其分解产品；精制的食用油脂；动、植物蜡	Animal or vegetable fats and oils and their cleavage products；prepared edible fats；animal or vegetable waxes	4.22	0.69	13.02	2.12
第四类　食品；饮料、酒及醋；烟草、烟草及烟草代用品的制品	**PREPARED FOODSTUFFS；BEVERAGES, SPIRITS AND VINEGAR；TOBACCO AND MANUFACTURED TOBACCO SUBSTITUTES**	**247.43**	**40.27**	**22.99**	**3.74**
16章　肉、鱼、甲壳动物、软体动物及其他水生无脊椎动物的制品	Preparations of meat，of fish or of crustaceans，molluscs or other aquatic invertebrates	92.38	15.03	7.43	1.21
17章　糖及糖食	Sugars and sugar confectionery	9.20	1.50	5.60	0.91
18章　可可及可可制品	Cocoa and cocoa preparations	12.62	2.05	4.00	0.65
19章　谷物、粮食粉、淀粉或乳的制品；糕饼点心	Preparations of cereals，flour，starch or milk；pastry-cooks' products	16.92	2.75	0.43	0.07

单位：亿元
Unit: 100 million

商品分类	HS Section and Division	出口 Exports 人民币 RMB Yuan	出口 Exports 美元 USD	进口 Imports 人民币 RMB Yuan	进口 Imports 美元 USD
20章 蔬菜、水果、坚果或植物其他部分的制品	Preparations of vegetables, fruit，nuts or other parts of plants	58.37	9.50	2.22	0.36
21章 杂项食品	Miscellaneous edible preparations	20.21	3.29	2.16	0.35
22章 饮料、酒及醋	Beverages，spirits and vinegar	2.73	0.44	0.15	0.02
23章 食品工业的残渣及废料；配制的动物饲料	Residues and waste from the food industries；prepared animal fodder	34.84	5.68	0.94	0.15
24章 烟草及烟草代用品的制品	Tobacco and manufactured tobacco substitutes	0.16	0.03	0.06	0.01
第五类 矿产品	**MINERAL PRODUCTS**	**425.81**	**69.36**	**2321.82**	**378.09**
25章 盐；硫磺；泥土及石料；石膏料、石灰及水泥	Salt；sulphur；earths and stone；plastering materials，lime and cement	0.01	0.00	14.23	2.32
26章 矿砂、矿渣及矿灰	Ores，slag and ash	0.01	0.00	447.04	72.80
27章 矿物燃料、矿物油及其蒸馏产品；沥青物质；矿物蜡	Mineral fuels，mineral oils and products of their distillation; bituminous substances; mineral waxes	425.79	69.35	1860.55	302.97
第六类 化学工业及其相关工业的产品	**PRODUCTS OF THE CHEMICAL OR INDUSTRIES ALLIED**	**778.88**	**126.80**	**1200.15**	**195.37**
28章 无机化学品；贵金属、稀土金属、放射性元素及其同位素的有机及无机化合物	Inorganic chemicals；organic or inorganic compounds of precious metals，of rare- earth metals, of radioactive elements or of isotopes	63.07	10.27	123.38	20.08
29章 有机化学品	Organic chemicals	322.60	52.52	650.63	105.95
30章 药品	Pharmaceutical products	69.65	11.34	5.35	0.87
31章 肥料	Fertilizers	0.02	0.00	0.01	0.00
32章 鞣料浸膏及染料浸膏；鞣酸及其衍生物；染料、颜料及其他着色料；油漆及清漆；油灰及其他类似胶粘剂；墨水、油墨	Tanning or dyeing extracts；tannins and their derivatives；dyes，pigments and other colouring matter；paints and varnishes；putty and other mastics；inks	2.49	0.40	65.33	10.63
33章 精油及香膏；芳香料制品及化妆盥洗品	Essential oils and retinoid；perfumery，cosmetic or toilet preparations	69.00	11.23	14.73	2.40
34章 肥皂、有机表面活性剂、洗涤剂、润滑剂、人造蜡、调制蜡、光洁剂、蜡烛及类似品、塑型用膏、“牙科用蜡”及牙科用熟石膏制剂	Soap，organic surface-active agents，washing preparations，lubricating preparations，artificial waxes，prepared waxes，polishing or scouring preparations，candles and similar articles，modelling pastes，“dental waxes” and dental preparations with a basis of plast	34.20	5.57	18.99	3.09
35章 蛋白类物质；改性淀粉；胶；酶	Albuminoidal substances；modified starches；glues；enzymes	21.24	3.46	63.33	10.31
36章 炸药；烟火制品；火柴；引火合金；易燃材料制品	Explosives；pyrotechnic products；matches；pyrophoric alloys；certain combustible preparations	0.79	0.13	3.42	0.56
37章 照相及电影用品	Photographic or cinematographic goods	24.74	4.03	55.76	9.07
38章 杂项化学产品	Miscellaneous chemical products	171.08	27.85	199.21	32.41
第七类 塑料及其制品，橡胶及其制品	**PLASTICS AND ARTICLES THEREOF RUBBER AND ARTICLES THEREOF**	**1480.23**	**241.02**	**1847.24**	**300.76**
39章 塑料及其制品	Plastics and articles thereof	1299.83	211.65	1537.14	250.25
40章 橡胶及其制品	Rubber and articles thereof	180.40	29.37	310.11	50.51
第八类 生皮、皮革、毛皮及其制品；鞍具及挽具；旅行用品、手提包及类似品；动物肠线(蚕胶丝除外)制品	**RAW HIDES AND SKINS，LEATHER，FUR SKINS AND ARTICLES THEREOF；SADDLERY AND HARNESS；TRAVEL GOODS，HANDBAGS AND SIMILAR CONTAINERS；ARTICLES OF ANIMAL GUT(OTHER THAN SILK-WORM GUT)**	**365.44**	**59.49**	**302.94**	**49.31**
41章 生皮(毛皮除外)及皮革	Raw hides and skins(other than fur skins) and leather	22.13	3.60	243.68	39.67

6-19 续表 2 Continued 2

单位：亿元
Unit: 100 million

商品分类	HS Section and Division	出口 Exports 人民币 RMB Yuan	出口 Exports 美元 USD	进口 Imports 人民币 RMB Yuan	进口 Imports 美元 USD
42章 皮革制品；鞍具及挽具；旅行用品、手提包及类似容器；动物肠线(蚕胶丝除外)制品	Articles of leather；saddlery and harness；travel goods, hand bags and similar containers；articles of animal gut (other than silk-worm gut)	270.27	44.01	6.17	1.01
43章 毛皮、人造毛皮及其制品	Fur skins and artificial fur；manufactures thereof	73.05	11.88	53.09	8.63
第九类 木及木制品；木炭；软木及软木制品；稻草，秸秆、针茅或其他编结材料制品；篮筐及柳条编结品	**WOOD AND ARTICLES OF WOOD；WOOD CHAR-COAL；CORK AND ARTICLES OF CORK；MANUFACTURES OF STRAW, OF ESPARTO OR OF OTHER PLAITING MATERIALS；BASKET WARE AND WICKERWORK**	**105.76**	**17.21**	**60.74**	**9.89**
44章 木及木制品；木炭	Wood and articles of wood；wood charcoal	102.89	16.74	60.57	9.86
45章 软木及软木制品	Cork and articles of cork	0.00	0.00	0.06	0.01
46章 稻草、秸秆、针茅或其他编结材料制品；篮筐及柳条编结品	Manufactures of straw, of esparto or of other plaiting Materials；basket ware and wickerwork	2.87	0.47	0.11	0.02
第十类 木浆及其他纤维状纤维素浆；纸及纸板的废碎品；纸、纸板及其制品	**PULP OF WOOD OR OF OTHER FIBROUS CELLULOSIC MATERIAL；WASTE AND SCRAP OF PAPER OR PAPERBOARD；PAPER AND PAPERBOARD AND ARTICLES THEREOF**	**478.21**	**77.86**	**244.72**	**39.84**
47章 木浆及其他纤维状纤维素浆；纸及纸板的废碎品	Pulp of wood or of other fibrous cellulosic material；waste and scrap of paper or paperboard			155.00	25.24
48章 纸及纸板；纸浆、纸或纸板制品	Paper and paperboard；articles of paper pulp, of paper or paperboard	384.66	62.63	72.86	11.86
49章 书籍、报纸、印刷图画及其他印制品；手稿、打字稿及设计图纸	Printed books, newspapers, pictures and other products of the printing industry；manuscripts, typescripts and plans	93.55	15.23	16.86	2.74
第十一类 纺织原料及纺织制品	**TEXTILES AND TEXTILE ARTICLES**	**2405.23**	**391.57**	**821.24**	**133.68**
50章 蚕丝	Silk	0.80	0.13	2.94	0.48
51章 羊毛、动物细毛或粗毛；马毛纱线及其机织物	Wool, fine or coarse animal hair；horsehair yarn and woven fabric	45.41	7.39	55.30	8.99
52章 棉花	Cotton	292.06	47.57	297.26	48.41
53章 其他植物纺织纤维；纸纱线及其机织物	Other vegetable textile fibres；paper yarn and woven fabrics of paper yarn	5.58	0.91	9.53	1.55
54章 化学纤维长丝	Man-made filaments	160.75	26.18	124.84	20.31
55章 化学纤维短纤	Man-made short fibres	132.54	21.59	66.43	10.81
56章 絮胎、毡呢及无纺织物；特种纱线；线、绳、索、缆及其制品	Wadding, felt and nonwoven；special yarns；twine, cordage, ropes and cables and articles thereof	37.99	6.18	30.97	5.04
57章 地毯及纺织材料的其他铺地制品	Carpets and other textile floor coverings	9.95	1.62	1.09	0.18
58章 特种机织物；簇绒织物；花边；装饰毯；装饰带；刺绣品	Special woven fabrics；tufted textile fabrics；lace；tapestries；trimmings；embroidery	23.34	3.80	32.22	5.24
59章 浸渍、涂布、包覆或层压的纺织物；工业用纺织制品	Impregnated, coated, covered or laminated textile fabrics；textile articles of a kind suitable for industrial use	59.69	9.72	69.37	11.29
60章 针织物及钩编织物	Knitted or crocheted fabrics	180.17	29.34	101.30	16.49
61章 针织或钩编的服装及衣着附件	Articles of apparel and clothing accessories, Knitted or crocheted	525.08	85.46	6.40	1.04
62章 非针织或非钩编的服装及衣着附件	Articles of apparel and clothing accessories, not knitted or crocheted	758.63	123.47	18.36	2.99

6-19 续表 3 Continued 3

单位：亿元
Unit: 100 million

商品分类	HS Section and Division	出口 Exports 人民币 RMB Yuan	出口 Exports 美元 USD	进口 Imports 人民币 RMB Yuan	进口 Imports 美元 USD
63章 其他纺织制成品；成套物品；旧衣着及旧纺织品；碎织物	Other made up textile articles；sets；worn clothing and worn textile articles；rags articles；rags	173.23	28.21	5.23	0.85
第十二类 鞋、帽、伞、杖、鞭及其零件；已加工的羽毛及其制品；人造花；人发制品	**FOOTWEAR，HEADGEAR，UMBRELLAS，SUN UMBRELLAS，WALKING-STICKS，SEAT-STICKS，WHIPS，RIDING-CROPS AND PARTS THEREOF；PREPARED FEATHERS AND ARTICLES MADE THEREWITH；ARTIFICIAL FLOWERS；ARTICLES OF HUMAN HAIR**	**791.73**	**128.90**	**32.46**	**5.29**
64章 鞋靴、护腿和类似品及其零件	Footwear，gaiters and the like；parts of such articles	690.53	112.42	14.61	2.38
65章 帽类及其零件	Headgear and parts thereof	38.94	6.34	0.72	0.12
66章 雨伞、阳伞、手杖、鞭子、马鞭及其零件	Umbrellas，sun umbrellas，walking-sticks，seat-sticks，whips，riding-crops and parts thereof	13.20	2.15	0.31	0.05
67章 已加工羽毛、羽绒及其制品；人造花；人发制品	Prepared feathers and down and articles made of feathers or of down；artificial flowers；articles of human hair	49.06	7.99	16.82	2.74
第十三类 石料、石膏、水泥、石棉、云母及类似材料的制品；陶瓷产品；玻璃及其制品	**ARTICLES OF STONE，PLASTER，CEMENT，ASBESTOS，MICA OR SIMILAR MATERIALS；CERAMIC PRODUCTS；GLASS AND GLASSWARE**	**168.52**	**27.42**	**261.71**	**42.57**
68章 石料、石膏、水泥、石棉、云母及类似材料的制品	Articles of stone，plaster，cement，asbestos，mica or similar materials；ceramic products；glass and glassware	40.72	6.63	28.67	4.67
69章 陶瓷产品	Ceramic products	9.18	1.49	8.76	1.43
70章 玻璃及其制品	Glass and glassware	118.62	19.30	224.28	36.47
第十四类 天然或养殖珍珠、宝石或半宝石、贵金属、包贵金属及其制品；仿首饰；硬币	**NATURAL OR CULTURED PEARLS，PRECIOUS OR SEMI-PRECIOUS STONES，PRECIOUS METALS，METALS CLAD WITH PRECIOUS METAL AND STONES，PRECIOUS METALS，METALS CLAD WITH PRECIOUS METAL AND ARTICLES THEREOF；IMITATION JEWELLERY；COIN**	**3579.12**	**582.61**	**2061.70**	**335.46**
71章 天然或养殖珍珠、宝石或半宝石、贵金属、包贵金属及其制品；仿首饰；硬币	Natural or cultured pearls，precious or semi-precious stones，precious metals，metals clad with precious metal and articles thereof；imitation jewellery；coin	3579.12	582.61	2061.70	335.46
第十五类 贱金属及其制品	**BASE METALS AND ARTICLES OF BASE METAL**	**1053.76**	**171.55**	**1532.54**	**249.47**
72章 钢铁	Iron and steel	220.33	35.88	456.01	74.23
73章 钢铁制品	Articles of iron or steel	289.69	47.13	204.17	33.21
74章 铜及其制品	Copper and articles thereof	226.88	36.94	500.34	81.47
75章 镍及其制品	Nickel and articles thereof	17.37	2.83	49.98	8.13
76章 铝及其制品	Aluminium and articles thereof	81.84	13.32	187.03	30.45
78章 铅及其制品	Lead and articles thereof	5.68	0.92	1.32	0.21
79章 锌及其制品	Zinc and articles thereof	1.39	0.23	17.43	2.84
80章 锡及其制品	Tin and articles thereof	2.59	0.42	17.31	2.82
81章 其他贱金属、金属陶瓷及其制品	Other base metals；cermets；articles thereof	8.70	1.42	44.70	7.27
82章 贱金属工具、器具、利口器、餐匙、餐叉及其零件	Tools，implements，cutlery，spoons and forks，of base metal；parts thereof of base metal	92.14	15.00	21.45	3.49
83章 贱金属杂项制品	Miscellaneous articles of base metal	107.16	17.44	32.80	5.33

6-19 续表 4 Continued 4

单位：亿元

Unit: 100 million

商品分类	HS Section and Division	出口 Exports 人民币 RMB Yuan	出口 Exports 美元 USD	进口 Imports 人民币 RMB Yuan	进口 Imports 美元 USD
第十六类 机器、机械器具、电气设备及其零件；录音机及放声机、电视图像、声音的录制和重放设备及其零件、附件	**MACHINERY AND MECHANICAL APPLIANCES; ELECTRICAL EQUIPMENT; PARTS THEREOF; SOUND RECORDERS AND REPRODUCERS, TELEVISION IMAGE AND SOUND RECORDERS AND REPRODUCERS; AND PARTS AND ACCESSORIES OF RECORDERS AND REPRODUCERS; AND PARTS AND ACCESSORIES OF SUCH ARTICLES**	**32583.69**	**5305.28**	**15831.58**	**2577.30**
84章 核反应堆、锅炉、机器、机械器具及其零件	Nuclear reactors, boilers, machinery and mechanical appliances; parts thereof	13781.61	2244.14	2285.72	371.99
85章 电机、电气设备及其零件；录音机及放声机、电视图像、声音的录制和重放设备及其零件、附件	Electrical machinery and equipment and parts thereof; sound recorders and reproducers, television image and sound recorders and reproducers, and parts and accessories of such articles	18802.08	3061.14	13545.86	2205.31
第十七类 车辆、航空器、船舶及有关运输设备	**VEHICLES, AIRCRAFT, VESSELS AND ASSOCIATED TRANSPORT EQUIPMENT**	**2816.87**	**458.62**	**187.44**	**30.44**
86章 铁道及电车道机车、车辆及其零件；铁道及电车轨道固定装置及其零件、附件；各种机械(包括电动机械)交通信号设备	Railway or tramway locomotives, rolling-stock and parts thereof; railway or tramway track fixtures and fittings and parts thereof; mechanical(including electro-mechanical) traffic signalling equipment of all kinds	584.85	95.20	12.40	2.01
87章 车辆及其零件、附件，但铁道及电车道车辆除外	Vehicles other than railway or tramway rolling-stock, and parts and accessories thereof	708.76	115.35	86.28	14.03
88章 航空器、航天器及其零件	Aircraft, spacecraft, and parts thereof	72.27	11.76	83.90	13.60
89章 船舶及浮动结构体	Ships, boats and floating structures	1451.00	236.30	4.86	0.79
第十八类 光学、照相、电影、计量、检验、医疗或外科用仪器及设备、精密仪器及设备；钟表；乐器；上述物品的零件、附件	**OPTICAL, PHOTOGRAPHIC, CINEMATOGRAPHIC, MEASURING, CHECKING, PRECISION, MEDICAL OR SURGICAL INSTRUMENTS AND APPARATUS; CLOCKS AND WATCHES; MUSICAL INSTRUMENTS; PARTS AND ACCESSORIES THEREOF**	**2804.79**	**456.25**	**2813.29**	**458.07**
90章 光学、照相、电影、计量、检验、医疗或外科用仪器及设备、精密仪器及设备；上述物品的零件、附件	Optical, photographic, cinematographic, measuring, checking, precision medical or surgical instruments and apparatus; parts and accessories thereof	2609.85	424.91	2753.30	448.30
91章 钟表及其零件	Clocks and watches and parts thereof	161.30	25.86	55.99	9.11
92章 乐器及其零件、附件	Musical instruments; parts and accessories of such articles	33.64	5.48	4.00	0.65
第十九类 武器、弹药及其零件、附件	**ARMS AND AMMUNITION; PARTS AND ACCESSORIES THEREOF**	**0.04**	**0.01**		
93章 武器、弹药及其零件、附件	Arms and ammunition; parts and accessories thereof	0.04	0.01		
第二十类 杂项制品	**MISCELLANEOUS MANUFACTURED ARTICLES**	**1737.50**	**282.85**	**78.12**	**12.71**
94章 家具；寝具、褥垫、弹簧床垫、软坐垫及类似的填充制品；未列名灯具及照明装置；发光标志、发光名牌及类似品；活动房屋	Furniture; bedding, mattresses, mattress supports, cushions and similar stuffed furnishings; lamps and lighting fittings, not elsewhere specified or included; illuminated signs, illuminated	662.55	107.85	25.89	4.21
95章 玩具、游戏品、运动用品及其零件、附件	Toys, games and sports requisites; parts and accessories thereof	948.28	154.37	23.97	3.90
96章 杂项制品	Miscellaneous manufactured articles	126.67	20.62	28.26	4.60
第二十一类 艺术品、收藏品及古物	**WORKS OF ART, COLLECTORS' PIECES AND ANTIQUES**	**0.03**	**0.00**		
97章 艺术品、收藏品及古物	Works of art, collectors' pieces and antiques	0.03	0.00		
第二十二类 特殊交易品及未分类商品	**COMMODITIES AND TRANSACTIONS NOT CLASSIFIED ACCORDING TO KIND**	**2149.54**	**349.99**	**2242.05**	**365.07**
98章 特殊交易品及未分类商品	Commodities and transactions not classified according to kind	2149.54	349.99	2242.05	365.07

6–20 对香港地区进出口商品分类金额
Value of Exports and Imports from Hongkong by HS

单位：亿美元
Unit: USD 100 million

商品分类	HS Section and Division	2013 出口 Exports	2013 进口 Imports	2014 出口 Exports	2014 进口 Imports
总　额	**Total**	**3844.95**	**162.07**	**3631.91**	**129.03**
第一类　活动物；动物产品	**LIVE ANIMALS；ANIMAL PRODUCTS**	**28.65**	**0.01**	**32.52**	**0.02**
01章　活动物	Live animals	5.00	0.00	0.01	0.00
02章　肉及食用杂碎	Meat and edible meat offal	6.80		7.56	
03章　鱼、甲壳动物、软体动物及其他水生无脊椎动物	Fish and crustaceans molluscs and other aquatic invertebrates	14.84	0.01	17.95	0.02
04章　乳品；蛋品；天然蜂蜜；其他食用动物产品	Dairy produce；birds' eggs；natural honey；edible products of animal origin，not elsewhere specified or included	1.69	0.00	1.80	
05章　其他动物产品	Products of animal origin，not elsewhere specified or included	0.32	0.00	0.32	0.00
第二类　植物产品	**VEGETABLE PRODUCTS**	**16.69**	**0.01**	**19.93**	**0.01**
06章　活树及其他活植物；鳞茎、根及类似品；插花及装饰用簇叶	Live tree and other plants；bulbs，roots and the like；cut flowers and ornamental foliage	0.22		0.11	
07章　食用蔬菜、根及块茎	Edible vegetables and certain roots and tubers	6.61		8.48	0.00
08章　食用水果及坚果；甜瓜或柑桔属水果的果皮	Edible fruit and nuts；peel of citrus fruit or melons	1.59	0.00	2.88	0.00
09章　咖啡、茶、马黛茶及调味香料	Coffee，tea，mate and spices	0.98	0.00	1.42	0.01
10章　谷物	Cereals	0.22		0.21	
11章　制粉工业产品；麦芽；淀粉；菊粉；面筋	Products of the milling industry；malt；starches；inulin；wheat gluten	0.85		0.81	
12章　含油子仁及果实；杂项子仁及果实；工业用或药用植物；稻草、秸秆及饲料	Oil seeds and oleaginous fruits；miscellaneous grains，seeds and fruit；industrial or medicinal plants；straw and fodder	5.72	0.00	5.47	0.00
13章　虫胶；树胶、树脂及其他植物液、汁	Lac；gums，resins and other vegetable saps and extracts	0.41	0.00	0.41	0.00
14章　编结用植物材料；其他植物产品	Vegetable plaiting materials；vegetable products not elsewhere specified or included	0.09		0.13	0.00
第三类　动、植物油、脂及其分解产品；精制的食用油脂；动、植物蜡	**ANIMAL OR VEGETABLE FATS AND OILS AND THEIR CLEAVAGE PRODUCTS；PREPARED EDIBLE FATS；ANIMAL OR VEGETABLE WAXES**	**0.63**	**0.03**	**0.68**	**0.02**
15章　动、植物油、脂及其分解产品；精制的食用油脂；动、植物蜡	Animal or vegetable fats and oils and their cleavage products；prepared edible fats；animal or vegetable waxes	0.63	0.03	0.68	0.02
第四类　食品；饮料、酒及醋；烟草、烟草及烟草代用品的制品	**PREPARED FOODSTUFFS；BEVERAGES, SPIRITS AND VINEGAR；TOBACCO AND MANUFACTURED TOBACCO SUBSTITUTES**	**30.52**	**1.44**	**32.88**	**2.38**
16章　肉、鱼、甲壳动物、软体动物及其他水生无脊椎动物的制品	Preparations of meat，of fish or of crustaceans，molluscs or other aquatic invertebrates	11.14		10.80	
17章　糖及糖食	Sugars and sugar confectionery	0.51	0.09	0.51	0.05
18章　可可及可可制品	Cocoa and cocoa preparations	0.73	0.01	0.77	0.01
19章　谷物、粮食粉、淀粉或乳的制品；糕饼点心	Preparations of cereals，flour，starch or milk；pastry-cooks' products	3.11	0.78	3.29	0.91

单位：亿美元
Unit: USD100 million

商品分类	HS Section and Division	2013 出口 Exports	2013 进口 Imports	2014 出口 Exports	2014 进口 Imports
20章 蔬菜、水果、坚果或植物其他部分的制品	Preparations of vegetables, fruit, nuts or other parts of plants	1.64	0.04	1.70	0.05
21章 杂项食品	Miscellaneous edible preparations	2.97	0.14	3.52	0.29
22章 饮料、酒及醋	Beverages, spirits and vinegar	7.87	0.07	9.54	0.22
23章 食品工业的残渣及废料；配制的动物饲料	Residues and waste from the food industries; prepared animal fodder	0.19	0.00	0.12	0.00
24章 烟草及烟草代用品的制品	Tobacco and manufactured tobacco substitutes	2.36	0.31	2.64	0.85
第五类 矿产品	**MINERAL PRODUCTS**	**74.57**	**4.31**	**77.67**	**2.05**
25章 盐；硫磺；泥土及石料；石膏料、石灰及水泥	Salt; sulphur; earths and stone; plastering materials, lime and cement	1.54	0.03	2.40	0.00
26章 矿砂、矿渣及矿灰	Ores, slag and ash	0.32		0.12	
27章 矿物燃料、矿物油及其蒸馏产品；沥青物质；矿物蜡	Mineral fuels, mineral oils and products of their distillation; bituminous substances; mineral waxes	72.71	4.28	75.15	2.05
第六类 化学工业及其相关工业的产品	**PRODUCTS OF THE CHEMICAL OR INDUSTRIES ALLIED**	**27.27**	**5.39**	**28.51**	**6.98**
28章 无机化学品；贵金属、稀土金属、放射性元素及其同位素的有机及无机化合物	Inorganic chemicals; organic or inorganic compounds of precious metals, of rare- earth metals, of radioactive elements or of isotopes	3.90	0.58	4.75	0.69
29章 有机化学品	Organic chemicals	4.19	0.05	3.88	0.04
30章 药品	Pharmaceutical products	2.57	3.05	2.89	4.29
31章 肥料	Fertilizers	0.02	0.00	0.01	
32章 鞣料浸膏及染料浸膏；鞣酸及其衍生物；染料、颜料及其他着色料；油漆及清漆；油灰及其他类似胶粘剂；墨水、油墨	Tanning or dyeing extracts; tannins and their derivatives; dyes, pigments and other colouring matter; paints and varnishes; putty and other mastics; inks	2.64	0.13	2.50	0.11
33章 精油及香膏；芳香料制品及化妆盥洗品	Essential oils and retinoid; perfumery, cosmetic or toilet preparations	3.46	0.68	3.52	0.68
34章 肥皂、有机表面活性剂、洗涤剂、润滑剂、人造蜡、调制蜡、光洁剂、蜡烛及类似品、塑型用膏、“牙科用蜡”及牙科用熟石膏制剂	Soap, organic surface-active agents, washing preparations, lubricating preparations, artificial waxes, prepared waxes, polishing or scouring preparations, candles and similar articles, modelling pastes, “dental waxes” and dental preparations with a basis of plast	2.21	0.26	2.25	0.27
35章 蛋白类物质；改性淀粉；胶；酶	Albuminoidal substances; modified starches; glues; enzymes	2.43	0.04	2.52	0.05
36章 炸药；烟火制品；火柴；引火合金；易燃材料制品	Explosives; pyrotechnic products; matches; pyrophoric alloys; certain combustible preparations	0.03	0.00	0.03	0.00
37章 照相及电影用品	Photographic or cinematographic goods	1.92	0.04	1.59	0.03
38章 杂项化学产品	Miscellaneous chemical products	3.89	0.57	4.56	0.82
第七类 塑料及其制品，橡胶及其制品	**PLASTICS AND ARTICLES THEREOF RUBBER AND ARTICLES THEREOF**	**57.23**	**13.90**	**54.57**	**15.33**
39章 塑料及其制品	Plastics and articles thereof	54.17	13.75	51.02	15.17
40章 橡胶及其制品	Rubber and articles thereof	3.06	0.15	3.55	0.16
第八类 生皮、皮革、毛皮及其制品；鞍具及挽具；旅行用品、手提包及类似品；动物肠线(蚕胶丝除外)制品	**RAW HIDES AND SKINS, LEATHER, FUR SKINS AND ARTICLES THEREOF; SADDLERY AND HARNESS; TRAVEL GOODS, HANDBAGS AND SIMILAR CONTAINERS; ARTICLES OF ANIMAL GUT(OTHER THAN SILK-WORM GUT)**	**35.03**	**0.91**	**30.01**	**1.85**
41章 生皮(毛皮除外)及皮革	Raw hides and skins(other than fur skins) and leather	2.34	0.09	2.49	0.25

6-20 续表 2 Continued 2

单位：亿美元

Unit: USD100 million

商品分类	HS Section and Division	2013		2014	
		出口 Exports	进口 Imports	出口 Exports	进口 Imports
42章 皮革制品；鞍具及挽具；旅行用品、手提包及类似容器；动物肠线(蚕胶丝除外)制品	Articles of leather；saddlery and harness；travel goods，hand bags and similar containers；articles of animal gut (other than silk-worm gut)	25.99	0.06	22.05	0.04
43章 毛皮、人造毛皮及其制品	Fur skins and artificial fur；manufactures thereof	6.70	0.77	5.47	1.57
第九类 木及木制品；木炭；软木及软木制品；稻草，秸秆、针茅或其他编结材料制品；篮筐及柳条编结品	**WOOD AND ARTICLES OF WOOD；WOOD CHAR-COAL；CORK AND ARTICLES OF CORK；MANUFACTURES OF STRAW，OF ESPARTO OR OF OTHER PLAITING MATERIALS；BASKET WARE AND WICKERWORK**	**2.68**	**0.01**	**3.14**	**0.01**
44章 木及木制品；木炭	Wood and articles of wood；wood charcoal	2.56	0.01	3.03	0.01
45章 软木及软木制品	Cork and articles of cork	0.00		0.00	
46章 稻草、秸秆、针茅或其他编结材料制品；篮筐及柳条编结品	Manufactures of straw，of esparto or of other plaiting Materials；basket ware and wickerwork	0.12	0.00	0.10	0.00
第十类 木浆及其他纤维状纤维素浆；纸及纸板的废碎品；纸、纸板及其制品	**PULP OF WOOD OR OF OTHER FIBROUS CELLULOSIC MATERIAL；WASTE AND SCRAP OF PAPER OR PAPERBOARD；PAPER AND PAPERBOARD AND ARTICLES THEREOF**	**22.55**	**3.29**	**22.89**	**3.02**
47章 木浆及其他纤维状纤维素浆；纸及纸板的废碎品	Pulp of wood or of other fibrous cellulosic material；waste and scrap of paper or paperboard	0.01	2.15	0.01	1.80
48章 纸及纸板；纸浆、纸或纸板制品	Paper and paperboard；articles of paper pulp，of paper or paperboard	14.76	0.50	15.02	0.44
49章 书籍、报纸、印刷图画及其他印制品；手稿、打字稿及设计图纸	Printed books，newspapers，pictures and other products of the printing industry；manuscripts，typescripts and plans	7.78	0.63	7.86	0.77
第十一类 纺织原料及纺织制品	**TEXTILES AND TEXTILE ARTICLES**	**190.62**	**4.52**	**159.77**	**3.35**
50章 蚕丝	Silk	1.00	0.04	0.94	0.02
51章 羊毛、动物细毛或粗毛；马毛纱线及其机织物	Wool，fine or coarse animal hair；horsehair yarn and woven fabric	5.13	0.03	4.52	0.31
52章 棉花	Cotton	28.13	1.25	20.30	0.66
53章 其他植物纺织纤维；纸纱线及其机织物	Other vegetable textile fibres；paper yarn and woven fabrics of paper yarn	3.37	0.01	4.43	0.01
54章 化学纤维长丝	Man-made filaments	5.45	0.20	4.37	0.17
55章 化学纤维短纤	Man-made short fibres	5.32	0.12	4.38	0.09
56章 絮胎、毡呢及无纺织物；特种纱线；线、绳、索、缆及其制品	Wadding，felt and nonwoven；special yarns；twine，cordage，ropes and cables and articles thereof	2.06	0.12	2.05	0.10
57章 地毯及纺织材料的其他铺地制品	Carpets and other textile floor coverings	0.82	0.00	0.70	0.00
58章 特种机织物；簇绒织物；花边；装饰毯；装饰带；刺绣品	Special woven fabrics；tufted textile fabrics；lace；tapestries；trimmings；embroidery	6.17	0.35	5.42	0.28
59章 浸渍、涂布、包覆或层压的纺织物；工业用纺织制品	Impregnated，coated，covered or laminated textile fabrics；textile articles of a kind suitable for industrial use	5.86	0.17	4.73	0.16
60章 针织物及钩编织物	Knitted or crocheted fabrics	19.99	1.04	19.95	0.51
61章 针织或钩编的服装及衣着附件	Articles of apparel and clothing accessories，knitted or crocheted	71.21	0.38	51.94	0.27
62章 非针织或非钩编的服装及衣着附件	Articles of apparel and clothing accessories，not knitted or crocheted	30.36	0.78	31.68	0.75

6-20 续表 3 Continued 3

单位：亿美元
Unit: USD100 million

商品分类	HS Section and Division	2013 出口 Exports	2013 进口 Imports	2014 出口 Exports	2014 进口 Imports
63章 其他纺织制成品；成套物品；旧衣着及旧纺织品；碎织物	Other made up textile articles；sets；worn clothing and worn textile articles；rags articles；rags	5.74	0.02	4.38	0.02
第十二类 鞋、帽、伞、杖、鞭及其零件；已加工的羽毛及其制品；人造花；人发制品	**FOOTWEAR，HEADGEAR，UMBRELLAS，SUN UMBRELLAS，WALKING-STICKS，SEAT-STICKS，WHIPS，RIDING-CROPS AND PARTS THEREOF；PREPARED FEATHERS AND ARTICLES MADE THEREWITH；ARTIFICIAL FLOWERS；ARTICLES OF HUMAN HAIR**	**23.44**	**0.15**	**23.04**	**0.12**
64章 鞋靴、护腿和类似品及其零件	Footwear，gaiters and the like；parts of such articles	18.08	0.14	18.06	0.11
65章 帽类及其零件	Headgear and parts thereof	1.53	0.00	1.63	0.00
66章 雨伞、阳伞、手杖、鞭子、马鞭及其零件	Umbrellas，sun umbrellas，walking-sticks，seat-sticks，whips，riding-crops and parts thereof	1.37	0.00	1.30	0.00
67章 已加工羽毛、羽绒及其制品；人造花；人发制品	Prepared feathers and down and articles made of feathers or of down；artificial flowers；articles of human hair	2.46	0.00	2.05	0.01
第十三类 石料、石膏、水泥、石棉、云母及类似材料的制品；陶瓷产品；玻璃及其制品	**ARTICLES OF STONE，PLASTER，CEMENT，ASBESTOS，MICA OR SIMILAR MATERIALS；CERAMIC PRODUCTS；GLASS AND GLASSWARE**	**23.67**	**0.14**	**25.02**	**0.18**
68章 石料、石膏、水泥、石棉、云母及类似材料的制品	Articles of stone，plaster，cement，asbestos，mica or similar materials；ceramic products；glass and glassware	5.44	0.01	5.39	0.00
69章 陶瓷产品	Ceramic products	4.57	0.01	4.21	0.01
70章 玻璃及其制品	Glass and glassware	13.66	0.13	15.42	0.16
第十四类 天然或养殖珍珠、宝石或半宝石、贵金属、包贵金属及其制品；仿首饰；硬币	**NATURAL OR CULTURED PEARLS，PRECIOUS OR SEMI-PRECIOUS STONES，PRECIOUS METALS，METALS CLAD WITH PRECIOUS METAL AND STONES，PRECIOUS METALS，METALS CLAD WITH PRECIOUS METAL AND ARTICLES THEREOF；IMITATION JEWELLERY；COIN**	**428.65**	**4.75**	**537.86**	**12.02**
71章 天然或养殖珍珠、宝石或半宝石、贵金属、包贵金属及其制品；仿首饰；硬币	Natural or cultured pearls，precious or semi-precious stones，precious metals，metals clad with precious metal and articles thereof；imitation jewellery；coin	428.65	4.75	537.86	12.02
第十五类 贱金属及其制品	**BASE METALS AND ARTICLES OF BASE METAL**	**60.52**	**23.47**	**64.19**	**22.13**
72章 钢铁	Iron and steel	10.92	0.90	12.26	0.33
73章 钢铁制品	Articles of iron or steel	16.33	0.15	16.01	0.15
74章 铜及其制品	Copper and articles thereof	9.90	14.50	8.18	14.92
75章 镍及其制品	Nickel and articles thereof	1.53	0.00	4.32	0.00
76章 铝及其制品	Aluminium and articles thereof	10.61	7.63	11.38	6.46
78章 铅及其制品	Lead and articles thereof	0.01	0.00	0.01	0.00
79章 锌及其制品	Zinc and articles thereof	0.22	0.04	0.22	0.07
80章 锡及其制品	Tin and articles thereof	0.06	0.07	0.05	0.08
81章 其他贱金属、金属陶瓷及其制品	Other base metals；cermets；articles thereof	0.86	0.02	1.15	0.01
82章 贱金属工具、器具、利口器、餐匙、餐叉及其零件	Tools，implements，cutlery，spoons and forks，of base metal；parts thereof of base metal	3.71	0.03	3.85	0.04
83章 贱金属杂项制品	Miscellaneous articles of base metal	6.36	0.13	6.76	0.08

6-20 续表 4 Continued 4

单位：亿美元

Unit: USD100 million

商品分类	HS Section and Division	2013 出口 Exports	2013 进口 Imports	2014 出口 Exports	2014 进口 Imports
第十六类 机器、机械器具、电气设备及其零件；录音机及放声机、电视图像、声音的录制和重放设备及其零件、附件	**MACHINERY AND MECHANICAL APPLIANCES; ELECTRICAL EQUIPMENT; PARTS THEREOF; SOUND RECORDERS AND REPRODUCERS, TELEVISION IMAGE AND SOUND RECORDERS AND REPRODUCERS; AND PARTS AND ACCESSORIES OF RECORDERS AND REPRODUCERS; AND PARTS AND ACCESSORIES OF SUCH ARTICLES**	**2397.85**	**21.14**	**2109.63**	**20.22**
84章 核反应堆、锅炉、机器、机械器具及其零件	Nuclear reactors, boilers, machinery and mechanical appliances; parts thereof	538.44	4.49	530.56	4.82
85章 电机、电气设备及其零件；录音机及放声机、电视图像、声音的录制和重放设备及其零件、附件	Electrical machinery and equipment and parts thereof; sound recorders and reproducers, television image and sound recorders and reproducers, and parts and accessories of such articles	1859.41	16.65	1579.07	15.40
第十七类 车辆、航空器、船舶及有关运输设备	**VEHICLES, AIRCRAFT, VESSELS AND ASSOCIATED TRANSPORT EQUIPMENT**	**96.02**	**0.11**	**104.12**	**0.14**
86章 铁道及电车道机车、车辆及其零件；铁道及电车轨道固定装置及其零件、附件；各种机械(包括电动机械)交通信号设备	Railway or tramway locomotives, rolling-stock and parts thereof; railway or tramway track fixtures and fittings and parts thereof; mechanical(including electro-mechanical) traffic signalling equipment of all kinds	16.19	0.01	21.57	0.05
87章 车辆及其零件、附件，但铁道及电车道车辆除外	Vehicles other than railway or tramway rolling-stock, and parts and accessories thereof	6.75	0.04	7.18	0.04
88章 航空器、航天器及其零件	Aircraft, spacecraft, and parts thereof	1.98	0.01	3.04	0.01
89章 船舶及浮动结构体	Ships, boats and floating structures	71.11	0.05	72.32	0.04
第十八类 光学、照相、电影、计量、检验、医疗或外科用仪器及设备、精密仪器及设备；钟表；乐器；上述物品的零件、附件	**OPTICAL, PHOTOGRAPHIC, CINEMATOGRAPHIC, MEASURING, CHECKING, PRECISION, MEDICAL OR SURGICAL INSTRUMENTS AND APPARATUS; CLOCKS AND WATCHES; MUSICAL INSTRUMENTS; PARTS AND ACCESSORIES THEREOF**	**255.16**	**2.30**	**222.95**	**1.85**
90章 光学、照相、电影、计量、检验、医疗或外科用仪器及设备、精密仪器及设备；上述物品的零件、附件	Optical, photographic, cinematographic, measuring, checking, precision medical or surgical instruments and apparatus; parts and accessories thereof	228.46	1.76	197.77	1.50
91章 钟表及其零件	Clocks and watches and parts thereof	26.01	0.54	24.58	0.35
92章 乐器及其零件、附件	Musical instruments; parts and accessories of such articles	0.69	0.00	0.61	0.00
第十九类 武器、弹药及其零件、附件	**ARMS AND AMMUNITION; PARTS AND ACCESSORIES THEREOF**	**0.10**		**0.15**	
93章 武器、弹药及其零件、附件	Arms and ammunition; parts and accessories thereof	0.10		0.15	
第二十类 杂项制品	**MISCELLANEOUS MANUFACTURED ARTICLES**	**57.49**	**0.52**	**59.63**	**0.50**
94章 家具；寝具、褥垫、弹簧床垫、软坐垫及类似的填充制品；未列名灯具及照明装置；发光标志、发光名牌及类似品；活动房屋	Furniture; bedding, mattresses, mattress supports, cushions and similar stuffed furnishings; lamps and lighting fittings, not elsewhere specified or included; illuminated signs, illuminated	26.94	0.06	26.08	0.10
95章 玩具、游戏品、运动用品及其零件、附件	Toys, games and sports requisites; parts and accessories thereof	21.65	0.03	26.07	0.04
96章 杂项制品	Miscellaneous manufactured articles	8.90	0.43	7.48	0.37
第二十一类 艺术品、收藏品及古物	**WORKS OF ART, COLLECTORS' PIECES AND ANTIQUES**	**1.91**	**0.46**	**2.24**	**1.24**
97章 艺术品、收藏品及古物	Works of art, collectors' pieces and antiques	1.91	0.46	2.24	1.24
第二十二类 特殊交易品及未分类商品	**COMMODITIES AND TRANSACTIONS NOT CLASSIFIED ACCORDING TO KIND**	**13.69**	**75.19**	**20.52**	**35.60**
98章 特殊交易品及未分类商品	Commodities and transactions not classified according to kind	13.69	75.19	20.52	35.60

6-21 对台湾地区进出口商品分类金额

Value of Exports and Imports from Taiwan Province by HS

单位：亿美元

Unit: USD100 million

商品分类	HS Section and Division	2013		2014	
		出口 Exports	进口 Imports	出口 Exports	进口 Imports
总　　额	**Total**	**406.34**	**1564.05**	**462.85**	**1520.30**
第一类　活动物；动物产品	**LIVE ANIMALS；ANIMAL PRODUCTS**	**11.51**	**1.70**	**11.62**	**1.96**
01章　活动物	Live animals	0.00	0.01	0.00	0.01
02章　肉及食用杂碎	Meat and edible meat offal		0.00		
03章　鱼、甲壳动物、软体动物及其他水生无脊椎动物	Fish and crustaceans molluscs and other aquatic invertebrates	7.80	1.31	9.08	1.60
04章　乳品；蛋品；天然蜂蜜；其他食用动物产品	Dairy produce；birds' eggs；natural honey；edible products of animal origin，not elsewhere specified or included	0.00	0.09	0.00	0.08
05章　其他动物产品	Products of animal origin，not elsewhere specified or included	3.70	0.28	2.54	0.27
第二类　植物产品	**VEGETABLE PRODUCTS**	**2.81**	**0.80**	**2.89**	**0.85**
06章　活树及其他活植物；鳞茎、根及类似品；插花及装饰用簇叶	Live tree and other plants；bulbs，roots and the like; cut flowers and ornamental foliage	0.01	0.08	0.01	0.04
07章　食用蔬菜、根及块茎	Edible vegetables and certain roots and tubers	0.67	0.01	0.52	0.02
08章　食用水果及坚果；甜瓜或柑桔属水果的果皮	Edible fruit and nuts；peel of citrus fruit or melons	0.26	0.48	0.30	0.56
09章　咖啡、茶、马黛茶及调味香料	Coffee，tea，mate and spices	0.31	0.15	0.26	0.14
10章　谷物	Cereals	0.06	0.01	0.04	0.02
11章　制粉工业产品；麦芽；淀粉；菊粉；面筋	Products of the milling industry；malt；starches；inulin；wheat gluten	0.08	0.01	0.08	0.00
12章　含油子仁及果实；杂项子仁及果实；工业用或药用植物；稻草、秸秆及饲料	Oil seeds and oleaginous fruits；miscellaneous grains，seeds and fruit；industrial or medicinal plants；straw and fodder	1.19	0.02	1.46	0.03
13章　虫胶；树胶、树脂及其他植物液、汁	Lac；gums，resins and other vegetable saps and extracts	0.17	0.01	0.17	0.02
14章　编结用植物材料；其他植物产品	Vegetable plaiting materials；vegetable products not elsewhere specified or included	0.07	0.03	0.06	0.02
第三类　动、植物油、脂及其分解产品；精制的食用油脂；动、植物蜡	**ANIMAL OR VEGETABLE FATS AND OILS AND THEIR CLEAVAGE PRODUCTS；PREPARED EDIBLE FATS；ANIMAL OR VEGETABLE WAXES**	**0.03**	**0.22**	**0.06**	**0.12**
15章　动、植物油、脂及其分解产品；精制的食用油脂；动、植物蜡	Animal or vegetable fats and oils and their cleavage products；prepared edible fats；animal or vegetable waxes	0.03	0.22	0.06	0.12
第四类　食品；饮料、酒及醋；烟草、烟草及烟草代用品的制品	**PREPARED FOODSTUFFS；BEVERAGES, SPIRITS AND VINEGAR；TOBACCO AND MANUFACTURED TOBACCO SUBSTITUTES**	**6.32**	**2.73**	**8.24**	**3.01**
16章　肉、鱼、甲壳动物、软体动物及其他水生无脊椎动物的制品	Preparations of meat，of fish or of crustaceans，molluscs or other aquatic invertebrates	3.64	0.05	5.34	0.05
17章　糖及糖食	Sugars and sugar confectionery	0.16	0.14	0.13	0.15
18章　可可及可可制品	Cocoa and cocoa preparations	0.09	0.02	0.10	0.01
19章　谷物、粮食粉、淀粉或乳的制品；糕饼点心	Preparations of cereals，flour，starch or milk；pastry-cooks' products	0.08	0.85	0.10	0.94

单位：亿美元
Unit: USD100 million

商品分类	HS Section and Division	2013 出口 Exports	2013 进口 Imports	2014 出口 Exports	2014 进口 Imports
20章 蔬菜、水果、坚果或植物其他部分的制品	Preparations of vegetables, fruit, nuts or other parts of plants	1.41	0.09	1.54	0.12
21章 杂项食品	Miscellaneous edible preparations	0.31	0.79	0.29	0.88
22章 饮料、酒及醋	Beverages, spirits and vinegar	0.32	0.69	0.32	0.64
23章 食品工业的残渣及废料；配制的动物饲料	Residues and waste from the food industries; prepared animal fodder	0.24	0.09	0.29	0.07
24章 烟草及烟草代用品的制品	Tobacco and manufactured tobacco substitutes	0.07	0.03	0.12	0.14
第五类 矿产品	**MINERAL PRODUCTS**	**4.97**	**10.29**	**4.12**	**13.90**
25章 盐；硫磺；泥土及石料；石膏料、石灰及水泥	Salt; sulphur; earths and stone; plastering materials, lime and cement	1.68	0.41	1.82	0.55
26章 矿砂、矿渣及矿灰	Ores, slag and ash	0.14	0.65	0.12	1.33
27章 矿物燃料、矿物油及其蒸馏产品；沥青物质；矿物蜡	Mineral fuels, mineral oils and products of their distillation; bituminous substances; mineral waxes	3.15	9.23	2.18	12.02
第六类 化学工业及其相关工业的产品	**PRODUCTS OF THE CHEMICAL OR INDUSTRIES ALLIED**	**43.33**	**117.21**	**47.92**	**109.66**
28章 无机化学品；贵金属、稀土金属、放射性元素及其同位素的有机及无机化合物	Inorganic chemicals; organic or inorganic compounds of precious metals, of rare- earth metals, of radioactive elements or of isotopes	6.78	4.39	6.52	5.33
29章 有机化学品	Organic chemicals	14.47	84.73	14.52	75.61
30章 药品	Pharmaceutical products	0.28	1.34	0.26	1.41
31章 肥料	Fertilizers	0.79	0.01	0.83	0.01
32章 鞣料浸膏及染料浸膏；鞣酸及其衍生物；染料、颜料及其他着色料；油漆及清漆；油灰及其他类似胶粘剂；墨水、油墨	Tanning or dyeing extracts; tannins and their derivatives; dyes, pigments and other colouring matter; paints and varnishes; putty and other mastics; inks	2.70	4.47	3.22	4.80
33章 精油及香膏；芳香料制品及化妆盥洗品	Essential oils and retinoid; perfumery, cosmetic or toilet preparations	1.20	0.58	1.26	0.74
34章 肥皂、有机表面活性剂、洗涤剂、润滑剂、人造蜡、调制蜡、光洁剂、蜡烛及类似品、塑型用膏、"牙科用蜡"及牙科用熟石膏制剂	Soap, organic surface-active agents, washing preparations, lubricating preparations, artificial waxes, prepared waxes, polishing or scouring preparations, candles and similar articles, modelling pastes, "dental waxes" and dental preparations with a basis of plast	0.84	1.59	0.94	1.89
35章 蛋白类物质；改性淀粉；胶；酶	Albuminoidal substances; modified starches; glues; enzymes	0.87	2.30	0.94	2.27
36章 炸药；烟火制品；火柴；引火合金；易燃材料制品	Explosives; pyrotechnic products; matches; pyrophoric alloys; certain combustible preparations	0.25	0.00	0.25	0.00
37章 照相及电影用品	Photographic or cinematographic goods	0.95	1.84	0.81	1.62
38章 杂项化学产品	Miscellaneous chemical products	14.21	15.96	18.37	15.96
第七类 塑料及其制品，橡胶及其制品	**PLASTICS AND ARTICLES THEREOF RUBBER AND ARTICLES THEREOF**	**11.04**	**109.62**	**13.04**	**104.48**
39章 塑料及其制品	Plastics and articles thereof	9.35	105.81	11.07	100.52
40章 橡胶及其制品	Rubber and articles thereof	1.69	3.82	1.96	3.96
第八类 生皮、皮革、毛皮及其制品；鞍具及挽具；旅行用品、手提包及类似品；动物肠线（蚕胶丝除外）制品	**RAW HIDES AND SKINS, LEATHER, FUR SKINS AND ARTICLES THEREOF; SADDLERY AND HARNESS; TRAVEL GOODS, HANDBAGS AND SIMILAR CONTAINERS; ARTICLES OF ANIMAL GUT(OTHER THAN SILK-WORM GUT)**	**1.86**	**3.27**	**2.15**	**3.15**
41章 生皮(毛皮除外)及皮革	Raw hides and skins(other than fur skins) and leather	0.05	3.17	0.10	3.04

6-21 续表 2 Continued 2

单位：亿美元
Unit: USD100 million

商品分类	HS Section and Division	2013 出口 Exports	2013 进口 Imports	2014 出口 Exports	2014 进口 Imports
42章 皮革制品；鞍具及挽具；旅行用品、手提包及类似容器；动物肠线(蚕胶丝除外)制品	Articles of leather；saddlery and harness；travel goods，hand bags and similar containers；articles of animal gut (other than silk-worm gut)	1.77	0.09	2.03	0.11
43章 毛皮、人造毛皮及其制品	Fur skins and artificial fur；manufactures thereof	0.03	0.00	0.02	0.00
第九类 木及木制品；木炭；软木及软木制品；稻草，秸秆、针茅或其他编结材料制品；篮筐及柳条编结品	**WOOD AND ARTICLES OF WOOD；WOOD CHAR-COAL；CORK AND ARTICLES OF CORK；MANUFACTURES OF STRAW，OF ESPARTO OR OF OTHER PLAITING MATERIALS；BASKET WARE AND WICKERWORK**	**2.43**	**0.27**	**2.85**	**0.31**
44章 木及木制品；木炭	Wood and articles of wood；wood charcoal	2.25	0.24	2.66	0.28
45章 软木及软木制品	Cork and articles of cork	0.00	0.00	0.00	0.00
46章 稻草、秸秆、针茅或其他编结材料制品；篮筐及柳条编结品	Manufactures of straw，of esparto or of other plaiting Materials；basket ware and wickerwork	0.17	0.03	0.19	0.03
第十类 木浆及其他纤维状纤维素浆；纸及纸板的废碎品；纸、纸板及其制品	**PULP OF WOOD OR OF OTHER FIBROUS CELLULOSIC MATERIAL；WASTE AND SCRAP OF PAPER OR PAPERBOARD；PAPER AND PAPERBOARD AND ARTICLES THEREOF**	**3.95**	**4.66**	**4.34**	**4.34**
47章 木浆及其他纤维状纤维素浆；纸及纸板的废碎品	Pulp of wood or of other fibrous cellulosic material；waste and scrap of paper or paperboard	0.01	0.29	0.02	0.27
48章 纸及纸板；纸浆、纸或纸板制品	Paper and paperboard；articles of paper pulp，of paper or paperboard	3.73	3.23	4.11	3.10
49章 书籍、报纸、印刷图画及其他印制品；手稿、打字稿及设计图纸	Printed books，newspapers，pictures and other products of the printing industry；manuscripts，typescripts and plans	0.22	1.14	0.21	0.96
第十一类 纺织原料及纺织制品	**TEXTILES AND TEXTILE ARTICLES**	**12.11**	**31.28**	**14.66**	**29.55**
50章 蚕丝	Silk	0.02	0.00	0.02	0.00
51章 羊毛、动物细毛或粗毛；马毛纱线及其机织物	Wool，fine or coarse animal hair；horsehair yarn and woven fabric	0.14	0.06	0.18	0.05
52章 棉花	Cotton	0.53	4.29	0.39	3.59
53章 其他植物纺织纤维；纸纱线及其机织物	Other vegetable textile fibres；paper yarn and woven fabrics of paper yarn	0.02	0.01	0.03	0.01
54章 化学纤维长丝	Man-made filaments	0.99	11.09	1.19	10.56
55章 化学纤维短纤	Man-made short fibres	0.69	2.91	0.81	2.74
56章 絮胎、毡呢及无纺织物；特种纱线；线、绳、索、缆及其制品	Wadding，felt and nonwoven；special yarns；twine，cordage，ropes and cables and articles thereof	0.62	1.35	0.73	1.47
57章 地毯及纺织材料的其他铺地制品	Carpets and other textile floor coverings	0.30	0.01	0.34	0.01
58章 特种机织物；簇绒织物；花边；装饰毯；装饰带；刺绣品	Special woven fabrics；tufted textile fabrics；lace；tapestries；trimmings；embroidery	0.19	1.14	0.25	1.12
59章 浸渍、涂布、包覆或层压的纺织物；工业用纺织制品	Impregnated，coated，covered or laminated textile fabrics；textile articles of a kind suitable for industrial use	0.58	3.74	0.68	3.81
60章 针织物及钩编织物	Knitted or crocheted fabrics	0.05	6.00	0.09	5.58
61章 针织或钩编的服装及衣着附件	Articles of apparel and clothing accessories，knitted or crocheted	3.56	0.25	4.10	0.21
62章 非针织或非钩编的服装及衣着附件	Articles of apparel and clothing accessories，not knitted or crocheted	2.98	0.12	4.20	0.13

6-21 续表 3 Continued 3

单位：亿美元

Unit: USD100 million

商品分类	HS Section and Division	2013 出口 Exports	2013 进口 Imports	2014 出口 Exports	2014 进口 Imports
63章 其他纺织制成品；成套物品；旧衣着及旧纺织品；碎织物	Other made up textile articles；sets；worn clothing and worn textile articles；rags articles；rags	1.44	0.32	1.68	0.27
第十二类 鞋、帽、伞、杖、鞭及其零件；已加工的羽毛及其制品；人造花；人发制品	**FOOTWEAR，HEADGEAR，UMBRELLAS，SUN UMBRELLAS，WALKING-STICKS，SEAT-STICKS，WHIPS，RIDING-CROPS AND PARTS THEREOF；PREPARED FEATHERS AND ARTICLES MADE THEREWITH；ARTIFICIAL FLOWERS；ARTICLES OF HUMAN HAIR**	**2.78**	**0.51**	**3.11**	**0.49**
64章 鞋靴、护腿和类似品及其零件	Footwear，gaiters and the like；parts of such articles	1.93	0.37	2.35	0.33
65章 帽类及其零件	Headgear and parts thereof	0.12	0.03	0.19	0.04
66章 雨伞、阳伞、手杖、鞭子、马鞭及其零件	Umbrellas，sun umbrellas，walking-sticks，seat-sticks，whips，riding-crops and parts thereof	0.45	0.10	0.44	0.11
67章 已加工羽毛、羽绒及其制品；人造花；人发制品	Prepared feathers and down and articles made of feathers or of down；artificial flowers；articles of human hair	0.28	0.01	0.13	0.01
第十三类 石料、石膏、水泥、石棉、云母及类似材料的制品；陶瓷产品；玻璃及其制品	**ARTICLES OF STONE，PLASTER，CEMENT，ASBESTOS，MICA OR SIMILAR MATERIALS；CERAMIC PRODUCTS；GLASS AND GLASSWARE**	**5.85**	**20.20**	**7.26**	**16.04**
68章 石料、石膏、水泥、石棉、云母及类似材料的制品	Articles of stone，plaster，cement，asbestos，mica or similar materials；ceramic products；glass and glassware	2.13	0.97	2.36	1.71
69章 陶瓷产品	Ceramic products	1.52	0.32	1.98	0.40
70章 玻璃及其制品	Glass and glassware	2.20	18.91	2.92	13.93
第十四类 天然或养殖珍珠、宝石或半宝石、贵金属、包贵金属及其制品；仿首饰；硬币	**NATURAL OR CULTURED PEARLS，PRECIOUS OR SEMI-PRECIOUS STONES，PRECIOUS METALS，METALS CLAD WITH PRECIOUS METAL AND STONES，PRECIOUS METALS，METALS CLAD WITH PRECIOUS METAL AND ARTICLES THEREOF；IMITATION JEWELLERY；COIN**	**1.62**	**1.87**	**1.49**	**2.01**
71章 天然或养殖珍珠、宝石或半宝石、贵金属、包贵金属及其制品；仿首饰；硬币	Natural or cultured pearls，precious or semi-precious stones，precious metals，metals clad with precious metal and articles thereof；imitation jewellery；coin	1.62	1.87	1.49	2.01
第十五类 贱金属及其制品	**BASE METALS AND ARTICLES OF BASE METAL**	**41.04**	**59.05**	**53.90**	**58.07**
72章 钢铁	Iron and steel	20.92	18.81	29.56	18.42
73章 钢铁制品	Articles of iron or steel	5.22	5.00	5.54	5.28
74章 铜及其制品	Copper and articles thereof	7.59	24.78	9.05	23.86
75章 镍及其制品	Nickel and articles thereof	0.24	0.52	0.98	0.65
76章 铝及其制品	Aluminium and articles thereof	2.50	3.97	2.67	3.47
78章 铅及其制品	Lead and articles thereof	0.38	0.02	0.37	0.01
79章 锌及其制品	Zinc and articles thereof	0.03	0.16	0.69	0.16
80章 锡及其制品	Tin and articles thereof	0.07	0.45	0.20	0.49
81章 其他贱金属、金属陶瓷及其制品	Other base metals；cermets；articles thereof	1.20	0.43	1.55	0.47
82章 贱金属工具、器具、利口器、餐匙、餐叉及其零件	Tools，implements，cutlery，spoons and forks，of base metal；parts thereof of base metal	1.78	3.30	1.99	3.49
83章 贱金属杂项制品	Miscellaneous articles of base metal	1.11	1.62	1.31	1.77

6-21 续表 4 Continued 4

单位：亿美元
Unit: USD100 million

商品分类	HS Section and Division	2013 出口 Exports	2013 进口 Imports	2014 出口 Exports	2014 进口 Imports
第十六类 机器、机械器具、电气设备及其零件；录音机及放声机、电视图像、声音的录制和重放设备及其零件、附件	**MACHINERY AND MECHANICAL APPLIANCES; ELECTRICAL EQUIPMENT; PARTS THEREOF; SOUND RECORDERS AND REPRODUCERS, TELEVISION IMAGE AND SOUND RECORDERS AND REPRODUCERS; AND PARTS AND ACCESSORIES OF RECORDERS AND REPRODUCERS; AND PARTS AND ACCESSORIES OF SUCH ARTICLES**	**211.73**	**989.88**	**235.75**	**979.72**
84章 核反应堆、锅炉、机器、机械器具及其零件	Nuclear reactors, boilers, machinery and mechanical appliances; parts thereof	47.80	93.95	53.32	106.86
85章 电机、电气设备及其零件；录音机及放声机、电视图像、声音的录制和重放设备及其零件、附件	Electrical machinery and equipment and parts thereof; sound recorders and reproducers, television image and sound recorders and reproducers, and parts and accessories of such articles	163.93	895.93	182.43	872.86
第十七类 车辆、航空器、船舶及有关运输设备	**VEHICLES, AIRCRAFT, VESSELS AND ASSOCIATED TRANSPORT EQUIPMENT**	**11.36**	**5.12**	**12.71**	**5.53**
86章 铁道及电车道机车、车辆及其零件；铁道及电车轨道固定装置及其零件、附件；各种机械(包括电动机械)交通信号设备	Railway or tramway locomotives, rolling-stock and parts thereof; railway or tramway track fixtures and fittings and parts thereof; mechanical(including electro-mechanical) traffic signalling equipment of all kinds	2.42	0.02	2.77	0.02
87章 车辆及其零件、附件，但铁道及电车道车辆除外	Vehicles other than railway or tramway rolling-stock, and parts and accessories thereof	8.75	4.60	9.62	4.90
88章 航空器、航天器及其零件	Aircraft, spacecraft, and parts thereof	0.05	0.01	0.06	0.27
89章 船舶及浮动结构体	Ships, boats and floating structures	0.14	0.49	0.26	0.34
第十八类 光学、照相、电影、计量、检验、医疗或外科用仪器及设备、精密仪器及设备；钟表；乐器；上述物品的零件、附件	**OPTICAL, PHOTOGRAPHIC, CINEMATOGRAPHIC, MEASURING, CHECKING, PRECISION, MEDICAL OR SURGICAL INSTRUMENTS AND APPARATUS; CLOCKS AND WATCHES; MUSICAL INSTRUMENTS; PARTS AND ACCESSORIES THEREOF**	**23.45**	**200.00**	**27.32**	**181.70**
90章 光学、照相、电影、计量、检验、医疗或外科用仪器及设备、精密仪器及设备；上述物品的零件、附件	Optical, photographic, cinematographic, measuring, checking, precision medical or surgical instruments and apparatus; parts and accessories thereof	23.14	199.69	26.69	181.40
91章 钟表及其零件	Clocks and watches and parts thereof	0.14	0.16	0.46	0.13
92章 乐器及其零件、附件	Musical instruments; parts and accessories of such articles	0.18	0.15	0.18	0.17
第十九类 武器、弹药及其零件、附件	**ARMS AND AMMUNITION; PARTS AND ACCESSORIES THEREOF**	**0.00**	**0.00**	**0.01**	**0.00**
93章 武器、弹药及其零件、附件	Arms and ammunition; parts and accessories thereof	0.00	0.00	0.01	0.00
第二十类 杂项制品	**MISCELLANEOUS MANUFACTURED ARTICLES**	**7.97**	**4.91**	**9.24**	**5.26**
94章 家具；寝具、褥垫、弹簧床垫、软坐垫及类似的填充制品；未列名灯具及照明装置；发光标志、发光名牌及类似品；活动房屋	Furniture; bedding, mattresses, mattress supports, cushions and similar stuffed furnishings; lamps and lighting fittings, not elsewhere specified or included; illuminated signs, illuminated	4.97	1.31	5.88	1.36
95章 玩具、游戏品、运动用品及其零件、附件	Toys, games and sports requisites; parts and accessories thereof	1.50	2.62	1.64	2.82
96章 杂项制品	Miscellaneous manufactured articles	1.50	0.99	1.72	1.08
第二十一类 艺术品、收藏品及古物	**WORKS OF ART, COLLECTORS' PIECES AND ANTIQUES**	**0.01**	**0.00**	**0.03**	**0.06**
97章 艺术品、收藏品及古物	Works of art, collectors' pieces and antiques	0.01	0.00	0.03	0.06
第二十二类 特殊交易品及未分类商品	**COMMODITIES AND TRANSACTIONS NOT CLASSIFIED ACCORDING TO KIND**	**0.16**	**0.47**	**0.14**	**0.07**
98章 特殊交易品及未分类商品	Commodities and transactions not classified according to kind	0.16	0.47	0.14	0.07

6-22 对日本进出口商品分类金额

Value of Exports and Imports from Japan by HS

单位：亿美元

Unit: USD100 million

商品分类	HS Section and Division	2013 出口 Exports	2013 进口 Imports	2014 出口 Exports	2014 进口 Imports
总　额	**Total**	**1501.32**	**1622.45**	**1494.42**	**1629.97**
第一类　活动物；动物产品	**LIVE ANIMALS；ANIMAL PRODUCTS**	**23.40**	**2.18**	**23.41**	**2.53**
01章　活动物	Live animals	0.03	0.03	0.06	0.05
02章　肉及食用杂碎	Meat and edible meat offal	0.00	0.00	0.01	
03章　鱼、甲壳动物、软体动物及其他水生无脊椎动物	Fish and crustaceans molluscs and other aquatic invertebrates	19.99	2.08		2.40
04章　乳品；蛋品；天然蜂蜜；其他食用动物产品	Dairy produce；birds' eggs；natural honey；edible products of animal origin，not elsewhere specified or included	1.08	0.00	0.90	0.00
05章　其他动物产品	Products of animal origin，not elsewhere specified or included	2.29	0.07	2.43	0.08
第二类　植物产品	**VEGETABLE PRODUCTS**	**23.57**	**0.93**	**24.14**	**0.99**
06章　活树及其他活植物；鳞茎、根及类似品；插花及装饰用簇叶	Live tree and other plants；bulbs，roots and the like；cut flowers and ornamental foliage	0.93	0.38	0.88	0.36
07章　食用蔬菜、根及块茎	Edible vegetables and certain roots and tubers	12.86	0.00	13.02	0.00
08章　食用水果及坚果；甜瓜或柑桔属水果的果皮	Edible fruit and nuts；peel of citrus fruit or melons	1.99	0.05	1.84	0.06
09章　咖啡、茶、马黛茶及调味香料	Coffee，tea，mate and spices	1.68	0.02	1.76	0.02
10章　谷物	Cereals	0.50	0.00	0.48	0.00
11章　制粉工业产品；麦芽；淀粉；菊粉；面筋	Products of the milling industry；malt；starches；inulin；wheat gluten	0.29	0.01	0.35	0.01
12章　含油子仁及果实；杂项子仁及果实；工业用或药用植物；稻草、秸秆及饲料	Oil seeds and oleaginous fruits；miscellaneous grains，seeds and fruit；industrial or medicinal plants；straw and fodder	3.54	0.44	3.86	0.49
13章　虫胶；树胶、树脂及其他植物液、汁	Lac；gums，resins and other vegetable saps and extracts	1.56	0.03	1.75	0.04
14章　编结用植物材料；其他植物产品	Vegetable plaiting materials；vegetable products not elsewhere specified or included	0.22	0.00	0.20	0.00
第三类　动、植物油、脂及其分解产品；精制的食用油脂；动、植物蜡	**ANIMAL OR VEGETABLE FATS AND OILS AND THEIR CLEAVAGE PRODUCTS；PREPARED EDIBLE FATS；ANIMAL OR VEGETABLE WAXES**	**0.58**	**0.06**	**0.31**	**0.06**
15章　动、植物油、脂及其分解产品；精制的食用油脂；动、植物蜡	Animal or vegetable fats and oils and their cleavage products；prepared edible fats；animal or vegetable waxes	0.58	0.06	0.31	0.06
第四类　食品；饮料、酒及醋；烟草、烟草及烟草代用品的制品	**PREPARED FOODSTUFFS；BEVERAGES, SPIRITS AND VINEGAR；TOBACCO AND MANUFACTURED TOBACCO SUBSTITUTES**	**63.16**	**1.11**	**61.80**	**1.66**
16章　肉、鱼、甲壳动物、软体动物及其他水生无脊椎动物的制品	Preparations of meat，of fish or of crustaceans，molluscs or other aquatic invertebrates	31.09	0.05	29.41	0.03
17章　糖及糖食	Sugars and sugar confectionery	0.18	0.05	0.15	0.07
18章　可可及可可制品	Cocoa and cocoa preparations	0.21	0.03	0.24	0.04
19章　谷物、粮食粉、淀粉或乳的制品；糕饼点心	Preparations of cereals，flour，starch or milk；pastry-cooks' products	2.95	0.12	2.86	0.18

单位：亿美元
Unit: USD100 million

商品分类	HS Section and Division	2013 出口 Exports	2013 进口 Imports	2014 出口 Exports	2014 进口 Imports
20章 蔬菜、水果、坚果或植物其他部分的制品	Preparations of vegetables, fruit, nuts or other parts of plants	19.44	0.01	17.88	0.01
21章 杂项食品	Miscellaneous edible preparations	2.35	0.53	2.23	0.61
22章 饮料、酒及醋	Beverages, spirits and vinegar	0.48	0.20	0.35	0.25
23章 食品工业的残渣及废料；配制的动物饲料	Residues and waste from the food industries; prepared animal fodder	6.15	0.10	8.37	0.12
24章 烟草及烟草代用品的制品	Tobacco and manufactured tobacco substitutes	0.32	0.02	0.30	0.34
第五类 矿产品	**MINERAL PRODUCTS**	**23.74**	**21.28**	**20.01**	**19.86**
25章 盐；硫磺；泥土及石料；石膏料、石灰及水泥	Salt; sulphur; earths and stone; plastering materials, lime and cement	5.15	2.56	5.31	2.66
26章 矿砂、矿渣及矿灰	Ores, slag and ash	0.30	0.11	0.25	0.12
27章 矿物燃料、矿物油及其蒸馏产品；沥青物质；矿物蜡	Mineral fuels, mineral oils and products of their distillation; bituminous substances; mineral waxes	18.29	18.62	14.46	17.08
第六类 化学工业及其相关工业的产品	**PRODUCTS OF THE CHEMICAL OR INDUSTRIES ALLIED**	**70.79**	**182.39**	**74.95**	**168.47**
28章 无机化学品；贵金属、稀土金属、放射性元素及其同位素的有机及无机化合物	Inorganic chemicals; organic or inorganic compounds of precious metals, of rare- earth metals, of radioactive elements or of isotopes	17.08	5.37	19.54	5.42
29章 有机化学品	Organic chemicals	28.67	100.98	29.78	84.40
30章 药品	Pharmaceutical products	2.54	6.09	2.44	7.33
31章 肥料	Fertilizers	2.31	0.08	2.18	0.06
32章 鞣料浸膏及染料浸膏；鞣酸及其衍生物；染料、颜料及其他着色料；油漆及清漆；油灰及其他类似胶粘剂；墨水、油墨	Tanning or dyeing extracts; tannins and their derivatives; dyes, pigments and other colouring matter; paints and varnishes; putty and other mastics; inks	2.61	8.76	2.76	8.60
33章 精油及香膏；芳香料制品及化妆盥洗品	Essential oils and retinoid; perfumery, cosmetic or toilet preparations	3.23	3.52	3.20	4.71
34章 肥皂、有机表面活性剂、洗涤剂、润滑剂、人造蜡、调制蜡、光洁剂、蜡烛及类似品、塑型用膏、"牙科用蜡"及牙科用熟石膏制剂	Soap, organic surface-active agents, washing preparations, lubricating preparations, artificial waxes, prepared waxes, polishing or scouring preparations, candles and similar articles, modelling pastes, "dental waxes" and dental preparations with a basis of plast	2.14	8.66	2.13	9.02
35章 蛋白类物质；改性淀粉；胶；酶	Albuminoidal substances; modified starches; glues; enzymes	1.81	8.84	1.85	8.60
36章 炸药；烟火制品；火柴；引火合金；易燃材料制品	Explosives; pyrotechnic products; matches; pyrophoric alloys; certain combustible preparations	0.21	0.14	0.25	0.13
37章 照相及电影用品	Photographic or cinematographic goods	0.63	10.29	0.64	10.17
38章 杂项化学产品	Miscellaneous chemical products	9.56	29.65	10.18	30.03
第七类 塑料及其制品，橡胶及其制品	**PLASTICS AND ARTICLES THEREOF RUBBER AND ARTICLES THEREOF**	**49.25**	**121.31**	**50.93**	**118.29**
39章 塑料及其制品	Plastics and articles thereof	42.64	101.51	43.87	99.86
40章 橡胶及其制品	Rubber and articles thereof	6.62	19.80	7.06	18.43
第八类 生皮、皮革、毛皮及其制品；鞍具及挽具；旅行用品、手提包及类似品；动物肠线(蚕胶丝除外)制品	**RAW HIDES AND SKINS, LEATHER, FUR SKINS AND ARTICLES THEREOF; SADDLERY AND HARNESS; TRAVEL GOODS, HANDBAGS AND SIMILAR CONTAINERS; ARTICLES OF ANIMAL GUT(OTHER THAN SILK-WORM GUT)**	**21.35**	**0.68**	**20.78**	**0.62**
41章 生皮(毛皮除外)及皮革	Raw hides and skins(other than fur skins) and leather	0.12	0.52	0.15	0.48

单位：亿美元
Unit: USD100 million

商品分类	HS Section and Division	2013 出口 Exports	2013 进口 Imports	2014 出口 Exports	2014 进口 Imports
42章 皮革制品；鞍具及挽具；旅行用品、手提包及类似容器；动物肠线(蚕胶丝除外)制品	Articles of leather；saddlery and harness；travel goods, hand bags and similar containers；articles of animal gut (other than silk-worm gut)	20.39	0.15	19.98	0.13
43章 毛皮、人造毛皮及其制品	Fur skins and artificial fur；manufactures thereof	0.84	0.01	0.65	0.00
第九类 木及木制品；木炭；软木及软木制品；稻草，秸秆、针茅或其他编结材料制品；篮筐及柳条编结品	**WOOD AND ARTICLES OF WOOD；WOOD CHAR-COAL；CORK AND ARTICLES OF CORK；MANUFACTURES OF STRAW, OF ESPARTO OR OF OTHER PLAITING MATERIALS；BASKET WARE AND WICKERWORK**	**18.95**	**0.40**	**18.16**	**0.74**
44章 木及木制品；木炭	Wood and articles of wood；wood charcoal	15.55	0.39	14.99	0.73
45章 软木及软木制品	Cork and articles of cork	0.02	0.01	0.02	0.01
46章 稻草、秸秆、针茅或其他编结材料制品；篮筐及柳条编结品	Manufactures of straw, of esparto or of other plaiting Materials；basket ware and wickerwork	3.38	0.00	3.15	0.00
第十类 木浆及其他纤维状纤维素浆；纸及纸板的废碎品；纸、纸板及其制品	**PULP OF WOOD OR OF OTHER FIBROUS CELLULOSIC MATERIAL；WASTE AND SCRAP OF PAPER OR PAPERBOARD；PAPER AND PAPERBOARD AND ARTICLES THEREOF**	**13.82**	**17.13**	**13.65**	**15.04**
47章 木浆及其他纤维状纤维素浆；纸及纸板的废碎品	Pulp of wood or of other fibrous cellulosic material；waste and scrap of paper or paperboard	0.10	9.38	0.10	8.05
48章 纸及纸板；纸浆、纸或纸板制品	Paper and paperboard；articles of paper pulp, of paper or paperboard	12.49	6.15	12.33	5.66
49章 书籍、报纸、印刷图画及其他印制品；手稿、打字稿及设计图纸	Printed books, newspapers, pictures and other products of the printing industry；manuscripts, typescripts and plans	1.23	1.60	1.22	1.33
第十一类 纺织原料及纺织制品	**TEXTILES AND TEXTILE ARTICLES**	**261.97**	**34.98**	**237.75**	**32.08**
50章 蚕丝	Silk	1.26	0.08	1.15	0.06
51章 羊毛、动物细毛或粗毛；马毛纱线及其机织物	Wool, fine or coarse animal hair；horsehair yarn and woven fabric	2.62	1.83	2.42	1.67
52章 棉花	Cotton	1.93	3.24	1.71	2.90
53章 其他植物纺织纤维；纸纱线及其机织物	Other vegetable textile fibres；paper yarn and woven fabrics of paper yarn	0.47	0.15	0.47	0.13
54章 化学纤维长丝	Man-made filaments	2.02	8.43	2.17	7.61
55章 化学纤维短纤	Man-made short fibres	1.46	8.54	1.54	7.44
56章 絮胎、毡呢及无纺织物；特种纱线；线、绳、索、缆及其制品	Wadding, felt and nonwoven；special yarns；twine, cordage, ropes and cables and articles thereof	3.20	2.93	3.78	3.15
57章 地毯及纺织材料的其他铺地制品	Carpets and other textile floor coverings	4.11	0.08	3.82	0.08
58章 特种机织物；簇绒织物；花边；装饰毯；装饰带；刺绣品	Special woven fabrics；tufted textile fabrics；lace；tapestries；trimmings；embroidery	0.75	1.62	0.74	1.41
59章 浸渍、涂布、包覆或层压的纺织物；工业用纺织制品	Impregnated, coated, covered or laminated textile fabrics；textile articles of a kind suitable for industrial use	1.73	3.32	2.04	3.03
60章 针织物及钩编织物	Knitted or crocheted fabrics	0.53	3.36	0.59	3.21
61章 针织或钩编的服装及衣着附件	Articles of apparel and clothing accessories, Knitted or crocheted	112.37	0.39	101.09	0.40
62章 非针织或非钩编的服装及衣着附件	Articles of apparel and clothing accessories, not knitted or crocheted	100.33	0.68	87.80	0.64

单位：亿美元
Unit: USD100 million

商品分类	HS Section and Division	2013 出口 Exports	2013 进口 Imports	2014 出口 Exports	2014 进口 Imports
63章 其他纺织制成品；成套物品；旧衣着及旧纺织品；碎织物	Other made up textile articles；sets；worn clothing and worn textile articles；rags articles；rags	29.18	0.33	28.42	0.35
第十二类 鞋、帽、伞、杖、鞭及其零件；已加工的羽毛及其制品；人造花；人发制品	**FOOTWEAR，HEADGEAR，UMBRELLAS，SUN UMBRELLAS，WALKING-STICKS，SEAT-STICKS，WHIPS，RIDING-CROPS AND PARTS THEREOF；PREPARED FEATHERS AND ARTICLES MADE THEREWITH；ARTIFICIAL FLOWERS；ARTICLES OF HUMAN HAIR**	**35.06**	**0.43**	**34.33**	**0.43**
64章 鞋靴、护腿和类似品及其零件	Footwear，gaiters and the like；parts of such articles	27.92	0.16	27.14	0.14
65章 帽类及其零件	Headgear and parts thereof	2.82	0.01	2.90	0.02
66章 雨伞、阳伞、手杖、鞭子、马鞭及其零件	Umbrellas，sun umbrellas，walking-sticks，seat-sticks，whips，riding-crops and parts thereof	2.58	0.00	2.76	0.00
67章 已加工羽毛、羽绒及其制品；人造花；人发制品	Prepared feathers and down and articles made of feathers or of down；artificial flowers；articles of human hair	1.74	0.25	1.53	0.26
第十三类 石料、石膏、水泥、石棉、云母及类似材料的制品；陶瓷产品；玻璃及其制品	**ARTICLES OF STONE，PLASTER，CEMENT，ASBESTOS，MICA OR SIMILAR MATERIALS；CERAMIC PRODUCTS；GLASS AND GLASSWARE**	**22.01**	**24.29**	**20.80**	**27.53**
68章 石料、石膏、水泥、石棉、云母及类似材料的制品	Articles of stone，plaster，cement，asbestos，mica or similar materials；ceramic products；glass and glassware	9.01	5.24	8.55	5.42
69章 陶瓷产品	Ceramic products	6.17	1.42	5.75	1.74
70章 玻璃及其制品	Glass and glassware	6.84	17.63	6.50	20.36
第十四类 天然或养殖珍珠、宝石或半宝石、贵金属、包贵金属及其制品；仿首饰；硬币	**NATURAL OR CULTURED PEARLS，PRECIOUS OR SEMI-PRECIOUS STONES，PRECIOUS METALS，METALS CLAD WITH PRECIOUS METAL AND STONES，PRECIOUS METALS，METALS CLAD WITH PRECIOUS METAL AND ARTICLES THEREOF；IMITATION JEWELLERY；COIN**	**2.19**	**10.82**	**2.78**	**9.52**
71章 天然或养殖珍珠、宝石或半宝石、贵金属、包贵金属及其制品；仿首饰；硬币	Natural or cultured pearls，precious or semi-precious stones，precious metals，metals clad with precious metal and articles thereof；imitation jewellery；coin	2.19	10.82	2.78	9.52
第十五类 贱金属及其制品	**BASE METALS AND ARTICLES OF BASE METAL**	**76.69**	**169.99**	**85.00**	**165.47**
72章 钢铁	Iron and steel	11.54	80.83	14.78	76.81
73章 钢铁制品	Articles of iron or steel	31.41	24.37	33.69	24.51
74章 铜及其制品	Copper and articles thereof	4.83	39.48	3.78	37.70
75章 镍及其制品	Nickel and articles thereof	0.52	2.30	0.55	2.28
76章 铝及其制品	Aluminium and articles thereof	14.38	8.86	16.55	9.09
78章 铅及其制品	Lead and articles thereof	0.12	0.09	0.06	0.06
79章 锌及其制品	Zinc and articles thereof	0.12	0.68	0.14	0.48
80章 锡及其制品	Tin and articles thereof	0.05	0.61	0.05	0.57
81章 其他贱金属、金属陶瓷及其制品	Other base metals；cermets；articles thereof	3.31	1.63	3.76	1.95
82章 贱金属工具、器具、利口器、餐匙、餐叉及其零件	Tools，implements，cutlery，spoons and forks，of base metal；parts thereof of base metal	4.90	8.67	5.24	9.60
83章 贱金属杂项制品	Miscellaneous articles of base metal	5.52	2.47	6.40	2.43

单位：亿美元
Unit: USD100 million

商品分类	HS Section and Division	2013 出口 Exports	2013 进口 Imports	2014 出口 Exports	2014 进口 Imports
第十六类 机器、机械器具、电气设备及其零件；录音机及放声机、电视图像、声音的录制和重放设备及其零件、附件	**MACHINERY AND MECHANICAL APPLIANCES; ELECTRICAL EQUIPMENT; PARTS THEREOF; SOUND RECORDERS AND REPRODUCERS, TELEVISION IMAGE AND SOUND RECORDERS AND REPRODUCERS; AND PARTS AND ACCESSORIES OF RECORDERS AND REPRODUCERS; AND PARTS AND ACCESSORIES OF SUCH ARTICLES**	**602.71**	**699.94**	**617.30**	**709.82**
84章 核反应堆、锅炉、机器、机械器具及其零件	Nuclear reactors, boilers, machinery and mechanical appliances; parts thereof	253.27	293.70	259.74	303.84
85章 电机、电气设备及其零件；录音机及放声机、电视图像、声音的录制和重放设备及其零件、附件	Electrical machinery and equipment and parts thereof; sound recorders and reproducers, television image and sound recorders and reproducers, and parts and accessories of such articles	349.44	406.24	357.56	405.98
第十七类 车辆、航空器、船舶及有关运输设备	**VEHICLES, AIRCRAFT, VESSELS AND ASSOCIATED TRANSPORT EQUIPMENT**	**46.85**	**152.82**	**46.51**	**165.40**
86章 铁道及电车道机车、车辆及其零件；铁道及电车轨道固定装置及其零件、附件；各种机械(包括电动机械)交通信号设备	Railway or tramway locomotives, rolling-stock and parts thereof; railway or tramway track fixtures and fittings and parts thereof; mechanical(including electro-mechanical) traffic signalling equipment of all kinds	2.35	1.62	2.28	2.64
87章 车辆及其零件、附件，但铁道及电车道车辆除外	Vehicles other than railway or tramway rolling-stock, and parts and accessories thereof	39.17	145.29	41.81	159.71
88章 航空器、航天器及其零件	Aircraft, spacecraft, and parts thereof	0.48	0.06	1.27	0.09
89章 船舶及浮动结构体	Ships, boats and floating structures	4.86	5.85	1.15	2.97
第十八类 光学、照相、电影、计量、检验、医疗或外科用仪器及设备、精密仪器及设备；钟表；乐器；上述物品的零件、附件	**OPTICAL, PHOTOGRAPHIC, CINEMATOGRAPHIC, MEASURING, CHECKING, PRECISION, MEDICAL OR SURGICAL INSTRUMENTS AND APPARATUS; CLOCKS AND WATCHES; MUSICAL INSTRUMENTS; PARTS AND ACCESSORIES THEREOF**	**53.54**	**168.71**	**55.87**	**171.53**
90章 光学、照相、电影、计量、检验、医疗或外科用仪器及设备、精密仪器及设备；上述物品的零件、附件	Optical, photographic, cinematographic, measuring, checking, precision medical or surgical instruments and apparatus; parts and accessories thereof	49.68	163.05	51.45	165.50
91章 钟表及其零件	Clocks and watches and parts thereof	2.88	4.57	3.34	4.96
92章 乐器及其零件、附件	Musical instruments; parts and accessories of such articles	0.97	1.09	1.08	1.08
第十九类 武器、弹药及其零件、附件	**ARMS AND AMMUNITION; PARTS AND ACCESSORIES THEREOF**	**0.01**	**0.00**	**0.01**	
93章 武器、弹药及其零件、附件	Arms and ammunition; parts and accessories thereof	0.01	0.00	0.01	
第二十类 杂项制品	**MISCELLANEOUS MANUFACTURED ARTICLES**	**86.51**	**11.38**	**83.85**	**14.87**
94章 家具；寝具、褥垫、弹簧床垫、软坐垫及类似的填充制品；未列名灯具及照明装置；发光标志、发光名牌及类似品；活动房屋	Furniture; bedding, mattresses, mattress supports, cushions and similar stuffed furnishings; lamps and lighting fittings, not elsewhere specified or included; illuminated signs, illuminated	50.00	3.00	51.79	2.65
95章 玩具、游戏品、运动用品及其零件、附件	Toys, games and sports requisites; parts and accessories thereof	28.69	1.85	24.47	3.16
96章 杂项制品	Miscellaneous manufactured articles	7.82	6.52	7.60	9.06
第二十一类 艺术品、收藏品及古物	**WORKS OF ART, COLLECTORS' PIECES AND ANTIQUES**	**5.15**	**0.00**	**2.06**	**0.07**
97章 艺术品、收藏品及古物	Works of art, collectors' pieces and antiques	5.15	0.00	2.06	0.07
第二十二类 特殊交易品及未分类商品	**COMMODITIES AND TRANSACTIONS NOT CLASSIFIED ACCORDING TO KIND**	**0.01**	**1.64**	**0.02**	**5.01**
98章 特殊交易品及未分类商品	Commodities and transactions not classified according to kind	0.01	1.64	0.02	5.01

6-23 对欧洲联盟进出口商品分类金额
Value of Exports to and Imports from EU by HS

单位：亿美元

Unit: USD100 million

商品分类	HS Section and Division	2013 出口 Exports	2013 进口 Imports	2014 出口 Exports	2014 进口 Imports
总　额	**Total**	**3375.64**	**2198.32**	**3708.84**	**2442.55**
第一类　活动物；动物产品	**LIVE ANIMALS；ANIMAL PRODUCTS**	**27.41**	**27.86**	**28.27**	**31.04**
01章　活动物	Live animals	0.02	0.31	0.03	0.71
02章　肉及食用杂碎	Meat and edible meat offal	0.30	15.14	0.38	14.50
03章　鱼、甲壳动物、软体动物及其他水生无脊椎动物	Fish and crustaceans molluscs and other aquatic invertebrates	18.76	1.96	18.75	3.05
04章　乳品；蛋品；天然蜂蜜；其他食用动物产品	Dairy produce；birds' eggs；natural honey；edible products of animal origin，not elsewhere specified or included	1.60	8.85	1.65	11.15
05章　其他动物产品	Products of animal origin，not elsewhere specified or included	6.72	1.60	7.46	1.64
第二类　植物产品	**VEGETABLE PRODUCTS**	**22.65**	**4.98**	**23.39**	**7.82**
06章　活树及其他活植物；鳞茎、根及类似品；插花及装饰用簇叶	Live tree and other plants；bulbs，roots and the like; cut flowers and ornamental foliage	0.46	0.86	0.46	0.97
07章　食用蔬菜、根及块茎	Edible vegetables and certain roots and tubers	6.70	0.09	6.18	0.09
08章　食用水果及坚果；甜瓜或柑桔属水果的果皮	Edible fruit and nuts；peel of citrus fruit or melons	3.90	0.84	3.38	1.10
09章　咖啡、茶、马黛茶及调味香料	Coffee，tea，mate and spices	3.79	0.23	4.53	0.27
10章　谷物	Cereals	0.06	0.86	0.06	2.69
11章　制粉工业产品；麦芽；淀粉；菊粉；面筋	Products of the milling industry；malt；starches；inulin；wheat gluten	0.32	0.53	0.40	0.56
12章　含油子仁及果实；杂项子仁及果实；工业用或药用植物；稻草、秸秆及饲料	Oil seeds and oleaginous fruits；miscellaneous grains，seeds and fruit；industrial or medicinal plants；straw and fodder	4.84	1.07	5.24	1.54
13章　虫胶；树胶、树脂及其他植物液、汁	Lac；gums，resins and other vegetable saps and extracts	2.31	0.49	2.82	0.60
14章　编结用植物材料；其他植物产品	Vegetable plaiting materials；vegetable products not elsewhere specified or included	0.27	0.01	0.33	0.01
第三类　动、植物油、脂及其分解产品；精制的食用油脂；动、植物蜡	**ANIMAL OR VEGETABLE FATS AND OILS AND THEIR CLEAVAGE PRODUCTS；PREPARED EDIBLE FATS；ANIMAL OR VEGETABLE WAXES**	**1.10**	**7.13**	**1.25**	**3.01**
15章　动、植物油、脂及其分解产品；精制的食用油脂；动、植物蜡	Animal or vegetable fats and oils and their cleavage products；prepared edible fats；animal or vegetable waxes	1.10	7.13	1.25	3.01
第四类　食品；饮料、酒及醋；烟草、烟草及烟草代用品的制品	**PREPARED FOODSTUFFS；BEVERAGES, SPIRITS AND VINEGAR；TOBACCO AND MANUFACTURED TOBACCO SUBSTITUTES**	**26.05**	**41.40**	**28.11**	**46.30**
16章　肉、鱼、甲壳动物、软体动物及其他水生无脊椎动物的制品	Preparations of meat，of fish or of crustaceans，molluscs or other aquatic invertebrates	4.85	0.02	5.68	0.03
17章　糖及糖食	Sugars and sugar confectionery	0.87	0.54	0.90	0.61
18章　可可及可可制品	Cocoa and cocoa preparations	1.03	2.52	1.30	3.68
19章　谷物、粮食粉、淀粉或乳的制品；糕饼点心	Preparations of cereals，flour，starch or milk；pastry-cooks' products	1.39	11.06	1.51	14.00

6-23 续表 1 Continued 1

单位：亿美元
Unit: USD100 million

商品分类	HS Section and Division	2013		2014	
		出 口 Exports	进 口 Imports	出 口 Exports	进 口 Imports
20章 蔬菜、水果、坚果或植物其他部分的制品	Preparations of vegetables, fruit，nuts or other parts of plants	8.92	0.79	9.36	1.08
21章 杂项食品	Miscellaneous edible preparations	1.86	3.27	2.08	3.56
22章 饮料、酒及醋	Beverages，spirits and vinegar	0.52	21.65	0.97	21.61
23章 食品工业的残渣及废料；配制的动物饲料	Residues and waste from the food industries；prepared animal fodder	4.34	1.29	4.59	1.13
24章 烟草及烟草代用品的制品	Tobacco and manufactured tobacco substitutes	2.26	0.25	1.72	0.59
第五类 矿产品	**MINERAL PRODUCTS**	**22.80**	**52.48**	**20.36**	**56.26**
25章 盐；硫磺；泥土及石料；石膏料、石灰及水泥	Salt；sulphur；earths and stone；plastering materials，lime and cement	3.70	7.93	4.32	8.21
26章 矿砂、矿渣及矿灰	Ores，slag and ash	0.19	14.90	0.55	15.76
27章 矿物燃料、矿物油及其蒸馏产品；沥青物质；矿物蜡	Mineral fuels，mineral oils and products of their distillation; bituminous substances; mineral waxes	18.90	29.65	15.49	32.29
第六类 化学工业及其相关工业的产品	**PRODUCTS OF THE CHEMICAL OR INDUSTRIES ALLIED**	**155.40**	**232.25**	**169.52**	**260.19**
28章 无机化学品；贵金属、稀土金属、放射性元素及其同位素的有机及无机化合物	Inorganic chemicals；organic or inorganic compounds of precious metals，of rare- earth metals, of radioactive elements or of isotopes	15.31	11.93	18.25	12.69
29章 有机化学品	Organic chemicals	89.02	50.35	95.94	51.21
30章 药品	Pharmaceutical products	14.51	96.80	14.22	114.15
31章 肥料	Fertilizers	0.10	4.27	0.74	3.13
32章 鞣料浸膏及染料浸膏；鞣酸及其衍生物；染料、颜料及其他着色料；油漆及清漆；油灰及其他类似胶粘剂；墨水、油墨	Tanning or dyeing extracts；tannins and their derivatives；dyes，pigments and other colouring matter；paints and varnishes；putty and other mastics；inks	8.25	11.44	9.43	12.27
33章 精油及香膏；芳香料制品及化妆盥洗品	Essential oils and retinoid；perfumery，cosmetic or toilet preparations	6.95	9.26	7.86	15.37
34章 肥皂、有机表面活性剂、洗涤剂、润滑剂、人造蜡、调制蜡、光洁剂、蜡烛及类似品、塑型用膏、"牙科用蜡"及牙科用熟石膏制剂	Soap，organic surface-active agents，washing preparations，lubricating preparations，artificial waxes，prepared waxes，polishing or scouring preparations，candles and similar articles，modelling pastes，"dental waxes" and dental preparations with a basis of plast	4.10	10.87	4.19	11.87
35章 蛋白类物质；改性淀粉；胶；酶	Albuminoidal substances；modified starches；glues；enzymes	2.65	6.21	2.90	7.36
36章 炸药；烟火制品；火柴；引火合金；易燃材料制品	Explosives；pyrotechnic products；matches；pyrophoric alloys；certain combustible preparations	2.74	0.09	2.93	0.16
37章 照相及电影用品	Photographic or cinematographic goods	0.97	2.49	1.03	2.27
38章 杂项化学产品	Miscellaneous chemical products	10.81	28.55	12.03	29.72
第七类 塑料及其制品，橡胶及其制品	**PLASTICS AND ARTICLES THEREOF RUBBER AND ARTICLES THEREOF**	**121.07**	**102.22**	**132.29**	**114.29**
39章 塑料及其制品	Plastics and articles thereof	86.61	78.46	93.04	88.08
40章 橡胶及其制品	Rubber and articles thereof	34.46	23.76	39.26	26.21
第八类 生皮、皮革、毛皮及其制品；鞍具及挽具；旅行用品、手提包及类似品；动物肠线(蚕胶丝除外)制品	**RAW HIDES AND SKINS，LEATHER，FUR SKINS AND ARTICLES THEREOF；SADDLERY AND HARNESS；TRAVEL GOODS，HANDBAGS AND SIMILAR CONTAINERS；ARTICLES OF ANIMAL GUT(OTHER THAN SILK-WORM GUT)**	**73.50**	**35.68**	**71.90**	**35.80**
41章 生皮(毛皮除外)及皮革	Raw hides and skins(other than fur skins) and leather	0.48	13.82	0.59	13.69

6-23 续表 2 Continued 2

单位：亿美元
Unit: USD100 million

商品分类	HS Section and Division	2013 出口 Exports	2013 进口 Imports	2014 出口 Exports	2014 进口 Imports
42章 皮革制品；鞍具及挽具；旅行用品、手提包及类似容器；动物肠线(蚕胶丝除外)制品	Articles of leather；saddlery and harness；travel goods，hand bags and similar containers；articles of animal gut (other than silk-worm gut)	69.94	13.32	68.81	13.91
43章 毛皮、人造毛皮及其制品	Fur skins and artificial fur；manufactures thereof	3.07	8.53	2.50	8.20
第九类 木及木制品；木炭；软木及软木制品；稻草，秸秆、针茅或其他编结材料制品；篮筐及柳条编结品	**WOOD AND ARTICLES OF WOOD；WOOD CHAR-COAL；CORK AND ARTICLES OF CORK；MANUFACTURES OF STRAW，OF ESPARTO OR OF OTHER PLAITING MATERIALS；BASKET WARE AND WICKERWORK**	**27.65**	**11.02**	**31.25**	**13.87**
44章 木及木制品；木炭	Wood and articles of wood；wood charcoal	22.47	10.68	25.65	13.48
45章 软木及软木制品	Cork and articles of cork	0.03	0.33	0.04	0.37
46章 稻草、秸秆、针茅或其他编结材料制品；篮筐及柳条编结品	Manufactures of straw，of esparto or of other plaiting Materials；basket ware and wickerwork	5.14	0.01	5.57	0.01
第十类 木浆及其他纤维状纤维素浆；纸及纸板的废碎品；纸、纸板及其制品	**PULP OF WOOD OR OF OTHER FIBROUS CELLULOSIC MATERIAL；WASTE AND SCRAP OF PAPER OR PAPERBOARD；PAPER AND PAPERBOARD AND ARTICLES THEREOF**	**28.07**	**45.81**	**29.44**	**45.15**
47章 木浆及其他纤维状纤维素浆；纸及纸板的废碎品	Pulp of wood or of other fibrous cellulosic material；waste and scrap of paper or paperboard	0.39	28.33	0.45	27.28
48章 纸及纸板；纸浆、纸或纸板制品	Paper and paperboard；articles of paper pulp，of paper or paperboard	19.95	12.93	21.02	13.17
49章 书籍、报纸、印刷图画及其他印制品；手稿、打字稿及设计图纸	Printed books，newspapers，pictures and other products of the printing industry；manuscripts，typescripts and plans	7.73	4.55	7.97	4.70
第十一类 纺织原料及纺织制品	**TEXTILES AND TEXTILE ARTICLES**	**498.33**	**39.47**	**568.45**	**42.78**
50章 蚕丝	Silk	4.05	0.18	3.82	0.12
51章 羊毛、动物细毛或粗毛；马毛纱线及其机织物	Wool，fine or coarse animal hair；horsehair yarn and woven fabric	6.73	4.52	6.33	4.49
52章 棉花	Cotton	7.51	1.97	6.81	1.28
53章 其他植物纺织纤维；纸纱线及其机织物	Other vegetable textile fibres；paper yarn and woven fabrics of paper yarn	1.46	3.33	1.69	4.44
54章 化学纤维长丝	Man-made filaments	17.73	2.57	20.17	2.73
55章 化学纤维短纤	Man-made short fibres	9.12	4.75	9.34	4.82
56章 絮胎、毡呢及无纺织物；特种纱线；线、绳、索、缆及其制品	Wadding，felt and nonwoven；special yarns；twine，cordage，ropes and cables and articles thereof	5.71	2.40	6.45	2.79
57章 地毯及纺织材料的其他铺地制品	Carpets and other textile floor coverings	3.77	0.26	4.25	0.31
58章 特种机织物；簇绒织物；花边；装饰毯；装饰带；刺绣品	Special woven fabrics；tufted textile fabrics；lace；tapestries；trimmings；embroidery	4.77	0.48	5.25	0.51
59章 浸渍、涂布、包覆或层压的纺织物；工业用纺织制品	Impregnated，coated，covered or laminated textile fabrics；textile articles of a kind suitable for industrial use	7.16	3.72	8.18	4.44
60章 针织物及钩编织物	Knitted or crocheted fabrics	8.36	0.99	9.13	1.06
61章 针织或钩编的服装及衣着附件	Articles of apparel and clothing accessories，Knitted or crocheted	195.64	3.97	213.12	4.51
62章 非针织或非钩编的服装及衣着附件	Articles of apparel and clothing accessories，not knitted or crocheted	180.18	9.86	222.00	10.75

6-23 续表 3 Continued 3

单位：亿美元
Unit: USD100 million

商品分类	HS Section and Division	2013 出口 Exports	2013 进口 Imports	2014 出口 Exports	2014 进口 Imports
63章 其他纺织制成品；成套物品；旧衣着及旧纺织品；碎织物	Other made up textile articles；sets；worn clothing and worn textile articles；rags articles；rags	46.13	0.47	51.91	0.53
第十二类 鞋、帽、伞、杖、鞭及其零件；已加工的羽毛及其制品；人造花；人发制品	**FOOTWEAR，HEADGEAR，UMBRELLAS，SUN UMBRELLAS，WALKING-STICKS，SEAT-STICKS，WHIPS，RIDING-CROPS AND PARTS THEREOF；PREPARED FEATHERS AND ARTICLES MADE THEREWITH；ARTIFICIAL FLOWERS；ARTICLES OF HUMAN HAIR**	**129.16**	**7.14**	**146.77**	**7.79**
64章 鞋靴、护腿和类似品及其零件	Footwear，gaiters and the like；parts of such articles	102.64	6.99	118.94	7.60
65章 帽类及其零件	Headgear and parts thereof	10.33	0.11	11.55	0.14
66章 雨伞、阳伞、手杖、鞭子、马鞭及其零件	Umbrellas，sun umbrellas，walking-sticks，seat-sticks，whips，riding-crops and parts thereof	6.13	0.02	7.26	0.02
67章 已加工羽毛、羽绒及其制品；人造花；人发制品	Prepared feathers and down and articles made of feathers or of down；artificial flowers；articles of human hair	10.06	0.02	9.03	0.04
第十三类 石料、石膏、水泥、石棉、云母及类似材料的制品；陶瓷产品；玻璃及其制品	**ARTICLES OF STONE，PLASTER，CEMENT，ASBESTOS，MICA OR SIMILAR MATERIALS；CERAMIC PRODUCTS；GLASS AND GLASSWARE**	**64.78**	**15.36**	**64.63**	**16.98**
68章 石料、石膏、水泥、石棉、云母及类似材料的制品	Articles of stone，plaster，cement，asbestos，mica or similar materials；ceramic products；glass and glassware	14.93	3.40	15.35	4.06
69章 陶瓷产品	Ceramic products	25.27	2.66	26.85	2.67
70章 玻璃及其制品	Glass and glassware	24.59	9.30	22.43	10.25
第十四类 天然或养殖珍珠、宝石或半宝石、贵金属、包贵金属及其制品；仿首饰；硬币	**NATURAL OR CULTURED PEARLS，PRECIOUS OR SEMI-PRECIOUS STONES，PRECIOUS METALS，METALS CLAD WITH PRECIOUS METAL AND STONES，PRECIOUS METALS，METALS CLAD WITH PRECIOUS METAL AND ARTICLES THEREOF；IMITATION JEWELLERY；COIN**	**13.13**	**22.81**	**14.43**	**24.51**
71章 天然或养殖珍珠、宝石或半宝石、贵金属、包贵金属及其制品；仿首饰；硬币	Natural or cultured pearls，precious or semi-precious stones，precious metals，metals clad with precious metal and articles thereof；imitation jewellery；coin	13.13	22.81	14.43	24.51
第十五类 贱金属及其制品	**BASE METALS AND ARTICLES OF BASE METAL**	**210.25**	**168.38**	**250.12**	**169.41**
72章 钢铁	Iron and steel	29.69	23.17	48.99	26.12
73章 钢铁制品	Articles of iron or steel	74.97	34.60	82.68	41.92
74章 铜及其制品	Copper and articles thereof	6.57	72.96	7.15	62.92
75章 镍及其制品	Nickel and articles thereof	1.41	3.06	2.68	3.36
76章 铝及其制品	Aluminium and articles thereof	27.79	12.65	30.40	11.76
78章 铅及其制品	Lead and articles thereof	0.01	0.12	0.00	0.07
79章 锌及其制品	Zinc and articles thereof	0.36	3.74	0.60	3.56
80章 锡及其制品	Tin and articles thereof	0.49	0.04	0.58	0.05
81章 其他贱金属、金属陶瓷及其制品	Other base metals；cermets；articles thereof	10.73	1.57	11.60	1.63
82章 贱金属工具、器具、利口器、餐匙、餐叉及其零件	Tools，implements，cutlery，spoons and forks，of base metal；parts thereof of base metal	29.79	10.05	33.25	10.70
83章 贱金属杂项制品	Miscellaneous articles of base metal	28.42	6.41	32.18	7.32

单位：亿美元
Unit: USD100 million

商品分类	HS Section and Division	2013 出口 Exports	2013 进口 Imports	2014 出口 Exports	2014 进口 Imports
第十六类 机器、机械器具、电气设备及其零件；录音机及放声机、电视图像、声音的录制和重放设备及其零件、附件	**MACHINERY AND MECHANICAL APPLIANCES；ELECTRICAL EQUIPMENT；PARTS THEREOF；SOUND RECORDERS AND REPRODUCERS，TELEVISION IMAGE AND SOUND RECORDERS AND REPRODUCERS；AND PARTS AND CCESSORIES OF RECORDERS AND EPRODUCERS；AND PARTS AND ACCESSORIES OF SUCH ARTICLES**	**1430.83**	**724.96**	**1548.82**	**759.94**
84章 核反应堆、锅炉、机器、机械器具及其零件	Nuclear reactors，boilers，machinery and mechanical appliances；parts thereof	734.69	467.27	798.36	498.68
85章 电机、电气设备及其零件；录音机及放声机、电视图像、声音的录制和重放设备及其零件、附件	Electrical machinery and equipment and parts thereof；sound recorders and reproducers，television image and sound recorders and reproducers，and parts and accessories of such articles	696.13	257.70	750.47	261.26
第十七类 车辆、航空器、船舶及有关运输设备	**VEHICLES，AIRCRAFT，VESSELS AND ASSOCIATED TRANSPORT EQUIPMENT**	**127.95**	**489.15**	**149.54**	**616.98**
86章 铁道及电车道机车、车辆及其零件；铁道及电车轨道固定装置及其零件、附件；各种机械(包括电动机械)交通信号设备	Railway or tramway locomotives，rolling-stock and parts thereof；railway or tramway track fixtures and fittings and parts thereof；mechanical(including electro- mechanical) traffic signalling equipment of all kinds	21.25	6.48	21.48	11.60
87章 车辆及其零件、附件，但铁道及电车道车辆除外	Vehicles other than railway or tramway rolling-stock，and parts and accessories thereof	67.82	393.63	76.25	485.75
88章 航空器、航天器及其零件	Aircraft，spacecraft，and parts thereof	3.75	85.05	5.85	117.77
89章 船舶及浮动结构体	Ships，boats and floating structures	35.13	3.98	45.95	1.86
第十八类 光学、照相、电影、计量、检验、医疗或外科用仪器及设备、精密仪器及设备；钟表；乐器；上述物品的零件、附件	**OPTICAL，PHOTOGRAPHIC，CINEMATOGRAPHIC，MEASURING，CHECKING，PRECISION，MEDICAL OR SURGICAL INSTRUMENTS AND APPARATUS；CLOCKS AND WATCHES；MUSICAL INSTRUMENTS；PARTS AND ACCESSORIES THEREOF**	**109.43**	**148.60**	**119.09**	**164.38**
90章 光学、照相、电影、计量、检验、医疗或外科用仪器及设备、精密仪器及设备；上述物品的零件、附件	Optical，photographic，cinematographic，measuring，checking，precision medical or surgical instruments and apparatus；parts and accessories thereof	100.49	147.68	109.68	163.23
91章 钟表及其零件	Clocks and watches and parts thereof	5.16	0.46	5.34	0.57
92章 乐器及其零件、附件	Musical instruments；parts and accessories of such articles	3.77	0.47	4.06	0.57
第十九类 武器、弹药及其零件、附件	**ARMS AND AMMUNITION；PARTS AND ACCESSORIES THEREOF**	**0.18**	**0.04**	**0.21**	**0.05**
93章 武器、弹药及其零件、附件	Arms and ammunition；parts and accessories thereof	0.18	0.04	0.21	0.05
第二十类 杂项制品	**MISCELLANEOUS MANUFACTURED ARTICLES**	**284.99**	**17.62**	**310.10**	**20.56**
94章 家具；寝具、褥垫、弹簧床垫、软坐垫及类似的填充制品；未列名灯具及照明装置；发光标志、发光名牌及类似品；活动房屋	Furniture；bedding，mattresses，mattress supports，cushions and similar stuffed furnishings；lamps and lighting fittings，not elsewhere specified or included；illuminated signs，illuminated	183.56	14.49	197.36	16.49
95章 玩具、游戏品、运动用品及其零件、附件	Toys，games and sports requisites；parts and accessories thereof	79.31	1.56	88.94	2.27
96章 杂项制品	Miscellaneous manufactured articles	22.12	1.57	23.80	1.81
第二十一类 艺术品、收藏品及古物	**WORKS OF ART，COLLECTORS' PIECES AND ANTIQUES**	**0.78**	**1.76**	**0.72**	**0.64**
97章 艺术品、收藏品及古物	Works of art，collectors' pieces and antiques	0.78	1.76	0.72	0.64
第二十二类 特殊交易品及未分类商品	**COMMODITIES AND TRANSACTIONS NOT CLASSIFIED ACCORDING TO KIND**	**0.14**	**2.19**	**0.15**	**4.81**
98章 特殊交易品及未分类商品	Commodities and transactions not classified according to kind	0.14	2.19	0.15	4.81

6-24 对美国进出口商品分类金额

Value of Exports and Imports from United States by HS

单位：亿美元

Unit: USD100 million

商品分类	HS Section and Division	2013 出口 Exports	2013 进口 Imports	2014 出口 Exports	2014 进口 Imports
总　额	**Total**	**3684.06**	**1523.42**	**3960.82**	**1590.36**
第一类　活动物；动物产品	**LIVE ANIMALS；ANIMAL PRODUCTS**	**20.62**	**29.91**	**22.09**	**29.20**
01章　活动物	Live animals	0.19	0.71	0.32	0.53
02章　肉及食用杂碎	Meat and edible meat offal	0.04	11.77	0.05	9.84
03章　鱼、甲壳动物、软体动物及其他水生无脊椎动物	Fish and crustaceans molluscs and other aquatic invertebrates	17.38	10.62	18.78	11.79
04章　乳品；蛋品；天然蜂蜜；其他食用动物产品	Dairy produce；birds' eggs；natural honey；edible products of animal origin，not elsewhere specified or included	0.12	5.45	0.14	5.87
05章　其他动物产品	Products of animal origin，not elsewhere specified or included	2.89	1.36	2.80	1.17
第二类　植物产品	**VEGETABLE PRODUCTS**	**12.70**	**164.96**	**13.60**	**194.46**
06章　活树及其他活植物；鳞茎、根及类似品；插花及装饰用簇叶	Live tree and other plants；bulbs，roots and the like; cut flowers and ornamental foliage	0.21	0.05	0.22	0.06
07章　食用蔬菜、根及块茎	Edible vegetables and certain roots and tubers	4.48	0.48	4.68	0.39
08章　食用水果及坚果；甜瓜或柑桔属水果的果皮	Edible fruit and nuts；peel of citrus fruit or melons	1.42	4.58	1.47	4.08
09章　咖啡、茶、马黛茶及调味香料	Coffee，tea，mate and spices	1.87	0.19	2.24	0.14
10章　谷物	Cereals	0.02	22.03	0.03	20.95
11章　制粉工业产品；麦芽；淀粉；菊粉；面筋	Products of the milling industry；malt；starches；inulin；wheat gluten	0.19	0.18	0.19	0.17
12章　含油子仁及果实；杂项子仁及果实；工业用或药用植物；稻草、秸秆及饲料	Oil seeds and oleaginous fruits；miscellaneous grains，seeds and fruit；industrial or medicinal plants；straw and fodder	2.08	137.02	2.26	168.33
13章　虫胶；树胶、树脂及其他植物液、汁	Lac；gums，resins and other vegetable saps and extracts	2.35	0.30	2.43	0.29
14章　编结用植物材料；其他植物产品	Vegetable plaiting materials；vegetable products not elsewhere specified or included	0.09	0.12	0.08	0.05
第三类　动、植物油、脂及其分解产品；精制的食用油脂；动、植物蜡	**ANIMAL OR VEGETABLE FATS AND OILS AND THEIR CLEAVAGE PRODUCTS；PREPARED EDIBLE FATS；ANIMAL OR VEGETABLE WAXES**	**1.04**	**1.83**	**0.94**	**2.48**
15章　动、植物油、脂及其分解产品；精制的食用油脂；动、植物蜡	Animal or vegetable fats and oils and their cleavage products；prepared edible fats；animal or vegetable waxes	1.04	1.83	0.94	2.48
第四类　食品；饮料、酒及醋；烟草、烟草及烟草代用品的制品	**PREPARED FOODSTUFFS；BEVERAGES, SPIRITS AND VINEGAR；TOBACCO AND MANUFACTURED TOBACCO SUBSTITUTES**	**37.41**	**27.81**	**36.20**	**31.69**
16章　肉、鱼、甲壳动物、软体动物及其他水生无脊椎动物的制品	Preparations of meat，of fish or of crustaceans，molluscs or other aquatic invertebrates	13.34	0.05	14.11	0.04
17章　糖及糖食	Sugars and sugar confectionery	1.63	1.23	1.84	1.02
18章　可可及可可制品	Cocoa and cocoa preparations	0.09	0.58	0.13	0.42
19章　谷物、粮食粉、淀粉或乳的制品；糕饼点心	Preparations of cereals，flour，starch or milk；pastry-cooks' products	1.52	0.61	1.67	0.76

6–24 续表 1 Continued 1

单位：亿美元
Unit: USD100 million

商品分类	HS Section and Division	2013 出口 Exports	2013 进口 Imports	2014 出口 Exports	2014 进口 Imports
20章 蔬菜、水果、坚果或植物其他部分的制品	Preparations of vegetables, fruit, nuts or other parts of plants	12.68	2.00	10.82	2.21
21章 杂项食品	Miscellaneous edible preparations	2.69	2.92	2.73	2.77
22章 饮料、酒及醋	Beverages, spirits and vinegar	0.42	1.15	0.46	1.41
23章 食品工业的残渣及废料；配制的动物饲料	Residues and waste from the food industries；prepared animal fodder	4.89	17.53	4.34	20.81
24章 烟草及烟草代用品的制品	Tobacco and manufactured tobacco substitutes	0.16	1.74	0.10	2.25
第五类 矿产品	**MINERAL PRODUCTS**	**16.98**	**53.00**	**17.44**	**47.09**
25章 盐；硫磺；泥土及石料；石膏料、石灰及水泥	Salt；sulphur；earths and stone；plastering materials, lime and cement	3.65	2.03	4.67	2.52
26章 矿砂、矿渣及矿灰	Ores, slag and ash	0.25	22.57	0.20	20.22
27章 矿物燃料、矿物油及其蒸馏产品；沥青物质；矿物蜡	Mineral fuels, mineral oils and products of their distillation; bituminous substances; mineral waxes	13.08	28.40	12.58	24.35
第六类 化学工业及其相关工业的产品	**PRODUCTS OF THE CHEMICAL OR INDUSTRIES ALLIED**	**118.34**	**125.60**	**127.91**	**128.40**
28章 无机化学品；贵金属、稀土金属、放射性元素及其同位素的有机及无机化合物	Inorganic chemicals；organic or inorganic compounds of precious metals, of rare- earth metals, of radioactive elements or of isotopes	13.28	10.45	14.70	10.11
29章 有机化学品	Organic chemicals	63.16	39.82	61.56	37.42
30章 药品	Pharmaceutical products	10.42	18.12	11.62	19.82
31章 肥料	Fertilizers	1.99	0.66	6.22	1.09
32章 鞣料浸膏及染料浸膏；鞣酸及其衍生物；染料、颜料及其他着色料；油漆及清漆；油灰及其他类似胶粘剂；墨水、油墨	Tanning or dyeing extracts；tannins and their derivatives；dyes, pigments and other colouring matter；paints and varnishes； putty and other mastics；inks	5.04	5.01	5.43	5.60
33章 精油及香膏； 芳香料制品及化妆盥洗品	Essential oils and retinoid；perfumery, cosmetic or toilet preparations	7.82	3.51	8.73	5.36
34章 肥皂、有机表面活性剂、洗涤剂、润滑剂、人造蜡、调制蜡、光洁剂、蜡烛及类似品、塑型用膏、"牙科用蜡"及牙科用熟石膏制剂	Soap, organic surface-active agents, washing preparations, lubricating preparations, artificial waxes, prepared waxes, polishing or scouring preparations, candles and similar articles, modelling pastes, "dental waxes" and dental preparations with a basis of plast	2.78	7.75	2.90	8.39
35章 蛋白类物质；改性淀粉；胶；酶	Albuminoidal substances；modified starches；glues；enzymes	2.34	3.96	2.80	4.07
36章 炸药；烟火制品；火柴；引火合金；易燃材料制品	Explosives；pyrotechnic products；matches；pyrophoric alloys；certain combustible preparations	2.06	0.67	2.96	0.79
37章 照相及电影用品	Photographic or cinematographic goods	0.60	5.53	0.56	5.41
38章 杂项化学产品	Miscellaneous chemical products	8.85	30.12	10.44	30.33
第七类 塑料及其制品，橡胶及其制品	**PLASTICS AND ARTICLES THEREOF RUBBER AND ARTICLES THEREOF**	**170.81**	**75.95**	**179.33**	**80.85**
39章 塑料及其制品	Plastics and articles thereof	121.67	63.24	127.44	68.10
40章 橡胶及其制品	Rubber and articles thereof	49.14	12.71	51.89	12.74
第八类 生皮、皮革、毛皮及其制品；鞍具及挽具；旅行用品、手提包及类似品；动物肠线(蚕胶丝除外)制品	**RAW HIDES AND SKINS, LEATHER, FUR SKINS AND ARTICLES THEREOF；SADDLERY AND HARNESS；TRAVEL GOODS, HANDBAGS AND SIMILAR CONTAINERS；ARTICLES OF ANIMAL GUT(OTHER THAN SILK-WORM GUT)**	**72.57**	**18.58**	**69.22**	**18.25**
41章 生皮(毛皮除外)及皮革	Raw hides and skins(other than fur skins) and leather	0.23	17.85	0.24	17.77

6-24 续表 2 Continued 2

单位：亿美元
Unit: USD100 million

商品分类	HS Section and Division	2013 出口 Exports	2013 进口 Imports	2014 出口 Exports	2014 进口 Imports
42章 皮革制品；鞍具及挽具；旅行用品、手提包及类似容器；动物肠线(蚕胶丝除外)制品	Articles of leather；saddlery and harness；travel goods，hand bags and similar containers；articles of animal gut (other than silk-worm gut)	71.78	0.12	68.37	0.14
43章 毛皮、人造毛皮及其制品	Fur skins and artificial fur；manufactures thereof	0.56	0.61	0.61	0.34
第九类 木及木制品；木炭；软木及软木制品；稻草，秸秆、针茅或其他编结材料制品；篮筐及柳条编结品	**WOOD AND ARTICLES OF WOOD；WOOD CHAR-COAL；CORK AND ARTICLES OF CORK；MANUFACTURES OF STRAW，OF ESPARTO OR OF OTHER PLAITING MATERIALS；BASKET WARE AND WICKERWORK**	**34.63**	**23.88**	**38.81**	**28.68**
44章 木及木制品；木炭	Wood and articles of wood；wood charcoal	30.86	23.87	35.24	28.68
45章 软木及软木制品	Cork and articles of cork	0.06	0.00	0.07	0.00
46章 稻草、秸秆、针茅或其他编结材料制品；篮筐及柳条编结品	Manufactures of straw，of esparto or of other plaiting Materials；basket ware and wickerwork	3.71	0.00	3.50	0.00
第十类 木浆及其他纤维状纤维素浆；纸及纸板的废碎品；纸、纸板及其制品	**PULP OF WOOD OR OF OTHER FIBROUS CELLULOSIC MATERIAL；WASTE AND SCRAP OF PAPER OR PAPERBOARD；PAPER AND PAPERBOARD AND ARTICLES THEREOF**	**34.90**	**56.20**	**36.02**	**53.45**
47章 木浆及其他纤维状纤维素浆；纸及纸板的废碎品	Pulp of wood or of other fibrous cellulosic material；waste and scrap of paper or paperboard	0.01	42.81	0.02	39.44
48章 纸及纸板；纸浆、纸或纸板制品	Paper and paperboard；articles of paper pulp，of paper or paperboard	24.23	9.28	25.02	9.63
49章 书籍、报纸、印刷图画及其他印制品；手稿、打字稿及设计图纸	Printed books，newspapers，pictures and other products of the printing industry；manuscripts，typescripts and plans	10.66	4.11	10.99	4.38
第十一类 纺织原料及纺织制品	**TEXTILES AND TEXTILE ARTICLES**	**389.43**	**38.16**	**418.79**	**25.25**
50章 蚕丝	Silk	0.41	0.00	0.36	0.00
51章 羊毛、动物细毛或粗毛；马毛纱线及其机织物	Wool，fine or coarse animal hair；horsehair yarn and woven fabric	0.38	0.13	0.39	0.08
52章 棉花	Cotton	2.83	26.19	2.75	13.81
53章 其他植物纺织纤维；纸纱线及其机织物	Other vegetable textile fibres；paper yarn and woven fabrics of paper yarn	0.50	0.01	0.47	0.00
54章 化学纤维长丝	Man-made filaments	5.34	1.33	5.80	1.45
55章 化学纤维短纤	Man-made short fibres	4.96	6.01	5.06	5.30
56章 絮胎、毡呢及无纺织物；特种纱线；线、绳、索、缆及其制品	Wadding，felt and nonwoven；special yarns；twine，cordage，ropes and cables and articles thereof	4.97	1.97	5.73	2.06
57章 地毯及纺织材料的其他铺地制品	Carpets and other textile floor coverings	4.38	0.26	5.04	0.21
58章 特种机织物；簇绒织物；花边；装饰毯；装饰带；刺绣品	Special woven fabrics；tufted textile fabrics；lace；tapestries；trimmings；embroidery	3.84	0.24	4.24	0.25
59章 浸渍、涂布、包覆或层压的纺织物；工业用纺织制品	Impregnated，coated，covered or laminated textile fabrics；textile articles of a kind suitable for industrial use	4.60	1.09	5.18	1.20
60章 针织物及钩编织物	Knitted or crocheted fabrics	6.65	0.20	6.84	0.17
61章 针织或钩编的服装及衣着附件	Articles of apparel and clothing accessories，Knitted or crocheted	148.05	0.15	162.32	0.14
62章 非针织或非钩编的服装及衣着附件	Articles of apparel and clothing accessories，not knitted or crocheted	133.91	0.16	142.92	0.17

6-24 续表 3 Continued 3

单位：亿美元
Unit: USD100 million

商品分类	HS Section and Division	2013		2014	
		出 口 Exports	进 口 Imports	出 口 Exports	进 口 Imports
63章 其他纺织制成品；成套物品；旧衣着及旧纺织品；碎织物	Other made up textile articles；sets；worn clothing and worn textile articles；rags articles；rags	68.62	0.43	71.69	0.41
第十二类 鞋、帽、伞、杖、鞭及其零件；已加工的羽毛及其制品；人造花；人发制品	**FOOTWEAR，HEADGEAR，UMBRELLAS，SUN UMBRELLAS，WALKING-STICKS，SEAT-STICKS，WHIPS，RIDING-CROPS AND PARTS THEREOF；PREPARED FEATHERS AND ARTICLES MADE THEREWITH；ARTIFICIAL FLOWERS；ARTICLES OF HUMAN HAIR**	**166.85**	**0.97**	**173.69**	**0.92**
64章 鞋靴、护腿和类似品及其零件	Footwear，gaiters and the like；parts of such articles	132.52	0.72	138.41	0.74
65章 帽类及其零件	Headgear and parts thereof	10.18	0.03	11.17	0.04
66章 雨伞、阳伞、手杖、鞭子、马鞭及其零件	Umbrellas，sun umbrellas，walking-sticks，seat-sticks，whips，riding-crops and parts thereof	4.57	0.00	4.66	0.00
67章 已加工羽毛、羽绒及其制品；人造花；人发制品	Prepared feathers and down and articles made of feathers or of down；artificial flowers；articles of human hair	19.57	0.22	19.45	0.14
第十三类 石料、石膏、水泥、石棉、云母及类似材料的制品；陶瓷产品；玻璃及其制品	**ARTICLES OF STONE，PLASTER，CEMENT，ASBESTOS，MICA OR SIMILAR MATERIALS；CERAMIC PRODUCTS；GLASS AND GLASSWARE**	**57.24**	**12.29**	**60.26**	**15.25**
68章 石料、石膏、水泥、石棉、云母及类似材料的制品	Articles of stone，plaster，cement，asbestos，mica or similar materials；ceramic products；glass and glassware	10.52	1.57	11.10	1.63
69章 陶瓷产品	Ceramic products	23.24	0.69	25.62	1.00
70章 玻璃及其制品	Glass and glassware	23.48	10.03	23.55	12.61
第十四类 天然或养殖珍珠、宝石或半宝石、贵金属、包贵金属及其制品；仿首饰；硬币	**NATURAL OR CULTURED PEARLS，PRECIOUS OR SEMI-PRECIOUS STONES，PRECIOUS METALS，METALS CLAD WITH PRECIOUS METAL AND STONES，PRECIOUS METALS，METALS CLAD WITH PRECIOUS METAL AND ARTICLES THEREOF；IMITATION JEWELLERY；COIN**	**38.52**	**4.49**	**43.92**	**3.50**
71章 天然或养殖珍珠、宝石或半宝石、贵金属、包贵金属及其制品；仿首饰；硬币	Natural or cultured pearls，precious or semi-precious stones，precious metals，metals clad with precious metal and articles thereof；imitation jewellery；coin	38.52	4.49	43.92	3.50
第十五类 贱金属及其制品	**BASE METALS AND ARTICLES OF BASE METAL**	**198.41**	**80.94**	**221.71**	**70.40**
72章 钢铁	Iron and steel	14.89	7.28	24.85	3.45
73章 钢铁制品	Articles of iron or steel	85.57	11.49	92.70	13.19
74章 铜及其制品	Copper and articles thereof	4.91	34.15	5.32	27.27
75章 镍及其制品	Nickel and articles thereof	0.32	2.58	1.25	2.41
76章 铝及其制品	Aluminium and articles thereof	25.68	17.59	28.31	15.89
78章 铅及其制品	Lead and articles thereof	0.02	0.02	0.02	0.02
79章 锌及其制品	Zinc and articles thereof	0.45	0.58	0.41	0.48
80章 锡及其制品	Tin and articles thereof	0.35	0.05	0.11	0.05
81章 其他贱金属、金属陶瓷及其制品	Other base metals；cermets；articles thereof	5.49	2.21	5.58	2.61
82章 贱金属工具、器具、利口器、餐匙、餐叉及其零件	Tools，implements，cutlery，spoons and forks，of base metal；parts thereof of base metal	29.51	3.21	31.71	3.33
83章 贱金属杂项制品	Miscellaneous articles of base metal	31.23	1.78	31.45	1.70

单位：亿美元
Unit: USD100 million

商品分类	HS Section and Division	2013 出口 Exports	2013 进口 Imports	2014 出口 Exports	2014 进口 Imports
第十六类 机器、机械器具、电气设备及其零件；录音机及放声机、电视图像、声音的录制和重放设备及其零件、附件	**MACHINERY AND MECHANICAL APPLIANCES；ELECTRICAL EQUIPMENT；PARTS THEREOF；SOUND RECORDERS AND REPRODUCERS，TELEVISION IMAGE AND SOUND RECORDERS AND REPRODUCERS；AND PARTS AND CCESSORIES OF RECORDERS AND EPRODUCERS；AND PARTS AND ACCESSORIES OF SUCH ARTICLES**	**1693.32**	**383.27**	**1828.45**	**382.50**
84章 核反应堆、锅炉、机器、机械器具及其零件	Nuclear reactors，boilers，machinery and mechanical appliances；parts thereof	865.90	154.71	907.96	167.05
85章 电机、电气设备及其零件；录音机及放声机、电视图像、声音的录制和重放设备及其零件、附件	Electrical machinery and equipment and parts thereof；sound recorders and reproducers，television image and sound recorders and reproducers，and parts and accessories of such articles	827.41	228.57	920.49	215.45
第十七类 车辆、航空器、船舶及有关运输设备	**VEHICLES，AIRCRAFT，VESSELS AND ASSOCIATED TRANSPORT EQUIPMENT**	**139.66**	**245.26**	**169.75**	**298.50**
86章 铁道及电车道机车、车辆及其零件；铁道及电车轨道固定装置及其零件、附件；各种机械(包括电动机械)交通信号设备	Railway or tramway locomotives，rolling-stock and parts thereof；railway or tramway track fixtures and fittings and parts thereof；mechanical(including electro-mechanical) traffic signalling equipment of all kinds	26.61	1.11	36.19	1.24
87章 车辆及其零件、附件，但铁道及电车道车辆除外	Vehicles other than railway or tramway rolling-stock，and parts and accessories thereof	104.50	107.64	123.24	141.69
88章 航空器、航天器及其零件	Aircraft，spacecraft，and parts thereof	7.35	135.88	8.61	155.18
89章 船舶及浮动结构体	Ships，boats and floating structures	1.21	0.63	1.71	0.39
第十八类 光学、照相、电影、计量、检验、医疗或外科用仪器及设备、精密仪器及设备；钟表；乐器；上述物品的零件、附件	**OPTICAL，PHOTOGRAPHIC，CINEMATOGRAPHIC，MEASURING，CHECKING，PRECISION，MEDICAL OR SURGICAL INSTRUMENTS AND APPARATUS；CLOCKS AND WATCHES；MUSICAL INSTRUMENTS；PARTS AND ACCESSORIES THEREOF**	**95.93**	**109.94**	**103.86**	**114.02**
90章 光学、照相、电影、计量、检验、医疗或外科用仪器及设备、精密仪器及设备；上述物品的零件、附件	Optical，photographic，cinematographic，measuring，checking，precision medical or surgical instruments and apparatus；parts and accessories thereof	86.18	109.77	93.70	113.85
91章 钟表及其零件	Clocks and watches and parts thereof	5.44	0.06	5.60	0.05
92章 乐器及其零件、附件	Musical instruments；parts and accessories of such articles	4.31	0.12	4.56	0.12
第十九类 武器、弹药及其零件、附件	**ARMS AND AMMUNITION；PARTS AND ACCESSORIES THEREOF**	**1.04**	**0.00**	**0.91**	**0.00**
93章 武器、弹药及其零件、附件	Arms and ammunition；parts and accessories thereof	1.04	0.00	0.91	0.00
第二十类 杂项制品	**MISCELLANEOUS MANUFACTURED ARTICLES**	**382.34**	**4.31**	**397.06**	**4.89**
94章 家具；寝具、褥垫、弹簧床垫、软坐垫及类似的填充制品；未列名灯具及照明装置；发光标志、发光名牌及类似品；活动房屋	Furniture；bedding，mattresses，mattress supports，cushions and similar stuffed furnishings；lamps and lighting fittings，not elsewhere specified or included；illuminated signs，illuminated	230.35	2.94	241.21	3.22
95章 玩具、游戏品、运动用品及其零件、附件	Toys，games and sports requisites；parts and accessories thereof	128.87	0.73	131.92	1.00
96章 杂项制品	Miscellaneous manufactured articles	23.12	0.63	23.94	0.67
第二十一类 艺术品、收藏品及古物	**WORKS OF ART，COLLECTORS' PIECES AND ANTIQUES**	**1.17**	**0.48**	**0.70**	**0.35**
97章 艺术品、收藏品及古物	Works of art，collectors' pieces and antiques	1.17	0.48	0.70	0.35
第二十二类 特殊交易品及未分类商品	**COMMODITIES AND TRANSACTIONS NOT CLASSIFIED ACCORDING TO KIND**	**0.15**	**65.61**	**0.14**	**60.21**
98章 特殊交易品及未分类商品	Commodities and transactions not classified according to kind	0.15	65.61	0.14	60.21

6–25 我国同各国(地区)海关进出口总额

China's Foreign Trade with Related Countries and Territories

单位：万美元
Unit: USD 10000

国别（地区）	Region	2013 出口总额 Exports	2013 进口总额 Imports	2014 出口总额 Exports	2014 进口总额 Imports
总　计	**Total**	**220900400**	**194998947**	**234229270**	**195923465**
亚洲	**Asia**	**113406962**	**108993821**	**118838071**	**108509736**
阿富汗	Afghanistan	32826	960	39356	1737
巴林	Bahrain	123893	30518	123178	18396
孟加拉国	Bangladesh	970509	60237	1178227	76111
不丹	Bhutan	1741	1	1112	10
文莱	Brunei	170378	8980	174681	18972
缅甸	Myanmar	733869	285687	936765	1560128
柬埔寨	Cambodia	340951	36364	327474	48291
塞浦路斯	Cyprus	97173	5280	103758	6258
朝鲜	Korea DPR	363008	292750	351965	286793
中国香港	Hong Kong, China	38449489	1620658	36307714	1262137
印度	India	4843241	1697025	5421742	1635869
印度尼西亚	Indonesia	3693049	3142426	3905961	2448525
伊朗	Iran	1403665	2538986	2433849	2750385
伊拉克	Iraq	689409	1798476	774384	2076124
以色列	Israel	764530	318132	773911	314064
日本	Japan	15013245	16224540	14939134	16292051
约旦	Jordan	343456	16988	336453	26320
科威特	Kuwait	267551	958664	342872	1000496
老挝	Laos	172258	101008	183948	177788
黎巴嫩	Lebanon	249083	4558	260486	2539
中国澳门	Macao, China	317079	38712	359286	21241
马来西亚	Malaysia	4593059	6015279	4635339	5565224
马尔代夫	Maldives	9741	42	10399	38
蒙古	Mongolia	244959	350955	221638	510209
尼泊尔	Nepal	221089	4325	228358	4707
阿曼	Oman	190084	2104061	206538	2379586
巴基斯坦	Pakistan	1101960	319684	1324448	275387
巴勒斯坦	Palestine	9068	19	7551	9
菲律宾	Philippines	1986813	1818181	2347358	2098413
卡塔尔	Qatar	171091	846335	225401	833673
沙特阿拉伯	Saudi Arabia	1873981	5345071	2057524	4850803
新加坡	Singapore	4583187	3006452	4891117	3082873
韩国	Korea Rep.	9116495	18307276	10033345	19010877
斯里兰卡	Sri Lanka	343655	18256	379280	24827
叙利亚	Syria	69015	471	98437	213
泰国	Thailand	3271790	3852265	3428923	3833193
土耳其	Turkey	1774699	448623	1930546	370540
阿联酋	United Arab Emirates	3341130	1282353	3903451	1576336
也门共和国	Republic of Yemen	213882	306130	220131	293285
越南	Vietnam	4858630	1689189	6373001	1990640
中华人民共和国	P. R. China		15754044		14488044
中国台湾	Taiwan, China	4063405	15640491	4627662	15200713
东帝汶	Timor Leste	4739	40	6034	10
哈萨克斯坦	Kazakhstan	1254512	1605084	1270985	974182
吉尔吉斯斯坦	Kirghizia	507535	6235	524252	5542

6–25 续表 1 Continued 1

单位：万美元
Unit: USD 10000

国 别（地 区）	Region	2013		2014	
		出口总额 Exports	进口总额 Imports	出口总额 Exports	进口总额 Imports
塔吉克	Tadzhikistan	186936	8875	246824	4770
土库曼	Turkmenistan	113764	889326	95428	951616
乌兹别克	Uzbekistan	261336	193809	267821	159791
亚洲其他国家（地区）	Other Countries (Regions) in Asia	10	4	24	0
非洲	**Africa**	**9279937**	**11745472**	**10603475**	**11563138**
阿尔及利亚	Algeria	602390	216455	739518	131468
安哥拉	Angola	396406	3197267	597500	3110602
贝宁	Benin	299248	20601	348598	26663
博茨瓦那	Botswana	14825	19386	17615	21388
布隆迪	Burundi	5096	931	5160	414
喀麦隆	Cameroon	151468	36617	187758	68888
加那利群岛	Canary Is.	317	5	436	
佛得角	Cape Verde	6199		5122	0
中非	Central Africa	946	4065	721	2927
塞卜泰(休达)	Ceuta	67		50	
乍得	Chad	37189	10350	31771	10834
科摩罗	Comoros	2986	1	4069	1
刚果(布)	Congo	77929	571219	98453	547902
吉布提	Djibouti	101888	27	111218	168
埃及	Egypt	836268	185161	1046051	115952
赤道几内亚	Eq. Guinea	35752	246992	35252	321719
埃塞俄比亚	Ethiopia	186847	31569	292231	48995
加蓬	Gabon	43271	89864	43039	160793
冈比亚	Gambia	30852	7798	35069	3793
加纳	Ghana	394603	120333	413457	145260
几内亚	Guinea	90748	8409	110146	4134
几内亚比绍	Guinea-Bissau	1189	1683	1715	4996
科特迪瓦共和国	Cote d'lvoire	95580	25713	122008	21627
肯尼亚	Kenya	321748	5278	493063	7704
利比里亚	Liberia	233575	16442	171133	28845
利比亚	Libya	283468	203893	215761	72637
马达加斯加	Madagascar	64296	17391	75268	11808
马拉维	Malawi	21379	3842	15712	3414
马里	Mali	27464	15247	29707	9565
毛里塔尼亚	Mauritania	59845	172852	75695	116813
毛里求斯	Mauritius	64870	1287	74518	1420
摩洛哥	Morocco	327165	53143	296299	51850
莫桑比克	Mozambique	119929	45488	196874	164982
纳米比亚	Namibia	48194	25770	54573	31734
尼日尔	Niger	18394	1588	24370	7912
尼日利亚	Nigeria	1204261	154660	1539342	265604
留尼汪	Reunion	13403	23	16192	2
卢旺达	Rwanda	13411	10845	11499	9189
圣多美和普林西比	Sao Tome & Principe	486	0	573	0
塞内加尔	Senegal	99740	3973	165023	4702
塞舌尔	Seychelles	3867	40	4558	20
塞拉利昂	Sierra Leone	15257	145266	16305	167870
索马里	Somalia	13376	1634	20608	2988
南非	South Africa	1683078	4838843	1569915	4456813
西撒哈拉	Western Sahara	1	1	31	1

6-25 续表 2 Continued 2

单位：万美元
Unit: USD 10000

国 别（地 区）	Region	2013		2014	
		出口总额 Exports	进口总额 Imports	出口总额 Exports	进口总额 Imports
苏丹	Sudan	239843	210002	192869	152131
坦桑尼亚	Tanzania	314070	55255	384357	43510
多哥	Togo	244322	11794	249191	16644
突尼斯	Tunisia	126316	17673	123578	21192
乌干达	Uganda	45221	7193	48657	11157
布基纳法索	Burkina Faso	10339	18689	11797	12390
刚果(金)	Congo DR	94875	274566	136218	281156
赞比亚	Zambia	72969	304787	72567	306075
津巴布韦	Zimbabwe	41383	68784	40380	83571
莱索托	Lesotho	8983	1341	8876	1208
梅利利亚	Melilla	754		903	
斯威士兰	Swaziland	2476	11507	2653	4611
厄立特里亚	Eritrea	13796	5093	8814	32169
马约特岛	Mayotte	7772	0	1909	0
南苏丹共和国	Republic of South Sudan	7509	246834	6608	432924
非洲其他国家(地区)	Other Countries (Regions) in Africa	41	5	125	1
欧洲	**Europe**	**40574398**	**32417156**	**43882482**	**33613073**
比利时	Belgium	1556018	984807	1721641	1005922
丹麦	Denmark	571140	337570	654783	405732
英国	United Kingdom	5094213	1907879	5714114	2372674
德国	Germany	6734250	9415569	7270305	10501277
法国	France	2671417	2310969	2870208	2706275
爱尔兰	Ireland	247717	419285	280168	373363
意大利	Italy	2575266	1757379	2875640	1928190
卢森堡	Luxembourg	180783	25666	194875	30380
荷兰	Netherlands	6031475	982493	6492852	934013
希腊	Greece	321898	43327	418561	34567
葡萄牙	Portugal	250686	139946	313707	166329
西班牙	Spain	1892850	597183	2149728	620361
阿尔巴尼亚	Albania	32460	23484	37827	18932
安道尔	Andorra	224	2	220	3
奥地利	Austria	203753	503035	239621	585170
保加利亚	Bulgaria	111698	95674	117806	98486
芬兰	Finland	583152	390564	509898	405118
直布罗陀	Gibraltar	4158	601	828	0
匈牙利	Hungary	569228	271515	576417	325990
冰岛	Iceland	14664	7580	14376	5976
列支敦士登	Liechtenstein	1773	11524	2138	10056
马耳他	Malta	251457	72524	319286	59142
摩纳哥	Monaco	2880	886	1289	1161
挪威	Norway	273712	346799	273144	446769
波兰	Poland	1257488	223180	1425680	293474
罗马尼亚	Romania	282254	120750	322318	152067
圣马力诺	San Marino	200	193	283	298
瑞典	Sweden	679906	698710	716760	679154
瑞士	Switzerland	351131	5607631	308848	4044052
爱沙尼亚	Estonia	110982	19958	114610	22550
拉脱维亚	Latvia	137427	9916	131670	14691
立陶宛	Lithuania	168618	12479	165829	15749
格鲁吉亚	Georgia	86209	5446	90868	5311

单位：万美元

Unit: USD 10000

国别（地区）	Region	2013		2014	
		出口总额 Exports	进口总额 Imports	出口总额 Exports	进口总额 Imports
亚美尼亚	Armenia	11985	7314	12281	16717
阿塞拜疆	Azerbaijan	86857	23358	64525	29706
白俄罗斯	Byelorussia	87216	58051	111059	73828
摩尔多瓦	Moldavia	11263	1859	11520	2479
俄罗斯	Russia	4959117	3966783	5367694	4159351
乌克兰	Ukraine	784923	327287	510623	348354
斯洛文尼亚	Slovenia	183281	30280	199194	33146
克罗地亚	Croatia	138994	10427	102733	10066
捷克	Czech	683780	261492	799290	298669
斯洛伐克	Slovak	308444	345816	282850	337608
马其顿	Macedonia	6348	10797	7666	9058
波黑	Bosnia & Herzegovina	9133	2088	28398	3724
梵蒂冈城国	Vatican City State		0	0	
法罗群岛	Faroe Islands	145	7457	188	10503
塞尔维亚	Serbia	43191	18013	42456	11274
黑山	Montenegro	8638	1614	15707	5356
拉丁美洲	**Latin America**	**13396130**	**12742895**	**13622356**	**12705397**
安提瓜和巴布达	Antigua and Barbuda	24548	34	17236	4
阿根廷	Argentina	875043	608577	767983	524694
阿鲁巴岛	Aruba	2133	16	5357	18428
巴哈马	Bahamas	33671	8	74287	19
巴巴多斯	Barbados	7021	1269	7146	1480
伯利兹	Belize	12237	839	9586	727
玻利维亚	Bolivia	53147	27577	70594	49257
博内尔	Bonaire	4		29	4715
巴西	Brazil	3589547	5429912	3489013	5165322
开曼群岛	Cayman Is.	1119	26	846	0
智利	Chile	1310547	2070769	1301750	2098588
哥伦比亚	Colombia	682604	362027	804333	759889
多米尼克	Dominica	2297	11	3704	57
哥斯达黎加	Costa Rica	92698	475805	110954	418627
古巴	Cuba	137479	50463	106247	33302
库腊索岛	Curacao	2010	146	2563	3
多米尼加共和国	Dominica Rep.	104552	29001	127363	27380
厄瓜多尔	Ecuador	296685	77526	324514	106451
法属圭亚那	French Guyana	1451	8	1294	1
格林纳达	Granada	757	3	1486	0
瓜德罗普岛	Guadeloupe	3031	21	3651	2
危地马拉	Guatemala	147531	17393	186728	5140
圭亚那	Guyana	16014	2113	16729	4022
海地	Haiti	32349	1501	39138	1483
洪都拉斯	Honduras	79904	23487	68654	16166
牙买加	Jamaica	62706	381	52304	3751
马提尼克岛	Martinique	2361	9	2438	1
墨西哥	Mexico	2896630	1023848	3225539	1117342
蒙特塞拉特	Montserrat	15	2	42	1
尼加拉瓜	Nicaragua	52292	9182	56813	4337
巴拿马	Panama	1099273	4394	930739	12750
巴拉圭	Paraguay	135650	6067	139624	5563
秘鲁	Peru	618884	840806	610085	814087
波多黎各	Puerto Rico	65746	105245	103670	100352
萨巴	Saba	123		10	0

单位：万美元
Unit: USD 10000

国别（地区）	Region	2013 出口总额 Exports	2013 进口总额 Imports	2014 出口总额 Exports	2014 进口总额 Imports
圣卢西亚	Saint Lucia	1988	3	2990	3
圣马丁岛	Saint Martin Is.	304		598	0
圣文森特和格林纳丁斯	Saint Vincent & Grenadines	2523		3729	0
萨尔瓦多	El Salvador	52196	899	60189	1047
苏里南	Surinam	17403	2809	17687	5267
特立尼达和多巴哥	Trinidad and Tobago	32139	11950	42798	10073
特克斯和凯科斯群岛	Turks & Caicos Is.	38	1	109	1
乌拉圭	Uruguay	232360	246642	245849	262909
委内瑞拉	Venezuela	606450	1312010	565742	1132005
英属维尔京群岛	Virgin Is. (E)	1107	9	11497	1
圣其茨-尼维斯	St. Kitts-Nevis	1559	28	2666	42
荷属安地列斯群岛	Andreas Is. (N)	5953		5989	0
拉美其他国家(地区)	Other Countries (Regions) in Latin America	54	78	62	106
北美洲	**North America**	**39781518**	**17765141**	**42625673**	**18430760**
加拿大	Canada	2921669	2523697	3000368	2518201
美国	United States	36840640	15234230	39606255	15906100
格陵兰	Greenland	16	7214	78	6452
百慕大群岛	Bermuda	19004		18873	1
北美洲其他国家(地区)	Other Countries (Regions) in North America	188	1	99	6
大洋洲及太平洋群岛	**Oceanic and Pacific Islands**	**4461456**	**10869418**	**4657213**	**10946708**
澳大利亚	Australia	3755416	9895406	3914595	9763089
库克群岛	Cook Islands	1948	101	1942	170
斐济	Fiji	24450	5938	28725	5288
盖比群岛	Gambier Is.	13		6	
瑙鲁	Nauru	108	4	275	1
新喀里多尼亚	New Caledonia (Fr)	9034	12925	9075	33419
瓦努阿图	Vanuatu	38048	224	18024	692
新西兰	New Zealand	413168	825321	473794	950553
诺福克岛	Norfolk Islands	52		106	
巴布亚新几内亚	Papua New Guinea	55307	79769	63646	140323
社会群岛	Society Is.	428		402	
所罗门群岛	Solomon Is.	3680	40452	4944	47383
汤加	Tonga	3848	3	2394	4
萨摩亚	Samoa	5447	1	5587	19
基里巴斯	Kiribati	1866	46	2062	290
图瓦卢	Tuvalu	753		464	0
密克罗尼西亚联邦	Micronesia Commonwealth	494	998	934	544
马绍尔群岛共和国	Marshall. Is.	142245	7775	123692	4333
帕劳共和国	Republic of Palau	319	1	1046	6
法属波利尼西亚	Polynesia (F)	4505	425	4858	572
瓦利斯和浮图纳	Wallis and Futuna	71	1	122	1
大洋洲其他国家(地区)	Other Countries (Regions) in Oceania	255	28	520	20
国别（地区)不详	**Others**		**465045**		**154653**
东南亚国家联盟	**ASEAN**	**24403982**	**19955830**	**27204566**	**20824048**
欧洲联盟	**EU**	**33895346**	**21993670**	**37084299**	**24416420**
亚太经济合作组织	**APEC**	**143570917**	**123540408**	**149227962**	**122759295**

6–26 主要出口商品数量和金额
Major Export Commodities in Quantity and Value

单位：万美元
Unit: USD 10000

商品	Commodities	单位	Unit	数量 Quantity		金额 Value	
				2013	2014	2013	2014
活猪(种猪除外)	Live Hogs	万头	10000 head	168	173	45919	45635
活家禽	Live Poultry	万只	10000 head	717	493	2976	1851
牛肉	Beef	万吨	10000 tn	1	1	4432	5927
猪肉	Pork	万吨	10000 tn	7	9	32539	42269
冻鸡	Frozen Chicken	万吨	10000 tn	10	12	24212	28197
水海产品	Aquatic Products	万吨	10000 tn	384	403	1942923	2086382
鲜蛋	Fresh Eggs	百万个	million pc.	1074	1141	10688	12262
谷物及谷物粉	Cereals and Cereals Flour	万吨	10000 tn	95	71	66416	55566
#稻谷和大米	Rice	万吨	10000 tn	48	42	41674	37840
玉米	Maize	万吨	10000 tn	8	2	3319	769
蔬菜	Vegetables	万吨	10000 tn	778	803	900551	980042
#鲜或冷藏蔬菜	Fresh Vegetables	万吨	10000 tn	519	555	340171	383362
橘、橙	Mandarins and Oranges	吨	tn	866531	836682	99121	102757
苹果	Apples	吨	tn	994664	865048	102987	102758
松子仁	Pine nut Kernels	吨	tn	10683	11428	21232	23407
大豆	Soybean	万吨	10000 tn	21	21	20194	19908
花生及花生仁	Peanuts	万吨	10000 tn	13	14	21907	20065
食用植物油(含棕榈油)	Edible Vegetable Oil	吨	tn	115491	133858	19313	20033
食糖	Sugar	吨	tn	47771	46218	4178	3786
天然蜂蜜	Natural Honey	吨	tn	124901	129824	24655	26026
茶叶	Tea	吨	tn	325806	301484	124631	127266
辣椒干	Dried Chillies	吨	tn	47168	38392	10993	9803
猪肉罐头	Canned Pork	吨	tn	48624	50088	14944	15347
蘑菇罐头	Canned Mushroom	吨	tn	275028	265364	52716	52614
啤酒	Beer	万升	10000 liters	24944	25821	16289	17704
肠衣	Casings	吨	tn	79462	90534	96164	102945
填充用羽毛及羽绒	Feathers and Dawn for Stuffing	吨	tn	38673	41407	100233	99655
中药材及中式成药	Medical Materials and Medicaments of Chinese Type	吨	tn	197475	203216	119797	152659
烤烟	Flue-cured Tobacco	吨	tn	101547	88043	45783	42040

6-26 续表 1 Continued 1

单位：万美元
Unit: USD 10000

商 品	Commodities	单 位	Unit	数量 Quantity		金额 Value	
				2013	2014	2013	2014
纸烟	Cigarette	万条	10000 items	12943	12608	48892	51374
锯材	Wood Sawn	万立方米	10000 cu.m	45	40	32399	29525
生丝	Raw Silk	吨	tn	6690	6359	37358	34017
山羊绒	Cashmere	吨	tn	2844	2374	28591	23025
棉花	Cotton	吨	tn	6733	13470	1517	3007
天然石墨	Natural Graphite	万吨	10000 tn	25	28	27658	29811
天然碳酸镁及氧化镁	Magnesian Ores	万吨	10000 tn	193	228	52943	61843
萤石(氟石)	Fluorite	万吨	10000 tn	45	41	13764	12020
天然硫酸钡(重晶石)	Barite	万吨	10000 tn	206	267	27952	34828
滑石	Talcum	万吨	10000 tn	66	67	16674	16755
氧化铝	Aluminium Oxide	吨	tn	186301	118028	9508	10835
煤及褐煤	Coal and Lignite	万吨	10000 tn	751	574	106188	69543
焦炭及半焦炭	Coke and Semi-coke	万吨	10000 tn	467	851	113408	170915
原油	Crude Oil	万吨	10000 tn	162	60	145621	49070
成品油	Petroleum Products Refined	万吨	10000 tn	2851	2967	2450496	2577675
石蜡	Paraffin Wax	万吨	10000 tn	50	48	63038	61947
仲钨酸铵	Tungstate	吨	tn	2798	3023	9082	9509
氧化锌及过氧化锌	Zinc Oxide and Zinc Peroxide	吨	tn	9617	12444	1725	2238
合成有机染料	Synthetic Organic Dyestuffs	吨	tn	290087	271374	149035	181285
医药品	Medical and Pharmaceutical Products	吨	tn	817740	874720	1232037	1337811
#中式成药	Medicaments of Chinese Type	吨	tn	14235	12990	26872	24930
医用敷料	Pharmaceutical Goods	吨	tn	181579	183460	135302	139540
洗衣粉	Detergent	吨	tn	422925	454025	32799	37436
烟花、爆竹	Fireworks and Firecrackers	吨	tn	325695	334408	77127	84957
松香及树脂酸	Resin and Resin Acids	吨	tn	133143	122473	27219	29662
新的充气橡胶轮胎	Rubber Tyres	万条	10000 pc.	44003	47587	1615291	1644663
纸及纸板(未切成形的)	Paper and Paperboard in Rolls	万吨	10000 tn	565	630	681287	758208
棉纱线	Cotton Yarn	吨	tn	523286	431379	251516	206262
丝织物	Silk and Satins					96455	90711
棉机织物	Cotton Cloth					1550809	1461612
亚麻及苎麻机织物	Flax or Ramie Cloth	万米	10000 m	27758	29925	94665	110594
合成短纤与棉混纺机织物	Polyester Cotton Cloth	万米	10000 m	214371	225039	272343	333260
地毯	Carpets	万平方米	10 000 sq.m	47817	48639	250547	268021

6–26 续表 2 Continued 2

单位：万美元

Unit: USD 10000

商品	Commodities	单位	Unit	数量 Quantity 2013	2014	金额 Value 2013	2014
塑料编织袋	Bags of PP or PE Strip	万条	10001 pc.	629190	639398	107482	101923
水泥及水泥熟料	Cement	万吨	10000 tn	1454	1391	79568	77243
平板玻璃	Plate Glass	万平方米	10000 sq.m	19506	21896	104350	144228
玻璃制品	Glass Products	万吨	tn	358	350	796020	696563
家用陶瓷器皿	Porcelain and Pottery Ware for Household Use	万吨	10000 tn	251	316	470197	814526
生铁及镜铁	Pig Iron and Spiegel	万吨	10000 tn	26	24	11044	9752
钢坯及粗锻件	Billet and Crude Forgings					375	614
钢材	Rolled Steel	万吨	10000 tn	6233	9378	5321251	7081210
未锻轧铜及铜合金	Unwrought Copper an its Alloys	吨	tn	293347	268719	226639	189384
铜材	Rolled Copper	吨	tn	488978	507858	417646	423092
未锻轧铝及铝合金	Unwrought Aluminium and its Alloys	万吨	tn	57	67	128001	143278
铝材	Rolled Aluminium	万吨	10000 tn	307	367	1040579	1194805
未锻轧的锌及锌合金	Zinc and Zinc Alloys	吨	tn	5395	132719	1228	29320
未锻轧的锡及锡合金	Tin and Tin Alloys	吨	tn	3002	941	7033	2148
未锻轧的锑、粉末及废碎料	Antimony	吨	tn	2167	1444	2123	1289
未锻轧的锰	Manganese	吨	tn	222750	308697	48702	64941
钢铁或铜制标准紧固件	Nails, Bolts,etc	万吨	10000 tn	257	279	470943	519052
手用或机用工具	Hand Tools and Tools for Machines	万吨	10000 tn	150	158	868106	987959
电扇	Fans	万台	10000 set	56143	57919	416559	442195
纺织机械及零件	Textile Machinery					251392	314635
缝纫机(包括工业用)	Sewing Machines (Including Industrial Use)	万台	10000 set	1298	1340	137591	145325
金属加工机床	Machine Tools	万台	10000 set	759	829	285855	339537
电子计算器	Electric calculator	万台	10000 set	32031	29134	66055	63789
自动数据处理设备及其部件	Automatic Data Processing Machines and Components	万台	10000 set	187040	191812	18216919	18171698
自动数据处理设备的零件	Parts for Auto Data Processing Equipment	万吨	10000 tn	74	68	2859893	3044976
轴承	Bearings	万套	10000 pc.	474381	536892	338995	376484
电动机及发电机	Electric Motors and Generators	万台	10000 set	308576	297003	986245	1072644
静止式变流器	Static Converters	万个	10000 pc.	495132	532843	1761365	1824437
原电池	Primary Cells and Batteries	百万个	million pc.	27249	27651	194390	207886
蓄电池	Electric Accumulators	万个	10000 pc.	202032	219825	759162	889380
电话机	Telephone Sets	万台	10000 set	129522	142123	9715262	11725953
收音设备(包括收录音组合机及整套散件)	Radio Sets(Including Sound Recording Apparatus)	万台	10000 set	24090	23157	446678	462187

6-26 续表 3 Continued 3

单位：万美元
Unit: USD 10000

商品	Commodities	单位	Unit	数量 Quantity 2013	数量 Quantity 2014	金额 Value 2013	金额 Value 2014
彩色电视机	TV Sets	万台	10000 set	5962	7406	1105332	1355235
电容器	Electrical Capacitors					732685	754091
通断保护电路装置及零件	Electrical apparatus for switching or protecting electrical circuits					2161408	2457992
二极管及类似半导体器件	Semi Conductors	百万个	million pc.	351584	566569	2505878	2833878
电线和电缆	Insulated Wire or Cable	万吨	10000 tn	195	217	1839688	2096662
集装箱	Containers	万个	10000 unit	270	302	788051	900109
汽车	Motor Vehicles	万辆	10000 unit	92	90	1197520	1252399
汽车零配件	Parts of Motor Vehicles					4534598	4917896
自行车	Bicycles	万辆	10000 unit	5695	6265	316920	353766
船舶	Ships	艘	unit	3045148	3314884	2625242	2302206
照相机	Cameras	万架	10000 set	6841	5676	469486	375784
医疗仪器及器械	Medical Instruments and Appliances					818016	884764
手表	Wrist Watches	万只	10000 pc.	63420	66790	220008	256004
日用钟	Clocks	万只	10000 set	36653	32699	108330	100435
家具及其零件	Furniture					5182283	5202083
非针织钩编织物服装	Garments (Excluding Knitwear and Crochet)					6100211	7342907
针织或钩编的服装	Garments, Knitted or Crocheted					8689284	8171923
皮面鞋	Leather Shoes	万双	10000 pair	86582	96480	1201068	1374993
橡胶或塑料底纺织材料为面的鞋	Cloth Shoes With Outer of Rubber or Artificial Plastic Materials(including Gym Shoes)	万双	10000 pair	222735	258235	962956	1189132
塑料制品	Plastic Articles	万吨	10000 tn	896	951	3529316	3708468
玩具	Toys					1237888	1413479
足球、篮球、排球	Footballs、Basketballs and Volleyballs	万个	10000 pc.	23366	24545	53961	55696
伞	Umbrellas	万把	10000 pc.	46245	47866	268900	289585
竹编结品	Bamboo Products	吨	tn	25741	24167	17787	15463
藤编结品	Rattan Products	吨	tn	10183	10060	9308	8616
草编结品	Straw Products	吨	tn	18979	17968	13600	12689
柳编结品	Wickerwork	吨	tn	54063	53425	42942	43724
机电产品	**Mechanical and Electrical Products**					**126466246**	**131075739**
高新技术产品	**High and New-technology Products**					**66008130**	**66049044**

6-27 主要进口商品数量和金额
Major Import Commodities in Quantity and Value

单位：万美元
Unit: USD 10000

商品	Commodities	单位	Unit	数量 Quantity		金额 Value	
				2013	2014	2013	2014
谷物及谷物粉	Cereals and Cereals Flour	万吨	10000 tn	1458	1951	510060	621731
#玉米	Maize	万吨	10000 tn	327	260	93750	72984
小麦	Wheat	万吨	10000 tn	554	300	188056	97855
稻谷和大米	Rice	万吨	10000 tn	227	258	108303	125424
大豆	Soybean	万吨	10000 tn	6338	7140	3800944	4026172
食用植物油(含棕榈油)	Edible Vegetable Oil	万吨	10000 tn	810	650	807489	593153
食糖	Sugar	万吨	10000 tn	455	349	206867	149424
天然橡胶(包括胶乳)	Natural Rubber	万吨	10000 tn	247	261	639258	495142
合成橡胶(包括胶乳)	Synthetic Rubber	万吨	10000 tn	153	148	442836	397306
原木	Logs	万立方米	10000 cu.m	4516	5119	932014	1178223
锯材	Wood Sawn	万立方米	10000 cu.m	2402	2565	682629	808622
纸浆	Paper Pulp	万吨	10000 tn	1685	1796	1137526	1206592
羊毛及毛条	Wool and Wool Tops	万吨	10000 tn	36	34	283983	250802
棉花	Cotton, not Carded or Combed	万吨	10000 tn	415	244	844135	499148
纺织用合成纤维	Synthetic Fiber Suitable for Spinning	万吨	10000 tn	38	34	115442	104543
#聚酯纤维	Polyester Fiber	万吨	10000 tn	13	13	24157	24007
聚丙烯腈纤维	Polyacrylonitrile Fiber	万吨	10000 tn	21	16	66771	52018
铁矿砂及其精矿	Iron Ore	万吨	10000 tn	81910	93234	10617538	9343915
锰矿砂及其精矿	Manganese Ores	万吨	10000 tn	1660	1621	319236	271887
铜矿砂及其精矿	Copper Ores	万吨	10000 tn	1007	1181	1950898	2146393
铬矿砂及其精矿	Chromium Ores	万吨	10000 tn	1209	938	238839	183092
氧化铝	Aluminium Oxide	万吨	10000 tn	383	528	140451	192450
煤及褐煤	Coal and Lignite	万吨	10000 tn	32702	29120	2906637	2225721
原油	Crude Oil	万吨	10000 tn	28174	30837	21966037	22828847
成品油	Petroleum Products Refined	万吨	10000 tn	3959	3000	3202573	2345296
乙二醇	Ethylene Glycol	万吨	10000 tn	823	839	867960	789212
对苯二甲酸	Terephthalic Acid	万吨	10000 tn	274	116	298834	107301
己内酰胺	CPL	万吨	10000 tn	45	22	107592	50420
医药品	Pharmaceutical Products	吨	tn	97584	112385	1621623	1909522
肥料	Fertilizer	万吨	10000 tn	793	959	339274	336721

单位：万美元
Unit: USD 10000

商　　品	Commodities	单 位	Unit	数量 Quantity 2013	2014	金额 Value 2013	2014
#尿素	Urea	吨	tn	30443	6358	1090	305
氮、磷、钾复合肥	Compound Fertilizers of Nitrogen, Phosphor and Kalium	万吨	10000 tn	135	111	75334	64007
磷酸氢二胺	Diammonium Phosphate	万吨	10000 tn	22	23	11335	9985
氯化钾	Potassium Chloride	万吨	10000 tn	603	803	237655	252128
初级形状的聚乙烯	Polyethylene in primary Forms	万吨	10000 tn	646	665	958270	1037827
初级形状的聚丙烯	Polypropylene in Primary Forms	万吨	10000 tn	359	364	559587	582183
初级形状的苯乙烯聚合物	Polystyrene in Primary Forms	万吨	10000 tn	307	301	640791	622611
#ABS树脂	A BS Copolymers	万吨	10000 tn	167	167	359708	357474
初级形状的聚氯乙烯	Polyvinyl Chloride in Primary Forms	万吨	10000 tn	104	93	122613	111148
聚酯切片	Slices or Chips of Polyethylene Terephthalate	万吨	10000 tn	19	18	35155	32886
杀虫剂、除草剂及类似品	Pesticides	吨	tn	76928	92551	69292	77063
纸及纸板(未切成形的)	Paper and Paperboard	万吨	10000 tn	284	282	366027	358897
钢材	Rolled Steel	万吨	10000 tn	1408	1443	1705246	1791374
未锻轧的铜及铜合金	Copper and Copper Alloys	万吨	10000 tn	384	422	2854691	2955239
铜材	Rolled Copper	万吨	10000 tn	65	60	644610	603646
未锻轧的铝及铝合金	Aluminium and Aluminium Alloys	万吨	10000 tn	48	85	101004	376153
铝材	Rolled Aluminium	万吨	10000 tn	48	50	302631	301716
蒸汽锅炉及过热水锅炉	Boilers	台	set	369	253	4291	3369
制冷设备用压缩机	Compressors for Refrigerating Equipment	万台	10000 set	1274	1197	114978	116445
金属加工机床	Machine Tools	台	set	75490	106132	1006594	1081808
阀门	Valves	万套	10000 set	61765	74842	650059	641790
自动数据处理设备及其部件	Automatic Data Processing Machines	万台	10000 set	74743	76511	3082429	3054643
自动数据处理设备的零件	Parts of Automatic Data Processing Machines	吨	tn	138873	122970	1693299	1891628
电话机	Line Telephonic or Telegraphic Switching Apparatus	万台	10000 set	1002	1188	180989	184377
收音设备(包括收录音组合机及整套散件)	Sound Recording Apparatus	万台	10000 set	142	166	26663	35942
彩色电视机	TV Sets	万台	10000 set	5	6	3088	1853
电视显像管	Cathode-ray TV Picture Tube	万只	10000 set	41	21	757	471
汽车	Motor Vehicles and Chassis	辆	unit	1192179	1422717	4871679	6063019
#小轿车	Cars	辆	unit	423399	469617	1761831	2103755
货车	Trucks	辆	unit	9418	9589	83981	64112
非公路用自卸车	Dump Trucks	辆	unit	234	107	14507	6468
装有引擎的汽车底盘	Chassis with Engines	台	unit	1254	1455	13582	15092
汽车零配件	Parts of Motor Vehicles					2870466	3215759
飞机及其他航空器	Aircraft	架	unit	741	10771	2090404	2596256
船舶	Ships	艘	unit	5335	4544	86447	77187
医疗仪器及器械	Medical Instruments and Appliances					789285	830026
机电产品	**Mechanical and Electrical Products**					**83969959**	**85408610**
高新技术产品	**High and New-technology Products**					**55794224**	**55123626**

6–28 各地区进出口总额(按境内目的地、货源地分)
Import and Export Value by Region in Border According to Destination or Source of Goods

单位：万美元
Unit: USD 10000

地 区	Region	2013		2014	
		出口 Exports	进口 Imports	出口 Exports	进口 Imports
全 国	**Total**	**220900400**	**194998947**	**234229270**	**195923465**
北 京	Beijing	3322140	9833938	3164897	11146169
天 津	Tianjin	4892996	8567011	5201145	9240923
河 北	Hebei	4084405	4937531	4913785	4513091
山 西	Shanxi	974937	741156	1160944	690216
内 蒙 古	Inner Mongolia	525553	913393	640018	889460
辽 宁	Liaoning	5340791	6795260	5566061	6972816
吉 林	Jilin	569895	1949170	624616	2079065
黑 龙 江	Heilongjiang	1223890	1515748	1216656	1725737
上 海	Shanghai	18878591	24549208	19194665	26065608
江 苏	Jiangsu	33380420	25949109	35055845	25857102
浙 江	Zhejiang	26241357	10309401	28110404	9716552
安 徽	Anhui	2246022	1646731	2650946	1669316
福 建	Fujian	9431370	6016932	9758460	6691912
江 西	Jiangxi	2330062	1035181	2708856	1202460
山 东	Shandong	14154610	17339599	15499712	17341301
河 南	Henan	3857779	2419580	4253352	2594162
湖 北	Hubei	2098600	1464929	2398034	1686684
湖 南	Hunan	1440297	991310	1709068	1120946
广 东	Guangdong	73176341	54942818	74530955	49663299
广 西	Guangxi	939561	2930046	1304259	3184493
海 南	Hainan	317293	1158511	418531	1274251
重 庆	Chongqing	3821140	2057384	5190301	3065556
四 川	Sichuan	3276046	2233422	3668402	2455287
贵 州	Guizhou	320949	154751	358005	155804
云 南	Yunnan	876855	705576	1051669	939709
西 藏	Tibet	204923	5492	204719	8842
陕 西	Shaanxi	1022410	999565	1413742	1355092
甘 肃	Gansu	142943	541213	208026	318646
青 海	Qinghai	35071	50501	31555	30450
宁 夏	Ningxia	179874	80954	266659	134633
新 疆	Xinjiang	1593282	2163529	1754986	2133881

6-29 各地区进出口总额(按经营单位所在地分)
Import and Export Value by Location of Importers and Exporters

单位：万美元
Unit: USD 10000

地区	Region	2013 出口 Exports	2013 进口 Imports	2014 出口 Exports	2014 进口 Imports
全国	**Total**	**220900400**	**194998947**	**234229270**	**195923465**
北京	Beijing	6309756	36589825	6233842	35318018
天津	Tianjin	4900494	7949685	5259066	8129542
河北	Hebei	3096061	2395096	3571020	2416716
山西	Shanxi	799557	779541	894087	729194
内蒙古	Inner Mongolia	409256	790201	639355	816277
辽宁	Liaoning	6452201	4995618	5874518	5525307
吉林	Jilin	673891	1909283	577759	2060320
黑龙江	Heilongjiang	1623173	2264737	1733524	2156569
上海	Shanghai	20418003	23708819	21013386	25626598
江苏	Jiangsu	32880175	22200052	34183250	22172058
浙江	Zhejiang	24874624	8704246	27332705	8171272
安徽	Anhui	2825131	1726766	3148537	1769193
福建	Fujian	10647442	6284648	11345229	6395555
江西	Jiangxi	2816665	857998	3202532	1070550
山东	Shandong	13419013	13234141	14470865	13222074
河南	Henan	3598710	2396977	3938303	2558918
湖北	Hubei	2283621	1354387	2664242	1639720
湖南	Hunan	1482120	1035411	1994300	1088860
广东	Guangdong	63636385	45521759	64608701	43049746
广西	Guangxi	1869326	1413424	2432743	1622143
海南	Hainan	370649	1127895	441674	1144592
重庆	Chongqing	4679590	2189627	6340080	3203078
四川	Sichuan	4194906	2262560	4483913	2536384
贵州	Guizhou	688598	140413	939726	137407
云南	Yunnan	1567138	963218	1878747	1081996
西藏	Tibet	326905	5036	210087	15408
陕西	Shaanxi	1022566	990240	1392980	1343469
甘肃	Gansu	467732	555879	532948	331113
青海	Qinghai	84726	55548	112790	58999
宁夏	Ningxia	255216	66553	430285	113236
新疆	Xinjiang	2226774	529366	2348076	419155

6-30 外商投资企业出口额

Exports of Foreign-funded Enterprises

单位：万美元

Unit: USD 10000

年 份 Year	合计 Total	中外合资经营企业 Equity Joint Venture	中外合作经营企业 Contractual Joint Venture	外商独资经营企业 Wholly Foreignowned Enterprises
1980	824	824		
1981	3235	3022		213
1982	5287	2925		2362
1983	33036	3815		29221
1984	6894	5994		900
1985	29670	21825		7845
1986	58203	47865		10338
1987	120809	103793		17016
1988	245642	215391		30251
1989	491320	343596	79470	68254
1990	781379	526405	132135	122839
1991	1204725	769116	188447	247162
1992	1735619	1046465	261462	427692
1993	2523717	1411653	387817	724247
1994	3471297	1807458	535529	1128310
1995	4687587	2268886	679095	1739606
1996	6150636	2975031	794900	2380705
1997	7489986	3468059	898836	3123091
1998	8096189	3557015	872930	3666244
1999	8862766	3712097	814642	4336027
2000	11944121	5031107	992921	5920093
2001	13321810	5407673	1017667	6896470
2002	16998509	6207651	1169507	9621351
2003	24030598	8101382	1324353	14604863
2004	33859184	10962004	1478119	21419061
2005	44418252	13598693	1566396	29253163
2006	56377905	16372461	1771238	38234206
2007	69537077	19875818	1811744	47849515
2008	79049270	22674411	1833782	54541078
2009	67207409	18232943	1458524	47515943
2010	86222882	23758160	1647020	60817702
2011	99522704	27301423	1766749	70454532
2012	102262008	28726066	1616005	71919937
2013	104372410	30049934	1568839	72753637
2014	107461992	30549336	1364473	75548183

注：1989年以前中外合资数据包含了合作企业数据(下表同)。

Note: Figures of equity joint venture before 1989 include contractual joint ventures.The some applies to the table folloming.

6–31 外商投资企业进口额
Imports of Foreign-funded Enterprises

单位：万美元
Unit: USD 10000

年 份 Year	合计 Total	中外合资经营企业 Equity Joint Venture	中外合作经营企业 Contractual Joint Venture	外商独资经营企业 Wholly Foreignowned Enterprises
1980	3441	3412		29
1981	11087	10089		998
1982	27642	23999		3643
1983	28801	6159		22642
1984	39921	11720		28201
1985	206410	188594		17816
1986	243031	223568		19463
1987	312218	289851		22367
1988	574671	534534		40137
1989	879617	653242	142478	83897
1990	1230633	885345	177366	167922
1991	1690700	1140857	245268	304575
1992	2637070	1720559	381398	535113
1993	4183320	2590434	703739	889147
1994	5293418	2988082	920002	1385334
1995	6294271	3481818	901023	1911430
1996	7560380	4109442	929004	2521934
1997	7772135	4019173	913914	2839048
1998	7671749	3744447	795342	3131960
1999	8588361	4112889	690888	3784584
2000	11727269	5433175	851674	5442420
2001	12584296	5635689	773729	6174878
2002	16025439	6079503	840325	9105611
2003	23186398	8081936	995078	14109384
2004	32444849	10914713	1072630	20457506
2005	38745612	11834619	958539	25952453
2006	47248045	13552683	992681	32702680
2007	55979304	15495775	885985	39597544
2008	61942848	18128172	880413	42934264
2009	54540486	15886071	663684	37990732
2010	75485663	20978710	2385128	52121824
2011	86467170	25581427	856855	60028888
2012	87150012	27493460	824107	58832446
2013	87459048	28406594	828521	58223933
2014	90893776	28557893	864891	61470992

6–32 各地区外商投资企业进出口额

Exports and Imports of Foreign-funded Enterprises by Region in Border

单位：万美元

Unit: USD 10000

地区	Region	2013 出口 Exports	2013 进口 Imports	2014 出口 Exports	2014 进口 Imports
全国	**Total**	**104372410**	**87459048**	**107461992**	**90893776**
北京	Beijing	2266758	5187242	2074065	5861721
天津	Tianjin	3282008	4732507	3367803	4372526
河北	Hebei	846339	752087	893742	749656
山西	Shanxi	360433	181631	419516	271644
内蒙古	Inner Mongolia	77636	85064	85410	77727
辽宁	Liaoning	2192168	2306891	2173048	2684843
吉林	Jilin	130031	942991	154491	1080368
黑龙江	Heilongjiang	58265	83228	59071	73974
上海	Shanghai	13673977	15182076	14144621	16866892
江苏	Jiangsu	19419536	14513480	19878022	15102298
浙江	Zhejiang	6206415	3770510	6257983	3419183
安徽	Anhui	526434	668277	835564	558295
福建	Fujian	4165028	3379673	4259253	3198466
江西	Jiangxi	634406	642309	685094	631212
山东	Shandong	5823864	4279007	6228652	4475551
河南	Henan	2298177	1694373	2452909	1927452
湖北	Hubei	732409	669986	771928	681010
湖南	Hunan	329749	305865	344109	330556
广东	Guangdong	35729251	23477802	35607492	23277145
广西	Guangxi	366629	580306	437073	623135
海南	Hainan	186262	908713	285065	983351
重庆	Chongqing	2581123	1182915	3143386	1166848
四川	Sichuan	1907785	1227410	2040785	1393679
贵州	Guizhou	10418	11545	8973	9803
云南	Yunnan	37119	47254	33931	30861
西藏	Tibet	14		16	
陕西	Shaanxi	492346	607624	787891	1015121
甘肃	Gansu	4989	2286	2414	1675
青海	Qinghai	1363	7426	72	1629
宁夏	Ningxia	19271	15638	20750	14799
新疆	Xinjiang	12210	12935	8863	12356

6-33 各地区中外合资企业进出口额

Exports and Imports of Equity Joint Ventures by Region in Border

单位：万美元
Unit: USD 10000

地区	Region	2013 出口 Exports	2013 进口 Imports	2014 出口 Exports	2014 进口 Imports
全国	**Total**	**30049934**	**28406594**	**30549336**	**28557893**
北京	Beijing	1458547	1168882	1223146	1208553
天津	Tianjin	1624460	2324260	1559419	1950259
河北	Hebei	443589	307307	472809	322428
山西	Shanxi	215830	132462	405932	253191
内蒙古	Inner Mongolia	21266	69731	23116	59818
辽宁	Liaoning	1005688	1496719	1043262	1840131
吉林	Jilin	50533	840148	60554	971807
黑龙江	Heilongjiang	45228	35623	38512	35901
上海	Shanghai	2031121	2296954	2195680	2529917
江苏	Jiangsu	4354314	3556627	4466530	3351902
浙江	Zhejiang	3277431	1941180	3193681	1774201
安徽	Anhui	246641	487233	313771	405403
福建	Fujian	1071000	1435221	1102197	1394618
江西	Jiangxi	206318	453234	155841	379790
山东	Shandong	2603645	2044745	2821859	2192820
河南	Henan	2174732	1628318	2319054	1866962
湖北	Hubei	525205	573039	558277	566841
湖南	Hunan	191860	218051	189068	247935
广东	Guangdong	7787721	5360454	7660933	4989655
广西	Guangxi	173474	300724	217059	364397
海南	Hainan	157843	876876	133197	956956
重庆	Chongqing	147498	422045	157551	404172
四川	Sichuan	122666	193477	114641	157313
贵州	Guizhou	5149	8992	3727	8170
云南	Yunnan	10014	32221	9708	22715
西藏	Tibet	12		5	
陕西	Shaanxi	77827	189313	92926	294271
甘肃	Gansu	2274	1440	1154	720
青海	Qinghai	1353	7395	71	1172
宁夏	Ningxia	7524	1086	10281	3605
新疆	Xinjiang	9172	2836	5373	2269

6−34 各地区中外合作企业进出口额
Exports and Imports of Contractual Joint Ventures by Region in Border

单位：万美元
Unit: USD 10000

地 区	Region	2013		2014	
		出口 Exports	进口 Imports	出口 Exports	进口 Imports
全 国	**Total**	**1568839**	**828521**	**1364473**	**864891**
北 京	Beijing	4777	5265	5661	7420
天 津	Tianjin	15124	25843	10610	18476
河 北	Hebei	19599	96762	18279	85541
山 西	Shanxi	2385	65	1468	16
内蒙古	Inner Mongolia	195		180	
辽 宁	Liaoning	44186	12861	35481	10296
吉 林	Jilin	6252	1715	7574	2292
黑龙江	Heilongjiang	187	2	13	0
上 海	Shanghai	249599	129636	220624	114604
江 苏	Jiangsu	116743	177936	104072	188515
浙 江	Zhejiang	51765	26280	46476	29194
安 徽	Anhui	3543	452	4225	338
福 建	Fujian	14540	15275	13368	15004
江 西	Jiangxi	4484	415	6681	369
山 东	Shandong	63144	22876	59349	19531
河 南	Henan	1475	13597	2069	8414
湖 北	Hubei	4028	420	10046	316
湖 南	Hunan	580	176	690	1297
广 东	Guangdong	944798	285948	789028	354333
广 西	Guangxi	2559	1223	2533	544
海 南	Hainan	14302	805	17534	105
重 庆	Chongqing	2586	82	4521	31
四 川	Sichuan	784	1648	1164	2791
贵 州	Guizhou	409	221	412	22
云 南	Yunnan	414	2932	1998	2688
西 藏	Tibet				
陕 西	Shaanxi	300	911	358	22
甘 肃	Gansu	48		60	
青 海	Qinghai	1	19	0	16
宁 夏	Ningxia	30			0
新 疆	Xinjiang	3	5155		2718

6-35 各地区外商独资企业进出口额
Exports and Imports of Wholly Foreign-owned Enterprises by Region in Border

单位：万美元
Unit: USD 10000

地区	Region	2013 出口 Exports	2013 进口 Imports	2014 出口 Exports	2014 进口 Imports
全国	**Total**	**72753637**	**58223933**	**75548183**	**61470992**
北京	Beijing	803434	4013095	845258	4645748
天津	Tianjin	1642424	2382404	1797774	2403792
河北	Hebei	383151	348018	402654	341687
山西	Shanxi	142219	49104	12115	18437
内蒙古	Inner Mongolia	56174	15333	62114	17909
辽宁	Liaoning	1142294	797310	1094306	834416
吉林	Jilin	73246	101127	86364	106269
黑龙江	Heilongjiang	12850	47602	20546	38072
上海	Shanghai	11393257	12755486	11728318	14222372
江苏	Jiangsu	14948479	10778918	15307420	11561880
浙江	Zhejiang	2877220	1803050	3017827	1615788
安徽	Anhui	276250	180592	517567	152554
福建	Fujian	3079489	1929177	3143688	1788844
江西	Jiangxi	423603	188659	522572	251053
山东	Shandong	3157075	2211386	3347444	2263201
河南	Henan	121969	52458	131786	52077
湖北	Hubei	203176	96526	203604	113853
湖南	Hunan	137308	87639	154351	81325
广东	Guangdong	26996732	17831400	27157531	17933157
广西	Guangxi	190596	278359	217481	258194
海南	Hainan	14117	31032	134334	26290
重庆	Chongqing	2431039	760787	2981315	762645
四川	Sichuan	1784334	1032285	1924979	1233575
贵州	Guizhou	4860	2332	4834	1612
云南	Yunnan	26692	12101	22226	5458
西藏	Tibet	3		11	
陕西	Shaanxi	414218	417399	694606	720828
甘肃	Gansu	2667	846	1200	955
青海	Qinghai	9	12	1	441
宁夏	Ningxia	11717	14551	10469	11194
新疆	Xinjiang	3035	4943	3490	7369

6-36 经济特区中外合资企业进出口额
Exports and Imports of Equity Joint Ventures in Special Economic Zone

单位：万美元
Unit: USD 10000

地 区	Region	2013		2014	
		出口 Exports	进口 Imports	出口 Exports	进口 Imports
合 计	**Total**	**3713503**	**3340682**	**3455383**	**3117298**
深 圳	Shenzhen	2954891	1817018	2604599	1572206
珠 海	Zhuhai	237020	334651	166146	213328
汕 头	Shantou	49098	20914	87222	21529
厦 门	Xiamen	314652	291222	464219	353278
海 南	Hainan	157843	876876	133197	956956

6-37 经济特区中外合作企业进出口额
Exports and Imports of Contractual Joint Ventures in Special Economic Zone

单位：万美元
Unit: USD 10000

地 区	Region	2013		2014	
		出口 Exports	进口 Imports	出口 Exports	进口 Imports
合 计	**Total**	**571553**	**73833**	**444381**	**76910**
深 圳	Shenzhen	532476	48514	392218	51087
珠 海	Zhuhai	11809	9149	9288	7816
汕 头	Shantou	4794	1772	16276	3249
厦 门	Xiamen	8172	13593	9065	14653
海 南	Hainan	14302	805	17534	105

6-38 经济特区外商独资企业进出口额
Exports and Imports of Wholly Foreign-owned Enterprises in Special Economic Zone

单位：万美元
Unit: USD 10000

地 区	Region	2013		2014	
		出口 Exports	进口 Imports	出口 Exports	进口 Imports
合 计	**Total**	**13224304**	**9034060**	**14481492**	**9863130**
深 圳	Shenzhen	11096776	7574506	11144134	7936041
珠 海	Zhuhai	1434734	829696	1400960	667154
汕 头	Shantou	82983	59039	100288	61356
厦 门	Xiamen	595694	539788	1701777	1172289
海 南	Hainan	14117	31032	134334	26290

外资
FOREIGN CAPITAL

第7篇

7-1 利用外资合同金额
Contractual Amount of Foreign Capital

单位:亿美元

Unit: USD 100 million

年 份 Year	总 计 Total		对外借款 Foreign Loans		外商直接投资 Direct Foreign Investment		外商其他投资 Other Foreign Investment
	项目(个) Number of Contracts (unit)	金 额 Amount	项目(个) Number of Contracts (unit)	金 额 Amount	项目(个) Number of Contracts (unit)	金 额 Amount	金 额 Amount
1979-1982	947	194.96	27	135.49	920	49.58	9.89
1983	690	36.15	52	15.13	638	19.17	1.85
1984	2204	50.15	38	19.16	2166	28.75	2.24
1985	3145	102.69	72	35.34	3073	63.33	4.02
1986	1551	122.33	53	84.07	1498	33.30	4.96
1987	2289	121.36	56	78.17	2233	37.09	6.10
1988	6063	160.04	118	98.13	5945	52.97	8.94
1989	5909	114.79	130	51.85	5779	56.00	6.94
1990	7371	120.86	98	50.99	7273	65.96	3.91
1991	13086	195.83	108	71.61	12978	119.77	4.45
1992	48858	694.39	94	107.03	48764	581.24	6.12
1993	83595	1232.73	158	113.06	83437	1114.36	5.31
1994	47646	937.56	97	106.68	47549	826.80	4.08
1995	37184	1032.05	173	112.88	37011	912.82	6.35
1996	24673	816.10	117	79.62	24556	732.76	3.71
1997	21138	610.58	137	58.72	21001	510.03	41.82
1998	19850	632.01	51	83.85	19799	521.02	27.14
1999	17022	520.09	104	83.60	16918	412.23	24.26
2000	22347	711.30			22347	623.80	87.50
2001	26140	719.76			26140	691.95	27.81
2002	34171	847.51			34171	827.68	19.82
2003	41081	1169.01			41081	1150.69	18.32
2004	43664	1565.88			43664	1534.79	31.09
2005	44001	1925.93			44001	1890.65	35.28
2006	41473	1982.16			41473	1937.27	44.89
2007	37871				37871		
2008	27514				27514		
2009	23435				23435		
2010	27406				27406		
2011	27712				27712		
2012	24925				24925		
2013	22773				22773		
2014	23778				23778		

注：本数据来自商务部，从2007年起商务部不公布合同外资金额。

Note: Ministry of Commerce did not issue the Relative Data since 2007.

7-2 实际利用外资额
Amount of Foreign Capital Used

单位:亿美元

Unit: USD 100 million

年 份 Year	总 计 Total	对外借款 Foreign Loans	外商直接投资 Foreign Direct Investment	外商其他投资 Other Foreign Investment
1979-2012	**14814.35**		**12761.08**	**581.71**
1979-1982	130.60	106.90	17.69	6.01
1983	22.61	10.65	9.16	2.80
1984	28.66	12.86	14.19	1.61
1985	47.60	25.06	19.56	2.98
1986	76.28	50.14	22.44	3.70
1987	84.52	58.05	23.14	3.33
1988	102.26	64.87	31.94	5.45
1989	100.60	62.86	33.92	3.81
1990	102.89	65.34	34.87	2.68
1991	115.54	68.88	43.66	3.00
1992	192.03	79.11	110.08	2.84
1993	389.60	111.89	275.15	2.56
1994	432.13	92.67	337.67	1.79
1995	481.33	103.27	375.21	2.85
1996	548.05	126.69	417.26	4.10
1997	644.08	120.21	452.57	71.30
1998	585.57	110.00	454.63	20.94
1999	526.59	102.12	403.19	21.28
2000	593.56	100.00	407.15	86.41
2001	496.72		468.78	27.94
2002	550.11		527.43	22.68
2003	561.40		535.05	26.35
2004	640.72		606.30	34.43
2005	638.05		603.25	34.80
2006	670.76		630.21	40.55
2007	783.39		747.68	35.72
2008	952.53		923.95	28.58
2009	918.04		900.33	17.71
2010	1088.21		1057.35	30.86
2011	1176.98		1160.11	16.87
2012	1132.94		1117.16	15.78
2013	1187.21		1175.86	11.34
2014	1197.05		1195.62	1.44

7-3 分方式外商投资

Foreign Direct and Other Investment by Form

单位：亿美元

unit: USD 100 million

方　式	Form	2012		2013		2014	
		项目(个) Nunber of Contracts (unit)	金　额 Amount	项目(个) Nunber of Contracts (unit)	金　额 Amount	项目(个) Nunber of Contracts (unit)	金　额 Amount
总　计	**Total**	**24925**	**1132.94**	**22773**	**1187.21**	**23778**	**1197.05**
一、外商直接投资	**Direct Foreign Investment**	**24925**	**1117.16**	**22773**	**1175.86**	**23778**	**1195.62**
合资经营	Equity Joint Venture	4355	217.06	4476	237.72	4824	210.02
合作经营	Contractual Joint Venture	166	23.08	142	19.44	104	16.33
独资经营	Wholly Foreign-owned Enterprise	20352	861.32	18125	895.89	18809	947.37
外商投资股份制企业	FDI Share- holding Inc.	52	15.70	30	22.81	41	21.89
合作开发	Joint Exploration						
其他	Other						
二、外商其他投资	**Other Foreign Investment**		**15.78**		**11.34**		**1.44**
对外发行股票	Shares Issued to Foreign Countries		7.27		3.26		
国际租赁	International Leasing						
补偿贸易	Compensation Trade		0.95				
加工装配	Processing Assembly		7.56		8.08		1.44

7-4 外商直接投资行业分布(2014年)
Foreign Direct Investment by Sector

单位：万美元
Unit:USD 10000

行　业	Sector	合同项目(个) Number of Contracts (unit)	实际使用金额 Actually Utilized Value
总　计	**Total**	**23778**	**11956156**
农、林、牧、渔业	Agriculture,Forestry,Animal Husbandry and Fishing	719	152227
农业	Agriculture	462	85002
采矿业	Mining	35	56222
石油和天然气开采业	Petroleum and Natural Gas Mining	9	2437
制造业	Manufacturing	5178	3993872
纺织业	Textile	115	82709
化学原料及化学制品制造业	Chemistry Raw Material and Chemical Product Manufacturing	234	317867
医药制造业	Medicine Manufacturing	91	95551
通用设备制造业	General Purpose Equipment Manufacturing	547	292208
专用设备制造业	Special Purpose Equipment Manufacturing	466	230233
通信设备、计算机及其他电子设备制造业	Communication Facility, Computer and other Electronic Installation Manufacturing	589	614777
电力、燃气及水的生产和供应业	Production and Distribution of Electricity ,Gas and Water	208	220290
建筑业	Construction	230	123949
交通运输、仓储和邮政业	Transport, Storage and Post	376	445559
信息传输、计算机服务和软件业	Information Transmission, Computer Services and Software	981	275511
批发和零售业	Wholesale and Retail Trade	7978	946340
住宿和餐饮业	Hotel and Restaurants	567	65021
旅游饭店	Traveling Hotel	1	20811
金融业	Financial Intermediation	970	418216
房地产业	Real Estate	446	3462611
房地产开发经营	Property Development Management	281	3385330
租赁和商务服务业	Leasing and Business Services	3963	1248588
科学研究、技术服务和地质勘查业	Scientific Research, Technical Service and Geologic Prospecting	1611	325466
水利、环境和公共设施管理业	Management of Water Conservancy, Environment and Public Facili	99	57349
居民服务和其他服务业	Services to Households and Other Services	181	71813
教育	Education	20	2097
卫生、社会保障和社会福利业	Health, Social Security and Social Welfare	22	7757
文化、体育和娱乐业	Culture, Sports and Entertainment	194	82338
公共管理和社会组织	Public Management and Social Organizations		930

7-5 分国别(地区)外商实际投资

Utilization of Foreign Direct and Other Investment by Country or Region

单位：万美元

Unit: USD 10000

国别(地区)	Country/Region	2013			2014		
		外商直接投资合同项目 Number of FDI Contracts (unit)	外商直接投资 Foreign Direct Investment	外商其他投资 Other Foreign Investment	外商直接投资合同项目 Number of FDI Contracts (unit)	外商直接投资 Foreign Direct Investment	外商其他投资 Other Foreign Investment
总　计	**Total**	**22773**	**11758620**	**113439**	**23778**	**11956156**	**14377**
亚洲	**Asia**	**18182**	**9467234**	**95279**	**18709**	**9864918**	**11777**
阿富汗	Afghanistan	7	558		13	100	
巴林	Bahrain					15	
孟加拉国	Bangladesh	29	27		28	15	
文莱	Brunei	51	13319		27	7094	
缅甸	Myanmar	3	585		2	585	
柬埔寨	Cambodia	4	2251		2	312	
塞浦路斯	Cyprus	6	2128		4	673	
朝鲜	Korea DPR	20	268		17	29	
中国香港	Hong Kong, China	12014	7339667	88298	12169	8126820	11777
印度	India	66	2705		86	5075	
印度尼西亚	Indonesia	31	12623		35	7802	
伊朗	Iran	70	325		57	380	
伊拉克	Iraq	8	101		16	16	
以色列	Israel	40	1365		40	1342	
日本	Japan	943	705817	6981	653	432530	
约旦	Jordan	10	125		15	116	
科威特	Kuwait	2	69		4	694	
老挝	LaoPDR				1		
黎巴嫩	Lebanon	8	199		12	91	
中国澳门	Macao, China	310	46020		380	55057	
马来西亚	Malaysia	148	28053		166	15749	
蒙古	Mongolia	4	207		4	16	
尼泊尔	Nepal	7	11		10	22	
巴基斯坦	Pakistan	31	1805		66	2323	
巴勒斯坦	Palestine	2	3		4	70	
菲律宾	Philippines	26	6726		30	9707	
卡塔尔	Qatar		1771		1		
沙特阿拉伯	Saudi Arabia	14	5851		16	3061	
新加坡	Singapore	731	722872		757	582668	
韩国	Korea	1371	305421		1558	396564	
斯里兰卡	Sri Lanka	6			13		
叙利亚	Syria	19	248		22	173	
泰国	Thailand	37	48305		49	6052	
土耳其	Turkey	77	4004		58	1272	
阿联酋	United Arab Emirates	29	4381		33	2855	
也门共和国	Yemen Rep.	12	90		14	94	
越南	Vietnam	6			7	7	
中国台湾	Taiwan, China	2017	208771		2318	201812	
哈萨克斯坦	Kazakhstan	13	363		17	3655	
吉尔吉斯斯坦	Kirghizia	1				5	
塔吉克斯坦	Tadzhikistan				1		
土库曼斯坦	Turkmenistan	1	19				
乌兹别克斯坦	Uzbekstan	8	5		4	37	
亚洲其他国家	Oth.Asia.nes		176			30	
非洲	**Africa**	**334**	**137901**		**383**	**101826**	
阿尔及利亚	Algeria	3	5		7		

7-5 续表 1 Continued 1

单位：万美元

Unit: USD 10000

国别(地区)	Country/Region	2013			2014		
		外商直接投资合同项目 Number of FDI Contracts(unit)	外商直接投资 Foreign Direct Investment	外商其他投资 Other Foreign Investment	外商直接投资合同项目 Number of FDI Contracts(unit)	外商直接投资 Foreign Direct Investment	外商其他投资 Other Foreign Investment
安哥拉	Angola	7	454		4	712	
贝宁	Benin				3		
博茨瓦纳	Botswana	1	29				
布隆迪	Burundi				1	8	
喀麦隆	Cameroon	4	3		6	2	
刚果	Congo	2	3		3	12	
埃及	Egypt	16	209		26	126	
埃塞俄比亚	Ethiopia				2	4	
冈比亚	Gambia	2	150				
加纳	Ghana	5	4		8	36	
几内亚	Guinea				1	1	
科特迪瓦共和国	Cote d'lvoire				1		
肯尼亚	Kenya		11		2		
利比里亚	Liberia	1	16				
利比亚	Libya	5			5	12	
马里	Mali	2			5		
毛里求斯	Mauritius	27	91030		30	59128	
摩洛哥	Morocco	3	27		4		
纳米比亚	Namibia	1	1600		2		
尼日尔	Niger				3		
尼日利亚	Nigeria	17	1488		19	3008	
塞内加尔	Senegal				1		
塞舌尔	Seychelles	206	34812		230	35904	
塞拉利昂	Sierra Leone	1	2			2	
索马里	Somalia					13	
南非	S. Africa	10	1292		10	589	
苏丹	Sudan	1	24		1		
坦桑尼亚	Tanzania	4	1629		3	1627	
多哥	Togo				2		
突尼斯	Tunisia	1	45			2	
乌干达	Uganda	3	3580		2	100	
赞比亚	Zambia		1488				
津巴布韦	Zimbabwe				1		
厄立特里亚	Eritrea				1		
非洲其他国家	Oth. Afr. Nes	11				540	
欧洲	**Europe**	**1639**	**689319**	**9000**	**1721**	**669165**	
比利时	Belgium	31	3451		18	10823	
丹麦	Denmark	40	36960		41	29054	
英国	United Kingdom	236	39194	3000	287	73534	
德国	Germany	373	207844		384	207056	
法国	France	168	75189		159	71207	
爱尔兰	Ireland	22	4324		18	40400	
意大利	Italy	200	31685		205	37200	
卢森堡	Luxembourg	25	43256		23	12829	
荷兰	Netherlands	102	127477		122	63873	
希腊	Greece	7	158		8	147	
葡萄牙	Portugal	10	948		7	444	

7-5　续表 2　Continued 2

单位：万美元

Unit: USD 10000

国别(地区)	Country/Region	2013			2014		
		外商直接投资合同项目 Number of FDI Contracts (unit)	外商直接投资 Foreign Direct Investment	外商其他投资 Other Foreign Investment	外商直接投资合同项目 Number of FDI Contracts (unit)	外商直接投资 Foreign Direct Investment	外商其他投资 Other Foreign Investment
西班牙	Spain	77	31197		62	17638	
阿尔巴尼亚	Albania				1		
奥地利	Austria	40	15341	6000	38	10625	
保加利亚	Bulgaria	2	165		3	219	
芬兰	Finland	24	8961		18	6722	
匈牙利	Hungary	10	311		6	45	
冰岛	Iceland	1	755		4		
列支敦士登	Liechtenstein	3	183			259	
马耳他	Malta		3		3		
摩纳哥	Monaco		24				
挪威	Norway	16	2786		20	2192	
波兰	Poland	11	155		15	219	
罗马尼亚	Romania	6	135		4	21	
瑞典	Sweden	42	20852		52	36194	
瑞士	Switzerland	77	31468		79	33953	
爱沙尼亚	Estonia	2			1	8	
拉脱维亚	Latvia				4	2	
立陶宛	Lithuania		8		1		
格鲁吉亚	Georgia	3	400				
亚美尼亚	Armenia	1	1012		1	5	
阿塞拜疆	Azerbaijan	15	84		5	133	
白俄罗斯	Belarus		19		2	4	
摩尔多瓦	Moldavia	3	15		2		
俄罗斯	Russia	69	2208		90	4088	
乌克兰	Ukraine	10	552		20	38	
斯洛文尼亚	Slovenia	1	86		6	6	
克罗地亚	Croatia	2	21		1	2	
捷克	Czech	5	1099		5	3371	
斯洛伐克	Slovak	3	845		4	360	
波黑	Bosnia & Herzegovina		70				
欧洲其他国家	Oth. Eur. Nes	2	78		2	6494	
拉丁美洲	**Latin America**	**663**	**820687**		**637**	**771545**	
安提瓜和巴布达	Antigua and Barbuda					400	
阿根廷	Argentina	5	52		4	305	
巴哈马	Bahamas	2	8192		2	8412	
巴巴多斯	Barbados	2	16096		1	7074	
伯利兹	Belize	6	4204		7	2208	
玻利维亚	Bolivia		22		2		
巴西	Brazil	18	2304		26	2811	
开曼群岛	Cayman Is.	87	166825		111	125509	
智利	Chile	7	2094		7	625	
哥伦比亚	Colombia	8	38		8		
多米尼克	Dominica		100			60	
古巴	Cuba					287	
厄瓜多尔	Ecuador		2		1		
格林纳达	Granada				1		
危地马拉	Guatemala				1	3	
墨西哥	Mexico	11	1580		13	319	

单位：万美元
Unit: USD 10000

国别(地区)	Country/Region	2013 外商直接投资合同项目 Number of FDI Contracts (unit)	2013 外商直接投资 Foreign Direct Investment	2013 外商其他投资 Other Foreign Investment	2014 外商直接投资合同项目 Number of FDI Contracts (unit)	2014 外商直接投资 Foreign Direct Investment	2014 外商其他投资 Other Foreign Investment
巴拿马	Panama	4	2594		3	600	
秘鲁	Peru	3			3	39	
圣文森特和格林纳丁斯	SaintVincent & Grenadines		111				
特克斯和凯科斯群岛	Turks & Caicos Is.		40			17	
乌拉圭	Uruguay	1	158		1	215	
委内瑞拉	Venezuela	2	66		5	45	
维尔京群岛	Virgin Is.	501	615858		436	622566	
圣其茨－－尼维斯	St. Kitts-Nevis	3	95		5	50	
拉美洲其他国家	Oth. L. Amer. Nes	3	256				
北美洲	**North America**	**1398**	**408372**		**1585**	**325619**	
加拿大	Canada	320	53610		399	35346	
美国	United States	1061	281987		1176	237074	
百慕大	Bermuda	12	72194		10	53080	
北美洲其他国家	Oth. N. Amer. nes	5	581			119	
大洋洲及太平洋岛屿	**Oceania and Pacific Is.**	**684**	**232652**		**741**	**189251**	
澳大利亚	Australia	225	32967		276	23853	
库克群岛	Cook Is.	2	65		1	82	
斐济	Fiji				1	7	
瓦努阿图	Vanuatu		79			16	
新西兰	New Zealand	38	6795		62	4748	
汤加	Tonga	1					
萨摩亚	Samoa	393	185807		372	156383	
马绍尔群岛	Marshall Is.	17	4884		8	3412	
安奎拉	Anguilla				21	176	
其他太平洋岛屿	Oth. Pacific Is.	1	1048			545	
大洋洲其他国家	Oth. Ocean. Nes	7	1007			29	
其他	**Others**	**1**	**2455**	**9160**	**3**	**33832**	**2600**
东南亚国家联盟	**Association of Southeast Asian Nations**	**1037**	**834734**		**1076**	**629976**	
欧洲联盟	**European Union**	**1445**	**651793**	**9000**	**1499**	**622672**	

注：1. 东南亚国家联盟包括：文莱、缅甸、柬埔寨、印度尼西亚、老挝、马来西亚、菲律宾、新加坡、泰国、越南。
2. 欧洲联盟包括：比利时、丹麦、英国、德国、法国、爱尔兰、意大利、卢森堡、荷兰、希腊、葡萄牙、西班牙、奥地利、芬兰、瑞典、塞浦路斯、匈牙利、马耳他、波兰、爱沙尼亚、拉脱维亚、立陶宛、斯洛文尼亚、捷克、斯洛伐克、保加利亚、罗马尼亚、克罗地亚。

a) Association of Southeast Asian Nations include Brunei, Myanmar,Cambodia,Indonesia,Laos,Malaysia,Philippines,Singapore,Thailand,Vietnam.
b) European Union include Belgium,Denmark,United Kingdom,Germany,France,Ireland,Italy,Luxembourg,Netherlands,Greece,Portugal,Spain, Austria,Finland,Sweden,Cyprus,Hungary,Malta,Poland,Estonia,Latvia,Lithuania,Slovenia,Czech,Slovak,Croatia.

7-6 历年外商投资企业登记概况
Status of Registered Enterprises with Foreign Capital

年 份 Year	企业数 (户) Number of Enterprise (unit)	投资总额 (万美元) Total Investment (USD 10000)	注册资本(万美元) Registered Capital(USD 10000)	
			小 计 Subtotal	#外 方 Foreign Partner
1980	7	470	432	179
1981	82	13248	11411	6646
1982	330	65085	60697	44201
1983	616	176747	143037	89589
1984	1999	434644	325086	207109
1985	4912	1641154	834410	508846
1986	6524	2140438	1163741	582717
1987	8546	2641308	1466820	827307
1988	13747	3780628	2154354	1169072
1989	18968	4690829	2759003	1501813
1990	25389	5457370	3304208	1866511
1991	37215	7178332	4465808	2577358
1992	84371	17845550	11598693	6866484
1993	167507	38238877	24563127	15018236
1994	206096	49072446	31227534	19631486
1995	233564	63900854	39912302	25688422
1996	240447	71532202	44148483	28979610
1997	235681	75347010	45981372	30298675
1998	227807	77422942	46728674	31371224
1999	212436	77856752	46354938	31668255
2000	203208	82467505	48394975	33719912
2001	202306	87501079	50579271	35968275
2002	208056	98189328	55211904	40199985
2003	226373	111735062	62264052	46577863
2004	242284	131118108	72848575	55799291
2005	260000	146399267	81203319	63193522
2006	274863	170756477	94647381	74062533
2007	286232	210878940	115541864	92114807
2008	434937	232413047	130055348	103885057
2009	434248	249996531	140348130	113694532
2010	445244	270593108	157384290	125896928
2011	446487	299312402	172942962	138102850
2012	440609	326104777	188141484	149034975
2013	445962	351760847	202802980	160771193
2014	460699	379772862	218351038	174138864

注：1.本数据来源于国家工商管理总局，从2008年起企业户数包含分支机构.
2.自2013年起，国家工商总局不再公布法人企业数.

Note: a.Data in this table are from State Administration for Industry & Commerce. The number of enterprise includes branch Since 2008.
b.Since 2013,State Administration for Industry & Commerce do not publish the number of corporation enterprise.

7-7 年末登记外商投资企业行业分布情况
Registered Foreign-funded Enterprises by Sector at the Year-end

行业	Sector	企业数(户) Number of Enterprises (unit)	投资额(万美元) Total Investment (USD 10000)	注册资本(万美元) Registered Capital (USD 10000)	
				小计 Subtotal	#外方 Foreign Partner
总计	**Total**	**460699**	**379772862**	**218351038**	**174138864**
农、林、牧、渔业	Agriculture, Forestry, Animal Husbandry and Fishery	6784	5221449	3135623	2702703
采矿业	Mining	836	1833782	1096798	759204
制造业	Manufacturing	161168	183285996	96827644	77400563
电力、热力、燃气及水生产和供应业	Production and Supply of Electricity, Heat, Gas and Water	4338	17786356	6924141	4266548
建筑业	Construction	5033	6693386	3706846	2861548
批发和零售业	Wholesale and Retail Trades	100565	23679728	13313821	11594008
交通运输、仓储和邮政业	Transport, Storage and Post	11390	13750095	7804977	4403078
住宿和餐饮业	Hotels and Catering Services	24219	3745034	2116741	1724736
信息传输、软件和信息技术服务业	Information Transmission, Software and Information Technology	43433	6998059	4349789	3909990
金融业	Financial Intermediation	9924	10015691	9365843	6787899
房地产业	Real Estate	17522	55872306	35032527	29806285
租赁和商务服务业	Leasing and Business Services	44381	26278796	21027370	17268430
科学研究和技术服务业	Scientific Research and Technical Services	20970	17750648	9867437	7728324
水利、环境和公共设施管理业	Management of Water Conservancy, Environment and	1055	2491717	1277702	1024979
居民服务、修理和其他服务业	Service to Households, Repair and Other Services	4527	1316923	778208	637913
教育	Education	410	109280	62398	51411
卫生和社会工作	Health and Social Service	235	528761	228164	181020
文化、体育和娱乐业	Culture, Sports and Entertainment	2851	2297521	1357466	979654
其他	Others	1058	117337	77545	50569

7−8 各地区年末登记的外商投资企业数及投资额

Number and Investment of Registered Enterprise with Foreign Capital by Region or Department at the Year-end

地区、部门	Region/Department	企业数（户）Number of Enterprise (unit)		投资总额（万美元）Total Investment (USD 10000)	
		2013	2014	2013	2014
总　计	**Total**	**445962**	**460699**	**351760847**	**379772862**
一、地区合计	**Subtotal of Regions**	**445735**	**460697**	**340194309**	**379769844**
北　京	Beijing	27061	28041	17710468	20102652
天　津	Tianjin	11413	11507	12742286	14414556
河　北	Hebei	6832	6811	5454198	6213456
山　西	Shanxi	3535	3531	3418155	3911919
内蒙古	Inner Mongolia	2925	3036	2291137	2644933
辽　宁	Liaoning	17250	17091	18320684	19864118
吉　林	Jilin	4350	4370	3177854	3332757
黑龙江	Heilongjiang	4924	5016	2279427	2398346
上　海	Shanghai	64412	68952	45793284	53046708
江　苏	Jiangsu	50514	51634	66637647	71813116
浙　江	Zhejiang	30674	31005	24040813	26288101
安　徽	Anhui	4466	4721	4161207	4802629
福　建	Fujian	23546	24322	15651558	17324503
江　西	Jiangxi	6667	7020	5877046	6702478
山　东	Shandong	25755	26023	17649089	19922719
河　南	Henan	9934	10056	4778674	5887807
湖　北	Hubei	7693	8160	6535660	7767141
湖　南	Hunan	5020	5353	4048608	4630680
广　东	Guangdong	100639	104555	51264031	56206327
广　西	Guangxi	3756	3949	3192745	3739588
海　南	Hainan	3105	3038	2699357	2788800
重　庆	Chongqing	5397	5147	5884087	6751691
四　川	Sichuan	9147	10253	7248972	8275197
贵　州	Guizhou	1386	1515	1185564	1547158
云　南	Yunnan	4262	4046	2409703	2525272
西　藏	Tibet	240	255	131053	132836
陕　西	Shaanxi	6443	6782	3662889	4473422
甘　肃	Gansu	2229	2282	651003	676434
青　海	Qinghai	370	363	298072	309527
宁　夏	Ningxia	488	538	353718	516377
新　疆	Xinjiang	1302	1325	645319	758597
二、部门合计	**Subtotal of Departments**	**227**	**2**	**11566537**	**3019**

7-9 各地区外商投资企业年末注册资本
Registered Capital of Foreign-funded Enterprise by Region or Department at the Year-end

单位：万美元
Unit: USD 10000

地区、部门	Region/Department	注册资本 Registered Capital		外方注册资本 Registered Foreign Capital	
		2013	2014	2013	2014
总　计	**Total**	**202802980**	**218351038**	**160771193**	**174138864**
一、地区合计	**Subtotal of Regions**	**194786331**	**218348025**	**156333748**	**174135853**
北　京	Beijing	10585103	11916114	8281769	9234772
天　津	Tianjin	7207358	8248566	5987821	6744596
河　北	Hebei	2722797	3106533	1977923	2254586
山　西	Shanxi	1990744	2229580	892192	1017861
内蒙古	Inner Mongolia	1084368	1228567	729676	834129
辽　宁	Liaoning	11359920	12035375	9276178	9861306
吉　林	Jilin	1533344	1578311	931641	966685
黑龙江	Heilongjiang	1310724	1434313	960779	1095037
上　海	Shanghai	28230457	33595567	23028787	27068425
江　苏	Jiangsu	35428158	38393366	30003522	32563823
浙　江	Zhejiang	14066464	15268073	10878773	11959334
安　徽	Anhui	2266047	2607476	1673775	1880884
福　建	Fujian	8537482	9448456	7115610	7791319
江　西	Jiangxi	3843581	4376938	3325266	3798486
山　东	Shandong	9945626	11313078	7647035	8707114
河　南	Henan	2447916	2969242	1791036	2232618
湖　北	Hubei	3492329	4101570	2562246	2992149
湖　南	Hunan	2087227	2419023	1579007	1839349
广　东	Guangdong	30371486	33773734	25165856	27329427
广　西	Guangxi	1726796	1937381	1402424	1572659
海　南	Hainan	1528312	1571897	1143264	1165938
重　庆	Chongqing	3690027	4254275	2889639	3342948
四　川	Sichuan	4133801	4671597	3241509	3571299
贵　州	Guizhou	625152	775630	492807	612199
云　南	Yunnan	1413633	1444571	1071514	1089115
西　藏	Tibet	81079	82822	34843	35606
陕　西	Shaanxi	2097437	2411131	1564017	1811183
甘　肃	Gansu	284028	296667	186887	193027
青　海	Qinghai	148851	129964	88479	79251
宁　夏	Ningxia	184895	321996	136432	186244
新　疆	Xinjiang	361187	406212	273039	304485
二、部门合计	**Subtotal of Departments**	**8016649**	**3013**	**4437445**	**3011**

对外合作

INTERNATIONAL COOPERATION

第8篇

8-1 对外经济合作概况
Foreign Economic Cooperation

年 份 Year	对外承包工程 Foreign Engineering Projects				对外劳务合作 Foreign Labour Services	
	合同数 (份) Contract Number (unit)	合同金额 (亿美元) Contract Value (USD 100 million)	完成营业额 (亿美元) Turnover (USD 100 million)	年末在外人数 (万人) Persons Abroad by the End of Year (10000 person)	派出劳务人数 (万人) Dispatched Labor (10000 person)	年末在外人数 (万人) Persons Abroad by the End of Year (10000 person)
1979	27	0.33	1.23 (1979–1981)			
1980	138	1.40				
1981	250	2.76				
1982	195	3.46	1.00			
1983	280	7.99	1.89			
1984	344	15.38	4.94	2.19		2.76
1985	465	11.16	6.63	3.06		2.49
1986	486	11.89	8.19	2.74		1.90
1987	616	16.48	11.14	3.13		3.19
1988	642	18.13	12.53	3.00		3.98
1989	776	17.81	14.84	2.40		4.31
1990	920	21.25	16.44	2.18		3.61
1991	1171	25.24	19.70	2.15		6.83
1992	1164	52.51	24.03	2.54		10.56
1993	1393	51.89	36.68	3.42		13.09
1994	1702	60.27	48.83	3.83		18.43
1995	1558	74.84	51.08	3.84		22.59
1996	1634	77.28	58.21	3.88		24.66
1997	2085	85.16	60.36	4.78		28.55
1998	2322	92.43	77.69	6.11		29.08
1999	2527	101.99	85.22	5.53		32.65
2000	2597	117.19	83.79	5.56		36.93
2001	5836	130.39	88.99	6.00		41.47
2002	4036	150.55	111.94	7.85		41.04
2003	3708	176.67	138.37	9.40		42.97
2004	6694	238.44	174.68	11.47	17.30	41.94
2005	9502	296.14	217.63	14.48	18.34	41.87
2006	12996	660.05	299.93	19.86	21.48	47.52
2007	6282	776.21	406.43	23.60	21.49	50.51
2008	5411	1045.62	566.12	27.16	22.49	46.71
2009	7280	1262.10	777.06	32.69	18.01	45.03
2010	9544	1343.67	921.70	37.65	18.68	47.01
2011	6381	1423.32	1034.24	32.40	20.91	48.84
2012	6710	1565.29	1165.97	34.46	27.84	50.56
2013	11578	1716.29	1371.43	37.01	25.57	48.26
2014	7740	1917.56	1424.11	40.89	29.26	59.69

注：自2011年起，商务部不再公布对外劳务合作项下合同数、合同金额以及完成营业额数据。

Note: Since 2011,Ministry of Commerce do not publish the number of projects contracted,contracted value and turnover fultilled data of Labor Services.

8-2 分国别(地区)对外承包工程合同数量及金额
Contracts Signed for Foreign Engineering Projects by Country or Region

国别(地区)	Country/Region	2013		2014	
		合　同 (份) Nunber of Contracts (unit)	金　额 (万美元) Contract Value (USD 10000)	合　同 (份) Nunber of Contracts (unit)	金　额 (万美元) Contract Value (USD 10000)
合　计	**Total**	**11578**	**17162946**	**7740**	**19175640**
亚 洲	**Asia**	**2902**	**7090617**	**3487**	**8422332**
阿富汗	Afghanistan	4	8036	1	43
巴林	Bahrain		56		
孟加拉国	Bangladesh	73	124214	59	381034
文莱	Brunei	12	1738	7	1541
缅甸	Myanmar	77	91930	102	121210
柬埔寨	Cambodia	56	110865	71	141059
塞浦路斯	Cyprus	1	19000		
朝鲜	Korea DPR	35	7897	16	2567
中国香港	Hong Kong, China	164	337529	235	312445
印度	India	173	226854	158	156706
印度尼西亚	Indonesia	346	678240	648	518776
伊朗	Iran	141	431024	345	650707
伊拉克	Iran	117	524620	132	638416
以色列	Israel	3	401	5	103759
日本	Japan	37	37951	47	28832
约旦	Jordan	3	7897	2	1620
科威特	Kuwait	20	86463	22	101584
老挝	Laos	100	292380	94	368985
黎巴嫩	Lebanon	6	7124	3	2365
中国澳门	Macao, China	23	86567	28	191429
马来西亚	Malaysia	80	246760	153	432505
马尔代夫	Maldives	1	1915	2	6825
蒙古	Mongolia	78	140379	49	69050
尼泊尔	Nepal	26	27186	33	89631
阿曼	Oman	23	25596	29	33255
巴基斯坦	Pakistan	120	545554	154	255013
巴勒斯坦	Palestine	1	192	1	2
菲律宾	Philippines	80	109327	83	143584
卡塔尔	Qatar	10	103151	13	79674
沙特阿拉伯	Saudi Arabia	138	637517	152	946836
新加坡	Singapore	91	385203	79	379931
韩国	Korea	34	192383	18	29428
斯里兰卡	Sri Lanka	34	211264	38	279817
叙利亚	Syria	2	5575	4	661
泰国	Thailand	99	227860	80	177676
土耳其	Turkey	64	92185	38	177611
阿联酋	United Arab Emirates	48	149114	62	189378
也门共和国	Yemen Rep.	20	32443	17	83422
越南	Vietnam	175	280212	165	380505
中国台湾	Taiwan, China	13	9030	7	5831
东帝汶	Timor Leste	3	27	7	35840
哈萨克斯坦	Kazakhstan	279	213727	226	275332
吉尔吉斯斯坦	Kirghizia	17	112321	13	40069
塔吉克斯坦	Tadzhikistan	6	44793	23	76339
土库曼斯坦	Turkmenistan	22	111320	26	423262
乌兹别克斯坦	Uzbekistan	47	104798	40	87777

国别(地区)	Country/Region	2013 合 同 (份) Nunber of Contracts (unit)	2013 金 额 (万美元) Contract Value (USD 10000)	2014 合 同 (份) Nunber of Contracts (unit)	2014 金 额 (万美元) Contract Value (USD 10000)
非洲	**Africa**	**6747**	**6783905**	**2650**	**7548656**
阿尔及利亚	Algeria	230	700684	207	975092
安哥拉	Angola	292	402885	248	346870
贝宁	Benin	17	21072	11	69424
博茨瓦纳	Botswana	21	30423	22	48637
布隆迪	Burundi	11	10964	20	26841
喀麦隆	Cameroon	83	297279	153	137102
佛得角	Cape Verde	3	2472	5	2059
中非	Central African	1	510	46	796
乍得	Chad	57	173574	68	64717
科摩罗	Comoros	5	3302	19	21488
刚果(布)	Congo	100	295557	76	226587
吉布提	Djibouti	4	38712	3	49844
埃及	Egypt	44	141131	46	139263
赤道几内亚	Eq. Guinea	58	178874	61	178711
埃塞俄比亚	Ethiopia	77	358327	124	507562
加蓬	Gabon	22	142846	18	82947
冈比亚	Gambia	5	815	5	718
加纳	Ghana	72	331623	63	239881
几内亚	Guinea	57	41333	28	161660
几内亚(比绍)	Guinea Bissau	5	2966	3	3364
科特迪瓦	Cote d'Ivoire	32	9043	16	18471
肯尼亚	Kenya	86	156150	102	535128
利比里亚	Liberia	90	30375	36	12209
利比亚	Libya	8	69711	16	10437
马达加斯加	Madagascar	11	7347	30	16921
马拉维	Malawi	28	77763	26	15953
马里	Mali	13	17034	15	35177
毛里塔尼亚	Mauritania	12	40034	15	21376
毛里求斯	Mauritius	15	6101	32	22932
摩洛哥	Morocco	20	50305	21	21353
莫桑比克	Mozambique	65	183131	67	139317
纳米比亚	Namibia	33	73886	37	43173
尼日尔	Niger	3989	239043	61	94958
尼日利亚	Nigeria	187	811390	145	1771445
卢旺达	Rwanda	25	28302	12	10279
圣多美和普林西比	Sao Tome and Principe	1	71	3	31
塞内加尔	Senegal	38	16217	48	69547
塞舌尔	Seychelles	12	13817	12	2745
塞拉利昂	Sierra Leone	17	53575	10	35860
索马里	Somali			1	49
南非	S. Africa	64	79635	50	38550
苏丹	Sudan	201	273066	159	258142
坦桑尼亚	Tanzania	69	177187	91	130218
多哥	Togo	1	4340	12	33250
突尼斯	Tunisia	18	14836	17	14503
乌干达	Uganda	61	345428	76	107416
布基纳法索	Burkina Faso	1	2411	3	467
刚果(金)	Congo DR	85	177385	66	102307
赞比亚	Zambia	203	225530	149	247112
津巴布韦	Zimbabwe	156	155583	47	205123
莱索托	Lesotho	5	85086	9	10664
厄立特里亚	Eritrea	3	16808	1	23097
南苏丹共和国	Republic of South Sudan	34	167965	37	214609
非洲其他国家(地区	Other Countries (Regions) in Africa			2	2276

国别(地区)	Country/Region	2013 合同(份) Nunber of Contracts (unit)	2013 金额(万美元) Contract Value (USD 10000)	2014 合同(份) Nunber of Contracts (unit)	2014 金额(万美元) Contract Value (USD 10000)
欧洲	**Europe**	**733**	**1142307**	**619**	**1029665**
比利时	Belgium	10	29165	6	6784
丹麦	Denmark	3	1756	1	68
英国	United Kingdom	23	87502	34	55206
德国	Germany	109	50603	53	39512
法国	France	87	170395	72	195193
爱尔兰	Ireland	1	1876		
意大利	Italy	10	1528	10	11554
荷兰	Netherlands	25	36500	28	17461
希腊	Greece	74	25737	14	35509
葡萄牙	Portugal	7	4423	12	7583
西班牙	Spain	30	47880	39	2476
阿尔巴尼亚	Albania		90	4	10505
奥地利	Austria	9	13179	12	4374
保加利亚	Bulgaria	10	17646	18	6211
芬兰	Finland	1	5	1	504
匈牙利	Hungary	7	2889	10	5054
马耳他	Malta	3	777	1	3485
挪威	Norway	1	46	1	1067
波兰	Poland	36	15544	6	3705
罗马尼亚	Romania	14	23790	14	25147
瑞典	Sweden	11	25317	13	16768
瑞士	Switaerland	4	527	3	18
拉脱维亚	Latvia	4	1377	1	678
格鲁吉亚	Georgia	15	13821	11	4141
亚美尼亚	Armenia	2	13	1	1011
阿塞拜疆	Azerbaijan	23	9006	22	6858
白俄罗斯	Byelorussia	18	134640	22	20994
摩尔多瓦	Moldavia	8	994	3	16
俄罗斯	Russia	149	216880	162	196232
乌克兰	Ukraine	14	38747	19	21528
斯洛文尼亚	Slovenia	4	37	4	76
克罗地亚	Croatia	2	1688		250
捷克	Czech Rep.	11	7486	11	5749
马其顿共和国	Macedonia，FYR	2	87517		
波黑	Bosnia and Hercegovina	3	29359	4	206492
塞尔维亚	Serbia	3	43567	1	5968
黑山	Montenegro			6	111487

8-2 续表 3 Continued 3

国别(地区)	Country/Region	2013 合同(份) Nunber of Contracts (unit)	2013 金额(万美元) Contract Value (USD 10000)	2014 合同(份) Nunber of Contracts (unit)	2014 金额(万美元) Contract Value (USD 10000)
拉丁美洲	**Latin America**	**851**	**1832214**	**642**	**1646821**
安提瓜和巴布达	Antigua Barbuda	6	10216	1	471
阿根廷	Argentina	31	317187	47	651404
巴哈马	Bahamas	5	5099	1	1061
巴巴多斯	Barbados	1	198	1	20
玻利维亚	Bolivia	36	53261	19	98513
巴西	Brazil	220	281633	112	121523
智利	Chile	22	22780	19	8429
哥伦比亚	Colombia	33	126530	33	34323
多米尼克	Dominica	3	24	3	459
哥斯达黎加	CostaRica	13	61268	4	6639
古巴	Cuba	7	17637	11	20050
多米尼加共和国	Dominican Rep.	6	6527	4	135
厄瓜多尔	Ecuador	44	114935	42	105565
格林纳达	Grenada	4	17053	9	1309
危地马拉	Guatemala	4	1649	5	6332
圭亚那	Guyana	10	11270	5	8566
海地	Haiti	2	4484	2	69
洪都拉斯	Honduras	10	1465		
牙买加	Jamaica	6	150686	7	862
墨西哥	Mexico	73	82474	34	75393
尼加拉瓜	Nicaragua	1	2736	4	1309
巴拿马	Panama	8	14355	4	14934
巴拉圭	Paraguay	1	8	3	291
秘鲁	Peru	185	21655	132	32230
圣文森特和格林纳丁斯	Saint Vincent & Grenadines	1	870		
萨尔瓦多	El Salvador			2	117
苏里南	Suriname	4	24887	4	620
特立尼达和多巴哥	Trinidad & Tobago	3	27780	7	14876
乌拉圭	Uruguay	41	3199	22	4394
委内瑞拉	Venezuela	70	449830	104	432365
英属维尔京群岛	Virgin Is. (E)			1	4560
圣其茨-尼维斯	St. Kitts-Nevis	1	520		
北美洲	**North America**	**157**	**107456**	**131**	**328964**
加拿大	Canada	25	21796	17	36782
美国	United States	113	85051	107	291771
北美洲其他国家(地区)	Oth. N.Amer. nes	19	609	7	411
大洋洲及太平洋岛屿	**Oceania and Pacific Is.**	**166**	**205568**	**204**	**199071**
澳大利亚	Australia	68	98711	76	84812
库克群岛	Cook Islands		81	1	2649
斐济	Fiji	6	4133	9	5563
新喀里多尼亚	NewCaledonia	3	3846		
瓦努阿图	Vanuatu	2	1300	6	21788
新西兰	New Zealand	34	6021	30	14013
巴布亚新几内亚	Papua New Guinea	50	90009	69	58846
所罗门群岛	Solomon Is.			1	32
汤加	Tonga	2	117	3	2659
萨摩亚	Samoa	1	1351	5	8313
密克罗尼西亚联邦	Micronesia Commonwealth			2	132
东萨摩亚	American Samoa			2	245
大洋洲其他国家（地区）	Other Countries (Regions) in Oceanic				20
其他	**Others**	**22**	**879**	**7**	**132**

8–3 分国别(地区)对外承包工程营业额

Turnover of Foreign Engineering Projects by Country or Region

单位：万美元

Unit: USD 10000

国别(地区)	Country/Region	2011	2012	2013	2014
合　计	**Total**	**10342448**	**11659697**	**13714273**	**14241066**
亚洲	**Asia**	**5102172**	**5429281**	**6439758**	**6483818**
阿富汗	Afghanistan	5805	15553	43242	1630
巴林	Bahrain	1519	179	533	265
孟加拉国	Bangladesh	207304	146176	87710	177854
文莱	Brunei	4377	6257	8766	3822
缅甸	Myanmar	144684	219811	126126	81856
柬埔寨	Cambodia	82530	117150	143077	96533
塞浦路斯	Cyprus	4005	2091	625	8191
朝鲜	Korea DPR	5610	10667	12088	9049
中国香港	Hong Kong, China	197255	278729	302814	372760
印度	India	744166	669331	528189	253595
印度尼西亚	Indonesia	345935	346415	471874	458443
伊朗	Iran	215792	149418	218133	222979
伊拉克	Iraq	177328	170054	338070	489810
以色列	Israel	244	3254	4934	9535
日本	Japan	24092	46443	62094	33406
约旦	Jordan	25339	1774	4216	1661
科威特	Kuwait	65926	72217	104947	140063
老挝	Laos	98918	190523	196887	232773
黎巴嫩	Lebanon	1739	3457	10206	935
中国澳门	Macao, China	50157	46594	41845	79792
马来西亚	Malaysia	214546	237311	253013	310112
马尔代夫	Maldives	5395	5653	1957	6866
蒙古	Mongolia	65442	84063	107163	114102
尼泊尔	Nepal	19143	16658	49932	27283
阿曼	Oman	58892	29681	24229	30408
巴基斯坦	Pakistan	237277	277832	370093	424619
巴勒斯坦	Palestine				2
菲律宾	Philippines	128502	116112	124668	134928
卡塔尔	Qatar	112918	151785	166010	156402
沙特阿拉伯	Saudi Arabia	435846	462231	588411	594713
新加坡	Singapore	252784	288006	280991	337607
韩国	Korea	21088	10164	20152	39342
斯里兰卡	Sri Lanka	125715	153025	209186	219139
叙利亚	Syria	11946	4813	1418	941
泰国	Thailand	66845	107853	131931	183624
土耳其	Turkey	84201	105698	194266	180958
阿联酋	United Arab Emirates	193825	154369	133959	115007
也门共和国	Yemen Rep.	30225	6623	10544	10485
越南	Vietnam	319342	299763	359283	398439
中国台湾	Taiwan, China	3580	3746	2616	8702
东帝汶	East Timor	12529	13275	11463	2824
哈萨克斯坦	Kazakhstan	124237	156766	291714	235768
吉尔吉斯斯坦	Kirghizia	20874	35089	71188	58736
塔吉克斯坦	Tadzhikistan	22792	25244	44456	40931
土库曼斯坦	Turkmenistan	96045	130727	209852	124000
乌兹别克斯坦	Uzbekistan	34916	54730	70579	49772
亚洲其他国家	Oth.Asia.nes	542	1971	4307	3154

单位：万美元
Unit: USD 10000

国别(地区)	Country/Region	2011	2012	2013	2014
非洲	**Africa**	**3612187**	**4083452**	**4789064**	**5297475**
阿尔及利亚	Algeria	405255	446553	519762	633429
安哥拉	Angola	634417	755642	745040	639843
贝宁	Benin	4076	8766	23658	25616
博茨瓦纳	Botswana	156632	74502	40502	29025
布隆迪	Burundi	2456	4593	28122	6789
喀麦隆	Cameroon	33738	63406	114086	123886
佛得角	Cape Verde	1531	1530	2462	4424
中非	Central African	12242	6960	313	297
乍得	Chad	92371	79807	114983	111247
科摩罗	Comoros	2410	3203	5188	3640
刚果(布)	Congo	94131	102858	187634	253189
吉布提	Djibouti	3850	3760	6497	36871
埃及	Egypt	102372	96904	102806	92402
赤道几内亚	Eq.Guinea	180158	179449	262767	207670
埃塞俄比亚	Ethiopia	180874	229168	355663	683203
加蓬	Gabon	40591	84052	43712	77985
冈比亚	Gambia	292	197	313	496
加纳	Ghana	86269	152503	177127	153439
几内亚	Guinea	13246	31400	42618	60925
几内亚(比绍)	Guinea Bissau	1666	3459	3168	2326
科特迪瓦	Cote d'Ivoire	2651	9037	32876	35319
肯尼亚	Kenya	139053	130637	144740	169556
利比里亚	Liberia	7852	30244	25017	20577
利比亚	Libya	80423	5257	56362	15616
马达加斯加	Madagascar	12256	14414	9522	13812
马拉维	Malawi	16651	15715	8999	9016
马里	Mali	53685	44287	27783	34099
毛里塔尼亚	Mauritania	26474	27867	22291	29174
毛里求斯	Mauritius	20557	36887	25242	15105
摩洛哥	Morocco	38135	42317	36252	60700
莫桑比克	Mozambique	22824	29505	78628	81471
纳米比亚	Namibia	11018	17941	22153	36489
尼日尔	Niger	55891	43022	50777	88152
尼日利亚	Nigeria	345969	499481	427352	453165
卢旺达	Rwanda	12950	12384	14396	23564
圣多美和普林西比	Sao Tome & Principe	36	93	126	102
塞内加尔	Senegal	35309	24174	20290	35526
塞舌尔	Seychelles	2316	5421	6985	7511
塞拉利昂	Sierra Leone	7998	8490	17018	17881
索马里	Somalia	5	835		49
南非	S. Africa	44594	69538	39544	39980
苏丹	Sudan	273502	240345	198435	181811
坦桑尼亚	Tanzania	98119	114610	170976	206965
多哥	Togo	8408	14404	18021	25395
突尼斯	Tunisia	9581	10989	13286	11717
乌干达	Uganda	31578	26899	44209	111751
布基纳法索	Burkina Faso	135	108	39	2585
刚果(金)	Congo DR	78418	96851	93993	144968
赞比亚	Zambia	74817	123381	249050	203020
津巴布韦	Zimbabwe	39891	38296	98507	30581

单位：万美元
Unit: USD 10000

国别(地区)	Country/Region	2011	2012	2013	2014
莱索托	Lesotho	2379	10365	35581	13011
斯威士兰	Swaziland	5			
厄立特里亚	Eritrea	9700	3279	11517	12010
南苏丹	Republic of South Sudan	430	7667	12677	20052
非洲其他国家(地区)	Other Countries (Regions) in Africa				44
欧洲	**Europe**	**460042**	**706182**	**822737**	**715057**
比利时	Belgium	2197	35075	7385	7002
丹麦	Denmark	420	2957	2399	102
英国	United Kingdom	24078	37562	61519	48281
德国	Germany	30255	87818	46660	38138
法国	France	86753	117932	145083	148177
爱尔兰	Ireland	29		1173	713
意大利	Italy	8263	9700	10874	6176
卢森堡	Luxembourg		100		
荷兰	Netherlands	9868	30436	41067	23173
希腊	Greece	5491	8553	18018	3345
葡萄牙	Portugal	2595	4481	4033	5044
西班牙	Spain	7984	10362	25225	8902
阿尔巴尼亚	Albania	2268	83	50	616
奥地利	Austria	3765	12073	3304	1895
保加利亚	Bulgaria	2307	5969	20679	20894
芬兰	Finland	82	306	5	
匈牙利	Hungary	5647	4835	3272	3693
冰岛	Iceland	1684	163		
马耳他	Malta	4	29	704	105
挪威	Norway	10	86	722	1432
波兰	Poland	3369	628	3484	12952
罗马尼亚	Romania	5416	22498	18722	16331
瑞典	Sweden	1487	4416	8924	9284
瑞士	Switzerland	1897	693	1629	485
拉脱维亚	Latvia		2	1205	467
爱沙尼亚	Estonia		755		
立陶宛	Lithuania	128			
格鲁吉亚	Georgia	18617	36250	21226	19323
亚美尼亚	Armenia	3836	1478	157	857
阿塞拜疆	Azerbaijan	25586	13836	20341	12947
白俄罗斯	Belorussia	40511	56693	164638	117515
摩尔多瓦	Moldavia	25	102	528	16
俄罗斯	Russia	139797	164631	137161	115501
乌克兰	Ukraine	15866	16363	30865	16937
斯洛文尼亚	Slovenia		19	37	76
克罗地亚	Croatia			4415	85
捷克	Czech Rep.	3753	4913	4730	4618
斯洛伐克	Slovak	880	700		
马其顿共和国	Macedonia,FYR	4		287	16515
波黑	Bosnia & Herzegovina			4242	29548
塞尔维亚	Serbia	5114	13685	7975	23525
黑山	Montenegro				385
欧洲其他国家(地区)	Other Countries(Regions) in Europe	56			
拉丁美洲	**Latin America**	**791669**	**1131631**	**1330942**	**1318059**
安提瓜和巴布达	Antigua & Barbuda	397	1687	4657	11133
阿根廷	Argentina	19279	34801	38230	50205
阿鲁巴岛	Aruba				26

单位：万美元
Unit: USD 10000

国别(地区)	Country/Region	2011	2012	2013	2014
巴哈马	Bahamas	14126	30894	46094	66672
巴巴多斯	Barbados	843	278	261	46
伯利兹	Belize				30
玻利维亚	Bolivia	29645	651	15279	32950
巴西	Brazil	143868	164606	188194	150443
智利	Chile	19471	11467	11125	11219
哥伦比亚	Colombia	8567	41643	23559	30827
多米尼克	Dominica	4568	4068	576	923
哥斯达黎加	Costa Rica	2479	1641	2745	5447
古巴	Cuba	9194	8374	14425	8667
多米尼加共和国	Republic of Dominica	133	1647	1537	3272
厄瓜多尔	Ecuador	53853	160815	202298	240342
格林纳达	Grenade	513	272	58	3065
危地马拉	Guatemala	9200	11757	4774	1374
圭亚那	Guyana	2411	1798	4588	11211
海地	Haiti	441		24220	142
洪都拉斯	Honduras	1454	4350	2842	401
牙买加	Jamaica	32356	24567	25920	46559
墨西哥	Mexico	36620	45626	48552	55670
尼加拉瓜	Nicaragua	87		8491	11508
巴拿马	Panama	6748	8448	8744	6994
巴拉圭	Paraguay	21	103	8	903
秘鲁	Peru	21108	35005	36291	41608
圣文森特和格林纳丁斯	Saint Vincent & Grenadines	618	335	875	10
萨尔瓦多	El Salvador				78
苏里南	Suriname	6522	7965	2693	2755
特立尼达和多巴哥	Trinidad & Tobago	7921	10741	10387	16373
乌拉圭	Uruguay	1079	2833	6531	6458
委内瑞拉	Venezuela	358147	515259	596708	500509
圣其茨--尼维斯	St. Kitts-Nevis			280	240
北美洲	**North America**	**142232**	**100694**	**125919**	**201736**
加拿大	Canada	16484	6777	35885	12412
美国	United States	125204	93654	89425	188912
格陵兰	Greenland	5	43		
百慕大	Bermuda	28			
北美洲其他国家(地区)	Oth.N.Amer.nes	511	220	609	411
大洋洲及太平洋岛屿	**Oceania and Pacific Is.**	**232265**	**206900**	**204927**	**224761**
澳大利亚	Australia	94474	105994	125061	114742
库克群岛	Cook Islands	15	15	16	837
斐济	Fiji	13664	17775	14133	12904
新喀里多尼亚	New Caledonia	5710	4413	4100	220
瓦努阿图	Vanuatu	678	1699	537	5387
新西兰	New Zealand	3826	5277	9578	14815
巴布亚新几内亚	Papua New Guinea	100171	38985	45055	70426
所罗门群岛	Solomon Is.				32
汤加	Tonga	9806	9971	4711	1832
萨摩亚	Samoa	3531	182	229	1559
密克罗尼西亚	Micronesia	390			258
东萨摩亚	American Samoa				1725
大洋洲其他国家（地区）	Other Countries (Regions) in Oceanic		22589	1507	26
其他	**Others**	**1881**	**1557**	**926**	**160**

8-4 分国别(地区)年末在境外从事承包工程人员
Personnel Abroad for Engineering Projects Classified by Country or Region at the Year-end

单位：人
Unit: person

国别(地区)	Country/Region	2011	2012	2013	2014
合　计	**Total**	**324018**	**344618**	**370144**	**408851**
亚洲	**Asia**	**150496**	**156276**	**166523**	**165571**
阿富汗	Afghanistan	521	367	47	31
巴林	Bahrain	21	11	8	7
孟加拉国	Bangladesh	1885	1900	2197	3799
文莱	Brunei	233	291	209	124
缅甸	Myanmar	16012	13374	8701	4025
柬埔寨	Cambodia	5082	5037	5410	4763
塞浦路斯	Cyprus	59	15		
朝鲜	Korea DPR	148	259	312	666
中国香港	Hongkong,China	2054	2125	646	690
印度	India	4363	3709	2828	1873
印度尼西亚	Indonesia	6677	6866	9816	15468
伊朗	Iran	2537	2203	1719	1371
伊拉克	Iraq	4310	9683	15223	11586
以色列	Israel	90	185	213	106
日本	Japan	104	119	75	65
约旦	Jordan	408	173	78	80
科威特	Kuwait	3061	3077	3490	2833
老挝	Laos	7011	8715	10912	13664
黎巴嫩	Lebanon		2	5	5
中国澳门	Macao,China	440	741	980	1394
马来西亚	Malaysia	5220	6232	8017	10130
马尔代夫	Maldives	272	227	170	185
蒙古	Mongolia	7727	3821	4297	3791
尼泊尔	Nepal	878	940	1162	1883
阿曼	Oman	805	701	833	495
巴基斯坦	Pakistan	4395	5411	5586	7481
菲律宾	Philippines	832	1065	829	1498
卡塔尔	Qatar	5097	4805	2578	2404
沙特阿拉伯	Saudi Arabia	24363	28382	27756	22960
新加坡	Singapore	12666	8756	7109	7615
韩国	Korea	130	146	17	60
斯里兰卡	Sri Lanka	3624	4390	5840	3043
叙利亚	Syria	329	131		
泰国	Thailand	418	1769	1735	3021
土耳其	Turkey	1481	1944	4528	3495
阿联酋	United Arab Emirates	9621	7324	6954	5461
也门共和国	Yemen Rep.	738	525	318	503
越南	Vietnam	9358	7310	9542	9132
中国台湾	Taiwan,China	7	27	27	15
东帝汶	Timor Leste	511	402	139	167
哈萨克斯坦	Kazakhstan	2511	2900	5803	8960
吉尔吉斯斯坦	Kirghizia	582	2466	2440	2841

8-4 续表 1 Continued 1

单位：人
Unit: person

国别(地区)	Country/Region	2011	2012	2013	2014
塔吉克斯坦	Tadzhikistan	1413	2070	2306	1262
土库曼斯坦	Turkmenistan	1526	821	554	1019
乌兹别克斯坦	Uzbekstan	976	1060	2469	2164
亚洲其他国家	Oth.Asia.Nes		3799	2645	3436
非洲	**Africa**	**152038**	**154542**	**168586**	**197853**
阿尔及利亚	Algeria	31858	31476	33842	46266
安哥拉	Angola	33159	31905	37847	38427
贝宁	Benin	326	560	827	482
博茨瓦纳	Botswana	3129	2097	2071	1427
布隆迪	Burundi	236	181	183	482
喀麦隆	Cameroon	1036	2186	2302	3532
佛得角	Cape Verde	339	389	382	459
中非	Central African	293	238	27	665
乍得	Chad	2521	2772	2914	3060
科摩罗	Comoros	164	205	215	226
刚果(布)	Congo	3467	4838	8637	12288
吉布提	Djibouti	211	103	174	154
埃及	Egypt	1015	1041	993	185
赤道几内亚	Eq. Guinea	9779	10885	10812	10885
埃塞俄比亚	Ethiopia	5463	6299	7325	13325
加蓬	Gabon	1531	2174	2509	1251
冈比亚	Gambia	22	24	32	53
加纳	Ghana	2287	2683	2785	2377
几内亚	Guinea	576	1094	1991	2126
几内亚(比绍)	Guinea bissau	455	392	286	592
科特迪瓦	Cote d'Ivoire	146	325	673	541
肯尼亚	Kenya	2257	2617	2630	4816
利比里亚	Liberia	195	686	568	462
利比亚	Libya	1	40	436	77
马达加斯加	Madagascar	446	338	135	189
马拉维	Malawi	571	500	346	331
马里	Mali	1358	861	599	845
毛里塔尼亚	Mauritania	1424	1617	1110	1115
毛里求斯	Mauritius	1790	2320	1480	1161
摩洛哥	Morocco	1437	1490	888	1042
莫桑比克	Mozambique	1068	1696	3602	2688
纳米比亚	Namibia	323	471	653	1370
尼日尔	Niger	2716	663	1169	1748
尼日利亚	Nigeria	6747	5771	6239	7044
卢旺达	Rwanda	426	339	758	1143
圣多美和普林西比	Sao Tome & Principe	17	10	6	6
塞内加尔	Senegal	1726	1433	1436	1803
塞舌尔	Seychelles	387	349	262	199

单位：人
Unit: person

国别(地区)	Country/Region	2011	2012	2013	2014
塞拉利昂	Sierra Leone	428	489	625	721
南非	S. Africa	1076	2106	1447	3354
苏丹	Sudan	15119	11995	9439	8029
坦桑尼亚	Tanzania	4141	4398	5179	4924
多哥	Togo	288	466	1080	926
突尼斯	Tunisia	159	222	646	319
乌干达	Uganda	1487	893	1211	2506
布基纳法索	Burkina Faso	3	1	97	36
刚果(金)	Congo DR	3033	3022	3313	4522
赞比亚	Zambia	3894	6318	4582	5576
津巴布韦	Zimbabwe	1009	661	598	651
莱索托	Lesotho	141	338	582	442
厄立特里亚	Eritrea	210	160	330	394
南苏丹共和国	Republic of South Sudan	148	405	313	596
非洲其他国家(地区)	Other Countries (Regions) in Africa				15
欧洲	**Europe**	**7606**	**10202**	**10280**	**13713**
比利时	Belgium	37	41	31	40
英国	United Kingdom	79	85	25	28
德国	Germany	337	367	30	17
法国	France	254	261	22	26
意大利	Italy	17	37	31	28
荷兰	Netherlands				1
希腊	Greece		2	27	22
西班牙	Spain	1048	1048	1026	1022
阿尔巴尼亚	Albania	4	5	5	12
奥地利	Austria	44	56		
保加利亚	Bulgaria	37	40	133	214
芬兰	Finland	18	18		
匈牙利	Hungary	27	17		
冰岛	Iceland		2		
马耳他	Malta				10
挪威	Norway				1
波兰	Poland	32	30	87	97
罗马尼亚	Romania	40	93	49	67
瑞典	Sweden	137	157		4
瑞士	Switzerland	126	146	23	
格鲁吉亚	Georgia	752		572	717
亚美尼亚	Armenia	124	1220		
阿塞拜疆	Azerbaijan	538	36	538	366
白俄罗斯	Byelorussia	464	305	1579	1743
摩尔多瓦	Moldavia	1	1718	6	
俄罗斯	Russia	3233	5	5518	7858
乌克兰	Ukraine	99	4088	29	29
克罗地亚	Croatia				18
马其顿共和国	Macedonia, FYR				248
塞尔维亚和黑山	Serbia and Montenegro		99		
波黑	Bosnia & Hercegovina	32		163	578
塞尔维亚	Serbia	122	32	311	567
欧洲其他国家(地区)	Other Countries(Regions) in Europe	4	294	75	

单位：人
Unit: person

国别(地区)	Country/Region	2011	2012	2013	2014
拉丁美洲	**Latin America**	**8908**	**18177**	**19735**	**26564**
安提瓜和巴布达	Antigua Barbuda	66	231	159	653
阿根廷	Argentina	735	2911	1371	1207
巴哈马	Bahama	11	10	280	511
巴巴多斯	Barbados	48	24	14	11
玻利维亚	Bolivia		30	61	277
巴西	Brazil	500	657	328	324
智利	Chile	11	11	53	36
哥伦比亚	Colombia	201	281	227	336
多米尼克	Dominica	175	143	64	85
哥斯达黎加	CostaRica	145	201	112	144
古巴	Cuba	349	352	217	246
厄瓜多尔	Ecuador	653	3056	4769	7150
格林纳达	Grenade	92	14	15	152
危地马拉	Guatemala	51	51	150	101
圭亚那	Guyana	126	248	293	393
海地	Haiti	28	28	2	2
洪都拉斯	Honduras	94	102	63	
牙买加	Jamaica	131	216	278	543
墨西哥	Mexico	155	230	205	271
尼加拉瓜	Nicaragua				68
巴拿马	Panama				25
秘鲁	Peru	572	3493	3158	4605
圣卢西亚	Saint Lucia				7
苏里南	Suriname	582	497	358	327
特立尼达和多巴哥	Trinidad & Tobago	1332	791	911	1851
乌拉圭	Uruguay				3
委内瑞拉	Venezuela	2839	4583	6570	7236
拉美其他国家（地区）	Other Countries (Regions) in Latin America	12	17	77	
北美洲	**North America**	**461**	**511**	**1072**	**1261**
加拿大	Canada	108	111	39	49
美国	United States	350	397	1030	1209
格陵兰	Greenland	3	3	3	3
大洋洲及太平洋岛屿	**Oceania and Pacific Is.**	**4491**	**4715**	**3933**	**3885**
澳大利亚	Australia	684	730	629	485
库克群岛	Cook Islands				40
斐济	Fiji	726	898	275	521
新喀里多尼亚	NewCaledonia	1392	1675	1171	1171
瓦努阿图	Vanuatu	58	57	79	160
新西兰	New Zealand	204	54	13	26
巴布亚新几内亚	Papua New Guinea	1013	780	1410	1101
所罗门群岛	Solomon Is.				3
汤加	Tonga	301	240	185	209
萨摩亚	Samoa	105	2	2	62
密克罗尼西亚	Micronesia	8			
东萨摩亚	American Samoa				107
大洋洲其他国家（地区）	Other Countries (Regions) in Oceanic		279	169	
其他	**Others**	**18**	**195**	**15**	**4**

8-5 分国别(地区)年末在境外从事劳务合作人员
Personnel Abroad for Labour Services Classified by Country or Region at the Year-end

单位：人
Unit: person

国别(地区)	Country/Region	2011	2012	2013	2014
合　计	**Total**	**488409**	**505563**	**482611**	**596881**
亚洲	**Asia**	**420443**	**417465**	**396417**	**469013**
巴林	Bahrain	6	74	73	73
孟加拉国	Bangladesh	247	44	49	137
不丹	Bhutan	1	1	1	1
缅甸	Myanmar	502	639	839	632
柬埔寨	Cambodia	1165	1613	1715	2345
塞浦路斯	Cyprus	166	170	181	260
朝鲜	Korea DPR	37	36	38	38
中国香港	Hong Kong, China	21992	32973	33174	50850
印度	India	373	219	209	149
印度尼西亚	Indonesia	597	737	729	867
伊拉克	Iraq	31	53	339	183
以色列	Israel	499	413	261	243
日本	Japan	177560	173349	153380	159384
约旦	Jordan	4325	3229	1153	1050
科威特	Kuwait	1245	2107	2723	2252
老挝	Laos	928	1458	1664	1151
黎巴嫩	Lebanon	6	6	6	6
中国澳门	Macao, China	58103	67475	88172	113489
马来西亚	Malaysia	3065	2759	2468	3779
马尔代夫	Maldives	28	18	21	21
蒙古	Mongolia	2798	2257	2853	2169
尼泊尔	Nepal	61	61	9	158
阿曼	Oman	56	20	2	23
巴基斯坦	Pakistan	365	413	434	478
菲律宾	Philippines	115	49	70	65
卡塔尔	Qatar	1587	1535	1487	1482
沙特阿拉伯	Saudi Arabia	6243	7197	7569	9548
新加坡	Singapore	71463	68749	66805	86020
韩国	Korea	40941	26793	12762	14465
斯里兰卡	Sri Lanka	62	27	193	297
泰国	Thailand	1086	1006	910	721
土耳其	Turkey	269	204	21	33
阿联酋	United Arab Emirates	7196	6933	6045	6187
越南	Vietnam	5266	4624	3498	3308
中国台湾	Taiwan, China	10851	8512	6166	6273
东帝汶	East Timor	15	6		
哈萨克斯坦	Kazakhstan	922	909	306	345
吉尔吉斯斯坦	Kirghizia	94	174	24	271
塔吉克斯坦	Tadzhikistan	96	85	39	103
乌兹别克斯坦	Uzbekistan	81	21	29	114
亚洲其他国家	Oth.Asia.nes		517		43

8-5 续表 1 Continued 1

单位：人
Unit: person

国别(地区)	Country/Region	2011	2012	2013	2014
非洲	**Africa**	**29041**	**37910**	**45948**	**61532**
阿尔及利亚	Algeria	4704	9061	14837	25276
安哥拉	Angola	8534	11699	12679	11804
贝宁	Benin	73	36	124	151
博茨瓦纳	Botswana	109	60	31	31
布隆迪	Burundi	13	22	29	59
喀麦隆	Cameroon	27	123	148	104
佛得角	Cape Verde	651	1443	221	183
乍得	Chad	36	80	57	402
刚果(布)	Congo	705	349	2053	2195
吉布提	Djibouti	2	2	2	24
埃及	Egypt	67			
赤道几内亚	Eq. Guinea	1126	1490	1384	1665
埃塞俄比亚	Ethiopia	212	503	684	753
加蓬	Gabon	274	341	312	309
加纳	Ghana	81	473	821	974
几内亚	Guinea	41	119	146	252
几内亚(比绍)	Guinea bissau		1	1	1
科特迪瓦	Cote d' Ivoire	14	27	77	105
肯尼亚	Kenya	114	46	60	122
利比里亚	Liberia	684	1788	1771	3637
利比亚	Libya			65	38
马达加斯加	Madagascar	212	100	359	366
马拉维	Malawi		1	11	21
马里	Mali	74	169	213	259
毛里塔尼亚	Mauritania	476	561	402	454
毛里求斯	Mauritius	4931	2892	1344	1203
摩洛哥	Morocco	179	206	188	195
莫桑比克	Mozambique	139	119	254	526
纳米比亚	Namibia	4			101
尼日尔	Niger	13	33	38	110
尼日利亚	Nigeria	2315	1836	1647	1633
卢旺达	Rwanda	69	127	164	239
塞内加尔	Senegal	32	146	115	116
塞舌尔	Seychelles	68	84	84	192
塞拉利昂	Sierra Leone	59	434	481	588
南非	S. Africa	850	1114	1456	832
苏丹	Sudan	138	69	694	1779
坦桑尼亚	Tanzania	329	322	576	695
多哥	Togo	53	118	107	131
突尼斯	Tunisia	6	8	4	4
乌干达	Uganda	100	122	169	311
刚果(金)	Congo DR	27	47	391	633

8-5 续表 2 Continued 2

单位：人
Unit: person

国别(地区)	Country/Region	2011	2012	2013	2014
布基纳法索	Burkina Faso		1	1	1
赞比亚	Zambia	516	730	858	1913
津巴布韦	Zimbabwe	28	35	30	42
莱索托	Lesotho	522	645	738	852
斯威士兰	Swaziland	177	12	4	3
厄立特里亚	Eritrea	256	280	114	126
南苏丹共和国	Republic of South Sudan	1	36	4	122
欧洲	**Europe**	**27421**	**24990**	**15569**	**20295**
比利时	Belgium				1
丹麦	Denmark	7	57	59	69
英国	United Kingdom	1027	1218	909	961
德国	Germany	4978	4941	3266	3622
法国	France	61	24	22	25
爱尔兰	Ireland	174	168	1	1
意大利	Italy	143	188	344	630
荷兰	Netherlands	2176	2159	345	267
希腊	Greece	332	260	81	97
芬兰	Finland	25	21	2	2
直布罗陀	Gibraltar		13	22	156
匈牙利	Hungary	4	4	4	4
马耳他	Malta	201	242	233	456
摩纳哥	Monaco	3	1	3	5
挪威	Norway	260	421	348	550
波兰	Poland	138	21	17	20
罗马尼亚	Romania	15	15		
瑞典	Sweden	29	25	18	31
瑞士	Switzerland	2	2	2	2
立陶宛	Lithuania	53	49	4	8
格鲁吉亚	Georgia				230
白俄罗斯	Belorussia	209	374	19	29
俄罗斯	Russia	17527	14734	9819	13110
乌克兰	Ukraine	37	37	37	
斯洛文尼亚	Slovenia	13	13	10	4
克罗地亚	Croatia				2
捷克	Czech	4			
斯洛伐克	Slovakia	1			
塞尔维亚	Serbia	1	1	1	13
欧洲其他国家(地区)	Other Countries (Regions) in Europ	1	2	3	
拉丁美洲	**Latin America**	**4341**	**16106**	**17181**	**34974**
安提瓜和巴布达	Antigua & Barbuda		11	2	42
阿根廷	Argentina	95	133	85	215

8-5 续表 3 Continued 3

单位：人
Unit: person

国别(地区)	Country/Region	2011	2012	2013	2014
巴哈马	Bahamas	286	1586	2342	4576
巴巴多斯	Barbados	16	18	10	74
伯利兹	Belize	73	572	778	1267
玻利维亚	Bolivia				27
巴西	Brazil	123	75	159	160
开曼群岛	Cayman Is.		37	47	57
智利	Chile	387	484	432	508
哥伦比亚	Colombia				21
多米尼克	Dominica		11	22	22
多米尼加共和国	Dominica Rep.				2
厄瓜多尔	Ecuador	2	108	46	432
法属圭亚那	French Guyana				40
洪都拉斯	Honduras	18		1	16
牙买加	Jamaica	15	23	230	397
墨西哥	Mexico	289	259	18	14
尼加拉瓜	Nicaragua	49	9	8	7
巴拿马	Panama	1426	10228	10447	24023
秘鲁	Peru	82	82	242	242
圣卢西亚	Saint Lucia	48			
圣文森特和格林纳丁斯	Saint Vincent & Grenadines	246	1232	762	1079
苏里南	Suriname		10	69	26
特立尼达和多巴哥	Trinidad & Tobago	963	961	844	844
特克斯和凯科斯岛	Turks and Caicos Island	57	57		
委内瑞拉	Venezuela	111	127	531	805
英属维尔京群岛	Virgin Is.(E)	55	68	100	50
圣其茨-尼维斯	St. Kitts-Nevis		15	6	28
北美洲	**North America**	**3172**	**2271**	**1540**	**2117**
加拿大	Canada	492	139	639	877
美国	United States	2672	2123	899	1137
百慕大群岛	Bermuda				103
北美洲其他国家(地区)	Oth. N.Amer. nes	8	9	2	
大洋洲及太平洋岛屿	**Oceania and Pacific Is.**	**3742**	**5237**	**5348**	**7830**
澳大利亚	Australia	906	845	823	767
库克群岛	Cook Is.			1	
斐济	Fiji	871	1251	1398	1467
新喀里多尼亚	New Caledonia	54	221	285	285
瓦努阿图	Vanuatu	581	478	324	350
新西兰	New Zealand	206	162	83	59
巴布亚新几内亚	Papua New Guinea		12	13	49
萨摩亚	Samoa	1037	1037	1037	1037
基里巴斯	Kiribati		427	517	927
图瓦卢	Tuvalu		78	94	138
密克罗尼西亚	Micronesia	23	81	150	59
马绍尔群岛	Marshall Is.	64	645	617	2664
帕劳共和国	Republic of Palau			6	11
纽埃	Niue				17
其他	**Others**	**249**	**1584**	**608**	**1120**

8–6 各地区签订对外承包工程合同数量及金额

Contracts Signed for Foreign Engineering Projects by Region

公　司	Region/ Corporation	2013 合　同（份） Nunber of Contracts (unit)	2013 金　额（万美元） Contract Value (USD 10000)	2014 合　同（份） Nunber of Contracts (unit)	2014 金　额（万美元） Contract Value (USD 10000)
总　计	**Total**	**11578**	**17162946**	**7740**	**19175640**
一、专业公司	**National Specialized International Cooperation Companies**	**5135**	**6708958**	**1291**	**9341234**
二、地方公司	**Provincial and Civil International Cooperation Companies**	**6443**	**10453988**	**6449**	**9834406**
北　京	Beijing	349	562440	283	429369
天　津	Tianjin	106	271274	100	380264
河　北	Hebei	175	467343	190	485335
山　西	Shanxi	20	23599	14	34586
内蒙古	Inner Mongolia	5	84500		
辽　宁	Liaoning	260	283671	556	180618
吉　林	Jilin	5	33226	4	8490
黑龙江	Heilongjiang	20	45978	38	56079
上　海	Shanghai	227	1081605	222	1088940
江　苏	Jiangsu	1021	854751	1067	966108
浙　江	Zhejiang	1652	469499	1134	387930
安　徽	Anhui	81	275023	108	266764
福　建	Fujian	8	31044	27	35842
江　西	Jiangxi	144	203444	209	264781
山　东	Shandong	210	986874	348	1060559
河　南	Henan	370	378166	132	239763
湖　北	Hubei	102	1015083	130	1269954
湖　南	Hunan	76	101115	53	95287
广　东	Guangdong	617	2366492	1139	1524873
广　西	Guangxi	31	32008	81	86373
海　南	Hainan	20	385	20	760
重　庆	Chongqing	36	86163	52	78090
四　川	Sichuan	441	288363	123	335552
贵　州	Guizhou	23	16897	44	61792
云　南	Yunnan	55	128107	38	134406
西　藏	Tibet				
陕　西	Shaanxi	127	155079	133	116867
甘　肃	Gansu	107	51950	57	29040
青　海	Qinghai	1	104		
宁　夏	Ningxia	1	10142	2	9494
新　疆	Xinjiang	152	118452	124	177071
新疆兵团	Xinjiang Bingtuan	1	31210	21	29420

8–7 各地区对外承包工程营业额

Turnover of Foreign Engineering Projects by Region

单位：万美元

Unit: USD 10000

公 司	Region/Corporation	2011	2012	2013	2014
总 计	**Total**	**10342448**	**11659697**	**13714273**	**14241066**
一、专业公司	**National Specialized International Cooperation Co.**	**3516149**	**3640404**	**4038125**	**4972428**
二、地方公司	**Provincial and Civil International Cooperation Companies**	**6826299**	**8019293**	**9676148**	**9268638**
北 京	Beijing	248098	289909	335854	357432
天 津	Tianjin	299081	310174	312853	403259
河 北	Hebei	243603	286271	434565	408696
山 西	Shanxi	69676	44556	76505	73542
内 蒙 古	Inner Mongolia		857	4510	1653
辽 宁	Liaoning	150798	184706	237277	236557
吉 林	Jiling	29510	46653	51318	56481
黑 龙 江	Heilongjiang	109161	95033	62512	89805
上 海	Shanghai	594113	681188	806920	740168
江 苏	Jiangsu	600106	646755	726299	795426
浙 江	Zhejiang	289942	371286	441586	517582
安 徽	Anhui	236706	281148	291394	322693
福 建	Fujian	50373	64228	64870	71559
江 西	Jiangxi	158503	184082	227296	285147
山 东	Shandong	747265	811423	850106	925011
河 南	Henan	291264	228558	291796	299691
湖 北	Hubei	406741	456194	520733	579636
湖 南	Hunan	145987	172772	221121	257945
广 东	Guangdong	1134158	1605342	2286507	1241121
广 西	Guangxi	65296	74972	83002	87736
海 南	Hainan	1382	1050	385	100
重 庆	Chongqing	41770	58424	63757	103210
四 川	Sichuan	498692	563592	634776	706295
贵 州	Guizhou	30015	40007	45940	50129
云 南	Yunnan	114468	154762	181724	207036
西 藏	Tibet		501		
陕 西	Shaanxi	136256	167927	178711	178759
甘 肃	Gansu	29664	26221	30915	33939
青 海	Qinghai	4633	22104	11551	15477
宁 夏	Ningxia	1841	1551	2357	5243
新 疆	Xingjiang	63209	101405	144768	159077
新疆兵团	Xinjiang Bingtuan	33988	45642	54244	58232

8-8 各地区年末在境外从事承包工程人数
Personnel Abroad for Foreign Engineering Projects Classified by Region at the Year-end

单位：人
Unit: person

公　司	Region/Corporation	2011	2012	2013	2014
总　计	**Total**	**324018**	**344618**	**370144**	**408851**
一、专业公司	**National Specialized International Cooperation Co.**	**80415**	**83751**	**99725**	**117207**
二、地方公司	**Provincial and Civil International Cooperation Companies**	**243603**	**260867**	**270419**	**291644**
北　京	Beijing	12414	12143	16549	21683
天　津	Tianjin	8860	10110	10881	11374
河　北	Hebei	5503	7602	9688	9049
山　西	Shanxi	4983	3085	4073	4220
内蒙古	Inner Mongolia	263	371	450	592
辽　宁	Liaoning	6733	7879	6972	8624
吉　林	Jiling	2709	3694	3210	3397
黑龙江	Heilongjiang	1893	2283	3300	5245
上　海	Shanghai	7559	8320	7284	12483
江　苏	Jiangsu	35415	35615	36266	36552
浙　江	Zhejiang	10120	19429	18059	24733
安　徽	Anhui	14190	14198	12238	13527
福　建	Fujian	571	1787	2795	4074
江　西	Jiangxi	7375	7433	7939	8860
山　东	Shandong	26925	25302	26658	31832
河　南	Henan	19013	17711	14899	14258
湖　北	Hubei	16575	20202	31353	21386
湖　南	Hunan	3897	6965	6045	8555
广　东	Guangdong	4017	3863	2439	3405
广　西	Guangxi	3979	4638	3549	3527
海　南	Hainan	6	26	34	42
重　庆	Chongqing	2390	2095	1548	1654
四　川	Sichuan	9658	12264	12058	11604
贵　州	Guizhou	1926	2410	1615	2677
云　南	Yunnan	22740	17353	17267	10995
西　藏	Tibet		21		
陕　西	Shaanxi	5701	6488	5331	7942
甘　肃	Gansu	1746	2156	1324	2028
青　海	Qinghai	387	777	745	629
宁　夏	Ningxia	220	217	169	305
新　疆	Xingjiang	3134	2024	3025	3377
新疆兵团	Xinjiang Bingtuan	2701	2406	2656	3015

8-9 各地区年末在境外从事劳务合作人数
Personnel Abroad for Foreign Labour Services Classified by Region at the Year-end

单位：人
Unit: person

公司	Region/Corporation	2011	2012	2013	2014
总计	**Total**	**488409**	**505563**	**482611**	**596881**
一、专业公司	**National Specialized International Cooperation Co.**	**28418**	**31123**	**31035**	**50449**
二、地方公司	**Provincial and Civil International Cooperation Companies**	**459252**	**473592**	**450924**	**545780**
北京	Beijing	5428	4616	4487	7774
天津	Tianjin	7224	7400	6669	7029
河北	Hebei	3370	2198	1512	2231
山西	Shanxi	951	428	12	12
内蒙古	Inner Mongolia	5510	3901	3467	3554
辽宁	Liaoning	36529	39264	34450	38328
吉林	Jiling	60643	44591	30392	31941
黑龙江	Heilongjiang	9422	5484	5495	6943
上海	Shanghai	15932	21030	17851	23245
江苏	Jiangsu	53839	51234	51748	59850
浙江	Zhejiang	5616	7720	7423	6546
安徽	Anhui	6711	9550	9256	11182
福建	Fujian	27030	33375	38992	52125
江西	Jiangxi	6160	6383	5389	6023
山东	Shandong	81741	78434	69153	83496
河南	Henan	45180	57103	58709	75305
湖北	Hubei	6898	10800	10973	10864
湖南	Hunan	18681	23112	20682	23705
广东	Guangdong	38621	44301	54271	72788
广西	Guangxi	415	245	206	213
海南	Hainan				
重庆	Chongqing	1971	3308	3144	4001
四川	Sichuan	12123	9037	6443	6810
贵州	Guizhou	12	32	54	60
云南	Yunnan	3566	2302	1597	1283
西藏	Tibet				
陕西	Shaanxi	5076	6124	6524	7003
甘肃	Gansu	277	1176	1634	2805
青海	Qinghai	24	168	202	83
宁夏	Ningxia	302	276	189	318
新疆	Xingjiang				
新疆兵团	Xinjiang Bingtuan				263
三、其他	**Others**	**739**	**848**	**652**	**652**

旅　游

TOURISM

第9篇

9–1 历年入境游客
Visitor Arrivals

单位:万人次
Unit: 10000 person-times

年　份 Year	合　计 Total	#入境过夜游客 Overnight Tourists	外国人 Foreigners	港澳台同胞* Compatriot*	#台湾同胞 Taiwan Province
1978	180.92	71.60	22.96	156.15	
1979	420.39	152.90	36.24	382.06	
1980	570.25	350.00	52.91	513.90	
1981	776.71	376.70	67.52	705.31	
1982	792.43	392.40	76.45	711.70	
1983	947.70	379.10	87.25	856.41	
1984	1285.22	514.10	113.43	1167.04	
1985	1783.31	713.30	137.05	1637.78	
1986	2281.95	900.10	148.23	2126.90	
1987	2690.23	1076.00	172.78	2508.74	
1988	3169.48	1236.10	184.22	2977.33	43.77
1989	2450.14	936.10	146.10	2297.19	54.10
1990	2746.18	1048.40	174.73	2562.34	94.80
1991	3334.98	1246.40	271.01	3050.62	94.66
1992	3811.49	1651.20	400.64	3394.34	131.78
1993	4152.69	1898.20	465.59	3670.49	152.70
1994	4368.45	2107.00	518.21	3838.72	139.02
1995	4638.65	2003.40	588.67	4038.40	153.23
1996	5112.75	2276.50	674.43	4422.86	173.39
1997	5758.79	2377.00	742.80	5006.09	211.76
1998	6347.84	2507.29	710.77	5625.00	217.46
1999	7279.56	2704.66	843.23	6425.52	258.46
2000	8344.39	3122.88	1016.04	7320.80	310.86
2001	8901.29	3316.67	1122.64	7778.65	344.20
2002	9790.83	3680.26	1343.95	8446.88	366.06
2003	9166.21	3297.05	1140.29	8025.92	273.19
2004	10903.82	4176.14	1693.25	9210.57	368.53
2005	12029.23	4680.90	2025.51	10003.71	410.92
2006	12494.21	4991.34	2221.03	10273.19	441.35
2007	13187.33	5471.98	2610.97	10576.36	462.79
2008	13002.74	5304.92	2432.53	10570.21	438.56
2009	12647.59	5087.52	2193.75	10453.84	448.40
2010	13376.22	5566.45	2612.69	10763.53	514.06
2011	13542.35	5758.07	2711.20	10831.15	526.30
2012	13240.53	5772.49	2719.16	10521.37	534.02
2013	12907.78	5568.59	2629.03	10278.75	516.25
2014	12849.83	5562.20	2636.08	10213.75	536.59

注：港澳台同胞来自香港特别行政区、澳门特别行政区和台湾省(下同)。
Note: Compatriot From Hong Kong, Macao and Taiwan Province.(next the same)

9-2 历年入境游客增长速度
Growth Rates of Visitor Arrivals

单位：%
unit: %

年 份 Year	合 计 Total	#入境过夜游客 Overnight Tourists	外国人 Foreigners	港澳台同胞 Compatriot	#台湾同胞 Taiwan Province
1979	132.4	113.5	57.8	144.7	
1980	35.6	128.9	46.0	34.5	
1981	36.2	7.6	27.6	37.2	
1982	2.0	4.2	13.2	0.9	
1983	19.6	-3.4	14.1	20.3	
1984	35.6	35.6	30.0	36.3	
1985	38.8	38.7	20.8	40.3	
1986	28.0	26.2	8.2	29.9	
1987	17.9	19.5	16.6	18.0	
1988	17.8	14.9	6.6	18.7	
1989	-22.7	-24.3	-20.7	-22.8	23.6
1990	12.1	12.0	19.6	11.5	75.2
1991	21.4	18.9	55.1	19.1	-0.1
1992	14.3	32.5	47.8	11.3	39.2
1993	9.0	15.0	16.2	8.1	15.9
1994	5.2	11.0	11.3	4.6	-9.0
1995	6.2	-4.9	13.6	5.2	10.2
1996	10.2	13.6	14.6	9.5	13.2
1997	12.6	4.4	10.1	13.2	22.1
1998	10.2	5.5	-4.3	12.4	2.7
1999	14.7	7.9	18.6	14.2	18.9
2000	14.6	15.5	20.5	13.9	20.3
2001	6.7	6.2	10.5	6.3	10.7
2002	10.0	11.0	19.7	8.6	6.4
2003	-6.4	-10.4	-15.2	-5.0	-25.4
2004	19.0	26.7	48.5	14.8	34.9
2005	10.3	12.1	19.6	8.6	11.5
2006	3.9	6.6	9.7	2.7	7.4
2007	5.5	9.6	17.6	3.0	4.9
2008	-1.4	-3.1	-6.8	-0.1	-5.2
2009	-2.7	-4.1	-9.8	-1.1	2.2
2010	5.8	9.4	19.1	3.0	14.6
2011	1.2	3.4	3.8	0.6	2.4
2012	-2.2	0.3	0.3	-2.9	1.5
2013	-2.5	-3.5	-3.3	-2.3	-3.3
2014	-0.5	-0.1	0.3	-0.6	3.9

9–3 历年入境过夜游客和国际旅游(外汇)收入
International Tourism Receipts and Tourist Arrivals

年份 Year	入境过夜游客(万人次) Tourist Arrivals (10000 person-time)	入境过夜游客增速(%) Growth Rates (%)	入境过夜游客居世界位次 Rank	旅游(外汇)收入合计(亿美元) Tourism Receipts (USD 100 Million)	旅游(外汇)收入增速(%) Growth Rates (%)	旅游(外汇)收入居世界位次 Rank
1978	71.60			2.63		
1979	152.90	113.5		4.49	70.7	
1980	350.00	128.9	18	6.17	37.4	34
1981	376.70	7.6	17	7.85	27.2	34
1982	392.40	4.2	16	8.43	7.4	29
1983	379.10	-3.4	16	9.41	11.6	26
1984	514.10	35.6	14	11.31	20.2	21
1985	713.30	38.7	13	12.50	10.5	21
1986	900.10	26.2	12	15.31	22.5	22
1987	1076.00	19.5	12	18.62	21.6	26
1988	1236.10	14.9	10	22.47	20.7	26
1989	936.10	-24.3	12	18.60	-17.2	27
1990	1048.40	12.0	11	22.18	19.2	25
1991	1246.40	18.9	12	28.45	28.3	21
1992	1651.20	32.5	9	39.47	38.7	17
1993	1898.20	15.0	7	46.83	18.6	15
1994	2107.00	11.0	6	73.23	56.4	10
1995	2003.40	-4.9	8	87.33	19.3	10
1996	2276.50	13.6	6	102.00	16.8	9
1997	2377.00	4.4	6	120.74	18.4	8
1998	2507.29	5.5	6	126.02	4.4	7
1999	2704.66	7.9	5	140.99	11.9	7
2000	3122.88	15.5	5	162.24	15.1	7
2001	3316.67	6.2	5	177.92	9.7	5
2002	3680.26	11.0	5	203.85	14.6	5
2003	3297.05	-10.4	5	174.06	-14.6	7
2004	4176.14	26.7	4	257.39	47.9	7
2005	4680.90	12.1	4	292.96	13.8	6
2006	4991.34	6.6	4	339.49	15.9	5
2007	5471.98	9.6	4	419.19	23.5	5
2008	5304.92	-3.1	4	408.43	-2.6	5
2009	5087.52	-4.1	4	396.75	-2.9	5
2010	5566.45	9.4	3	458.14	15.5	4
2011	5758.07	3.4	3	484.64	5.8	4
2012	5772.49	0.3	3	500.28	3.2	4
2013	5568.59	-3.5	4	516.64	3.3	4
2014	5562.20	-0.1		569.13	10.2	

9–4 入境外国游客分组构成

Foreign Visitor Arrivals by Sex, Age, Purpose and Mode of Transport

单位：万人次

Unit: 10000 person-time

项　目	Item	2013		2014	
		人次数 person-time	比 重 structure (%)	人次数 person-time	比 重 structure (%)
总　计	**Total**	**2629.03**	**100.0**	**2636.08**	**100.0**
按性别分	**By Sex**				
男	Male	1702.07	64.7	1709.51	64.9
女	Female	926.96	35.3	926.57	35.1
按年龄分	**By Age**				
14岁及以下	Under 14	107.89	4.1	103.92	3.9
15～24岁	15～24	206.65	7.9	204.78	7.8
25～44岁	25～44	1209.16	46.0	1210.24	45.9
45～64岁	46～64	950.54	36.2	961.00	36.5
65岁以上	Over 65	154.78	5.9	156.13	5.9
按事由分	**By Purpose**				
会议/商务	Meeting/Business	619.40	23.6	539.57	20.5
观光/休闲	Sightseeing/Leisure	1012.30	38.5	892.99	33.9
探亲/访友	Visiting Relatives and Friends	19.91	0.8	60.33	2.3
服务员工	Work and Crew	319.53	12.2	328.54	12.5
其他	Others	657.89	25.0	814.66	30.9
按入境方式分	**By Mode Of Transport**				
船舶	Sea	261.39	9.9	252.35	9.6
飞机	Air	1575.21	59.9	1578.77	59.9
火车	Rail	54.69	2.1	49.07	1.9
汽车	Motor	353.29	13.4	342.49	13.0
徒步	Foot	384.46	14.6	413.40	15.7

9–5 按国籍分入境外国游客
Foreign Visitor Arrivals by Nationality

单位：人次
Unit: person-time

国　籍	Nationality	2011	2012	2013	2014
总　计	**Total**	**27111971**	**27191591**	**26290294**	**26360827**
亚洲	**Asia**	**16623150**	**16622193**	**16060094**	**16331289**
#阿富汗	Afghanistan	11695	11651	10674	12569
巴林	Bahrain	3222	3085	3374	3534
孟加拉国	Bangladesh	47661	50855	58872	69776
不丹	Bhutan	597	619	623	672
文莱	Brunei	9449	9409	8809	9163
缅甸	Myanmar	191038	205936	134671	132787
柬埔寨	Cambodia	26534	29803	34578	39285
塞浦路斯	Cyprus	3229	3148	2931	3040
朝鲜	Korea DPR	152300	180573	206617	184355
印度	India	606474	610194	676682	709896
印度尼西亚	Indonesia	608675	621970	605321	566859
伊朗	Iran	125077	90991	88895	113687
伊拉克	Iraq	19289	20746	23497	23795
以色列	Israel	82234	82548	79699	78520
日本	Japan	3658169	3518153	2877533	2717621
约旦	Jordan	27568	27553	28151	27668
科威特	Kuwait	8303	9042	8952	7895
老挝	Laos	14186	16764	19399	21697
黎巴嫩	Lebanon	22854	22607	21298	20923
马来西亚	Malaysia	1245092	1235463	1206535	1129568
马尔代夫	Maldives	2623	3589	4115	5534
蒙古	Mongolia	994181	1010450	1049997	1082729
尼泊尔	Nepal	31944	40949	58817	53625
阿曼	Oman	4630	5006	4773	5001
巴基斯坦	Pakistan	92518	96707	106548	108856
巴勒斯坦	Palestine	6336	6874	6283	5829
菲律宾	Philippines	894309	961975	996672	967925
卡塔尔	Qatar	2431	2499	2507	2655
沙特阿拉伯	Saudi Arabia	34635	35424	36531	36148
新加坡	Singapore	1062993	1027745	966605	971379
韩国	Korea	4185398	4069868	3968998	4181714
斯里兰卡	Sri Lanka	38013	42745	49488	50030
叙利亚	Syria	18473	15773	12802	17027
泰国	Thailand	608044	647597	651654	613081
土耳其	Turkey	98787	96053	103947	106163
阿联酋	United Arab Emirates	9041	8274	7904	7982
也门共和国	Yemen Rep.	18351	22021	21838	24601
越南	Vietnam	1006468	1137165	1365402	1709437
哈萨克斯坦	Kazakhstan	506215	491381	393530	343605
吉尔吉斯斯坦	Kirghizia	47633	48105	49936	50423

9-5 续表 1 Continued 1

单位：人次
Unit: person-time

国　籍	Nationality	2011	2012	2013	2014
塔吉克斯坦	Tadzhikistan	26441	28739	31916	33610
土库曼斯坦	Turkmenistan	15590	15629	14562	17030
乌兹别克斯坦	Uzbekistan	54038	56165	57717	63044
非洲	**Africa**	**488774**	**524882**	**552671**	**596877**
#阿尔及利亚	Algeria	27982	27627	29565	31670
安哥拉	Angola	18595	21353	24998	27331
贝宁	Benin	4993	4819	5260	6308
博茨瓦纳	Botswana	2545	2436	1913	1864
布隆迪	Burundi	1298	1241	1290	1589
喀麦隆	Cameroon	7052	7873	7191	8453
佛得角	Cape Verde	616	781	565	639
中非	Central African	426	572	216	318
乍得	Chad	808	945	964	1128
科摩罗	Comoros	781	870	882	1026
刚果(布)	Congo(B)	5111	5584	5602	5909
吉布提	Djibouti	545	648	716	753
埃及	Egypt	60880	72662	74443	83925
赤道几内亚	Eq.Guinea	709	950	1072	1038
埃塞俄比亚	Ethiopia	18561	23086	24534	29921
加蓬	Gabon	1063	1228	1365	1292
冈比亚	Gambia	2100	2169	2030	2656
加纳	Ghana	19767	16918	16336	16777
几内亚	Guinea	9868	9987	9481	8136
几内亚(比绍)	Guinea Bissau	1248	1128	983	905
科特迪瓦	Cote d'Ivoire	2301	3697	3924	4402
肯尼亚	Kenya	15158	15696	18429	23277
利比里亚	Liberia	2079	1852	1576	1195
利比亚	Libya	3414	12605	16778	10712
马达加斯加	Madagascar	9392	9931	9804	10102
马拉维	Malawi	1645	1712	1760	1851
马里	Mali	15038	13806	16037	18650
毛里塔尼亚	Mauritania	2069	2022	1895	2038
毛里求斯	Mauritius	18289	17454	17745	18865
摩洛哥	Morocco	13810	13973	14407	15090
莫桑比克	Mozambique	3195	3751	3915	4886
纳米比亚	Namibia	1438	1722	1891	2302
尼日尔	Niger	6890	7945	10619	12023
尼日利亚	Nigeria	45440	38852	45582	54458
留尼汪	Reunion	5	2		
卢旺达	Rwanda	1799	2111	2078	2362
圣多美和普林西比	Sao Tome & Principe	62	47	95	112
塞内加尔	Senegal	8026	8492	8987	9976

9-5 续表 2 Continued 2

单位：人次
Unit: person-time

国 籍	Nationality	2011	2012	2013	2014
塞舌尔	Seychelles	1385	1467	1682	1559
塞拉利昂	Sierra Leone	1585	1871	2092	2239
索马里	Somalia	951	1300	1173	1095
南非	S.Africa	67354	71529	68613	68230
苏丹	Sudan	11944	11766	12719	14585
坦桑尼亚	Tanzania	16441	18572	19678	23517
多哥	Togo	3103	3241	3453	3451
突尼斯	Tunisia	8640	10133	10737	10764
乌干达	Uganda	14456	14878	14064	15198
布基纳法索	Burkina Faso	2350	2886	3270	3725
民主刚果	Congo DR	12080	14001	14960	12018
赞比亚	Zambia	4813	5659	6620	7095
津巴布韦	Zimbabwe	7072	6530	6071	6639
莱索托	Lesotho	555	595	463	536
斯威士兰	Swaziland	309	224	224	390
厄立特里亚	Eritrea	659	846	857	840
欧洲	**Europe**	**5937810**	**5948178**	**5688146**	**5514300**
#比利时	Belgium	70400	71103	68404	67375
丹麦	Denmark	84637	84330	81385	77556
英国	United Kingdom	595697	618351	624955	604657
德国	Germany	637015	659627	649298	662634
法国	France	493132	524837	533538	517038
爱尔兰	Ireland	37596	42166	41229	42046
意大利	Italy	235041	251991	251162	253128
卢森堡	Luxembourg	2692	3276	3558	2773
荷兰	Netherlands	197530	195474	188562	180439
希腊	Greece	32652	32490	34460	35719
葡萄牙	Portugal	47033	48577	49395	52287
西班牙	Spain	139876	136915	132378	141037
阿尔巴尼亚	Albania	2638	2478	2461	2631
安道尔	Andorra	167	157	130	167
奥地利	Austria	66922	66079	65709	64826
保加利亚	Bulgaria	17556	16847	17582	19037
芬兰	Finland	65288	67811	65662	60283
匈牙利	Hungary	16289	16905	18674	20789
冰岛	Iceland	3009	3370	3407	3555
列支敦士登	Liechtenstein	300	310	344	354
马耳他	Malta	1833	2015	1717	2013
摩纳哥	Monaco	88	118	110	147
挪威	Norway	51428	53478	51439	47860

9-5 续表 3 Continued 3

单位：人次
Unit: person-time

国 籍	Nationality	2011	2012	2013	2014
波兰	Poland	67986	68605	71598	76135
罗马尼亚	Romania	36290	35250	37433	40749
圣马力诺	San Marino	199	139	179	164
瑞典	Sweden	170137	171588	158951	141964
瑞士	Switzerland	75294	82786	80557	79539
爱沙尼亚	Estonia	4511	6288	5739	5056
拉脱维亚	Latvia	5747	7341	7061	6761
立陶宛	Lithuania	7508	8730	8774	8655
格鲁吉亚	Georgia	6719	6458	7232	8933
亚美尼亚	Armenia	5347	5492	5797	5437
阿塞拜疆	Azerbaijan	18202	17757	18089	18894
白俄罗斯	Byelorussia	10939	14121	14347	15575
摩尔多瓦	Moldavia	2794	2749	2886	3100
俄罗斯	Russia	2536302	2426161	2186281	2045807
乌克兰	Ukraine	120248	120214	120403	117262
斯洛文尼亚	Slovenia	5685	6232	5583	6121
克罗地亚	Croatia	16355	16918	16807	17270
捷克	Czech	20285	21229	20640	23123
斯洛伐克	Slovak	9183	10508	10415	10732
波黑	Bosnia & Hercegovina	1390	1410	1490	1902
拉丁美洲	**Latin America**	**336867**	**353079**	**354327**	**346211**
#安提瓜和巴布达	Antigua & Barbuda	223	277	253	299
阿根廷	Argentina	25656	24883	26488	24427
阿鲁巴岛	Aruba	41	1		1
巴哈马	Bahamas	623	669	636	788
巴巴多斯	Barbados	329	374	440	481
伯利兹	Belize	3225	3053	3291	3203
玻利维亚	Bolivia	6470	6454	6198	6477
巴西	Brazil	97912	99445	95754	94559
开曼群岛	Cayman Is	27	27	12	24
智利	Chile	17763	19661	20310	19096
哥伦比亚	Colombia	31792	34315	34636	37299
哥斯达黎加	Costa Rica	5451	5748	5627	5682
古巴	Cuba	2433	2644	3566	3486
多米尼加共和国	Dominican Rep.	2943	3301	3381	3373
厄瓜多尔	Ecuador	7211	7965	8257	8702
格林纳达	Grenada	189	192	187	215
危地马拉	Guatemala	2350	2538	2561	2826
圭亚那	Guyana	837	1072	943	996

单位：人次
Unit: person-time

国籍	Nationality	2011	2012	2013	2014
海地	Haiti	336	378	574	444
洪都拉斯	Honduras	2709	2943	3151	2856
牙买加	Jamaica	4612	5330	6028	5229
墨西哥	Mexico	53720	57716	60144	65762
尼加拉瓜	Nicaragua	526	754	660	625
巴拿马	Panama	7806	7839	7532	7728
巴拉圭	Paraguay	1535	1444	1352	1382
秘鲁	Peru	14190	15043	15646	14869
波多黎各	Puerto Rico	8	7	11	5
圣卢西亚	Saint Lucia	96	137	171	260
圣文森特和格林纳丁斯	S. Vinc. & Grenadines	100	357	734	419
萨尔瓦多	El Salvador	1120	1218	1233	1160
苏里南	Suriname	2944	3056	3236	2946
特立尼达和多巴哥	Trinidad & Tobago		2488	2418	2092
特克斯和凯科斯群岛	Turks & Caicos Is.		3	3	
乌拉圭	Uruguay	3784	3886	4291	4074
委内瑞拉	Venezuela	34821	36648	33100	22678
维尔京群岛	Virgin Is.	2	4	5	41
北美洲	**North America**	**2864166**	**2826441**	**2769507**	**2760296**
加拿大	Canada	747981	708294	684216	667084
美国	United States	2116144	2118059	2085253	2093153
百慕大	Bermuda	41	88	37	59
大洋洲及太平洋群岛	**Oceania and Pacific Islands**	**859310**	**914899**	**863395**	**810058**
#澳大利亚	Australia	726184	774328	723088	672058
斐济	Fiji	3207	3462	3766	3620
瑙鲁	Nauru	650	545	415	387
瓦努阿图	Vanuatu	503	526	419	493
新西兰	New Zealand	120898	128251	128572	126593
巴布亚新几内亚	Papua New Guinea	1301	1204	1366	1588
所罗门群岛	Solomon Is.	600	641	642	664
汤加	Tonga	1379	1355	1306	1135
萨摩亚	Samoa	425	899	1019	867
基里巴斯	Kiribati	2652	2590	1936	1719
图瓦卢	Tuvalu	856	505	377	289
密克罗尼西亚	Micronesia	228	138	104	149
马绍尔群岛	Marshall Is.	368	383	349	398
贝劳共和国	Palau	39	51	33	94
国际组织及其他人员	**Others**	**1894**	**1919**	**2154**	**1796**

9-6 国际旅游外汇收入构成
Breakdown of International Tourism Receipts

单位：亿美元
Unit: USD 100 million

指　标	Item	2011	2012	2013	2014
总　计	**Total**	**484.64**	**500.28**	**516.64**	**569.13**
一、商品收入	**Commodities**	**154.54**	**149.01**	**153.10**	**161.56**
1.商品销售	Shopping	118.56	111.54	111.82	113.28
2.餐饮	Food and Beverage	35.98	37.47	41.28	48.28
二、劳务收入	**Services**	**330.09**	**351.26**	**363.54**	**407.58**
1.长途交通	Long-Distance Transportation	151.17	172.78	174.57	195.95
民航	Air	114.70	131.64	134.10	145.79
铁路	Rail	14.06	16.46	16.00	20.90
汽车	Motor	14.06	15.54	13.65	15.68
轮船	Sea	8.35	9.14	10.82	13.59
2.游览	Sightseeing	25.32	25.55	30.92	32.54
3.住宿	Accommodation	50.98	52.11	59.76	69.50
4.娱乐	Entertainment	34.66	36.13	35.91	36.74
5.邮电通讯	Communication	10.36	7.91	7.92	11.04
6.市内交通	Local Transportation	16.19	16.10	14.44	16.04
7.其他服务	Others	41.41	40.68	40.01	45.77

9–7 各地区国际旅游(外汇)收入
International Tourism Receipts by Locality

单位：亿美元
Unit: USD 100 million

地区	Region	2011	2012	2013	2014
北京	Beijing	54.16	51.49	47.95	46.08
天津	Tianjin	17.56	22.26	25.91	29.92
河北	Hebei	4.48	5.45	5.86	5.34
山西	Shanxi	5.67	7.20	8.23	2.81
内蒙古	Inner Mongolia	6.71	7.72	9.62	10.03
辽宁	Liaoning	27.13	32.64	34.77	16.18
吉林	Jilin	3.85	4.95	5.52	5.84
黑龙江	Heilongjiang	9.18	8.35	6.04	5.64
上海	Shanghai	57.51	54.93	52.45	56.02
江苏	Jiangsu	56.53	63.00	23.80	30.33
浙江	Zhejiang	45.42	51.52	53.93	57.53
安徽	Anhui	11.79	15.63	16.60	18.40
福建	Fujian	36.34	42.26	45.73	49.12
江西	Jiangxi	4.15	4.85	5.25	5.57
山东	Shandong	25.51	29.24	27.31	23.30
河南	Henan	5.49	6.11	6.60	5.38
湖北	Hubei	9.40	12.03	12.19	12.39
湖南	Hunan	10.14	9.28	8.23	8.00
广东	Guangdong	139.06	156.11	162.78	171.06
广西	Guangxi	10.52	12.79	15.47	15.72
海南	Hainan	3.76	3.48	3.37	2.69
重庆	Chongqing	9.68	11.68	12.68	13.54
四川	Sichuan	5.94	7.98	7.65	8.58
贵州	Guizhou	1.35	1.69	2.01	1.89
云南	Yunnan	16.09	19.47	24.18	24.21
西藏	Tibet	1.30	1.06	1.28	1.45
陕西	Shaanxi	12.95	15.97	16.76	17.69
甘肃	Gansu	0.17	0.22	0.20	0.10
青海	Qinghai	0.27	0.24	0.19	0.25
宁夏	Ningxia	0.06	0.05	0.12	0.18
新疆	Xinjiang	4.65	5.51	5.85	4.97

9-8 各地区接待入境过夜游客情况
International Tourists by Region

地区	Region	人数（万人次）Tourist Arrivals (10000 person-time) 2013	2014	#外国人 Foreigners 2013	2014	人天数（万人天）Tourist Arrivals Night (10000 person-night) 2013	2014	#外国人 Foreigners 2013	2014
北京	Beijing	450.13	427.45	387.62	365.45	1901.78	1812.22	1678.44	1590.24
天津	Tianjin	75.86	76.63	66.04	67.49	1183.26	1321.35	974.42	1087.68
河北	Hebei	84.27	75.61	69.99	60.26	282.72	256.80	241.04	218.59
山西	Shanxi	53.84	56.56	38.88	36.13	113.06	142.71	81.65	90.83
内蒙古	Inner Mongolia	161.61	167.31	155.31	160.22	490.86	498.12	466.17	471.21
辽宁	Liaoning	256.04	260.70	173.61	200.62	741.01	748.83	520.84	542.53
吉林	Jilin	124.30	130.63	107.58	113.26	302.24	318.85	259.83	274.82
黑龙江	Heilongjiang	152.86	141.72	145.02	132.29	302.12	281.49	287.77	266.14
上海	Shanghai	614.09	639.62	511.07	523.34	2016.53	2073.23	1657.40	1670.57
江苏	Jiangsu	288.03	297.10	193.44	197.04	1042.49	1096.46	645.79	679.94
浙江	Zhejiang	337.57	370.88	252.07	269.83	834.59	888.18	632.44	651.68
安徽	Anhui	271.95	280.18	167.11	160.83	727.95	651.29	446.71	371.21
福建	Fujian	294.02	318.90	114.51	127.44	1421.35	871.32	628.04	398.05
江西	Jiangxi	123.89	147.67	40.25	44.74	272.55	290.68	90.56	88.70
山东	Shandong	285.98	300.19	206.08	218.08	979.25	1026.33	715.44	776.43
河南	Henan	127.38	124.76	73.02	71.82	302.62	302.46	185.23	184.32
湖北	Hubei	267.96	277.07	204.73	213.26	600.91	637.09	458.12	492.70
湖南	Hunan	230.66	219.55	87.71	100.07	435.21	418.16	170.05	206.30
广东	Guangdong	3397.90	3355.43	760.51	775.18	7141.53	7385.24	1889.68	2042.55
广西	Guangxi	281.74	295.76	150.89	146.75	551.64	590.99	299.37	296.89
海南	Hainan	75.64	66.14	50.05	42.15	190.51	148.51	150.38	110.09
重庆	Chongqing	115.17	126.36	76.98	80.65	351.26	341.17	243.39	193.55
四川	Sichuan	209.56	240.17	147.32	169.66	398.33	454.07	284.58	326.50
贵州	Guizhou	62.40	65.31	27.15	28.49	94.29	98.90	40.91	42.96
云南	Yunnan	287.88	286.56	212.51	206.16	568.95	556.81	412.27	391.59
西藏	Tibet	22.32	24.44	18.72	20.00	68.75	74.30	58.07	61.10
陕西	Shaanxi	253.47	266.30	178.92	185.83	722.46	778.35	542.77	576.09
甘肃	Gansu	9.78	4.88	6.25	2.89	12.60	6.40	8.14	3.97
青海	Qinghai	4.65	5.15	4.13	4.06	12.23	16.28	10.90	13.01
宁夏	Ningxia	2.54	3.37	1.50	1.51	7.61	10.10	4.51	4.53
新疆	Xinjiang	68.88	54.01	60.10	47.66	305.45	245.03	268.25	217.56

9-9 各地区入境过夜游客人均天花费额
Average Daily Per Capita Expenditure of International Tourists by Region

单位：美元/人天
Unit: USD/night per capita

地区	Region	人均天花费 Average Expenditure		外国人 Foreigners		香港同胞 Hongkong SAR	
		2013	2014	2013	2014	2013	2014
北京	Beijing	252.41	254.23	254.47	257.90	243.03	242.22
天津	Tianjin	209.92	213.77	207.27	214.40	202.09	222.37
河北	Hebei	164.59	168.30	159.13	161.76	183.16	205.00
山西	Shanxi	173.58	175.24	162.70	179.34	217.80	160.84
内蒙古	Inner Mongolia	194.20	196.24	192.90	196.75	185.58	185.07
辽宁	Liaoning	212.45	208.28	221.91	205.96	180.25	232.45
吉林	Jilin	183.29	179.58	183.03	173.34	189.72	239.46
黑龙江	Heilongjiang	199.41	196.61	200.50	201.49	209.95	211.69
上海	Shanghai	259.31	268.70	259.87	263.46	251.45	299.52
江苏	Jiangsu	224.05	229.36	223.27	229.52	224.10	229.35
浙江	Zhejiang	218.26	216.90	216.12	218.75	228.98	206.52
安徽	Anhui	192.49	193.44	192.31	193.99	190.83	188.11
福建	Fujian	205.21	198.55	212.34	206.22	187.88	211.70
江西	Jiangxi	163.99	169.44	169.65	167.65	156.37	170.23
山东	Shandong	207.29	204.86	210.57	209.95	217.37	199.95
河南	Henan	162.83	160.21	162.69	168.63	172.42	134.45
湖北	Hubei	194.44	192.34	198.51	199.33	180.46	187.31
湖南	Hunan	197.02	193.60	198.04	195.77	190.97	185.41
广东	Guangdong	172.43	176.40	185.76	186.83	143.76	159.91
广西	Guangxi	185.30	189.74	196.97	197.21	181.75	183.05
海南	Hainan	172.80	179.59	175.30	181.72	157.43	162.45
重庆	Chongqing	183.67	190.19	184.16	199.30	202.44	174.95
四川	Sichuan	185.15	185.59	182.83	187.70	191.07	186.81
贵州	Guizhou	181.05	180.65	192.31	208.16	176.40	157.70
云南	Yunnan	196.75	203.05	195.67	203.12	206.17	190.24
西藏	Tibet	191.67	197.67	192.19	198.62	189.62	189.82
陕西	Shaanxi	186.09	188.14	186.87	195.15	184.30	137.05
甘肃	Gansu	160.29	160.40	180.70	160.69	124.14	168.66
青海	Qinghai	157.98	159.19	159.97	151.08	172.42	215.97
宁夏	Ningxia	158.84	166.11	159.26	164.23	174.21	178.05
新疆	Xinjiang	165.87	176.49	177.18	176.69	134.56	171.88

9-9 续表 Continued

单位：美元/人天

Unit: USD/night per capita

地区	Region	澳门同胞 Macao SAR 2013	澳门同胞 Macao SAR 2014	台湾同胞 Taiwan Province 2013	台湾同胞 Taiwan Province 2014
北京	Beijing	222.74	255.32	230.18	202.08
天津	Tianjin	281.48	199.46	220.84	205.15
河北	Hebei	185.42	187.51	188.36	194.36
山西	Shanxi	195.10	133.88	187.42	159.74
内蒙古	Inner Mongolia	182.59	198.03	228.09	200.40
辽宁	Liaoning	174.00	222.74	185.54	213.86
吉林	Jilin	211.12	215.60	165.93	197.78
黑龙江	Heilongjiang	202.26	291.83	184.07	160.44
上海	Shanghai	251.25	281.61	263.40	297.79
江苏	Jiangsu	231.21	219.02	225.67	229.97
浙江	Zhejiang	247.89	217.04	213.47	211.88
安徽	Anhui	203.26	181.86	194.19	191.51
福建	Fujian	200.83	178.78	191.36	176.30
江西	Jiangxi	140.82	176.90	168.73	171.74
山东	Shandong	169.49	169.93	188.51	190.15
河南	Henan	139.47	167.43	165.98	131.22
湖北	Hubei	214.61	153.36	191.31	185.88
湖南	Hunan	194.14	149.80	191.91	182.93
广东	Guangdong	126.02	143.58	180.22	184.51
广西	Guangxi	143.72	165.62	164.96	180.76
海南	Hainan	174.56	171.87	164.63	179.99
重庆	Chongqing	180.29	174.15	146.05	153.78
四川	Sichuan	215.77	183.97	186.08	173.80
贵州	Guizhou	181.27	148.45	176.46	147.06
云南	Yunnan	204.42	212.07	192.15	218.45
西藏	Tibet	179.88	191.97	192.42	189.89
陕西	Shaanxi	212.09	106.26	167.25	169.83
甘肃	Gansu	103.57	158.00	132.04	152.15
青海	Qinghai	71.85	161.72	146.80	170.79
宁夏	Ningxia	146.23	98.54	153.65	217.04
新疆	Xinjiang	137.20	196.31	136.92	168.96

9–10 历年国内旅游情况

Major Statistics of Domestic Tourism

年 份	国内游客 (亿人次) Domestic Travelers (100 million person-time)	城镇居民 Urban Residents	农村居民 Rural Residents	旅游总花费 (亿元) Tourism Earnings (100 million yuan)	城镇居民 Urban Residents	农村居民 Rural Residents	人均花费 (元) Average Expenditure Per Capita (yuan)	城镇居民 Urban Residents	农村居民 Rural Residents
1994	5.24	2.05	3.19	1023.51	848.21	175.30	195.33	414.67	54.88
1995	6.29	2.46	3.83	1375.70	1140.10	235.60	218.71	464.02	61.47
1996	6.40	2.56	3.83	1638.38	1368.36	270.02	256.20	534.10	70.45
1997	6.44	2.59	3.85	2112.70	1515.10	560.87	328.06	599.80	145.68
1998	6.95	2.50	4.45	2391.18	1515.10	876.05	345.00	607.00	197.00
1999	7.19	2.84	4.35	2831.92	1748.23	1083.69	394.00	614.80	249.50
2000	7.44	3.29	4.15	3175.54	2235.30	940.28	426.60	678.60	226.60
2001	7.84	3.75	4.09	3522.40	2651.70	870.70	449.50	708.30	212.70
2002	8.78	3.85	4.93	3878.36	2848.09	1030.27	441.80	739.70	209.10
2003	8.70	3.51	5.19	3442.27	2404.08	1038.19	395.70	684.90	200.00
2004	11.02	4.59	6.43	4710.70	3359.00	1351.70	427.50	731.80	210.20
2005	12.12	4.96	7.16	5285.90	3656.10	1629.70	436.10	737.10	227.60
2006	13.94	5.76	8.18	6229.74	4414.74	1815.00	446.90	766.40	221.90
2007	16.10	6.12	9.98	7770.60	5550.40	2220.20	482.60	906.90	222.50
2008	17.12	7.03	10.09	8749.30	5971.75	2777.55	511.03	849.36	275.28
2009	19.02	9.03	9.99	10183.69	7233.79	2949.90	535.40	801.10	295.30
2010	21.03	10.65	10.38	12579.77	9403.81	3175.96	598.20	883.00	306.00
2011	26.41	16.87	9.54	19305.39	14808.61	4496.78	731.00	877.80	471.40
2012	29.57	19.33	10.24	22706.22	17678.03	5028.19	767.90	914.50	491.00
2013	32.62	21.86	10.76	26276.12	20692.59	5583.53	805.50	946.60	518.90
2014	36.11	24.83	11.28	30311.86	24219.76	6092.11	839.70	975.40	540.20

附　录

APPENDIX

附录Ⅰ　简要说明和主要统计指标解释

一、国内贸易部分

（一）主要内容

这一部分主要反映中国国内消费品市场、批发和零售业、住宿和餐饮业的发展变化情况。主要内容包括限额以上批发和零售业的基本情况、商品流转情况和财务状况，限额以上住宿和餐饮业的基本情况、经营情况和财务状况，社会消费品零售总额，商品交易市场成交情况，连锁零售业、餐饮业经营情况等。

（二）统计范围

1．**批发和零售业、住宿和餐饮业**：限额以上批发和零售业、住宿和餐饮业法人企业和个体户。统计限额标准为：批发业，年主营业务收入2000万元及以上；零售业，年主营业务收入500万元及以上；住宿和餐饮业，年主营业务收入200万元及以上。

2．**社会消费品零售总额**：从事商品零售活动或提供餐饮服务的法人企业、产业活动单位和个体户。

3．**商品交易市场**：年商品成交额在亿元及以上的商品交易市场。

4．**连锁经营情况**：零售业连锁总店（总部）、餐饮业连锁总店（总部）。

（三）资料来源

国家统计局贸易外经司根据《批发和零售业统计报表制度》、《住宿和餐饮业统计报表制度》进行搜集和加工整理而得。

（四）统计调查方法

限额以上批发和零售业、住宿和餐饮业单位（包括法人企业、产业活动单位和个体户，下同）、商品交易市场以及连锁总店（总部）采用全面调查方法，限额以下批发和零售业、住宿和餐饮业单位采用抽样调查方法。

（五）主要指标解释

1．批发和零售业

批发业　指批发商向批发、零售单位及其他企事业、机关单位批量销售生活用品和生产资料的活动，以及从事进出口贸易和贸易经纪与代理的活动。批发商可以对所批发的货物拥有所有权，并以本单位、公司的名义进行交易活动；也可以不拥有货物的所有权，而以中介身份做代理销售商。

零售业　指百货商店、超级市场、专门零售商店、品牌专卖店、售货摊等主要面向最终消费者（如居民等）的销售活动。包括以互联网、邮政、电话、售货机等方式的销售活动，还包括在同地点，后面加工生产，前面销售的店铺（如前店后厂的面包房）。

商品购进额　指从本企业以外的单位和个人购进（包括从国外直接进口）作为转卖或加工后转卖的商品金额（含增值税）。商品包括：（1）从工农业生产者、批发和零售业企业、住宿和餐饮业企业、出版社或报社的出版发行部门和其他服务业企业购进的商品；（2）从机关团体、事业单位购进的商品；（3）从海关、市场管理部门购进的缉私和没收的商品；（4）从居民收购的废旧商品等，不包括：（1）企业为本单位自身经营用，不是作为转卖而购进的商品，如材料物资、包装物、低值易耗品、办公用品等；（2）未通过买卖行为而收入的商品，如接受其他部门移交的商品、借入的商品、收入代其他单位保管的商品、其他单位赠送的样品、加工回收的成品等；（3）经本单位介绍，由买卖双方直接结算，本单位只收取手续费的业务；（4）

销售退回和买方拒付货款的商品；（5）商品溢余。

商品销售额 指对本单位以外的单位和个人出售的商品金额（包括售给本单位消费用的商品，含增值税）。商品包括（1）售给城乡居民和社会集团消费用的商品；（2）售给农业、工业、建筑业、运输邮电业、服务业、公用事业等国民经济各行业用于生产、经营用的商品，包括售予批发和零售业作为转卖或加工后转卖的商品；（3）对国（境）外直接出口的商品，不包括：（1）未通过买卖行为付出的商品，如随机构变动移交给其他企业单位的商品、借出的商品、归还受其他单位委托代保管的商品、付出的加工原料和赠送给其他单位的样品等；（2）经本单位介绍，由买卖双方直接结算，本单位只收取手续费的业务；（3）购货退回的商品；（4）商品损耗和损失；（5）出售本单位自用的废旧物资。

商品库存额 指报告期末各种登记注册类型的批发和零售业企业(单位)已取得所有权的商品金额（含增值税）。它反映批发和零售业企业(单位)的商品库存情况和对市场商品供应的保证程度。商品库存包括：(1)存放在批发和零售业经营单位(如门市部、批发站、经营处)仓库、货场、货柜和货架中的商品；(2)挑选、整理、包装中的商品；(3)已记入购进而尚未运到本单位的商品，即发货单或银行承兑凭证已到而货未到的商品；(4)寄放他处的商品，如因购货方拒绝承付而暂时存放在购货方的商品和已办完加工成品收回手续而未提回的商品；(5)委托其他单位代销(未作销售或调出)尚未售出的商品；(6)代其他单位购进尚未交付的商品。不包括所有权不属于本单位的商品、委托外单位加工生产尚未收回成品的商品、外贸企业代理其他单位从国外进口尚未付给订货单位的商品、代国家物资储备部门保管的商品等。

2．住宿和餐饮业

住宿业 指有偿为顾客提供临时住宿的服务活动。不包括：提供长期住宿场所的活动（如出租房屋、公寓等）。

餐饮业 指在一定场所，对食物进行现场烹饪、调制，并出售给顾客主要供现场消费的服务活动。

营业额 指住宿和餐饮业法人企业（单位）在经营活动中因提供服务或销售商品等取得的收入。包括：客房收入、餐费收入、商品销售额和其他收入。

客房收入 指住宿和餐饮业法人企业（单位）在经营活动中因提供住宿服务取得的收入。

餐费收入 指住宿和餐饮业法人企业（单位）因为顾客提供就餐服务取得的收入，包括经烹饪、调制加工后出售的各种食品，如主食、炒菜、凉拌菜等的收入。

3．商品交易市场

商品交易市场 指经有关部门和组织批准设立，有固定场所、设施，有经营管理部门和监管人员，若干市场经营者入内，常年或实际开业三个月以上，集中、公开、独立地进行生活消费品、生产资料等现货商品交易以及提供相关服务的交易场所，包括各类消费品市场、生产资料市场等。

商品交易市场成交额 指商品交易市场内所有摊位的全年商品成交的总金额。

4．连锁经营

连锁总店（总部） 负责连锁企业资源（商号、商誉、经营模式、服务标准、管理模式等等）的开发、配置、控制或使用等功能的企业核心管理机构。连锁经营是指经营同类商品或服务，使用统一商号的若干店铺，在同一总店（总部）的管理下，采取统一采购或特许经营等方式,实现规模效益的组织形式，包括直营连锁、特许连锁和自愿连锁三种形式。

直营连锁 指连锁店铺由连锁公司全资或控股开设，在总部的直接控制下，开展统一经营的连锁经营形式。

特许连锁 指拥有注册商标、企业标志、专利、专有技术等经营资源的企业（特许人），以合同形式将其拥有的经营资源许可其他经营者（被特许人）使用，被特许人按合同约定在统一的经营模式下开展经营，并向特许人支付特许经营费用的连锁经营形式。

自愿连锁 指若干个店铺或企业自愿组合起来，在不改变各自资产所有权关系的情况下，以同一个品牌形象面对消费者，以共同进货为纽带开展的连锁经营形式。

5．社会消费品零售总额

社会消费品零售总额 指企业（单位、个体户）通过交易直接售给个人、社会集团非生产、非经营用的实物商品金额，以及提供餐饮服务所取得的收入金额。个人包括城乡居民和入境人员，社会集团包括机关、社会团体、部队、学校、企事业单位、居委会或村委会等。

二、对外经济贸易和旅游部分

（一）对外贸易

1．**主要内容**：包括进出口货物的品种、数(重)量、金额、国别（地区）、经营单位、境内目的地、境内货源地 、贸易方式、关别等项目。

2．**统计范围**：对外贸易统计范围是按照联合国国际商品（货物）贸易统计原则制定的，即凡是引起中华人民共和国关境内物质资源存量增加或减少的进出口货物（除制度另有规定者外）均列入该项统计。

3．**资料来源**：对外贸易统计资料来源于海关总署，调查方法是全面调查，统计依据是中国各地海关对进出口货物执行实际监管的进出口报关单。

4．**商品分类**：进出口商品目录是在海关合作理事会（世界海关组织 WCO）制定的《商品名称和编码协调制度》（HS）的基础上，结合我国进出口实际情况制定的。历年出口商品分类金额和历年进口商品分类金额按照联合国《国际贸易标准分类》（SITC）进行统计。

5．**货物进出口国家（地区）**：进口货物统计原产国（地区），出口货物统计最终目的地国（地区）。原产国（地区）是指进口货物生产、开采或加工制造的国家（地区），对经过两个以上国家（地区）加工制造的进口货物，则以最后一个对货物进行经济上可以视为实质性加工的国家（地区）作为该货物的原产国，原产国确实不详时，按“国别不详”统计；最终目的地国（地区）是指出口货物已知的消费、使用或进一步加工制造国家（地区），包括直接使用或进行加工的国家（地区），最终目的地国（地区）不能确定时，按货物出口时尽可能预知的最后运往国（地区）统计。

6．**主要指标解释**

货物进出口总额 指实际进出我国国境的货物总金额。包括对外贸易实际进出口货物，来料加工装配进出口货物，国家间、联合国及国际组织无偿援助物资和赠送品，华侨、港澳台同胞和外籍华人捐赠品，租赁期满归承租人所有的租赁货物，进料加工进出口货物，边境地方贸易及边境地区小额贸易进出口货物（边民互市贸易除外），中外合资企业、中外合作经营企业、外商独资经营企业进出口货物和公用物品，到、离岸价格在规定限额以上的进出口货样和广告品（无商业价值、无使用价值和免费提供出口的除外），从保税仓库提取在中国境内销售的进口货物，以及其他进出口货物。该指标用以观察一个国家在对外贸易方面的总规模。我国规定出口货物按离岸价格统计，进口货物按到岸价格统计。

商品经营单位所在地进、出口额 指在所在地海关注册登记的有进出口经营权的企业实际进、出口额。

（二）利用外资

1．**主要内容**：包括外商直接投资和外商其他投资、外商投资企业登记注册情况。

2．**统计范围**：凡经工商行政管理机关核准登记，在中华人民共和国境内所有利用外资的单位和部门，经批准设立的中外合资经营企业、合作经营企业、外资企业、外商投资股份制企业、合作开发项目等具有法人资格的独立核算企业（包括港澳台地区投资企业），在华从事经营活动的外国及港澳台地区企业及外国公司在中国境内设立的分支机构。

3．**资料来源**：利用外资统计资料来源于商务部，其中，外商投资企业的登记注册情况资料来源于国家工商行政管理总局，调查方法是全面调查。说明的是：利用外资统计 1985 年及以前为政府统计部门的调查汇总数，1986 年及以后全部来源于对外贸易经济合作部（现为商务部）。2000 年以后利用外资统计中不含对外借款数。

4．主要指标解释

外商投资 指我国政府、部门、企业和其它经济组织通过吸收外商直接投资以及其它方式筹措的境外现汇、技术、设备等。

批准企业（项目）个数 指外商直接投资管理部门批准设立的外商投资企业个数、批准的合作开发项目个数。

利用外资的国家（地区） 指外资来源或投资者的法人注册地所在的国家和地区。除政府贷款按贷款国家名称统计外，其它方式吸收的外资按外国公司、企业或其它经济组织以其法人的注册所在地国家（地区）统计。

实际使用外资金额 指批准的合同外资金额的实际执行数，外国投资者根据批准外商投资企业的合同（章程）的规定实际缴付的出资额和企业投资总额内外国投资者以自己的境外自有资金实际直接向企业提供的贷款。

（三）对外经济合作

1．**主要内容**：包括对外承包工程的合同数、合同金额、完成营业额和按国别、地区分的对外经济合作完成营业额和对外劳务合作派出劳务人数、期末在外人数等。

2．**统计范围**：对外承包工程和对外劳务合作。该制度统计单位是经各级商务主管部门批准的从事对外承包和劳务合作业务并具有法人地位的对外承包劳务企业。

3．**资料来源**：对外经济合作统计资料来源于商务部，调查方法是全面调查。需要说明的是，自 2009 年起，对外承包工程涵盖了对外设计咨询业务，对外设计咨询不再单独列出。

4．主要指标解释

对外承包工程 根据《对外承包工程管理条例》，对外承包工程是指中国的企业或者其他单位承包境外建设工程项目的活动。

对外劳务合作 指组织劳务人员赴其他国家或地区为国外的企业或机构工作的经营性活动。

完成营业额 指企业在报告期内完成的以货币形式表现的工作量。

派出人数 指企业在报告期内派往国（境）外执行对外承包工程和劳务合作项目的人数。

（四）旅游

1．**主要内容**：包括旅行社、星级饭店基本情况，入境、出境旅游人数、国内居民旅游人数，以及国际、国内旅游收入等。

2．**统计范围**：旅行社、星级饭店和游客。

3．**资料来源**：旅游业有关资料主要根据公安部和国家旅游局的资料编制而成。旅游数据中的国际、国内旅游收入和国内出游人数等指标采取抽样调查方法，其余数据均为全面调查统计取得。

4．指标解释

游客 指任何为休闲、娱乐、观光、度假、探亲访友、就医疗养、购物、参加会议或从事经济、文化、体育、宗教活动，离开常住国（或常住地)到其他国家（或地方)，其连续停留时间不超过 12 个月，并且在其他国家（或其他地方)的主要目的不是通过所从事的活动获取报酬的人。游客不包括因工作或学习在两地有规律往返的人，按出游时间分为旅游者（过夜游客)和一日游游客（不过夜游客)。

入境游客 指报告期内来中国（大陆）观光、度假、探亲访友、就医疗养、购物、参加会议或从事经济、文化、体育、宗教活动的外国人、港澳台同胞等游客（即入境旅游人数)。统计时，入境游客按每入境一次统计 1 人次。入境旅游人数包括入境（过夜）游客和入境一日游游客。

国内游客 指报告期内在中国（大陆)观光游览、度假、探亲访友、就医疗养、购物、参加会议或从事经济、文化、体育、宗教活动的中国（大陆)居民，其出游的目的不是通过所从事的活动谋取报酬。统计时，国内游客按每出游一次统计 1 人次。

出境人数（出境游客） 指中国（大陆）公民因公或因私出境前往其他国家、中国香港特别行政区、澳门特别行政区和台湾省观光、度假、探亲访友、就医疗养、购物、参加会议或从事经济、文化、体育、宗教活动的人数（即出境游客）。统计时，出境游客按每出境一次统计1人次。

旅游收入　指游客（入境游客和国内游客）在旅游过程中（由游客或游客的代表为游客）支付的一切旅游支出就是国家（省、区、市)的旅游收入。旅游支出应包括（过夜）旅游者和一日游游客在整个游程中行、游、住、食、购、娱，以及为亲友、家人购买纪念品、礼品等方面的旅游支出，不包括为商业目的购物、购买房、地、车、船等资本性或交易性的投资、馈赠亲友的现金及给公共机构的捐赠。旅游收入包括国际旅游（外汇）收入和国内旅游收入。

（1）国际旅游（外汇）收入入境旅游者在中国（大陆）境内旅行、游览过程中用于交通、参观游览、住宿、餐饮、购物、娱乐等全部花费。

（2）国内旅游收入指国内旅游者在国内旅行、游览过程中用于交通、参观游览、住宿、餐饮、购物、娱乐等全部花费。

（五）其他

1．国际收支平衡表：由国家外汇管理局依据国际货币基金组织编写的《国际收支统计手册》第五版编制。

2．历年人民币对美元、日元、港币的年平均汇价：资料来源于国家外汇管理局。

3．黄金和国家外汇储备：资料来源于国家外汇管理局。

APPENDIX Ⅰ　Brief Introduction and Explanatory Notes on Main Statistical Indicators

Domestic Trade

Ⅰ　Main Content

Data reflect the development and change of China's domestic consumer goods market, wholesale and retail trades, hotels and catering services. Main contents include basic condition, circulation of commodities and financial status of wholesale and retail trades above designated size; basic condition, business and financial status of hotels and catering services above designated size; total retail sales of consumer goods; turnover of huge commodity exchange markets; development of chain stores of retail trades and catering service, etc.

Ⅱ　Coverage of Statistics

1. Wholesale and retail trades, hotels and catering services: corporation enterprises, establishments and getihus of wholesale and retail trades, hotels and catering services above the designated size.

The designated size of wholesale and retail trades, hotels and catering services is defined as follows: wholesale trade, with annual revenue from principal business over 20 million yuan; retail trade, with annual revenue from principle business over 5 million yuan; hotels and catering services, with annual revenue from principal business over 2 million yuan.

2. Total retail sales of consumer goods: corporation enterprises, establishments and getihus engaged in commodity retail activities or providing catering services.

3. Commodity exchange markets: the commodity markets with an annual transaction over 100 million.

4. Chain stores: Chain stores of retail trades and catering services.

Ⅲ　Sources of Data

Data are collected and processed in accordance with the statistical reporting scheme on wholesale and retail trades, hotels and catering services by the Department of Trade and External Economic Relations of the National Bureau of Statistics.

Ⅳ　Survey Methodology

Data of all enterprises of wholesale and retail trades, hotels and catering services above the designated size (Including corporation enterprises, establishments and getihus, the same below), commodity exchange markets and chain head stores (headquarter) are collected through comprehensive reporting systems. Data of enterprises below the designated size are according to sampling surveys.

Ⅴ　Explanatory Notes on Main Statistical Indicators

1. Wholesale and Retail Trades

Wholesale Trade　refers to the activities of wholesaler selling at wholesale commodities for daily use and capital goods to enterprises of wholesale and retail trades and other enterprises, institutions and government offices, including the activities of wholesaler engaged in import and export and acting as a trade agent. The wholesaler may have the right of ownership over the commodities of wholesale and trade in the name of its own's or a company, the wholesaler may not have the right of ownership, only acts an agent.

Retail Trade　refers to the activities of department store, supermarket, franchised store, brand store, retail stall and on-the-spot-making-selling store selling commodities to the final consumers (citizens) by any means including internet, post, telephone, sales machine.

Total Purchases of Commodities refers to the total value of purchases of commodities by enterprises (establishments) from other establishments or individuals (including direct import from abroad) for the purpose of re-selling, either with or without further processing of the commodities purchased. The commodities include: (1) commodities purchased from agricultural and industrial producer, wholesaler, retailer, publishing house and other service business; (2) commodities purchased from institutions and government departments; (3) confiscated goods purchased from the customs authorities or market management agencies; (4) second-hand goods and wastes purchased from residents; The commodities exclude 1 commodities purchased by enterprises (establishments) for use in their own business operation, commodities obtained without buying or selling procedures such as materials, consumable goods of low value, office appliances ,etc. 2 received goods without trading, such as goods handed over from others, borrowed goods, preserved goods for others, donated goods from others, processed and retrieved goods, etc. 3. goods of direct settlement between buyer and seller with handling fees introduced by others, 4. goods returned or refused to pay by the buyer, 5. excessive goods.

Total Sales of Commodities refers to value of commodities sold by the establishments to other establishments and individuals (including goods sold for self consumption, including the value-added tax). The commodities include: (1) commodities sold to urban and rural residents and social groups for their consumption; (2) commodities sold to establishments in all industries for their production and operation, including agriculture, industry, construction, transportation, post and telecommunications, catering services, and public utility including commodities sold to wholesale and retail establishments for re-selling, with or without further processing; and (3) commodities for direct export to abroad. Excluded are (1) extended commodities without trading, such as goods handed over to other enterprises and institutions because of the change of organizations, lent goods, returned goods preserved for others, extended processing materials and samples donated to others, (2) goods of direct settlement between buyer and seller with handling fees introduced by others, (3) goods returned after purchase, (4) damaged and spoiled goods, (5) waste and used goods of self use.

Total Stock of Commodities refers to value of total commodities possessed by wholesaler and retailer of various types of registration status at the end of the reference period, reflecting the commodity stock level of various wholesaler and retailer and the potential for market supply. It includes: (1) commodities located in storage, garages, counters, and shelves of operating places (such as sale stores, wholesale centres, and operating offices); (2) commodities in the process of being selected, sorted, and packed; (3) commodities not arrived but recorded as purchase in the account, i.e. commodities not arrived but payment receipts for the commodities from the sellers or the banks arrived; (4) commodities deposited in other places rather than places mentioned above, for instance: commodities in the hold of purchasers temporarily due to the refusal of payment and commodities not taken back after going through the formalities; (5) commodities entrusted to other units to sell but not sold yet; (6) commodities purchased for other units but not delivered yet. Commodities not included as stock are those not owned by the enterprises (units), commodities on commission for processing but not yet delivered, imported commodities of agency of foreign trade enterprise but not yet delivered to ordering units and finally those put in stock on behalf of the state material reserves units.

2. Hotels and Catering Services

Hotel Services refers to the activities of enterprises providing paid services of lodging to the customer, excluding the activities of providing long period of services of lodging (such as leased house and apartments), which are shown in 7210 (Development and operation of real estate).

Catering Services refers to the activities of enterprises providing on-the-spot services of selling food cooked and prepared to the customer in certain sites.

Business Revenue refers to revenue received from providing services or selling commodities by enterprises and establishments engaged in hotels and catering services, including income from hotels, from catering services, from selling of commodities and from other services.

Income from hotels refers to income of enterprises and establishments engaged in hotels and catering services by providing lodging services.

Income from catering services refers to income of enterprises and establishments engaged in hotels and catering services by providing catering services, including selling of cooked or prepared foods, such as staple food, cooked dishes, or cold dishes.

3. Commodity Exchange Markets

The commodity Exchange markets refers to the markets approved and managed by related departments, where there are fixed sites, facilities, managers and administration offices, where there are a certain number of traders to operate for three month and above or all the year, where the commodities including the articles for daily consumption and capital goods and services are traded in a centralized, independent and open way., Such market includes markets of daily goods and market of capital goods, etc.

Volume of Transaction at Large Commodity Markets with Transaction Value over 100 Million Yuan refers to the commodity markets with an annual transaction of over 100 million.

4. Chain stores

Chain Head Stores (headquarter) refers to the core leading stores responsible for development, allocation, administration and unitization of resources (name of stores, brand of stores, operation model, service standard, management way, ect.) of chain stores. Chain stores refers to the stores engaged in providing homogeneous commodities or services, with the central leadership of head store and guided by common policies, conduct centralized purchase and distributed selling of commodities, in order to gain better efficiency through standardized operation. The chain stores include regular chain stores, franchise chain stores and voluntary chain stores.

Regular Chain store refers to chain stores that are invested or controlled by the headquarters. They operate under direct and unified management from the headquarters.

F**ranchise chain store** refers to the chain stores (franchisees) which are franchised with operation resources such as trade marks, names, patent and operation know-how by the franchisors in form of contract and pay the operation fees to the franchisors.

Voluntary chain store refers the stores operate jointly on the voluntary bases while maintaining their status of independent legal entities with full ownership of their assets. They sell goods of same brand from same channel of resource to the consumers.

5. Total Retail Sales of Consumer Goods

Total retail sales of consumer goods refers to the revenue of non-productive, non-operating physical goods sold to individuals and social groups directly through transaction or the income of catering services provided by corporation enterprises (establishments, getihus). Individuals include urban and rural residents and persons entering the country. Social groups include government agencies, social organizations, army, schools, enterprises and institutions, neighborhood or village committee, etc.

Foreign Trade, External Economic Transaction and Tourism

I. Foreign Trade

1.Data on foreign trade include: varieties of imports and exports, amount (weight), value, countries (regions), imports and exports corporations, destination within territory, origin of goods within territory, mode of trade, types of tariffs and so on.

2.The scope of foreign trade statistics are designed according to United Nations' principles on international trade statistics, that is: all imports or exports that will lead to stock changes of material resources with the territory of People's Republic of China; excluding goods by escape clause.

3.Sources of data on foreign trade are from the General Administration of Customs of the People's Republic of China through a comprehensive reporting system. Statistical basis is the import and export customs declaration used by Chinese local customs to perform the actual supervision of import and export goods.

4.Import and export commodity classification: the list of import and export commodities is compiled based on the *Harmonized Commodity Description and Coding System (HS)* stipulated by the Customs Cooperation Council (World Customs Organization) and China's reality of imports and exports. Customs statstics in value terms for both imports and exports are compiled according to the classifications of *UN Standard International Trade Classification (SITC).*

5. Trading partner: the country (region) of origin is recorded for imports while the country (region) of final destination for exports.

The country (region) of origin refers to the country or region where the import goods have been grown, mined or manufactured. If two or more countries (regions) were involved in the manufacture of the products, the place where the last substantial working or processing was carried out will be recorded as the country (region) of origin. However, commodities whose nature or states have not been substantially changed will not be considered as having been processed or remanufactured.

The country (region) of final destination refers to the country or region where the export goods are to be consumed, utilized or further processed or manufactured. In instance where the country of final destination can not be ascertained, the exports will be credited to the final country (region) dispatched to as known at the time of exportation.

6.Explanatory notes on main statistical indicators

Total Import and Export of Goods refer to the real value of commodities imported and exported across the border of China. They include the actual imports and exports through foreign trade, imported and exported goods under the processing and assembling trades and materials, supplies and gifts as aid given gratis between governments and by United Nations and other international organizations, and contributions donated by overseas Chinese, compatriots in Hong Kong and Macao and Chinese with foreign citizenship, leasing commodities owned by tenant at the expiration of leasing period, the imported and exported commodities processed with imported materials, commodities trading in border areas (excluding mutual exchange goods), the imported and exported commodities and articles for public use of the Sino-foreign joint ventures, cooperative enterprises and ventures with sole foreign investment. Also included is import or export of samples and advertising goods for which CIF or FOB value are beyond the permitted ceiling (excluding goods of no trading or use value and free commodities for export), imported goods sold in china from bonded warehouses and other imported and exported goods. The indicator of the total imports and exports at customs can be used to observe the total size of external trade in a country. In accordance with the stipulation of the Chinese government, imports are calculated at CIF, while exports are calculated at FOB.

Import Export Value by Location of China's Foreign Trade Managing Units refers to actual value of imports and exports carried out by corporations which have been registered by the local Customs house and are vested with right to run import export business.

II. Foreign Capitals

1.Data on foreign capitals include: foreign direct investments and other foreign investments, and the basic condition of registration of foreign funded enterprises.

2. The scope of foreign capitals: all the units and departments which have utilized foreign capital and all the Sino-foreign joint ventures, Sino-foreign cooperative enterprises, ventures exclusively with foreign investment, foreign-funded stock companies, Sino-foreign cooperative development projects and other corporate enterprises (including the enterprises funded by the entrepreneurs from Hong Kong, Macao and Taiwan) with independent accounting system which have been approved by the Chinese government to set up in the boundary of the People's Republic of China.

3.Sources of data on foreign capitals: data on utilization of foreign capitals are from Ministry of Commerce, of which, data on basic condition of registration of foreign funded enterprises are from State Administration for Industry and Commerce through comprehensive reporting system. Special notice: data on utilization of foreign capitals before 1985 were survey results from governmental statistical agencies, since 1986 all data are from Ministry of Commerce (formerly MOFTEC). Data on utilization of foreign capitals since 2000 do not include foreign loans.

4.Explanatory notes on main statistical indicators

Utilization of foreign capital refers to direct foreign investments, commodity credits and other funds used by domestic institutions that are supplied from abroad and from Hong Kong, Macao and Taiwan.

Number of approval enterprises (projects) refers to the number of foreign-invested enterprises and cooperative development projects approved by the foreign direct investment management division.

Agreement number of utilization of foreign capital refers to the project numbers of the loans from the foreign governments and international monetary organization, the numbers of the enterprises with foreign investment and the contract numbers of the joint exploitation on offshore oil which are all approved according to law. The agreements of utilization of foreign capital, which are signed in other ways, are only collected into total amount without project numbers.

Country (region) of foreign capital refers to the country and region where the investor registers as a juridical Person and the foreign capital and investment comes. In the statistic classification, as the other ways in absorbing foreign investment, country (region) refers to the place where the foreign companies, enterprises and other economic organization register as juridical persons, except government loans just in terms of the name of the country.

Foreign capital actually used refers to the amount which has been actually used according to the agreements and contracts, including cash, materials and invisible capital such as labour service and technology which both parties agree to take as investment.

III. Foreign Economic Cooperation

1.Data on foreign economic cooperation include: contracted projects, labour services cooperation, design and consultation services, contracted volume, complete business turnover, business turnover by countries (regions) and so on.

2.The scope of foreign economic cooperation: the statistics cover contracted projects, labour services cooperation and design & consultation service with foreign countries (regions). The statistical unit in the scheme is the corporate enterprise engaged in contracted projects and labour services cooperation with foreign countries and has been approved by the department of commerce at various levels.

3.Sources of data on foreign economic cooperation: data on foreign economic cooperation are from Ministry of Commerce through a comprehensive reporting system. Data on contracted projects include design & consultation service since 2009.

4.Explanatory notes on main statistical indicators

Overseas Contracted Projects refer to activities of contracting overseas construction projects by Chinese enterprises or any other units, which are stipulated in the *Regulations on Administration of Foreign Contracted Project.*

Overseas Labour Services refer to operational activities of organizing labour force to go abroad providing services to foreign enterprises or agencies.

Accomplished Turnover refers to the workload enterprises completed in the form of currency during the reporting period..

Dispatched Labor refersto the numbedr of oversea labours in the overseas project contracting and labor cooperation businesses.

IV. Tourism

1.Main Contents: the basic conditions of travel agencies and star-rated hotels; number of international tourists and Chinese residents going abroad, number of domestic tourists and income from international and domestic tourism.

2.Scope of Statistics: data in this chapter cover travel agencies, star-rated hotels and tourists.

3.Sources of Data: the data on tourism are from the Ministry of Public Security and State Tourism Administration. The data on tourism are from the comprehensive reporting form system except those on the earnings from international and domestic tourism and number of domestic tourists going abroad from sample surveys

4.Explanatory notes on main statistical indicators

Visitors refers to any person who travels to a country (or place) other than that of his or her residence for a period not exceeding 12 months for leisure, entertainment, sightseeing, holiday, visiting relatives or friends, medical care, shopping, meeting, or taking part in economic, cultural, sports or religious activities, where the main purpose of the travel is not for remuneration. A visitor does not refer to any person who commutes between two places regularly for career or education. According to the length of stay, visitors are classified as tourists (i.e., overnight visitors) and same day visitors (non overnight visitors).

International visitors (Inbound Visitor Arrivals) refer to foreigners or compatriots from Hong Kong, Macao and Taiwan who come to China within the reporting time frame for sightseeing, holiday, visiting friends and relatives, medical care, shopping, meeting, or taking part in economic, cultural, sports or religious activities. Each time of entry is recorded as one time of arrival, and tne total sum makes up the inbound visitor arrivals. Inbound visitor arrivals (international visitors) include inbound (overnight) tourists and inbound same day visitors.

Domestic visitors refer to Chinese nationals who travel within the country within the reporting time frame for sightseeing, holiday, visiting friends and relatives, medical care, meeting, or taking part in economic, cultural, sports or religious activities. Their purposes of travel are not for remuneration from the activities afore mentioned. Each time of their travel is recorded as one person time. Domestic visitors include domestic (overnight) tourists and domestic same day visitors.

Outbound visitors refer to a Chinese (mainland) citizen who departs from China to a foreign country (or region) for leisure, entertainment, sightseeing, holiday, visiting relatives or friends, medical care, shopping, meeting, or taking part in economic, cultural, sports or religious activities. Each time of departure is recorded as one person time. Outbound visitors include outbound (overnight) tourists and outbound same day visitors.

Tourism receipts refer to all the expenditures made by visitors (inbound visitors and domestic visitors) or by representatives of the visitors in the course of their travel constitute the tourism receipts of a country (province, region, city). Tourism expenditures of visitors should include expenses made by (overnight) tourists and same day visitors throughout their travel on transport, tours, lodging, food, shopping, entertainment, and souvenirs and gifts for friends and relatives. Tourism expenditures do not include purchases of goods, real estate, house, motor vehicle, water vessel for commercial purposes, neither include capital nor transactional investments, cash given to friends and relatives, donations to public organizations. Tourism receipts include international tourism(foreign exchange) receipts and domestic tourism receipts.

1) International Tourism (foreign exchange) Receipts refer to the total expenditure made by inbound tourists within the territory of China (the mainland) in their course of travel on transport, tours and sightseeing, lodging, food and beverage, shopping, entertainment and etc.

2) Domestic Tourism Receipts refer to the total expenditure made by domestic tourists within the territory of China (the mainland) in their course of travel on transport, tours and sightseeing, lodging, food and beverage, shopping, entertainment and etc.

V. Others

1.The Balance of Payments Table is compiled by the State Administration of Foreign Exchange in accordance with the 5th edition of the *Manual on Balance of Payments* prepared by the International Monetary Fund.

2.The average exchange rates of RMB yuan to US dollar, Japanese yen and Hong Kong dollar over the years come from the State Administration of Foreign Exchange.

3. The data on gold and foreign exchange reserves are also from the State Administration of Foreign Exchange.

附录II 英文缩略语及符号

APPENDIX Ⅱ Abbreviations and Symbols in English

APEC	Asia-Pacific Economic Cooperation
ASEAN	Association of Southeast Asian Nations
Co, Ltd	Corporation Limited
Corp	Corporation
DPR	Democratic People's Republic
EU	European Union
FR	Federal Republic
IMF	International Monetary Fund
Is	Islands
No	Number of items
Prov	Province
RMB	Renminbi Yuan
SDR	Special Drawing Rights
USD	Dollar of United States of America
USSR	Union of Soviet Socialist Republics